Mario Grizelj

„Ich habe Angst vor dem Erzählen"

# LITERATUR KULTUR THEORIE

herausgegeben
von
Sabina Becker, Christoph Bode, Hans-Edwin Friedrich,
Oliver Jahraus und Christoph Reinfandt

Band 1

ERGON VERLAG

Mario Grizelj

# „Ich habe Angst vor dem Erzählen"

## Eine Systemtheorie experimenteller Prosa

———

ERGON VERLAG

Ludwig-Maximilians-Universität München, Dissertation 2007

Bibliografische Information der Deutschen Nationalbibliothek
Die Deutsche Nationalbibliothek verzeichnet diese Publikation in der
Deutschen Nationalbibliografie; detaillierte bibliografische Daten sind im
Internet über http://dnb.d-nb.de abrufbar.

Bibliographic information published by the Deutsche Nationalbibliothek
The Deutsche Nationalbibliothek lists this publication in the Deutsche
Nationalbibliografie; detailed bibliographic data are available in the
Internet at http://dnb.d-nb.de.

© 2008 ERGON Verlag GmbH, 97074 Würzburg
Das Werk einschließlich aller seiner Teile ist urheberrechtlich geschützt.
Jede Verwertung außerhalb des Urheberrechtsgesetzes bedarf der Zustimmung des Verlages. Das gilt
insbesondere für Vervielfältigungen jeder Art, Übersetzungen, Mikroverfilmungen
und für Einspeicherungen in elektronische Systeme.
Gedruckt auf alterungsbeständigem Papier.
Umschlagfoto: „Diptychon, 1999 - II Prosa" von Reinhard Öhner.
Nutzung und Druck mit freundlicher Genehmigung des Künstlers.
Umschlaggestaltung: Jan von Hugo
Satz: Sandra Kloiber, Ergon Verlag

www.ergon-verlag.de

Printed in Germany

ISBN 978-3-89913-635-7

## Inhalt

Prolog I: Der Roman jenseits der Nachricht .................................................. 7
Prolog II: Die Theorie diesseits der Paradoxie ............................................. 9
Einleitung: Reflexive Literaturwissenschaft ................................................ 11
Vorgehensweise ............................................................................................ 20
Thesenkaskade ............................................................................................. 23

1. Voraus-*Setzung*: Was / wann / wie 'ist' Literatur? ............................. 25
2. Logistische Präfigurationen ................................................................. 33
   2.1 Was 'ist' Kommunikation? ........................................................... 33
   2.2 Was 'ist' ein Text? (I) ................................................................... 39
   2.3 Artefakt/ästhetisches Objekt ....................................................... 48
   2.4 Artefakt/ästhetisches Objekt *als* Text/Werk *als* Medium/Form .. 51
       [Intermezzo: Direkter und indirekter Weltkontakt] ................. 58
   2.5 Medium/Form – systemtheor(h)et(or)isch. ................................ 65
   2.6 L(og)ist(ik) der De-Präsentation ................................................ 88
   2.7 Strukturelle Kopplung von Bewusstsein und Kommunikation ............ 96
       2.7.1 Voraus-*Setzungen* ............................................................ 96
       2.7.2 Sinn-Formen ....................................................................... 99
   2.8 Text/Werk – zwischen Scylla und Charybdis ........................... 112
       2.8.1 Was 'ist' ein Text? (II) ....................................................... 113
       2.8.2 Was 'ist' ein Werk? ............................................................ 124
3. Logistische Konfigurationen .............................................................. 143
   3.1 *Text/Werk* als Schaltstelle von sozialer/symbolischer
       Systemreferenz und von Bewusstsein/Kommunikation ......... 143
       3.1.1 Text/Werk als Medium/Form .......................................... 143
       3.1.2 Literatur = Text/Werk ...................................................... 151
       3.1.3 Bewusstsein/Kommunikation ........................................... 155
       3.1.4 Soziale/symbolische Systemreferenz .............................. 170
   3.2 *Narrativität* als Nexus von sozialer/symbolischer Systemreferenz
       und als strukturelle Kopplung von Bewusstsein/Kommunikation ...... 180
       3.2.1 Kybernetik der Narrativität ............................................. 180
       3.2.2 Narrative Identität ............................................................ 187
           3.2.2.1 Identität, Differenz, Transformation ................. 187
           3.2.2.2 Personale Identität und ('post')moderne
                   Individualität .......................................................... 197
       3.2.3 Bewusstsein/Kommunikation ........................................... 224
       3.2.4 Soziale/symbolische Systemreferenz .............................. 239

  3.2.5 Ein Erzähl-*Modell* .................................................................. 251  
 3.3 *Experimentelle Prosa* als Schaltstelle von sozialer/symbolischer  
   Systemreferenz und von Bewusstsein/Kommunikation ..................... 282  
  3.3.1 Was 'ist' 'experimentelle Literatur'? .......................................... 282  
  3.3.2 Was 'ist' 'experimentelle Prosa'? ............................................... 298  
  3.3.3 Protologik einer Systemtheorie experimenteller Prosa ............ 314  
    3.3.3.1 Thesenkaskade ............................................................. 314  
    3.3.3.2 Bewusstsein/Kommunikation ..................................... 316  
    3.3.3.3 Soziale/symbolische Systemreferenz ........................... 338  

4. Logistische Refigurationen ............................................................................ 353  
 4.1 narrativ/a(nti-)narrativ ............................................................................ 353  
 4.2 Konrad Bayers Parapsychologie der Literatur ....................................... 356  
  4.2.1 *der kopf des vitus bering* ............................................................ 356  
  4.2.2 *der sechste sinn* ........................................................................... 381  
 4.3 Jürgen Beckers Literatur als Medium: *Felder – Ränder –*  
   *Umgebungen* ............................................................................................ 401  
 4.4 Friederike Mayröckers Literatur-Literatur ............................................ 422  
  4.4.1 *Reise durch die Nacht* ................................................................. 422  
  4.4.2 *Die kommunizierenden Gefäße* .................................................. 445  

Fazit: Reflexive Literaturwissenschaft – revisited ................................................. 469  
Anhang: Skizzen ....................................................................................................... 471  
Literaturverzeichnis ................................................................................................. 479  
Siglenverzeichnis ...................................................................................................... 505  
Danksagung ............................................................................................................... 507

## *Prolog I: Der Roman jenseits der Nachricht*

„Und als einer jener scheinbar abseitigen und abstrakten Gedanken, die in seinem Leben oft so unmittelbare Bedeutung gewannen, fiel ihm ein, daß das Gesetz dieses Lebens, nach dem man sich, überlastet und von Einfalt träumend, sehnt, kein anderes sei als das der erzählerischen Ordnung! Jener einfachen Ordnung, die darin besteht, daß man sagen kann: 'Als das geschehen war, hat sich jenes ereignet!' Es ist die einfache Reihenfolge, die Abbildung der überwältigenden Mannigfaltigkeit des Lebens in einer eindimensionalen, wie ein Mathematiker sagen würde, was uns beruhigt; die Aufreihung alles dessen, was in Raum und Zeit geschehen ist auf einen Faden, eben jenen berühmten 'Faden der Erzählung', aus dem nun also auch der Lebensfaden besteht. Wohl dem, der sagen kann 'als' 'ehe' und 'nachdem'" (Robert Musil).

„Die meisten Menschen sind im Grundverhältnis zu sich selbst Erzähler. [...] sie lieben das ordentliche Nacheinander von Tatsachen, weil es einer Notwendigkeit gleichsieht, und fühlen sich durch den Eindruck, dass ihr Leben einen 'Lauf' habe, irgendwie im Chaos geborgen [...] obgleich öffentlich alles schon unerzählerisch geworden ist und nicht einem 'Faden' mehr folgt, sondern in einer unendlich verwobenen Fläche ausbreitet" (Robert Musil).

„ist das Erzählen noch verbindlich, frage ich mich, ist es nicht auch ein Bewerfen des Lesers mit Wortkübelabfall, frage ich mich" (Friederike Mayröcker).

„Existentiell – das ist der Todesstoß für den Roman. Warum Gedanken in jemanden hineinkneten, in eine Figur, in Gestalten, wenn es Gestalten nicht mehr gibt? Personen, Namen, Beziehungen erfinden, wenn sie gerade unerheblich werden?" (Gottfried Benn)

„Das Erzählen ist vollends unmöglich geworden" (Alain Robbe-Grillet).

„Eine Erzählung? Nein, keine Erzählung, nie wieder" (Maurice Blanchot).

„Ich habe Angst vor dem Erzählen" (Friederike Mayröcker).

„Verzichten wir darauf, Geschichten zu erzählen" (Jacques Derrida).

„Erzähl mal den letzten Abend: ja, in der großen Landschaft habe ich massenhaft graue Steine herum liegen sehen: womit dieser Satz, wie viele meiner Sätze oft, jenen Leerbereich zu besetzen hat, der durch das Aussparen einer Geschichte, durch Nicht-Erzähltes, entsteht" (Jürgen Becker).

„Sie brauchen das Buch nicht von der ersten Seite zu lesen, o nein, vielmehr können Sie blättern darin, Sie können das Buch an irgendeiner beliebigen Seite aufschlagen und schon bekommen Sie eine Ahnung vom Ganzen" (Friederike Mayröcker).

„Eine Erzählweise haben? auf welche Erzählweise ist überhaupt noch Verlaß?, welche Erzählweise ist noch vertretbar, wir wollen nicht mehr eine Geschichte erzählt bekommen, wir wollen nicht mehr eine Geschichte erzählen müssen, die zerrissenen Gefühle, die eingebrochenen Gesten nehmen zu einer Repetitionsmechanik Zuflucht, hypnotischer Kreisgang" (Friederike Mayröcker).

„Ich sabotiere den geraden Weg" (Friederike Mayröcker).

„Nieder mit all dem narrativen Gefasel" (Rainald Goetz).

„und was die Technik des Erzählens betrifft, sage ich, warum auch nicht *narrativ*, sage ich, warum sollte ich nicht auf narrative Weise vorgehen in diesem Buch, sage ich, wer wollte mir da Schranken auferlegen wollen, wer mich einschränken können, nur weil ich einmal irgendwelche programmatischen Töne habe anklingen lassen, warum also nicht narrativ, sage ich, nur, es ist anders aufgezäumt, also verkehrt herum aufgezäumt, also mein ganz eigener narrativer Stil, den ich durch Jahre, Jahrzehnte in sorgfälligster: in entfesseltster Wese beobachtet, also gezüchtet, verfeinert, vergröbert, verfeinert, gepflegt habe, dieser ganz eigene Stil, in dem sich das Narrative in Schweigen hüllt, nicht wahr, so ist es doch" (Friederike Mayröcker).

„Als es anfing, war noch gar nicht zu übersehen, um was es denn nun eigentlich ging. Als es soweit war, sagte jeder, es ist gut, daß es soweit ist. Als es dann weiterging, ging es natürlich mit den ersten Schwierigkeiten los. Als es plötzliche stockte, wurde hin und her probiert, hatte keiner mehr was dagegen. Erzähl doch weiter" (Jürgen Becker).

| | |
|---|---|
| Robbe-Grillet: | „Für Sartre ist der Roman vor allem ein Inhalt, etwas, das man zu sagen hat und das man möglichst gut sagt, um die Nachricht mitzuteilen. Das drückt für mich eine große Verachtung gegenüber dem Roman aus." |
| Süddeutsche: | „Was ist der Roman jenseits der Nachricht?" |
| Robbe-Grillet: | „Die Form des Romans. Wenn ich eine Botschaft übermitteln will, warum dann einen Roman schreiben? Und sie nicht einfach mitteilen? Für Sartre ist die Romanform so etwas wie eine amüsante Erfindung, die er braucht, um den Kindern zu erklären, was sie nicht verstehen. Nein, Botschaften können begrifflich formuliert werden." |

## Prolog II: Die Theorie diesseits der Paradoxie

„Was eine solche Theorie produziert, sind Elementarereignisse der Theoria, diskrete Akte des Intellegierens – und nicht ein Corpus von Aussagen, deren stringente Ableitung und interne Konsistenz für deren 'Wahrheit' bürgen. Intellektion ist ein Begriff, der sich dem Beschreiber der Theorie aufdrängt, wenn er versucht, sie *mit ihren eigenen Termini* zu beschreiben: Die Theorie ist ein Geschehen – und nicht eine Sache oder eine Menge von Aussagen; sie ist ein Vollzug mit internem Objekt, eine Operation ohne externes Operatum. [...] Dies bringt eine Umstellung von einem Denken-aus-Evidenz auf ein Denken-trotz-Inevidenz (oder aufgrund-von-Inevidenz) mit sich. Dieses Denken hat keine andere Garantie als die eigene Erweiterung seiner Möglichkeiten durch die Akzeptanz und Integrierung von imaginären oder paradoxen Bestandteilen. Es bewährt sich durch seine Fähigkeit, Intellektion zu produzieren" (Jean Clam).

„In jedem Fall ist aber zu verlangen (wenn es denn um Wissenschaft gehen soll), dass eine Theorie konsistent mit sich selbst zu konstruieren ist und unvermeidliche Paradoxien als solche ausweisen muß" (Niklas Luhmann).

„jeder Text ist theoretisch" (Derrick de Kerckhove).

# Einleitung: Reflexive Literaturwissenschaft

Die folgende Arbeit möchte eine Systemtheorie 'experimenteller Prosa' liefern. Dabei soll sichtbar werden, dass und wie *insbesondere* entlang der Beobachtung von 'experimenteller Prosa' Literaturwissenschaft in die Position gebracht wird, über ihre Objektkonstitution sowie über ihre Analyse- und Interpretationsprämissen zu reflektieren. Eine Systemtheorie 'experimenteller Prosa' verwendet experimentelle Prosawerke als Medium, um die Werke und sich beim Beobachten der Werke zu beobachten. Es soll darum gehen, *eine* logistische Matrix sichtbar zu machen, die es erlaubt, erkennen zu können, mithilfe welcher Mittel die Arbeit sich und ihren Beobachtungsgegenstand beobachten kann. Die Arbeit geht davon aus, dass das, was sie beschreibt, erst in dem Moment als dieses Beschriebene beschreibbar ist, in dem sie mit der Beschreibung anfängt. 'Experimentelle Prosa' ist dabei keine Erfindung der Arbeit, sondern ergibt sich daraus, dass eine Perspektive im 'Aufeinanderprall' mit *ihrem* Beschreibungsobjekt dieses Objekt in der spezifischen Weise beschreibt, die es erlaubt, von genau diesem Objekt so, und nicht anders, sprechen zu können. 'Experimentelle Prosa' gibt es somit nicht als selbstidentische Größe, auf die man in der Welt, in der Gesellschaft und im literarischen System treffen kann, vielmehr ist sie Effekt und Produkt der Art und Weise, wie die folgende Arbeit sich ihre Objekte (Texte, Werke, konventionelle Texte, experimentelle Texte, konventionelle Prosa, experimentelle Prosa u. ä. m.) konstituiert. Somit ist auch der 'Aufeinanderprall' der Arbeit mit dem Beschreibungsobjekt Effekt der Art und Weise, wie die Arbeit beobachtet.

Dieses Beobachten ist nun allerdings kein solipsistisches, sondern eines, das weit verzweigt und rekursiv eingebunden in andere Beobachtungen ist, die in der Gesellschaft kursieren. Die Arbeit er-beobachtet, also konstituiert sich ihr Objekt im Zuge ihrer impliziten und expliziten Verflochtenheit in literatur-, aber auch kultur-, medien- und sozialwissenschaftliche Diskurse *einerseits*. Somit ist sie Teil des Wissenschaftssystems und an die Code- und Programmebene dieses Systems angeschlossen.[1] Sie knüpft also immer – explizit und implizit – an Wissens- und Formatbestände dieses Systems an und zwar im Hinblick darauf, was das System über Beobachtung, Gesellschaft, Wirklichkeit, Identität, Medien, Literatur, Texte, Werke, Prosa, 'experimentelle Literatur', 'experimentelle Prosa' usw. zu sagen hat. Indem die Arbeit über sich und 'experimentelle Prosa' schreibt, schreibt sie dies als wissenschaftliche Arbeit. Aussagen über Medien, Literatur, Texte, Werke, Prosa, Experimente, Konventionen, Narratives, über die verschiedenen Autoren

---

[1] Siehe hierzu LUHMANN, Niklas 1990a: Die Wissenschaft der Gesellschaft (= WG). Frankfurt a.M. Der Code des Wissenschaftssystems ist wahr/unwahr bzw. richtig/falsch und die Programme sind die verschiedenen Theorien und Methoden (beispielsweise Systemtheorie), die innerhalb des Wissenschaftssystems kursieren.

und Autorinnen usw. emergieren allein als Effekte von wissenschaftliche Beobachtungen beobachtenden wissenschaftlichen Beobachtungen. Dies bedeutet nicht, dass die Textarbeit verabschiedet wird, weil der Text als äußere Größe lediglich Anstoßmoment für Beobachtungen beobachtende Beobachtungen sein kann,[2] sondern vielmehr, dass sich Texte bzw. der Textbegriff innerhalb der Beobachtungen beobachtenden Beobachtungen als hartnäckiges, traditionsreiches, wissenschaftlich und gesamtgesellschaftlich äußerst erfolgreiches, arbeitsfähiges, explizit und implizit funktionierendes, Theorien und Modellierungen zum einen und Automatismen und Intuitionen zum anderen umfassendes und über Paradigmen hinweg stabilisiertes Moment erwiesen hat.

*Andererseits* emergiert 'experimentelle Prosa' im Kontext gesamtgesellschaftlicher Kommunikation. Wenn die Arbeit wissenschaftlich über sich und ihren Objektbereich schreibt, so sind – mal implizit, mal explizit – gesamtgesellschaftliche Prämissen ebenso involviert wie die Kommunikationsdirektiven der anderen Funktionssysteme. Wie also *wissenschaftlich* über 'experimentelle Prosa' geredet wird, hängt auch davon ab, wie beispielsweise das Wirtschaftssystem 'experimentelle Literatur' und 'experimentelle Prosa' beobachtet. Entscheidend ist dabei aber, dass in einer literaturwissenschaftlichen Arbeit alle Perspektiven *wissenschaftlich* kommuniziert, also wissenschaftlich bereichsspezifisch attribuiert werden. Jedes System ist dreifach in die Gesellschaft (als Gesamtheit aller Kommunikationen) eingebunden: Erstens über die *Funktion* (für die Gesamtgesellschaft), zweitens über die *Leistungen* zwischen den verschiedenen Funktionssystemen sowie zwischen den Kommunikationssystemen und den Bewusstseinssystemen und schließlich drittens über die *Selbstreflexion* des Systems.[3] Jede Beobachtung innerhalb eines Systems ist konditioniert von dieser Dreierkonstellation. Wenn also innerhalb des Wissenschaftssystems (Subsystem: Literaturwissenschaft) von 'experimenteller Prosa' die Rede ist, so ist die Konzeptualisierung von 'experimenteller Prosa' konstitutiv von der Funktions-, Leistungs- und Selbstreflexionsebene affiziert. In der Arbeit soll es indes nicht darum gehen, den Begriff der 'experimentellen' Prosa aus diesem komplexen Gefüge von allgemeiner gesamtgesellschaftlicher Kommunikation einerseits und der Dreierkonstellation Funktion – Leistung – Selbstreferenz andererseits herauszudestillieren, nichtsdestotrotz ist es wichtig zu erwähnen, dass dieses komplexe Gefüge für das Format der 'experimentellen Prosa', so wie sie von dieser Arbeit konstituiert wird, mitverant-

---

[2] So wie dies die *Empirische Literaturwissenschaft* um Siegfried J. Schmidt und Gebhardt Rusch modelliert hat.

[3] Diese Konstellation im Hinblick auf Literatur hat maßgeblich REINFANDT, Christoph 1997: Der Sinn der fiktionalen Wirklichkeiten. Ein systemtheoretischer Entwurf zur Ausdifferenzierung des englischen Romans vom 18. Jahrhundert bis zur Gegenwart. Heidelberg untersucht und dabei der schon beobachteten *Leistungs*-Relation Funktionssystem – Funktionssystem überzeugend die *Leistungs*-Ebene Kommunikationssystem – Bewusstseinssystem hinzugefügt.

wortlich ist. Der Begriff der 'experimentellen Prosa' erhält allein als literaturwissenschaftlicher Begriff theoriebautechnische Funktion, ist allerdings höchstkomplex verwoben in mannigfaltige Zusammenhänge, die alle einzuholen, nicht Aufgabe der Arbeit ist. Wenn die Arbeit von 'experimenteller Prosa' spricht, meint sie immer mehr als sie sagt.

Die Beobachtungsgegenstände der Arbeit sind 'experimentelle Prosa' und die Mittel, die die Arbeit benutzt, um von 'experimentelle Prosa' sprechen zu können. Wenn also im Folgenden über Medien, Literatur, Texte, 'experimentelle Prosa' usw. geredet wird, so auch immer über die Art und Weise, wie die Arbeit über Medien, Literatur, Texte und 'experimentelle Prosa' redet. Sie markiert solchermaßen explizit, dass sie als Beschreibung selbst unter ihr Objekt fällt, das als ein Objekt beschrieben wird, das sich selbst beschreibt. Indem die Arbeit (sensu Clam) ihre *Akte des Intellegierens* her(aus)stellt, ist sie im Beobachten ihres Gegenstandes immer auch selbst ihr Gegenstand.[4] Diese Konstellation ist in zwei grundsätzliche ineinander verwobene Zusammenhänge gebettet. Zum einen im Hinblick auf die Beantwortung der Frage: Was 'ist' Literatur? Und zum anderen im Hinblick auf die Frage: Wie konstituiert Literatur-Wissenschaft Literatur? Zwischen Literatur, Literaturwissenschaft und Literaturtheorie wird folgender Vertrag geschlossen:

> Literatur ist niemals als solche zu haben. [...] Literatur als solche ist eben nicht Literatur als solche, weil Literatur eigentlich immer Literatur als dasjenige ist, als was sie verstanden, gelesen, als Objekt konstituiert wird. Um es auf den Punkt zu bringen: *Nur Literaturtheorie kann die Frage nach der Literatur als Literatur stellen*. Die Rede vom 'Verstehen von etwas *als* etwas' kann die Objektkonstitution auf eine Formel bringen und strukturell durchschaubar machen. Literaturwissenschaft versteht nicht Literatur als ihren Gegenstand, sondern versteht – oder besser: konstituiert – ihren Gegenstand als Literatur.[5]

Die Figur des 'Verstehen von etwas *als* etwas' ist somit die fundierende theoretische und epistemologische Prämisse aller post-ontologischen und post-essentialistischen Theorien und Wissenschaften. Dabei ist die Argumentationsrichtung wichtig: Nicht etwas, beispielsweise Literatur, wird als Phänomen der Welt, sondern ein Phänomen der Welt wird beispielsweise als Literatur beobachtet (vgl. JAHRAUS 2004: 62, 83ff. und 235). Solche Überlegungen verwundern nicht in einer literaturtheoretischen Arbeit, produktives Verfremdungspotenzial können sie dann gewinnen, wenn sie konkret an der Konstituierung einer spezifischen Literatur konturiert werden. Meine Arbeit versucht diese allgemeinen literaturtheoretischen Prämissen *exemplarisch* via der Beobachtung von 'experimenteller Prosa' zu veranschaulichen. Dabei kann hier schon die These vorweggenommen werden, dass *insbesondere* anhand von 'experimenteller Prosa' die Figur

---

[4] Vgl. BARALDI, Claudio / Giancarlo CORSI / Elena ESPOSITO 1997: GLU. Glossar zu Niklas Luhmann Theorie sozialer Systeme. Frankfurt a.M., 128.
[5] JAHRAUS, Oliver 2004: Literaturtheorie. Tübingen/Basel, 82f.

'Verstehen von etwas *als* Literatur' elaboriert werden kann und dass *insbesondere* anhand von 'experimenteller Prosa' beobachtbar wird, dass nur die Literaturtheorie die Frage nach Literatur stellen kann.

Damit ist grundsätzlich die Relationierung von Objekt- und Metaebene verbunden. Basal lässt sich beobachtungstheoretisch sagen, dass die Beobachtung unhintergehbar ist: „Beobachtung nehmen wir als Letzt- oder Leitbegriff, der immer vorausgesetzt ist"[6] und „[a]lles, was *ist, ist* durch Beobachtung und Bezeichnung."[7] Letztlich heißt dies, dass sich im Beobachten von Beobachtung sowohl die Beobachtung als auch das Beobachtete etabliert: „Beobachtung ist die Einheit der Differenz von Beobachtung und Beobachtetem" (Jahraus 2003: 628). Im Hinblick auf Literatur bedeutet dies, „daß man von einer Gleichursprünglichkeit von Literatur und ihrer Reflexionsebene ausgehen kann" (ebenda: 592).[8] Eine Literaturwissenschaft, die sich dessen bewusst ist, beobachtet nun so, dass sie in ihrem Objektkonstituieren nicht allein das Objekt, sondern auch sich als Objektkonstitution mitreflektiert.

> Die Besonderheit einer reflektierten Literaturwissenschaft als Kommunikation über Literatur liegt darin, daß sie selbstverständlich Literatur zwar immer auch interpretiert, dabei aber ebenso mitkommuniziert, daß sie interpretiert. Man kann also sagen, daß eine solche Literaturwissenschaft auf der Ebene der Metakommunikation die Differenz von Objekt- und Metaebene als Differenz zwischen Objekt- und Metakommunikation wiedereinführt (ebenda: 624).

Die Metakommunikation ist die Einheit der Differenz von Meta- und Objektkommunikation: Metakommunikation$_{[Meta-/Objektkommunikation]}$.[9] Wenn wir solchermaßen von Texten reden oder sie analysieren und interpretieren, so analysieren und interpretieren wir zugleich die Art und Weise, wie wir qua Beobachtung und Kommunikation Texte konstituieren. Somit ist jede Textinterpretation eben keine klassische Hermeneutik, die in die auf eigenen Beinen durch die Zeiten laufenden Texte eine Bedeutung legt, sondern eine Analyse der Art und Weise wie Kommunikation und Beobachtung sich Texte generieren. Wird eine Bedeutung in den Text gelegt, so wird sie gleichzeitig in die Kommunikation gelegt, sie wird nicht externalisiert in einen außerkommunikativen Text, sondern bleibt eine kommunikative Größe. Dabei ist jede Textinterpretation zugleich eine Beobachtungs- und Kommunikationsinterpretation; dass wir *etwas als* Gedicht *bezeichnen*

---

[6] FUCHS, Peter 2004: Der Sinn der Beobachtung. Begriffliche Untersuchungen. Weilerswist, 11.
[7] JAHRAUS, Oliver 2003: Literatur als Medium. Sinnkonstitution und Subjekterfahrung zwischen Bewußtsein und Kommunikation. Weilerswist, 192.
[8] Für Jahraus wird dieses Verhältnis anhand von Interpretation als Einheit der Unterscheidung Text/Interpretation sichtbar.
[9] Diese Schreibweise der Form, also beispielsweise Interpretation$_{[Interpretation/Text]}$ oder Literatur$_{[Text/Werk]}$ (s.u.) verwende ich im Folgenden immer, wenn es um die Figur 'Einheit der Differenz' geht.

oder als experimentellen Prosatext, sagt uns primär etwas über unsere Beobachtungs- und Kommunikationsleistungen. Auch hier kann schon die These aufgestellt werden, dass *insbesondere* anhand von 'experimenteller Prosa' die Einheit der Differenz von Objekt- und Metakommunikation elaboriert werden kann. *Insbesondere* via 'experimenteller Prosa' wird beobachtbar, dass eine reflexive Literaturwissenschaft im interpretieren von Texten sich als Interpretation ausstellt und damit sich und ihr Objekt konstituiert. Solchermaßen wird Literatur zur Literatur *exemplarisch* (also beispielhaft und nicht beispielsweise) im Beobachten von 'experimenteller Prosa'.

Die Argumentationsschraube wird aber noch weitergedreht, indem sich sagen lässt, dass eine 'reflexive Literaturwissenschaft' – sensu Jahraus eine literaturwissenschaftliche Medienwissenschaft – als Einheit der Unterscheidung Literaturtheorie/Literatur beobachtet werden kann. Wir betreten hier die Metaebene der Metaebene:

> Literaturwissenschaftliche Medienwissenschaft ist somit eine medienwissenschaftliche Medientheorie zur Literaturtheorie. Als solche kann sie keine literaturwissenschaftlich-methodologische Position im Methodenkanon sein, sondern umgekehrt: Solche Positionen gehören in ihren Gegenstandsbereich (ebenda: 588).

Eine solche Medienwissenschaft kann also beobachten, dass sie im Interpretieren von Texten etwas als Literatur konstituiert, indem sie im Interpretieren von Texten sich als Interpretation ausstellt und damit sich und ihr Objekt konstituiert. Solch eine literaturwissenschaftliche Medienwissenschaft bezeichne ich als *logistische Matrix* von Literatur (Objektebene) und literarischer Kommunikation (Metaebene$_{[Meta-/Objektebene]}$). Nun auch hier: *Insbesondere* anhand der Beobachtung von 'experimenteller Prosa' kann die Literaturwissenschaft als Medienwissenschaft herausgestellt werden. *Exemplarisch* anhand der Beobachtung von 'experimenteller Prosa' kommt die *Logistik* von Literatur und literarischer Kommunikation in den Blick. Meine Arbeit ist also der grundlegenden Jahrausschen Metatheorie verpflichtet, möchte aber zeigen, dass solch eine Medientheorie nicht einfach als Medientheorie ihren Metastatus erhält, sondern eben in der konkreten Konstituierung eines spezifischen Objektbereichs. Die Metatheorie muss ihren konstitutiven Umweg über ihren *spezifischen* Gegenstandsbereich gehen, wobei dabei – und hier schleichen sich zum ersten mal dekonstruktive Momente ein – der von der Metaebene konstituierte Objektbereich auf die Metaebene zurückschlägt. Bei genauem Hinsehen ist hiermit ein radikale Position indiziert: Die logistische Matrix von Literatur und literarischer Kommunikation kommt zu 'sich' als Metatheorie über ihren Objektbereich, der als konstitutiver Umweg die Metaebene affiziert. Solchermaßen gibt es nicht einfach die Literatur und die literarische Kommunikation und verschiedene Objektbereiche ('experimentelle Prosa', Trivialliteratur, Hyperfiction usw.), sondern mit der Konstituierung eines Gegenstandsbereichs werden auch Literatur und literarische Kommunikation *re-markiert*. Das heißt nun: Indem ich in meiner Arbeit 'experimentelle Prosa' beobachte, konstituiere ich Literatur und literarische Kommunikation auf ganz spezifische Weise. Somit ist der hier zugrunde liegende Literaturbegriff konstitutiv von der Art und Weise affiziert, wie ich 'experimentelle Prosa' konstituiere. *Literatur ist somit jedes Mal anders Literatur,* immer abhängig davon, welchen konkreten Umweg die Metakommunikation im Etablieren der Unterscheidung Meta-/Objektebene macht. Dies gilt grundlegend für jede (reflektierte) literaturwissenschaftliche Arbeit. Was ich aber zeigen möchte ist, dass *insbesondere* anhand von 'experimenteller Prosa' diese Re-Markierungsbewegung besonders gut sichtbar wird. Mithilfe der Beobachtung von 'experimenteller Prosa' betreibt man *exemplarisch* instantan Literaturtheorie und Literaturwissenschaft und erhält einen Blick auf die logistische Matrix dieser Gleichzeitigkeit.

Die Logistik von Literatur und literarischer Kommunikation wird *insbesondere* anhand der Beobachtung von 'experimenteller Prosa' sichtbar, weil diese Prosa *exemplarisch* zwei basale Konstellationen sichtbar macht: Erstens die strukturelle Kopplung von Bewusstsein und Kommunikation und zweitens die Relationierung von symbolischer und sozialer Systemreferenz (sensu Claus-Michael Ort). Im Laufe der Arbeit werde ich dies genauer darstellen, hier sei nur erwähnt, dass epistemologisch betrachtet die Unterscheidung Bewusstsein/Kommunikation als basale Unterscheidung beobachtet wird. Nicht im Wittgensteinschen logisch-sprachphilosophischen, jedoch im Sinne des Intellegierens kann formuliert werden: Die Welt ist alles, was die strukturelle Kopplung ist. Die strukturelle Kopplung ist alles, was der Fall ist. Und Literatur kann als die Einheit der Unterscheidung symbolische/soziale Systemreferenz gelesen werden. Indem nun 'experimentelle Prosa' (im Sinne meiner Arbeit) genau diese zwei basalen Konstellationen nicht nur realisiert (wie jede Literatur auch), sondern auch explizit zu ihrem Gegenstand macht, dient sie als Medium für die Beobachtung der logistischen Matrix von Literatur. Ist sensu Luhmann das „Kunstsystem das einzige soziale System [...], in dem Wahrnehmung [...] nicht nur Voraussetzung der Kommunikation ist, sondern überdies [...] Gegenstand der Kommunikation"[10], so kann 'experimentelle Prosa' als paradigmatische Form gelesen werden, bei der sowohl die strukturelle Kopplung als auch der Nexus von symbolischer und sozialer Referenz nicht nur Voraussetzungs- und Realisierungsmomente sind, sondern auch Gegenstand 'experimenteller Prosa'. Es geht nicht darum, dass die Texte, die ich im Rahmen von 'experimenteller Prosa' lese, explizit von struktureller Kopplung und symbolischer und sozialer Referenz reden, denn das tun sie nicht, sondern dass mein Beobachtungsfokus so eingestellt ist, dass er an den Texten sowohl Formen und Formate der strukturellen Kopplung als auch die Unterscheidung soziale/symbolischer Referenz ablesen kann. 'Experimentelle Prosa' dient der

---

[10] GUMBRECHT, Hans Ulrich 2003: Epiphanien. In: J. Küpper, C. Menke (Hgg.), Dimensionen ästhetischer Erfahrung. Frankfurt a.M., 203-222, 212 im Bezug auf Luhmanns Kunstbuch.

Arbeit also als *Medium* des Sehens und als *Gegenstand* des Sehens, sie ist in diesem Sinne sowohl ein thematischer als auch ein operativer Begriff.[11]

Wenn 'experimentelle Prosa' solchermaßen Medium und Gegenstand des Sehens im Rahmen einer literaturwissenschaftlichen Medienwissenschaft ist, so muss die Unterscheidung zwischen Medium und Gegenstand sichtbar werden. Die Arbeit *behauptet* also nicht nur all das, was sie behauptet (s. o.), sondern sie *entfaltet* dies auch, indem sie ausführlich die Konstellation Metakommunikation[Meta-/Objektkommunikation] expliziert. Dabei kommt es zu einem markanten Verhältnis von Text (bzw. Werk) und (Meta-)Theorie: Alles, was die Arbeit theoretisch über die Art und Weise ihres Konstituierens von 'experimenteller Prosa' als 'experimenteller Prosa' entfaltet, verbucht sie unter der Rubrik Textarbeit. Gleiches gilt für die Modellierungen der abstrakteren Begriffe Medium/Form, Text, Werk, strukturelle Kopplung oder System, auch sie werden als Textarbeit verbucht. *Die Arbeit versteht 'schon' die Theorie als Arbeit am Text!* Dies bedeutet nicht, dass es keinen Unterschied zwischen der Modellierung der Theorie und den konkreten Textanalysen gibt, dieser Unterschied wird deutlich werden, es bedeutet jedoch, dass es keine substanzielle Trennung zwischen dem gibt, was man Theorie und Praxis nennt. *Die Theorie ist immer schon Praxis*: Praxis als Theorie und Theorie als Praxis. Die übliche und schlicht naive Vorstellung, dass es im ersten Teil einer Arbeit zur Konzeptualisierung einer Theorie und im zweiten Teil, nun an den Texten, zu ihrer Anwendung komme, wird also dekonstruiert. Die Theorie ist immer die Anwendung (Praxis) ihrer selbst auf *ihr* Beschreibungsobjekt. Sie ist immer auch die Theorie der Anwendung, nie wendet die Praxis eine Theorie (einfach) an. Es gibt keinen Unterschied zwischen Theorie und Praxis, sondern allein Unterschiede zwischen den Praxen in dem Sinne, dass die Textanalyse auf anderer Abstraktionsebene das weiterführt, was die Theorie schon angefangen hat – und dies muss freilich auch umgekehrt gelten. Also: *Theorie ist Textarbeit und Textarbeit ist Theorie* oder: Theorie wird unter Textarbeit verbucht und Textarbeit wird unter Theorie verbucht.[12] Dies lässt sich freilich so nur sagen, wenn die Theorie genau das Theorie-Design und genau das Text- und Werkbegriff-Design entwickelt, das es erlaubt, so und nicht anders über Theorie und Text, Theorie und Textanalyse und Theorie und Praxis zu reden. Wir befinden uns hier mitten in autologischer Argumentation (vgl. WG: 7ff).

---

[11] Diese Unterscheidung geht zurück auf FINK, Eugen 1976: Operative Begriffe in Husserls Phänomenologie (1957). In: Ders., Nähe und Distanz. Phänomenologische Vorträge und Aufsätze. Freiburg/München, 180-204. In meinem Sinne wird eine Beobachtung logistisch sensibel, wenn sie zwischen thematischen und operativen Begriffen unterscheiden kann.

[12] Dies bedeutet jedoch nicht, wie schon gesagt, dass sich das eine mit dem anderen verwechseln lässt, dass das eine ununterscheidbar vom anderen wird. Theorie und Textarbeit in dem hier skizzierten Sinne sind auf verschiedenen, deutlich von einander abgehobenen Abstraktionsebenen angesiedelt und in diesem Sinne leisten sich auch Verschiedenes innerhalb des Wissenschaftssystems.

Die Arbeit modelliert ihre Modellierung von Theorie und Praxis, Objekt- und Metaebene, Beobachtung und Beobachtungsobjekt so, dass ihr Beobachtungsobjekt – 'experimentelle Prosa' – *exemplarisch* die logistische Matrix von Literatur und literarischer Kommunikation beobachtbar macht. 'Experimentelle Prosa' wird zum *exemplarischen* (vielleicht paradigmatischen) Medium für Literaturtheorie, Literaturwissenschaft, Analyse und Interpretation. Korrelierend argumentiert in diese Richtung auch Engell anhand seiner Filmanalyse:

> Kunstwerke – und keineswegs Kunsttheorien – würden [...] für die Wahrnehmung und, erweitert über das Hier und Jetzt hinaus, für die Anschauung sowie für ihre Medien das leisten, was für die Kommunikation und ihre Formen die Kommunikationstheorie leistet. *Speziell* experimentelle Kunst könnte so verstanden werden; für den Film, meinen eigentlichen Gegenstand, hat Bernhard Lindemann schon vor vielen Jahren entwickelt, experimentelle Filme seien als Filmtheorien oder doch als deren funktionales Äquivalent lesbar.[13]

In diesem Sinne beobachte ich *experimentelle Prosa* als exemplarische (vielleicht paradigmatische) *Literaturtheorie* und als exemplarisches Medium von literaturwissenschaftlicher Medientheorie (sensu Jahraus) oder zumindest als Medium, um exemplarisch metatheoretisch das Verhältnis von Theorie und Praxis beobachtbar machen zu können. Entscheidend ist nun, methodisch gesehen, dass es im Hinblick auf Becker, Bayer und Mayröcker nicht um strukturalistische Analysen oder hermeneutische Interpretationen der einzelnen Werke gehen wird, sondern um das Herausstellen der hier postulierten Exemplarität. Indem auf die *basalen* Konstellationen von Sinn-, Literatur- und Wirklichkeitskonstitution rekurriert wird (Logistik, strukturelle Kopplung, symbolische/soziale Systemreferenz) soll auf hohem Abstraktionsniveau die komplette logistische Matrix von Sinn-, Literatur- und Wirklichkeitskonstitution beobachtbar werden. Indem solchermaßen Literatur via 'experimenteller Prosa' beobachtet wird, werden nicht einfach sprachliche Gebilde ('Texte') beobachtet, sondern die gesamte Sinndimension unserer Wirklichkeit. Im Hinblick auf diese basale Dimension spreche ich deshalb auch von einer Systemtheorie 'experimenteller Prosa'. Indem via 'experimenteller Prosa' die Logistik von Literatur und literarischer Kommunikation beobachtet wird, wird eine reflexive literaturwissenschaftliche Perspektive angepeilt, die erkennt, *dass sie ihr sprachtheoretisches Paradigma um ein kognitionstheoretisches (Bewusstsein), ein soziologisches (Kommunikation) und ein medientheoretisches (strukturelle Kopplung) erweitern muss*. Dabei ist es weder so, dass eine 'Theorie' erarbeitet wird, um besonders gut bestimmte (oder alle) Texte analysieren und interpretieren zu können, noch dienen die Texte einfach als Mittel, um theoretische Prä-

---

[13] ENGELL, Lorenz 2002: Form und Medium im Film. In: J. Brauns (Hg.), Form und Medium. Weimar, 155-166, 157. – Bei Lindemann heißt es: „Experimentalfilme sind also nicht als Filme, sonder [sic] als Theorien über Film, als Meta-Filmsprache zu verstehen." Ihm geht es darum, „mithilfe des Films den Film zu beschreiben" (beide Zitate LINDEMANN, Bernhard 1977: Experimentalfilm als Metafilm. Hildesheim, New York, 11 und 1).

missen zu bestätigen, vielmehr kann an den Texten exemplarisch abgelesen werden, wie sich das komplexe Verhältnis von Theorie und Text überhaupt entfalten kann. Theorie und Textbeobachtung konturieren sich wechselseitig. Dabei ist es nicht wichtig, möglichst viele Aspekte der Texte in den Blick zu bekommen, sondern nur die, die signifikant logistisch relevant sind. Mithilfe der Texte (als Medien und Gegenstand) etabliert sich die Arbeit als literaturwissenschaftliche Medientheorie. Und es soll nicht überraschen, wenn in der gesamten Arbeit, also auch dort, wo konkret die Texte Beckers, Bayers und Mayröckers in den Blick kommen, die Relationierung von Objekt- und Metaebene im Mittelpunkt steht. Es geht also nicht um den (system)theoretischen Durchgriff auf die Texte (sensu Werber), sondern um die Etablierung von Theorie und Texten entlang von Texten.[14] Die Arbeit wird deshalb auf einem hohen Abstraktionsniveau argumentieren. Wenn die Beobachtung der logistischen Matrix von Literatur und literarischer Kommunikation via Beobachtung von 'experimenteller Prosa' angepeilt wird, so geht es vornehmlich um Begriffe wie Literatur, Text, Werk, Medium, Form, Beobachtung, Kommunikation, Identität u. ä. m. Die 'immanente Poetik' der Werke ist immer nur im Hinblick auf die logistische Ebene relevant, ebenso wie alle literaturhistorischen Aspekte.[15] Das heißt nicht, dass diese Aspekte unwichtig sind (im Falle von Bayer sind sie beispielsweise sehr wichtig), sondern dass sie immer im Hinblick auf die basalen Fragen fokussiert werden.

Die Studie modelliert ihr Konzept von Theorie und Praxis mithilfe systemtheoretischer Parameter, wobei insbesondere die 'Bielefelder Luhmannschule' das notwendige theoretische Rüstzeug liefert. Um das systemtheoretische Design nicht nur zu betrachten und zu verwenden, sondern es auch mit- und weiterzugestalten, werden dekonstruktive Argumentationsfiguren ins Spiel gebracht. Es geht darum, dekonstruktiv aufgerüstet, nicht nur mit der Systemtheorie, sondern vor allem auch an der Systemtheorie zu arbeiten. In diesem Zusammenhang wird später von einer *systemtheor(h)et(or)ischen Perspektive* die Rede sein. Die Arbeit geht hierbei davon aus, dass nicht trotz vorhandener unterschiedlicher Theorie- und Differenzauffassungen von Systemtheorie und Dekonstruktion, sondern gerade im Kontext einer wechselseitigen Befruchtung und Komplementarität eine gemeinsame differenztheoretische Argumentation etabliert werden kann. Dabei wird nicht an der Fusion dieser beiden Supertheorien gearbeitet, sondern an der Beobachtung möglicher Synergieeffekte im Rahmen gemeinsamer Problemkonstellationen und gemeinsamer Unterschiede im Hinblick auf vergleichbare Objektgegenstände. Ihren entscheidenden Konvergenzpunkt finden diese beiden korrelierenden und divergierenden Theorien in ihrer auf gleicher Abstraktions-

---

[14] Vgl. zur Durchgriffs-Figur WERBER, Niels 1992: Literatur als System. Zur Ausdifferenzierung literarischer Kommunikation. Opladen, 103.
[15] Zum Begriff 'immanente Poetik' siehe in Bezug auf Blumenberg PAULER, Thomas 1992: Schönheit und Abstraktion. Über Gottfried Benns 'absolute Prosa'. Würzburg, 11f.

höhe ablaufenden Positionierung diesseits von Paradoxien im Zuge von vergleichbaren *Intellektionsbewegungen*.[16]

*Vorgehensweise*

Wenn die Arbeit entlang 'experimenteller Prosa' die logistische Matrix von Literatur und literarischer Kommunikation in den Blick bekommen möchte, so muss sie verschiedene Abstraktionsebenen durchschreiten. Eine reflexive Literaturwissenschaft, die als *Theorie immer schon Praxis ist*: Praxis als Theorie und Theorie als Praxis, muss dabei die Größen, die sie für die Beobachtung von 'experimenteller Prosa' einsetzt, nicht nur verwenden, sondern sie muss auch darstellen, wie(so) sie gerade diese Größen für diese Beobachtung verwendet. Eine Systemtheorie 'experimenteller Prosa' muss ihre thematischen und operativen Begriffe offen legen. Diese Offenlegung erfasst vier Abstraktionsebenen:

1. Basale epistemologische und theoretische Überlegungen, die noch nicht den Bereich der Literatur erfassen und als syntaktische Matrize einer reflexiven Literaturwissenschaft beobachtet werden (Kommunikation, Medium/Form, L(og)ist(ik) der De-Präsentation, strukturelle Kopplung, Sinn-Formen, Narrativität)
2. Grundsätzliche Fragen nach den Prämissen von Literatur und literarischer Kommunikation (Zuschreibungsästhetik, Artefakt/ästhetisches Objekt, Text, Werk, symbolische/soziale Systemreferenz)
3. Narrativitätstheoretische und narratologische Fragestellungen sowie die Engführung auf 'experimentelle Literatur', 'experimentelle Prosa' und das Sinn-Schema narrativ/a(nti-)narrativ
4. Die Beobachtung von 'experimenteller Prosa' in Form von drei konkreten Werken (Konrad Bayer, Jürgen Becker, Friederike Mayröcker).

Die Arbeit wird diese vier Abstraktionsebenen nicht linear durchschreiten, sondern streckenweise ineinander verschachteln, dies deshalb, weil sich viele Thesen und Beobachtungen erst im jeweils problemorientiert erfolgten Ebenenwechsel formulieren lassen. Die gleichzeitige Trennung und Verschachtelung der Abstraktionsebenen soll entlang einer logistischen Dreierbewegung sichtbar werden:

---

[16] In diesem Sinne reiht sie sich meine Arbeit in folgenden Argumentationsdiskurs ein, der auf hohem Niveau den Wert und Nutzen der Beobachtung von Gemeinsamkeiten und Unterschieden von Systemtheorie und Dekonstruktion auslotet: BINCZEK, Natalie 2000: Im Medium der Schrift. Zum dekonstruktiven Anteil in der Systemtheorie Niklas Luhmanns. München; STÄHELI, Urs 2000: Sinnzusammenbrüche. Eine dekonstruktive Lektüre von Niklas Luhmanns Systemtheorie. Weilerswist; JAHRAUS, Oliver 2001a: Theorieschleife. Systemtheorie, Dekonstruktion, Medientheorie. Wien. – Für eine diesbezüglich ausführliche und detaillierte Auseinandersetzung siehe GRIZELJ, Mario 2006a: Listige Theorie. Systemtheor(h)et(or)ische In(ter)ventionen. Ms. München.

*Präfigurationen, Konfigurationen, Refigurationen*. Damit wird markiert, dass die Beobachtung der logistischen Matrix von Literatur und literarischer Kommunikation eine sich ständig wandelnde, sich ständig transformierende und sich ständig re-justierende Beobachtung ist. Die Beobachtung der Literatur-Logistik wird in den drei Durchgängen (Präfiguration, Konfiguration, Refiguration) jeweils als Beobachtung der Literatur-Logistik konstituiert und gleichzeitig immer auch iteriert (identifiziert und verändert). Solchermaßen drückt die Arbeit in ihrem Gesamtaufbau aus, dass die logistische Matrix von Literatur und literarischer Kommunikation keine feste und starre Figuration, sondern die permanente Bewegung des Prä-, Kon- und Refigurierens ist.

*Kapitel 1* diskutiert, wieso eine reflexive Literaturwissenschaft Literatur allein im Zuge einer Zuschreibungsästhetik und entlang nominalistischer Literatur-Definitionen beobachten kann. Wenn die Metakommunikation die Einheit der Differenz von Meta- und Objektkommunikation ist, dann nur im Modus des Nominalismus.

*Kapitel 2* (logistische Präfigurationen) verschachtelt die beiden ersten Abstraktionsebenen ineinander und diskutiert damit die epistemologischen und literaturtheoretischen Prämissen einer reflexiven Literaturwissenschaft. Dabei soll zum einen deutlich werden, wie eine systemtheoretisch orientierte reflexive Literaturwissenschaft im Zuge der Beobachtung von Literatur und literarischer Kommunikation konstitutiv auf die Größen Text und Werk angewiesen ist. Hierzu wird die Arbeit auf verschiedene literaturwissenschaftlich schon etablierte Text- und Werkmodelle eingehen und sie, das ist dann entscheidend, mit der basalen medialen Figur der Medium/Form-Unterscheidung korrelieren. Erst im Zuge dieser Korrelation wird sichtbar, wieso die Differenz von Text und Werk literaturkonstitutiv ist. Zum anderen wird schon hier die Basis für die spätere These gelegt, dass 'experimentelle Prosa' mit der Re-Markierung der Sinn-Form Narrativität die strukturelle Kopplung von Bewusstsein und Kommunikation re-justiert. Dabei rückt die Beobachtung in den Vordergrund, dass die strukturelle Kopplung von Bewusstsein und Kommunikation die fundamentale Unterscheidung nicht nur der Systemtheorie, sondern auch einer Medientheorie und schließlich jeder (zweiwertigen und dualistischen) Epistemologie ist.

*Kapitel 3* (logistische Konfigurationen) liest die Text-Werk-Unterscheidung als Medium/Form-Unterscheidung konkret als Schaltstelle von sozialer/symbolischer Systemreferenz und von Bewusstsein/Kommunikation. Erst so sind Text und Werk nicht nur präfigurierende Größen der literarischen Kommunikation, sondern greifbare Formen einer literaturwissenschaftlichen Konstellation. Dann wird Narrativität als Sinn-Form beobachtet.[17] Dabei dient das Narrativitäts-Paradigma als Schnittstelle, indem es als Sinn-Form (erste Abstraktionsebene), als

---

[17] Als Sinn-Form wird eine jeweils konkrete sinnhafte mediale Manifestation der strukturellen Kopplung von Bewusstsein und Kommunikation verstanden (s.u.).

Nexus von symbolischer und sozialer Systemreferenz (zweite Abstraktionsebene) und als Basis eines narratologischen Modells (dritte Abstraktionsstufe) beobachtet wird. Als diese Schnittstelle dient Narrativität dazu, logistische Momente auch in konkreten Werken sichtbar zu machen und die Theorie als Praxis in den Durchläufen durch die einzelnen Werke zu operationalisieren (vierte Abstraktionsebene). Schließlich muss eine reflexive Literaturwissenschaft im Zuge ihrer Metakommunikation ihre Objektkonstitution ausstellen und diskutieren. Dabei wird dargestellt, wie im Anschluss an und in Abgrenzung von fachwissenschaftlichem Beschreibungsbestand 'experimentelle Literatur' und 'experimentelle Prosa' beobachtet und logistikrelevant eingesetzt werden. Dabei wird sich die Arbeit ihren Objektbereich ('experimentelle Prosa') über das Sinn-Schema narrativ/a(nti-)narrativ konstituieren.

*Kapitel 4* (logistische Refigurationen) iteriert und re-markiert die logistiksensiblen Ausführungen im Durchlauf durch die Werke Bayers, Beckers und Mayröckers. Das heißt, dass mit der Hinwendung zu den Werken kein Durchgriff der Theorie auf die Texte indiziert ist, es geht nicht darum, die Theorie auf die Texte anzuwenden, vielmehr wird im Durchlauf durch die Werke die Theorie, das heißt die gesamte Anlage der reflexiven Literaturwissenschaft, refiguriert. Dabei werden Beckers, Bayers und Mayröckers Werke einerseits vor dem Hintergrund der Literatur-Logistik beobachtet und damit alle in einen Fokus gerückt, andererseits sollen aber auch Momente sichtbar werden, die jeweils nur für Bayer, Becker und Mayröcker relevant sind. Es geht im Zuge der Vergleichbarkeit von Differenzialität um das vergleichbar Verschiedene.

Die Arbeit ist multidirektional angelegt: Neben der Diskussion zentraler systemtheoretischer Theorieelemente liefert sie in expliziter Auseinandersetzung mit der literaturwissenschaftlichen Fachtradition Beiträge zur Text- und Werkforschung, zur Literaturtheorie, zum Selbstverständnis und der medientheoretischen Sensibilität von Literaturwissenschaft, zum Narrativitätstheorem im Allgemeinen und zu narratologischen Modellbildungen im Besonderen, zum Experiment-Begriff in der Literatur, zur experimentellen Literatur der 60er bis 80er Jahre des vorigen Jhds., zur experimentellen Prosa sowie zur Bayer-, Becker- und Mayröckerforschung. Maßgeblich relevant ist dabei, dass die Arbeit auch für weniger theorieinteressierte Leser selbständige Forschungsbeiträge zu den Autorphilologien anbieten möchte.

Die Beobachtungen der Arbeit werden in einer *Thesenkaskade* veranschaulicht. Diese Thesenkaskade ist dabei sowohl Kulminationspunkt logistiksensibler Beobachtungen als auch das sich stets in Revision befindende Medium logistiksensibler Beobachtungen. Um einen Leitfaden für die Lektüre zu geben, werde ich zunächst die Thesenkasade apodiktisch setzen. Verschiedene voraussetzungsvolle Begriffe wie beispielsweise Sinn-Form werden anschließend rückwirkend im Verlauf der Arbeit erklärt. Um die konstitutive Revidierbarkeit der Thesenkaskade sichtbar zu machen, werde ich die Kaskade in Kapitel 3, dann als explizierte

Größe, wieder aufgreifen. Meine Thesen erhalten somit ihre Identität in der Differenz zwischen erster und zweiter Nennung, wobei im Sinne einer reflexiven Literaturwissenschaft diese Identität letztlich nie endgültig etabliert werden kann. Das, was die Arbeit im Zuge metatheoretischer Beobachtungen über sich und ihre Objektbereiche zu sagen hat, ist stets konstitutiv revisions- und remarkierungsanfällig. Die Identität von Objekt- und Metaebene wird permanent verschoben und die Thesenkaskade erhält ihre Identität in nicht stillzustellenden Refigurationsbewegungen.

Nicht zuletzt sei darauf hingewiesen, dass eine logistiksensible reflexive Literaturwissenschaft, die auf verschiedenen Abstraktionsniveaus argumentiert, nicht umhin kommt, die Lesenden zu ermuntern, sich auf die Verfremdungsbewegungen systemtheoretischen (und dekonstruktiven) Argumentierens einzulassen. Ich hoffe, dass die folgenden Überlegungen nicht allein ein gewisses Maß an abstraktem Denken den Lesenden abverlangen, sondern auch argumentationslogische Möglichkeiten anbieten, sich der Faszination theoretischen und abstrakten Denkens lustvoll hinzugeben, denn: „Abstraktion ist ein 'kreativer' Akt; er besteht darin zu fragen, wie die Welt aussähe, wenn man sie so und so beschriebe. Theorien müssen auf Abstraktionen fußen."[18]

*Zur Zitierweise:*

Bei der ersten Nennung gebe ich die vollständige Literaturangabe an, bei weiteren Nennungen den Namen und nach Bedarf das Jahr mit Seitenangaben in Klammern. Jede Hervorhebung von mir wird als diese kenntlich gemacht, nicht markierte Hervorhebungen gehören zum Originaltext.

## Thesenkaskade

1. Die strukturelle Kopplung (von Bewusstsein und Kommunikation) ist alles, was der Fall ist. – Die Welt ist alles, was die strukturelle Kopplung ist.
2. Alle Unterscheidungen sind Epiphänomene der strukturellen Kopplung.
3. Die Thesenkaskade ist Epiphänomen der Beobachtung von struktureller Kopplung.
4. Sinn-Formen sind Sinn-Schemata, die als Unterscheidungen daherkommen.
5. Sinn-Formen bilden den Nexus von sozialer und symbolischer Systemreferenz.
6. Sinn-Formen sind Medien der strukturellen Kopplung von Bewusstsein und Kommunikation.
7. Literatur ist eine spezifische Sinn-Form.

---

[18] BUNIA, Remigius. Faltungen. Fiktion, Erzählen, Medien. Berlin, 380.

8. Literatur bildet einen spezifischen Nexus von sozialer und symbolischer Systemreferenz.
9. Literatur ist ein spezifisches Medium der strukturellen Kopplung.
10. Literatur lässt sich als die Einheit der Unterscheidung Text/Werk beobachten (bzw. ohne die Unterscheidung Text/Werk gibt es keine Literatur).
11. Die Unterscheidung Text/Werk ist ein spezifisches Sinn-Schema.
12. Das Sinn-Schema Text/Werk bildet einen spezifischen Nexus von sozialer und symbolischer Systemreferenz.
13. Das Sinn-Schema Text/Werk realisiert auf spezifische Weise die strukturelle Kopplung.
14. Narrativität ist ein spezifisches Sinn-Schema.
15. Narrativität bildet einen spezifischen Nexus von sozialer und symbolischer Systemreferenz.
16. Narrativität realisiert auf spezifische Weise die strukturelle Kopplung.
17. Experimentelle Prosa ist entlang der Schemata Text/Werk und narrativ/a(nti-)narrativ eine Sinn-Form.
18. Experimentelle Prosa bildet einen spezifischen Nexus von sozialer und symbolischer Systemreferenz.
19. Experimentelle Prosa realisiert auf spezifische Weise die strukturelle Kopplung.

# 1. Voraus-*Setzung*: Was / wann / wie 'ist' Literatur?

Im Folgenden geht es nicht um eine breit angelegte Diskussion bezüglich der (Un)Beantwortbarkeit dieser Fragenkonstellation, sondern um eine argumentative Engführung, die vor dem Hintergrund einer reflexiven Literaturwissenschaft und im Hinblick auf die Systemtheorie experimenteller Prosa relevant ist. Wenn Literatur, wie in der Einleitung schon kurz angedeutet, allein als Moment des Vertrages 'Literatur – Literaturwissenschaft – Literaturtheorie' beobachtbar wird, dann lässt sich argumentieren, dass Literatur konstitutiv Effekt von objektkonstituierenden Beobachtungen ist. Alles, was über Literatur, Literarizität, literarische Kommunikation, Poetizität, Ambiguität, Fiktionalität, Ästhetik, Konnotation, (Nicht-)Pragmatik, Relationalität, Selbstreferenzialität, Konventionen, Abweichungen gesagt wird, wird solchermaßen gesagt, dass Literatur als Epiphänomen dieses Sagens abfällt.[1] Es geht einer reflexiven Literaturwissenschaft darum, das *Definiendum als Definiens* zu beobachten. Jedoch, um so beobachten zu können, muss man sich auf eine strikt nominalistische Figur einlassen, die Rede ist von: 'Verstehen von etwas *als* etwas' (JAHRAUS 2004: 83). Die einfache Frage: Was ist Literatur? gerät so unter Ontologie- und Essentialismusverdacht.[2] Entscheidend

---

[1] Ich beziehe mich bei dieser Aufzählung auf folgende Arbeiten ECO, Umbero 1977: Das offene Kunstwerk. Frankfurt a.M.; JAKOBSON, Roman 1979: Linguistik und Poetik (1960). In: Ders., Poetik. Ausgewählte Aufsätze 1921-1971. Hg. von Elmar Holenstein und Tarcisius Schelbert. Frankfurt a.M., 83-121; ANDEREGG, Johannes 1983: Das Fiktionale und das Ästhetische. In: D. Henrich, W. Iser (Hgg.), Funktionen des Fiktiven. (Poetik und Hermeneutik X). München, 153-172; SCHMIDT, Siegfried J. 1989b: Die Selbstorganisation des Sozialsystems Literatur im 18. Jahrhundert. Frankfurt a.M.; KASICS, Kaspar 1990: Literatur und Fiktion. Zur Theorie und Geschichte der literarischen Kommunikation. Heidelberg; ISER, Wolfgang 1991: Das Fiktive und das Imaginäre. Perspektiven literarischer Anthropologie. Frankfurt a.M.; WERBER, Niels 1992: Literatur als System. Zur Ausdifferenzierung literarischer Kommunikation. Opladen; THÜRNAU, Donatus 1994: Gedichtete Versionen der Welt. Nelson Goodmans Semantik fiktionaler Literatur. Paderborn [u.a.]; RÜHLING, Lutz 1996: Fiktionalität und Poetizität. In: H. L. Arnold, H. Detering (Hgg.), Grundzüge der Literaturwissenschaft. München 25-51; SILL, Oliver 2001: Literatur in der funktional differenzierten Gesellschaft. Systemtheoretische Perspektiven auf ein komplexes Phänomen. Wiesbaden.

[2] Das die *'Was-Frage'* für die Literaturwissenschaft wichtig bleiben kann, ohne essentialistische und ontologische Antworten liefern zu müssen, zeigen die folgenden beiden Bände: GRIMM, Thomas 2000: Was ist Literatur? Versuch einer Explikation des erweiterten Literaturbegriffs. Neuried und GOTTSCHALK, Jürn / Tilman KÖPPE (Hgg.) 2006: Was ist Literatur? Basistexte Literaturtheorie. Paderborn. Siehe dort zur Wichtigkeit der Was-Frage v.a. KÖPPE, Tilmann 2006: „Was ist Literatur?". Bemerkungen zur Bedeutung der Fragestellung. In: GOTTSCHALK/KÖPPE: 155-174. Dort auch seine für uns relevante These: Man muss zeigen, „daß man verschiedene Interpretationen der Frage 'Was ist Literatur?' unterscheiden muß und daß jede dieser Frageversionen eine spezifische Antwort verlangt" (ebenda: 155). Ob diese Frage beantwortbar ist, hängt sensu Köppe nicht von der Frage selbst, sondern davon ab, *wie* man diese *Was*-Frage stellt. Die Pointe von Köppe ist dabei,

ist, dass mit dieser nominalistischen Figur kein weiteres Modell der Literaturkonstitution (à la Anderegg, Sill, Werber, Eco usw.) geliefert wird, sondern das logistische Moment des Objekt-Konstituierens selbst in den Blick kommt. Es geht um eine andere Abstraktionsstufe, die die infrastrukturelle Möglichkeit, überhaupt von Objekt-Konstitution (hier: Literatur-Konstitution) sprechen zu können, beobachtbar macht.

Die Figur des 'Verstehen von etwas *als* etwas' ist die fundierende theoretische und epistemologische Prämisse aller post-ontologischen und post-essentialistischen Theorien und Wissenschaften. Dabei ist die Argumentationsrichtung wichtig: Nicht etwas, beispielsweise Literatur, wird als Phänomen der Welt, sondern ein Phänomen der Welt wird beispielsweise als Literatur beobachtet (vgl. JAHRAUS 2004: 62, 83ff. und 235f.). Somit gilt:

> Wenn denn Literatur nicht anders als in solchen als-Formeln zu bestimmen ist, so schließt dies ja keineswegs aus, dass Literatur eben auch als Literatur bestimmt wird. [...] Denn das 'Literatur als Literatur' nicht eine besondere ontologische Qualität oder Dimension von Literatur meint, zeigt sich daran, dass diese *Zuschreibungen* erst von der Literaturwissenschaft vorgenommen werden können und müssen. Die literarische Qualität als Konstituens von Literatur im Sinne eines Gegenstandes der Literaturwissenschaft zu bestimmen, ist also ebenso ein Konstitutionsakt wie jede andere Konzeptionalisierung. Das spezifisch Literarische besitzt Literatur nicht im Sinne einer objektiven und ontologisch vorgängigen Qualität, die nachträglich philologisch nur offen gelegt und rekonstruiert werden müsste, vielmehr ist diese Qualität ihrerseits Produkt und Effekt der angeblichen Offenlegung und Rekonstruktion. Das philologische Beschreibungsinventar, das dabei zum Einsatz kommt, erfasst in seinem Raster eben solche Qualitäten, die intrinsisch dem vorgeblichen Gegenstand – eben philologisch – *zugeordnet* werden (ebenda: 84, meine Hervorhebung, MG).[3]

Dies bedeutet erstens, dass *alle* Beobachtungen und Definitionen von Literatur Objekt-Konstitutionen entlang der Figur 'Verstehen von etwas *als* etwas' sind und dass zweitens Literatur (wie jedes andere beobachtete Phänomen) allein und konstitutiv nominalistisch definierbar und beobachtbar ist. Ganz im Sinne meiner Arbeit liefert Rotheimer eine vorbildliche systemtheoretisch orientiere Interpretation von Kafkas Erzählung *Josefine, die Sängerin oder das Volk der Mäuse* (1924), indem er die Erzählung so systemtheoretisch konstituiert (!), dass die Erzählung als Medium dient, nicht nur über die Erzählung zu reden, sondern auch darüber, wie qua Interpretation zuallererst die Unterscheidung von Text und Interpretation konstituiert wird. Die Unterscheidungen Innenseite/Außenseite des Textes, Objekt-/Metaebene, Symbolsystem Literatur/Sozialsystem Literatur, Interpretation/Text, Literatur/Nicht-Literatur, Kunst/Nicht-Kunst werden de/kon-

---

    dass man zwar nicht die 'Sache Literatur', wohl aber den 'Ausdruck Literatur' definieren kann (siehe ebenda: 168ff.).

[3]  Zur Figur des 'Sehen-als' siehe auch GRIMM: 242-256, der vornehmlich entlang der Unterscheidung perzeptuelles/konzeptuelles Sehen argumentiert.

struiert, indem qua Interpretation Kafkas Text selbst als Moment dieser De/Konstruktion gedeutet wird. Rotheimers Analyse ist autoperformativ, indem sie in ihrer Verwendung systemtheoretischer Unterscheidungen Kafkas Text als autoperformativen Text im Sinne einer De/Konstruktion der Unterscheidung Objekt-/Metaebene liest und dadurch das vollführt, was sie behauptet: dass Kafkas Text paradigmatisch die Unterscheidungen Innenseite/Außenseite des Textes, Objekt-/Metaebene, Symbolsystem Literatur/Sozialsystem Literatur, Interpretation/Text, Literatur/Nicht-Literatur, Kunst/Nicht-Kunst de/konstruiert. Rotheimers Text kann man solchermaßen paradigmatisch als Re-Konstruktion der Figur 'Verstehen von etwas *als* etwas' bzw. der Figur *Definiendum als Definiens* beobachten. Rotheimers Text ist paradigmatisch reflexive Literaturwissenschaft. Es wird nicht nur behauptet, dass 'nur Literaturtheorie die Frage nach der Literatur als Literatur stellen kann', dies wird vielmehr auch vollführt. Rotheimers Text ist Analyse und Theorie in einem, Theorie als Analyse und Analyse als Theorie.[4]

Die hier dargestellte Problematik wird von Bode sehr prägnant auf den Punkt gebracht, indem verschiedene Abstraktionslagen der Beschreibung von Literatur – Theoriedesign und empirische Beobachtung – kurzgeschlossen werden.[5] Wenn man sich tatsächlich von einer Beschreibung der Literatur verabschiedet, die von objektiven Texteigenschaften ausgeht und konsequent umschaltet auf Nominalismus und Zuschreibung, so muss man dennoch fragen, wieso Literatur und Literaturtheorie über weite Strecken immer noch so operieren, als ob es eine literaturspezifische Morphologie der Texte gäbe. Texte, die als literarisch beobachtet werden, können „in der überwältigenden Mehrzahl der Fälle" (BODE: 367) durchaus mithilfe einer Deviationsästhetik bestimmt werden. Dieses Dilemma versucht Bode mithilfe einer pragmatischen Lösung zu umgehen. Nachdem Bode Literatur als „sozio-kulturelle[] Institution", als „sich wandelnde[n] fait social" (ebenda: 348) bestimmt hat, fragt er

---

[4] ROTHEIMER, Andreas 1999: Kunst am Nullpunkt? oder Die Auferstehung des Interpreten. Eine systemtheoretisch inspirierte (Re-)Konstruktion von Kafkas Erzählung *Josefine, die Sängerin oder Das Volk der Mäuse*. In: O. Jahraus, B. Scheffer (Hgg.), Interpretation, Beobachtung, Kommunikation. Avancierte Literatur und Kunst im Rahmen von Konstruktivismus, Dekonstruktion und Systemtheorie. (= Internationales Archiv für Sozialgeschichte der deutschen Literatur. 9. Sonderheft). Tübingen, 67-112. – Indem Rotheimer Kafkas Erzählung *Josefine* als Interpretation der Interpretation und als Thematisierung und Vollzug von Literarizität und Künstlerschaft *interpretiert*, schafft es, in einem Zuge sowohl den Text zu analysieren und zu interpretieren als auch die allgemeine Frage 'Was / wann / wie 'ist' Literatur?' zu diskutieren. – Zu Kafkas *Josefine* und zu Rotheimers Interpretation vgl. auch das lesenswerte Kapitel III in ORT, Nina 2007: Reflexionslogische Semiotik. Zu einer nicht-klassischen und reflexionslogisch erweiterten Semiotik im Ausgang von Gotthard Günther und Charles S. Peirce. Weilerswist.

[5] BODE, Christoph 1988: Ästhetik der Ambiguität. Zur Funktion und Bedeutung von Mehrdeutigkeit in der Literatur der Moderne. Tübingen.

ob es denn wirklich keinerlei 'objektive' Texteigenschaften gibt, die eine ästhetische Fokalisierung, wenn auch nicht in allen, so doch in den meisten Fällen, auslösen, provozieren oder zumindest nahe legen; ob nicht mit anderen Worten, der eine Text 'objektiv' eher dazu einlädt, ästhetisch rezipiert zu werden, als ein anderer, ob es nicht mehr oder minder deutliche 'objektive' Anlässe für den Akt der Zuschreibung gibt; wie aber, falls ja, solche 'objektiven' Texteigenschaften jenseits der konkreten subjektiven Rezeption zu bestimmen wären [...]; ob nicht, wenn der ästhetische focus und die ästhetische Zuschreibung die entscheidenden Konstituenten des ästhetischen Prozesses sind, auch das vermeinte Ästhetische vollends Entwurf und Projektion des rezipierenden Bewusstseins ist? (ebenda: 363). [6]

Und er gibt auf diese Fragen folgende plausible Antwort:

Wenn auch Literarizität und Ästhetizität eines Textes letztlich durch Zuschreibung und ästhetische Fokalisierung konstituiert werden, so ist es doch in der überwältigenden Mehrzahl der Fälle die für eine gegebene 'artworld'- oder ‚Literatur'-Situation augenfällige Deviation, die die ästhetische Zuschreibung – institutionell und individuell – nahelegt und damit das Vorliegen eines 'objektiven' Kriteriums des 'Ästhetischsein' vortäuscht: Das Ding oder der Text 'sieht so aus', als ob ästhetische Rezeption angesagt wäre. Das vordergründig Auffallende verstellt die tiefere, allgemeingültige Bestimmtheit des Ästhetischen durch Zuschreibung, die durch keine Konditionen gebunden ist (ebenda: 382).

Das heißt Literatur operiert empirisch so, dass oft 'Substanz' vorgetäuscht wird, hingegen aber Konvention (und Nominalismus sensu Jahraus) herrscht (vgl. ebenda: 367). Im Grunde eröffnet Bode mit seinen Ausführungen die Möglichkeit, eine 'Ästhetikhierarchie' aufzustellen. Die Literaturverhältnisse haben sich im Verlauf der Etablierung der funktionalen Differenzierung der Gesellschaft so eingerichtet, dass die nominalistische Zuschreibungsästhetik oder die 'focus-Theorie' der Kunst eine unhintergehbare Größe geworden ist. Sie ist an der Spitze der Hierarchie. Sie ist die prinzipielle, immer letzte Instanz hinsichtlich der Bestimmung von Literatur. Dies bedeutet theoretisch gesehen: Immer wird *jede* Definition von Literatur nominalistisch eingeholt gewesen sein. *Immer* ist *konstitutiv* die 'Verstehen-von-etwas-*als*-etwas'-Figur involviert und *unhintergehbar*. *Jede* Bestimmung von Literatur – auch eine empirische – ist, basal betrachtet, nominalistisch, da jede Zuschreibungsästhetik konstitutiv nominalistisch ist und jeder

---

[6] Siehe hierzu ausführlich BODE: 208: Bode geht davon aus: „1. Daß der Kunstgegenstand eine Setzung ist, die allerdings nicht [...] auf romantischen 'Wesens'-Vorstellungen fußt, sondern auf der Einsicht in die Institutionalität und Konventionalität von Kunst (Kunst als Vereinbarungsbegriff); 2. daß ein Kunstgegenstand sich nicht notwendigerweise durch ganz bestimmte intrinsische Qualitäten auszeichnen muß, in deren Folge er zum Kunstgegenstand wird, sondern daß im Gegenteil, es unsere Perspektive und unsere 'Einstellung' ('focus') ihm gegenüber sind, die den Gegenstand erst als Kunstgegenstand entstehen lassen. M.a.W.: 'Kunst' bezeichnet definitiv nicht eine intrinsische Qualität von Objekten, sondern die Art und Weise, wie wir mit ihnen verfahren." In diesem Sinne spricht Bode von einer „focus-Theorie der Kunst, die Ästhetizität als Zuschreibungsphänomen begreift" (ebenda).

Nominalismus konstitutiv als Zuschreibung daherkommen muss. Oder: Die Unterscheidung Objekt-/Metaebene wird immer schon von der Metaebene eingeholt gewesen sein. — Wenn es nicht um die nominalistische Bestimmung von Literatur geht, sondern um die Art und Weise, wie sich Literatur qua Literatur definiert, dann lässt sich an kompatible systemtheoretische Figuren Denken. Es geht um die Frage, wie Systeme sich selbst re-produzieren, indem sie Texte aufgrund ihrer jeweils nur ihnen (den Systemen) eigenen Codierung beobachten und sich aufgrund ihrer selbstkonditionierten Beobachtung als eben diese Systeme konstituieren. Reinfandt bringt es auf den Punkt, indem er die systemtheoretische Figur der *bereichsspezifischen Attribution* ins Spiel bringt. „Die 'bereichsspezifische Attribution' zu einem dieser Systeme [Literatur und Wissenschaft] kann dabei durchaus von Eigenschaften des Textes nahe gelegt werden, wird aber in jedem Fall erst durch das Verstehen, d.h. die Realisierung des Textes als kommunikatives Ereignis nach Maßgabe eines bestimmten Mediencodes, vollzogen".[7] Die Morphologie der Texte legt es aufgrund von eingeschliffenen Beobachtungsbeobachtungen, also aufgrund von sozialen Routinen nahe, einen Text als wissenschaftlich oder als künstlerisch zu beobachten, aber theoriebautechnisch entscheidend ist, dass die Zugehörigkeit eines Textes zu einem der Systeme eben konzeptionell nicht von der Morphologie der Texte, sondern von den jeweiligen Mediencodes der Systeme bestimmt wird. Wichtig ist dabei, dass die Morphologie der Texte, soziale Routinen und die bereichsspezifische Attribution qua Mediencodes eng ineinander verschachtelt sind, dass aber diese Trias 'Morphologie – soziale Routine – bereichsspezifische Attribution' immer schon konstitutiv von der bereichsspezifischen Attribution eingeholt gewesen sein wird.

Gleichwohl wird der Nominalismus der Zuschreibungsästhetik nicht immer von den Produzenten und Rezipienten und von der literarischen Kommunikation angeklickt, wenn es um die Prozessierung von Literatur geht. Bei ihrer Reproduktion und in ihrer Evolution orientiert sich Literatur immer noch vordergründig und empirisch konsequenzlastig, vornehmlich an Deviationsästhetiken und damit zusammenhängend an der Morphologie der Texte. Gerade weil sich die Gesellschaft fortwährend – trotz der komplexen Differenzierungen des Sprachgebrauchs – an einer pragmatischen Normalitätsunterstellung orientiert, ist die Deviationspoetik so effektiv. Sill ist vollkommen zuzustimmen, wenn er feststellt: „Was aber Literatur ist, müssen Beobachter immer wieder neu bestimmen. Und indem sie dies tun, werden ihre Antworten zu partiellen und vorläufigen (SILL: 248). Aber die literarische Kommunikation hat dennoch die Orientierung an den Textpol als organisatorisches Moment etabliert. Der Text (besser: die Innenseite des Textes) und seine Morphologie (bzw. die selbstreflexive Beschrei-

---

[7] REINFANDT, Christoph 1997: Der Sinn der fiktionalen Wirklichkeiten. Ein systemtheoretischer Entwurf zur Ausdifferenzierung des englischen Romans vom 18. Jahrhundert bis zur Gegenwart. Heidelberg, 80.

bung dieser Morphologie durch das Literatursystem) entpuppen sich so als Rekursionsmechanismen der Reproduktion von Literatur.[8] Eine These kann also lauten: Die Morphologie der Texte wird durch die Selbstdefinition und Autokonstitution als das etabliert, was *beispielsweise* entlang der Unterscheidung pragmatisch/nicht-pragmatisch im Rahmen einer Deviationspoetik beobachtet werden kann. Literatur wird (vornehmlich) definiert und konstituiert über eine Deviationspoetik, die Texteigenschaften als 'er-beobachtete' Größen abwirft. Die vordergründig augenfällige Deviation (sensu Bode), die entlang von (er-beobachteten) Texteigenschaften verläuft und die Literaturbeobachtung primär lenkt, ist somit immer schon im Rahmen der Beobachtung der Selbstdefinition und Autokonstitution der Literatur als Epiphänomen einer nominalistischen Zuschreibungsästhetik (ein Pleonasmus) eingefasst gewesen. *Objektive oder empirische Texteigenschaften*, die sich an einer Deviationspoetik ablesen lassen, sind *Epiphänomene einer nominalistischen Zuschreibungsästhetik*. Damit werden die beiden Positionen nicht zu einer Synthese zusammengefasst, vielmehr werden beide Positionen in der Position des Nominalismus und der Zuschreibungsästhetik als Konstituenten von Literaturbeobachtung *beobachtet*. Es kommt zur Form Nominalismus = Nominalismus/Deviationsästhetik. Der Nominalismus ist die Einheit (nicht Synthese!) der Unterscheidung von Nominalismus und Deviationsästhetik. Culler plädiert hingegen für ein Nebeneinaderlassen der Positionen und ein Oszillieren zwischen ihnen. Solchermaßen werden beide Positionen als genuin gesetzt und Literaturbeobachtung wird als genau dieses Oszillieren definiert und es kommt zur Unterscheidung Textmorphologie/Konvention, ohne dass dabei die Einheit der Unterscheidung beobachtbar wird:

> Manchmal weist der Gegenstand Merkmale auf, die ihn zu einem literarischen Gegenstand machen, aber manchmal ist es auch erst der Kontext, der uns dazu bringt, diesen Gegenstand als Literatur zu beobachten. [...] Wir haben hier eine komplizierte Struktur vor uns. Wir haben es nämlich mit zwei unterschiedlichen Perspektiven zu tun, die einander überlappen, sich schneiden, sich aber allem Anschein nach nicht zu einer übergeordneten Synthese fügen lassen. Wir können uns literarische Werke als Sprache mit besonderen Eigenschaften bzw. Merkmalen vorstellen, und wir können uns Literatur als das Produkt von Konventionen und einer bestimmten Art der Aufmerksamkeitszuwendung vorstellen. Keine der beiden Perspektiven schließt die andere überzeugend ein, vielmehr muss man beide zugleich im Auge behalten.[9]

---

[8] JAHRAUS 2004: 116f. unterscheidet zwischen der „Textualität des Textes" (textintern) und einem Bereich „jenseits der textuellen Verfassung des Textes" (textextern), um dann folgende Definition aufstellen zu können: *„Das Literarische am literarischem Text muss eine textuelle Qualität sein, die transtextuell, also über den Text hinaus wirkt."* Dabei geht es ihm um „integrative Modelle", die entlang der Unterscheidung „Textualität und Transtextualität" zeigen, „dass nicht-sprachliche Qualitäten der Literatur nicht sprachunabhängig existieren können."

[9] CULLER, Jonathan 2002: Literaturtheorie. Eine kurze Einführung. Stuttgart, 43f.

Es geht Culler darum, sich „zwischen Alternativen hin- und herbewegen [zu] müsse[n], die man einerseits nicht vermeiden kann, die sich aber andererseits auch keiner Synthese zuführen lassen" (ebenda: 173). Eine *reflexive Literaturwissenschaft*, so wie ich sie konzipiere, versteht sich diesbezüglich als eine *integrative Literaturwissenschaft*, da sie nicht nur die Oszillationsbewegung beobachten möchte, sondern im Zuge der Formel 'Einheit der Unterscheidung' die Unterscheidung zu operationalisieren versucht. Ich verstehe Literaturwissenschaft als Einheit der Unterscheidungen von Nominalismus/Deviationsästhetik, Meta-/Objektebene, Beobachtung/Textmorphologie, textintern/textextern, symbolische/soziale Systemreferenz. Die Frage was / wann / wie Literatur 'ist', kann somit nur beantwortet werden, wenn diese Einheit der Unterscheidung als Medium der Antwort dient.

Nachdem nun kurz dargelegt wurde was Literatur wann wie (nicht) 'ist', wird in den nächsten Kapiteln die Arbeit ihre nominalistische Beobachtung von Literatur so zuschneiden, dass die Thesenkaskade expliziert werden kann. Diese hier dargestellten Voraus-*Setzungen* sind nicht Voraus-*Setzungen* der Literatur (Objektebene), sondern Voraus-*Setzungen* des Beobachtens von Literatur (Metaebene) und als solche ein wichtiger Vorlauf für die nun folgende systemtheoretische Konzipierung von Text, Werk, literarischer Kommunikation, struktureller Kopplung und experimenteller Prosa.

# 2. Logistische Präfigurationen

## 2.1 Was 'ist' Kommunikation?

Wenn (sensu Luhmann) ein System als eine ereignisbasierte, prozesshafte Differenzbildung angesehen wird, kommt man gleichwohl nicht umhin zu fragen, was denn die Elemente des Systems sind oder genauer: Mithilfe welcher ereignisbasierter Elemente prozessiert das System, um sich als System zu reproduzieren? Da es sich beim Literatur-System um ein Kommunikationssystem handelt, ist die Antwort auf hoher Abstraktionsebene zunächst recht einfach: Die Letztelemente eines jeden Kommunikationssystems sind Kommunikationen und nicht etwa Gedanken, Wahrnehmungen (wie beim psychischen System) oder Materialien. Wenn die Argumentation jedoch auf ein konkreteres Niveau gebracht wird, ergeben sich komplexere Verhältnisse, ja, Probleme. Zunächst ist es unumgänglich, kurz Luhmanns Kommunikationsbegriff zu fokussieren und zwar so zu fokussieren, dass er für die literaturwissenschaftliche Anwendung relevant werden kann.

Krämer legt dar, dass Luhmanns Kommunikationsbegriff drei entscheidende Züge aufweist:[1] 1. *Kommunikation ist kein Mitteilungshandeln.* Kommunikation kommt nur dann zustande, wenn die drei Selektionen Information, Mitteilung und Verstehen prozessiert werden:

> Keine dieser Komponenten kann für sich allein vorkommen. Nur zusammen erzeugen sie Kommunikation. Nur zusammen – dass heißt nur dann, wenn ihre Selektivität zur Kongruenz gebracht werden kann. Kommunikation kommt deshalb nur zustande, wenn zunächst einmal eine Differenz von Mitteilung und Information verstanden wird. [...] Im Verstehen erfasst die Kommunikation einen Unterschied zwischen dem Informationswert ihres Inhalts und den Gründen, aus denen der Inhalt mitgeteilt wird. [...] Sie ist aber immer darauf angewiesen, daß beides [Information und Mitteilung] als Selektion erfahren und dadurch unterschieden wird. [...] Wenn und soweit diese Trennung der Selektionen nicht vollzogen wird, liegt eine bloße Wahrnehmung vor.[2]

Es ist im Endeffekt das Verstehen, das die Kommunikation (nicht vollendet, sondern) überhaupt erst als solche erzeugt.[3] Wenn die Kongruenz der drei Selek-

---

[1] KRÄMER, Sybille 2001: Sprache, Sprechakt, Kommunikation. Sprachtheoretische Positionen des 20. Jahrhunderts. Frankfurt a.M., 154-172.

[2] LUHMANN, Niklas 1995c: Was ist Kommunikation? In: Ders., Soziologische Aufklärung 6. Die Soziologie und der Mensch. Opladen, 113-124, 115. Eine sehr prägnante Darstellung von Luhmanns Kommunikationsbegriff und die Anwendung auf Literatur findet sich bei REINFANDT: 65-87; vgl. auch WG: 38 und LUHMANN, Niklas 1984: Soziale Systeme. Grundriß einer allgemeinen Theorie (= SS). Frankfurt a.M., 191-241.

[3] Mit Verstehen ist hier das Erkennen der Unterscheidung von Information und Mitteilung als Anschlussoperation gemeint und nicht das ('richtige') 'Verstehen' (des Inhalts oder Sinns) einer Botschaft. Somit ist auch 'hermeneutisches Missverstehen' immer ein kommunikatives Verstehen, da es zu einer Anschlussoperation via Information/Mitteilung

tionen einmal hergestellt ist, kann Verstehen als Reproduktionsgröße von Kommunikation fungieren: „Damit kann Verstehen im Prozeß der Kommunikation wiederum als Information oder als Mitteilung gehandhabt werden, so daß sich die Kommunikation über das Verstehen selbst reproduziert."[4] Folglich ist schlichtes Mitteilen, also Sprechen, Schreiben, Gestikulieren, Schweigen usw. kein Kommunizieren. Erst wenn anhand dieser Prozesse durch das Markieren der Unterscheidung Information/Mitteilung Verstehen sich einstellt, lässt sich von Kommunikation reden.

Weiter kann man sagen, dass, wenn kommuniziert wird, nichts übertragen wird. Keine Gedanken werden zwischen Kommunikationsteilnehmern ausgetauscht. Es gibt keinen Transfer. Das bekannte Sender-Empfänger-Modell wird ad acta gelegt; nicht Informationen werden ausgetauscht, vielmehr wird qua Verstehen die Selektivität von Information, Mitteilung und Verstehen so zur Kongruenz gebracht, dass mit jedem Anschluss von Kommunikation an Kommunikation Informationen konstituiert werden. Was die Kommunikationsteilnehmer denken, wahrnehmen, intendieren oder als Botschaft markiert wissen wollen, ist für die (Re-)Produktion von Kommunikation irrelevant, da die Kommunikation qua Verstehen allein an Kommunikationen, die an an Kommunikationen anschließende Kommunikationen anschließen, anschließt. Gedanken oder Nachrichten werden nicht übertragen, vielmehr greift „Kommunikation [...] aus dem je aktuellen Verweisungshorizont, den sie selbst erst konstituiert, etwas heraus und läßt anderes beiseite. Kommunikation ist Prozessieren von Selektion" (SS: 194). „Es geht hier keinesfalls um die Übertragung von etwas Vorhandenem, sondern vielmehr um die selektive Schaffung von etwas Mitzuteilendem (einer Information) durch die Kommunikation selbst" (REINFANDT: 67). Kommunikation ist also ein selektiver Wirklichkeitskonstruktionsmodus und kein Mittel zur Mitteilung einer vorgeformten Welt.[5] Hierzu die einschlägige Stelle bei Luhmann: „Keine Kommunikation teilt jemals die Welt mit. Die Kommunikation teilt die Welt nicht mit, sie teilt sie ein in das, was sie mitteilt, und das, was sie

---

kommt. Es gibt in diesem Sinne kein richtiges oder falsches Verstehen; Verstehen ist immer richtig, da dadurch die (Re)Produktion der Kommunikation am Laufen gehalten wird unabhängig von Intentionen, Bewusstseinsinhalten, Motiven, Gefühlen, Botschaften, Konsens oder Dissens. Es geht hier also weder um ein hermeneutisches noch um ein psychologisches Verstehen (vgl. WG: 25).

[4] JAHRAUS, Oliver 2001b: Nachwort. Zur Systemtheorie Niklas Luhmanns: In: N. Luhmann, Aufsätze und Reden. Herausgegeben von Oliver Jahraus. Stuttgart, 299-333, 307.

[5] D. h. beispielsweise, dass ein Text keine 'fertigen' Informationen besitzt, die im Lektüreakt an den Rezipienten übertragen werden sollen, sondern, dass Informationen anhand des Umgangs mit einem Text kommunikativ produziert werden. Gleichwohl darf die Morphologie des Textes – das hat die Darstellung in Kap. 1 gezeigt – nicht in einem konstruktivistischen Kurzschluss gänzlich ad acta gelegt werden. Wichtig ist jedenfalls, dass literarische Texte unter ein spezifisches Licht gestellt werden, wenn man literarische Kommunikation als einen autopoietischen Prozess bezeichnet, der den Texten nichts 'entnehmen' kann, sondern ihnen vielmehr immer etwas 'hinzufügen' muss, nämlich die Sinnbildung selbst.

nicht mitteilt" (WG: 27). In diesem Sinne lässt sich von der Kommunikation als einem autopoietischen System sprechen und die Formel ausrufen, „daß nur die Kommunikation kommunizieren kann" (LUHMANN 1995c: 113). Binczek macht hierbei deutlich, dass es bei Luhmann – wie bei der Derridaschen Dekonstruktion – um die „Demontage der tauschlogischen, personenzentrierten Kommunikationsmodelle" geht, da sich Kommunikanten tauschökonomisch nicht koordinieren lassen (BINCZEK 2000: 232 und 175). Das, was der eine Kommunikant denkt, wird nicht gesendet und vom anderen Kommunikanten empfangen, es findet kein Austausch statt, vielmehr bleibt das, was der/die eine denkt als Gedanke bei ihm/ihr und die Kommunikation emergiert als eigenständiges System selbstreferenziell und autopoietisch entlang der wechselseitigen Intransparenz der Kommunikanten.[6] Damit wird bei Luhmann (und Derrida) ein Kommunikationsmodell etabliert, das Kommunikationsreproduktion konstitutiv ohne personale Handlungs- und Rollenzurechnung funktional sichert (vgl. BINCZEK 2000: 66).

Die Theoreme Autopoiesis und operative Geschlossenheit markieren, dass sich Bewusstseinssysteme weder direkt anzapfen können, noch dass es Überlappungen zwischen Bewusstsein und Kommunikation gibt. Nun besagt das Theorem der strukturellen Kopplung zusätzlich noch, dass Bewusstsein und Kommunikation sich konstitutiv wechselseitig konstituieren, indem sie via Autokonstitution des anderen Systems ihre eigene Autokonstitution (re)produzieren. Die Umwelt des Systems ist conditio sine qua non des Systems, das jeweils systemspezifisch die Unterscheidung System/Umwelt trifft. Fuchs gestaltet die strukturelle Kopplung nun solchermaßen, dass sich „zwei anscheinend widersprechende Momente" verbinden:

> die Unerreichbarkeit des Bewußtseins für Kommunikation und die unabdingbare Voraussetzung von Bewußtsein für Kommunikation. In diesem Spannungsverhältnis situiert Fuchs das katalysatorische Initialmoment für die Emergenz und Konstitution von Kommunikation; [...] (Die Emergenz von) Kommunikation ist also nichts anderes als eine aus der Intransparenz des Bewußtseins resultierende Lückenkonfiguration (JAHRAUS 2003: 244).

Weil also Bewusstseine undurchdringlich füreinander sind, entsteht Kommunikation, die konstitutiv auf die Bewusstseine und ihre Undurchdringlichkeit angewiesen ist. Kommunikation löst allerdings das Problem der Intransparenz der Bewusstseine nicht, indem sie die Bewusstseine transparent macht, sondern in-

---

[6] Gegenüber einem Übertragungsmodell „wird bei einem systemtheoretischen Ansatz die *Emergenz der Kommunikation* selbst betont. Es wird nichts übertragen. Es wird Redundanz erzeugt in dem Sinne, daß die Kommunikation ein Gedächtnis erzeugt, das von vielen auf sehr verschiedene Weise in Anspruch genommen werden kann. Wenn A dem B etwas mitteilt, kann sich die weitere Kommunikation an A oder an B wenden. Das System pulsiert gleichsam mit einer ständigen Erzeugung von Überschuß und Selektion" (LUHMANN 1995c: 117).

dem sie gerade die Intransparenz als ihren (Re)Produktionsmoment verwendet und aufrechterhält. Kommunikation ist in diesem Sinne Intransparenzverwalterin. Auf der Seite der Kommunikation wird via Intransparenz der Bewusstseine füreinander auch die Unerreichbarkeit und Intransparenz der Bewusstseine für Kommunikation konstituiert. Kommunikation emergiert, weil entlang der Intransparenz der Bewusstseine füreinander auch Bewusstsein und Kommunikation in struktureller Kopplung intransparent füreinander sind. Diese beiden Intransparenzen führen nun weiter zu der These, dass in einem wirklich radikalen Sinne Bewusstseine nicht miteinander kommunizieren und dass Bewusstseine – indem sie konstitutive *Umwelten* der Kommunikation sind – *operativ* nichts zur Kommunikation beitragen. Bewusste Operationen sind nicht notwendig, um die Dreierselektion Information, Mitteilung und Verstehen zu konstituieren, diese Selektion wird allein von der Kommunikation konstituiert. Wie gesagt: Die Kommunikation kommuniziert. Bewusstseine sind aber notwendig, damit die Dreierselektion von der Kommunikation konstituiert werden kann. Die Kommunikation kommuniziert – und nur sie –, weil und indem sie Bewusstseine als ihre Umwelt hat, die sich operativ nicht einmischt.

2. *Kommunikation ist ereignisbasiert, sie ist ein Prozess.* Die Kommunikation kann nur dann bewusstseinsfreie kommunizierende Kommunikation sein, wenn sie einen modus operandi eingerichtet hat, der vollkompatibel mit operativer Geschlossenheit und Autopoiesis ist. Oder anders formuliert: In struktureller Kopplung haben Bewusstsein und Kommunikation in wechselseitiger (konditionierter) Koproduktion immer schon einen modus operandi etabliert, der als Epiphänomen struktureller Kopplung die strukturelle Kopplung von Bewusstsein und Kommunikation immer schon etabliert haben wird. Die Rede ist von Prozessualität. Entlang von ereignishafter Prozessualität sind Bewusstsein und Kommunikation operativ geschlossene, autopoietische Systeme, die sich in ihrer wechselseitigen Unerreichbarkeit und Intransparenz als sich wechselseitig konstituierende Systeme konstituieren. Beide haben ereignishafte Prozessualität gemein; sie ist ihre gemeinsame Matrix, ihr gemeinsamer Taktschlag, wobei gerade diese Gemeinsamkeit paradoxerweise zu keiner Überlappung oder Verschmelzung, sondern konstitutiv zu einer Unterschiedenheit führt. Das Gemeinsame ist das Trennende. Mithilfe der sie verbindenden Prozessualität sind Bewusstsein und Kommunikation operativ getrennt. Mithilfe der sie verbindend-trennenden Prozessualität kommuniziert Kommunikation, ohne einen Funken Bewusstsein zu enthalten und mithilfe der sie verbindend-trennenden Prozessualität operiert Bewusstsein (denkt und nimmt wahr), ohne einen Funken Kommunikation zu enthalten.

„Nur solange kommuniziert wird, ist Kommunikation überhaupt" (JAHRAUS 2001b: 308.) Als Ereignis verschwindet sie in dem Moment, in dem sie vorkommt. Sie kann aber qua Retro-Aktivität (vgl. Krämer und Fuchs)[7] mithilfe von vestehensbasierten Anschlussoperationen am Laufen gehalten werden. Retro-Aktivität bedeutet, dass die Unterscheidung Information/Mitteilung vom Verstehen anhand eines gerade entschwundenen Ereignisses abgelesen wird. Information und Mitteilung 'sind' somit immer in der Vergangenheit (= 'Retro'), jedoch werden sie zur Unterscheidung Information/Mitteilung erst qua Verstehen in der Gegenwart gemacht (= 'Aktivität'). Die Vergangenheit ist nicht an sich selbstidentisch, sie benötigt die Gegenwart, um als Vergangenheit 'erscheinen' zu können, ebenso benötigt die 'Gegenwart' ein Folgeereignis, um als die Grenze von vorher/nachher im Moment ihres Gegenwärtigwerdens in die Vergangenheitsform zu entschwinden. Kommunikation etabliert sich somit als ein Netzwerk, das sich selbst über das permanente Lesen von Spuren, die alle erst im Nachhinein konstituiert werden, reproduziert. Information und Mitteilung werden im Verstehen zu Information und Mitteilung und zwar so, wie sie es vorher (so) nie waren. Kommunikation prozessiert in die Zukunft hinein immer mit dem Blick in die Vergangenheit. Auf einer höheren Abstraktionsstufe und im Hinblick auf den Begriff der Operation stellt dies Fuchs prägnant so dar: „Die erste Operation 'ist' immer schon eine zweite, eine nachursprüngliche, die letzte immer die vorletzte" (FUCHS 1995: 22) und weiter:

> Man benötigt den Schatten der Voraktualität, die Spur oder das Echo. Zu fordern ist Hysteresis, ein Trägheitsmoment, das es möglich macht, den 'Nachleuchteeffekt' eines verschwundenen Ereignisses in einem aktuellen Ereignis 'gegenwärtig' zu haben, die aktuelle Resonanz einer Entschwundenheit (FUCHS 1993: 210).

Jede Mitteilung ist also auf ein Folgeereignis und ein Fortfolgeereignis angewiesen, um als Mitteilung registriert werden zu können. Kommunikation (re-)produziert sich, indem die entschwindenden Ereignisse, die gleichsam im Nachhinein als Ereignisse und als entschwindende Ereignisse nach-konstituiert werden, qua Folge- und Fortfolgeereignissen nachvibrieren. Die Kommunikation emergiert mithilfe eines autokonstitutiven retro-aktiven Resonanzbodens. Jedes kommunikative Ereignis besitzt keine Identität an seinem 'Ort des Ereignens', sondern im Nachhinein; es ist Ereignis, indem es in Differenz zu einem Folgeereignis gesetzt wird, das wiederum in Differenz zu einem Folgeereignis gesetzt wird usw. pp. Die Identität des Ereignisses ist differenziell. Indem „kommunikative Ereignisse erst Aposteriori-Konstruktionen darstellen" (JAHRAUS 2003: 246), indem sie ihre Identität retro-aktiv als Post-festum-Identität erhalten, sind Ereignisse immer fehl am Platz, immer atopisch und erhalten ihre Identität aufgrund dieses Fehl-am-Platz-Seins.

---

[7] KRÄMER 2001 und FUCHS, Peter 1993: Moderne Kommunikation. Zur Theorie des operativen Displacements. Frankfurt a.M. sowie FUCHS, Peter 1995: Die Umschrift. Zwei kommunikationstheoretische Studien: „Japanische Kommunikation" und „Autismus". Frankfurt a.M.

Jahraus stellt an diesem Modell insbesondere die sich immer weiter verschiebende *Dreiphasigkeit* heraus (JAHRAUS 2003: 246ff.). Wir haben es mit drei Ereignissen zu tun: das Ereignis, das Folgeereignis, das das Ereignis als Ereignis konstituiert und ihm so seine differenzielle Identität gibt und das dritte Fortfolgeereignis, das nun die Konstitution des ersten Ereignisses durch das zweite Ereignis konstituiert, indem es das zweite Ereignis konstituiert, da auch dieses zweite Ereignis allein differenziell zu identifizieren ist. Weil alle Ereignisse ihre Identität allein differenziell erhalten, ist dieses sich immer weiter verschiebende Phasenmodell konstitutiv notwendig, um Ereignisse beobachten zu können. Dabei kommt es zu folgender Konstellation: „Das Phasenmoment verschiebt sich immer um ein Ereignis, so daß jedes Ereignis im Durchlauf einmal jede Stelle in der Prozeßstruktur einnimmt. Ein erstes Ereignis wird zu einem zweiten, dieses zu einem dritten, usw." (ebenda: 247). Wichtig ist hierbei auch, dass Kommunikation allein entlang von *digitaler* Phasenverschiebung abläuft; indem die Identität von Ereignissen differenziell durch Phasenverschiebung punktiert wird, erhalten Ereignisse ihre Identität als nach-identitäre, aposteriorische digitale Momente. In diesem Sinne lässt sich sagen: Kommunikation ist die differenziell digitale, retro-aktive Dreierselektion von Information, Mitteilung, Verstehen in der Dreiphasigkeit ihrer Prozessualität. Kommunikation ist phasenhafte Ereignishaftigkeit, indem sie retro-aktive Differenzialität ist und vice versa. Dies ist höchstwichtig, da in meiner Konzeption der Text im Unterschied zum Werk als Moment beobachtet wird, das eben nicht durch digital-differenzielle Ereignishaftigkeit, sondern durch analoge Dauer und analoge Überbordnung gekennzeichnet ist. Und es ist auch deshalb höchstwichtig, weil nur solchermaßen die These aufgestellt werden kann, dass der Text allein qua Kommunikation Text ist. Ich komme hierauf zurück.

3. *Kommunikation ist medial.* Luhmanns gesamte Theorie enthält eine – zwar nie voll systematisch ausgearbeitete, aber epistemologisch unhintergehbare – Medientheorie. Alle Momente seiner Systemtheorie lassen sich in der Figur „Form-in-einem-Medium"[8] bündeln. Kommunikationen gibt es nicht als Substanzen, Materialitäten oder Objekte (Texte, Schrift, Bücher, Papyrusrollen o. ä.), sondern immer nur als Formen, die ein Medium zu ihrer Formierung verwenden. Krämer hat wunderbar deutlich gemacht, wie Luhmann dabei das 'alteuropäische' Formenkonzept innovativ überwindet. Form ist für Luhmann nicht mehr eine „zeitinvariante Struktur", sondern ein „ereignishafte[r] Vollzug":

---

[8] KRÄMER, Sybille 1998: Form als Vollzug oder: Was gewinnen wir mit Niklas Luhmanns Unterscheidung von Medium und Form? In: http://userpage.fu-berlin.de/~sybkram/medium/kraemer2.html (11.12.2005), 3. Die Medientheorie als Theorie der Form, 3. Absatz. Dieser Aufsatz ist auch erschienen in: Rechtshistorisches Journal 17 (1998), 558-573.

Form bleibt nicht länger ein Analogon, sei es zum Urbild, zur Struktur oder zum Regelwerk, sondern die Form erwirbt den Status einer raum-zeitlich situierten Operation. Sie wird zur temporalisierten, instabilen, flüchtigen, kontingenten Konkretisierung eines jener Potentiale zur Formbildung, die bereitzustellen Aufgabe eines Mediums ausmacht.[9]

Das Medium ist immer unsichtbar. Es ist strictu sensu unhintergehbar, gleichzeitig jedoch 'nur' Anlass für Formbildung und nicht Substanz o. ä. der Formbildung. Dem Medium werden via Formen verschiedene Aggregatszustände anbeobachtet und die Medium/Form-Unterscheidung ist so gebaut, dass ein metamorphotisches Umkippen von Medium in Form und vice versa ermöglicht wird. Jedes Medium kann mithilfe eines anderen Mediums zur Form und jede Form für andere Formen zum Medium werden. In diesem Sinne sind beispielsweise gerade und geschwungene Linien das Medium für Buchstaben (= Form) und Buchstaben das Medium für den Text (= Form) und dieser wiederum ist das Medium für die (literarische) Kommunikation (= Form) usw.

Dieser hier explizierte Kommunikationsbegriffs ist somit „von aller Ontologie befreit, von aller Materialität entschlackt und von allen technischen, räumlichen oder sozialen Konkretionen abstrahiert".[10] Diese Fokussierung des systemtheoretischen Kommunikationsbegriffs muss in einem nächsten Schritt an die Frage angeschlossen werden: Wie reproduziert sich literarische Kommunikation anhand des Umgangs mit Texten, ohne Texte als ihre Letztelemente ausweisen zu müssen?

Zunächst würde es sich intuitiv anbieten, die Letztelemente des Literatur-Systems als Texte zu bezeichnen. Niemand würde wohl bestreiten, dass Literatur und Literaturwissenschaft es damit zu tun haben, Texte zu schreiben, zu lesen oder zu interpretieren. Aber schon die bisherigen Ausführungen haben gezeigt, dass ein systemtheoretisches Theoriedesign zwar mit Texten hantieren muss, sie aber nicht als Letztelemente literarischer Kommunikation betrachten kann. Warum? Um diese Frage zu beantworten, ist zunächst ein Umweg über die nichtsystemtheoretische Literaturtheorie und -wissenschaft sehr hilfreich.

## 2.2 Was 'ist' ein Text? (I)

„jeder Text ist theoretisch"
(Derrick de Kerckhove).

Wird Literaturwissenschaft aus systemtheoretischer Perspektive betrieben, ist eines der hartnäckigsten und komplexesten Probleme das des Textbegriffs. Wenn

---

[9] KRÄMER 1998: 3. Die Medientheorie als Theorie der Form, 3. Absatz.
[10] FUCHS, Peter 2001: Die Metapher des Systems. Studien zu der allgemein leitenden Frage, wie sich der Tänzer vom Tanz unterscheiden lasse. Weilerswist, 217.

man, wie die *Empirische Literaturwissenschaft* eines Siegfried J. Schmidt, Literatur ausschließlich als auf Aktantenbasis prozessierendes soziales Handlungssystem beobachtet, das Texte als Umwelten der systemischen Größen Kommunikation und Kognition sieht, kommt man nicht umhin, den Texten bzw. dem Textbegriff nur einen marginalen und theoriebautechnisch residualen Charakter zuzuschreiben.[11] Der Text(begriff) fällt aus der Theoriearchitektur heraus und wird nur als ein mögliches Untersuchungsobjekt relevant. Als bloßes Anstoßmoment für die theoretisch konstitutiven Elemente Produzent, Rezipient, Vermittler und Verarbeiter wird der Text(begriff) ein Gegenstand, der die Beobachtung und die theoretische Beschreibung von Beobachtung nicht affiziert.[12] Auch wenn die Systemkonzeption vom handlungsdurchtränkten Aktantenbezug à la Schmidt abgekoppelt und auf die Formel 'Kommunikation kommuniziert' à la Luhmann umgeschaltet wird, kommt es zu einer Unterbelichtung des Textbegriffs. Nun wird das „Verhältnis von (literarischem) Text und (literarischer) Kommunikation" die neuralgische Stelle (JAHRAUS 2001a: 211). Wenn ein Sozialsystem ausschließlich aus an Kommunikationen anschließenden Kommunikationen besteht, dann fällt auch hier der Textbegriff (zunächst) aus der Theorie heraus. Für die Systemtheorie gibt es Literatur bzw. den literarischen Text allein in Form von Kommunikation: „Kommunikation ist das systemtheoretische Nadelöhr, durch das alle literaturwissenschaftliche Applikation hindurch muß. Literatur ist – systemtheoretisch gesehen – immer nur literarische Kommunikation" (ebenda: 222). Dies ist freilich richtig; der (literarische) Text kann immer nur als kommunizierte Größe, die durch Folgeanschlusskommunikationen weiterprozessiert wird, beobachtet werden. Nur das, was kommuniziert wird bzw., dass es kommuniziert wird, ist relevant für ein soziales System, also auch für das Literatur-System. Die zeichentheoretischen und schriftbasierten Merkmale des Textes werden als diese selbst ebenso wie die damit zusammenhängende Frage nach dem „Kommunizierten und seiner zeichenhaften Repräsentation" (ebenda: 224) nur als weitere kommunikative Anschlussselektionen antreibende Momente relevant. Das Zeichenhafte selbst, das Schriftliche selbst, das Semantische selbst eines Textes, so es denn diese 'Selbsts' überhaupt gibt, wird allein in der Übersetzung als Kommunikation beobachtbar, also als es selbst unbeobachtbar. Es muss durch das Nadelöhr der Kommunikation hindurch, wobei dieses Nadelöhr für all dies zu eng ist (vgl. ebenda: 223). Die Kommunikation(stheorie) schält den Text(begriff) auf ein kommunikativ verwertbares Maß. Dabei geht, so scheint es, viel verloren.

---

[11] Vgl. zur Darstellung und Kritik der Empirischen Literaturwissenschaft (ELW) u.a. JÄGER, Georg 1994: Systemtheorie und Literatur. Teil I. Der Systembegriff in der empirischen Literaturwissenschaft. In: IASL 19, 1 (1994), 95-125.

[12] Vgl. hierzu in Bezug auf Norbert Groebens Kritik der ELW ORT, Claus-Michael 1995: Systemtheorie und Literatur. Teil II. Der literarische Text in der Systemtheorie. In: IASL 20, 1 (1995), 161-178, 162f.

Nun haben verschiedene Formen einer systemtheoretisch orientierten Literaturwissenschaft des öfteren versucht, die Kommunikationstheorie so zu (ver)wenden, dass ein Durchgriff auf die Ebene der Texte möglich werden soll (WERBER: 103).[13] In diesem Versuch selbst liegt meines Erachtens jedoch das ganze Problem. Implizit und explizit wird immer wieder die Unterscheidung Text/Kommunikation als eine harte Unterscheidung gebraucht. Auf der einen Seite der semiotische und schriftliche (gar ontologische) Text(begriff) und auf der anderen Seite der operative Kommunikationsbegriff. Und im Hinblick auf eine systemtheoretische Literaturwissenschaft ist dann die Rede von einer notwendigen „zeichentheoretische[n] Nachrüstung" der Systemtheorie (JÄGER 1994: 117). Nimmt man jedoch die operative Kommunikationstheorie ernst, dann ist das Nadelöhr tatsächlich zu eng, aber nur für die zeichentheoretische Nachrüstung, nicht jedoch für den Text(begriff) 'selbst'. Im Folgenden soll das texttheoretische Defizit der Systemtheorie beseitigt werden, allerdings ohne sich dabei nach semiotischen Krücken umzusehen, sondern vielmehr, indem der Text(begriff) konsequent in die Kommunikationstheorie hereingeholt wird. Die Unterscheidung Text/Kommunikation wird als eine kommunikative Unterscheidung gelesen, d. h. als ein Epiphänomen der Kommunikation. Also nicht Kommunikation hier und Text dort, sondern Text/Kommunikation hier, d. h. hier auf der Seite der Kommunikation: $Kommunikation_{[Text/Kommunikation]}$.[14] Der Text(begriff) wird in eine operative Beobachtungstheorie gezogen, jedoch wird dadurch der Text(begriff) als eine theoriebautechnisch konstitutive Größe für eine systemtheoretisch orientierte Literaturwissenschaft operationalisierbar gemacht. *Innerhalb von Kommunikation wird konstitutiv zwischen Text und Kommunikation unterschieden.* Auch wenn der (literarische) Text immer als (literarische) Kommunikation daherkommt, bleibt die Unterscheidung (literarischer) Text/(literarische) Kommunikation konstitutiv erhalten. Es geht also nicht um einen Durchgriff auf die Ebene der Texte – dies impliziert ja, dass Texte irgendwo im 'Draußen' der Nicht-Kommunikation sind – sondern um einen Einschluss der Texte in die Kommunikation. Texte sind solchermaßen die Innenseite der Außenseite der Innenseite. Um dieses Hereinholen des Textbegriffs in eine operative Beobachtungs- und Kommunikationstheorie konzipieren zu können, werden im Folgenden etablierte Textbegriffe auf ihre *diesbezügliche* Kompatibilität hin beobachtet. Ein Durchgang durch verschiedene Perspektiven zeigt, dass die Theorie des Textbegriffs schon längst systemtheoretisch brauchbares Terrain erarbeitet hat. Aufgrund dieses Durchgangs wird die Text/Kommunikation-Unter-

---

[13] Siehe auch JAHRAUS 2003: 190. Für eine detaillierte Diskussion systemtheoretischer Applikationen in der Literaturwissenschaft im Allgemeinen und der Problemstellung des Textbegriffs im Besonderen vgl. JÄGER 1994; ORT 1995; SILL: 58-96 und JAHRAUS 2001a: 171-225.

[14] Dies impliziert nicht eine Entdifferentialisierung, sondern eine neue Formatierung und neue epistemologische Einordnung der Differenz Text/Kommunikation.

scheidung *als* Medium/Form-Unterscheidung lesbar, der *Text* also *als Medium beobachtet*, da nur so der Text(begriff) theoriebautechnisch zu einem konstitutiven Teil der operativen Beobachtungs- und Kommunikationstheorie werden kann. Diese Perspektive wird schließlich literaturtheoretisch untermauert, indem die *literarische Kommunikation* als *werkgebundene Kommunikation* beobachtet wird. Es kommt zur Konstellation: Text/Kommunikation = Medium/Form = Text/Werk.

Die Arbeit geht von der expliziten These aus, dass die Literaturwissenschaft, unabhängig von ihrem konzeptuellen und epistemologischen Fundament, auf einen Textbegriff nicht verzichten kann. Wie das Etikett auch immer aussehen mag (systemtheoretisch, empirisch, semiotisch, (post-)strukturalistisch, diskursanalytisch, sozialgeschichtlich, hermeneutisch usw.), der Umgang mit Texten bleibt die Basisoperation der literaturwissenschaftlichen Arbeit. Freilich lässt sich nicht mehr von einem verbindlichen Textbegriff sprechen, sondern von verschiedenen, je theoretisch, konzeptionell und epistemologisch differenten, Textbegriffen. Gleichwohl wird diese Diversität durch den Begriff 'Text' minimal zusammengehalten. Der Zusammenhalt hat jedoch nichts mit der Morphologie oder Ontologie der Texte zu tun, sondern mit der Art und Weise unseres Beobachtens: Die Morphologie und Ontologie der Texte ist Epiphänomen literatur-, kultur- und medientheoeretischer Reflexion. *Der Textbegriff ist unumgänglich nicht, weil es Texte (in dieser oder jener Gestalt) gibt, sondern weil wir effektiv beobachten, differenzieren, analysieren und interpretieren können, wenn wir davon ausgehen, dass es Texte (in dieser oder jener Gestalt) 'gibt'.*

Es folgt nun ein Durchgang durch einige textbegriffliche Perspektiven, der die Grundlage dafür bilden soll, den Text mit der Medium/Form-Unterscheidung zu korrelieren.

Knobloch trifft die Problematik sehr präzise, wenn er folgende Konstellation markiert:

> Einerseits gilt Text als Name für Einheiten der realisierten (bzw. fixierten) Rede, andererseits bezeichnet man auch das materielle Substrat einer Sprechhandlung, das 'beliebig' reaktualisiert werden kann, als Text. Im ersten Sinne sind Texte die einzige kommunikative Realität der Sprache, im zweiten Sinne bezeichnet 'Text' gerade das, was von der fallweisen kommunikativen Realisierung abgehoben und unabhängig ist.[15]

Der Text ist somit entweder die kommunikative „'Realisation eines Sinnes'" [I] oder „eine realisationsunabhängige Dokumenteinheit" [II] (KNOBLOCH: 83). Zum einen wird der Text im Vollzug von Kommunikation, quasi als operative Größe, fassbar. Er ist demzufolge 'nur' als ein performatives Moment zu denken, an dem keine Unterscheidung zwischen Präformation und Ausführung getroffen wird. Zum anderen ist der Text eine präformistische Einheit, ein Substrat, das

---

[15] KNOBLOCH, Clemens 1990: Zum Status und zur Geschichte des Textbegriffs. Eine Skizze. In: Zeitschrift für Literaturwissenschaft und Linguistik (LiLi) 77 (1990), 66-87. 69.

mithilfe seiner invarianten Materialbeschaffenheit sowohl offen ist für verschiedene Aktualisierungen als auch indifferent, resistent und selbstidentisch gegenüber solchen Aktualisierungen. Scherner hat in seinem Beitrag deutlich gemacht, dass die Literaturtheorie zum größten Teil für die Version I optiert und den Essentialismus der Version II ad acta legt. Phänomenologische, hermeneutische, wirkungs- und rezeptionsästhetische sowie strukturalistisch-semiotische Tendenzen gehen alle davon aus, dass „das literarische Werk/der literarische Text kein dinghaftes 'Objektgebilde' sei, sondern [...] eine Vorgabe für die Aktivität eines Rezipienten, sich daraus interpretierend, konkretisierend und strukturierend 'Sinn' zu erstellen."[16] Ebenso argumentieren sprechaktanalytische und kognitionswissenschaftliche Ansätze, dass der Text zum einen erst durch die Einbindung in sprachliche Handlungsfolgen und institutionelle Kontexte zum Text wird und zum anderen, dass „ein Text erst bei seiner Rezeption als solcher konstituiert werde. Das bedeutet, dass die Akte der Wahrnehmung eines Textes und die Prozesse seiner Verarbeitung den Textbegriff definieren" (SCHERNER: 1042). Auch hier ist der Text eine Vorgabe, ein „Wahrnehmungs-Input" (ebenda) für die letztendliche Realisation seiner selbst durch wahrnehmungsmäßige (und soziale) Akte. Anhand empirischer Studien hat Lindauer diesen kognitionswissenschaftlichen Ansatz elaboriert. Nachdem er seine Schülerinnen und Schüler mit verschiedenen schriftlichen Zeugnissen konfrontiert hatte, konnte er feststellen, dass es keine intrinsischen Texteigenschaften gibt, die einen Text unabhängig von seiner Rezeption als Text markieren. Somit sind „Texte [...] nicht Objekte auf einem Blatt Papier, sondern Texte werden erst in unseren Köpfen zu Texten."[17] Daraus zieht er folgende plausiblen Schlüsse: Ein Text wird zu einem Text erst durch seinen Kontext bzw. seine kommunikative Situation und durch unser „sprachliche[s] Wissen und unser[] Weltwissen" (LINDAUER: 42), das wir bei der Rezeption (und somit instantan Konstitution) des Textes anwenden. Gleichwohl betont Lindauer, dass dieses (gleichwohl sozial konditionierte) kognitive Schema ohne die Annahme einer materiellen Basis nicht denkbar ist. Folglich ist es keine Entweder-oder-Frage zwischen den Versionen I und II (s. o.), sondern ein sich gegenseitig konstituierendes Verhältnis: „Es ist daher nötig, einen materiellen Text (Oberflächentext), so wie er auf dem Papier steht bzw. von

---

[16] SCHERNER, Maximilian 1988: Text. In: J. Ritter, K. Gründer (Hgg.), Historisches Wörterbuch der Philosophie. Bd.10. Darmstadt, 1038-1044, 1042. Sowohl die Gleichsetzung von Text und Werk als auch die Rede von einer 'Vorgabe' werden im weiteren Verlauf des Kapitels kritisch beleuchtet.

[17] Und weiter: „Das, was auf dem Blatt Papier abgebildet ist, sind im Grunde nur schwarze Einsprengsel auf einer weißen Fläche, die wir als Buchstaben, Wörter, Sätze... interpretieren beziehungsweise erkennen" (LINDAUER, Thomas 2000: Was ist ein Text? In: Praxis Deutsch 27, 161 (2000), 38-43, 38).

einem Schreiber hervorgebracht wurde, von einem kognitiven Text zu unterscheiden" (ebenda).[18]

Aus textphilologischer Sicht bestätigt Martens die Zweigeteiltheit der Textwissenschaft: Zum einen gibt es einen Text(begriff), der als „'strukturierte, thematisch abgeschlossene Grundeinheit der sprachlichen Kommunikation'" aufgefasst wird und der „von der Lektüre eines Werkes der Literatur in einer festliegenden und einheitlichen Gestalt ausgeht."[19] Zum anderen ist der

> Text nicht etwas in sich Ruhendes, etwas ein für allemal Abgeschlossenes [...], sondern [...] ein dynamisches Gebilde [...], das sich in steter Veränderung befindet. Diese Konzeption geht [...] davon aus, daß der Prozess des Lesens nicht [...] dem Text äußerlich ist, sondern ihn allererst konstituiert (MARTENS: 4).

Texte sind in dieser Auffassung

> keine Gegenstände, die natürlich in der Welt vorkommen [...]. was ein Text ist, hängt davon ab, ob wir eine sprachliche Erscheinung als Text betrachten oder nicht. Etwas ist nicht per se ein Text, sondern immer nur nach dem Verständnis von jemanden. [...] wir [sind] in der Rezeption zugleich selber Produzenten [...], die sich aus vorgegebenem Material einen eigenen Text erzeugen (PÜSCHEL: 28).

Der Text wird somit zu einer „relationale[n] Größe, die immer nur aus der Perspektive der Handlungsbeteiligten bestimmt werden kann. Nicht 'Was ist der Text?' lautet deshalb die Frage, sondern 'Wer versteht etwas als Text?'" (ebenda: 40). Oder: „Was wir vor uns haben, schwarz auf weiß, ist ja bekanntlich keineswegs schon das Werk und nicht einmal der Text. Dieser vollendet oder besser: verwirklicht sich erst im Hörer oder Leser, und immer wieder anders."[20] Aufgrund dessen lassen sich nun Binnenunterscheidungen einführen: (1) Text als materielles Substrat, Zeichenträger, Artefakt einerseits / Text als kognitive Operation andererseits und (2) Text als Zeichen (= relationales Gebilde) einerseits / Text als Kommunikationsprozess, als Sinnzuweisung durch den Rezipienten an-

---

[18] Auch Scherner bringt den kognitionswissenschaftlichen Ansatz komplementär dazu auf den Punkt: „Der Textbegriff umfasst damit sowohl die Materialität der (lautlichen oder graphischen) Repräsentation einer Wissensstruktur als auch diese Wissensstruktur als kognitiven Komplex im Kopf des Verarbeiters" (SCHERNER: 1043). Leider wird Lindauer zum Schluss seiner Ausführungen (unverständlicherweise und nicht zwingend seiner eigenen Argumentationsstruktur folgend) zu einer intentionalistischen Deutung verleitet, wenn er schreibt: „Erst wenn wir annehmen können, dass der Schreiber den 'Text' auch als Text intendiert hat, können wir annehmen, dass das vorliegende Objekt ein Text ist" (LINDAUER: 43).

[19] MARTENS, Gunter 1989: Was ist ein Text? In: Poetica 21 (1990), 1-25, 4. – Und PÜSCHEL, Ulrich 1997: „Puzzle-Texte" – Bemerkungen zum Textbegriff. In: G. Antos, H. Tietz (Hgg.), Die Zukunft der Textlinguistik. Traditionen, Transformationen, Trends. Tübingen, 27-41, 27 verdeutlicht, dass große Teile der Textlinguistik implizit oder explizit von diesem Textbegriff mit seinen Eigenschaften der „Sinnkontinuität und Kohärenz" ausgehen und den Text als „klar abgegrenztes, ganzheitliches und autonomes Gebilde" konzipieren.

[20] WEHRLI, Max 1991: Vom Schwinden des Werk-Begriffs. In: editio 5 (1991), 1-11, 6.

dererseits (vgl. hierzu MARTENS: 10ff.). Martens macht plausibel, dass die erste Unterscheidung davon ausgeht, dass der Text als materielles Substrat eine selbstidentische Größe jenseits von Sinn und Rezeption, also ein ontologisches Moment ist. Demgegenüber betont er, dass die Bezeichnung von etwas als Text (also auch Text als materielles Substrat!) nur qua Deutung und Interpretation, also qua Sinn funktioniert. *Der Text ist Produkt von Interpretation und somit von Sinn*:

> Das im 'Sinne des ‹Schwarz auf Weiß›' schriftlich fixierte sprachliche Gebilde ist als Text nur zu identifizieren, wenn zugleich die Sinndimension wahrgenommen, d. h. also gedeutet wird. [...] Nur auf der Grundlage von Sinnentwürfen kann der Text und damit auch der vom Editor abzudruckende Textträger ermittelt werden (ebenda: 12).

Zwei Aspekte sind hier entscheidend: Erstens wird der Text dynamisiert und geöffnet, indem er als Zeichen, d. h. als relationale und somit immer schon als interpretationsbedürftige Größe betrachtet wird. Egal ob man mit Saussures oder Peirce' Modell argumentiert, Zeichen müssen gedeutet werden bzw. sind als Zeichen immer schon gedeutet bzw. im Hinblick auf Signifikanz relationiert; dem Zeichenbegriff selbst ist eine intrinsische Dialektik eingeschrieben, die den Text nicht als materielles Artefakt festlegt, sondern als deutungsoffene Verschiebemasse ansieht (und zwar nicht nur auf der semantischen Ebene, sondern auch auf der Konstitutionsebene von Texten). Zweitens ergibt sich daraus, dass Interpretation an einen Aktanten, einen Zeichenbenutzer (in welcher Form auch immer) gebunden ist, dass sich dieser Zeichenbenutzer nicht aus der Definition eines Textes ausschließen lässt: „Text und Rezipient können somit nicht ohne weiteres gegenübergestellt werden" (ebenda: 11). Beides also, „die Offenheit der Bedeutung und die Veränderbarkeit der Sinnzuweisung durch den Rezipienten [müssen] zwangläufig in den Textbegriff eingehen" (ebenda). Der Text ist somit nicht das, was vorliegt und das als Objekt einer Rezeption harrt, sondern selbst Effekt eines bestimmten Beobachtens. Der Text entsteht, wenn anhand von (Text)Trägern (Schrift(en), Drucke, Zeichnungen u. ä. m.) Sinnzuweisungen erfolgen;[21] der Text entsteht immer ex post, obwohl er auf den ersten Blick das ist, was vorliegt. Dabei konstituiert der Rezipient aufgrund der Art und Weise seines Beobachtens den Text. Das Wie des Beobachtens, die vom Beobachter verwendeten Unterscheidungen (u. a. historischer, kultureller, wissenssoziologischer Art) etablieren die Möglichkeit, anhand von Trägern die Sinngröße Text zu generieren.[22]

---

[21] Wiederum: Der Text liegt nicht vor, vielmehr wird er anhand der Unterscheidung Träger/Text etabliert: „Handschriften und Drucke sind allein die Überlieferungsträger, die ‚Zeugen'; sie stellen die Grundlage der Herstellung von Texten dar, aus ihnen konstituiert der Herausgeber aufgrund der Deutung [wieder Sinn!, MG] des ihm vorliegenden Materials den Text" (MARTENS: 13f.).

[22] Hier ist Hartung zuzustimmen, wenn er davon spricht, dass die Verflochtenheit des Textes mit den Aktivitäten des (Produzenten und) Rezipienten nicht allein eine kognitive Größe ist: „Der Rezipient konstruiert sein Kommunikat [= kognitives Konstrukt eines Rezipienten] nicht für sich allein", er ist an „überindividuell gültige[] Konventionen" gebunden

Auch Hartung argumentiert, dass der Text(begriff) an die Aktivitäten von (Produzenten und) Rezipienten gebunden sein muss. Er setzt jedoch später an als Martens, Püschel und meine Studie; für Hartung bleibt der Text „als materielles Gebilde [...] (im wesentlichen) unverändert" (HARTUNG: 24). Die Aktivitäten des (Produzenten und) Rezipienten tangieren somit nicht die Konstitution des Textes, sondern allein die Bedeutungsebene, es geht darum, welchen Sinn diese Aktivitäten einem schon (im materiellen und medialen Sinne) feststehenden Text geben. Dabei bedient sich Hartung des Begriffs der Perspektivität, der es erlaubt, den Text*inhalt* als etwas Veränderliches und keineswegs als eine „ein für allemal gegebene Konstante" anzusehen, „die nur eine Art Abbild eines 'objektiv' gegebenen Tatbestandes wäre. Verschiedene Rezipienten verstehen den gleichen Text unterschiedlich" (ebenda: 18). Nur im Hinblick auf die Textbedeutung und den Inhalt kann Hartung dann sagen: „Texte sind nichts ohne Rezipienten" (ebenda: 21). Diese Polysemietheorie ist im trivialen Sinne so evident, dass m. E. nicht dafür oder dagegen argumentiert werden muss; das Problem liegt jedoch darin, dass Hartung zu spät ansetzt, denn schon auf der Konstitutionsebene sind Text, (Produzent) und Rezipient miteinander verwoben: Texte sind nichts ohne Rezipienten in einem konstitutiven Sinne. Rezipienten prallen nicht auf die feststehende Materialität eines Textes, sondern 'konstruieren' anhand von (wie auch immer gearteten) Trägern den Text als Text. Und dieses Textkonstituieren ist nicht abgekoppelt von einer dann folgenden Polysemietheorie, sondern vielmehr strahlt sie in diese aus, indem sie die Wahrnehmung und Konstitution von Sinn, Bedeutung, Thema oder Inhalt affiziert. Wie und ob etwas als Text konstituiert wird, orientiert die Bedeutungsbildung am Text. Entscheidend ist dabei, dass Sinn schon bei der Konstitution des Textes involviert ist, also schon bei der Trans-Formation eines (wie auch immer gearteten) Trägers in einen Text und nicht erst auf der Ebene der Semantik. Ohne Sinn gibt es keinen Text bzw. *Text ist Sinn*.

Auf einer etwas abstrakteren Ebene lässt sich dann sagen, dass der Text „ein Beobachtungsbegriff [ist], der eine Unterscheidung bezeichnet (von Schriftbild und Seite z. B.), die selbst unbeobachtet, redundant bleibt, weil sie in unserer Schriftkultur adressiert ist".[23] In diesem Sinne markiert der *Text* allgemein eine *Differenz*. Je nach epistemologischem und je nach fachspezifischem Fokus wird

---

(HARTUNG, Wolfdietrich 1997: Text und Perspektive. Elemente einer konstruktivistischen Textauffassung. In: ANTOS/TIETZ: 13-25, 18). Und im Einklang mit konstruktivistischen Konzepten kann er dann Verstehen aus der exklusiven Bindung an kognitive Leistungen herauslösen und in die Regelungsoperationen der Gemeinschaft, in die „Brauchbarkeit in der Interaktion" (ebenda: 20) oder – wie es ein systemtheoretisches Modell vorschlagen würde – in die Anschlussselektionen der Kommunikation verschieben.

23 HESPER, Stefan 1993: Der Text als Gesichtsmaschine. In: T. Regehly, T. Bauer, S. Hesper, A. Hirsch (Hgg.), Text – Welt. Karriere und Bedeutung einer grundlegenden Differenz. Gießen, 26-40, 30. Der Text ist kein Gegenstand, sondern ein „Beobachtungsbegriff" und „Differenzschema" (ebenda: 29).

der Text dann als die Differenz von Zeichen/Bedeutung, Schriftbild/Seite (Hintergrund), Information/Mitteilung, Medium/Form, materieller Text (Oberflächentext)/kognitiver Text, Zeichen/Kommunikation, topic/comment, Thema/Rhema, topic/connection u. ä. m. *beobachtet* (vgl. hierzu HESPER: 30 und 34).

Hier wird deutlich, dass das Verflechten von Text und Rezeption (Beobachtung) die Definition des Textes in eine antiontologische Epistemologie lenkt, die aber dennoch nicht umhin kommt, nun so etwas wie einen Träger anzunehmen, anhand dessen sich Texte bilden. Unter selbstverständlich veränderten epistemologischen Vorzeichen muss (zumindest) die Frage nach dem materiellen Substrat gestellt bleiben. Dass man den Text in den Sinn, die Rezeption, die Beobachtung zieht, bedeutet nicht, dass man sich einem naiven Konstruktivismus hingibt, der, die Denkrichtung einfach umkehrend, den Text schlicht als Beobachtungskonstrukt ausweist. Der Text ist als Text zwar beobachtungskonstituiert, jedoch nicht so ohne weiteres. In diesem Sinne plädiert Martens dafür, die Unterscheidungskonstellationen (1) und (2) nicht gegeneinander auszuspielen und den Text nicht entweder als fertiges und statisches Gebilde oder als dynamische Sinnkonstruktionsgröße zu beobachten, sondern den Textbegriff gerade in der unauflösbaren Spannung dieser beiden Pole zu verorten (siehe MARTENS: 19f.).[24] Wie in den folgenden Kapiteln zu sehen sein wird, wird sich eine systemtheoretische Kommunikationstheorie des Textbegriffs explizit an diesen Aspekten abarbeiten müssen, auch und gerade deshalb, weil sie den Textbegriff mit der strikt beobachtungskonstituierten Medium/Form-Unterscheidung zusammenzudenken versucht; auch und gerade deshalb, weil sie – wenn sie den Text als Sinnphänomen lesen muss –, den Träger des Textes auch als Sinnphänomen lesen muss. Systemtheoretisch gesehen ist die Unterscheidungskonstellation (1) und (2) Epiphänomen von Sinn und Beobachtung. Systemtheoretisch geht es weder darum, den Träger zu invisibilisieren noch ihn einfach beobachtungstheoretisch zu vereinnahmen, sondern ihm eine präzise theoriebautechnische Position zuzuweisen. Ich komme hierauf zurück.

Die hier fokussierten Perspektiven haben alle einen gemeinsamen Nenner: Sie argumentieren alle von einem Beobachterstandpunkt aus hin zu einem Textbegriff. Der Text(begriff) wird nicht als empirische Größe mit diesen oder jenen Eigenschaften angesehen und die Texttheorie nicht als Methode, die diese Eigenschaften so gut wie möglich zu analysieren und zu systematisieren habe. Es wird nicht von der Morphologie der Texte aus gestartet, denn dies würde immer das Problem nachsichziehen, dass die Mannigfaltigkeit und Disparatheit des Unter-

---

[24] „Die beiden Auffassungsweisen schließen sich nicht aus, sondern bilden als solche eine spannungsreiche Einheit; erst ein komplexer Textbegriff, der das Zusammenwirken von Festgefügtheit und entgrenzender Bewegung, von syntagmatischer Geschlossenheit und paradigmatischer Polyvalenz fasst, vermag dem Kunstcharakter eines Textes gerecht zu werden" (MARTENS: 19f.).

suchungsgegenstandes so immens ist, dass gewissen Gebilden aufgrund ihrer nichttheoretisierbaren Idiosynkrasie der Textstatus verweigert werden müsste[25] (abgesehen davon, dass dies auch mit einer konstruktivistischen Epistemologie nicht kompatibel wäre). Wenn man von der Beobachtung aus argumentiert (es geht um die Denkrichtung), lässt sich, solange dies sozial, d. h. kommunikativ durchgesetzt werden kann, alles, d. h. jeder '(Text-)Träger' als Text beobachten. Dass heißt nicht, dass tatsächlich alles als Text beobachtet wird (ein Stein, eine politische Partei, italienische Eiscreme, Eifersucht oder ähnliches), dafür sind die sozial qua Kommunikation etablierten Plausibilitätskriterien eher schwach ausgeprägt, es bedeutet jedoch, dass Verschiedenstes und Unterschiedlichstes in einen gemeinsamen Fokus rücken kann, dass also Beobachtungen und Kommunikationen anhand des Textbegriffs die Formel *Vergleichbarkeit trotz Differentialität* durchspielen und ihr produktives Potenzial anzeigen können.[26]

## 2.3 Artefakt/ästhetisches Objekt

In einer nur leicht verschobenen Perspektive, die die Frage nach der Textualität des Textes konsequent (literaturtheoretisch) ins Ästhetische wendet, haben die Prager Strukturalisten (allen voran Mukarovsky und Vodicka) schon seit langem eine Unterscheidung eingeführt, die heute noch in literaturwissenschaftlichen und -theoretischen Debatten äußerst anschlussfähig ist. Die Rede ist von der Unterscheidung Artefakt/ästhetisches Objekt. Es geht um das

> Werk als einer zum Zwecke künstlerischer Kommunikation fixierten Abfolge sprachlicher Zeichen [= Artefakt] und dem Werk als vom Rezipienten (Leser) auf dieser Grundlage und mit Hilfe konventionalisierter Codes konkretisiertem Bedeutungsgefüge, das seinerseits erst der eigentliche Gegenstand ästhetischer Betrachtung und Wertung werden kann [= ästhetisches Objekt].[27]

Hier wird unterschieden zwischen der Invarianz der zeichenhaften Materialität und einer rezeptiven Konstruktionsoperation anhand dieser Materialität. Striedter betont jedoch immer wieder, dass das Artefakt bei dieser Form des Strukturalismus nicht eigentlicher Gegenstand der Betrachtung ist; in diesem Sinn handelt

---

[25] Dass dies ein traditionelles Problem der Linguistik ist, hat OOMEN, Ursula 1971: Systemtheorie der Texte. In: Folia linguistica V (1971), 12-34, 12-17 deutlich gemacht.

[26] In einem engeren Bezug auf traditionelle Textbegriffe, d.h. auf schriftliche und mündliche Ordnungsformen der Sprache, argumentiert Oomen in eine ähnliche Richtung. Es geht bei ihr um die Frage, „was den verschiedenen Textsorten trotz ihrer unterschiedlichen Attribute gemeinsam ist und sie alle zu Texten macht" (OOMEN: 13). Dabei geht sie nicht von der Morphologie oder grammatischen Verfasstheit der Texte aus, sondern allein von ihrer Funktion, diese ist der gemeinsame Nenner.

[27] STRIEDTER, Jurij 1976: Einleitung. In: F. Vodicka, Die Struktur der literarischen Entwicklung. München, VII-CIII, XXII. Siehe MUKAROVSKY, Jan 1970: Kapitel aus der Ästhetik. Frankfurt a.M.

es sich hier explizit um eine Rezeptionsästhetik, „da sich für sie [die Strukturalisten] das Kunstwerk als ästhetisches Zeichen erst im Akt der 'Konkretisation' durch einen Rezipienten als ästhetisches Objekt konstituiert" (STRIEDTER: XXIV).[28] Mit Konkretisation ist die Umsetzung, das 'Verwandeln' des Artefakts in ein ästhetisches Objekt gemeint. Dabei wird im gewissen Sinne dem Artefakt eine (unerschöpfliche) Potenzialität zugeschrieben, die nie tatsächlich als solche in Erscheinung treten kann, da die Konkretisation qua ästhetischem Objekt diese Potenzialität in einem konkreten Akt dekomplexiert. Die Konkretisation in einem ästhetischen Objekt ist die konkrete Realisierung eines spezifischen Ausschnitts der Potenzialität des Artefakts. Wichtig ist dabei, dass die Strukturalisten hier betonen, dass die Perspektive des konkretisierenden Rezipienten die „Auswahl des Konkretisierten" (ebenda: XLVII) bedingt. Zudem wird die „Historizität jeder Konkretisation ästhetischer Objekte" (ebenda: LXVI) hervorgehoben. Die kollektiven Normen der Rezipientengemeinschaft und der Kontext, in dem die Konkretisationen stattfinden, sind ständigen Veränderungen unterworfen. Das heißt, die kontextuellen Bedingungen beeinflussen (determinieren?) die Konkretisationen. Es gibt somit nicht die eine einzige richtige und passende Konkretisation, die die Umsetzung des Artefakts in ein ästhetisches Objekt als äquivalent repräsentieren könnte, da jede Konkretisation kontaminiert ist durch kontextuelle Reize, die eine 'unmittelbare' Umsetzung verunmöglichen.[29] BODE: 119 bringt diesen Sachverhalt auf den Punkt: „Vor dem sich wandelnden kulturhistorischen Hintergrund löst also ein und dasselbe Artefakt verschiedene, sich mitwandelnde ästhetische Objekte aus, und erst beide Pole zusammengenommen, ergeben das 'Werk'". Systemtheoretisch lässt sich also davon sprechen, dass das *Werk* als die *Einheit der Unterscheidung Artefakt/ästhetisches Objekt* beobachtet wird.

An diesem Punkt kommt man nicht um das Problem herum, den Status oder gar das 'Sein' des Artefakts näher zu beleuchten. Ist das Artefakt, da es immer nur als Konkretisation in einem ästhetischen Objekt 'erscheint', überhaupt 'real'? Wie lässt sich durch die Konkretisationen hindurch – und nur diese stehen zur Verfügung – die Identität des Artfakts beobachten? Welchen Status hat die Beobachtung 'ein und dasselbe Artefakt'? Wenn man es immer nur de facto mit Konkretisationen zu tun bekommt, dann verweisen doch Konkretisationen nicht auf das Artefakt 'selbst', sondern auf Konkretisationen, die auf Konkretisationen

---

[28] Hieraus ergibt sich auch die Unterscheidung zwischen einer Poetik, als der „Lehre von den Konstruktionsprinzipien der Literatur" und einer Ästhetik als der „Theorie der Seins- und Wirkungsweise von Kunstwerken" (ebenda: XXIV). Semiotiker müssten hier genauer nachhaken und die Verwendung des Zeichenbegriffs bei den Prager Strukturalisten untersuchen.

[29] Vodicka spricht in diesem Zusammenhang von: „neue[n] Zusammenhänge[n]" und benennt diese als „veränderter Sprachzustand, neue literarische Postulate, veränderte Gesellschaftsstruktur, ein neues System geistiger und praktischer Werte usw." VODICKA, Felix 1976: Die Literaturgeschichte, ihre Probleme und Aufgaben (1942). In: VODICKA: 30-86, 70.

verweisen, die auf Konkretisationen verweisen usw. Handelt es sich hierbei um einen infiniten Regress? Sowohl Bode als auch Striedter markieren dieses Problem sehr präzise.

Bode stellt dar, dass Mukarovsky zwar den Text, d. h. im strukturalistischen Sinne das Artefakt 'nur' als die Vorgabe für die Konkretisation ansieht und sich somit von einem „verdinglichten Textbegriff" (BODE: 120) distanziert, dass er aber gleichzeitig den Text als den entscheidenden Faktor betrachtet, „ohne den gar nichts stattfände" (ebenda). Das heißt, dass davon ausgegangen wird, dass durch die Konkretisationen hindurch der Durchgriff auf die Artefaktebene doch möglich zu sein scheint bzw. zumindest suggeriert wird. Über die transsubjektive Morphologie des Artefakts, über seine transsubjektive Materialität als invarianter Zeichenträger ist also eine intersubjektive Verständigung möglich, die durch die subjektiven Konkretisierungen hindurchgreifen kann (auch wenn dieser Durchgriff nicht das primäre Ziel der Strukturalisten ist). Wenn aber die Ästhetik nur das ästhetische Objekt als ihr einziges Analyseobjekt ausweisen kann, wenn also das Werk de facto immer nur in Form einer Konkretisation zugänglich ist, dann ist das „epistemologische Paradoxon evident" (ebenda: 324). Weder Ingarden (auf den sich Vodicka in seinen diesbezüglichen Äußerungen bezieht) noch Vodicka noch Mukarovsky können epistemologisch widerspruchsfrei darlegen, „wie man denn [...] überhaupt das intersubjektive, allen Bewusstseinserlebnissen transzendente 'Werk' als distinkt [und unabhängig] von der Summe seiner 'Konkretisationen' erfassen kann" (ebenda). Striedter markiert zu Recht eine Unschärfe der Terminologie, wenn er festhält, dass die Strukturalisten zwar die Frage nach der „Strukturiertheit des Artefakts" (zwar nicht konzeptionell verwerfen, aber) zugunsten der „Struktur des ästhetischen Objekts" ausblenden (STRIEDTER: LXXI), jedoch mit der ungenauen Verwendung des Begriffs „Werkstruktur" die eigene Fokussierung unterlaufen. Was also ist die Werkstruktur?

> Ist die Struktur des Werks als eines ästhetischen Objekts gemeint, dann ist sie nicht etwas, was das Werk 'besitzt' und was den zeitgebundenen Normen 'begegnet', sondern etwas, was erst auf der Grundlage dieser Normen im Konkretisationsakt realisiert wird. Ist hingegen das Werk als Artefakt gemeint, dann wäre 'Struktur' also doch eine Qualität des 'Werks selbst' bereits vor dessen Konkretisationen – eine Auffassung, gegen die sich die Prager ausdrücklich (z. B. in der Auseinandersetzung mit Ingarden) wenden (ebenda: LXXf.).

Interessant ist dann, dass Striedter eine Strategie vorschlägt, an der sich im Folgenden die systemtheoretische Konzeption abarbeiten muss. Die Unterscheidung Artefakt/ästhetisches Objekt genüge nicht, „solange nicht mit angegeben und operationalisiert wird, ob und in welcher Weise bereits der Artefakt über eine Strukturiertheit verfügt, die er als 'Vorstrukturiertheit' in den Konkretisationsakt einbringt und die in diesem Akt Steuerungsfunktion übernimmt" (ebenda). Gibt es also ein vor jeglicher Beobachtung und Rezeption strukturiertes Artefakt, das aufgrund dieser Strukturiertheit selbstidentisch ist und dass aufgrund dieser

Strukturiertheit die Art und Weise der Konkretisation bestimmt? Die Prager Strukturalisten verneinen diese Frage, bemerken jedoch nicht, dass die Bauweise ihrer Unterscheidung Artefakt/ästhetisches Objekt bzw. ihre Eigenschaftszuschreibungen bezüglich dieser Unterscheidung es nicht erlauben, hier schlicht mit Nein! zu antworten. Einerseits ist das Artefakt 'nur' in Form von Konkretisationen bzw. als diese vorhanden, andererseits garantiert es aufgrund seiner materiellen und semiotischen Invarianz, dass sich gerade an dieser Invarianz Konkretisationen bilden können. Wie später zu zeigen sein wird, kann mithilfe der Korrelation der Unterscheidungen Artefakt/ästhetisches Objekt und Medium/Form das hier angedeutete epistemologische Paradoxon aufgelöst werden. Nicht zuletzt wird hier u. a. auch die Frage wichtig, ob die Potenzialität im Artefakt angelegt ist oder ob sie als solche erst vom ästhetischen Objekt konstruiert wird oder genauer formuliert: Ist die Potenzialität eine Eigenschaft des Artefakts qua eigener 'Artefaktheit' oder wird diese dem Artefakt von einem Beobachter zugeschrieben? Gehört die Potenzialität zum Index des Artefakts oder zum Index der Konkretisationen, die gleichsam die Potenzialität dem Artefakt zuschreiben? Oder ist die Potenzialität ein Effekt der Unterscheidung Artefakt/ästhetisches Objekt, ein Effekt, der sich weder (nur) auf der einen noch (nur) auf der anderen Seite der Unterscheidung verorten lässt? Und hier sei schon vorausgreifend angedeutet, dass ein systemtheoretisches Design davon ausgehen muss, dass die Unterscheidung Artefakt/ästhetisches Objekt samt den beidseitigen Eigenschaften eine beobachterkonstituierte und keine ontologische Unterscheidung ist (so wie jede Unterscheidung beobachterrelativ ist).

Wie sich gleich zeigen wird, werden diese Darlegungen zum Textbegriff und zur Konkretisationstheorie sehr produktive Hilfestellungen für die theoriebautechnische Einbettung des Textbegriffs in die systemtheoretische Perspektive der Arbeit abgeben.

## 2.4 *Artefakt/ästhetisches Objekt* als *Text/Werk* als *Medium/Form*

Unter Berücksichtigung der bisher gesagten Aspekte, schlägt die Arbeit folgende systemtheoretische Traktierung des Problems vor: Statt das Werk als die Einheit der Unterscheidung Artefakt/ästhetisches Objekt (oder materieller Text/ kognitiver Text) zu konzipieren, wird die Unterscheidung *Text/Werk* eingeführt. In gewissem Sinne ist hier mit Text *zunächst* die Stelle besetzt, die zuvor der Begriff Artefakt eingenommen hatte und mit Werk die Stelle besetzt, die zuvor das ästhetische Objekt innehatte. Was ist nun mit dieser Verschiebung gewonnen? Eine Korrelation des Textbegriffs mit Luhmanns Kommunikationstheorie sowie mit der Unterscheidung Medium/Form hilft hier weiter. Es ergibt sich folgende Konstellation: Der Text (allein) ist in dieser Perspektive keine Kommunikation, da er lediglich die Selektionen Information und Mitteilung markiert, jedoch nicht die Selektion Verstehen. Erst wenn ein Text verstanden wird (u. U. durch einen anderen Text), d. h., wenn an den Text so angeschlossen wird, dass die Unterscheidung Information/Mitteilung an ihm als diese Unterscheidung erkennbar wird, handelt es sich um Kommunikation. Als schlichtes Mitteilen bleibt der 'Text' konsequenzlos, d. h. er wird nur operativ 'wahrgenommen' als ein Reiz, der keine sozialen, d. h. kommunikativen Anschlussoperationen provoziert.[30] Als schlichte Mitteilung ist der Text somit nicht einmal ein Text, sondern nur ein Rauschen, ein Lärmen, das durch schwarze Striche auf weißem Grund verursacht wird. Diese Deutung hat eine komplexe Konstellation zur Folge: Der Text ist keine präformistische Größe, die ein unabhängiges, selbstidentisches materielles Objekt oder Substrat markiert – und somit kein Artefakt –, sondern vielmehr ist der Text erst Text in der Kommunikation. Es gibt keine intrinsischen Texteigenschaften, die einen Text unabhängig von seiner Rezeption bzw. Beobachtung als Text markieren.[31] Die Unterscheidung Text/Rezeption oder Text/Interpretation oder Text/Beobachtung ist eine Unterscheidung der Rezeption, der Interpretation bzw. der Beobachtung. Es gibt somit nichts, was Text wäre, vor seiner Rezeption, Interpretation oder Beobachtung. Kommunikationstheoretisch gewendet lässt sich sagen, dass ein 'Text als Text' 'erst' in der Kommunikation realisiert wird: *Es gibt keinen Text als Text jenseits seiner kommunikativen Realisierung*:

> Texte gibt es nur im Kontext kommunikativer Systeme, es gibt sie also nur in der Aktualität ihrer Benutzung in Prozessen der Kommunikation und nicht als für sich bestehende Artefakte. [...] Texte [werden] nur im operativen Kontext der Kommunikation produziert und reproduziert.[32]

> Die Differentialität des Textes besteht somit darin, dass ein Text nicht ohne die Kommunikation, in der er erst als Text in Erscheinung tritt, als Text konstituiert wird Die Differenz von Ausgangs- und Resultattext, von Text und Interpretation geht der Interpretation nicht prozessual voraus, sondern wird überhaupt erst von dieser produziert. Die Interpretation konstituiert Text und Interpretation gleichermaßen (JAHRAUS 2003: 454 und 591).[33]

---

[30] Theoretisch präzise müsste man formulieren, dass auch der Text als Mitteilung Produkt von Verstehen ist; die Unterscheidung Text[Information/Mitteilung]/Kommunikation[Information/Mitteilung/Verstehen] ist Effekt der Kommunikation.

[31] Zum Textbegriff siehe auch: JÄGER 1994: 121ff., bes. auch: 124.

[32] LUHMANN, Niklas 2008: Literatur als Kommunikation. In: Ders. Schriften zu Kunst und Literatur. Herausgegeben von Niels Werber. Frankfurt a.M., 372-388, 378 und 380.

[33] Dies wird von Nassehi bestätigt: „Es ist der soziale Kontext [also Kommunikation, MG], in dem der literarische Text als Text erscheint" (NASSEHI, Armin 1997: Die Zeit des Textes. Zum Verhältnis von Kommunikation und Text. In: H. de Berg, M. Prangel (Hgg.), Systemtheorie und Hermeneutik. Tübingen/Basel, 47-68, 58. Und Schon OOMEN: 19 hat ähnlich argumentiert: „Ohne kommunikative Funktion ergibt sich kein Text." – Anderer Meinung ist STIERLE, Karlheinz 1997: Ästhetische Rationalität. Kunstwerk und Werkbegriff. München, 184, wenn er argumentiert, dass „beim Sprachtext die Interpretation als artikulierte Rezeption vom Werk selbst abgehoben ist und dieses nicht als solches hervorbringt, sondern nur in einer Metasprache zum Gegenstand einer eigenen Aufmerksamkeit macht."

In der Unterscheidung Text/Werk ist das Werk die kommunikative Realisierung des Textes. Gleichwohl impliziert diese Unterscheidung (!), dass Text und Kommunikation nicht identisch sind. Kommunikationen konstituieren die Unterscheidung Text/Kommunikation. D. h., *die Kommunikation (das Werk) etabliert sowohl den 'Text als Text' als auch den Text als Kommunikation (Werk)*. Obwohl der Text immer 'nur' als Kommunikation vorhanden ist, ist er nicht mit dieser identisch. *Der Text ist in Form von Kommunikation, etwas anderes als Kommunikation.*[34] Es ist wichtig, dass die Kommunikation hier die Einheit einer Unterscheidung ist (Kommunikation[Kommunikation/Text]). Es gibt somit – solange es um literarische Kommunikation geht – nicht den Text und das Werk, sondern immer untrennbar miteinander verknüpft die Text/Werk-Unterscheidung. Wie lässt sich nun einerseits erklären, dass es keinen Text vor der Kommunikation und unabhängig von ihr gibt und andererseits, dass die Unterscheidung Text/Kommunikation gerade darauf aus ist, einen Text von der Kommunikation zu unterscheiden, denn auch systemtheoretische Modelle kommen nicht ohne die Prämisse aus, dass „die Existenz [?!] eines Textes die Voraussetzung für seine Funktionalisierung als symbolisch generalisiertes Kommunikationsmedium [= Werk] bildet" (REINFANDT: 82). Zum einen muss ein 'Text' geschrieben worden sein, um eine Kommunikation provozieren zu können, zum anderen ist ein 'Text' kein Text, wenn er lediglich geschrieben, aber nie verstehend rezipiert und in rekursive Kommunikationen eingeschleust wurde. Er ist so gesehen strictu sensu nicht 'real' bzw. er ist als Text unsichtbar. Ein 'Text' ist vor der Kommunikation nicht er selber, er ist vor der Kommunikation kein 'Text'. In diesem Sinne 'existiert' ein 'Text' nicht als schlichte Mitteilung, er muss erst von der Kommunikation als Text (als Mitteilung) etabliert werden. Gleichzeitig kann die Kommunikation einen Text nicht einfach erfinden, sie braucht ein 'Substrat' als Anlass für ihre Emergenz. Es ist also durchaus ein materielles Substrat nötig, dieses ist jedoch erst dann als materielles Substrat 'vorhanden', wenn ein kommunikativer Akt das materielle Substrat für das Entstehen von Kommunikation verwendet. Das materielle Substrat ist dieses 'erst' im Nachhinein; es ist dieses 'erst' als nachkonstituiertes. Die Kommunikation konstituiert ihr materielles Substrat als ihre

---

[34] Diese Formulierung indiziert eine 'weiche' Grenze zwischen Text und Kommunikation; von BINCZEK 2000: 179f. wird dagegen eher eine 'harte' Grenze gedacht: Der Text ist eine „strukturelle Einheit [...], die materiell und medientechnisch generiert ist. [...] Ein Text und die operativen Prozesse des Kommunizierens und Wahrnehmens sind daher auf unterschiedlichen Ebenen angesiedelt. [...] Der Textbegriff liegt quer zur Differenz der Systeme, bezeichnet er doch eine strukturelle Einheit, die jenseits der Systemgrenzen entsteht, ohne aber von ihnen unabhängig zu sein." Binczek kann sich jedoch nicht stringent für diese 'harte' Grenze entscheiden, indem sie mithilfe von Georg Stanitzek auch eine mit der Perspektive der Arbeit vollkompatible beobachtungs- und kommunikationstheoretische Beschreibung von Texten liefert: „Texte sind Konstruktionen von Beobachtern, die mit Unterscheidungen operieren, die sich mit wiederum anderen Unterscheidungen beobachten lassen" (Georg Stanitzek, Systemtheorie anwenden? Zitiert in: ebenda: 178).

Voraussetzung nach, an der sie emergieren kann. Das materielle Substrat wird somit von der Kommunikation in 'Existenz' gebracht und fungiert gleichzeitig als 'Existenz' für die Emergenz von Kommunikation. Folglich muss Reinfandts Satz reformuliert werden: *Die 'Existenz' eines materiellen Substrats (= Artefakt) ist die Voraussetzung für seine Konstituierung als materielles Substrat, für seine Konstituierung als Text und für seine Konstituierung als Werk (= Kommunikation) durch die Verwendung der Unterscheidung Text/Kommunikation bzw. Text/Werk durch die Kommunikation.* Im Grunde bedeutet dies, dass die Differenz Text/Werk die Konstellation Artefakt – Text – Werk beinhaltet. Wir haben es dann mit vier analytisch unterscheidbaren Größen zu tun: mit dem (von der Kommunikation nachkonstituierten) materiellen Substrat, mit dem (von der Kommunikation nachkonstituierten) 'Text als Text', mit dem (von der Kommunikation konstituierten) 'Text als Kommunikation' (Werk) und mit der Kommunikation *über* Substrate, Texte und Werke -- und dies immer 'nur' in Form von Kommunikation. Die Kommunikation ist somit immer Kommunikation und sie ist – in Form von Kommunikation – immer etwas anderes. Wie gesagt, diese vier Größen lassen sich analytisch unterscheiden, für die Anschlussselektionen der Kommunikation selbst und für unsere theoretisches Design genügt es, mit der Unterscheidung Text/Werk zu arbeiten – solange man freilich im Blick behält, dass diese Unterscheidung vier Elemente enthält bzw. solange man die Kommunikation (= Werk) als Einheit dieser vier Momente beobachtet.

Diese Komplexität der zunächst einfach anmutenden Unterscheidung Text/Werk kann mit Luhmanns Unterscheidung Medium und Form sowohl erhöht als auch theorietechnisch reduziert werden.

Konsequent dem Argumentationsstrang folgend, lässt sich sagen, dass das materielle Substrat (= Artefakt, Träger) von der Kommunikation als Medium verwendet wird, um die Unterscheidung Text/Werk als Form zu etablieren: materielles Substrat$_{[Medium]}$ / Text/Werk$_{[Form]}$. Und weiter: Ist der 'Text als Text' konstituiert, dient er der Kommunikation als Medium für die Funktionalisierung als Kunstwerk:

$$\text{Text}_{[Medium]} / \text{Werk}_{[Form]}$$

bzw.:

$$\text{Medium}_{[Artefakt]} / \text{Form}_{[Text/Werk]} \qquad \text{Medium}_{[Text]} / \text{Form}_{[Werk]}{}^{35}$$

---

[35] Angemerkt sei hier zweierlei: Erstens ist mit dieser Verschachtelung keine lineare Abfolge gemeint, sondern eine retro-aktive Emergenz und zweitens wird deutlich, dass sich diese Konzeptualisierung zwar aus der Luhmannschen Systemtheorie speist, jedoch ein anderes Textverständnis modelliert als Luhmann selbst: „Um eine gemeinsame Basis zu erreichen, müssen wir den Begriff des Textes erweitern zur Annahme von interpretationsbedürftigen Objekten irgendwelcher Art. Das schließt Kunstwerke jeder Art ein" (LUHMANN, Niklas 1995a: Die Kunst der Gesellschaft (= KG). Frankfurt a.M., 160). Die Arbeit geht hingegen davon aus, dass Texte gerade keine Objekte sind, sondern allein im Rahmen des operativen Beobachtungskonzepts der Medium/Form-Unterscheidung beobachtbar sind. Würde man sie als Objekte beobachten, müsste man davon ausgehen, dass Texte Texte jenseits

Entscheidend ist, dass Medien und Formen sensu Luhmann nur im Bezug auf einen Beobachter bzw. ein System existieren. Beide Aspekte sind keine präformistischen Größen, sondern beobachterrelativ bzw. systemrelativ getroffene Unterscheidungen: „Es gibt sie nicht 'an sich'". (KG: 166)[36] Damit ist eine strikt konstruktivistische Perspektive eröffnet, denn die Prämisse der Medium/Form-Unterscheidung (ihre Elemente müssen von einem „beobachtenden System konstruiert" werden (ebenda: 167)) und die „Differenz von medialem Substrat und Form" (GG: 195) sind unhintergehbar.[37] Wiederum ist es entscheidend, dass Luhmann strikt differenzlogisch denkt. Die Form ist kein Umriss, keine selbstidentische zeitresistente Identität, sondern die „Markierung einer Unterscheidung" (GG: 198) Des Weiteren lässt sich eine Anwendung der Unterscheidung auf sich selbst beobachten: Die Medium/Form-Unterscheidung ist selbst eine Form mit zwei Seiten. „Die Unterscheidung impliziert sich selbst" (ebenda). Die eine Seite ist die Form selbst, die andere Seite die Medium/Form-Unterscheidung selbst:

$$\text{Form}_{[\text{Medium/Form}]} = \text{Form}_{[\text{Medium/Form / Form}]}{}^{38}$$

Folgt man konsequent Luhmanns Theorie, so kann das Artefakt, das materielle Substrat nicht als Medium für Formbildungen fungieren, da beide – sowohl die Form als auch das Medium – systeminterne Größen sind, die Materialität jedoch zur Umwelt des Systems gehört. Die Materialität kann laut Luhmann nicht in die Rekursionszusammenhänge des Systems überführt werden.[39] Im Sinne von Fritz Heider – dessen Ding/Medium-Unterscheidung von Luhmann aufgegriffen

---

von Kommunikation sind, also einen wie auch immer gearteten unabhängigen Status besäßen. Jedoch: *Es gibt keinen Text als Text jenseits seiner kommunikativen Realisierung!*

[36] Vgl. auch LUHMANN, Niklas 1997: Die Gesellschaft der Gesellschaft (= GG). Frankfurt a.M., 195 sowie WG: 24.

[37] Die Beobachtergebundenheit ist u.a. dafür verantwortlich, dass die Medium/Form-Unterscheidung in sich changieren kann. D.h., dass etwas, was von einem Beobachter aus gesehen, als Medium fungiert, von einem anderen Beobachter aus gesehen, als Form fungieren kann usw. Alles, was es gibt (Medien, Formen usw.), gibt es in dieser oder jener Gestalt immer 'nur' für eine bestimmte Systemreferenz, nie selbstidentisch als solches.

[38] Im Sinne von Spencer-Brown kann man die Form als „Zwei-Seiten-Form" konzipieren. „Sie ist eine Unterscheidung, die eine Innenseite und eine Außenseite hat. Die Innenseite wird im Unterschied zur Außenseite bezeichnet" (BAECKER, Dirk 1993a: Einleitung. In: Ders. (Hg.), Probleme der Form. Frankfurt a.M., 9-21, 11). Die Form kann als Einheit der Unterscheidung Unterscheidung/Bezeichnung beobachtet werden. Vgl. hierzu SPENCER BROWN, George 1979: Laws of Form. Neudruck. New York.

[39] Hier wird ein entscheidender Unterschied zur Dekonstruktion und zur aktuellen Medienwissenschaft deutlich. „Die Materialität der Texte oder anderer Kunstwerke gehört immer zur Umwelt und kann nie Komponente des Systems werden" und weiter: „Aber die Operationen des Systems bestimmen, wie Texte und andere Objekte der Umwelt identifiziert, beobachtet, beschrieben werden" (KG: 161). D.h., dass das System, d.h. seine Kommunikationen, 'etwas' als Text identifizieren; der Text ist nicht Text jenseits des Systems, er ist Text und/oder Kommunikation immer im System qua System.

und deutlich variiert wird – kann man von einer „Substrat-Homogenität" zwischen Medium und Form (Medium und Ding) sprechen: „An ihren Elementen sind diese nicht unterscheidbar."[40] Die Medium/Form-Unterscheidung ist ein „Unterschied im Selben. Ein Medium, bestehend aus Elementen des gleichen Typs und im Aggregatzustand loser Kopplung, bietet Verdichtungsmöglichkeiten im Sinne strikterer Kopplung [= Form] eben dieser Elemente."[41] An anderer Stelle spricht Fuchs sehr treffend von einer „Verklebung desselben in demselben".[42] Und Ernst markiert den Abgrenzungseffekt gegenüber einer Ontologie, wenn er festhält, dass diese Differenz „keiner unterschiedlichen Substanzen in der Art von Geist und Materie bedarf, sondern einen flexiblen Ebenenwechsel erlaubt."[43] Luhmann führt eine operative Grenze zwischen materiellem Substrat und der Medium/Form-Unterscheidung ein. Es gibt zwar eine physische Eigenschaft des Textes, aber die Kommunikation verwendet nicht die Physik des Textes als Medium, sondern „produziert und reproduziert es [das Medium] in der eigenen Autopoiesis" (WG: 54). Die Unterscheidung Medium/Form selbst besitzt „keinerlei ontologisches Substrat" (KG: 203). Gleichzeitig kommt Luhmann um die Materialität nicht herum: „Im Falle von Kunst garantiert das einzelne Kunstwerk durch sein materielles Substrat die Wiederholbarkeit von Beobachtungsoperationen" (ebenda: 209).[44] Auch eignet sich dieses Substrat nicht als Medium, da es nicht durch die lose Kopplung seiner Elemente, sondern durch die Invarianz seiner Materialität gekennzeichnet und somit nicht durch die Form (de-)form(ier)bar ist. Luhmanns doppelte Rede von einmal 'keinerlei ontologischem Substrat' und das andere mal dann doch von einem 'materiellen Substrat' ist hier recht ambivalent, gar widersprüchlich. Wie verträgt sich diese Ambivalenz nun mit der aufgestellten These, dass das materielle Substrat (= Artefakt) von der Kommunikation als Medium verwendet wird, um die Unterscheidung

---

[40] Beide Zitate in Bezug auf Heider: LEHMANN, Maren 2002: Das Medium der Form. Versuch über die Möglichkeiten, George Spencer Browns Kalkül der „Gesetze der Form" als Medientheorie zu lesen. In: J. Brauns (Hg.), Form und Medium. Weimar, 39-56, 42. Siehe HEIDER, Fritz 2005: Ding und Medium. Herausgegeben und mit einem Vorwort versehen von D. Baecker. Berlin.

[41] FUCHS, Peter 1994: Der Mensch – das Medium der Gesellschaft? In: P. Fuchs, A. Göbel (Hgg.), Der Mensch – das Medium der Gesellschaft? Frankfurt a.M., 15-39, 21.

[42] FUCHS. Peter 2002: Die Beobachtung der Medium/Form-Unterscheidung. In: BRAUNS: 71-83, 81.

[43] ERNST, Wolfgang 2002: Lose Kopplungen schreiben. Form und Medium im Kontext der Medien(begriffe). In: BRAUNS: 85-111, 108.

[44] Diese unvorsichtige Formulierung (unvorsichtig deshalb, weil man Luhmann kaum ontologische Restbestände unterstellen kann) rückt das Kunstwerk in Richtung des Artefakts. Dieses besäße somit eine Identität vor den Beobachtungsoperationen. Beobachtungstheoretisch konsequent jedoch wird die Identität des Kunstwerks allein qua Beobachtung, Folgebeobachtungen, Folgefolgebeobachtungen usw. etabliert. Die Identität des Kunstwerks ist ein Epiphänomen von Beobachtungen, sie haftet nicht an der Materialität eines Substrats.

Text/Werk als Form zu etablieren? Obwohl das Artefakt als Artefakt niemals aktualisiert werden kann, d. h. obwohl seine Physikalität niemals als solche wahrnehmbar und kommunizierbar ist, indem sie immer in der Umwelt bleibt, kommt jedwede Medium/Form-Unterscheidung nicht umhin, das Artefakt als 'Voraussetzung' zu etablieren. Dabei wird wiederum das Artefakt als Voraussetzung nachursprünglich nachkonstituiert. Das Artefakt wird zur Voraussetzung der Medium/Form-Unterscheidung 'erst' nach dem Getroffen-worden-Sein der Medium/Form-Unterscheidung. Das heißt, das Artefakt selbst ist auch wiederum nur dann Artefakt, wenn es von der Kommunikation zu seinem Medium gemacht worden ist. Diese Konstellation läuft auf Folgendes hinaus: Das Artefakt ist im Moment seiner Bezeichnung als Artefakt seinerseits angewiesen auf ein physikalisches Substrat. Dieses wiederum „wird [...] nicht in dieser auf Wahrnehmung bezogenen Terminologie erfaßt" (WG: 54). Das Substrat wird nicht negiert, sondern in die nichtkommunikative und nichtsinnhafte Umwelt verlagert. Sobald Sinn entsteht, schließt sich ein System gegenüber jeglicher Ontologie ab. Ein ontologisches Substrat mag (so oder anders) vorhanden sein, es ist jedoch nicht durch sinnhafte Operationen beobachtbar und berücksichtbar. Es kann allenfalls als das ausgeschlossene Eingeschlossene beobachtbar und kommunizierbar werden. *Sinn ist indirekter Weltkontakt* par excellence. Und dieser indirekte Weltkontakt im Rahmen einer konsequenten operativ-konstruktivistischen Beobachtung impliziert auch, dass das ausgeschlossene ontologische Substrat Epiphänomen von Beobachtung und Sinn ist. Operativ-konstruktivistisch ist jegliche O̶n̶t̶o̶l̶o̶g̶i̶e̶ immer schon durchgestrichen gewesen. *Sobald eine Unterscheidung getroffen wird, sobald also beobachtet wird, wird das zugrunde liegende bzw. zugrunde gelegte materielle Substrat ins Unerreichbare verschoben.* Die Unterscheidung [materielles Substrat][Medium] / [Text/Werk][Form] deontologisiert das materielle Substrat, indem es dieses zu einer kommunikationsinternen Größe macht und jenseits seiner Grenzen für dieses materielle Substrat wiederum ein materielles Substrat annehmen muss, dass dadurch wieder deontologisiert wird, usw., usw. Für Kommunikationszwecke wird vom 'tatsächlichen' physikalischen materiellen Substrat ein kommunikatives materielles Substrat abgezogen, indem auch das 'tatsächliche' physikalische Substrat immer schon einen kommunikativen und eben keinen ontologischen Schmiss zugefügt bekommen haben wird. Qua *Medium/Form* wird von direktem Weltkontakt auf *indirekten Weltkontakt* umgeschaltet. Die Medium/Form-Unterscheidung nimmt die Stelle der Referenz ein und erklärt, wie ein System bzw. ein Beobachter ohne direkten Weltkontakt sich anhand eben dieser Art von indirektem Weltkontakt (re)produzieren kann. Fuchs stellt fest, dass in „post-ontologischen Theorien" das Medium/Form-Schema

> in die Funktionsstelle eintritt, die man klassisch Gegenstandsbezug nennt. Das Schema (erst einmal beobachtet) substituiert so etwas wie die stille Hintergrundsannahme einer korrespondierenden Phänomenalität. Nicht die Gegenstände (die Phänomene) kontrol-

lieren die Theorie, sondern Beobachter, oder besser: bebachtende Operationen beobachtende Operationen (FUCHS 2002: 82).⁴⁵

Entscheidend ist, dass das „materielle Substrat, die Materie 'an sich' [...] nicht sichtbar [ist]; sie ist das, was erst nach Abzug aller wahrnehmbaren Eindrücke übrig bleibt, eine sinnlich [und kommunikativ!] nicht mehr einholbare Referenz", die als Referenz, so meine These, das ist, was von Kommunikation bzw. Beobachtung als uneinholbar zugerichtet bzw. eingerichtet wird.⁴⁶

*[Intermezzo: Direkter und indirekter Weltkontakt]*

Der Medienphilosoph Dieter Mersch unterscheidet zwischen der Ebene der Bedeutung, des Begriffs, des Textes, der Schrift, des Sinns, des Diskursiven, des Symbolischen usw. einerseits und der Ebene der Materialität andererseits, die als Ekstasis, als „ein Aus-sich-selbst-Heraustehendes" eine radikale augenbliche Singularität markiert. Interessant ist, dass er die Materialität nicht auf eine Substanz oder auf das Stoffliche reduziert, sondern als ein in seiner Faktizität unnegierbares Ereignis. Die Materialität ist die Tatsache, dass etwas erschienen ist, dass etwas geschehen ist, nicht dieses Etwas selbst, sondern die Form des Erscheinens selbst. Die Arbeit geht mit, wenn Mersch sagt, dass diese Materialität, diese Faktizität des Ereignisses, in der Plötzlichkeit ihres Erscheinens niemals vom Symbolischen, Sinnhaften oder Begrifflichen erfasst werden kann, es bleibt immer der „Überschuß", das „Sperrige und Widerständige", das Unsagbare, der „[u]ntrügliche[] Rückstand", der das „Auftauchen einer Alterität" markiert und „jenseits des Darstellbaren oder Ausdrückbaren *geschieht*". Die Materialität bleibt das, was sich der Sprache, dem Sinn usw. entzieht, wenn Sprache und Sinn verwendet werden, um die Materialität zu bezeichnen. Mersch argumentiert, dass die Materialität in ihrer Ereignishaftigkeit die Aisthesis gegenüber dem „Übergewicht des Symbolischen, des Textes oder der Diskursivität der Sprache" rehabilitiert. Er schlägt die Materialität der Wahrnehmung zu und impliziert damit, dass wir an dem Sinn, der Diskursivität usw. vorbei die „unmittelbarste Beziehung zu dem" erlangen, „was wir nicht gemacht haben und das uns nicht gehört". Die Schwerkraft des Materiellen sperrt sich gegen die Immaterialitätsstrategien des Symbolischen, sie bleibt hart und wird evident in der Wahrnehmung. Mersch

---

[45] Auch Dirk Baecker argumentiert analog, wenn er von „indirekte[r], abduktive[r] Wahrnehmung" oder der „indirekte[n] Beobachtung der Medien spricht". Dabei beschreibt der Medienbegriff „nicht die Ontologie eines Gegenstandes, sondern die Ontogenese eines Beobachters, der es gelernt hat, mithilfe der Differenz von Figur und Hintergrund, Ding und Medium sowie Selektion und Motivation zu beobachten, was sich der direkten Beobachtung entzieht" (BAECKER, Dirk 2002a: Beobachtung mit Medien. In: C. Liebrand, I. Schneider (Hgg.), Medien in Medien. Köln, 12-24, 14 und 22).

[46] Vgl. hierzu auch BRAUNS, Jörg 2002: Die Metaphysik des Mediums. In: BRAUNS: 9-20, 12f.

deutet hier einen *direkten Weltkontakt qua Wahrnehmung* an. Mit Binczek und Luhmann hingegen lässt sich sagen, dass die Materialität immer dasjenige bleibt, das sich der Wahrnehmung entzieht. *Aisthesis* markiert somit immer *indirekten Weltkontakt*, vor allem auch deshalb, weil Wahrnehmung selbst nicht wie bei Mersch dem Sinn gegenübersteht, sondern vielmehr erst qua Sinn bzw. als Sinn möglich ist: „Sinn ist das Medium der Wahrnehmung. Wahrnehmung bezieht sich immer nur ausschließlich auf Sinn" (JAHRAUS 2003: 319).[47] Wahrnehmung markiert somit keine authentische oder direkte Ebene der Welterfassung, sondern vielmehr: „Welt kann nur sinnhaft wahrgenommen werden oder gar nicht" (ebenda). Weltwahrnehmung ist immer indirekt, immer qua Sinn mediatisiert. Zugegeben, Mersch geht auch davon aus, dass die Stofflichkeit selbst immer unwahrnehmbar bleibt, das materielle Substrat wird immer vom Sinnhaften, Symbolischen usw. verdeckt, indem es nur in Form des Sinnhaften oder Symbolischen erscheinen kann, also immer schon entstellt ist. Gleichwohl bleibt bei ihm die Materialität als Ereignis, gerade weil sie dem Sinnhaften und Symbolischen unverfügbar ist, der nichtsinnhaften und nichtsymbolischen Wahrnehmung direkt zugänglich. In ihrer Unverfügbarkeit dem Sinnhaften gegenüber wird die Materialität in Form von Wahrnehmung als das sichtbar, was sich nicht dem Semiotischen, Symbolischen, Hermeneutischen usw. subsumieren lässt. Mithilfe der Medium/Form-Unterscheidung, die immer das Materielle grundsätzlich nicht nur dem Sinnhaften und Symbolischen, sondern eben auch der Wahrnehmung, weil diese nur sinnhaft gedacht werden kann, vorenthält, wird ein indirekter Weltkontakt beobachtet. Die Materialität – ob als Faktizität des Ereignisses oder als materielles Substrat – wird nicht negiert, vielmehr wird sie bei jeder Beobachtung der Medium/Form-Unterscheidung als das unhintergehbar für Sinn und! Wahrnehmung Unverfügbare etabliert. Wird die Medium/Form-Unterscheidung angeklickt, lassen sich Wahrnehmung und Materialität nicht mehr gegen Sinnhaftes, Semantisches, Symbolisches usw. ausspielen. Die Medium/Form-Unterscheidung pflegt einen Weltkontakt, indem sie eben keinen Weltkontakt pflegt. Die entscheidende Frage ist die, wie die Materialität berücksichtigt werden muss, wenn sie konstitutiv das Sich-Entziehende ist und dann wird die Frage maßgeblich, ob die Materialität das Sinnhafte, Symbolische usw. irritiert, verstört, als Alterität heimsucht bzw. unterminiert aufgrund ihrer Materialität, aufgrund ihrer Faktizität des Erscheinens oder ob sie all dies vollbringt, weil die Art und Weise, wie Sinn Materialität konstitutiv ausschließt, etwas über den Sinn und nie etwas über die Materialität aussagen kann. Wird also von der Materialität her (Mersch) oder vom Sinn, der Beobachtung her (Systemtheorie) argumentiert? Ist die Inkommensurabilität des Materiellen ein Phänomen radikaler Alterität, d.h. ein Phänomen des Materiellen selbst (Mersch) oder ein Phä-

---

[47] Zum Theorem des indirekten Weltkontaktes siehe auch KNEER, Georg / Armin NASSEHI [4]2000: Niklas Luhmanns Theorie sozialer Systeme. München, 98ff.

nomen des Sinns und seiner Krisen (Systemtheorie)? Die Ausführungen hier dienen dazu, klar zu machen, dass die Medium/Form-Unterscheidung gerade im Ausschließen der Materialität nicht auf diese verzichten kann. Als auszuschließende, als inkommensurable, der Wahrnehmung, dem Sinn und der Beobachtung nicht zugängliche Größe bleibt sie konstitutiv für die Medium/Form-Unterscheidung. Es genügt also nicht zu sagen, dass die Medium/Form-Unterscheidung den Platz des Gegenstandbezuges einnimmt und die Weltkorrespondenz kappt, sondern es muss auch auf die konstitutive Rolle dieses Kappens hingewiesen werden, denn es 'gibt' ja scheinbar 'etwas', was gekappt werden kann, also etwas, was in die (Um)Welt der Sinnsysteme ausgelagert werden kann. Wenn also das Artefakt konstitutiv dem Zugriff der Medium/Form-Unterscheidung entwischt, so nur deshalb, weil die Medium/Form-Unterscheidung auf dieses Entwischen konstitutiv angewiesen ist und es wird dann interessant, sich nicht allein die Medium/Form-Unterscheidung anzusehen, sondern auch (oder vor allem), wie dieses Entwischen funktioniert und was es jedes Mal neu für Auswirkungen auf die Beobachtung der Medium/Form-Unterscheidung hat.[48]

Wie wir sahen, ist die 'tatsächliche' Beschaffenheit des Textes bzw. Artefakts nicht konstitutiv irrelevant, jedoch ist sie für Wahrnehmungs-, Beobachtungs- und Kommunikationszwecke inkommensurabel.[49] So wird auch folgender Satz Luhmanns erklärbar: „Kommunikationssysteme konstituieren sich selbst mit Hilfe einer Unterscheidung von Medium und Form" (GG: 195). Die Medium/Form-Unterscheidung markiert die Schließung des Systems zu einem System und die gleichzeitig damit verbundene Externalisierung der Umwelt. Also: System[Medium/Form]/Umwelt. Luhmanns evidente Ambivalenz kann man nur so entschlüsseln, dass die Medium/Form-Unterscheidung kein ontologisches Substrat besitzt und – im Falle von Kunst – dennoch auf ein materielles Substrat zur Wiederholbarkeit von Beobachtungsoperationen angewiesen ist.[50]

Wie gesehen, trifft keine Form oder keine Konkretisation auf ein fertiges, so und so geartetes Medium oder Artefakt, sondern mithilfe der Medium/Form-Unterscheidung konstituiert die Beobachtung die Größen Medium[Artefakt] und Form[Konkretisation]. Es ist also möglich, Differenzialität zu denken, ohne ontische

---

[48] Alle Zitate: MERSCH, Dieter 2002: Das Ereignis der Setzung. In: E. Fischer-Lichte et al. (Hgg.), Performativität und Ereignis. (Theatralität IV). Tübingen/Basel, 41-56.

[49] „Form und Medium sind bei ihm [Luhmann] immer schon auf der Seite der Kommunikation, was dieser auch immer als Wahrnehmbares zugrunde liegen mag" (BRAUNS: 12f.).

[50] Nebenbei sei nochmals daran erinnert, dass, sobald von Artefakten und ästhetischen Objekten die Rede ist, der Bereich der Materialität (oder der Natur) verlassen wird. Da es „Kunstwerke nur in der geschichtlichen Kulturwelt des Menschen, in der 'artworld' (A. Danto) oder in der 'Republic of art' (J. Diffey)" geben kann, ist das Artefakt in der Unterscheidung Artefakt/ästhetisches Objekt immer schon 'kulturisiert', d.h. beobachterkonstituiert. (Zitat DAMJANOVIC, Milan 1983: „Es gibt Kunstwerke – wie sind sie möglich?" In: W. Oelmüller (Hg.), 1983: Kolloquium Kunst und Philosophie 3 Kunstwerk. Paderborn [u.a.], 59-67, 60).

Barrieren überspringen zu müssen, da die Medium/Form-Unterscheidung hier strikt aus kommunikativen Elementen besteht. Mit dieser raffinierten Logik ist die notwendige *Deontologisierung von Differenzialität* markiert. Diese Deontologisierung erlaubt es dann – innerhalb von Kommunikation, denn nur diese ist zugänglich – instantan die Notwendigkeit eines materiellen Substrats als Anlass für Kommunikation und die (retro-aktive) Nach-Konstituierung dieses materiellen Substrats als materielles Substrat sowie als Kommunikation durch die Kommunikation zu denken. Der damit verbundene *indirekte Weltkontakt* ändert grundsätzlich die Art und Weise, wie Kunst, Literatur und deren Interpretation modelliert werden können. Wenn man sich auf die Medium/Form-Unterscheidung einlässt – also das materielle Substrat ausschließt und diesen Ausschluss einschließt – wird die Richtung der Re/Aktion umgedreht. Gleichwohl wird nicht behauptet, das ästhetische Objekt oder die Form bestimme nun allein, was Kunst(werk) bzw. Literatur (literarischer Text) sei. Entscheidend ist, dass es sich bei der Medium/Form-Unterscheidung um eine Unterscheidung handelt. Die Form und das ästhetische Objekt sind auf ein Medium und ein Artefakt angewiesen. Diese Unterscheidung(en) ist (sind) unhintergehbar. Medium und Artefakt bleiben die Voraus-Setzung für Formen, ästhetische Objekte oder Kunstwerke. Es wird nicht einfach auf Form und Konkretisation umgeschaltet (da ja Medium und Artefakt unsichtbar und unerreichbar sind) – es wird also nicht entdifferenzialisiert, sondern eine Unterscheidung wird in die eine Seite der Unterscheidung kopiert. Die Medium$_{[Artefakt]}$/Form$_{[ästhetisches\ Objekt]}$-Unterscheidung ist immer 'nur' auf der Seite der Form zu haben. Dieses *re-entry* (als paradigmatische Realisierung des indirekten Weltkontaktes) markiert den Sachverhalt, dass *Kunstbeobachtung sich konstitutiv an einer (entontologisierten) Differenzialität orientiert*.[51] Mithilfe dieser Logik lässt sich das oben beschriebene epistemologische Paradoxon operationalisieren, indem nicht mehr – wie bei Striedter – eine Alternative aufgestellt wird zwischen Werkstruktur des Artefakts und Werkstruktur des ästhetischen Objekts, sondern indem anhand der Barre („-/-") der Unterscheidung Artefakt / Text/Werk jedwede Entweder-Oder-Ordnung verunmöglicht wird zugunsten einer Sowohl-als-auch-Konstellation. Die Werkstruktur ist somit nicht entweder auf der einen oder der anderen Seite zu finden, sondern immer in der Unterscheidungs-Konstellation selbst. Das Werk ist somit nicht nur die Differenz zwischen Medium (Text) und Form (Werk) (sensu Plumpe; s.o.), sondern auch die Einheit dieser Differenz. Somit lassen sich die Textversionen [I] und [II] gleichzeitig denken. Der Text ist dann sowohl Wahrnehmungs-Input als auch die kommunikative Realisation seiner selbst und die Frage nach der Struk-

---

[51] Form ist Form (und Konkretisation Konkretisation) immer und ausschließlich im Unterschied zu einem Medium (Artefakt): „Man sieht die Form nur als Form, wenn man ihre Differenz zum Medium mit sieht" (PLUMPE, Gerhard 1995: Epochen moderner Literatur. Ein systemtheoretischer Entwurf. Opladen, 48).

tur des Artefakts wird in die Kommunikation hineingezogen, d. h. der epistemologisch unmögliche Durchgriff auf das Artefakt wird verabschiedet. Wie Stäheli feststellt, ist die Medium/Form-Unterscheidung deshalb so interessant für Luhmanns operative Theorie, „die sich mit der Anschlussfähigkeit von Kommunikationsereignissen beschäftigt", weil sie „externe Referenzen" vermeidet und „sich statt dessen für die Art und Weise der Verbindung" interessiert (STÄHELI: 134). In unserem Zusammenhang ist genau dies das große Vorteilsmoment gegenüber der strukturalistischen Unterscheidung Artefakt/ästhetisches Objekt, freilich nur dann, wenn man die Problematik des materiellen Substrats nicht ausblendet, sondern theoriegenau platziert.[52] Hierbei ist noch zu beachten, dass die Medium/Form-Unterscheidung ein doppeltes Unerreichbares setzt: Indem die Medium/Form-Unterscheidung eine operativ-konstruktivistische Unterscheidung ist, die allein als Beobachtung existiert, wird jedes materielle Substrat ins Unerreichbare verschoben. Die Unterscheidung selbst ist aber so gebaut, dass sie in sich eine weitere Unerreichbarkeit trägt. Das Medium ist immer 'nur' in Form von Form das, was es ist – ein Medium; nur in Form von Form ist es zugänglich. Als Medium ist das *Medium* immer unerreichbar. Es ist das *prinzipiell Unbeobachtbare*. Obwohl also jedweder ontologische Sprung vermieden wird, obwohl es sich bei der Medium/Form-Unterscheidung um den Unterschied desselben im selben handelt, wird die (quasi) ontologische Unterscheidung Beobachtbares/Unbeobachtbares mitten in eine operativ-konstruktivistische Unterscheidung hineinkopiert. Auch wenn sich die Systemtheorie mithilfe der Medium/Form-Unterscheidung ohne Rückgriff auf externe Referenzen allein für die Art und Weise der Verbindungen interessiert, behält sie die Unterscheidungen Erreichbares/Unerreichbares, Beobachtbares/Unbeobachtbares bei.

Hier kann man auch die Figur des *re-entry* konsequent einrasten lassen. Das *re-entry* ist der Wiedereintritt der Form in die Form. Es ermöglicht, „die Einheit der Unterscheidung auf einer ihrer Seiten behandeln [zu] können" (GLU: 153). Das, was konstitutiv unbeobachtbar ist, wird in die eine Seite der Unterscheidung hineingezogen und es kommt zum Folgenden: „Der Wiedereintritt [= re-entry] ist eine Figur des Wiedereinschlusses des ausgeschlossenen Dritten" (BAECKER: 1993a: 13). Jede Unterscheidung markiert konstitutiv immer nur eine Seite und

---

[52] Die Ausführungen hier wollten deutlich machen, dass es weder ausreicht, das Medium aufzuteilen in seine „materiale[] Gegebenheit" einerseits und seine „zeichenhafte[] Überschreitung der Materialität" andererseits (STIERLE: 101) noch einfach mithilfe der Medium/Form-Unterscheidung die Materialität in die Umwelt von Kommunikation zu deponieren und somit dort zu entsorgen. Es ist ersichtlich viel komplizierter. Obwohl und gerade weil man eine strikt nichtontologische, operativ-konstruktivistische Theorie in Anschlag nimmt, die immer allein mit Beobachtungen und Kommunikationen arbeitet und nie mit Materialitäten, muss gefragt werden, wie sich dieser Nichtumgang bzw. Ausschließungsvorgang auf die Beobachtungen und die Kommunikationen auswirkt. Die Form der Medium/Form-Unterscheidung hängt u.a. konstitutiv davon ab, welche Materialitäten sie wie in ihre Umwelt auslagert. Auch ein indirekter Weltkontakt bleibt ein Weltkontakt.

belässt dadurch ihre andere Seite unmarkiert; mithilfe des *re-entry* geht diese unmarkierte Seite nun nicht verloren, sie wird vielmehr als das Unmarkierte auf der markierten Seite operationalisier- bzw. handhabbar gemacht. Dadurch arbeitet die markierte Seite auch mit dem, was sie durch ihr Markieren nicht hat. Man hat also beides: Das, was man hat (Markierung) und das, was man *dadurch* nicht hat (Nicht-Markierung).[53] Wir haben argumentiert, dass die Medium/Form-Unterscheidung immer ein 'tatsächliches', unbeobachtbares und nichtwahrnehmbares materielles Substrat als ihre 'Voraussetzung' nach-konstituieren muss, um sich als Medium/Form-Unterscheidung etablieren zu können. Dabei ist entscheidend, dass nicht das materielle Substrat selbst, nicht seine Substrathaftigkeit oder Materialität, sondern das Sich-von-ihm-Unterscheiden, das Different-Setzen, es ist, dass die Medium/Form-Unterscheidung etabliert. Wir haben auch gesagt, dass die Medium-Form-Unterscheidung strikt selbstreferenziell prozessiert, also immer mit kommunikationsinternen Medien und Formen und nie mit Materialitäten arbeitet. Zusammengenommen bedeuten diese beiden Aspekte, dass die Medium/Form-Unterscheidung aus der harten Unterscheidung [materielles Substrat] / [Medium/Form] eine operative Unterscheidung macht: materielles Substrat$_{[Medium]}$ / Medium/Form$_{[Form]}$. Auf das *re-entry* bezogen heißt dies jedoch auch, dass die harte Unterscheidung [materielles Substrat] / [Medium/Form] selbst eine (Zwei-Seiten-)Form ist: Form$_{[materielles\ Substrat\ /\ Medium/Form]}$. Die harte Unterscheidung ist das ausgeschlossene Dritte, das nun auf Seiten der Form, somit der markierten Seite, sowohl die Einheit der Unterscheidung als auch das materielle Substrat einschließt. Konfrontiert man also die Selbstimplizität der Medium/Form-Unterscheidung (s. o.) und die *Re-entry*-Figur mit dem operativ ausgeschlossenem materiellen Substrat, ergibt sich die Konstellation, dass mithilfe der Medium/Form-Unterscheidung das ausgeschlossene materielle Substrat als Ausgeschlossenes immer eingeschlossen wird. Die externalisierte Umwelt ist als diese externalisierte Umwelt immer internalisiert.[54] Es wurde aber auch behauptet, und hier geht die Argumentation über die üblichen Deutungen des *re-entry* hinaus, dass für Kommunikationszwecke vom 'tatsächlichen' physikalischen materiellen Substrat ein kommunikatives materielles Substrat abgezogen wird. Das heißt, dass *aufgrund* der Selbstimplizität der Medium/Form-Unter-

---

53 „Die *Re-entry*-Bewegung macht das Nichtmarkierte zu einer handhabbaren Größe. [...] Das Nichtmarkierte – als Bereich, der sich dem Sinn gleichsam entzieht – wird auf diese Weise der Logik des Bezeichnens unterworfen" und ein „Raum für den Umgang mit Nichtmarkierungen" gewonnen (ELLRICH, Lutz 1997: Hat das Verstehen einen Haken? Zur Frage der 'Beobachtbarkeit' von Sinnkonstitution und Sinnentzug. In: H. de Berg, M. Prangel (Hgg.), Systemtheorie und Hermeneutik. Tübingen / Basel, 89-116, 105f.).

54 Es dreht sich bei diesen Ausführungen hier tatsächlich um die Frage: „Ob und wie im Sozialen, in der Kommunikation die extrasoziale Umwelt vorkommt oder umkommt" (LÜDEMANN, Susanne 1999: Beobachtungsverhältnisse. Zur (Kunst-)Geschichte der Beobachtung zweiter Ordnung. In: A. Koschorke, C. Vismann (Hgg.), Widerstände der Systemtheorie. Berlin, 63-75, 66).

scheidung und *aufgrund* des *re-entry* das Eingeschlossenwerden des Ausgeschlossenen immer ein nicht-eingeschlossenes Ausgeschlossenes produziert, das beim Einschluss wiederum ein weiteres nicht-eingeschlossenes Ausgeschlossenes produziert usw. ad infinitum. Das 'tatsächliche' materielle Substrat wird durchgestrichen und somit ausgeschlossen, als durchgestrichenes materielles Substrat wird es aber als Ausgeschlossenes eingeschlossen. Die These ist also, dass – vor allem im Bereich der Kunst, die, in welcher Form auch immer, mit Artefakten oder 'Kunst-Objekten' arbeitet –, es nicht nur um die Medium/Form-Unterscheidung als operativer Unterscheidung geht, sondern, dass das *Umwandeln* der harten Unterscheidung in eine operative Unterscheidung und das *Einschließen* des Ausgeschlossenen die konstitutiven Momente sind.

Diese komplexen Ausführungen sind notwendig, da nur so die von Martens geforderte Zusammenlegung der beiden texttheoretischen Perspektiven (Text = fertiges und statisches Gebilde und Text = dynamische Sinnkonstruktionsgröße) vor dem 'Hintergrund' eines 'Textträgers' epistemologisch konsistent und widerspruchsfrei konzipiert werden kann. Erst im Zuge solch komplexer Überlegungen lassen sich etablierte Begriffe (Artefakt/ästhetisches Objekt, Text/Werk) und systemtheoretische Figuren (System/Umwelt, Medium/Form-Unterscheidung) korrelieren und theoriebautechnisch operationalisieren.

Das hier durchgespielte Aufeinaderlegen von Medium/Form auf Artefakt/ästhetisches Objekt und vice versa funktioniert allerdings nicht reibungslos. Zum einen wird die strukturalistische Unterscheidung durchaus in eine operative, beobachtungstheoretische, nicht-ontologische Epistemologie hereingeholt, zum anderen schleust es aber auch die materielle Substrathaftigkeit des Artefakts (seine 'Artefaktizität') in diese Epistemologie ein. Nicht in dem Sinne, dass Medium/Form nun doch ein materielles Substrat hätten, sondern in dem Sinne, dass die *Frage* nach dem materiellen Substrat (gerade in der Kunst, die es immer auf irgendeine Art auch mit Kunst-Objekten zu tun hat) aufrechterhalten wird. Dieses schiefe (rhetorische) Aufeinanderlegen fragt also danach, was beim indirekten Weltkontakt verloren gehen muss. Das Einschleusen des Artefakts in die operativ-konstruktivistische Unterscheidung Medium/Form garantiert somit, dass trotz beobachtertheoretischem, konstruktivistischem Design die Frage nach dem Träger, dem Material, dem Widerstand als Frage erhalten bleibt. Auch wenn das Artefakt als beobachterkonstituiertes Medium gelesen wird, dass sich von einem materiellen Substrat unterscheidet, so wird doch dieses Unterscheiden selbst wichtig. Obwohl wir es bei der Konstellation 'Artefakt/ästhetisches Objekt als Medium/Form' mit einer strikt operativ-konstruktivistischen Größe zu tun haben, wird die Semantik des Artefakts, die sich in der Kommunikation als kommunikative und nicht materiale Größe etabliert hat, nicht völlig gelöscht. Sie bleibt zum Teil erhalten und kann so garantieren, dass die wichtige Suggestion aufrechterhalten wird, dass wir es beim Umgang mit Kunst zum einen mit wieder erkennbaren Gebilden und zum anderen mit einer eigentümlichen Widerständigkeit zu tun haben. So ist diese Schieflage des Aufeinanderlegens ein Signal dafür, dass der durch die Medium/Form-Unterscheidung etablierte indirekte Weltkontakt auch im operativen Konstruktivismus ein Welt-Kontakt bleibt. Wie später zu sehen sein wird, kommt dieses Problem auch bei der Text/Werk-Unterscheidung zu Tage. In diesem Sinne ließe sich die These aufstellen, dass für die Beobachtung von Kunst und Literatur und für ästhetische Erfahrung die Sperrigkeit des Artefakts auch im Rahmen einer operativ-konstruktivistischen Theorie konstitutiv ist.

Wie gesehen ist das Kapitel davon ausgegangen, dass man die Unterscheidungen Artefakt/ästhetisches Objekt und Text/Werk als Medium/Form-Unterscheidung bzw. vice versa lesen kann. Es hat dabei gewisse Parameter der Medium/Form-Unterscheidung einfach übernommen, ohne tiefer die Bauweise der Unterscheidung selbst zu durchleuchten. Da jedoch die Konstellation 'Text/Werk = Medium/Form' als eine grundlegende Beobachtungsoperation der Arbeit konzeptualisiert wird, ist ein detailliertes Abklopfen der Basisunterscheidung Medium/Form, weil sie als eine Basisunterscheidung beobachtet wird, konzeptuell notwendig. Nur entlang solcher basaler theorietechnischer Parameter kommt die Logistik von Literatur und literarischer Kommunikation in den Blick. Es geht hier nicht zuletzt um die Kompatibilität von Abstraktionsebenen. Im Folgenden wird die Medium/Form-Unterscheidung soweit durchröntgt werden, dass sie bis an die Grenzen ihrer Konzeptualisierbarkeit geführt wird. Und dieses An-die-Grenzen-Führen soll sich produktiv sowohl für die theoretische Konzeptualisierung der Arbeit als auch (damit untrennbar zusammenhängend) für ihren Beobachtungsfokus im Hinblick auf die logistische Dimension erweisen.

## 2.5. Medium/Form – systemtheor(h)et(or)isch

„Differenz wird am deutlichsten in der Wiederholung des Selben."
(Peter Krapp)

„das eine in sich selber unterschiedene" (Friedrich Hölderlin)

Medium und Form existieren nicht an sich und nicht unabhängig voneinander. Beide sind „relationale Begriffe, die sich wechselseitig bestimmen."[55] „Weder gibt es ein Medium ohne Form, noch eine Form ohne Medium"[56] und entscheidend ist, dass sie keinen ontologischen Status besitzen: Medium und Form gibt es al-

---

[55] KREMER, Detlef 2001: Text und Medium. In: B. Sabel, A. Bucher (Hgg.), Der unfeste Text. Perspektiven auf einen literatur- und kulturwissenschaftlichen Leitbegriff. Würzburg, 23-53, 44.
[56] LUHMANN, Niklas 2001: Das Medium der Kunst. In: Ders., Aufsätze und Reden. Herausgegeben von Oliver Jahraus. Stuttgart, 199-217, 201; beinahe wörtlich wiederholt in GG: 199.

lein in der bzw. qua Beobachtung.⁵⁷ Das Medium ist dabei gekennzeichnet durch lose Kopplung, Widerstandslosigkeit und Stabilität sowie Invarianz: „Medien sind invariant, Formen variabel" (KG: 209). Medien sind latent und unsichtbar. Sie können erst wahrgenommen werden, wenn sie sich zu Formen verdichten. Formen sind dichter bzw. enger gekoppelt, sie sind „zwar sichtbar und aktuell, aber instabil und variabel" (KREMER 2001: 44):

> Das Medium organisiert einen Aufschub und das Erinnern vergangener Formverwendung, während die Form das Vergessen ermöglicht. Im Gegensatz zur Vergänglichkeit von Formen, die im 'jetzt' eines Ereignisses existieren, ist das Medium die konservierte Kontingenz einer Form: es bewahrt die Möglichkeit einer anderen Selektion [...]. [D]as Medium, das die Reversibilität vollzogener Selektionen garantiert, [kann] nur vorausgesetzt, nicht aber als solches artikuliert werden. [...] Das Medium verfügt über keine objektive Wirklichkeit, sondern ist jeweils eine Konstruktion des Systems, in dem es zirkuliert. Um ein Medium zu beobachten muss wiederum eine bestimmte Form angewandt werden. Das Medium ist denn auch immer nur ein beobachtetes Medium (STÄHELI: 134).⁵⁸

Wichtig ist bei alldem, dass das Medium als Medium erhalten bleibt. Es lässt zwar (so gut wie) alles mit sich machen (s. u.), es lässt sich durch die Formen deformieren (vgl. WG: 53), aber gleichzeitig erlaubt es 'nur', dass diese (De)Formierung nur soweit gehen kann, wie das „mit der Einheit eines Elementes noch kompatibel" (KG: 168) ist. Ein Medium ist eben nur dann ein Medium, wenn seine ‚Elemente', sein ‚Bestand' „nicht verbraucht wird" (WG: 54). Wenn man beispielsweise die Sprache als Medium benutzt, so wird sie nach der Formulierung eines Satzes (Form) nicht unbrauchbar, sie steht auch danach für „weitere Kopplungen zur Verfügung" (ebenda).⁵⁹ Und erinnert sei hier noch an den zentralen Punkt der Prozessualität: Die Form ist eine ereignisbasierte „raum-zeitlich

---

[57] „Die Medium/Form-Unterscheidung ist – selbstverständlich – die eines Beobachters" und dass Medien und Formen nicht für sich, sondern allein im Rahmen einer Unterscheidung auftreten können, ist ebenfalls ein Beobachtungseffekt: „Form ist für einen Beobachter [!] nicht ohne Medium zu haben, et vice versa" (FUCHS 2004: 25 und 28). Hierzu später mehr.

[58] Oder: „Medien [repräsentieren] keine verborgenen, substanziellen Bedeutungen [...]. Sie sind vielmehr möglichkeitsreiche Vorrichtungen zur Konstruktion von Welt. Und als solche ist ihre konkrete Erfahrbarkeit nur das, was man mit ihnen macht" (KREMER 2001: 48). In diesem Zusammenhang ist zu erwähnen, dass Luhmann die Unterscheidung Medium/Form dazu benutzt, das „dingontologische Konzept [zu] ersetzen, das heißt: überflüssig [zu] machen" (KG: 166). Medium/Form ersetzt also „Substanz/Akzidenz oder Ding/Eigenschaften" (ebenda: 165).

[59] „[D]ie Form setzt sich durch, dafür aber braucht sie Zeit und wird auch selber dabei verbraucht. Das Medium dagegen bleibt passiv, es ist ein Potential, welches durch Formgebung nicht verbraucht, vielmehr erneuert wird. So sind die Formen temporär und flüchtig; die Medien jedoch sind – gemessen an den Formen – dauerhaft" (KRÄMER 1998: 2.2 Warum Medien der blinde Fleck bleiben, 2. Absatz).

situierte Operation"⁶⁰, die momenthaft aktualisiert wird, um dann wieder zu zerfallen.

Nun stellt sich die Lage bei genauerer Betrachtung komplizierter dar. Das Problem dreht sich um die Frage, wie denn die Passivität des Mediums einerseits mit seiner Konstitution, dass eben nicht alles mit ihm machbar ist, andererseits, zusammengedacht werden kann. Dabei ergeben sich verschiedene Argumentationen. (Der frühe) Peter Fuchs spricht von einer „Eigenwertigkeit des Mediums" (FUCHS 1994: 22). Das heißt, dass das Medium Eigenschaften 'besitzt', die die an ihm vollzogenen Formbildungen ent-arbitrarisieren. Das Medium verfügt über eine Eigenbedingtheit, die Formbildung nicht determiniert, jedoch an der eigenen intrinsischen Verfasstheit bzw. Eigenwertigkeit orientiert:

> Das Medium läßt keine beliebigen Inskriptionen zu, es hat Klebungs- und Granulationseigenschaften, die zurückwirken auf die Möglichkeit von Formschreibungen, es 'trotzt' mit einer Widerständigkeit, deren Ursache leicht zu benennen ist: Das Medium ist 'gekörnt', es setzt sich seinerseits aus Formen zusammen. [...] das Medium übt Bremswirkungen aus, wenn es um Formung geht, weil es selbst aus Formen (spezifischen Fertigkeiten) besteht (ebenda).

Formen müssen „sich den Eigenschaften des Mediums anschmiegen [...], weil sie sich in diesem Medium mit den Elementen des Mediums konstituieren und dabei nichts hinzufügen und nichts wegnehmen" (ebenda: 23). Wenn die Formen sich dennoch gegen diese Eigenwertigkeit durchsetzen wollen, zerstören sie das Medium. Die Zentrifugalkraft dieser Darstellung liegt in dem 'ist' des Satzes: Das Medium ist gekörnt! Hier wird – wie Lehmann feststellt – ein 'Sein' des Mediums angenommen (vgl. LEHMANN 2002: 44). Fuchs' Konzeption suggeriert in der Tat, dass das Medium ein Eigenschaftsrepertoire besitzt, das vor der Form und vor der Beobachtung angesiedelt zu sein scheint (insbesondere bei dem Ausdruck 'anschmiegen'). Es entsteht der Eindruck, dass das Medium selbstidentisch anhand seiner intrinsischen Merkmale identifizierbar wäre. Zumindest im Rücken der eigenen epistemologischen Parameter werden mediale Eigenschaften jenseits bzw. vor der Beobachtung angedeutet. Auch wird das Medium in die Nähe eines medialen Substrats gerückt. Damit ist diese Auffassung sehr nah an Heiders Konzept angelehnt, dessen ontologische Prämissen schon längst aufgedeckt wurden (sowohl von Luhmann selbst als auch bspw. von den Beiträgen des Bandes *Form und Medium*).⁶¹ Fuchs können nun beileibe keine ontologischen

---

⁶⁰ KRÄMER 1998: 3. Die Medientheorie als Theorie der Form, 3. Absatz.
⁶¹ Analog hierzu diskutiert dieses Problem auch STÄHELI: 133, wenn er darlegt, dass jedem Element eines Mediums eine „gewisse Selbigkeit" zugeschrieben wird, weil „selbst wiederum eine Form, das heißt die feste Kopplung von Elementen eines anderen Mediums" ist. „Die Elemente eines Mediums sind die Formen eines anderen Mediums." Selbigkeit und Kopplung jedoch sind nicht so ohne weiteres miteinander kompatibel, vor allem dann nicht, wenn Luhmann davon ausgeht, „daß das lose gekoppelte Element des Mediums und seine feste Kopplung in einer Form das*selbe* Element sind." Hieraus ergibt sich

Argumentationsreste zugeschrieben werden, seine Version der Systemtheorie ist durch und durch radikal operativ gewendet, allerdings schleichen sich hier Formulierungen ein, die nicht messerscharf das Beobachtungstheorem des operativen Konstruktivismus berücksichtigen. Und sie schleichen sich ein, weil es innerhalb solch eines Konstruktivismus nicht so ohne weiteres möglich ist, die Evidenz zu erklären, dass sich eben nicht alles mit einem Medium machen lässt, dass das (beobachterkonstituierte!) Medium irgendwie doch widerborstig ist. [62] Fuchs bringt die Metapher des Grießbreis ins Spiel. Griesbrei (Medium) kann klumpen (Form) oder verbrennen (Zerstörung), Glas (Medium) kann in verschiedene Gläser (Formen) geblasen werden, jedoch auch zerfließen (Zerstörung), Ton (Medium) kann zu Vasen geformt werden (Form) oder bei zu großer Hitze in undefinierbare Splitter zerfallen, Metalle (Medien) können in verschiedenste Gestalten (Formen) gebogen, geschlagen, gepresst usw. werden oder zerbersten, zerfliesen oder brechen. In diesem Sinne hat Fuchs durchaus Recht, nur der Erklärungsfokus muss leicht anders eingestellt werden.

Lehmann schlägt in diesem Zusammenhang vor, den Beobachter *explizit* in den Mittelpunkt zu rücken (so wie dies Fuchs neuerdings auch tut[63]). Obwohl mit dem Treffen der Medium/Form-Unterscheidung der Beobachter schon per se mitindiziert ist, lenkt Lehmann die Aufmerksamkeit nicht allein auf die Unterscheidung selbst, sondern auf die Beobachterkonstituiertheit der Unterscheidung. Zu diesem Zwecke führt sie gar die Begriffe der „Dreistelligkeit" bzw. „Dreiwertigkeit" (LEHMANN 2002: 40) ins Feld und identifiziert den Beobachter als das notwendige dritte Element. Der Beobachter ist die „Bedingung der Möglichkeit von Ding und Medium" (bzw. Medium und Form) (ebenda: 54). Da die Medium/Form-Unterscheidung beobachterkonstituiert ist, kann es keine medialen Eigenschaften jenseits der Beobachtungsoperation geben. Der Beobachter produziert die Form und konstituiert somit das Medium als die Möglichkeitsbedingungen der Form. Dabei werden die Eigenschaften des Mediums diesem vom Beobachter zugeschrieben (vgl. ebenda). Es ist der Beobachter, der dem Medium so etwas wie Körnigkeit, Elementhaftigkeit, die 'Stärke' der Kopplung, Passivität und Neutralität oder gar Selbigkeit und Eigenwertigkeit zuweist. Das Medium Schrift beispielsweise 'besteht' nicht aus Buchstaben, die für Formbildungen (Sätze, Texte etc.) fungieren, vielmehr werden die Buchstaben zu Buchstaben für einen Beobachter. Was Formen mit/in einem Medium machen kön-

---

„eine Spannung zwischen dem *unabhängigen* Status der Elemente und der Konstitution von Elementen durch *Kopplung*".

[62] Es sei jedoch betont, dass die Sicht auf die Medium/Form-Unterscheidung in FUCHS 2004: 25-30 im Vergleich zu den früheren Schriften alle ontologischen Restspuren konsequent beseitigt hat, hier wird die Medium/Form-Unterscheidung mit voller Stringenz im Rahmen einer strikten operativen Epistemologie beobachtet.

[63] „[D]as Schema Medium/Form [ist] ein komplett de-ontologisierendes Schema [...]. Es führt immer auf den Beobachter zurück" (FUCHS 2004: 25).

nen, wird qua Beobachtung festgelegt. Ist das Beobachtertheorem dermaßen implementiert, kann das Medium mit Eigenschaften ausgestattet werden, die erklären, wieso Formen nicht arbiträr sprießen, sondern sich durchaus an einer Widerständigkeit des Mediums orientieren müssen. Es stimmt selbstverständlich, dass es die „Eigenschaften von Medien sind", die „Formbildung möglich machen", *die entscheidende Frage ist m. E. jedoch, wo diese Eigenschaften angesiedelt werden, auf der Objektebene der Medien oder auf der Metaebene der Beobachtung oder ist die Medium/Form-Unterscheidung innerhalb des Beobachtungsparadigmas so gebaut, dass sie die Unterscheidung von Objekt- und Metaebene subvertiert oder gar auflöst.*[64] Diese Frage wird noch zu diskutieren sein.

Epistemologisch scheint es mir hier so zu sein, dass die beobachterkonstituierte Medium/Form-Unterscheidung in der hier vorgetragenen Fassung im Zuge der Formulierung 'der Beobachter als Bedingung der Möglichkeit von Medien und Formen' zwar transzendentalphilosophisches Sprachgut impliziert, allerdings nicht auf die Notwendigkeit eines transzendentalen Subjekts ausgerichtet ist. Der Beobachter als notwendiges drittes Element markiert nicht die Position eines transzendentalen Subjekts, sondern indiziert, dass es im Rahmen einer zweiwertigen Logik dritte *Positionen* geben muss, die die Terme der Zweiwertigkeit überhaupt beobachtbar machen. Der Beobachter ist hier weder das transzendentale Subjekt noch (sensu Ort oder Günther) ein genuin Drittes, sondern selbst das notwendige Medium, für Unterscheidungsoperationen. Im Zuge von Unterscheidungsoperationen kann ein Beobachter verschiedene Größen her(aus)stellen, die innerhalb einer Differenzlogik, also *innerhalb einer zweiwertigen Logik*, dritte, vierte, fünfte usw. Positionen markieren. Der *Beobachter beobachtet* die Innenseite[Form] (1) und die Außenseite[Medium] (2) einer Unterscheidung, die Form der Unterscheidung (3), die Welt, die durch die getroffene Unterscheidung etabliert wird (4) und sich selbst (5).

Zurück zur Medium/Form-Unterscheidung. *Innerhalb* des Beobachtungsparadigmas ergibt sich somit die Konstellation, dass es einerseits immer unendlich viele Formen geben kann und dass die Formbildungen andererseits von der Integrität des Mediums abhängen, dass also Formen möglich sind, solange dass Medium als Medium mit seinen spezifischen Eigenschaften erhalten bleibt. Restriktion bzw. Ent-Arbitrarisierung und vollkommene Freiheit gehen hier Hand in Hand.[65] Diese komplexe Konstellation gehört sicherlich zu den spannendsten bzw. spannungsvollsten Parametern der Medium/Form-Unterscheidung, denn sie verlangt die instantane Rede von einem „nicht-unendlichen Möglichkeitsbereich" (BRAUNS 2002: 19) des Mediums (Ent-Arbitrarisierung, Widerständigkeit,

---

[64] Zitat: BAECKER, Dirk 1999: Kommunikation im Medium der Information. In: R. Maresch, N. Werber (Hgg.), Kommunikation. Medien. Macht. Frankfurt a.M., 174-191, 175.

[65] Die Eigenschaften des Mediums ermöglichen Formbildungen, „ohne die Formen ihrerseits zu motivieren" (ebenda).

'Eigenwertigkeit') einerseits und von unendlicher Formenvielfalt innerhalb des Mediums andererseits.

Das Beobachtungsparadigma läst sich noch prägnanter soziologisch fassen: Das heißt, Formbildungen orientieren sich nicht an der Eigenwertigkeit des Mediums, vielmehr orientiert der schon immer stattgefundene Gebrauch der Medium/Form-Unterscheidung das, was möglich ist und das, was nicht möglich ist. Keine Formbildung ereignet sich in einem 'luftleeren Raum', sie vollzieht sich stets in einem schon immer etablierten Netzwerk von Unterscheidungsverwendungen. An diese Verwendungen, an Beobachtungsbeobachtungsverschachtelungen – und eben nicht an einem selbstidentischen und eigenwertigen Medium – schließen die nächsten Form/Medium-Unterscheidungen an. Das sich dabei permanent (re)produzierende Netzwerk – also Kommunikationen, die sich an Kommunikationen orientieren, indem sie an diese anschließen – organisiert das Verhältnis von Ent-Arbitrarisierung und unendlicher Formenkombination. Die Konstellation, dass die Eigenschaften des Mediums Formbildungen ermöglichen (aber nicht determinieren), ist eine beobachterkonstituierte Konstellation, die in der Prozessualität von Kommunikationen und Folgekommunikationen emergiert. Dass bspw. das Klumpen des Griesbreis als Form und das Verbrennen des Griesbreis als Zerstörung beobachtet (!) wird, dass eine Vase als Form und Tonsplitter eben nicht als Formen gelesen werden, liegt an der Beobachtung und den Folgebeobachtungen und nicht an der materiellen Konsistenz des Breis oder des Tons. Dabei haben sich diese Beobachtungen entlang von Beobachtungsbeobachtungen etabliert, sie haben sich durchgesetzt im Hinblick darauf, was schmackhaft, nahrhaft, (zu gewissen Zeitpunkten) schön und nützlich ist, wobei Geschmack, Nahrhaftigkeit, Schönheit und Nützlichkeit eben selbst Beobachtungen sind. Die Eigenschaften des Mediums haben sich im Netzwerk der Unterscheidungsverwendungen, in den Beobachtungsbeobachtungsverschleifungen, d. h. in den an Kommunikationen anschließenden Folgekommunikationen als diese Eigenschaften etabliert. Sie sind zu Beobachtungsroutinen granuliert. Intrikaterweise gehören somit die Eigenschaften des Mediums nicht dem Medium an, sondern den Beobachtungen.[66] Formen stoßen daher nicht auf eine Widerständigkeit des Mediums, sondern auf eine Widerständigkeit der schon erhärteten und erfolgreichen Verwendungen der Medium/Form-Unterscheidung. Es ließe sich sogar formulieren – so meine These –, dass sich Formen nicht schlicht anhand von Medien bilden, sondern anhand von Medium/Form-Verwendungen. *Formen benutzen Medium/Form-Verwendungen als Medium für ihre Formbildung.* Das, was Formen mit einem / an einem Medium machen können, hängt nicht vom Medium, sondern von der Art und Weise, wie die Unterscheidung Medi-

---

[66] Wieder ist die Frage relevant, wo man sich gerade befindet: auf der Objekt- oder der Metaebene oder, ob nicht diese Unterscheidung im Rahmen der beobachterkonstituierten Medium/Form-Unterscheidung dekonstruiert wird.

um/Form verwendet und kommuniziert wird, ab. Dies ist eine explizit beobachtungstheoretische Perspektive, da Verwendungen immer unausweichlich auf Beobachtungen fußen bzw. als Beobachtungen konstituiert werden. Diese Perspektive indiziert m. E. auch, dass jeder Medientheorie immer ein soziologisches Moment (Beobachtung, Kommunikation) vorgeschaltet ist. Folgt man dieser These, so wird immer von der Beobachtung und der Sozialität der Medium/Form-Unterscheidung aus argumentiert, nie von dem Medium oder seiner Medialität aus.[67]

Dieser Aspekt lässt sich noch weiter traktieren. Brauns gibt diesen Überlegungen eine etwas andere Wendung: Er markiert explizit die Beobachterabhängigkeit der Medium/Form-Unterscheidung, betont jedoch, dass der Beobachter „nicht im Ungewissen" operiert, vielmehr „trifft [er] seine Unterscheidungen in einem rekursiven Netz" (BRAUNS 2002: 19). In Bezug auf eine Stelle bei Luhmann stellt Brauns treffend dar, dass die Konstituierung und Verwendung der Medium/Form-Unterscheidung durch einen Beobachter sowohl „kopplungsfähige Elementarereignisse (paroles)" voraussetzt als auch „die Notwendigkeit einer strukturierten Sprache" (GG: 195, Fn. 9). Die Struktur der Sprache – die sich aus ihrer Verwendung und aus der Verwendung dieser Verwendung etabliert hat, also eine soziale Größe ist – stellt eine „Einschränkung der möglichen Selektionen" dar (BRAUNS 2002: 19). Was als Form in einem Medium erscheinen kann, ist somit wesentlich beeinflusst von der strukturellen Verfasstheit des Mediums. Dabei ist diese Verfasstheit – das ist entscheidend – das Ergebnis von kommunikativen Rückkopplungseffekten und keine ontologische Eigenschaft, auch keine Eigenwertigkeit. Ent-Arbitrarisierung und Freiheit der Formenkombination sind kommunikativ-pragmatische Parameter, das heißt: Sie sind Epiphänomene von Verwendungen und den damit einhergehenden Strukturzuständen. Und da Kommunikation nie alleine vorkommen kann, sondern es nur Kommunikation im Anschluss an und als Vorlauf von anderen Kommunikationen gibt, etablieren sich diese Verwendungen samt ihren Effekten als rekursives Netz. *Nicht das Medium 'besitzt' Granulationseigenschaften als Formbildungseinschränkungen, sondern die Medium/Form-Unterscheidung etabliert sich innerhalb von kommunikativen Gebrauchsgranulationen, innerhalb von Beobachtungsbeobachtungsverschachtelungen.*[68] Dabei ist

---

[67] Wie unschwer zu erkennen, ist damit ein entscheidender Unterschied zur Medienwissenschaft der Kittlerschen Schule markiert. Vgl. hierzu *bspw.* SIEGERT, Bernhard 1999: ALIENS. Zum Trauma des Nicht-Konvergenten in Literatur, Mathematik und technischen Medien. In: MARESCH/WERBER: 192-219 im Hinblick auf die Frage, ob und wie eine Philosophie des Fremden bzw. eine ALIENwissenschaft medientheoretisch denkbar sei: „Daß der große Andere ein Begehren hat [...], zeigt der Medienarchäologie auf, wo sie ihre Ausgrabungen zu beginnen hat, nicht auf dem Niveau der 'Kommunikation', sondern auf dem Niveau der Einschnitte, die allererst das Moiré der Kommunikation produzieren" (200).

[68] LEHMANN 2002: 45f. argumentiert ähnlich, wenn sie festhält, dass nicht die Eigenschaften des Mediums die Form mediatisieren, in unseren Worten orientieren, sondern dass der

entscheidend, dass es sich hier um ein tatsächlich rekursives Moment handelt: Die Medium/Form-Unterscheidung trägt zum einen dazu bei, dass sich Strukturen entwickeln, sie partizipiert an den Strukturen mit. Zum anderen ist sie auch Effekt von Strukturen, von ihnen abhängig. Luhmann markiert diese Konstellation als ein Moment, bei dem explizit die Systemtheorie „eine Erklärung dafür zu bieten [hat], wie Ereignisse [Formen] Strukturen produzieren und Strukturen Ereignisse dirigieren" (GG: 195, Fn. 9).[69] Die Geburt der Luhmannschen Systemtheorie aus dem Geiste der Kybernetik zweiter Ordnung wird an dieser Stelle evident. Wichtig ist, dass alles, was sich an der Medium/Form-Unterscheidung orientiert, dies anhand von Beobachtung tut. *Eigenschaften und Evidenzen von Medien (und Formen) kondensieren gleichsam an den Beobachtungen und den Beobachtungsbeobachtungen, sie setzen sich dort fest und werden dort weitergetragen (weiterbeobachtet und weiterkommuniziert), nicht an der Materialität, Medialität oder einem Weltzustand von Medium und Form.* Dieses Arrangement lässt sich im Hinblick auf das direkte Verhältnis von Medium und Form noch genauer fassen.

Die Ausführungen haben bisher immer deutlich gemacht, dass das Medium als Medium unsichtbar und somit undarstellbar ist. Das Medium kann „nur vorausgesetzt, nicht aber als solches artikuliert werden" (STÄHELI: 134). Die Form lässt sich zwar als eine „'partielle' Verdichtungsverschiebung" (FUCHS 1994: 21) beschreiben, aber interessanterweise ist das Verschieben selbst (zunächst) nicht sichtbar. Es ist deshalb nicht sichtbar, weil es selbst eine retro-aktive Leistung eines Beobachters ist. Die lose Kopplung des Mediums und die rigide Kopplung der Form sind immer instantan gegeben (vgl. u. a. GG: 196, Fn. 11). In der Aktualität ihres Vorkommens sind Medium und Form ununterscheidbar.[70] In jedem beliebigen Wort ist das Medium (Buchstaben) auch gleichzeitig die Form (Wort), in jedem Satz ist das Medium (Worte) auch gleichzeitig die Form (der Satz). Dass es sich hier um einen Unterschied desselben im Selben handelt, kann erst ex post einem Wort oder Satz zugeschrieben werden (an ihm beobachtet und somit konstituiert werden). Dass Buchstaben das Medium abgeben für ein W|o|r|t, lässt sich erst im Nachhinein an ihnen ablesen, wenn sie gleichsam zu

---

Beobachter die Form produziert und somit die Verwendung der Medium/Form-Unterscheidung dirigiert.

[69] Vogl argumentiert, dass die Medium/Form-Unterscheidung die ältere Unterscheidung von Struktur und Prozess ersetzt: „Die Einheit des Systems wird nicht mehr durch strukturelle Stabilität definiert, und stabile Strukturen und dynamische Prozesse werden nun so aufeinander bezogen, dass sie zwangsläufig nicht mehr aus unterschiedlichen Substanzen bestehen können. Die Organisation des Systems wird auf einer Immanenzebene angesetzt" und diese wird „von transzendierenden Bestimmungen unabhängig gemacht" (VOGL, Joseph 2002: Romantische Wissenschaft. In: BRAUNS: 57-70, 57).

[70] Oder: „Der Unterschied von Medium und Form wird zeitlich im Wechsel der je bezeichneten Formen ermittelt. Der Unterschied ist nur temporal (sukzessiv) beobachtbar, obgleich *die* Form (sozusagen protologisch) nur als Gleichzeitigkeit von Medium und Form behauptet werden kann" (FUCHS 2004: 28).

Buchstaben-für-Worte werden. Um also die Medium/Form-Unterscheidung beobachten zu können, muss ein Beobachter mithilfe von vorher und nachher eine „temporale[] Differenz" (VOGL 2002: 58) einführen. Luhmann markiert ganz deutlich, dass der Begriff Kopplung (im Sinne von loser und dichter Kopplung)

> Zeit impliziert. Man müsste von Koppeln und Entkoppeln sprechen – von einer nur momentanen Integration, die Form gibt, sich aber wieder auflösen lässt. Das Medium wird gebunden – und wieder freigegeben (GG: 199).

Gleichwohl lässt sich mit dieser temporalen Markierung der Unterscheidung Medium/Form qua zeitweiliger Verschiebung immer 'nur' die Form beobachten. Das Medium bleibt unsichtbar oder – „[d]as Medium wird nur als Unbeobachtbares beobachtbar, nur über die Form, und zwar als das in der Form von der Form Unterschiedene."[71] Zunächst ist es wichtig, diese Beobachtbarkeit des Unbeobachtbaren genauer zu kennzeichnen. Das Medium ist immer nur in Form von Form sichtbar bzw. vorhanden. Das Medium verschwindet in der Bezeichnung seiner Form (vgl. FUCHS 2002: 77 und FUCHS 2004: 25ff.). Es ist geradezu gekennzeichnet durch die Verweigerung seiner Sichtbarkeit. Nur als Nicht-Sichtbares 'ist' es überhaupt Medium. Im Erscheinen (als Form) muss sich das Medium als Medium durchstreichen bzw. invisibilisieren, um als das 'Andere' seiner selbst (Form) in Erscheinung treten, also sichtbar werden zu können.[72] Das Medium verschwindet in der Bezeichnung (s)einer Form. Paradox formuliert: Um sichtbar zu werden, muss das Medium als Unsichtbares in Form von Form sich selbst gegenüber ein 'anderes' werden. Das Medium ist konstitutiv auf die Form angewiesen, um als das zu erscheinen, was es nicht ist.

Diese sichtbare Unsichtbarkeit des Mediums ist nun nicht allein ihr Konstituens, sondern auch ihre Funktionalität.[73] Nur als Unsichtbares kann das Medi-

---

[71] ENGELL, Lorenz 2002: Form und Medium im Film. In: BRAUNS: 155-166, 156; oder: „[D]as Medium [kann] nur im Wechsel der je bezeichneten (aktuell selegierten) Formen errechnet werden" (FUCHS 2004: 28). Von einer „indirekte[n] Beobachtung der Medien" geht BAECKER 2002: 14 und 22 aus.

[72] In diesem Sinne ist das Mediale eine nichtexplizierbare Größe oder andersherum gewendet: „Unsichtbares" ist eine „Zurechenadresse für Unerklärbares" (BAECKER, Dirk ²2001a: Arbeit an der Kultur. In: Ders., Wozu Kultur? Berlin, 58-76, 64). – Vgl. *unter anderem* auch THOLEN, Georg Christoph 2001: Die Zäsur der Medien. In: G. Stanitzek, W. Vosskamp (Hgg.), Schnittstelle: Medien und Kulturwissenschaften. Köln, 32-50. 33: Die Medialität des Medialen ist die „Intervention des Unsichtbaren, das nicht bloß das Nicht-Sichtbare innerhalb des Registers des Sehens ist, sondern vielmehr dieses allererst eröffnet, indem es sich als unsichtbarer Rand des je Phänomenalen zurückgezogen haben muss." Höchst erwähnenswert in diesem Zusammenhang sind auch die Ausführungen von Ansén zur *Verbildlichung des Bildlosen* (ANSÉN, Reiner 1993: Defigurationen. Versuch über Derrida. Würzburg, 109ff.).

[73] Meine Arbeit versteht sich in diesem Sinne als explizit medientheoretische Arbeit, nicht in dem Sinne, dass sie als „Medientheorie [...] das Unbeobachtbare beobachtbar machen" könnte/sollte (BAECKER, Dirk ²2001b: Die Ellipse der Kultur. In: Ders., Wozu Kultur?

um effektiv sein, sprich: Die Form sichtbar machen. Im Unsichtbarwerden des Mediums enthüllt/erfüllt sich seine Funktion des Sichtbarmachens der Form. Die Funktionalität des Mediums ist garantiert durch das eigene Verschwinden in der Funktion selbst (= Form).[74] Nun verschwindet das Medium in seiner reibungslosen Funktionslogik. Je 'besser' es funktioniert, desto 'unsichtbarer' ist es und vice versa. Das Medium ist somit Medium, indem es in Narkose fällt. Das Medium macht etwas wahrnehmbar, indem es sich als Medium invisibilisiert bzw. durchstreicht.[75] Licht beispielsweise ist in seiner Unsichtbarkeit der Garant dafür, dass wir unsere Welt und die Gegenstände in ihr wahrnehmen können. Wird direkt in das Licht geschaut, versucht man also, das Licht selbst zu sehen, wird man geblendet. Störungen, etwa Rauschen, sind notwendig, um das 'Medium als Medium' sichtbar, hörbar, fühlbar etc. zu machen. *Die Störung infiziert die Form mit der Medialität des Mediums.* Das heißt, das Verhältnis von loser und rigider Kopplung ist problematisiert. Hier einige Beispiele: Fuchs nennt das plötzliche Langsamer-Werden eines Films bis zum „kaum merklichen Übergang zu einer Serie von Einzelbildern [...], die nicht der Film sind" oder die „alkoholbedingte[] Wahrnehmungsstörung, die aus Texten [beim Lesen] nach und nach einen Tanz von Buchstaben macht" (FUCHS 2002: 77). Weitere Beispiele sind die starke Häufung von Druckfehlern in Büchern, hierbei wird das anfängliche Überlesen der Fehler bei zu hoher Frequenz der Fehler selbst thematisch. Dann liest man den Text sowohl als Aussage (das, was er zu sagen hat = Form) und als Technik des Schrift- bzw. Buchstabensetzens (= Medium). Auch markiert ein verschobenes Dia bei Vorführungen, wo der Filmstreifen oben oder unten zu sehen ist, ein 'Mediensignal'.[76] Gleichwohl sei hier ausdrücklich betont, dass solche Störungen nicht das Medium als Medium sichtbar machen, sondern dass vielmehr durch die Irritation der Formen – denn auch die hier beschriebenen Störungen sind sichtbar als Störungen, also als Formen – die Barre („/") der Un-

---

Berlin, 181-191, 190), sondern in dem Sinne, dass sie die Paradoxie des Beobachtens des Unbeobachtbaren als medientheoretisches Problem erkennt.

[74] Medien wirken in Latenz, wie Fensterscheiben. Sie leisten die Aisthetisierung der Welt, sie machen dem Register der Wahrnehmung etwas zugänglich, indem sie ihre eigene Struktur qua Anästhesie invisibilisieren. *Aisthesis bedeutet somit Wahrnehmung aufgrund von Betäubung. Die Wahrnehmung wird indifferent bzw. schmerzunempfindlich gegenüber dem Medium, um aufgrund dessen überhaupt etwas wahrnehmen zu können.* Wichtig ist hier, dass das Medium immer die Sichtbarmachung von etwas markiert, wie immer der epistemologische Status dieses etwas auch sein mag.

[75] ELLRICH: 113 formuliert dies analog, wenn auch ein wenig vorsichtiger: „Das besagt, dass ein Medium seine Funktion umso besser erfüllt, je weniger es sich im Prozess der Übertragung/Verbreitung einer Information/Mitteilung bemerkbar macht, je weniger es also die Artikulation des Sinns störend beeinflusst."

[76] Und Stanitzek fragt analog hierzu: „Fällt das Medium nicht gerade dort auf, wo es ausfällt, wo Störung lokalisiert wird (Räuspern, Druckfehler, Virus)" (STANITZEK, Georg 2002: Transkribieren. Medium/Lektüre: Einführung. In: L. Jäger, G. Stanitzek (Hgg.), Transkribieren. Medium/Lektüre. München, 7-18, 18).

terscheidung Medium/Form so visibilisiert wird, dass auf ein Medium rückgeschlossen werden kann. Die Störung macht die Medium/Form-Unterscheidung sichtbar, d. h. die Sichtbarkeit der Form und die Unsichtbarkeit des Mediums wird sichtbar, nicht das Medium als Medium. Fuchs formuliert dies analog, wenn er festhält, dass die Störungen, die sich als Auf- und Zurückspringen der Form [!] bemerkbar machen, die Frage nach dem „zwischenzeitlichen Verbleib" dieser Formen stellen. Es wird dann gefragt „nach einem Ort, von dem aus die Formen in die Sicht und aus der Sicht eines Beobachters springen. Dieses Meanwhile (die Supposition eines Hintergrundes, eines Woraus der Form) erhält dann irgendwann den Titel des Mediums" (FUCHS 2002: 78f.).[77] Im Hinblick auf das Beispiel des Lichts ist es dann wichtig zu sagen, dass das Hineinsehen in das Licht (Medium) aus dem Licht blendende Lichtstrahlen (Formen) macht, die elektromagnetische Schwingungen als ihr Medium haben. Eine Hypothese könnte lauten, dass es beim Wechsel des Mediums zur Form und der Form zum Medium unter gewissen Umständen (Geschwindigkeitsprobleme, Frequenzprobleme, Rahmungsprobleme u. ä. m.) zur Problematisierung des Mediums, sprich zur Sichtbarmachung seiner Unsichtbarkeit kommt.[78]

Wichtig in diesem Zusammenhang ist es, zu erkennen, dass jedes Exemplifizierungsbeispiel und jede Formkatastrophe zum einen eine Komplexitätsreduktion der er-beobachteten Sachlage markiert (das Design der Medium/Form-Unterscheidung ist immer komplexer als jede Exemplifikation), zum anderen wird jedoch ersichtlich, dass die Argumentation im Hinblick auf die Korrelation von abstrakten Theoriekonzeptionen und als ontisch *beobachteten* Phänomenen notwendigerweise über Komplexitätsreduktionen laufen muss.

Im Hinblick auf das bisher Gesagte, kann nun die zunächst plausible Vorstellung, dass das Medium der Ermöglichungsgrund von Formen ist, neu perspektiviert werden. Wenn das Medium nur als Form Medium sein kann, dann ist es immer 'nur' durch die Form ein Medium. Das Medium ist Medium immer als das in der Form Verschwundene bzw. in der Form Invisibilisierte. Wenn gilt, dass es immer nur Formen-im-Medium gibt (sensu Luhmann (KG: 206) und KRÄMER 1998), dann gilt genauso, dass es immer nur Medien-in-Formen gibt.

---

[77] Fuchs präzisiert weiter: „Für den Beobachter [!] drängt sich das Medium nur auf, wenn die Form, die er bezeichnet [!], gestört ist. [...] Das Medium wird errechenbar an Verwendungskatastrophen von Formen. Es zeigt sich aber nur, wenn man so sagen darf, im Transit der Katastrophe. Sieht man die Wörter nicht mehr, sieht man schon: Buchstaben, also wieder Formen. [...] Entweder es [Medium] verschwindet mit der Form, die es ermöglicht [...], oder es kollabiert, und dann sieht man [...] wiederum nur Formen" (FUCHS 2004: 26).

[78] Es ließe sich auch formulieren, dass insbesondere Kunst aus dem in gesellschaftlicher Kommunikation ruhig und geräuschlos verbleibendem Medium ein unruhiges und geräuschvolles Medium macht bzw. die Formen so zurichtet, dass das Medium als Unbeobachtbares beobachtbar wird.

Dabei kann die Form als die Einheit der Unterscheidung Medium/Form beobachtet (!) werden, beim Medium funktioniert diese Beobachtung nicht: Form = Medium/Form sowie Medium = Form$_{[Medium/Form]}$. Diese Beobachtung hat komplexe Implikationen zur Folge: Die Unterscheidung Medium/Form ist in sich instabil, jedoch nicht in dem Sinne, dass sie zusammenbricht, sondern dass die Besetzung der beiden Seiten verwirrt ist bei gleichzeitiger Aufrechterhaltung und Stabilität der Unterscheidung selbst. Dies lässt sich anhand der Ausführungen von Binczek, Fuchs und Brauns demonstrieren. Binczek stellt zunächst treffend fest, dass die Medium/Form-Unterscheidung nicht nach dem „Figur/Hintergrund-Schema [...], demzufolge das Medium unsichtbar bleibt, um ausschließlich eine Figur hervorzubringen" konzipiert werden kann (BINCZEK 2002: 126). Der Unterschied desselben im Selben dekonstruiert dieses Figur-Hintergrund-Schema, denn das Medium ist nur in Form von Form beobachtbar, also als es selbst unbeobachtbar; als dieses beobachtbare Unbeobachtbare ist es *das in der Form von der Form Unterschiedene*. Die Form hebt sich nicht vom Medium ab, genauso wenig wie das Medium die Form umschließt oder umrandet oder ihr Fundament abgibt, vielmehr ist das Medium *in* der Form, das, was nicht Form ist. Die Medium/Form-Unterscheidung arbeitet ohne Ebenen, Topologien, Umrandungen o. ä., sondern markiert einen Unterschied, der in sich selbst gefaltet ist – *Invagination*. Hierzu später mehr. Des Weiteren sind folgende Überlegungen Binczeks entscheidend:

> Das Medium ist nicht einfach die andere Seite der Form und umgekehrt, es ist in der Form, ein von ihr geradezu ununterscheidbar gewordener Bestandteil, so wie diese auch im Medium enthalten ist. [...] Das bedeutet, dass nicht nur das Medium als Voraussetzung der Formbildung dient, sondern dass sich auch umgekehrt das Medium erst durch die Formbildung regeneriert. Insofern aber die Reproduktion des Mediums rekursiv von einer Form geleistet wird, verändert es sich im bzw. mit dem Wandel der Formen. Keine Form lässt sich daher auf ein »invariantes« Medium zurückführen, denn sie variiert es stets (ebenda: 126 und 129).

Dabei gilt auch: Nicht eine materielle Disposition von außen, sondern das rigide Koppeln (Form) und Ent-Koppeln von Elementen des Mediums reproduziert das Medium. Die Beobachtung von Formen ist unter der Hand das Erhalten und Konstituieren des Mediums.[79] Dabei ist das Medium eben nicht eine fertige Tool-Box für Formen, sondern bei jeder Formbildung werden dessen Elemente neu arrangiert und damit als solche erst konstituiert. *Die Re-Arrangierung der Elemente ist ein retro-aktives, ein retro-konstruktives Konstituieren dieser Elemente.* Hier liegt eine sehr komplexe Konstellation vor: Das Medium ist *einerseits* Ermöglichungsgrund für Formen, denn mithilfe von ihm etablieren sich ja die Formen,

---

[79] Binczek bezieht sich an dieser Stelle auf das folgende Luhmann-Zitat: „Einerseits müssen Medium und Form immer gleichzeitig aktualisiert werden. Andererseits kann das Medium nur durch einen Wechsel der Formen, die ein Beobachter als Unterscheidungen benutzt, reproduziert werden" (KG: 209).

*andererseits* ist dieser Grund kein fest gefügter, unveränderbarer Grund, sondern vielmehr ein formbares (!) Ermöglichungsarrangement. Und das Medium ist dieses variable und formbare Ermöglichungsarrangement nicht aufgrund intrinsischer Eigenschaften, nicht aufgrund einer originären oder besonderen Medialität, es wird zu einem solchen Ermöglichungsarrangement über die an Formen anschließenden Formen. Trotz der Stabilität der Unterscheidung Medium/Form, trotz der Stabilität der Barre („–/–") sind Medium und Form somit unentwirrbar ineinander 'verkeilt'. Das Medium ermöglicht Formbildungen – Formbildungen wirken 'zurück' auf das Medium und damit auch vor auf die nächsten Formbildungen. Das Medium ist Bedingungsmöglichkeit der Form erst durch die Form. Fuchs versucht dieser Situation mit einer weiteren Drehung der Argumentationsschraube folgendermaßen beizukommen:

> Die Medium/Form-Unterscheidung [...] entwirft (zur Beobachtung eingesetzt) eine 'gleitende' Hierarchie [...] sie ist eine Chiasmus-Unterscheidung in dem Sinne, dass sie sich rekursiv auf beiden Seiten ihrer selbst wiederholt, mithin immer wieder auf die Unterscheidung stößt, die vorausgesetzt wird (FUCHS 1994: 22).[80]

Diese selbstimplikative Konstruktion der Medium/Form-Unterscheidung markiert ganz deutlich, dass sich Medium und Form in einem radikalen Sinne wechselseitig bedingen. Sie sind ununterscheidbar und unterscheidbar zugleich. Diese Ausführungen zielen unübersehbar auf einen argumentativen Kurzschluss hin, jedoch: Genau darin sehen sie die Pointe der Medium/Form-Unterscheidung. Der sachliche Kurzschluss (Ununterscheidbarkeit/Unterscheidbarkeit) lässt sich hier – so die These – mit dem Begriff der Metalepse markieren. Eine *Metalepse* bezeichnet einen Moment, der es nicht mehr erlaubt, zwischen innen und außen, Ursache und Wirkung oder Rahmen und Gerahmten zu unterscheiden: „Metalepsis – most broadly, the interplay of situations, characters or events occupying the diegetic levels that are prima facie distinct [...]. Functionally speaking, metalepsis signifies a transgression of the ontological boundaries".[81] Entscheidend ist, dass die Unterscheidungen innen/außen, Rahmen/Gerahmtes, Medium/Form in der metaleptischen Figur im Vollzug ihrer Dekonstruktion als

---

[80] Und Fuchs fügt dann noch die uns schon bekannte Erkenntnis an, dass „wo immer man sich in der Gleithierarchie beobachtend bewegt, ausschließlich: Form" gesehen wird (FUCHS 1994: 22f.).

[81] HERMAN, David 1997: Toward a Formal Description of Narrative Metalepsis. In: Journal of Literary Semantics 26,2 (1997), 132-152, 132 und 133. Einschlägig wird die Metalepse in der literaturwissenschaftlichen Erzählforschung (insbesondere bei Genette) verwendet. Sie bezeichnet hier einen narrativen Kurzschluss „bei dem infolge einer Rahmenüberschreitung die Grenze zwischen extra- und intradiegetischer Position aufgehoben wird (indem z.B. die Figuren eines Romans über ihren Autor sprechen, oder der Leser eines Romans zu dessen Protagonisten gehört)" (MARTINEZ, Matias / Michael SCHEFFEL 1999: Einführung in die Erzähltheorie. München, 190). Die „Grenze zwischen zwei Welten [wird] überschritten: der Welt, in der man erzählt, und der Welt, von der erzählt wird" (ebenda: 79).

eben diese Unterscheidungen erhalten bleiben. Die Metalepse markiert die De / Formation von Unterscheidungen. Hier fließt nichts ineinander, sondern es wird so unterschieden, dass die beiden Seiten der Unterscheidung (es bleibt eine Unterscheidung!) positionslabil werden.[82] Die Metalepse ist keine Mischmasch-Logik, sondern eine Innen-zwischen-außen-Logik, also eine Logik, die das Innen, das Zwischen und das Außen mit dem Sowohl-als-auch bzw. Weder-noch infiziert.[83] Mithilfe der Einführung einer temporalen Differenz (Zeitdimension) und mithilfe der Zuschreibungsbeobachtung eines Beobachters (Sozialdimension) kann die Metalepse (Sachdimension) als solche visibilisiert werden. Das heißt, die absolute Gleichzeitigkeit und Ununterscheidbarkeit von Medium und Form erfährt eine Entgleisung bzw. Entsynchronisierung. Signifikant ist dabei, dass ein Beobachter mithilfe einer zeitlichen Differenz post festum oder besser *retro-aktiv* über die Form einen medialen Möglichkeitshorizont – nicht entdeckt – sondern zuschreibt, also nach-konstituiert. Brauns formuliert dies folgendermaßen:

> Auf die Medium/Form-Unterscheidung gewendet, heißt dies nichts anderes, als dass [sic] Medium immer nur jenes erscheinen kann, was einer beobachteten Form, die schon Wirklichkeit geworden ist, post festum als Möglichkeitshorizont (und damit als das Vermögen so aber auch anders zu sein) von einem Beobachter zugeschrieben wird (BRAUNS 2002: 20).

Obwohl also das Medium das Möglichkeitsarrangement bzw. der Ermöglichungshorizont der Form 'ist', wird es erst durch die realisierte Form zu dem, was es 'ist': ein Medium, das den Ermöglichungshorizont für Formen abgibt: „Das Medium ist nun aber nicht einfach als ein Material gedacht, sondern ist ein Korrelat des Anschlusses von Form an Form."[84] Ein Medium 'besteht' nicht aus körnigen Elementen, das qua Eigenwertigkeit Direktiven für die Formbildung abgibt. Vielmehr 'erfährt' das Medium erst in der Form, dass es ein Medium ist und was es als Medium 'ist'; *via Form wird das Medium zum Medium* (und via Form wird es zu einem spezifischen Medium mit spezifischen Eigenschaften). Es gilt daher: „Das Medium ist, was es eben gerade nicht ist" (JAHRAUS 2003: 276); über den Umweg der Form ist das Medium es selbst, also eben nicht es selbst –

---

[82] Insbesondere GENETTE, Gérard ²1998: Die Erzählung. München, 167-169 betont die Wichtigkeit der Grenzen und der Unterscheidungen: „Alle diese Spiele bezeugen durch die Intensität ihrer Wirkungen die Bedeutung der Grenze [...] eine bewegliche, aber heilige Grenze" (168).

[83] Vgl. hierzu MALINA, Debra 2002: Breaking the Frame. Metalepsis and the Construction of the Subject. Columbus, u.a. 140f. und MENKE, Bettine 1995: Dekonstruktion. Lesen, Schrift, Figur, Performanz. In: M. Pechlivanos, S. Rieger, W. Struck, M. Weitz (Hgg.), Einführung in die Literaturwissenschaft. Stuttgart, 116-137.

[84] KHURANA, Thomas: Was ist ein Medium? Etappen einer Umarbeitung der Ontologie mit Luhmann und Derrida. In: S. Krämer (Hg.), Über Medien. Geistes- und kulturwissenschaftliche Perspektiven. http://userpage.fu-berlin.de/~sybkram/medium/inhalt.html, 111-143, 128.

~~Medium~~/*Form*.⁸⁵ Dieser Umweg affiziert das 'Als solche' des Mediums, dieses verliert seine Eigentlichkeit. Dabei ist es die Form, die aus dem Medium ein Medium macht. *Indem sich Formen bilden, konstituieren sie erst ein (ihr) Medium* (vgl. ebenda: 282f.). „Wir sehen die Form und erschließen das Medium" (BAECKER 1993: 20). Durchaus, jedoch erst im 'Durchgang' durch die Form wird das Medium als Erschlossenes konstituiert. Dabei wird nicht durch die Form hindurchgegriffen auf ein Medium hinter der Form, sondern qua Form in der Form wird das Medium erschlossen, d. h. (nach-)konstituiert. Das Medium wird qua Form er-beobachtet. Sprache als Medium beispielsweise 'weiß' erst anhand der an ihr gebildeten Formen, was für Eigenschaften sie besitzt und dass sie überhaupt als Medium beobachtet werden kann. Sätze, Texte, Reden u. ä. m. als Formen erlauben es erst zu sehen, dass und wie Sprache Medium ist. Ohne ihre Formen gäbe es die Sprache nicht. Jedoch sind die Formen ihrerseits angewiesen auf die Sprache, in ihr formieren sie sich erst.

Es wird ersichtlich, dass *das Medium aus der Zukunft kommt*, indem es retroaktiv als Möglichkeitsbedingung der Form – und dies an der Form – er-beobachtet wird.⁸⁶ *Die Form markiert die Konstitution und Trans-Formation des sie konstituierenden Mediums.* Dies bedeutet, dass eine Form, indem sie diese bestimmte sichtbare Form *geworden* ist, das sie konstituierende Woraus (Medium) konstituiert und 'reorganisiert'. Diese intrikate Konstellation, dass nämlich das Medium einerseits die Möglichkeitsbedingung der Form ist⁸⁷, während es instantan als Medium (als diese Möglichkeitsbedingung) 'erst' durch die Form konstituiert wird,

---

[85] Wenn man das Medium (innerhalb der Medium/Form-Unterscheidung) mit der dekonstruktiven Figur der Spur der Spur kontaminiert, kommt es zur paradigmatischen Dekonstruktion des 'Eigentlichen', des Selbstidentischen. *Medium/Form invisibilisiert das Alssolche*: „Die Spur dieser Spur, die der Unterschied ist, kann vor allen Dingen als solche, das heißt in ihrem Anwesen, weder erscheinen noch benannt werden. Also: Gerade das 'Als solche' entzieht sich als solches für immer" (DERRIDA, Jacques 1988b: Ousia und gramme. In: Ders., Randgänge der Philosophie. Wien, 53-84, 84). Durch das ineinander verschachtelte Spiel von 'es selbst', 'an sich' und wiederum 'es selbst' ist auch Haverkamp sehr feinfühlig an dieser Dekonstruktion des 'Eigentlichen' beteiligt: „Es [Medium] 'zeigt' sich [...] aber es zeigt sich eben nicht als *es selbst*, sondern als etwas *an* sich, das gerade nicht *es selbst* ist" (HAVERKAMP, Anselm 2002: Figura cryptica. Theorie der literarischen Latenz. Frankfurt a.M., 15). Vgl. hierzu auch BAECKER, Dirk 1993: Einleitung. In: Ders. (Hg.), Probleme der Form. Frankfurt a.M., 9-21, 15.

[86] Oder: „Dabei ist die Form nach vor nicht mit dem markierten Zustand und Medium mit dem unmarkierten Zustand gleichzusetzen. Vielmehr bleibt es dabei, daß die Form die Form einer Unterscheidung, also Zwei-Seiten-Form ist, während das Medium [...] unsere Erfindung ist, das Produkt unseres Rückschlusses von der Beobachtung der Operation auf die Möglichkeit der Operation" (BAECKER 1993: 21).

[87] Medien sind „nur in der Kontingenz der Formbildungen erkennbar [...], die sie ermöglichen" (KG: 168). Vgl. konkret hierzu und zur Bauweise der Medium/Form-Unterscheidung insgesamt auch die sehr instruktiven Ausführungen von BAECKER 1999.

kann als die paradoxe *Ursprünglichkeit des Sekundären* markiert werden.[88] Die Form wird ursprünglich, bleibt jedoch das Sekundäre, das nie ursprünglich werden kann (die Medium/Form-Unterscheidung ist somit auch eine radikale Infragestellung von jeglicher Ursprungsphilosophie). Das Medium als Ermöglichungsbedingung von Formen wird diese Ermöglichungsbedingung erst *nach-konstitutiv* qua Form. *Das Medium ist die nach-gesetzte Vorbedingung der Form und dies, nachdem eine Form „schon Wirklichkeit geworden ist"* (BRAUNS: 20). Dabei schieben Formen ihre Medien nicht vor sich her, sondern vielmehr schieben sie ihre Medien nach sich her (bzw. vor sich nach). Das Medium ist somit verschoben zu seiner erst im Nachhinein gewesenen Präsenz, es wird von der Form *nach-identifiziert, d. h. nach-konstituiert.*[89] Indem das Medium das ist, was es nicht ist, wird es als das 'Primäre', 'Vorgelagerte' *uneigentlich nachidentifiziert* und dadurch als das identifiziert, was es (so) nie war, also ganz im Sinne von: „die Wiederholung verändert und die Veränderung identifiziert".[90] Das 'Primäre' geht einerseits voraus, ist jedoch andererseits erst das Ergebnis des Nachidentifizierens. Das Medium erhält eine retro-konstruktive Nachursprünglichkeit, eine Nachhinein-Identität, die als Danebenliegen zu seiner 'Ursprünglichkeit' beobachtet werden kann. Diese Bewegung lässt sich als die Bewegung der *De-Präsentation* beschreiben. Ein Analogieschluss sei hier gewagt: Fluck spricht in Bezug auf Iser davon, dass die Fiktion (Form) „es dem Imaginären [Medium] [erlaubt], zur Anschauung zu kommen, aber das Imaginäre, das zur Anschauung kommt, ist nicht mehr identisch mit dem, das zur Artikulation drängte. Gerade aus der Nicht-Identität aber muß ein neuer Antrieb zur Artikulation entstehen".[91] Das Medium ist in der Form immer ein Anderes in Bezug zu sich selbst, obwohl es in der Form überhaupt das wird, was es ist: ein Medium. *In der Form* ist das Medium somit immer es selbst (Medium) und etwas anderes (Form). Die Form ist immer auch eine Trans-Formation des Mediums und diese Trans-Formation garantiert die weiterlaufende Re-Produktion von Medien und Formen.

Bevor nun entlang der Figur der Metalepse weiterargumentiert wird, ist noch eine weitere Schraubendrehung notwendig und diese Drehung bedient sich einiger medientheoretischer Ideen Derridas.[92] Es geht darum, dass Korrelationsverhält-

---

[88] Vgl. DERRIDA, Jacques 1974: Grammatologie. Frankfurt a.M., 85ff. und BENNINGTON, Geoffrey 1994: Jacques Derrida. Ein Portrait von Geoffrey Bennington und Jacques Derrida. Frankfurt a.M., 48.

[89] Da Formen immer beobachtete Formen sind, wird das Medium von der Beobachtung nachidentifiziert (vgl. nochmals BRAUNS: 20).

[90] DERRIDA, Jacques 2001a: Limited Inc. Wien, 107.

[91] FLUCK, Winfried 1997: Das kulturelle Imaginäre. Eine Funktionsgeschichte des amerikanischen Romans 1790-1900. Frankfurt a.M., 21.

[92] Ich beziehe mich im Folgenden auf DERRIDA, Jacques 1986: Das Subjektil ent-sinnen. In: P. Thévenin, J. Derrida (Hgg.), Antonin Artaud. Zeichnungen und Portraits. München, 49-109.

nis von Medium und Form logistisch zu fassen, dazu bieten sich, so die These, die beiden Figuren Prolepse und Analepse an.

Derrida unterscheidet das Subjektil einerseits vom Substrat und vom Träger und andererseits von der Oberfläche, dem Phänomen, der Gestalt und der Repräsentation, baut also eine Konstellation auf, die argumentationstechnische Affinitäten zur Medium/Form-Unterscheidung hat. Dabei beobachtet er das Subjektil als transzendente Möglichkeitsbedingung für Formen und Phänomene. In diesem transzendenten Modus ist das Subjektil die „absolute Prolepsis" (DERRIDA 1986: 99). Es ist zu allem fähig. Somit ist „diese Frau, auch eine Mutter: Ort der Wehen und der Entbindung" (ebenda: 98). Das Subjektil ist pure Potenzialität.[93] Hatten wir vorhin festgestellt, dass das Medium allein via Form Medium ist, dass es immer in Form von Form der Unterschied zur Form ist, so lässt sich jetzt sagen: *Das Medium ist Medium, indem es gerade das ist, was nie zur Form werden kann*:

> Dieses Gefäß, das alle Dinge empfängt, nimmt niemals eine 'Form' an, die denjenigen ähnlich wäre, die in es 'hineingehen'. [...] Der Träger wird in 'Bewegung gesetzt und zur Gestalt zugeschnitten' von den Dingen, die in ihn 'eindringen'. Und dennoch muß er von allem verschieden bleiben, was er empfängt, selber 'absolut frei' 'von allen Gestalten', die sich in ihm einschreiben: affektlos, transzendent und darunterliegend, ungestaltbares Gefäß aller Gestalten, das seine unwandelbare Eigenschaft bewahrt, keine zu besitzen und so unbestimmt, so amorph zu sein, daß es alle Formen auf sich nehmen kann (ebenda: 100).

Das, was an der Form nicht Form geworden ist, ist das Subjektil. Es ist nicht der Hintergrund einer Gestalt, sondern vielmehr das Anders-Möglich-Sein jeder Gestalt. *Es ist das sich von einer Gestalt abziehende nicht-gestaltete Gestaltbare*, es ist das sich von einer Realität abziehende nicht-realisierte Realisierbare: „Es nimmt die Formen auf, die auf ihm festgelegt sind, es nimmt sie auf sich, ohne sie anzunehmen, darum macht es rasend" (ebenda: 98).[94]

Hier angelangt, lässt sich formulieren: *Das Subjektil (Medium) ist in Form von Form, das, was nicht Form ist*. Somit wiederholt sich hier eine schon oben beobachtete intrikate Konstellation: Das Subjektil ermöglicht das, was mit ihm gemacht werden kann, welche Formen sich in es einschreiben lassen; als Prolepsis orientiert es die an ihm vollzogenen Gestaltungen. Gleichzeitig – und metaleptisch unauflösbar – wird es jedoch von den Formen nicht nur in Mitleidenschaft

---

[93] Diese absolute Prolepsis korreliert mit dem Neutralitäts-Diktum; als reine Potentialität, als reine Bestimm-Barkeit hat das Subjektil nichts Bestimmtes zu sagen: „Und es hat nichts zu sagen, keinen Widerspruch einzulegen. Es will nichts sagen. Als unerschöpflicher Grund all dessen, was gesagt oder bezeichnet wird, hat es selbst nichts zu sagen. Wofern es nicht sogar [...] schweigend genießt" (DERRIDA 1986: 105).

[94] Obwohl es sich vom „Raum der Repräsentationen" besetzen lässt, es von diesem „zum technischen Träger" eingesetzt und verfestigt wird, bleibt es diesem Raum der Repräsentationen fremd (ebenda: 107).

gezogen, sondern aller erst nach-konstituiert (s. o.). Es wird durch diese so affiziert, dass es 'nach' der Formung, Gestaltung nicht mehr dasselbe ist wie 'vorher'. Ist das *Subjektil* die absolute *Prolepsis*, so ist die Form – so meine These – die absolute Analepsis, indem es mit jeder Bewegung ihre Voraus-Setzung (das Subjektil bzw. Medium) konstituiert und somit auch variiert. Wichtig ist, dass die Form als das Gestaltete, indem sie auf die Prolepsis – also das potentiell Mögliche – zurückgreift, gleichzeitig in diese Prolepsis auch eingreift. Die Form entsteht ja als die Ausschaltung anderer Formen. Eine Form bestimmt somit welche Formen von ihr ausgeschlossen werden/wurden. Sie verändert die Potenzialität des Mediums, indem sie aus der absoluten Prolepsis eine konkrete Prolepsis macht, nämlich diejenige, die gerade diese Form erlaubt hat. Sobald es eine Form gibt, verliert die absolute Prolepsis ihre Absolutheit. Gleichzeitig jedoch bleibt die absolute Prolepsis als solche enthalten, denn jede Form ist eben nur eine mögliche kontingente Form unter (unendlich) vielen. Jahraus löst dieses Problem, indem er die absolute Prolepsis differenziert in Unbestimmtheit/Bestimmbarkeit. Die Form, also die Analepse, lässt sich nicht noch mal differenzieren, sie bleibt immer Form im Unterschied zu einer anderen Form, also im Unterschied zu einer anderen Analepse. Somit: „Bestimmung$_{[Form]}$ ist die Einheit der Differenz von Bestimmung$_{[Form]}$ und Unbestimmtheit/Bestimmbarkeit$_{[Medium]}$ (JAHRAUS 2003: 498; meine Hinzufügungen in eckigen Klammern, MG). Jede Form, Gestalt, Bestimmung oder Realisierung etabliert sich anhand eines absoluten Möglichkeitsbereichs, indem es diesen absoluten Bereich entabsolutiert. Dabei markiert jede Form das Unbestimmte als das, was bestimmbar ist. Die konkrete Bestimmung läuft quasi 'zurück' in die Bedingung ihrer Möglichkeit. Alles ist möglich, jedoch: Nachdem eine Form sich aus diesem 'Alles-ist-Möglich' (= absolute Prolepse) formiert hat, wird daraus ein 'Dies-war-Möglich'. Es ist die Form, die aus dem unbestimmten Medium, ein unbestimmtes, aber bestimmbares Medium macht.[95] Hierbei wird wieder die Konstellation sichtbar, dass das, was Medium und Form sind, sie nur als Medium/Form-Unterscheidung

---

[95] Bestimmbarkeit ist dann die absolute Prolepsis und Unbestimmtheit die 'konkrete' Prolepsis. Interessanterweise bezieht Jahraus seine Ausführungen auf die Sinnproblematik: „[J]ede Form [ist] immer auch Sinn, weil mit der Form die Differenz zum Medium gegeben ist. Das Medium ist die Potentialität der Form schlechthin [= Derridas absolute Prolepsis des Subjektils]. Als Form ist Sinn die Einheit der Differenz von Potentialität und Aktualität, weil sie zugleich die Einheit der Differenz von Medium und Form ist. Die Determination von Sinn setzt immer das Nichtdeterminierte voraus. Das Sinnprinzip könnte lauten: Keine Bestimmung ohne das Unbestimmte. Jede Bestimmung entkontingentiert das Unbestimmte unter der Voraussetzung, dass das Unbestimmte das zumindest potentiell Bestimmbare darstellt. Jede Bestimmung aber rückt damit in den Horizont anderer Möglichkeiten von Bestimmung ein und rekontingentiert damit die Bestimmung. Wiederum begegnet einem die Figur von der Einheit der Differenz. Bestimmung ist die Einheit der Differenz von Bestimmung und Unbestimmtheit/Bestimmbarkeit. Und nichts anderes meint die Formel: *Omnia determinatio est negatio*. [...] *Sinn ist paradigmatisch eine solche Figur der Einheit der Differenz*" (JAHRAUS 2003: 498).

sind. Das Medium ist nicht als selbstidentisches Medium der absolute Möglichkeitsbereich und nicht als Medium reine Virtualität, ebenso wenig wie die Form sie selbst aufgrund ihres Formseins ist. Das Medium als absolute Prolepse ist dieses nur qua Analepse der Form und die Form ist Analepse nur anhand der Prolepse des Mediums. Gleichwohl bleibt es dabei: Form = Einheit der Unterscheidung Medium/Form.

Wenn wir wieder die *Metalepse* fokussieren, so lässt sich sagen, dass auch ein metaleptisches Moment an der Unterscheidung Prolepse/Analepse beobachtet werden kann. Dabei markiert die Metalepse, dass es bei strikter Grenzhygiene zu intrikaten Antonymturbulenzen kommt: Medium$_{[Prolepse]}$ und Form$_{[Analepse]}$ sind unterscheidbar und ununterscheidbar zugleich. Bedenkt man nun, dass es sich hier um eine dezidiert asymmetrische Unterscheidung handelt, bei der immer 'nur' eine ihrer Seiten (immer 'nur' Form) beobachtbar ist, wird die Konstellation noch komplexer. Zunächst garantiert diese Asymmetrie, dass es *trotz* Metalepse zu keiner Blockade kommt. Formen schließen an Formen an, unabhängig davon, was auf der anderen Seite der Barre geschieht und unabhängig davon, ob Medium und Form als metaleptische Konstellation beobachtet werden.[96] Da wir es jedoch immer mit einer Seite einer Unterscheidung (also mit zwei Seiten) zu tun haben, wird auf Seiten der Form – trotz des Erfolgs des Anschlusses von Formen an Formen – die Frage nach der anderen Seite der Unterscheidung dringend (vgl. BAECKER 1993: 16), vor allem, weil „die Form die Form einer Unterscheidung, also Zwei-Seiten-Form ist" (ebenda: 21). Trotz Metalepse wird die Frage nach dem Unterschied und nach der Beobachtbarkeit des Unterschiedes zwischen Medium und Form unhintergehbar. Meines Erachtens ist die Metalepse in einem systemtheoretischen Kalkül, wo asymmetrisch nur Formen sichtbar sind und sich vom unsichtbaren Medium unterscheiden, besonders brisant, weil sie in die Asymmetrie einen Moment der Ununterscheidbarkeit schmuggelt: Auf der Seite der Form wird die Unterscheidung von Medium und Form problematisch. Das re-entry funktioniert nicht reibungslos. Die Medium/Form-Unterscheidung ist eine Unterscheidung, die ihre Zweiseitigkeit nach innen stülpt, das heißt, die problematische Unterschiedenheit ihrer zwei Seiten in die eine Seite hineinkopiert.[97] Auf der Seite der Form findet sich sowohl die metaleptische Medium/Form-Unterscheidung selbst als auch die Auflösung des metaleptischen Moments. Da also das Medium einerseits identisch mit der Form und an-

---

[96] Selbstredend ist auch die Metalepse ein reines Beobachtungsphänomen, genauso wie es die Medium/Form-Unterscheidung ist. Das Beobachten muss entsprechend eingestellt werden, um die Metalepse beobachten zu können, sie gehört nicht zum Weltzustand der Unterscheidung, sie ist keine Weltqualität der Unterscheidung.

[97] Dies ließe sich mit dem Derridaschen Begriff der *Invagination* assoziieren: „*Invagination* ist die innere Faltung der Hülle (*gaine*), die umgekehrte Wiederverwendung des äußeren Randes im innern einer Form, wobei das Äußere eine Tasche bildet" (DERRIDA, Jacques 1994: Überleben. In: Ders., Gestade. Wien, 121-217, 145.).

dererseits die andere Seite einer Unterscheidung ist (innerhalb der einen Seite der Unterscheidung), kann es nur als das, was es nicht ist, also als Form, unterschieden werden von der Form. Die Situation ist verzwickt, *das Medium ist Medium in Form von Form, es ist das an der Form, was an der Form nicht Form ist.* Nochmals: „Das Medium ist, was es eben gerade nicht ist" (JAHRAUS 2003: 276). Das bedeutet nun, dass die These, dass es *trotz* Metalepse immer über Formen weitergeht, durch die These ergänzt werden muss, dass es *aufgrund* der Metalepse immer weiter geht: *Das Medium kann Medium nur sein, wenn es in Form von Form das ist, was nicht Form ist.* Die Metalepse ist kein drittes Moment, dass zu Medium und Form hinzutreten kann, sondern eine obligatorische Größe, sie ist eine conditio sine qua non dieser Unterscheidung: *Die Medium/Form-Unterscheidung funktioniert gerade als eine metaleptische* – und diese Beobachtung markiert das systemtheor(h)et(or)ische Moment der Medium/Form-Unterscheidung. Buchstaben beispielsweise können das Medium für ein Wort nur abgeben, wenn sie ununterscheidbar vom Wort nicht das Wort selbst sind. Sie bleiben immer Buchstaben, bilden aber das Wort, das selbst etwas anderes ist als die Buchstaben, aus denen es besteht. Nicht obwohl, sondern weil Buchstaben und Worte unterscheidbar und ununterscheidbar zugleich sind, ist Sprechen, Schreiben, sind Texte möglich bzw. lassen sie sich mithilfe der Medium/Form-Unterscheidung beobachten.

Hier ist eine grundlegende Eigenschaft der Metalepse angesprochen, die auch jenseits des Medium/Form-Theorems ihre Gültigkeit besitzt, nämlich die Eigenschaft, dass im Zusammenbrechen von Grenzen oder Unterscheidungen nicht allein ein destruktives, sondern auch und vor allem ein konstruktives Moment verankert ist. Insbesondere Malina hat diesen Aspekt stark gemacht, wenn sie zeigt, wie in der Narrativik in Bezug auf die Subjektkonstitution diese Eigenschaft zum Tragen kommt:

> our [...] narrative framings, deframings, and reframings of our world, ourselves, and others make us what we [...] are (3) [...] the workings of metalepsis suggest that narrative constitutes the subject in part by breaking down the very structures that apparently define subjects and lend them their air of stability. [...] the transgresion [of boundaries] [can] [...] reinforce the boundaries that have constructed subjects (10) [...] one may construct others through the *transgression* of boundaries (14) (MALINA).

Wichtig ist, dass mit der Metalepse Grenzen und Unterscheidungen dekonstruiert werden, indem sie konstruiert werden und vice versa. Eine schwache Theorie der Metalepse formuliert: „Obwohl diegetische Metalepsen und der Einschluß von Beobachterabhängigkeit eine Grenze überschreiten, lassen sie sie dennoch intakt" (BUNIA: 248) und eine starke argumentiert: Grenzen, Differenzen, Identitäten, Stabilitäten, Relationen usw. werden zu diesen anhand der Metalepse, also anhand von Unterscheidungen, die in ihrem Zusammenbrechen Unterscheidungen werden. Es lässt sich also formulieren, dass die Medium/Form-Unterscheidung, der Unterschied desselben im Selben, als Unterscheidung nur aufgrund des metaleptischen Moments möglich ist. Weil das Medium als Form daherkommt, von ihr ununterscheidbar wird und dennoch als Medium von der Form unterschieden wird, funktioniert diese Unterscheidung als Unterschied desselben im Selben.

Das Medium ist also in Form von Form, das, was an der Form nicht Form ist. Sie ist auch, wie schon gezeigt, dadurch immer ein 'Anderes' gegenüber sich selbst. Das Medium ist in sich gespalten, indem es Medium nur sein kann, wenn es das ist, was es nicht ist – Form. Die Identität des Mediums ist immer zerschnitten bzw. verschoben. Zum einen deshalb, weil das Medium Medium nur sein kann, wenn es in der Bezeichnung der Form verschwindet und zum anderen deshalb, weil es 'erst' post festum qua Form retro-aktiv zum Medium wird. Die Form verfehlt dabei immer das Medium, nie repräsentiert sie dieses, sondern es de-präsentiert es. Wie Fluck treffend feststellt, ist es gerade immer dieses Danebenliegen, immer dieses 'De-' der Präsentation (die Nicht-Identität), die die Bedingung der Möglichkeit abgibt, dass es weiter geht. Gerade weil die Form nie (genau) das Medium ist, kann das Medium das unendliche Möglichkeitsrepertoire für Formen abgeben. Das *Medium* behält sich immer ein Mehr gegenüber der Form vor; es ist immer *mehr, als die Form* aus ihm gemacht hat; es ist immer ein Auch-anders-möglich-Sein. Indem das Medium des Weiteren als Form immer das ist, was es nicht ist, immer uneigentlich zu sich selbst ist (M̶e̶d̶i̶u̶m̶/ Form), behält es an sich eine 'Alterität', die nie durch eine Form ausgeleuchtet werden kann. Das 'Als solche' des Mediums drängt zwar in eine Form und wird dadurch als dieses 'Als-solches' aufgelöst, aber da dieses Formwerden nie gelingt, wird dieses Drängen zum immer weitertragenden unabschließbaren Prozessmoment der Medium/Form-Unterscheidung. Wenn die Form retro-aktiv ihr Medium nachidentifizierend konstituiert, so darf nicht angenommen werden, dass es das Medium deckungsgleich nach-formt. Die Form erfindet ja nicht das Medium nach ihrer Fasson, sondern konstituiert dieses als ihren unerschöpflichen Möglichkeitshorizont, also als die nie (völlig) kommensurable Bedingung ihrer selbst. *Nicht das Medium wie es ist, sondern gerade wie es nicht ist, wird von der Form retrokonstitutiv nachidentifiziert*, obwohl bzw. weil es 'erst' qua Form das ist, was es nicht ist. Die Form (re)produziert somit das Medium wie es nicht ist und (re)produziert es als das, was es ist: Ein Medium, das ist, was es nicht ist. Diese beiden Aspekte deuten durchaus darauf hin, dass die Implikationen der Metalepse die Rolle eines „conceptual wormhole" spielen.[98] Meister macht deutlich,

---

[98] MEISTER, Jan Christoph: The Metalepticon: a Computational Approach to Metalepsis. In: http://www.narrport.unihamburg.de/41256AC000823DF8/ContentByKey/9BFD2EC BA30FBF18C1256DD80031AC74/$FILE/jcm-metalepticon.pdf (15.07.2006). Ein Wurmloch indiziert, dass logische Konzepte von Zeit und Raum nicht schlicht ad absurdum geführt werden, sondern dass sie, indem sie radikal verunsichert werden, neue Möglichkeiten und neue Welten eröffnen. Auf der Grundlage von zusammenbrechenden Konzepten entstehen alternative Perspektiven.

dass damit übliche ontologische, repräsentationale, kommunikative und semiotische Verhältnisse (Verträge) dekonstruiert werden.

In diesem Zusammenhang sei hier auf den ausgezeichneten Aufsatz von KHURANA hingewiesen, der im Hinblick auf die basale Frage: 'Was ist ein Medium?' auch auf Luhmann und Derrida rekurriert (dabei aber nicht den Subjektil-Aufsatz, sondern Derridas Theorie des Gespenstes als Theorie des Medialen liest). Ein genauerer Vergleich würde hier viele Konvergenzmomente zwischen meiner und Khuranas Darstellung herausstellen können. Hier sei nur ein markanter Unterschied hervorgehoben: Während ich mithilfe der Figur der Metalepse postuliere, dass das Medium in Form von Form, das ist, was an der Form nicht Form ist, dass also das Medium sowohl Ermöglichungsgrund der Form ist als auch erst durch Formen re/produziert wird und somit das Medium immer schon das ist, was es nicht ist. Während ich also schon Luhmanns Medium/Form-Unterscheidung als dekonstruktive Unterscheidung lese, argumentiert Khurana konservativer: „Will man ernst machen mit der Konzeptualisierung über Distinktionen, so muß man sehen, daß Form nur das ist, was sie ist, *aufgrund des Mediums*, aus dem heraus sie selegiert wird" (KHURANA: 118). Meine Konzeption zielt aber darauf hinaus, zu zeigen, dass eine differenztheoretische Konzeptualisierung der Medium/Form-Unterscheidung konstitutiv metaleptische Differenzkonstellationen beobachten muss. Die Medium/Form-Differenz ist gerade als Differenz ein metaleptisches Moment.

Die hier extrapolierte metaleptische Konzeption markiert nun nicht allein eine Präzisierung des komplexen Medium/Form-Verhältnisses, sie strahlt auch in eine theoretische Kontroverse aus und bietet sich an, die Stelle der Vermittlung auszufüllen. Luhmann schreibt einerseits: „Es kommt [...] auf die Differenz [Medium/Form] selbst an, und nicht nur auf die jeweils in der Operation verdichtete Form" (GG: 198).[99] Andererseits ist auch folgendes zu lesen: „Schließlich ist zu beachten, daß nicht das mediale Substrat, sondern nur die Formen im System operativ anschlußfähig sind. Mit den formlosen, lose gekoppelten Elementen kann das System nichts anfangen" (ebenda: 201). Die angesprochene Kontroverse entzündet sich an der Frage, welche Seite der Unterscheidung die jeweils andere konstituiert, determiniert, beeinflusst u. ä. 'Die Medienwissenschaft' geht eher davon aus, dass das Medium die Formenbildungen dirigiert: „Das Medium verändert die Form." (ERNST: 102) Die Systemtheorie hingegen tendiert eher dazu, der Form die Konstituierungsrolle zuzuschreiben. Systeme operieren nur mit Formen, die Medien werden zwar nicht negiert – die Medium/Form-Unterscheidung bleibt als solche intakt –, aber sie werden bei der Formbildung unerheblich und unsichtbar für das System. Auch dekonstruktive Perspektiven

---

[99] „Weder gibt es ein Medium ohne Form, noch eine Form ohne Medium. Immer geht es um eine Differenz von wechselseitiger Unabhängigkeit und wechselseitiger Abhängigkeit der Elemente; und daß es um eine Differenz geht" (LUHMANN 2001: 201).

mischen sich in diese Debatte ein: Stäheli und Binczek versuchen in ihren Lektüren der Systemtheorie zu zeigen, dass Medien Formen und somit auch Systeme heimsuchen. Medien verursachen „Systemirritationen" (BINCZEK 2002: 119), sie sind in diesem Sinne gefährlich für Systeme. Die Arbeit möchte in dieser (!) Debatte keine eindeutige Position einnehmen; sie versteht ihre Ausführungen (insbesondere auch die Idee der Metalepse) hinsichtlich dieser Kontroverse als ein integratives Moment. Sie platziert sich genau zwischen Medienwissenschaft und Systemtheorie (bzw. Dekonstruktion und Systemtheorie), indem sie weder das Medium noch die Form privilegiert, sondern gerade in der unentwirrbaren Verkeilung der beiden Seiten – wiederum in der Barre („--/--") der Unterscheidung – das kreative Potenzial sieht. Es ließe sich auch formulieren, dass die Arbeit in einer paradoxen Wendung die dekonstruktive Figur der Unentscheidbarkeit ins Spiel bringt, um gerade zu markieren, dass zwischen Systemtheorie und Dekonstruktion (bzw. Systemtheorie und Medienwissenschaft) keine Entscheidung getroffen werden kann, wenn es um Medien und Formen geht. Im Mittelpunkt steht die Unterscheidung samt Metalepse, nie nur eine ihrer Seiten. Gleichwohl muss sichtbar bleiben, dass das Unentscheidbarkeitstheorem nie als unscharfe Größe eingeführt ist, sondern als Beobachtungsphänomen, das immer entlang der Form der Form gebaut ist: Form = Einheit der Unterscheidung Medium/Form. Auf Seiten der Systemtheorie wird das Unentscheidbarkeitstheorem gehandhabt, nicht irgendwo in einem theoretischen oder methodischen Zwischen- oder Niemandsland.[100]

Die hier ausführlich elaborierte Beobachtung der Medium/Form-Unterscheidung bildet das logistische Herzstück für die Konstellation 'Text/Werk als Medium/Form'. Nun muss jedoch auch die Logistik und Logik dieses logistischen Herzstücks selbst auch extrapolierbar sein. Die Arbeit geht davon aus, dass die Beobachtung von Beobachtung und die sich daraus ergebenden Beobachtungen von Medium/Form, Text/Werk und Bewusstsein/Kommunikation nicht im luftleeren Raum schweben, sondern spezifisch epistemologisch eingespannt sind und sie geht weiter davon aus, dass sich dieses Einspannen als Logik der De-Präsentation beschreiben lässt. Wenn die Beobachtung der Medium/Form-Unterscheidung das Errechnen der Parameter für die These: 'Text/Werk als Medium/Form' markiert, so leistet das folgende Kapitel – ganz im Sinne der von Foersterschen Kybernetik zweiter Ordnung – das *Errechnen des Errechnens*.[101] Me-

---

[100] Zur Debatte Medienwissenschaft – Systemtheorie siehe MARESCH/WERBER (es geht im Band darum, Luhmanns systemtheoretische Medientheorie und Kittlers medientechnologische Medienwissenschaft so gegeneinander zu profilieren, dass es zu einer wechselseitigen Ansteckung kommt (Paraphrase des Klappentextes)) und zum Unentscheidbarkeitstheorem siehe DERRIDA 2001b: 229f. sowie STÄHELI 233ff.

[101] Siehe FOERSTER, Heinz von ³1997: Entdecken oder Erfinden. Wie läßt sich Verstehen verstehen? In: H. Gumin, H. Meier (Hgg.), Einführung in den Konstruktivismus. München/Zürich, 41-88.

taphorisch ließe sich auch formulieren: Sind die Beobachtungen der Medium/Form-Unterscheidung die Augen, mit denen sich sehen lässt, so ist die Logik der De-Präsentation die epistemologische Matrix, die es überhaupt erlaubt, von Augen, Beobachtung, Wirklichkeit, Text/Werk usw. zu reden.

## 2.6 L(og)ist(ik) der De-Präsentation

> „Es läuft, weil es nicht läuft" (Michel Serres).
>
> „Alles fängt mit der Reproduktion an"
> (Jacques Derrida).

Schon die beiden vorangegangenen Kapitel haben mal implizit, mal explizit eine eigentümliche, aber für die Argumentation der Arbeit konstitutive Denkbewegung skizziert; eine Denkbewegung, die nun mit dem Etikett *L(og)ist(ik) der De-Präsentation* benannt wird. Es handelt sich um Folgendes: In verschiedenen Versionen geht es immer darum, dass etwas 'Sekundäres' (Form, ästhetisches Objekt, Transkript, Phänotext, Repräsentation, Fiktives, Beobachtung, Beobachtung zweiter Ordnung u. ä. m.) im Sinne einer *Trajektorie* das ihm 'vorgelagerte', es konstituierende 'Primäre' (Medium, Artefakt, Skript, Genotext, Repräsentiertes, Imaginäres, Operation, Beobachtung erster Ordnung u. ä. m.) im Über-Setzungsvorgang, im Re-Präsentationsvorgang selbst konstituiert und identifizierend verändert. Das 'Primäre', 'Vorgelagerte' wird *uneigentlich nachidentifiziert* und dadurch als das identifiziert, was es (so) nie war, also ganz im Sinne von: „die Wiederholung verändert und die Veränderung identifiziert" (DERRIDA 2001a: 107). Das 'Primäre' geht einerseits voraus, ist jedoch andererseits erst das Ergebnis des trajektorischen Nachidentifizierens. Der Begriff De-Präsentation orientiert sich dabei an folgender Formulierung Derridas: „Was sich nicht repräsentieren läßt, ist das Verhältnis der Repräsentation zur ursprünglich genannten Präsenz. Die Re-Präsentation ist zugleich eine De-Präsentation" (DERRIDA 1974: 348).

In diesem Kapitel möchte ich diese Argumentationsbewegung kurz skizzieren, dabei soll deutlich werden, dass es sich bei dieser *L(og)ist(ik)*[Logik/Logistik/List] um eine *epistemologische Führgröße* handelt, die konstitutiv für verschiedenste Denkbewegungen ist.[102] Die L(og)ist(ik) der De-Präsentation kann als *gemeinsames logistisches bzw. infrastrukturelles Moment* verschiedener Denkbewegungen beobachtet werden, dabei kommen unter anderem folgende Aspekte in den Blick.

---

[102] Für eine detaillierte und umfangreiche Darstellung der L(og)ist(ik) der De-Präsentation siehe GRIZELJ 2006a. Dort entfalte ich in aller Breite meine Argumentation entlang der Kybernetik Ashbys, der Transkriptivitätstheorie Ludwig Jägers, der dekonstruktiven Diskurstheorie Stähelis, der systemtheoretischen Kommunikationstheorie von Fuchs, der Dekonstruktion von Derrida und entlang der Theorie literarischer Latenz von Haverkamp.

Schabacher setzt sich mit der Transkriptivitätstheorie Ludwig Jägers auseinander.[103] Sie weist (im Hinblick auf Barthes) darauf hin, dass eine Größe, die von einer anderen Größe realisiert oder verkörpert wird, niemals diese Größe vollständig realisieren und verkörpern kann. Die zu realisierende Marke behält an sich immer einen Rest, der sich der Realisierung entzieht. Ein transkribiertes Skript kann nie einen Prätext in Gänze präsentieren, vielmehr, es kann Skript nur sein, nur als Skript lesbar sein, wenn es eben nicht alles, sondern einen Teil realisiert. Dies ist vollkompatibel mit dem von uns beschriebenen Verhältnis von Medium und Form bzw. von Text und Werk. Prätext und Skript sowie Skript und Transkript (analog zu Medium/Form) lassen sich nur dann unterscheiden, wenn es zwischen ihnen zu Asymmetrien, wenn es zu Verschiebungen, Überbordungen, Überlappungen, Inkongruenzen oder Nichtäquivalenzen kommt.[104] Die Unterscheidungsfähigkeit zwischen den Marken hängt konstitutiv von diesen Asymmetrien ab. Identisches und Nichtidentisches zu *unterscheiden*, ist allein dann möglich, wenn Unterscheidungen getroffen werden und wenn dieses Treffen der Unterscheidungen Verschiebungen nach sich zieht. Die Barre einer Unterscheidung („–/–") ist dabei der „Ort der Transkription und Transgression" (STANITZEK 2002: 13). „Transkription markiert Unterscheidbarkeit wie Übergang [...] sie lässt sich nicht einer einzelnen Seite zuschlagen" (SCHABACHER: 85). Transkribieren indiziert also das verändernde Realisieren einer als Prätext identifizierten Größe qua kontingenten Selektionen (Skripten). *Nichts bleibt im Transkribieren sich gleich*: Weder der Prätext noch die Skripte noch die Transkripte als Mittel der Transkription. Die Marken erleben im Transkribieren eine Transgression, indem sie nicht allein von der Transgression re-identifiziert werden, sondern vor allem, indem sie im Reidentifizieren als transgressive Größen konstituiert werden. *Es gibt Prätexte – Skripte – Transkripte 'nur' als transgredierte Größen. Das, was sie sind, sind sie qua Transgression. Das, was Medium und Form sind, sind sie qua Transgression.* Akzeptiert man diese These, wird die Frage intrikat, was denn Prätext, Skript und Transkript als transgredierte Größen sind. Wenn die Größen als Epiphänomene der Transkription das sind, was sie sind und wenn sie dies allein qua verschobener Unterscheidbarkeit untereinander sind, kann die oben erwähnte Positionierung – erst Prätext, dann Skript, dann Transkript, dann Postskript – in dieser Linearität und Eigendistinktheit der einzelnen Marken nicht mehr unangetastet bleiben. Es gibt keinen ersten Prätext, auf den die Transkription stößt und dann Skripte, Transkripte und Postskripte auswirft, viel-

---

[103] Siehe hierzu unter anderem STANITZEK 2002: JÄGER, Ludwig 2002: Transkriptivität Zur medialen Logik der kulturellen Semantik, 19-41; SCHABACHER, Gabriele 2002: Lesbar/schreibbar. Transkriptionen in Roland Barthes' S/Z, 73-90, alle drei in: L. Jäger, G. Stanitzek (Hgg.), Transkribieren. Medien/Lektüre. München.

[104] In diesem Sinne lässt sich auch sagen: „Noise ist als Ausgeschlossener zugleich eingeschlossen. Es gibt keine Transkription ohne Verluste , ohne Störung" (STANITZEK 2002: 17).

mehr gibt es allein Transkriptionen, die an Transkriptionen, die an Transkriptionen anschließen und dabei die erwähnte Reihe als ihr Epiphänomen etablieren. Dabei wird nicht einfach die Reihenfolge umgedreht, sondern die Reihenfolge wird instantan konstruiert und dekonstruiert. *Die Transkription muss auf etwas (den Prätext) als ihr Vorgängiges stoßen, um mit der Transkriptionsarbeit anfangen zu können, dieses etwas, auf das sie stößt, ergibt sich jedoch zuallererst aus ihrer Transkriptionsarbeit.* Oder:

> die Rede von einem 'ersten' Text – einem Original –, das unabhängig von übersetzender Bezugnahme existiert, ist problematisch (SCHABACHER: 87). [...] So wenig wie es also einen 'ersten' zu transkribierenden Text gibt, so wenig gibt es ein letztes, endgültiges Transkript. [...] Wenn es nun auch keinen absoluten ersten Text gibt, sondern nur ein stets Wieder-Transkribieren, eine Kette metonymischer Verschiebungen, eine Reihe von Transkripten, so heißt das nicht, dass man die Unterscheidung zwischen Erstem/ Zweiten aufgäbe. [...] Die besagte Kette der Transkripte nivelliert also (paradigmatisch) die Unterschiede – zwischen Gegenstand/Transkript, Erstem/Zweitem, etc. – ebenso, wie sie diese Unterschiede stets re-etabliert (ebenda: 89).

Die sich hier sich am Werk befindende L(og)ist(ik) der De-Präsentation markiert also, dass ein Erstes gedacht werden, dass also ein Logik des Erst-dies-dann-Das gedacht werden muss, dass aber diese Logik erst im Nachhinein bzw. retro-aktiv als diese Logik in Szene gesetzt wird. Dieses In-Szene-Setzen impliziert nun die De/Konstruktion dieser Erst-dies-dann-das-Logik, weil erst im Nachhinein das konstituiert wird, was dem Im-Nachhinein vorangehen muss. Wie bei der Metalepse wird eine Unterscheidung Erstes/Zweites, Gegenstand/Transkript klar gezogen und aufrechterhalten und gleichzeitig in der Bewegung der Transkription bzw. Transgression dekonstruiert. Wie bei der Metalepse konstituiert das Einstürzen-Lassen der Unterscheidung die Möglichkeit, dass die Unterscheidung getroffen werden kann.

Diese Argumente implizieren und explizieren im epistemologischen Sinne einen indirekten Weltkontakt. Es gibt keinen Weg an den Transkriptionen vorbei oder durch sie hindurch zu einer 'realen Wirklichkeit', die unbehandelt als sie selbst vorhanden wäre. Was wir von der Wirklichkeit wissen, wissen wir in Form von Formen bzw. Transkripten bzw.: Die Wirklichkeit ist nicht Wirklichkeit jenseits von Formen bzw. Transkripten, sie ist vielmehr Wirklichkeit als Form bzw. Wirklichkeit als Transkript. Das, was die Wirklichkeit ist, ist sie allein qua Formen.

Im Hinblick auf meine Mediendiskussion bestätigt Schabacher die Deutung, dass Medien unbeobachtbar sind und dass sie allein in Form von Form, also nicht als sie 'selbst', beobachtbar werden. Dabei werden Medien zu dem, was sie sind, durch das, was sie nicht sind. Ein Blick auf Medien als Medien ist unmöglich, da Medien immer in Form von Transkripten sich realisieren, also allein als Transkribiertes überhaupt Medien sind:

> Medien können nur als Transkripte [...] auftauchen, weil schon ihre bloße Paraphrase, Protokollierung, wenn nicht sogar Wahrnehmung, bereits eine Transkription im Sinne eines Schon-Gelesenen, Schon-Geschriebenen, Schon-Gesehenen darstellt. [...] Hinter dem Transkript eines Mediums ist nichts – / alles. [...] Im Transkript werden Medien allererst als Medien [...], das ist als Gegenstände konstituiert (ebenda: 90).

Sowohl beim Transkriptivitätstheorem als auch bei meiner Beobachtung der Medium/Form-Unterscheidung sind die gehandhabten Größen allein als de-präsentierte Größen, als zu 'sich selbst' verschobene, als transgredierte Größen beobachtbar, wobei sie *das, was sie 'sind'*, nicht trotz De-Präsentation oder Transgression, sondern *aufgrund von De-Präsentation und Transgression sind*. Das Transskriptivitätstheorem wurde hier so (re)konstruiert, weil das 'Trans-' der Transkriptivität ziemlich genau das trifft, was auch das 'De-', der De-Präsentation trifft. 'Trans-' und 'De-' markieren ein höchst analoges Problem.

Des Weiteren wird durch die L(og)ist(ik) der De-Präsentation eine Neukodierung der alten Frage, ob die Welt ge- oder erfunden wird, möglich. Es lässt sich sagen: „Erfinden heißt dann nicht mehr produzieren, sondern übersetzen",[105] jedoch muss die Lage komplexer gefasst werden. Die L(og)ist(ik) der De-Präsentation kann mit der Bewegung des HER(AUS)STELLENS beschrieben werden; es ist eine Bewegung, die das Finden (Ausstellen) und das Erfinden (Herstellen) kurzschließt, indem sie beides zwar unterscheidet, aber deutlich macht, dass jedes Erfinden ein Finden und jedes Finden ein Erfinden ist. Beide Größen sind unterscheidbar und ununterscheidbar zugleich. Das Kurzschließen von Herstellen und Herausstellen zu HER(AUS)STELLEN orientiert sich begrifflich an Ausführungen von Menke und Kern: „Herausstellung, die Herstellung ebenso wie die Ausstellung".[106]

Epistemologisch betrachtet, lässt sich also sagen: *Nichts entgeht der L(og)ist(ik) der De-Präsentation*. Es gibt nichts vor und jenseits der De-Präsentation. Das, was vor der De-Präsentation ist, das 'Erste', ist dieses immer als Epiphänomen des 'Zweiten' oder: Wenn es ein 'vor' der De-Präsentation als Gegebenes gibt, dann immer als Epiphänomen der De-Präsentation selbst, also als das 'vor', das dieses 'vor' erst danach ist. Also: *Alles, was ist, ist dies in Form von De-Präsentation*.

Stäheli prägt in seiner dekonstruktiven Re-Formulierung systemtheoretischer Basistheoreme und im Bezug auf die (Laclau-Mouffesche) Diskurstheorie den Begriff der *konstitutiven Nachträglichkeit*. Stäheli geht es darum, eine Nachträglichkeit zu denken, die nicht in einer linearen Erst-dies-dann-das-Logik gefangen bleiben muss. Nicht das Theorem der Nachträglichkeit, also auch nicht die Unterscheidung Erstes/Zweites wird destruiert, sondern die Bindung dieses Theorems / die-

---

[105] Zitat: Michel Serres, Hermes. Katalonien, 84, zitiert in: KÜMMEL, Albert 2002: Marskanäle. In: C. Liebrand, I. Schneider (Hgg.), Medien in Medien. Köln, 67-88, 67.
[106] KERN, Andrea / Christoph MENKE 2002: Einleitung: Dekonstruktion als Philosophie. In: Dies., Philosophie der Dekonstruktion. Frankfurt a. M., 7-14, 9.

ser Unterscheidung an ein lineares Zeitkonzept. Auch bei der konstitutiven Nachträglichkeit ist die Zeitstruktur so gebaut, dass ein Ereignis oder eine Operation im Nachhinein, also mit zeitlichem Vollzug beobachtet wird, jedoch liegen dieses Ereignis bzw. diese Operation nicht selbstidentisch und logisch unabhängig vor der Beobachtung, vielmehr werden sie als Ereignis und Operation in ihrem 'Ereignis- und Operation-Sein' allererst geschaffen: „diese Beobachtung selbst aber konstituiert erst die beobachtete Operation in ihrer vollständigen Wirksamkeit" (STÄHELI: 215). Dadurch wird das, was schon geschehen ist, nicht im landläufigen Sinne einfach neu interpretiert, es geht nicht um eine Polysemie, die an 'hart' Geschehenes 'weiche' Deutungen heranträgt, sondern vielmehr darum, dass das, was Geschehen ist, qua 'Interpretation' (Beobachtung) zu aller erst als das entfaltet wird, was es ist: „Die Beschreibung von vergangenen Operationen führt nicht nur dazu, dass ihre Bedeutung sich im aktuellen Sinnhorizont verändert, sondern zur Entfaltung ihrer Operativität" (ebenda: 215). Signifikant ist hierbei, dass die Konstellation 'vergangene Operation – nachträgliche Beobachtung' erhalten bleibt. Nur, die vergangene Operation ist diese vergangene Operation erst im Nachhinein. Hier rastet eine *retro-aktive Logik* ein.

Anhand der Art und Weise, wie Fuchs die systemtheoretische Kommunikation im Zuge der Erörterung der Begriffe Ereignis, Operation und Beobachtung reformuliert, werden weitere Momente der L(og)ist(ik) der De-Präsentation sichtbar. Es kommt zu einer rekursiv-retroaktiven Zeitlichkeit: Das *Ereignis* geschieht, nachdem es geschehen war und es *geschieht vor der Beobachtung nach der Beobachtung*:

> Diese Zeitlichkeit hat ihr Spezifikum darin, daß an jeder Stelle etwas geschieht, aber das Geschehen-sein (die Konturen – die Identität – dieses Geschehen-seins) im Nachhinein des Ursprungs erzeugt wird, ein 'Original', das nicht das Original ist, sondern seine Verlautbarung oder seine Beobachtung, für die dann (zeitlich gesehen) dasselbe gilt wie für den Vorläufer, den sie konstituiert, indem sie selbst verschwindet. Die 'Härte' der Sequenz, ihre sinnhafte Essentialität, ihre Abgreifbarkeit entstünde [...] durch Beobachtungen, die sich auf Beobachtetes (und nicht oder jedenfalls nicht nur: auf Operationen) richten (FUCHS 1995: 16f.).

Das Geschehen wird „gegen sich selbst versetzt [...] wird selbstdifferent (verschoben im Sinne einer différance) nach-identisch" (ebenda 1995: 17). Es geht um die „Identifizierung im Nachhinein, die selbst wieder nur ist, was sie ist, wenn ein Nachhinein sich [und sie!, MG] etabliert" (ebenda). Das Ereignis als 'ursprüngliches' Geschehen-Sein ist dieser 'Ursprung' erst im Nachhinein, also ist es nicht der Ursprung, der es ist. Hier rastet eine *Logik der Nach-Identität bzw. Nach-Ursprünglichkeit* ein, die das Moment des Ursprungs im Dekonstruieren als das durchstreicht, was es ist: ~~Ursprung~~.[107] Aufgrund dieser Durchstreichung wird das

---

[107] Sehr schön auch folgende Stelle: „Das Denken als Operation, die Kommunikation als Operation verschwindet, weil die Operation nur in Sicht kommt als Beobachtung (mithin:

Ereignis zu sich 'selbst' verschoben, es ist an seiner Zeit-'Stelle' nicht das, was es dort ist/war. Und es ist zu sich selbst verschoben, weil es das, was es ist/war, erst im Nachhinein ist, also deshalb, weil es nachträglich als das identifiziert und somit konstituiert wird, was es vorher war – und somit im Nachhinein als das identifiziert wird, was es vorher (so) nicht war.

Derridas Dekonstruieren liefert der L(og)ist(ik) der De-Präsentation nicht nur ihre Begrifflichkeit, sondern auch weitreichende theoretische Konzeptualisierungsoptionen. Derrida zeigt auf, dass es keine selbstidentische, ursprüngliche Präsenz gibt, sondern dass die Präsenz (es ist weiterhin die Rede von Präsenz!) notwendigerweise immer schon abgeleitet und vermittelt ist: „Die Unmittelbarkeit ist abgeleitet. Alles beginnt durch das Vermittelnde" (DERRIDA 1974: 272) – diese beiden Sätze bilden die argumentationslogische Matrix der Dekonstruktion.[108] Entscheidend ist dabei, dass die sekundären Momente keine wieder abziehenden Gäste sind, sondern Parasiten, die von ihren Wirten leben und so parasitieren, dass auch der Wirt immer schon auf den Parasiten angewiesen war.[109]

> Dann erinnere ich daran, daß die Parasiten per definitionem niemals einfach *außen* sind, nicht ausgeschlossen oder draußen gehalten werden können, außerhalb des vorgeblichen eigenen/sauberen Körpers, außerhalb des vorgeblich häuslichen Tisches oder Hauses. Parasitismus liegt vor, wenn der Parasit [...] schließlich *von dem Leben* des Körpers, den er parasitiert, lebt – wobei dieser Körper umgekehrt bis zu einem gewissen Punkt ihn einverleibt, ihm wohl oder Übel die Gastfreundschaft anbietet: für ihn Platz hat, selbst wenn er ihn ihm nicht einfach einräumen will. [...] Der Parasit *hat* an dem *Teil* [...], woran er parasitiert, er ist ihm nicht einfach äußerlich (DERRIDA 2001a: 143 und 154).

Dies kann zu der komplexen Logik führen, dass dieser konstitutive Parasit die Unterscheidung zwischen Wirt und Parasit dekonstruiert, nicht in dem Sinne, dass beide ununterscheidbar werden, sondern in dem Sinne, dass der eine nur in wechselseitiger Kontamination mit dem anderen das sein kann, was er ist. Das Außen (Abwesenheit, Differenz, Abbild usw.) nistet immer schon im Innen (Präsenz, Identität, Original usw.), was sowohl anzeigt, dass die Etablierung des primären Begriffs zwangsläufig auch den sekundären Begriff etabliert als auch indiziert, dass die Grenzen zwischen Primärem und Sekundärem, Innen und Außen in ihrem Zusammenbrechen als eben diese Grenzen errichtet werden (vgl. hierzu KRÄMER 2001: 220). Der Parasit ist somit das vom Wirt (Primäres bzw. Innen)

---

sinngeladen), also nachträglich, als das sich selbst Nachfolgende, als sekundärer Ursprung, als aktuelle Zuvorkommenheit, deren Original schon erloschen ist, wenn die nächste Operation sie ins Licht rückt" (FUCHS 1995: 13).

[108] In aktueller Übersetzung heißt dies dann: „Alles beginnt mit dem Intermediären" (CULLER 2002: 24).

[109] Vgl. zu den Ausführungen hier meinen Artikel GRIZELJ, Mario 2006b: Logozentrismus, Phonozentrismus, Phallozentrismus, Phallogozentrismus. In: A. Trebeß (Hg.), Metzler Lexikon Ästhetik. Stuttgart, 238f.

hervorgebrachte Außen bzw. Sekundäre, das es überhaupt erst ermöglicht, Innen und Primäres ebenso wie Sekundäres und Außen sagen zu können. „Der Parasit parasitiert die Grenzen, die die Reinheit der Regeln und Intentionen sichern" (DERRIDA 2001: 155), dadurch wird eben nicht Innen/Außen, Primäres/Sekundäres zu einer diffusen Logik zusammengepappt, sondern es wird verunmöglicht, dass das Draußen draußen und das Drinnen drinnen bleibt (vgl. ebenda: 163).[110] Das Dekonstruieren beschreibt die Bewegung vom „[d]as Draußen und das Drinnen" (DERRIDA 1974: 53ff.) zum „[d]as Draußen ist Drinnen" (ebenda: 77ff.). Es ließe sich hier von einer *vertwisteten Differenzialität* sprechen, die in Richtung Metalepse zielt. In dieser Form markiert der Parasit keine Schwächung des Wirts, sondern ganz im Gegenteil seine Instituierung als Wirt: *Der Parasit ist das System.*[111]

---

[110] Das Funktionieren der hierarchischen ontologisch-metaphysischen Oppositionsbewegung, das Draußenhalten des Draußen, beruht auf folgender Prämisse: „Um die Priorität der reinen Präsenz und der Identität (-mit-sich-selbst) zu sichern, bedarf es des komplementären, rein zu unterscheidenden und polar entgegengesetzten Anderen, das als ein ontologisch nach- und untergeordnetes Außen, als Komplikation, als Negation oder Zerstörung der ›Präsenz‹ gedacht wird" (MENKE: 123).

[111] Der Parasit ist somit der vom/im System „ausgeschlossene eingeschlossene Dritte" (BARDMANN, Theodor M. 1996: Der ausgeschlossene eingeschlossene Dritte. Über die Parasitologie des Michel Serres. In: Ders., S. Hansen, Die Kybernetik der Sozialarbeit: ein Theorieangebot (Schriften zur Sozialen Arbeit; 1). Aachen, 103-139). Dass weder der Wirt noch der Parasit unabhängig voneinander bestehen können, sondern sie vielmehr konstitutiv gekoppelt sind und wechselseitig ihre jeweilige Existenz ermöglichen wie verunmöglichen, zeigt sehr schön auch LEHMANN, Maren 2000: Die Form des Parasiten. Vortrag im „Systemtheoretischen Colloquium" an der Martin-Luther-Universität Halle Wittenberg. In: URL: http://www.soziologie.uni-halle.de/lehmann/docs/parasiten/pdf (15.12.2003). Und Serres: Der Parasit ist „unausweichlich und hat den Charakter der Notwendigkeit" (SERRES: 119) für das System: „Der Parasit ist eben jener Verdrängte, jener Verjagte, der stets wiederkehrt. [...] Die Kraft des Ausschließens kehrt sich sogleich um und bringt [ihn] zurück. Was man verdrängt, ist stets da" (ebenda). Derrida verwendet in diesem Sinne das Bild der *doppelten Wurzel*. Der Versuch, das 'Eigene/Saubere' vom Parasiten zu befreien, greift unweigerlich in die konstitutive Struktur dieses Eigenen ein: „man kann nicht das ausreißen, was den 'Parasiten' produziert, ohne das 'Eigene/Saubere' auszureißen" (DERRIDA 2001a: 143). Dies führt schließlich zu der Konstellation, dass man nicht mehr so einfach sagen kann, wer wen konstituiert. Es wird unmöglich zu entscheiden, ob es das System ist, das die Abweichung, den Parasiten hervorbringt (bzw. immer schon mit sich führt), oder ob es die das System parasitierende Abweichung vom System ist, die das System erst entstehen lässt: „Nehmen Sie nochmals [...] die Folge der aufeinandergepfropften Parasiten [...] und fragen Sie sich, ob es an ein System angelagert ist, als Krebsgeschwulst von Unterbrechern, Schwund, Verlusten, Löchern, Lecks, kurz, ob es der pathologische Auswuchs irgendeines Gebietes ist oder ganz einfach das System selbst. [...] Wie soll man diese [...] Vorgänge kennzeichnen? Bilden sie die Ausnahme, oder sind sie die Genese? [...] Kein System ohne Parasit. Diese Konstante ist ein Gesetz". Der Parasit ist gleichzeitig Ausgeschlossenes des Systems und (Un)Möglichkeitsbedingung für das System und in dieser Form ist er als konstitutiver Teil des Systems das System selbst (Zitat: SERRES, Michel 1987: Der Parasit. Frankfurt a.M, 25f.).

Schließlich noch ein wichtiger Hinweis auf eine weitere derridasche Figur, wichtig deshalb, weil diese Figur im Hinblick auf die Thesenkaskade nicht nur epistemologisch, sondern auch argumentativ maßgeblich wird. Es geht um das *re-mark* und die These, dass experimentelle Prosa sowohl die strukturelle Kopplung als auch die literarische Kommunikation (den Nexus von symbolischer und sozialer Systemreferenz) re-markiert. Mit der Figur des *re-mark* wird indiziert, dass eine Größe immer schon seit jeher (toujours déjà, always already) re-markiert gewesen sein wird, um das sein zu können, was sie ist. Dabei erhält die Größe ihre Identität, indem sie in der Form dessen, als was sie erscheint, als das verschwindet, was sie 'ist'. Ihre Identität ist somit immer der Unterschied zwischen dem, was sie 'ist' und der Re-Markierung, die allererst diesen Unterschied lesbar macht[112]. Nun hört das dekonstruktiv gepolte Argument hier nicht auf, sondern geht einen Schritt weiter. Die Struktur der Re-Markierungen ist nämlich keine thematische Größe auf der Objektebene, sondern eine operative Größe auf der Metaebene, die die Syntax bereitstellt, Zeichen, Dinge und alles andere unterscheiden zu können, wobei diese Syntax die Bedingung der Möglichkeit eröffnet, eine de-identifizierende 'Synthese' bzw. Einheit denken zu können. Das *re-mark* kann als

> econonomical, conceptual, formal structure to the extent that it draws together a configuration of signifiying movements from a variety of heterogeneous resources [...] non-unitary synthesis of heterogeneous features (GASCHÉ: 195 und 204)

beobachtet werden und ist eine genuin logistische Marke, eine *positionenverteilende* Struktur, ein „asemic space [...] the place where nothing takes place but the place" (ebenda: 221).

Die L(og)ist(ik) der De-Präsentation lässt sich schließlich noch als kybernetisches Moment, als kybernetischer Bauplan *beobachten*. Als *(auto-)kybernētikē téchnē* ist sie eine (Selbst-)Steuermannskunst, die es erlaubt, heterogene Theorien, heterogene Methoden und heterogene Gegenstände mithilfe einer einheitlichen 'Begrifflichkeit' bzw. De/Figuralität (Parasitismus, Supplementarität, Iterabilität, immerschon, ~~Repräsentation~~, De-Präsentation, black box, Paradoxie, Operation/Beobachtung, Medium/Form, Kommunikation, Trajektorie, Transgression, usw.) auf Analogien hin zu beobachten. Indem von den spezifischen Methodologien und Phänomenbereichen der Theorien abstrahiert wird, richtet sich der Fokus auf die Isomorphie von Bauplänen, auf die Korrelation und Kompatibilität von syntaktischen Momenten. Dabei kann beobachtet werden, wie verschiedenen Theorien speziell in Bezug auf die *Art und Weise* ihrer infrastrukturell-syntaktischen Bewegungen *gemeinsame Platzverteilungsstrukturen* zugeschrieben werden können.

---

[112] Vgl. hierzu GASCHÉ, Rodolphe 1986: The Tain of the Mirror. Derrida and the Philosophy of Reflection. Cambridge (Mass.)/London, 217-222.

Die L(og)ist(ik) der De-Präsentation bildet das basale epistemologische Modell meiner Konzeption einer reflexiven Literaturwissenschaft. Meine Ausführungen sind immer, explizit und implizit von der L(og)ist(ik) der De-Präsentation durchtränkt. Auch die Gestaltung der Thesenkaskade ist im Modus der De-Präsentation zu denken. Im weiteren Verlauf wird es nicht notwendig sein, dauernd auf die De-Präsentation aufmerksam zu machen. Sie bildet die Syntax meiner Versuche, die Logistik von Literatur und literarischer Kommunikation in den Blick zu bekommen und wird ab jetzt als *Medium des Sehens* vorausgesetzt. Sie ist solchermaßen ein operativer Begriff (sensu Fink) und muss als solcher nur an markanten Argumentationsknoten HER(AUS)GESTELLT werden. Ein markanter Argumentationsknoten, der auch von der L(og)ist(ik) der De-Präsentation affiziert wird, ist das Theorem der strukturellen Kopplung.

## 2.7 *Strukturelle Kopplung von Bewusstsein und Kommunikation*

### 2.7.1 *Voraus*-Setzungen

Die Arbeit geht davon aus, dass mit der Fokussierung der strukturellen Kopplung von Bewusstsein und Kommunikation nicht nur *alle* Sinnmomente erfasst werden, sondern dass sich auch alle Sinnmomente aus der strukturellen Kopplung ableiten lassen. Damit schließt sie an aktuelle systemtheoretische Modellierungen an. Diese zeichnen sich dadurch aus, dass sie die Unterscheidung von Bewusstsein/Kommunikation bzw. ihre strukturelle Kopplung als „Fundament der Systemtheorie", gar als ihre „Ur-Differenz" konzipieren (JAHRAUS 2001b: 327; vgl. auch JAHRAUS 2003: 280). Mit dem Primat der strukturellen Kopplung ist festgelegt, dass alle getroffenen und möglichen Unterscheidungen Effekte und Produkte der Bewusstsein/Kommunikation-Unterscheidung sind (beispielsweise Sprache/Wirklichkeit, Sprache/Kommunikation, Sprache/Wahrnehmung, Wahrnehmung/Wirklichkeit, Subjekt(ivität)/Sprache, Subjekt(ivität)/Kommunikation, Subjekt(ivität)/Wirklichkeit, Subjekt(ivität)/Medium, Symbolsystem/Sozialsystem, Text/Interpretation, Text/Werk, Medium/Form, System/Umwelt, Identität/Differenz usw.).[113] Somit muss konsequenterweise gelten: *Die Welt ist alles, was die strukturelle Kopplung ist* und/oder/bzw. *die strukturelle Kopplung ist alles, was der Fall ist*. In diesem Sinne ließen sich die Schlagseiten des Subjektparadigmas einerseits und des Sprachparadigmas andererseits vermeiden, wenn nun von einem *Strukturelle-Kopplung-Paradigma* die Rede wäre. Nach dem *linguistic turn* hätten wir jetzt

---

[113] Dies schon so ähnlich bei BAECKER, Dirk 1992: Die Unterscheidung zwischen Kommunikation und Bewußtsein. In: W. Krohn, G. Küppers (Hgg.), Emergenz. Die Entstehung von Ordnung, Organisation und Bedeutung. Frankfurt a.M., 217-268: „Tatsächlich wollen wir jedoch die Möglichkeit, beliebige andere Unterscheidungen zu treffen, aus der Unterscheidung zwischen Kommunikation und Bewußtsein ableiten können."

einen (zugegebenermaßen umständlich formuliert) *strukturelle Kopplung turn*, der vollkompatibel mit dem aktuellen *medialen turn* ist, da, wie wir noch sehen werden, Bewusstsein und Kommunikation konstitutiv auf die Unterscheidung Medium/Form angewiesen sind. Die folgenden Überlegungen möchten zeigen, dass die Rede von einem Strukturelle-Kopplung-Paradigma durchaus Sinn macht, da nur so deutlich werden kann, dass es auf beiden Seiten der Unterscheidung Bewusstsein/Kommunikation immer um beides geht: um Bewusstsein und Kommunikation, um Gesellschafts- *und* Bewusstseinsvollzug.

Mit struktureller Kopplung ist markiert, dass sich Bewusstsein und Kommunikation in konstitutiver Wechselseitigkeit konstituieren und konditionieren. Solcherart lässt sich auch von konditionierter Ko-Produktion sprechen.[114] Es gilt also: Ohne Bewusstsein keine Kommunikation und ohne Kommunikation kein Bewusstsein. Wichtig ist, dass nicht trotz, sondern aufgrund der wechselseitigen konditionierten Ko-Produktion auf beiden Seiten der Unterscheidung operative Geschlossenheit herrscht – und vice versa: „Dabei ist wechselseitige Intransparenz der gekoppelten Systeme [Bewusstsein und Kommunikation] nicht nur faktisch hinzunehmen, sondern auch notwendige Bedingung der strukturellen Kopplung" (GG: 106). Operative Geschlossenheit indiziert, dass es 'zwischen' den Systemen zu keinen Überlappungen oder Überschneidungen kommen kann. Das Bewusstsein (re-)produziert sich ausschließlich mithilfe von Wahrnehmungen sowie Gedanken und Vorstellungen, die Kommunikation ausschließlich mithilfe von Kommunikationen. Die beiden Systeme „können ihre Elemente nicht Metamorphosen unterziehen, die sie anschlussfähig in der Domäne der je anderen Operativität werden ließen" (FUCHS 1995: 132). Eine Wahrnehmung kann somit nie als solche in eine Kommunikation transformiert werden, sie bleibt immer eine Wahrnehmung. Sie kann Anlass für Kommunikation sein und in der Kommunikation kann kommunikativ über Wahrnehmungen kommuniziert werden, eine Umwandlung ist jedoch nicht möglich. Wahrnehmung ist „sensu strictu inkommunikabel" (FUCHS 1995: 135f.; vgl. auch WG: 20). Kommunikation ist „taub, blind, ohne Geruchssinn, ohne Tastsinn" (FUCHS 1995: 136). Es ergibt sich die intrikate Konstellation, dass Bewusstsein und Kommunikation füreinander unerreichbar sind, gleichzeitig jedoch – *aufgrund* dieser wechselseitigen Unerreichbarkeit und *aufgrund* der wechselseitigen Unerreichbarkeit der Bewusstseine – konstitutiv aufeinander angewiesen sind. Dabei indiziert das Theorem der konditionierten Ko-Produktion im Rahmen der strukturellen Kopplung, dass die beiden Systeme sich via Autopoiesis und operativer Geschlossenheit binnensystemisch re-produzieren, dass sie aber jeweils von der Au-

---

[114] FUCHS, Peter 2002b: Die konditionierte Koproduktion von Kommunikation und Bewusstsein. In: Ver-Schiede der Kultur, Aufsätze zur Kippe kulturanthropologischen Nachdenkens (hrsg. von der Arbeitsgruppe „menschen formen" am Institut für Soziologie der Freien Universität Berlin), Marburg, 150-175.

tokonstitution des anderen Systems abhängig sind. Strukturell gekoppelt sind nur Systeme, die sich autokonstitutiv via der Autokonstitution des jeweils anderen Systems konstituieren. Die Formel lautet somit: *Autokonstitution via Autokonstitution*. In diesem Sinne ist die strukturelle Kopplung „keine akzidentelle, sondern eine substantielle Systemeigenschaft, eine conditio sine qua non. [...] Strukturelle Kopplung kommt entweder zustande, oder aber die Systeme, die strukturell gekoppelt sein sollen, sind als solche gar nicht sichtbar" (JAHRAUS 2003: 230). Am Beispiel von Zeichen kann nun gezeigt werden, wie das Bewusstsein im Zuge der Autokonstitution via Autokonstitution bei strikter Aufrechterhaltung der operativen Geschlossenheit im Umweg über die Kommunikation Bewusstsein ist. Kommunikation prozessiert Zeichen. Kommunikationen sind Zeichenverkettungsprozessoren. Zeichen sind soziale, kommunikative Größen, sie sind das, was jeglichen individuellen, psychischen oder bewussten Eigen-Sinn sozial alteriert und sozial in Richtung Allgemeinheit schiebt; aber Kommunikationen verwenden Zeichen nicht als Zeichen, sondern prozessieren sie nur.[115] Das Bewusstsein bekommt in der Kommunikation Zeichen aufgespielt. Zeichen werden dem Bewusstsein kommunikativ angeliefert, jedoch werden Zeichen zu Zeichen in struktureller Kopplung, also erst im Durchgang durch das Bewusstsein. Zeichen sind eine soziale Größe, nachdem sie immer schon seit jeher Epiphänomene struktureller Kopplung gewesen sein werden. Zeichen werden als soziale Größe von Bewusstsein und Kommunikation in struktureller Kopplung HER(AUS)GESTELLT. Zeichen entstehen in struktureller Kopplung, agieren 'dann' aber von der Kommunikation aus in Richtung Bewusstsein, sie sind soziale Momente, da sie als Zeichen nur funktionieren können, wenn sie eben sozial, also allgemein, nicht-privat, nicht-idiosynkratisch, nicht-eigensinnig, mitteilbar, verlautbar, dokumentfähig sind. Ihre Zeichenhaftigkeit und Sozialität erhalten die Zeichen aber, indem die Kommunikation das Bewusstsein mit Zeichen beliefert und dabei in struktureller Kopplung immer schon ein Bewusstsein nachkonstituiert haben wird, das in struktureller Kopplung überhaupt erst die Kommunikation und ihre Zeichen immer schon nach-konstituiert haben wird. Somit: Die Sozialität der Zeichen ist nicht (allein) der Kommunikation, sondern der strukturellen Kopplung von Bewusstsein und Kommunikation geschuldet. Das Bewusstsein ist also nicht einsam, idiosynkratisch, privat oder monadisch eingeschlossen; es ist nicht schlicht innen bei sich, sondern über den Umweg des Außen (Auto via Auto) bei sich innen. Nicht: „Das Bewußtsein bleibt ganz bei sich selbst" (KG: 84), sondern: Das Bewusstsein bleibt ganz bei sich selbst via Kommunikation. Es geht also um die „Innenwelt der Außenwelt der Innenwelt."[116]

---

[115] Ich orientiere mich hier an FUCHS, Peter 2003a: Der Eigen-Sinn des Bewußtseins. Die Person, die Psyche, die Signatur. Bielefeld, 93ff.
[116] FUCHS, Peter 2005: Die Psyche. Studien zur Innenwelt der Außenwelt der Innenwelt. Weilerswist.

Also lässt sich sensu Fuchs sagen, dass das Denken nicht allein im Bewusstsein stattfindet. Der Eigen-Sinn des Bewusstseins ist somit Effekt der strukturellen Kopplung. Weil die Kommunikation nicht wahrnehmen kann, prozessiert sie allein Zeichen; weil es Zeichen wahrnehmen kann, *prozessiert und verwendet das Bewusstsein Zeichen als Zeichen*.[117]

Im Folgenden interessieren nicht die an dieser Darstellung sich komplex verzweigenden Implikationen der strukturellen Kopplung, sondern die Engführung auf die Thesenkaskade. Das bedeutet konkret, dass gezielt die Figuren der *Sinn-Form* und des *Sinn-Schemas*, als Realisierungsmomente der strukturellen Kopplung, fokussiert werden. Die Figur der Sinn-Form ist der Schlüssel, mit dem das abstrakte Theorem der strukturellen Kopplung literatur/kultur/medientheoretisch relevant werden kann. Es geht darum, mit der Entfaltung des Theorems der strukturellen Kopplung, die Bedingung der Möglichkeit der Thesenkaskade und aller weiteren von ihr abgeleiteten Thesen offenzulegen.

*2.7.2 Sinn-Formen*

Die Formel Autokonstitution via Autokonstitution indiziert, dass es ohne Überschneidungen, Überlappungen, ohne Transfer und ohne Kontakt zu wechselseitiger Konditionierung und Konstitution kommt. Dafür muss diese Kontaktlosigkeit 'überbrückt' werden. Hierfür steht *Sinn* – phänomenologisch als Einheit der Differenz von Aktualität und Possibilität definiert – zur Verfügung (vgl. FUCHS 2004: 91). Indem sowohl das operativ geschlossene autopoietische System Bewusstsein als auch das operativ geschlossene autopoietische System Kommunikation Sinn prozessieren und in Anspruch nehmen, kommt es zu struktureller Kopplung – und vice versa: Indem es zu struktureller Kopplung kommt, wird Sinn erwirtschaftet und indem Sinn in Anspruch genommen wird, kommt es zu struktureller Kopplung.[118] Fuchs spezifiziert diese allgemeine These, indem er davon spricht, dass sich ganz spezifische *Sinn-Formen* beobachten lassen, die als Medien für strukturelle Kopplung fungieren können, bzw.: Sinn muss in spezifi-

---

[117] „Sie [Kommunikation] sagt oder schreibt keine Wörter, sie liest auch nicht" (FUCHS 2002b: 165). Deshalb lässt sich auch sagen: „Der Sinn, den die Zeichen stiften, ist ihr [Kommunikation] gänzlich unbekannt" (ebenda). Indem die Kommunikation différancemäßig, nach-konstitutiv, de-präsentativ prozessiert, „realisiert sie die Form von Sinn, aber die Zeichen, die dabei zum Einsatz kommen, gestreut, aufgegriffen, verworfen oder vergessen werden durch Nichtaufgriff, diese Zeichen versteht sie nicht, ihre Bedeutung wird ihr nicht appräsentiert. [...] Die Operation projiziert [...] eine Oberfläche von Bedeutungen, die nichts für die Kommunikation bedeuten" (ebenda: 165f.).
[118] Zu betonen ist, dass Sinn keine vorfindbare, präformistische Größe ist. Sinn ist, während und nur solange Bewusstsein und Kommunikation in struktureller Kopplung in Betrieb sind, sowohl die HER(AUS)GESTELLTE Bedingung der Möglichkeit von struktureller Kopplung als auch das HER(AUS)GESTELLTE Epiphänomen von struktureller Kopplung (vgl. hierzu auch FUCHS 2001: 208).

sche Sinn-Formen gegossen sein, um seine Funktion, Medium für strukturelle Kopplung zu sein, erfüllen zu können.[119] Und umgekehrt: strukturelle Kopplung erwirtschaftet Sinn immer in Form von spezifischen Sinn-Formen. Den beiden Systemen Bewusstsein und Kommunikation stehen keine gemeinsamen Elemente oder keine gemeinsamen Operationen zur Verfügung, jedoch – in Gestalt synchronisierter Ereignisse, die immer nur in actu synchronisiert sind – bestimmte *Sinn-Formen*:

> *Wie* sich Sinn verzweigt, disseminiert, *wie* er sich zusammenschiebt, auch dies kann durch eine Determination erzeugt werden, die sozial schon vorliegt als Muster von möglichem Sinngebrauch. Es geht also nicht nur um Fremdreferenz, um Themen, die bereitlägen, sondern auch um die Formen, in denen Sinn sich zuschneiden lässt. [...] Die Sprache zum Beispiel ist eine solche Form. Aber etwa auch eine Beerdigung, ein Kaffeekränzchen, romantische Liebe etc. Kurz: Alles, was wir unter *Schemata* verstehen, die Kommunikation und Bewusstsein dirigieren, ohne explizit sein zu müssen (44; meine Hervorhebungen, MG). [...] Zur Verfügung steht aber die Form von Sinn und die Sinnformen, die dem Medium Sinn eingeschrieben werden können, Sprache etwa, Handlungsschemata, Situationsdeutungen etc. Für solche Formen gilt, daß sie für verschiedene (autopoietisch geschlossene) Systeme *dieselben* und *nicht dieselben* sind. [...] Diese Sinnformen orientieren (sozusagen locker) psychische und soziale Beobachtungen (90) (FUCHS 2004).

Es lässt sich von *Sinn-Formen* als *Sinn-zuschneidungs-Mustern* sprechen. Maßgeblich ist, dass im jeweiligen System das, was von beiden Systemen als identische Sinn-Form (Beerdigung, Liebeserklärung und Kaffeekränzchen) identifiziert wird, jeweils als identisch und nicht-identisch und jeweils mithilfe eigener Operationen (de-)identifiziert wird. Im Bewusstsein ist die Beerdigung dasselbe und nicht dasselbe wie in der Kommunikation. Im Bewusstsein ist die Beerdigung bewusst, in der Kommunikation kommunikativ gegeben und damit ist die Sinn-Form Beerdigung als die nicht-identische Sinn-Form identisch. Dabei entsteht die Sinn-Form Beerdigung genau im (de-)identifizierenden Zusammenspiel von Bewusstsein und Kommunikation.[120] Statt Kontakt spricht Fuchs in diesem Zusammenhang von „Konvergenz" (ebenda).[121] Wichtig ist, dass diese Konvergenz qua Sinn-Formen nicht jenseits struktureller Kopplung zu denken ist, vielmehr

---

[119] So ähnlich, wenn auch bewusstseinslastig, auch Block: „Die Schnittstellen dieser 'Mehrsystemereignisse' [...] aber sind die materialen Komponenten der Symbolarrangements, die Signifikanten bzw. syntaktischen Formen, die jeweilige Ausdrucksseite von Texten oder Bildern. Nur in dieser Form sind sie für das Bewußtsein wahrnehmbar" (BLOCK, Friedrich W. 1999: Beobachtung des 'ICH'. Zum Zusammenhang von Subjektivität und Medien am Beispiel experimenteller Poesie. Bielefeld, 48).

[120] Im Hinblick auf Sprache sagt FUCHS 2004: 93, dass „die beteiligten Systeme sie [die Sprache] zugleich als dieselbe, aber in der je eigenen Autopoiesis verschieden benutzen."

[121] „Für diese Konvergenz ist die Metapher der Überschneidung oder Überlappung schon viel zu stark. Gemeint ist nur, dass Bewußtsein und Kommunikation aktuell durch eine Sinnfigur gebunden werden, die bewusst und sozial schon im nächsten Moment jeweils ganz andere Anschlüsse auswerfen könnte" (ebenda: 91).

gilt, dass die Sinn-Formen sich in struktureller Kopplung als Sinn-Formen ergeben und dass die Sinn-Formen gleichzeitig die Ermöglichungsbedingung von struktureller Kopplung sind. Die Art und Weise, wie die Systeme sich als Systeme in wechselseitiger Inanspruchnahme von Eigenkomplexität konstituieren, wird durch „*Sinn-Schemata* konditioniert" (ebenda: 91). Bewusstsein und Kommunikation etablieren ihre jeweilige Eigenkomplexität, ihre jeweilige Selbstorganisation, ihre jeweilige Verwendung der System/Umwelt-Unterscheidung, ihre jeweilige Einheit und ihre jeweiligen Grenzen sowie ihre jeweilige Prozessierung anderer Unterscheidungen (Identität/Differenz, Selbst-/Fremdreferenz usw.) via *Sinn-Formen* als *Sinn-Schemata*: „Die beteiligten Systeme reproduzieren *ihre* Differenz durch Rückgriff auf Sinn-Schemata, die für die Systeme dieselben sind, obwohl sie die Informationsverarbeitung auf der Basis solcher geteilter Schemata in der je eigenen Autopoiesis" betreiben (ebenda: 92).

Nun können Sinn-Formen und Sinn-Schemata auf die beiden Systemreferenzen je unterschiedlich bezogen werden. Es gilt zwar, dass Sinn-Formen in struktureller Kopplung entstehen, aber es kann so beobachtet werden, dass Sinn-Formen in psychische und soziale Sinn-Formen zu unterscheiden sind. So konditionieren psychische Sinn-Formen die Kommunikation und soziale Sinn-Formen konditionieren das Bewusstsein:

> So kann das psychische System und im engeren Sinne das Bewußtsein im Prinzip vieles Denken [...], aber was für es faktisch möglich ist [...], wird durch soziale Sinn-Formen einreguliert. Psychische Möglichkeiten werden durch soziale Strukturen [...] 'besetzt', das heißt: in ihrer Verwendung sozial gebunden. Dasselbe gilt in Gegenrichtung. Ebendies wird durch das *Inter* der Interpenetration formuliert (ebenda: 95).

Dabei muss aber immer gelten, dass die Sinn-Formen, sonst wären sie eben keine *Sinn*-Formen, dieselben nicht dieselben, von beiden Systemen geteilte Sinn-Formen in jeweiliger operativer Geschlossenheit und 'je eigener' Autopoiesis sind. Es geht nicht um ein Aufteilen der Sinn-Formen auf verschiedene Systeme, sondern um die *Richtung der Konditionierung*. Die Frage muss lauten: Von welchem System aus wird mit welcher Sinn-Form welches System affiziert und konditioniert? In diesem Sinne wäre es vielleicht besser statt von psychischen und sozialen Sinn-Formen von psychischer bzw. sozialer Konditionierung qua Sinn-Formen zu sprechen. So kann beispielsweise die Kommunikation qua Zeichen, Sprache oder Schrift das Bewusstsein sozial konditionieren; sozial konditionieren deshalb, weil Zeichen gerade als allgemeine, nicht-idiosynkratische, desingularisierende Momente soziales 'Material' sind. – Dass bestimmte Sinn-Formen sozial in Richtung psychisches System konditionieren und einregulieren und andere psychisch in Richtung Sozialsystem konditionieren und einregulieren, wird qua Beobachtungsbeobachtungsverschleifungen er-beobachtet und dann als granuliertes Moment, als Routine weitergetragen. Es gibt keinen psychischen oder sozialen Seinsmodus von Sinn-Formen. – Weitere Sinn-Formen, die das Bewusstsein sozial konditionieren, gleichwohl sie zu allererst in struktureller

Kopplung mit dem Bewusstsein etabliert worden sind, sind *beispielsweise* Formen wie Person, Rolle, Handlung, Name, Adresse, gender, symbolisch generalisierte Kommunikationsmedien (Geld, Liebe, Macht). Sinn-Formen, die die Kommunikation psychisch konditionieren sind unter anderem. Einzigartigkeit, Singularität, Authentizität, Imaginäres, Phantasie, Halluzination, Sympathie, Empathie. Zu beachten ist, dass solche Sinn-Formen zwar die Kommunikation psychisch affizieren, jedoch nur dann funktionieren, wenn sie als mitgeteilte Sinn-Formen per se schon sozial zugeschnitten sind, dass also Sinn-Formen dann, wenn sie sowohl das Bewusstsein sozial als auch die Kommunikation psychisch konditionieren, dies im Rahmen der strukturellen Kopplung immer auf Seiten der Kommunikation tun müssen: Kommunikation$_{['soziale' \text{ Sinn-Formen}/'psychische' \text{ Sinn-Formen}]}$.

Die Analyse lässt sich vertiefen, wenn der allgemeinen Sinn-Form 'Zeichen' distinktere Momente beigefügt werden. Zu denken ist dabei beispielsweise an die *Schrift*. Die Schrift kann als eine der markantesten und folgenreichsten Sinn-Formen beobachtet werden, die das Bewusstsein sozial konditioniert und selbstsozialisiert. Indem das Bewusstsein die sozialen Bestände benutzt, lässt es sich konstitutiv auf die sozialen Spielregeln ein. Parameter dieser Spielregeln sind beispielsweise Dokumenthaftigkeit, Verlautbarkeit, Mittelbarkeit, Informativität. Das Bewusstsein muss sich also, indem es sich selbstbeobachtet und selbstsozialisiert, dokumentieren, verlautbaren, mitteilen, 'mediatisieren' und 'vernachrichten'. Dabei sind die sozialen Bestände (besser: die sozialen Konditionierungen und Formatierungen qua Sinn-Formen) in keinen präformistischen anthropologischen Index eingeschrieben, sondern abhängig von historischen, gesellschaftsstrukturellen und kulturellen Faktoren. Die soziale Konditionierung und Formatierung des Bewusstseins qua Sinn-Formen hängt also konstitutiv von solchen Faktoren ab. Im Hinblick auf die Schrift ergeben sich dabei zwei Konsequenzen: *Erstens* wird es dem Bewusstsein erst qua Schrift ermöglicht, den sozialen Anforderungen der Dokumenthaftigkeit, Mitteilbarkeit usw. genügen zu können; erst qua Schrift kommt das Bewusstsein in die Lage, sich in struktureller Kopplung selbst zu sozialisieren, indem es sich mitteilen und dokumentieren kann. *Zweitens* emergiert zu allererst mit der Etablierung der Schrift die Notwendigkeit, dass das Bewusstsein seine Identität als Bewusstsein dann konstituieren kann, wenn es sich mitteilt und dokumentiert. Mit der Schrift also werden die Parameter der sozialen Spielregeln vollkommen neu formatiert und damit auch die strukturelle Kopplung und damit auch das Bewusstsein vollkommen neu formatiert. Mit dem Einzug der Schrift erhalten auch Dokumenthaftigkeit, Verlautbarkeit und Mittelbarkeit Einzug. Und nicht nur das: Mit dem Auftauchen der Schrift und der Re-Formatierung der strukturellen Kopplung wird auch das 'Davor' der Schrift reformatiert. Das Davor wird qua Schrift als das nach-identifiziert, also nach-konstituiert, was allein qua Schrift nur noch zu be-*schreiben*, also eben nicht mehr als das, was schriftfrei ist/war, zu beschreiben ist. Sobald es die Schrift gibt, gibt/gab es nichts mehr Schriftfreies und sobald es die Schrift gibt, ist immer schon im Nachhinein das Schriftfreie konstitutiv von der Schrift affiziert gewesen. Da sich das Funktionieren von Sinn-Formen und somit das Funktionieren von struktureller Kopplung besonders gut anhand des Schriftbegriffs erklären lassen kann, soll hier ein wenig weiter ausgeholt werden. Die These ist also, dass anhand der Sinn-Form Schrift die strukturelle Kopplung gewährleistet und realisiert wird (vgl. JAHRAUS 2003: 365), indem die Schrift als Effekt und Produkt von struktureller Kopplung sozial in Richtung Bewusstsein konditioniert. Es geht also darum, dass das Bewusstsein in struktureller Kopplung von der Schrift affiziert und formatiert, also selbstsozialisiert, in einer radikaleren theoretischen Version auch konditioniert wird.

Äquivalente Thesen hat de Kerckhove aufgestellt und sich ausführlich mit der Schrift und dem griechischen Alphabet als *Psychotechnologien* auseinandergesetzt.[122] Dabei geht es um die These, dass qua Alphabet und Schrift die Struktur der Wirklichkeit, der Gesellschaft, der (abendländischen) Kultur affiziert und konditioniert wird. Während nun viele Schriftforscher, Jahraus nennt Goody, Aleida und Jan Assmann, die Auswirkungen des Alphabets auf das Soziale im Modus des Sozialen (also der Kommunikation) fokussieren, geht de Kerckhove einen Umweg, indem er die *kognitiven* Auswirkungen des Alphabets fokussiert und über diesen Fokus die Struktur der Wirklichkeit, Gesellschaft und (abendländischen) Kultur in den Blick bekommt. Während die einen – impliziert man die nicht explizit verwendete Unterscheidung Bewusstsein/Kommunikation – die Kommunikationsseite durchleuchten, durchleuchtet de Kerckhove den Eindruck, den das Alphabet auf der Bewusstseinsseite macht. Deshalb auch die Rede von einer „Psychotechnologie".[123] Die kommunikationslastigen und die bewusstseinslastigen Schriftforscher arbeiten komplementär, da weder das Bewusstsein ohne Kommunikation noch die Kommunikation ohne Bewusstsein zu denken ist.

Für eine logistiksensible Perspektive sind auch de Kerckhoves Ausführungen bezüglich der Schrift nicht als semantische, sondern als syntaktische Größe relevant. Ihnen geht es explizit nicht darum, den semantischen Gehalt von Bewusstseinseinen im Kontext von Alphabet- und Schriftstrukturen zu beleuchten. Psychotechnologien konditionieren *nicht, was* Bewusstseine denken, greifen also nicht hinein in die Inhalte der Kognition, vielmehr konditionieren sie, *wie* Be-

---

[122] DE KERCKHOVE, Derrick 1995: Schriftgeburten. Vom Alphabet zum Computer. München.
[123] Das wichtige Zitat in diesem Zusammenhang lautet: „Psychotechnologien sind zweischneidige Waffen. Der Begriff ist doppeldeutig. Er ist absichtlich als solcher gewählt, um in einem Wort auszudrücken, daß die Technologie in unsere Psyche eindringt und als Nachahmung eben dieser Psyche in Form artikulierter, selbstaktiver Ensembles, die uns beherrschen, wieder veräußert wird" (DE KERCKHOVE: 9). – Dass der Begriff der Psychotechnologie letztlich hinkt, weil er zu sehr das Bewusstsein fokussiert und damit die radikale Symmetrie der strukturellen Kopplung konzeptuell eine Schlagseite bekommt, wird von JAHRAUS 2003: 413 moniert.

wusstseine denken. Sicher, vor dem Computerzeitalter gab es beispielsweise die semantische Größe 'Browser' nicht, aber das Bewusstsein war deshalb nicht anders formatiert als das computerkonditionierte Bewusstsein, weil es den Inhalt 'Browser' nicht kannte, sondern weil es eine andere Art und Weise der Bewusstseinsprozessierung vollzog. Vorklassische Völker, die die alphabetische Schrift nicht kannten, waren anders getaktet nicht aufgrund ihres Denkinhalts, sondern aufgrund des Bewusstseinsformats. De Kerckhove sagt es explizit: „Ich möchte [...] eindringlich darauf hinweisen, daß die alphabetische Schrift nicht durch ihren Inhalt, durch das, was sie 'sagt', sondern durch ihre Struktur die spezifisch abendländische Art und Weise des Zur-Welt-Seins und des Denkens prägte" (DE KERCKHOVE: 10). Psychotechnologien markieren den logischen, syntaktischen und logistischen und nicht den semantischen Eingriff von Sinn-Formen in das Bewusstsein.[124] Entlang dieser *Epistemologie des Wie* kann de Kerckhove dann argumentieren, dass die alphabetische Schrift und das Bewusstsein ein analoges syntaktisches und logistisches Format etablieren und dass aufgrund der spezifischen Parameter, die der alphabetischen Schrift eigen sind (an ihr er-beobachtet werden können), sichtbar wird, „wie wir Realität in einem raum-zeitlichen Rahmen, der nur der abendländischen Kultur eigen ist, reproduzieren" (ebenda: 9). Nicht das gerahmte Bild interessiert de Kerckhove, sondern der Rahmen und die Möglichkeit, überhaupt von einem Rahmen sprechen zu können. Es geht um die Art und Weise, wie Psychotechnologien das Bewusstsein zuschneiden, konditionieren, formatieren. Auf der Ebene der Psychotechnologien, Sinn-Formen und Sinn-Schemata befinden wir uns konsequent auf der HTML-Ebene, auf der Programmier-Ebene und nicht auf der Ebene dessen, was auf dem Bildschirm als Information oder Bild erscheint. Psychotechnologien sind im Sinne der Systemtheorie und Kybernetik Sinnzuschreibungsmuster, Blaupausen, Schaltanlagen und Baupläne und nicht Semantiken. Vieles lässt sich denken, aber immer nur aufgrund und entlang grundlegender Muster und Baupläne, die selbst auch nicht bewusst und explizit gemacht werden (müssen) und nicht als Inhalt erscheinen (müssen), sondern syntaktisch, infrastrukturell und logistisch die Wirklichkeitser-

---

[124] Ohne Bezug auf de Kerckhove geht es FUCHS 2001: 202f. um dieselbe Sache: Es wird behauptet, dass „die strukturelle Kopplung zwischen Kommunikation und Bewußtsein nicht der einfache Umstand ist, daß die 'Inhalte' des Bewußtseins ko-variieren mit den je verfügbaren Sinnangeboten der sozialen Welt. Das Bewußtsein des Ägypters [...] ist nicht deshalb anderes (urur-anderes) Bewußtsein, weil in ihm der Gedanke an Ferrari, den Assuan-Staudamm oder an den Jom-Kippur-Krieg nicht erscheinen kann. Würde man Kopplung auf dieser Ebene ansiedeln, hätte man gleichsam nur immer anders gefüllte Schachteln." Und: „Ich halte fest, die Theorie der Evolution der Gesellschaft ist nicht eine Theorie der Veränderung dessen, was in ihr gesprochen wird, und die Theorie des Bewußtseins kann sich niemals zusammensetzen aus dem, was zu unterschiedlichen Zeiten im Bewußtsein gedacht werden kann."

fahrung und -konstruktion zuschneiden, durchziehen und *durchsäuern*.¹²⁵ Es geht darum, dass uns die Schrift, „ohne daß wir uns dessen bewußt wären [...] vorbuchstabiert, was Wirklichkeit ist" (ebenda). Um zu zeigen, dass es sich bei den Psychotechnologien eben nicht um semantische, sondern um infrastrukturell-syntaktische Momente handelt, verwendet de Kerckhove die Metapher des Metronoms: „Jenseits der Bewußtseinsschwelle baute es [das griechische Alphabet] in unserem Gehirn ein Metronom ein, eine organische Uhr, die so ähnlich arbeitet wie die Mikroprozessoren, die wir so liebevoll die 'Seelen unserer neuen Maschinen' nennen" (ebenda). Freilich verwendet de Kerckhove eine andere Bezugsebene als wir, indem er vom Gehirn und einer organischen Uhr spricht, wenn aber der Fokus systemtheoretisch justiert wird, kann argumentiert werden, dass mit der Schrift ein Metronom in das psychische System (als Einheit der Unterscheidung Wahrnehmungen/Gedanken, s. o.) eingebaut wird, welches die Prozessierungsart des psychischen Systems spezifisch taktet. *Wie* das psychische System wahrnimmt und denkt, *wie* es seine Autopoiesis realisiert und seine operative Geschlossenheit reproduziert, wird von den Schwingungen dieses Metronoms formatiert. Dabei entstehen spezifische „mentale Verfahrensweisen" (ebenda: 12), die entlang des Metronoms schwingen. Freilich gehören dieses Metronom und die mentalen Verfahrensweisen nicht zu einem präformistischen Index der strukturellen Kopplung, sie sind, wie immer, Phänomene der (Er-)Beobachtung. Das Metronom und die mentalen Verfahrensweisen werden am psychischen System, wenn es um Psychotechnologien, Sinn-Formen, Schemata und die strukturelle Kopplung geht, HER(AUS)GESTELLT.¹²⁶

An dieser Stelle muss nicht weiter nachgebohrt werden. Im Zusammenhang der Arbeit ist es nicht notwendig, die genaue Morphologie und Funktion der Schrift, wie sie de Kerckhove darstellt, zu rekapitulieren. Es sei nur kurz darauf hingewiesen, dass de Kerckhove aufzeigt, wie mit der Schrift Größen wie Theorie, Klassifizierung, Konzeptualisierung, Zergliederung, Sequenzialität, Dauer, Repräsentation, Subjekt/Objekt, Narrativität u. v. m. überhaupt erst in den Blick kommen und dann auch (in meinem Sinne) als Sinn-Formen lesbar werden

---

[125] Die schöne Metapher des Durchsäuerns habe ich von LENK, Hans 2001: Denken und Handlungsbindung. Mentaler Gehalt und Handlungsregeln. Freiburg/München übernommen.

[126] Wenn es heißt, dass die „alphabetische Schrift im Zentrum unserer mentalen Organisation [...] eine Art raum-zeitliches Metronom eingepflanzt hätte – was allerdings noch nicht bis ins Bewußtsein vordringen konnte" (DE KERCKHOVE: 30), dann muss im Kontext meiner Beobachtung der strukturellen Kopplung gesagt werden, dass dieses Metronom vom Bewusstsein als vor-/nicht-bewusstes Moment nach-konstituiert gewesen sein wird. Dieses Metronom darf, strukturell gesehen, nicht einfach die Position des Unbewussten einnehmen. Es ist ein Moment, dass das Bewusstsein sub-bewusst taktet, allerdings allein im Rahmen von konstitutiver Nachträglichkeit und De-Präsentation.

können.[127] Auch sei nur noch kurz ein Hinweis von Jahraus erwähnt, um der Darstellung der Sinn-Formen noch einen letzten Komplexitätsschub zu geben. Wenn die Alphabetschrift „eine Form der strukturellen Kopplung von Kommunikation und Bewusstsein" ist, lässt sich die Frage stellen: „Was läßt sich an der Schrift symptomatisch für die Prozessstruktur von Bewusstsein und Kommunikation gleichermaßen ablesen?"

> Ob nun das Alphabet das Bewußtsein (ich verkürze jeweils die entsprechenden Differenzterme) konditioniert oder das Bewußtsein in der Alphabetschrift eine seiner Prozeßstruktur entsprechende mediale Form gefunden hat, ist selbst wiederum eine Aussage, die in einem Medium getroffen wird und der ein Bewußtseinsakt zugrunde liegt, so daß man letzen Endes aus dem epistemologischen Paradox nicht herauskommt (JAHRAUS 2003: 413).

Jahraus argumentiert an dieser Stelle medientheoretisch, wenn er die Medium/Form-Unterscheidung ins Spiel bringt und das epistemologische Paradox darauf zurückführt, dass das Alphabet sowohl als Medium als auch als Form beobachtet werden kann, sodass, „wenn das Alphabet als Form zugleich als ein solches Medium aufgefasst wird, das die strukturelle Kopplung zuwege bringt, die Form des Alphabets und die Form des Bewußtseins (der strukturellen Kopplung) gleichursprünglich sind" (ebenda). Dieses epistemologische Paradox und diese Gleichursprünglichkeit lassen sich nicht vermeiden, es besteht meines Erachtens allerdings die Möglichkeit, es theoriebautechnisch zu bannen, indem man eben, wie ich schon des öfteren argumentierte, von der Formatierungs- und Konditionierungsrichtung von Sinn-Formen spricht. Sinn-Formen (samt ihren er-beobachteten Eigenschaften wie beispielsweise Digitalität) sind gleichermaßen Epiphänomene und Realisierungen von struktureller Kopplung. Wenn man nun eine Formatierungs- und Konditionierungsrichtung HER(AUS)STELLT (von der Kommunikation zum Bewusstsein: beispielsweise Schrift oder vom Bewusstsein zur Kommunikation: beispielsweise Imaginäres), dann faltet man das Paradox so auseinander, dass es nicht mehr blockierend im Weg stehen kann. Diese Konstellation gilt es immer im Auge zu behalten.

Die Erörterung der Funktion von Sinn-Formen im Allgemeinen und der Sinn-Form Schrift im Besonderen ist für meine Argumentation so wichtig, weil ich im Hinblick auf Kunst und Literatur im Allgemeinen und experimenteller Prosa im Besonderen die Momente *Text/Werk* und *narrativ/a(nti-)narrativ* als sozial in Richtung Bewusstsein konditionierende *Sinn-Formen*, also als (Selbst-)Sozialisationsmomente, beobachte. Die Sinn-Form Schrift ist deshalb so wichtig, weil sie als eine basale Sinn-Form so grundlegend die strukturelle Kopplung realisiert, dass alle anderen Sinn-Formen von der Konditionierungsleistung der Schrift ab-

---

[127] Vgl. zu de Kerckhove JAHRAUS 2003: 408-413 und sehr schön auch MAHRENHOLZ, Simone 2004: Derrick de Kerckhove. Medien als Psychotechnologien. In: A. Lagaay, D. Lauer (Hgg.), Medientheorien. Eine philosophische Einführung. Frankfurt a.M., 69-95.

hängen. Die Sinn-Formen Text/Werk und narrativ/a(nti-)narrativ sind konstitutiv von der Form der Schrift affiziert. Dies bedeutet nun auch, dass nicht alle Sinn-Formen den gleichen Status haben, dass nicht alle auf der gleichen Abstraktionsebene anzusiedeln sind, dass sich Hierarchie- und Verschachtelungsrelationen zwischen Sinn-Formen beobachten lassen, dass sich Sinn-Formen konstitutiv wechselseitig affizieren und dass Sinn-Formen allein im Plural Sinn machen; es muss in wechselseitiger Affizierung viele Sinn-Formen geben. Dabei muss auch beachtet werden, dass und wie Sinn-Formen andere Sinn-Formen affizieren; die Sinn-Form Identität/Subjektivierung beispielsweise hat eine andere Form entlang der Sinn-Form narrativ/a(nti-)narrativ als beispielsweise entlang der Sinn-Form alte/neue Medien. Über Identität und Subjektivität lässt sich entlang von narrativ/a(nti-)narrativ anders reden und Anderes sagen als entlang einer anderen Sinn-Form. Was beispielsweise über die Identitätsproblematik der Schreibenden in Mayröckers Texten qua narrativ/a(nti-)narrativ gesagt werden kann, unterscheidet sich von dem, was darüber entlang von beispielsweise mündlich/schriftlich oder imaginär/real gesagt werden kann. Wichtig ist es auch, zu beachten, dass sich mit den verschiedenen Sinn-Formen, die er-beobachtet werden, auch das Analyseobjekt (hier: experimentelle Prosa), das mithilfe von Sinn-Formen er-beobachtet wird, jeweils immer anders etabliert. Experimentelle Prosa, die entlang von Text/Werk und narrativ/a(nti-)narrativ beobachtet wird, ist eine andere experimentelle Prosa als die, die beispielsweise entlang der Sinn-Formen schriftlich/mündlich oder imaginär/real beobachtet wird, auch wenn unter Umständen die Rede von denselben Werken ist. Gleichwohl lässt sich experimentelle Prosa entlang von Text/Werk und narrativ/a(nti-)narrativ nicht beobachten, wenn nicht auch andere Sinn-Formen – wie eben beispielsweise schriftlich/mündlich oder imaginär/real – berücksichtigt werden. Es ist somit in erster Linie die *Relationierung der Relationen*, die sich an Sinn-Formen beobachten lässt, die darüber entscheidet, wie experimentelle Prosa HER(AUS)GESTELLT werden kann. Die Art und Weise, wie die Sinn-Formen in Beziehung zu einander gesetzt werden und wie diese Beziehungen fokussiert werden, gibt dem Analyseobjekt, der experimentellen Prosa, ihren Zuschnitt.

Grundsätzlich sei hier noch angemerkt, dass die Arbeit Schrift als basale Sinn-Form beobachtet. Im Sinne vieler Schriftforscher (de Kerckhove, Havelock, Ong, Illich, Chartier) gehe ich davon aus, dass unsere abendländische Wirklichkeit und Kultur

> in all ihren Erscheinungsformen wie wissenschaftliches Denken, Logik und theoretische Neugierde, Geschichtsbewußtsein, monotheistische Religion, Seelenglaube und Indivi-

dualismus, Trennung von Staat und Kirche, Technologie, Demokratie und Marktwirtschaft letztlich aus dem Geist der Schrift – und zwar der Alphabetschrift – geboren[128] wurde und dass insgesamt die strukturelle Kopplung komplett schriftdurchsäuert ist. Dabei steht die Schrift als Sinn-*Form*, als Sinn-*Schema* im Mittelpunkt, da es ihr *Format* bzw. ihre *Grammatik* sind, die Bewusstsein und Kommunikation im Hinblick auf die hier erwähnten Erscheinungsformen unserer Gesellschaft formatieren. Diese Argumentationslogik zielt aber mitnichten darauf ab, festzustellen, dass allein und auschließlich Schrift in der Lage sei, die strukturelle Kopplung und unsere gesamte Wirklichkeitserfahrung solchermaßen zu codieren. Auf einer höheren Abstraktionsstufe gilt nämlich, dass die strukturelle Kopplung, also unsere gesamte Erfahrung, grundsätzlich medienabhängig ist:

> Sinn, Erfahrung, Wirklichkeit – all das sind abhängige variablen der Medien, deren wir uns bedienen. Alles, was über die Welt gewußt, gedacht und gesagt werden kann, ist nur in Abhängigkeit von den Medien wißbar, denkbar und sagbar, die dieses Wissen kommunizieren (ASSMANN/ASSMANN: 2).

In einem nächsten Schritt müssten andere basale Medien im Hinblick auf ihre grundlegende Formatierungsfähigkeit der strukturellen Kopplung beobachtet werden. Die 'Geschichte' von der schriftdurchsäuerten strukturellen Kopplung müsste durch die 'Geschichte' der bilddurchsäuerten strukturellen Kopplung ergänzt und re-formuliert werden. Auch Bilder sind, freilich signifikant anders als die Schrift, ebenso basale Sinn-Formen. Die Darstellung der strukturellen Kopplung im Hinblick auf Bilder würde dabei nicht nur eine weitere Argumentation hinzufügen, sondern vor allem auch die bisherige schriftorientierte Argumentation re-justieren. Dies führt zur These, dass grundsätzlich jede Medienreflexion konstitutiv eine medienkomparatistische Reflexion sein muss. Das, was ich über Schrift sagen kann, kann ich über Schrift im Unterschied zu Bildern sagen und vice versa. Das, was ein Medium ist, ist es im Vergleich zu anderen Medien.[129] Die aktuelle Bildforschung und die Proliferation der neuen und neuesten visuellen Medien machen meines Erachtens nun nicht sichtbar, dass das Sinn-Schema Schrift durch das Sinn-Schema Bild ersetzt wurde, vielmehr wird durch die Proliferation der neuen Bildmedien der systematische Vergleich von Schrift und Bild solchermaßen möglich, dass sowohl die Schrift als auch die Bilder systematisch als Sinn-Formen beobachtbar werden. Hier kommt das *Rieplsche Gesetz* zum Einsatz, das besagt, dass ein neues Medium (bspw. elektronische Bilder) ein altes (bspw. Schrift) nicht ablöst, sondern in erster Linie die Formatierungen und

---

[128] ASSMANN, Aleida / Jan ASSMANN 1990: Einleitung. Schrift – Kognition – Evolution. Eric A. Havelock und die Technologie kultureller Kommunikation. In: E. A. Havelock, Schriftlichkeit. Das griechische Alphabet als kulturelle Revolution. Weinheim, 1-35, 3.

[129] Für eine genauere Erörterung dieser Perspektive am Beispiel 'Schrift – Bild – bewegtes Bild (Film)' siehe GRIZELJ, Mario 2008: Dissidente Medialität, oder die gespenstische Form des frühen Films. In: B. Scheffer, C. Stenzer (Hg.), Schriftfilme. Bielefeld (im Erscheinen).

Möglichkeiten des alten Mediums zuallererst beobachtbar macht und in diesem Zuge re-formatiert.

Die Arbeit verweist hier auf diese notwendigen medienkomparatistischen Überlegungen, ohne sie indes selbst durchzuführen. Sie verzichtet auf eine diesbezügliche Ausarbeitung, weil sie zum einen *beispielhaft* am Sinn-Schema Schrift die grundsätzlichen Formatierungsprozesse im Hinblick auf die strukturelle Kopplung aufzeigen wollte und weil zum anderen die unvermeidbare basale Frage „[k]önnen Bilder unmittelbar als visuelle Zeichen bedeutungshaft sein, oder entsteht bildhafte Bedeutung nur durch Vermittlung von Sprache"[130] und Schrift gründliche und detaillierte, den Rahmen der Arbeit sprengende, Ausführungen nachsichziehen müsste. Grundsätzlich bezieht die Arbeit, indem sie Schrift als Exemplifizierung der strukturellen Kopplung durchspielt, eine bestimmte argumentationslogische Position: Zwar ist auch das Bild eine Sinn-Form und zwar kann über Schirft nur im Vergleich zu Bildern und anderen Medien gesprochen werden, zwar sind die strukturelle Kopplung und unsere gesamte Welterfahrung sowohl schrift- als auch bildaffiziert, sowohl abhängig von Signfifikationsprozessen als auch von visuell-sinnlichem Erleben, aber die Möglichkeit, Medienkomparatistik betreiben zu können, hängt von den beschriebenen Eigenschaften der Schrift ab. Eine Medienkomparatistik ist letztlich eingespannt in eine alphabetische bzw. skripturale Epistemologie, weil es eine Meta*sprache* der Schrift, aber keine Meta*sprache* der Bilder geben kann. Das, was ich über Schrift und Bilder *sage*, kann ich in Form von Schrift, aber nicht in Form von Bildern *sagen*.

Im Hinblick auf 'experimentelle Prosa', die anhand des Sinn-Schemas narrativ/a(nti-)narrativ beobachtet wird, kann schon hier die *These* aufgestellt werden, dass psychische Systeme qua Sinn-Form 'narrativ/a(nti-)narrativ' sozial formatiert und einreguliert werden. Gleiches gilt für das Sinn-Schema Text/Werk. Wichtig ist dabei, dass diese Sinn-*Formen* bzw. Sinn-Schemata – wie gesehen – nicht nur (und auch nicht in erster Linie) Semantiken und Themen liefern, sondern als *Sinnzuschreibungsmuster* fungieren. Die Sinn-Formen haben einen bestimmten Zuschnitt, ein bestimmtes Design, eine bestimmte Struktur, ein bestimmtes Schema mit dem sie formatieren und einregulieren. Nicht nur (und auch nicht primär) Inhalte formatieren das Bewusstsein sozial, sondern das Design der Sinn-Form. *Wie* also das Bewusstsein seine Identität als Bewusstsein qua Sinn-Formen erhält, welche Gestalt es sich dabei qua Sinn-Formen einregulieren lässt, welches Format und welche Frequenz das Bewusstsein in struktureller Kopplung als Interpenetration einreguliert bekommt, wie es also selbst-sozialisiert wird, hängt nicht nur (und nicht primär) von den Themen, sondern von der Struktur der Sinn-Formen ab. So kann sich das Bewusstsein unter bestimmten Umständen als kohärentes, zeitprozessierendes, individuelles, (auto)biographisches, lineares,

---

[130] NÖTH, Winfried 2000: Handbuch der Semiotik. 2., vollständig neu bearbeitete und erweiterte Auflage. Stuttgart/Weimar, S. 475.

entwicklungsfähiges, in Abschnitte einteilbares u. ä. m. Bewusstsein beschreiben, wenn es via narrativer Sinnmuster einreguliert wird. Und dies hat Auswirkungen auf Sinn-Formen wie beispielsweise Einzigartigkeit, Individualität, Subjektivität oder Person. Narrative Sinnmuster formatieren also, *wie* wahrgenommen und gedacht wird und diese Formatierung wirkt sich auf die strukturelle Kopplung, also auch auf Kommunikation aus. Experimentelle Prosa, die mithilfe der Unterscheidung bzw. des Sinn-Schemas narrativ/a(nti-)narrativ beobachtet wird, unterminiert diese Konditionierung und stellt andere Sinnzuschreibungsmuster (her)aus oder suggeriert das Fehlen von Sinnzuschreibungsmustern und greift damit zum einen die Konditionierung via Sinn-Formen und somit strukturelle Kopplung als ihr Thema auf und beteiligt sich zum anderen selbst am Zuschneiden alternativer Sinnzuschreibungsmuster. In Form von experimenteller Prosa wird strukturelle Kopplung sowohl thematisiert als auch auf verstörende, innovative, auffällige Weise realisiert. Im Zuge der Beobachtung von 'experimenteller Prosa' kann argumentiert werden, dass „Kommunikation keine (jedenfalls nicht routiniert einsetzbare) Strukturvorgaben für Bewußtsein bereitstellt, weil das Bewußtsein keine Strukturvorgaben für Kommunikation anbietet" (FUCHS 1995: 146). Experimentelle Prosa ließe sich dann als „Interpenetrationsstörung" beschreiben, die „ – beide, Kommunikation und Bewußtsein – kollabieren lässt oder zumindest an den Rand des Zusammenbruchs treibt. Man könnte die Störung nicht einmal identifizieren, wäre nicht schon immer Interpenetration und Kopplung vorausgesetzt" (ebenda).[131]

Diese Beobachtung von experimenteller Prosa ist eingebettet in einen allgemeineren Zusammenhang. Anhand von de Kerckhoves These, dass Kunst in die Wahrnehmung der Menschen eingreift und diese reorganisiert (siehe DE KERCKHOVE: 68), kann argumentiert werden, dass insbesondere Kunst und Literatur immer konstitutiv sowohl explizit als auch implizit die strukturelle Kopplung sowie die Formatierungsleistungen von Sinn-Formen und Sinn-Schemata thematisieren und gleichermaßen exemplarisch die strukturelle Kopplung qua Sinn-Formen und Sinn-Schemata vollziehen. Im Hinblick auf die Reorganisation bzw. Reformatierung des Bewusstseins, die später noch im Hinblick auf die *Poetik der Kognition* (sensu Block) wichtig wird, sind es Kunst und Literatur, die qua Sinn-Formen das spezifische Paradox fokussieren, dass das Bewusstsein in struktureller Kopplung das ist, was es ist, indem es eben nicht das ist, was es ist. Wie ist das zu verstehen?

---

[131] Was ich hier experimenteller Prosa zuschreibe, schreibt Fuchs dem Phänomen Autismus zu. Damit will nicht gesagt sein, dass Autismus und experimentelle Prosa Affinitäten oder Strukturähnlichkeiten hätten, jedoch rücken sie in eine vergleichbare *Position*, wenn es auf der Abstraktionsebene hier um strukturelle Kopplung und um Sinnzuschneidungsmuster geht.

Wenn argumentiert wird, dass das sich Bewusstsein in seinen Selbstbeobachtungen und seiner Selbstsozialisation auf soziale Spielregeln einlassen muss, dass es, um Bewusstsein sein zu können, sich sozial formatieren lassen muss, so heißt das nicht einfach, dass das Bewusstsein sich nur so beschreiben kann, wie es das Soziale vorgibt. Das Bewusstsein versucht paradoxerweise auch immer das Eigene seines Eigen-Sinns mitzuteilen, verfehlt es aber, indem es den Eigen-Sinn eben *mitteilt* und gewinnt Eigen-Sinn dann damit zurück, indem es dieses Paradox auf ganz spezifische, diesem einen Bewusstsein eigene Art und Weise tut. Die Kommunikation des Inkommunikablen (des Bewusstseins) gewinnt ihre Kontur entlang des Umstands, dass die Inkommunikabilität des Bewusstseins eine sozial-allgemeine Größe ist, die von jedem einzelnen Bewusstsein in struktureller Kopplung eigensinnig etabliert wird.

Indem Zeichen soziale, kommunikative Größen sind, die den Eigen-Sinn des Bewusstseins sozial alterieren und sozial in Richtung Allgemeinheit schieben, werden sie diesen Eigen-Sinn des Bewusstseins immer schon nach-konstituiert haben. Der Eigen-Sinn des Bewusstseins besitzt keine strikt psychische Authentizität, er ist immer schon konstitutiv von der Kommunikation bzw. der strukturellen Kopplung kontaminiert und parasitiert. Das 'Eigen-' des Eigen-Sinns wird immer schon den Umweg über das 'Andere' des Eigenen – die Kommunikation – gegangen haben. Es gibt keine Sphäre des reinen Bewusstseins oder des reinen Eigen-Sinns des Bewusstseins. Also: Soziale Momente, Zeichen, alterieren psychische Momente, indem sie diese Momente als alterierte Momente nach-konstituieren. Anders als alteriert, kann es das Bewusstsein gar nicht geben; *die Identität des Bewusstseins ist immer konstitutiv eine alterierte Identität*. Gleiches gilt in umgekehrter Richtung auch für die Kommunikation.

Da sich Gesellschaft als ein Kommunikationssystem etabliert hat, da die Bewusstseine füreinander intransparent und unerreichbar sind, da es keine Telepathie gibt, da Bewusstsein und Kommunikation jeweils operativ geschlossene autopoietische Systeme ohne Transfermomente sind, da dies alles kommuniziert werden muss, um Realität werden zu können, da also strukturelle Kopplung kommuniziert werden muss, um strukturelle Kopplung für die einzelnen Bewusstseine und für die verschiedenen Kommunikationen sein zu können, da also die Kommunikation der Bildschirm ist, auf dem das läuft, was zu 'sehen' ist, ist es leichter Sinn-Formen zu beobachten, die das Bewusstsein sozial formatieren, als Sinn-Formen, die die Sozialsysteme psychisch formatieren. Jede Sinnform, die Sozialsysteme psychisch formatiert, bekommt durch die Kommunikation einen konstitutiven Schmiss zugefügt. Wenn man beispielsweise die Einzigartigkeit oder Singularität eines Bewusstseins HER(AUS)STELLEN will, so muss man sozial etabliertes Sinngut, wie beispielsweise das Schema Individuum oder Individualität bemühen. Indem man es jedoch bemüht, also Individualität mitteilt, de-individualisiert man die Einzigartigkeit des Individuums. Jedes mitgeteilte Individuum ist kein In-Dividuum mehr (vgl. hierzu FUCHS 2003: 89f.). In diesem

Zusammenhang und im Hinblick auf Selbstbeschreibungen des Bewusstseins spricht Fuchs auch von „mediale[r] Alienation" (ebenda: 96ff.). Dass und wie das Bewusstsein sich selbst be-*schreibt*, dass es sich, weil es sich be-*schreiben* muss, externalisieren und simplifizieren muss, das wird immer auf Seiten der Kommunikation prozessiert, es wird „auf der Seite der Selbst-Simplifikation von Kommunikation gespielt [...], im Kontext des Mitteilungshandelns" (ebenda: 99). Auch das Bewusstsein ist Bewusstsein allein als Mitteilungshandeln, gleichwohl es als Bewusstsein nicht kommuniziert, sondern wahrnimmt und denkt. Es ließe sich auch sagen, dass sich das Bewusstsein in struktureller Kopplung über den Umweg von Mitteilungshandeln, indem es sich verfehlt, weil es sich mitteilt, als das konstituiert, was qua Mitteilung das ist, was nicht Mitteilung ist. Indem das Bewusstsein qua Mitteilung 'erkennt', dass es sich nicht mitteilen kann, ohne in der Mitteilung schon nicht mehr es 'selbst' zu sein, und indem es diese 'Erkenntnis' mitteilt, also kommuniziert, etabliert sich das Bewusstsein zu aller erst als das, was es in der Mitteilung nicht ist: ein Bewusstsein. Allein in struktureller Kopplung ist das Bewusstsein Bewusstsein und indem es allein in struktureller Kopplung Bewusstsein ist, ist es das, was es ist, indem es das, was es ist, nicht ist. Dabei muss der Begriff der medialen Alienation vorsichtig gehandhabt werden, da in ihm die Suggestion steckt, dass ein Bewusstsein qua Medien, die es einsetzen muss, um sich in seiner Selbstbeschreibung zu konstituieren, entfremdet wird. Der Begriff suggeriert eine Sphäre, die von medialer und sozialer Kontamination frei ist, sonst würde der Begriff der Alienation keinen Sinn machen. Im Rahmen der L(og)ist(ik) der De-Präsentation muss konsequent markiert werden, dass das Bewusstsein allein als entfremdetes, verschobenes und ver-rücktes Bewusstsein überhaupt ein Bewusstsein ist. Mit medialer Alienation muss markiert sein, dass das Bewusstsein Bewusstsein allein in medialer Alienation ist. Es gibt kein Bewusstsein und nichts am Bewusstsein, was vor der medialen Alienation Bewusstsein wäre. Die 'Entfremdung' ist der Zustand des Bewusstseins, wobei es nichts Nicht-Entfremdetes vor oder jenseits der 'Entfremdung' gibt.

## 2.8 Text/Werk – zwischen Scylla und Charybdis

> „jeder Text ist theoretisch"
> (Derrick de Kerckhove).

Nach drei basalen, epistemologische und medientheoretische Grundeinstellungen präsentierenden und diskutierenden Kapiteln (2.5 – 2.7), kann nun die Beobachtung der Konstellation 'Text/Werk als Medium/Form' weitergeführt werden. Die Prämissen der drei Basiskapitel gelten selbstverständlich auch dort, wo nicht explizit auf sie hingewiesen wird. Alles, was im Folgenden in Richtung Literatur und literarische Kommunikation formuliert wird, ist epistemologisch, (medien)theoretisch und konzeptionell eingebunden in die Argumentationslogik dieser drei Basiskapitel.

Es ist kein Zufall, dass die Artefakt/ästhetisches Objekt-Unterscheidung und die Text/Werk-Unterscheidung als Medium/Form-Unterscheidung gelesen werden. Zum einen sucht die Arbeit als eine literaturwissenschaftliche trotz (und gerade wegen) ihrer systemtheoretischen Ausrichtung Anschluss an die fachwissenschaftliche Tradition. Zum anderen sind diese Unterscheidungen analog gebaut.

Wenn der Text als Medium beobachtet wird und das Werk als Form, dann bedeutet dies, dass die Kommunikation (z. B. als Lektüre) „der Prozess [ist], in dem das literarische Medium [= Text] Form gewinnt" (KREMER: 44). Und weiter:

> Eine Formgebung gelingt nur momentweise, sie bleibt immer gebunden an eine je aktuelle Lektüre und fällt auch im besten Fall nicht mit dem Medium zusammen. Sie ist immer nur eine Prägung, nur eine Selektion aus dem Möglichkeitsspektrum des Mediums (ebenda: 45).

Diese Ausführungen steuern dann zur zentralen These, dass die konkrete Erfahrbarkeit der Texte 'nur' das ist, „was man mit ihnen macht" (ebenda: 48). „Zum literarischen Thema werden Text, Schrift und Lesen, insofern man sie vollzieht" (ebenda). Die Rezeption, Interpretation, Lektüre, Beobachtung des Textes ist der Akt, der den Text als Text und den Text als Kommunikation (nach-konstitutiv) aufscheinen lässt. Es gibt immer nur den Text, wie er in seinen Lesarten (= Formen) vorkommt und nie jenseits von diesen. Es gibt beispielsweise 'nur' den hermeneutischen, strukturalistischen, dekonstruktiven etc. Text und nie den Text als 'reinen' Text (auch dies wäre schon ein kommunikativer Vollzug des Textes, der diesem die 'reine' Textualität kommunikativ zuschreibt). D. h., *es gibt den Text immer 'nur' als Werk*. Dabei kann es nie zu einem äquivalenten Verhältnis kommen. Es gibt also kein Werk, dass 'den' Text 'richtig' oder adäquat oder vollständig 'abbilden' könnte, jedes Werk (Form) ist eine kontingente Selektion aus dem Möglichkeitsbereich des Textes (Medium). Gäbe es solch ein Äquivalenzverhältnis, wäre die Medium/Form-Unterscheidung nicht mehr etablierbar, sie würde kollabieren: „Kein Medium bildet nur eine einzige Form, denn dadurch würde es als Medium aufgesogen werden und verschwinden" (LUHMANN 2001:201). Auch gäbe es keine Interpretation bzw. genauer keine Unterscheidungen mehr wie Text/Interpretation, Text/Lektüre, Text/Werk u. ä. m.

*2.8.1 Was 'ist' ein Text? (II)*

Diese Argumentation führt zwangsläufig zu einer Diskussion über die traditionellen Begriffe Text und Werk. Wurde der Text im Strukturalismus als „geschlossene[] Zeicheneinheit" betrachtet, so wird er im Poststrukturalismus als ein offenes Gebilde konzipiert, in dem die Zeichenhaftigkeit selbst prozessiert wird.[132] Der Text wird wörtlich gelesen als ein 'Gewebe', das „durch ein ständiges Flechten entsteht"[133] und niemals einen abschließenden Saum erhält.[134] Somit gibt es keine Abgeschlossenheit eines Textes, weder im semantisch-hermeneutischen noch in einem textualistischen Sinne. Mit dem Begriff der Textualität wird jeder Text aufgesprengt und kontaminiert durch die Spuren anderer Texte (vgl. BITI: 800). Jeder Text verweist auf andere Texte und ist mit anderen Texten verflochten.[135] Das läuft letzten Endes auf ein Immanenzpostulat hinaus, das besagt, dass es kein Jenseits oder Draußen der Texte gibt. Es gibt „offenkundig keinen Gegenbegriff zum Text". „Es gibt keinen Untext", das heißt, Texte sind „durch nichts begrenzt als durch andere Texte", sie sind charakterisiert durch eine „proteische Unumgrenzbarkeit" (alle Stellen LAERMANN: 192). Somit: „Ein Text-Äußeres gibt es nicht" (DERRIDA 1974: 274). Dieser berühmte und oft missverstandene Satz von Derrida meint mit Text „nicht das Buch; er [Text] ist nicht in einem Band eingeschlossen, der selbst wieder in die Bibliothek eingeschlossen ist".[136] Er ist also nicht das Geschriebene, nicht eine Verdichtung der alphabetisierten Sprache, vielmehr ist der Text im derridaschen Sinne ein *texte général*, eine schon immer differenzielle Bedingung der Möglichkeit von Wirklichkeit, Sinn, Wahrheit usw. Es geht also nicht darum, die Wirklichkeit, die Biographie, den Körper, die Gesellschaft, die Geschichte auszuschließen und eine textuell-ästhetizistische Epistemologie zu profilieren, sondern ganz im Gegenteil, es geht darum, all dies einzuschließen. Derrida negiert nicht die Existenz dieser Größen,

---

[132] Zitat: BITI, Vladimir 2001: Literatur- und Kulturtheorie. Ein Handbuch gegenwärtiger Begriffe. Reinbek, 799.

[133] LAERMANN, Klaus 1999: Textualismus und Derealisierung: Sprache als Gewebe, Schleier, Netz und Kette. In: S. Porombka, S. Scharnowski (Hgg.), Phänomene der Derealisierung. Wien, 87-96, 87.

[134] Den poststrukturalistischen Textbegriff hat paradigmatisch Barthes formuliert. Siehe ERDMANN, Eva / Stefan HESPER 1993: Roland Barthes' Text(-Theorie) in der Encyclopaedia Universalis. In: T. Regehly, T. Bauer, S. Hesper, A. Hirsch (Hgg.), Text – Welt. Karriere und Bedeutung einer grundlegenden Differenz. Gießen, 9-25. Hierbei handelt es sich um Kommentar und Abdruck großer Teile des Barthesschen Lexikonartikels, der in der *Encyclopaedia Universalis*, Bd. 17. Paris ²1985 (1972), 996-1000 erschienen ist und der aus rechtlichen Gründen nicht vollständig auf Deutsch veröffentlicht werden durfte. Der knappe Hinweis von Erdmann und Hesper (siehe dort 17f. und 24, Anm. 12), dass Barthes' Texttheorie an Luhmanns Medium/Form-Unterscheidung denken lässt, wird hier von meiner Studie aufgegriffen und systematisch ausgearbeitet.

[135] „Jeder Text ist ein Intertext; andere Texte sind ihm gegenwärtig, auf wechselnden Ebenen und in mehr oder weniger erkennbaren Formen: Texte der vergangenen Kultur und solche der bestehenden Kultur; jeder Text ist ein neues Gewebe umgeschichteter Zitate" (BARTHES in ERDAMNN/HESPER: 18). Zur Intertextualitätstheorie des Poststrukturalismus und der Dekonstruktion siehe auch: PFISTER, Manfred 1985: Konzepte der Intertextualität. In: U. Broich, M. Pfister (Hgg.), Intertextualität. Formen, Funktionen, analytische Fallstudien. Tübingen, 1-30.

[136] DERRIDA, Jacques 2001b: Nachwort. Unterwegs zu einer Ethik der Diskussion. In: Ders., Limited Inc. Wien, 171-238, 212.

er spricht ihnen jedoch ab, ein selbstidentisches, selbstaffektives, präsentisches „textäußeres Signifikat" zu sein (zu haben), „dessen Gehalt außerhalb der Sprache, das heißt in dem Sinn, den wir diesem Wort hier geben, außerhalb der Schrift im allgemeinen seinen Ort haben könnte oder hätte haben können" (DERRIDA 1974: 274). Also nicht Wirklichkeit vs. Text, sondern Wirklichkeit als Text. Der allgemeine Textbegriff ist analog zum allgemeinen Schriftbegriff gebaut; dieser meint nicht (allein) die alphabetische Schrift, sondern markiert (in einem abstrakten Sinne) Differenzialität selbst, Schrift ist Differenzialität. Sie selbst kann nicht gegenüber einer Wirklichkeit differenziert werden, sondern sie ist die Bedingung der Möglichkeit von Differenz(en); Schrift produziert Differenzen, sie ist in diesem Sinne die (differenzlose) Letztdifferenz, also die *différance* (vgl. JAHRAUS 2003: 420). Somit sind Wirklichkeit, Geschichte usw. immer schon schriftdurchdrungen, immer schon differenziell gespalten, immer schon von den textuellen Signifikanten konstitutiv affiziert.[137] Um diese Sicht von einer textuell-ästhetizistischen Fehldeutung abzugrenzen, setzt Derrida später zwei Begriffe gleich: Text und Kontext: „('es gibt kein außerhalb des Textes' [*il n'y a pas de hors texte*]), heißt nichts anderes als: Es gibt kein außerhalb des Kontextes [*il n'y a pas de hors contexte*]" (DERRIDA 2001b: 211).[138] Gegenüber dem Strukturalismus, der von einem engeren Textbegriff ausgeht und der alle Signifikationsmomente schließlich in der geschlossenen Zeicheneinheit Text gerahmt sieht und von einem distinkten und stabilen Signifikant-Signifikat-Verhältnis ausgeht, korreliert diese Unendlichkeit des Textes mit zwei zentralen Aspekten: *Zum einen* ist es laut Derrida „prinzipiell [...] unmöglich, durch Interpretation oder Kommentar das Signifikat vom Signifikanten zu trennen" (DERRIDA: 1974: 276). Ging der Strukturalismus, implizit oder explizit, davon aus, dass es ein selbstidentisches und unabhängiges Signifikat gäbe, so widerspricht der Poststrukturalismus (sprich Derrida und die Dekonstruktion) dieser Auffassung, wenn er behauptet, dass sich das Signifikat schon immer in der Position des Signifikanten befindet (vgl. DERRIDA 1974: 129):

---

[137] „Es gibt nichts vor dem Text, es gibt keinen Prätext, der nicht bereits ein Text ist" (DERRIDA, Jacques 1995: Dissemination. In: Ders., Dissemination. Wien, 323-415, 371).

[138] Auch für die konkrete Interpretationspraxis wird diese Perspektive für Derrida wichtig, dann, wenn er seine dekonstruktive Lektüre, die immer den intermediären Verflechtungen und Verkettungen von Schrift und Wirklichkeit nachgeht, absetzen möchte von einer psychoanalytischen Lektüre, die durch den Text hindurch auf ein textuell unberührtes „psycho-biographisches Signifikat" zugreifen möchte. Derrida will zeigen, dass der Versuch, „den ursprünglichen Stoff bloßzulegen unter den Verkleidungen der sekundären Fabrik", logozentristisch verankert ist, also das Theorem des konstitutiv Intermediären übersieht und zu einem „naive[n] Semantismus und Psychobiographismus" führt (Zitate DERRIDA, Jacques 1987: Der Facteur der Wahrheit. In: Ders., DIE POSTKARTE von Sokrates bis an Freud und jenseits. 2. Lieferung. Berlin, 183-281, 187, 199 und 275).

> [N]achdem sich kein Signifikat mehr fixieren lässt, kann es auch nicht mehr als eigenständige Entität benutzt werden. Der Sinn selbst gerät ins Gleiten und unterliegt zahlreichen Dislokationen, die das strukturalistische Zeichenmodell noch auszuschalten versuchte (STÄHELI: 138).

Derrida möchte aufweisen, dass die moderne Linguistik und der auf ihr aufbauende Strukturalismus, indem sie an einem starken Zeichenbegriff festhalten, auch dann dem Logozentrismus und „der Geschichte der Ontologie verhaftet" (DERRIDA 1974: 127) bleiben, wenn sie die Unterscheidung zwischen Signifikat und Signifikant treffen. Auch bei Saussure liest Derrida die Metaphysik des Logozentrismus heraus: Saussure unterscheide Signifikant und Signifikat so, dass die Bedeutung und der Sinn unabhängig von einem sinnlich-materiellen äußerlichem Medium gedacht werden; das Signifikat wird als reine Idealität jenseits von medialen Verschmutzungen gedacht. Im Logozentrismus gehen Wahrheit, Sinn und Signifikat jeglichen sinnlichen und medialen Verkörperungen voraus, sie sind somit intelligibel. Als selbstidentisch und ursprünglich genügen sie sich selbst aus sich selbst heraus; alle sinnlichen Formen – Zeichen, Medien, Materialien usw. – haben an der Konstitution von Wahrheit, Sinn und Signifikat keinen Anteil, sie sind bloß repräsentierende, technisch-dienende Hilfsmittel. Hieraus ergibt sich ein umfassendes oppositionelles Verhältnis: Innen, Wesen, Vernunft, Seele, Geist, Natur, Signifikat, Identität einerseits – Außen, Abbild, Repräsentation, Erscheinung, Körper, Kultur, Signifikant, Differenz andererseits. Der Logozentrismus bevorzugt immer die ersten Größen und schreibt ihnen Priorität zu, indem er sie als transzendentales Zentrum denkt; die zweiten Größen gelten dann als Gefahr, Komplikation oder zweitrangige Abweichung.[139] Derrida schlägt sich nicht einfach auf die Seite des Signifikanten, sondern geht einen Schritt zurück, indem er die Spur bzw. die *différance* denkt. Die Spur selbst ist keine „bereits konstituierte Differenz", sie existiert nicht, sie ist „niemals ein *Anwesend-Seiendes* außerhalb jeder Fülle", sondern vielmehr „eine reine Bewegung, welche die Differenz hervorbringt. Die (reine) Spur ist die *Differenz [différance].*" Als solche ist sie die Bedingung der Möglichkeit von Differenzen, sie selbst ist weder sinnlich noch intelligibel:

> Sie ermöglicht die Artikulation des gesprochenen Wortes und der Schrift [...], wie sie auch den metaphysischen Gegensatz zwischen Sensiblen und Intelligiblem und, darüber hinaus, zwischen dem Signifikanten und dem Signifikat, zwischen Ausdruck und Inhalt, fundiert (alle Zitate: DERRIDA 1974: 109f.).

---

[139] „Und für die moderne Linguistik ist das Signifikat, wenn der Signifikant Spur ist, ein prinzipiell in der erfüllten Präsenz eines intuitiven Bewußtseins denkbarer Sinn. Die Seite des Signifikats wird insofern nicht als eine Spur betrachtet, als sie immer noch ursprünglich von der Seite des Signifikanten unterschieden wird: eigentlich bedarf sie des Signifikanten nicht, um das zu sein, was sie ist" (DERRIDA 1974: 128).

Die Spur markiert aufgrund dessen den entscheidenden Umstand, dass Differenzialität zum konstitutiven Moment jeder Identität wird. Da alles von der Spur (und der *différance*) schon ab ovo differenziell angeschnitten ist, gibt es keine selbstidentische und selbstgenügsame Identität mehr: Das Zeichen ist Zeichen im Unterschied zu anderen Zeichen, das Signifikat ist Signifikat im Unterschied zum Signifikanten, das Intelligible ist dieses im Unterschied zum Sinnlichen usw. Identität wird differenziell über den Umweg und die Relation zum anderen hergestellt. Jedes Antonym muss im Durchgang durch das andere Antonym, im Durchgang durch dessen Position, seine Identität gewinnen, dabei wird es von den Eigenschaften des anderen Antonyms kontaminiert. *Es ist das, was es ist, indem es konstitutiv über das definiert wird, was es nicht ist.* Es geht also nicht um „Differenzen zwischen 'reinen' Polen sondern *in ihnen*", es geht um „kontaminierende[] Differenzen" (MENKE: 117). Auch die vom Logozentrismus als rein gedachten Größen sind konstitutiv eingewoben in diese differenzielle Logik. 'Es gibt nichts außerhalb des Textes' markiert somit, dass alles, was wir als Sinnsysteme kennen, von dieser differenziellen Logik affiziert und konstituiert wird. Es gibt nichts außerhalb des Differenziellen. Wenn es also nichts außerhalb des differenziellen (Kon)Textes gibt, so ist damit keine Restriktion verbunden, sondern ganz im Gegenteil eine endlose Potenzialisierung. Wenn alles über das Differenzielle läuft, dann ist alles – (also auch die Unterscheidung Identität/Differenz) – interpretierbar, verschiebbar und rekonstruierbar. Der allgemeine Textbegriff im Rahmen dieser differenziellen Logik zeigt an, dass wir nicht auf selbstidentische und selbstgenügsame Entitäten prallen, sondern dass wir uns in einem sich permanent wandelnden und neukonstituierenden Prozess befinden, der in einer unerschöpflichen differenziellen Verkettung immer wieder und immer weiter in einer „transfinite[n] Bewegung" (DERRIDA 1995: 379) aus dem schon Möglichen und Wirklichen neues Mögliche und Wirkliche erzeugt. Im Hinblick auf die Medium/Form-Unterscheidung ließe sich formulieren, dass diese differenzielle Textualität *beobachtet* werden kann als Medium anhand dessen sich die Medium/Form-Unterscheidung etablieren kann.

Zurück zu Derrida: Die Neukonstituierung (nicht Auflösung) des Verhältnisses von Signifikant und Signifikat „wendet sich gegen eine Substantialisierung von sprachlichem Sinn" (LAERMANN 1999: 190). Jede Signifikation, jede Bedeutung ist kontaminiert durch die unaufhebbare Textualität, d. h. Sinn entsteht aus den Spuren anderer Texte und kann gleichzeitig deshalb nie als fester Sinn markiert werden, weil die Markierung selbst den Sinn mit neuen Spuren kontaminiert. Jeder Sinn, jede Bedeutung, jedes Zeichen steht somit strictu sensu 'neben sich'. Es ist immer 'nur' als permanente Verschiebung zu sich selbst denkbar oder paradox gewendet: „[K]ein Zeichen [ist] mehr positiv greifbar, sondern nur noch als Spur (trace) in der Negation seiner Präsenz präsent" (JAHRAUS 2001a: 39). In jedem Fall ist der Sinn nicht jenseits des Textes oder hinter diesem zu finden, sondern er ist strikt textuell. Der Text bildet die Wirklichkeit oder einen

Sinn nicht ab, sondern vertritt sie/ihn als Welt (vgl. LAERMANN: 191) Derrida spricht in diesem Zusammenhang auch von der „Abwesenheit des Referenten oder des transzendentalen Signifikats" (DERRIDA 1974: 274)[140]

*Zum anderen* ist der Text in dieser Perspektive nicht subjekt- oder personengebunden. Der Text reproduziert sich in einer Art Kettenreaktion, die an keinem Punkt so angehalten werden kann, dass ein Subjekt als Urheber des Textes zu destillieren wäre. Texte sind keine Äußerungen, die an Personen gebunden sind oder auf Personen Verweisen (vgl. LAERMANN: 189), sondern 'rasende' – sich über verblassende Spuren fortpflanzende – Zeichengeneratoren, die u. U. Subjekte als ihre Effekte nach sich ziehen können, die jedoch selbst nicht Effekte subjektiver Rede sind.[141] Sowohl die De/Konstruktion des Signifikat/Signifikant-Verhältnisses als auch die radikale Subjektkritik führen nicht zu einer Polysemie-Theorie. Es geht hier nicht um eine „Vermehrung und Multiplizierung von Differenzen [und Bedeutungen] [...] (sei es durch eine Pluralisierung von Identitäten oder von Systemreferenzen) [...]. Differenz bedeutet nicht einfach Diversität und Pluralität" (STÄHELI: 85). Um seine Perspektive von einer vordergründigen Polysemie-Theorie abzusetzen, führt Derrida den Begriff der *Dissemination* ein. Die Polysemie-Theorie geht von einheitlichen Sinnentitäten, also von identischen Bedeutungen aus, die als diese Entitäten verschoben und von verschiedenen Seiten betrachtet werden können. Sie fokussiert also eine Standpunktvariabilität. Die Identität der Sinnentitäten bleibt trotz der verschiedenen Perspektiven, die sich an ihnen entzünden und die zu einer Pluralität, d. h. Mehrzahl von Bedeutungen und Standpunkten führen, intakt. D. h.: Sowohl die Sinnentitäten als auch die jeweiligen verschiedenen Standpunkte bleiben als – variable und verschiebbare – Einheiten unangetastet. Obwohl der Sinn durch verschiedene Perspektiven polysemisch hindurch muss, als intakt-identischer kann er „ungebrochen zu sich selbst zurückkehren"[142]. Demgegenüber markiert der Begriff der Dissemination einen radikalen Schnitt mitten durch diese Einheiten hindurch. Er indiziert das Schon-immer-gespalten-Sein jeden Sinns. Jeder Sinn wird in seinem Auftauchen als Sinn gespalten. Jeder Sinn ist Sinn im Gespalten-Werden; es gibt also keine ursprünglich einheitlich-identische Sinnentität, die gespalten werden kann, sondern das Spalten des Sinns und das Emergieren des Sinns sind gleichursprünglich. Der Sinn ist allein als ein gespaltener Sinn Sinn:

---

[140] Keine Signifikation, keine Lektüre „kann [...] über den Text hinaus- und auf etwas anderes als sie selbst zugehen, auf einen Referenten (auf eine metaphysische, historische, psychobiographische Realität) oder auf ein textäußeres Signifikat, dessen Gehalt außerhalb der Sprache [...], außerhalb der Schrift im allgemeinen seinen Ort haben könnte oder hätte haben können" (DERRIDA 1974: 274).

[141] „Das menschliche Subjekt ist Effekt der Textualität" (CULLER, Jonathan 1988: Dekonstruktion. Derrida und die poststrukturalistische Literaturtheorie. Reinbek bei Hamburg, 28). Vgl. hierzu auch DERRIDA 1995: 375f.

[142] BOSSINADE, Johanna 2000: Poststrukturalistische Literaturtheorie. Stuttgart/Weimar, 158.

Germination, Dissemination. Es gibt keine erste Insemination. Der Samen ist sogleich zerstreut/ausgeschwärmt. Die 'erste' Insemination ist Dissemination. Spur, Aufpropfung, deren Spur sich verliert [...]. [K]eine einfache und ursprüngliche Einheit vor dieser Teilung, durch die das Leben dazu kommt, sich zu sehen, und der Samen von Spieleintritt an sich vervielfältigt; nichts vor der Addition, in der der Samen damit anfängt, sich zu subtrahieren/zu entziehen (DERRIDA 1995: 342f.) – Das Seminale hingegen disseminiert sich, ohne jemals es selbst gewesen zu sein und ohne Rückkehr zu sich (ebenda: 397f.).[143]

Das Spalten selbst inauguriert erst das Keimen eines Sinns; erst mit der Spaltung des Sinns beginnt das Wachstum des Sinns. Es geht also nicht um eine Variabilität und Pluralität eines intakten Sinns, sondern um die *Fruchtbarkeit der Nicht-Intaktheit des Sinns*.[144] Des Sinns! – der Sinnbegriff wird nicht einfach ad acta gelegt, es geht nicht um Unsinn oder um die Möglichkeit, ohne Sinn beobachten zu können, vielmehr geht es darum, zu zeigen, dass mit einem schon immer gespaltenen, unkontrollierbaren und verschmutzten Sinn beobachtet wird. Derrida versucht mithilfe der Dissemination einen absoluten Bruch zu denken, nicht um sich auf die Seite der Sinnlosigkeit zu schlagen, sondern um zeigen zu können, dass Bedeutung, Sinn, Identität und Einheit als Oberflächenphänomene ihr Auftauchen der Spaltung und unaufsammelbaren Verstreuung – der Dissemination – des Sinns verdanken. Eine Polysemie-Theorie arbeitet sozusagen an den Effekten der Dissemination, sie kann den Sinn oder die Identität nicht anders als repräsentative Epiphänomene wahrnehmen, die das 'Worin' ihres Vorkommens ausblenden. Die Dissemination hingegen dringt sozusagen in das Rückenmark, in die Bedingung der Möglichkeit von Sinn oder Identität ein.[145] Welsch trifft es

---

[143] „Dissemination ist [...] anzusetzen als ein Versuch, 'the in-advance divided unity' (GASCHÉ: 237) jeder Identität zu erfassen, und entspricht daher nicht einfach der Austauschbarkeit und Revidierbarkeit unproblematisierter Identitäten" (STÄHELI: 125). Die Dissemination markiert also schon im 'Ursprung' eine „'erste' Befruchtung und Verausgabung" (MENKE 1995: 124).

[144] „[E]s [geht] hier in aller Strenge nicht um Polythematik oder um Polysemie [...]. Diese nämlich legt ihre Mannigfaltigkeiten, ihre Variationen stets im *Horizont*, zumindest, einer integralen Lektüre ohne einen absoluten Bruch und ohne eine nicht durch den Sinn motivierte Abweichung vor, im Horizont einer finalen Parusie des am Ende entzifferten, offenbarten, im versammelten Reichtum seiner Bestimmungen gegenwärtig gewordenen Sinn" (396). – „Sein Stil [der des Polysemiebegriffs] ist der der repräsentativen Oberfläche. Die Einrahmung seines Horizontes wird darin vergessen. Die Differenz zwischen der Polysemie der Rede und der textuellen Dissemination ist genau die Differenz, 'eine unerbittliche Differenz'" (ebenda). – „Das Semantische bedeutet [...] die Retention des Seminalen bei sich in seiner Re-Präsentation. Der Samen wird somit einbehalten, um gewahrt, gesehen, im Blick gehalten zu werden. Damit ist das Semantische auch der Todesraum des Seminalen" (398) (alle Zitate: DERRIDA 1995).

[145] Folgendes ist dabei zu beachten: „Repräsentationswerte fehlen im Prozessdispositiv der Dissemination ebenso wenig, kommen da aber nur als 'polysemische Phase' [DERRIDA 1995: 398] vor" (BOSSINADE: 159). Dissemnination schließt Polysemie also nicht aus, sondern sie umgreift sie und weist ihre Ergebnisse als vorübergehende Epiphänomene der Dissemination aus. Sehr schön macht Bossinade hier auf ein Paradox aufmerksam: „Derri-

sehr genau, wenn er sagt, dass die Disseminiation auch die organisierende Struktur selbst, die *différance* betrifft.[146] Die *différance*, als die paradoxe nicht weiter differenzierbare 'Letztdifferenz', die überhaupt erst Differenzen, Bedeutungen, Identitäten usw. ermöglicht und fundiert, ist selbst disseminatorisch gespalten; der 'Keim' von Differenzen und Bedeutungen ist kein Fundus im Sinne eines (geschlossenen) Möglichkeitsraumes, sondern ist das Spalten und Verstreuen selbst. Die *différance* ist als nicht weiter differenzierbare Möglichkeitsbedingung von Differenzen und Sinn keine als *différance* zu beschreibenden Größe, keine vorgelagerte Entität, sondern das, was eben nicht expliziert werden kann, die Unnennbarkeit selbst – und diese Unnennbarkeit ist sie als disseminatorische.

Das Disseminationstheorem ist sowohl für Derridas Dekonstruktion als auch für eine sich daran entzündende Texttheorie wichtig, insbesondere wenn es erstens indiziert, dass der Satz 'es gibt nichts außerhalb des Textes' auf eine gespaltene Textualität hindeutet. Innen, Wesen, Vernunft, Seele, Geist, Natur, Signifikat, Identität, Einheit, Wahrheit oder Sinn sind all dies als schon immer gespalten. 'Es gibt nichts außerhalb des Textes' heißt: Es gibt nichts außerhalb dieses disseminatorischen Gespalten-Seins. Es gibt nichts jenseits oder außerhalb der Dissemination. Zweitens wird die Dissemination auch für eine Analyse- und Interpretationstheorie wichtig. Es kann dann nicht mehr darum gehen, eine textuelle Oberfläche hermeneutisch zu durchstoßen, um eine dahinter liegende selbstidentische Sinneinheit finden zu können: „Es gibt hier keinerlei Sinntiefe mehr" (DERRIDA 1995: 396). Statt allein den semantischen Verzweigungen, Verwicklungen und Pluralisierungen nachzuspüren, geht es der Dekonstruktion darum, die disseminatorische Streuung, das Gespalten-Sein des Sinns HER(AUS)ZUSTELLEN. Dabei rückt nicht die Bedeutung, nicht das Semantische in den Fokus, sondern vielmehr das Seminale selbst. Wie eine solche Analyse und 'Interpretation' des Seminalen aussehen könnte, ist äußerst schwierig zu bestimmen, Derrida selbst vollzieht sie in einigen seiner Texte (vgl. *Die zweifache Séance* und *Dissemination* in DERRIDA 1995), macht aber gleichzeitig deutlich, dass sich daraus keine verbindliche Analyse- oder Interpretationstheorie, keine Methode ableiten lässt. Immerhin gibt er zwei explizite Hinweise darauf, dass und wie sich seine Lektüren vom Thematismus einer (rein) semantischen Analyse unterscheiden:

---

da begreift die disseminale Lektüre als den umfassenderen und stärkeren Ansatz gegenüber der sinnverstehenden Interpretation, obwohl nun gerade diese den Anspruch auf ein ehedem Ganzes erhebt" (ebenda).

[146] Siehe WELSCH, Wolfgang 1996: Vernunft. Die zeitgenössische Vernunftkritik und das Konzept der transversalen Vernunft. Frankfurt a. M., 287. Und Welsch zeigt auch sehr schön, dass Dissemination kein Verstreuen durch einen identischen Sender ist, sondern im Spalten des Sinns auch gleichzeitig den möglichen Verstreuer spaltet (s. ebenda: 291).

> Der Thematismus beläßt zwangsläufig die formalen, phonischen oder graphischen 'Affinitäten', die nicht den Zuschnitt eines Wortes, die ruhige Einheit eines verbalen Zeichens haben, außerhalb seines Feldes (ebenda: 286). – Den Text bei einer Setzung (*position*), einer These, einem Sinn oder einer Wahrheit abzubrechen, bedeutet allgemein betrachtet, ihn nicht zu lesen – ich würde sogar sagen, dies bedeutet, die Syntax und die Interpunktion eines Satzes nicht zu lesen.[147]

Diese Affinitäten und die Syntax weisen auf den gespaltenen Sinn hin; sie sind es, die den Sinn hervorbringen, indem sie ihn gleichzeitig qua Spaltung dem Semantischen entziehen (vgl. STÄHELI: 172). Nicht das, was ein Text sagt, sondern das, womit ihm die Möglichkeit gegeben wird, etwas auf eine bestimmte Weise sagen zu können, rückt in den Fokus einer disseminalen Lektüre:

> Die Logik der Iterabilität [und die Logik der Dissemination; MG] verzichtet auf die Voraussetzung eines semantischen Kerns und folgt einer syntaktischen Logik, welche die 'irreduzible Maßlosigkeit des Syntaktischen gegenüber dem Semantischen' (DI, S. 247 [= DERRIDA 1995: 247] aufzeigt (STÄHELI: 172).

Diese poststrukturalistisch-dekonstruktive Epistemologie lässt sich nun in eine konkrete Texttheorie überführen bzw.: Sie bildet das – gleichwohl immer disseminatorisch aufgebrochene – 'Fundament' für die Elaborierung eines poststrukturalistischen Textbegriffs, der schließlich der Konstellation 'Text/Werk = Medium/Form und vice versa' zugeführt werden soll.

Der Text ist „nicht Produkt", sondern „Produktion" und „polysemischer Raum" (BARTHES in ERDAMNN/HESPER: 16).[148] Also ein 'Raum', der keine festen Bedeutungen, Gestalten und Formen enthält, sondern frei ist für die Besetzung durch diese Momente. Der Text bietet „Verknüpfungs- oder Verzweigungsmöglichkeiten" an (HESPER: 34). Er ist „eine Struktur der Verweisung"[149] und aufgrund dessen lassen sich ihm „Pluralität, Fragmentarität und Mobilität" (ERDAMNN/HESPER: 10) zuweisen. Dabei wird der denotative Charakter der Botschaft(en) unterfüttert und unterminiert von konnotativen, sinnlichen, energetischen und eben disseminatorischen Vibrationen, er wird zu einem „bewegliche[n] Spiel der Signifikanten" (ebenda: 16).[150] Der Text ist kein Gegenstand oder Objekt, sondern Praxis und Produktion (bzw. im Sinne von Julia Kristeva reine *productivité*, „bloße generative Kraft" und „bedeutungserzeugende Dynamis,

---

[147] DERRIDA, Jacques 1998: Choreographien. In: Ders., Auslassungspunkte. Wien, 99-117, 105. In diesem Zusammenhang spricht Derrida dann vom „hermeneutische[n] Mißverständnis" bzw. vom „Mißverständnis der Hermeneutik" (ebenda).

[148] Im Gegensatz zu Derrida kennt Barthes die Unterscheidung Polysemie/Dissemination nicht.

[149] GONDEK, Hans-Dieter 1993a: Einführung in Platons Pharmazie. In: REGEHLY: 68-72, 70. Auch hier findet sich die dekonstruktive Präsenzkritik wieder: „Der Text ist nicht denkbar in der, ursprünglichen oder modifizierten, Form der Präsenz" (GONDEK, Hans-Dieter 1993b: Text und Unbewusstes (Freud, Lacan, Derrida). In: REGEHLY: 86-110, 101)

[150] Vgl. in diesem Zusammenhang auch Reinfandts lesenswerte Analyse von Barthes' Konnotationssemiotik (REINFANDT: 79ff.).

ohne festgelegte Bedeutung" (MARTENS: 17).[151] Eine systemtheoretische Intervention (in eckigen Klammern) in die poststrukturalistische Argumentation lässt nun deutliche Parallelen zwischen Text und Medium sichtbar werden:

> Mag der *Diskurs* die aktuelle, lebendige, bewusste Vorstellung eines *Textes* in der Erfahrung derer, die ihn schreiben oder ihn lesen', sein [= Form], so 'geht der Text [= Medium] unaufhörlich über den Rand dieser Vorstellung hinaus. [...] '*Es gibt* einen solchen allgemeinen Text [= Medium] überall da, wo (das heißt überall) *über den Rand* dieses Diskurses [= Form] und seine Ordnung (Wesen, Sinn, Wahrheit, Bedeuten, Bewußtsein, Idealität etc. [= Form]) *hinausgegangen worden ist*. [...] Der allgemeine Text [= Medium] beschränkt sich sicher nicht [...] auf das, was auf einer Seite geschrieben steht. Seine Schrift hat ... keine äußere Grenze außer der einer gewissen Re-Markierung [...]. Was existiert, der bestimmbare und entscheidbare Text *[= (die bestimmte) Form]*, ist nur möglich, weil er in den Rand eines Unbestimmbaren *[= Medium = Unbestimmtheit/Bestimmbarkeit]* eingeschrieben ist: Text (GONDEK 1993b: 101f.).[152]

Der 'poststrukturalistische Text' ist entgrenzt, er ist immer das, was überschwappt, das, was immer mehr ist in Bezug auf Sinn, Bedeutung, Gestalt usw. Gegenüber strukturalistischen und allgemein linguistischen, aber auch hermeneutischen Modellen strebt solch ein Textbegriff einer Entregelung und Öffnung zu (vgl. HESPER: 34, MARTENS: 9, WEHRLI: 2).[153] Der 'poststrukturalistisch-dekonstruktive' Text ist kein materielles Substrat, kein Gegenstand (bzw. Objekt) der Interpretation, nicht die Repräsentation einer Bedeutung, nicht die Oberfläche oder „Maske" (HESPER: 36), hinter der sich eine Bedeutung versteckt, nicht ein in sich geschlossenes, abgegrenztes Gebilde, sondern ganz im Sinne der absoluten Prolepsis (sensu Derrida) eine unendliche Größe. Der Text bleibt immer „Überschuss, Überschreitung, *différance*", der jede Kommunikation (= Form) „mit einer irreduziblen Potentialität" versieht (BINCZEK 2000: 208f.). Dabei ist er nicht der Rest, der als Sinnüberschuss übrig bleibt, das wäre zu ontologisch gedacht, sondern weit eher das Über-den-Rand-Gehen, das Überschreiten selbst, also die Bewegung selbst dieses Darüber-hinaus-Weisens. Oder:

> Künftig wäre dieser 'Text' kein abgeschlossener Schriftkorpus mehr, kein mittels eines Buchs oder mittels seiner Ränder eingefasster Gehalt, sondern ein differentielles Netz, ein Gewebe von Spuren, die endlos auf anderes verweisen, sich auf andere differentielle

---

[151] Siehe hierzu: KRISTEVA, Julia 1978. Die Revolution der poetischen Sprache. Frankfurt a.M., insbesondere 94-97; dort auch die Rede von der „unendliche[n] Totalität des Prozesses" (96). In seinem Enzyklopädie-Artikel bezieht sich Barthes auch auf Kristeva, u.a.: „die Pluralität steht von vornherein im Zentrum der signifikativen Praxis, nämlich in Gestalt von Widersprüchen. [...] Der Text ist eine Produktivität [...] die Inszenierung einer Produktion selbst [...]; der Text 'arbeitet', zu jeder Zeit und von welcher Seite man ihn auch immer betrachtet" (BARTHES in ERDAMNN/HESPER: 15; vgl. auch MARTENS: 17f.).
[152] Die Dekonstruktion fasst den Text als Unbestimmbarkeit auf, die Systemtheorie als die Unterscheidung Unbestimmtheit/Bestimmbarkeit.
[153] „Die Eigenschaften des Textbegriffs werden immer unschärfer anstatt konkreter, schließlich verflüchtigen sie sich im 'signifikanten Überschuss'" (ERDMANN/HESPER: 20).

Spuren beziehen. Der Text entgrenzt sich also, erträngt jedoch nicht alle Grenzen, die man ihm bislang zugesprochen hat [...] er verkompliziert diese Grenzen.[154]

Im Hinblick auf Systematisierungsversuche schlägt Koschorke in dieselbe Kerbe, wenn er sagt: „Texte im vollen Wortsinn sind plurale, a-systemische Gebilde".[155] Der Text ist also das, was sich jeder Systematisierung, Codierung oder Programmierung entziehen soll; dabei ist es nicht seine so oder so fixierbare Pluralität, die sich diesen Zugriffen widersetzt, sondern sein sich diesem Systematisieren, Codieren und Programmieren entziehender Widerstand selbst, sein Sich-nicht-systematisieren-Lassen selbst.[156]

Der Textbegriff wurde bisher so *beobachtet*, dass er in die Medium/Form-Unterscheidung integriert werden kann. Wenn die Unterscheidung Text/Werk als Medium/Form-Unterscheidung gelesen wird, dann nur, wenn dem Text folgende Eigenschaften zugeschrieben werden:

Der Text ist keine selbstidentische Entität, keine abgeschlossene Einheit mit einer festliegenden Gestalt. Er ist keine ontologische, sondern eine beobachterkonstituierte relationale Größe. Indem 'etwas', ein Träger, als Text beobachtet wird, wird es ein Text. Dabei wird der Text anhand des Trägers nach-konstitutiv nach-identifiziert (L(og)ist(ik) der De-Präsentation). Der Text darf somit nicht mit dem materiellen Substrat identifiziert werden; er ist das, was sich vom materiellen Substrat abgezogen, als Prolepsis beschreiben lässt (dabei wird auch der Textträger, das materielle Substrat, nach-konstitutiv nach-identifiziert). In dieser Hinsicht ist der Text Effekt und Produkt von Interpretation und somit von Sinn. Ohne Sinn kein Text. Alles, was der Text ist, ist er für einen bestimmten Beobachter, für ein sinnprozessierendes System. Es gibt keine intrinsischen Texteigenschaften, die einen Text unabhängig von seiner Rezeption bzw. Beobachtung als Text markieren. Es gibt somit nichts, was Text wäre, vor seiner Rezeption, Interpretation und Beobachtung. Und die Rezeption, Interpretation und Beobachtung wird als Kommunikation prozessiert; es gilt: „Die Differentialität des Textes besteht darin, dass ein Text nicht ohne die Kommunikation, in der er erst als Text in Erscheinung tritt, als Text konstituiert wird" (JAHRAUS 2003: 454). Aufgrund dessen *kann* der Text beobachtet werden als eine entgrenzte, unendliche, defigurierte, ausgefranste, über-den-Rand-

---

[154] DERRIDA Jacques 1994: Überleben. In: Ders., Gestade. Wien, 119-217, 130 – Analog hierzu BINCZEK 2000: 207f.: „Der Text – dies trifft auch auf das dekonstruktive Textverständnis zu – markiert immer einen Überschuß, eine Überschreitung, eine *différance*, die operativ nicht einholbar ist". Und als dieser Überschuss „beruhigt [er] sich niemals in der Einheit eines zuletzt (wieder) gefundenen Sinns" (BENNINGTON: 64).

[155] KOSCHORKE, Albrecht 1999: Die Grenze des Systems und die Rhetorik der Systemtheorie. In: KOSCHORKE/VISMANN: 49-60, 50.

[156] Einer weiteren Arbeit mag es vorenthalten sein, die Einbettung des Textbegriffs in die Medium/Form-Unterscheidung mit dem *Textur*-Begriff zu korrelieren. Hier sei nur auf die beiden sehr schönen Arbeiten von Gilbert und Baßler verwiesen. Auch BINCZEK 2000 diskutiert diesen Begriff (u.a. 59 und 179), (GILBERT, Anette 2007: Bewegung im Stillstand. Erkundungen des Skriptoralen bei Carlfriedrich Claus, Elizaveta Mnatsakanjan, Valeri Schrestjanoi und Cy Twombly. Bielefeld; BAßLER, Moritz 1994: Die Entdeckung der Textur. Unverständlichkeit in der Kurzprosa der emphatischen Moderne 1910-1916. Tübingen).

gehende, plurale und a-systemische Größe. Das heißt, der Text kann als Matrix beschrieben werden, die abhängig von der Beobachtung formbar und formatierbar ist. Obwohl der Text immer 'nur' als Werk oder immer 'nur' als die jeweilige Lesart der Beobachtung oder als Kommunikation beobachtbar ist, ist er stets das, was sich diesem Zugriff als Werk oder Lesart entzieht, das, was sich der Kommunikation entzieht. Der Text ist, gleichwohl er beobachterkonstituiert ist, das Überborden und Überschreiten jedweder Formierung, Fixierung oder Beobachtung. Somit ist der Text nicht eine bestimmte ambivalente, vieldeutige und plurale Form, sondern die unbestimmte, jedoch bestimmbare, die nichtgestaltete, jedoch gestaltbare Verknüpfungs- und Verzweigungsmöglichkeit schlechthin. Der Text ist somit immer das Anders-möglich-Sein jedes Werks und jeder Lesart.

*2.8.2 Was 'ist' ein Werk?*

> „Was also ist ein Text? Ich werde nicht mit einer Definition antworten, das käme einem Rückfall in das *Signifikat* gleich. Der Text, im modernen Sinn, den wir diesem Wort zu geben versuchen, unterscheidet sich grundlegend vom literarischen Werk: Er ist kein ästhetisches Produkt, sondern eine *signifikante* Praxis; er ist nicht eine Struktur, sondern eine Strukturierung; er ist nicht ein Objekt, sondern eine Arbeit und ein Spiel; er ist nicht eine Menge geschlossener, mit einem freizulegenden Sinn versehener Zeichen, sondern ein Volumen sich verschiebender Spuren; die Instanz des Textes ist nicht die Bedeutung, sondern der Signifikant in der *semiotischen* und *psychoanalytischen* Verwendung dieses Terminus; der Text geht über das frühere literarische Werk hinaus"
> (Roland Barhes).

Der Poststrukturalismus hat seinen Textbegriff mit all seinen Implikationen einem klassischen Werkkonzept gegenübergestellt. Dieses Werk ist dann vor allem durch drei Aspekte gekennzeichnet. Erstens fungiert es als Statthalter des Ganzen. Im Werk kann die vielfältige, ausufernde Wirklichkeit als ein Zusammenhang gedacht werden.[157] Zweitens ist das Werk an eine Person, an einen Autor gebunden. Das Werk lässt sich der künstlerischen Arbeit (dem Genie) eines Aktanten zuschreiben. Das Werk ist das Produkt eines Subjekts.[158] Aufgrund dieser

---

[157] BITI: 832 formuliert dies so: „Mit seiner Verbreitung wird das literarische Werk zum Repräsentanten der Totalität der Menschlichkeit/Menschheit, die alle sprachlichen, geschichtlichen und kulturellen Grenzen überwindet. [...] Es [Werk] wird zum Mittel erneuter Vereinigung von Verstand und Gefühl, von Prosa und Dichtung, Schriftlichkeit und Mündlichkeit, von Reichen und Armen, zu einer Art mythischen Wächters über verloren gegangene und/oder verratene gemeinsame Werte." Von Müller wird diese Totalitätstendenz auf die werkhafte Vermittlung von Endlichem und Unendlichem, zwischen Oberfläche und Tiefe oder zwischen Erscheinung und Wesen bezogen. Vgl. MÜLLER, Harro 1994: Verwendungsweisen des Werk-Begriffs in der Moderne. In: Ders., Giftpfeile. Zur Theorie und Literatur der Moderne. Bielefeld, 21-29, 22f.

[158] Dem klassischen Werkkonzept liegt dabei eine Subjekttheorie zugrunde, „die das Subjekt als schöpferisch tätiges, unter keinerlei Form von Subsumtionslogik verrechenbares Individuum begreift und [...] sinngarantierende Rahmenannahmen [voraussetzt], die die

beiden Merkmale suggeriert das Werk drittens, dass die Signifikationsprozesse (in) der Wirklichkeit in einem geschlossenen Rahmen stabilisiert werden können. Das Werk ist somit eine Zeicheneinheit, die sowohl semiotisch als auch sinnhaft 'zugeschweißt' ist: „Das traditionelle 'Werk' ist gekennzeichnet durch den wiederholt erwähnten Abschluß, die Versiegelung des Zusammenhanges von signifiant und signifié" (BODE 1988: 84).[159] Auch in einem materiellen Sinne ist das Werk eine einheitliche Größe: „Ein Werk ist ein endliches Objekt, das zeitlich berechenbar ist und einen physischen Raum einnehmen kann (zum Beispiel kann es Platz einnehmen auf den Regalen einer Bibliothek)" (BARTHES in ERDMANN/HESPER: 18). Dies führt zu der Vorstellung des Werkes als eines „autonomen und absoluten Phänomens", eines „Monumentum aere perennius" im Sinne eines „perfekten, dauerhaften und auf seine Weise objektiven, ja zeitenthobenen Gebilde[s]", das vom Interpreten „in seiner Stimmigkeit und geschlossenen Notwendigkeit", als „Denkmal[]" (WEHRLI: 1 und 2) begriffen werden will. Thierse macht in seinem historischen Abriss deutlich, dass die Begriffsgeschichte des Werks diese Ganzheits- und (Ab-)Geschlossenheitsvorstellungen „[h]istorisch am folgenreichsten [...] nach dem Modell des Organismus" konzipiert hat, dass also die „Verbindung der Werk-Konzeptualisierung mit dem Paradigma des 'organischen', 'in sich vollendeten', 'geschlossenen' Werks" am prominentesten war (ist).[160] Weiter wird bei Thierse deutlich, dass schon Aristoteles maßgebliche Parameter des Werkbegriffs codiert hat, vor allem, wenn er das Werk (érgon) „als ein vom Prozeß des Machens loslösbares Produkt" (THIERSE: 245) begreift, das durch „raum-zeitliche Begrenztheit, Selbständigkeit, Strukturiertheit, Ganzheitlichkeit und Autorschaft" gekennzeichnet ist (ebenda). Dem Werk wird ein eindeutiger Objektstatus zugeschrieben. Dabei kommt es trotz des Hinweises der Autorschaft zu einer interessanten Loslösung vom Autor: Obwohl es von Menschen hergestellt ist, also an der subjektiven Erfahrung haften bleiben müsste, löst es sich von diesem Herstellen und wird autonom. Das Werk stellt sich den Machenden gegenüber; es gewinnt eine Eigenständigkeit und wird sogar zu einer „zweite[n] Wirklichkeit" (ebenda), die nun als etwas dem Machen und

---

schöne Ordnung verbürgen und den Gedanken an Kontingenz als Startbedingung systematisch verunmöglichen" (MÜLLER: 23).

[159] „Das klassische Zeichen ist eine geschlossene Einheit, deren Verschluß den Sinn *festhält*, ihn am Schwanken hindert, an der Verdoppelung, an der Abschweifung. Ebenso gilt für den klassischen Text, daß das Werk abschließt. Er legt es an die Kette, befestigt es an seinem Signifikat" und „der Text wird behandelt als sei er der Hüter einer objektiven Bedeutung und diese Bedeutung erscheint ins Werk-Produkt eingehüllt" (BARTHES in ERDAMNN/HESPER: 12 und 16).

[160] THIERSE, Wolfgang 1990: „Das Ganze aber ist das, was Anfang, Mitte und Ende hat." Problemgeschichtliche Beobachtungen zur Geschichte des Werkbegriffs. In: Weimarer Beiträge 36, 2 (1990), 240-264, 242; siehe dort auch S. 258. Da im Folgenden entlang dieses informationsreichen Aufsatzes argumentiert wird, entfallen hin und wieder direkte Nachweise.

den Machenden gegenüber Anderes angesehen werden kann. Das Werk wird so zu einem Objekt, das von Außen betrachtet wird. Es wird somit von seinen Entstehungsbedingungen gelöst, d. h. von „den Bedingungen seines Schöpfers" und auch „von der Praxis seines vielfältigen rezeptiven Gebrauchs" (ebenda: 247).

In Bezug auf den gesellschaftlichen Strukturwandel, der sich mit der 'Sattelzeit' um ca. 1770 vollzog und der aus dem Gemenge von Sphären eigenständige Bereiche (oder Systeme) wie u. a. Politik, Wirtschaft, Kunst ausdifferenzierte, wird das Kunst-Werk doppelt codiert:[161] Zum einen führt dies zu einer „Autonomisierung und Ästhetisierung der Werke" (ebenda: 252):

> Werke erscheinen [...] als freigesetzt von unmittelbaren politischen, sozialen, religiösen Funktionen, als herausgelöst aus Zusammenhängen von Nützlichkeiten und äußeren Zwecken, erhalten sie ihren 'Zweck in sich' (ebenda).

Zum anderen wird den Werken die Fähigkeit zugeschrieben, das zu leisten, was die „gesellschaftliche Wirklichkeit" nicht mehr kann: „Synthesis und Substantialität, Überwindung der realen Entzweiung und Entfremdung" (ebenda). Gerade in seiner Autonomie und seiner Freiheit und gerade im Hinblick darauf, dass es von den 'Zwecken außer sich' nicht determiniert wird, also von pragmatischen Handlungszwängen befreit ist, kann das Werk die ausdifferenzierte und ausufernde Wirklichkeit als ein Ganzes ästhetisch simulieren, es wird zum „'Spiegelbild des Weltganzen'" (ebenda: 259). Und gerade aufgrund dessen – dass es also gegenüber der Pragmatik der Welt scharf abgegrenzt und somit distinkt selbstidentisch ist – kann es innerhalb seiner Grenzen nichtpragmatisch seiner Kreativität und Phantasie freien Lauf lassen und sowohl das Schöpferische ins Unerschöpfliche treiben als auch komplexe Gesellschaftsentwürfe vorlegen.

Im 18. Jahrhundert werden die seit Aristoteles etablierten Ganzheits- und (Ab-)Geschlossenheitsvorstellungen konsequent an einen Autor gebunden. Obwohl das Werk durchaus als autonom und distinkt gegenüber dem Herstellen gedacht bleibt, wird es nun mithilfe einer Genieästhetik im Sinne einer „Säkularisierung des Schöpfertitels" (ebenda) mit Attributen wie Subjektivität, Originalität, Eigengesetzlichkeit oder Selbstbestimmtheit bedacht: „'Autorschaft ist Werkherrschaft'" (ebenda: 253).[162] Das Werk behält seinen Objektcharakter, wird

---

[161] Dieser Strukturwandel kann sehr gut mit dem Begriff der funktionalen Differenzierung beschrieben werden, da ich jedoch immer noch anhand von Thierses Text, der von „Arbeitsteilungs- und Vergesellschaftungsprozessen" (ebenda: 252) spricht, argumentiere, halte ich mich hier mit systemtheoretischen Erklärungen zurück.

[162] Gegenüber der aristotelischen „Loslösung des Werks von seinen Entstehungsbedingungen" (ebenda: 247) rückt nun bei Beibehaltung der Distinktheit des Werks gerade seine Bezogenheit zu Autor und Kontext in den Blick: „jeden Poesie- und Fiktionstext befragt man danach, woher er kommt, wer ihn geschrieben hat, zu welchem Zeitpunkt, unter welchen Umständen oder nach welchem Entwurf" und: „Ein Werk ist etwas, was von einem Individuum gemacht ist und ein individuelles 'Gesicht' hat, ein Werk ist Ausdruck einer Persönlichkeit" (ebenda: 253 und 254). (Die Autorschaft des Werks ist auch eng mit der Entstehung des Copyright verbunden (vgl. ebenda)). Vgl. hierzu auch: ZONS, Raimar Stefan

jedoch als dieses einmalige, unverwechselbare und abgeschlossene Objekt an die Einmaligkeit und Unverwechselbarkeit eines Genies geheftet. Dies führt schließlich in der Romantik zur „'Emphatisierung' des Werkbegriffs" (ebenda: 255), wenn das Werk mit der Kunst gleichgesetzt wird, wenn also der geniale Schöpfergeist des Dichtergottes, die autonome Unerschöpflichkeit des Werks und die Autonomie und Unendlichkeit der Kunst selbst fusioniert werden. Diese ganze Konstellation bleibt indes ambivalent (vor allem bei Hegel), da das enge Beziehen von Werk und Autor nicht ohne weiteres mit dem Werk als Spiegelbild des Weltganzen zusammengedacht werden kann. Als dieses Spiegelbild wird das Werk als Ort der Wahrheit betrachtet und somit vom Individuellen auf das Allgemeine bezogen und weg vom Partikularen des Kontextes hin „auf die Totalität, das Wesen der Geschichts- und Menschheitsentwicklung" (ebenda: 260) gelenkt. Die an die schöpferische Einmaligkeit eines seine Zeit gleichzeitig repräsentierenden als auch über sie hinausweisenden Autors gebundene Einzigartigkeit des Werks wird mit der „Unvergänglichkeit des in ihm enthaltenen Sinns" (ebenda) kurzgeschlossen. Es geht (dem Idealismus) dabei um eine Versöhnung von Partikularem und Allgemeinem, von Individuum und Gesellschaft und von Subjekt und Objekt. Und im Zuge dessen wird ein im Werk versiegelter (gleichwohl der Deutung zugänglicher und entsiegelbarer) und unantastbar selbstidentischer Sinn angenommen, der zum Grundmerkmal des Werkbegriffs (und einer sich daran entzündenden Hermeneutik) wird.

(Nicht nur) im Zuge des Poststrukturalismus wird gegenüber diesem Werkmodell die Differenzialität jeglicher Signifikationsprozesse ins Auge gefasst. Dabei möchte insbesondere Barthes dem Werk mit all seinen (klassischen) Implikationen den (poststrukturalistischen) Text – so wie oben expliziert – entgegensetzen:

> Barthes möchte nämlich das literarische Kunstwerk befreien von der interpretativen Einschließung in das 'transzendentale Signifikat' – im Namen einer 'unkontrollierten Bedeutungsexplosion', die für die Pluralität des *Textes* charakteristisch ist (BITI: 834).[163]

Auch ist festzustellen, dass die Kritik am Werk kurzgeschlossen wird mit der Kritik am Subjekt bzw. Autor: „Sobald ein Text einen Autor zugewiesen bekommt, wird er eingedämmt, mit einer endgültigen Bedeutung versehen, wird die Schrift angehalten."[164] Wird das *Werk* als Eigentum des Vater-Autors gelesen, so wird

---

1983: Über den Ursprung des literarischen Werks aus dem Geist der Autorschaft. In: OELMÜLLER 104-127.

[163] An dieser Stelle korreliert Biti sehr schön Foucault und Barthes. Während ersterer den Zustand der Sprache als ein „'unaufhörliches Weben von Wörtern und Merkmalen' oder als 'endloses Wehen' beschreibt" spricht Barthes von der „'Unendlichkeit des Signifikanten' oder [vom] 'System ohne Geschlossenheit und ohne Zentrum'". Dabei geht es beiden darum, das „unaufhaltsame Dahinfließen, [...] den Übergang, [...] das Verschwinden" von Signifikationsprozessen zu perspektivieren (alle Zitate BITI: 834).

[164] BARTHES, Roland 2000: Der Tod des Autors. In: F. Jannidis [u.a.] (Hgg.), Texte zur Theorie der Autorschaft. Stuttgart, 185-193, 191.

der *Text* ohne „Einschreibung des Vaters" (BITI: 834) beobachtet. Der Text ist anonym und dies vor allem aufgrund der ihm eingeschriebenen Intertextualität, die in der „Streichung der Anführungszeichen" (ebenda) die Bezugnahme auf einen Autor, also auf ein zu identifizierendes Subjekt verhindert und statt der Lokalisierung eines Satzes oder einer Aussage die freie Unaufhaltsamkeit, Verschiebbarkeit, Wiederholbarkeit, Unendlichkeit usw. der Signifikanten prozessiert. Barthes dekonstruiert den Werkbegriff, indem er konsequent die (Ab-)Geschlossenheit, Organizität, Ganzheit, Synthesis, Originalität, Sinneinheit, Versöhnung, In-sich-Vollendetheit usw. mit Offenheit, Entgrenzung, Pluralität, Ambiguität, Diskontinuität u. ä. m. kontrastiert, d. h.: Werk vs. Text. Es ist im Grunde recht einfach – hat man einmal die Epistemologien sowie Sprach- und Bedeutungstheorien, die im Poststrukturalismus kursieren, im Blick – das klassische Werkkonzept zu unterminieren. Mithilfe des entregelten und ausgefransten Textes (s. o.) lässt sich eine fundierte Kritik formulieren. Es lässt sich dann auch argumentieren, dass der dekonstruktiv-poststrukturalistische Textbegriff seine Form anhand der Dekonstruktion des (klassischen) Werkbegriffs erhält. Der Text streift die Merkmale des Werkes ab (vgl. ebenda) und ist somit das, was nicht das Werk ist. Gerade bei Barthes, aber auch bei den anderen oben angerissenen Perspektiven, wird deutlich, dass der Text sich als Negationsdiskurs des Werks versteht.

Nun finden sich neben der explizit poststrukturalistischen Werkkritik auch noch andere Blickwinkel, die das (klassische) Werk ad acta legen möchten. Barthes, Knobloch, Damjanovic, Fischer-Lichte und andere konstatieren die Tendenz zur „Entwerklichung" (DAMJANOVIC: 62). In den letzten Jahren sind hier vor allem die Ästhetik des Performativen und die Proliferation der neuesten Medien prominent geworden. Wie Fischer-Lichte feststellt, haben seit den 60er Jahren „Performativierungsschübe [...] zu einer Erosion des Werkbegriffs beigetragen. An seine Stelle ist zunehmend der Begriff des Kunstereignisses getreten".[165] Wird das Werk vornehmlich durch Begriffe wie „Interpretation, Bedeutung, Sinn, Verstehen" gekennzeichnet, so das Kunstereignis durch „Inszenierung, Aufführung, Spiel, Verkörperung" (ebenda). Hermeneutische und semiotische Perspektiven, die eng mit dem Werkbegriff verbunden sind, werden von einer Ästhetik des Performativen abgelöst (oder zumindest radikal in Frage gestellt). Unter anderem geht es dabei zum einen darum, die Festheit, Geregeltheit, Monumentheit und Dauer des Werks durch die Flüchtigkeit und Augenblicklichkeit der Aufführung zu ersetzen und zum anderen darum, die Materialität des Geschehens, die Energie der Körperlichkeit und die Intensität des Erlebens gegenüber der symbolischen Geistigkeit und Sinnhaftigkeit des Werks auszuspielen.

---

[165] FISCHER-LICHTE, Erika 2003: Ästhetische Erfahrung als Schwellenerfahrung. In: C. Menke, J. Küpper (Hgg.), Dimensionen ästhetischer Erfahrung. Frankfurt a. M., 138-161, 138.

Die aktuelle Medienästhetik ihrerseits sieht beispielsweise im Internet dasjenige Medium, das durch die Möglichkeit der Mitgestaltung, der Unabgeschlossenheit ihrer Formen, der Anonymität ihrer Teilnehmer, der Revidierbarkeit des digitalen Textes und seines Sinns u. ä. m. die klassischen starren Werkeigenschaften unterminieren kann. Auch geht dies häufig mit einem Medienenthusiasmus einher, der anstelle des vermittelnden Werks eine unvermittelt-authentische Medialität selbst ausstellen möchte. Auf jeden Fall wird sich konsequent an den oben beschriebenen Werkzuschreibungen (Organizität, (Ab)Geschlossenheit usw.) abgearbeitet.[166]

Auf breiter Front wird also gegen das Werk mobil gemacht. Die Studie arbeitet – trotz dieser plausiblen poststrukturalistischen, performativitätstheoretischen und medienästhetischen Kritik – mit dem Begriff des Werks. Dabei liest sie den Werkbegriff so, dass er – bzw. einige seiner ihm zugeschriebenen Eigenschaften – in die Medium/Form-Unterscheidung eingebunden werden kann. Mit dieser Einbindung und der damit verbundenen Einbettung des Werkbegriffs in eine operativ-konstruktivistische Epistemologie können sowohl etablierte Werkzuschreibungen aufgegriffen als auch die explizierten kritischen Perspektiven zugunsten eines komplexen dynamischen Konzepts verschoben werden.

Was ist am Begriff des Werks unerlässlich bzw. auch weiterhin höchst anschlussfähig, wenn es um Kunst bzw. Literatur geht? (Warum) macht es auch weiterhin Sinn, trotz der Ästhetiken der Entwerklichung und der radikalen Kritik am (klas-

---

[166] Da es der Arbeit nicht um eine ausführliche Darstellung der Werkkritik geht, sondern um die Hinführung zur Korrelation 'Medium/Form – Text/Werk' können nicht alle Perspektiven in der ihnen gebührenden Ausführlichkeit berücksichtigt werden. Bei diesen knappen Hinweisen zur Ästhetik des Performativen und zur Medienästhetik mag es bleiben. Vgl. hierzu *unter anderem*: FISCHER-LICHTE, Erika et al. (Hgg.) 2002: Performativität und Ereignis. (Theatralität IV). Tübingen/Basel. Wie sehr der Werkbegriff ins Rutschen geraten kann, wenn sich die Literaturwissenschaft als Medienwissenschaft zu verstehen beginnt, hat ausführlich JAHRAUS 2003: 9-94, insbes. 54-57 dargestellt. Dort auch der Hinweis auf SCHANZE, Helmut 1997: Vom Werk des Autors zum Werk des Nutzers. In: Ders., P. Ludes (Hgg.), Qualitative Perspektiven des Medienwandels. Positionen der Medienwissenschaft im Kontext „neuer Medien". Opladen, 189-197. Dieser argumentiert, dass der Werkbegriff von den verschiedenen historischen Medientransformationen (Buch, Audiovision, Internet) direkt affiziert wird und dass dies dazu führen kann, dass das Werk des Autors im Hinblick auf die neuesten Medien zu einem Werk des Nutzers wird und dass damit sogar die Möglichkeit in der Luft schwebt, dass der „Ort des Werkbegriffs [...] verschwunden [ist]. Wer von Werken redet, meint eine vergangene Form" (189 und 196). Gleichwohl stellt Schanze die These auf, und die Arbeit geht hier mit, dass sich das Werk gegenüber diesen Abgesängen als resistent erweist. Also einerseits: „Die Verarbeitungskategorie hat sich den Kategorien der Produktion, der Distribution und auch der Rezeption als die überlegene erwiesen: keine Produktion, keine Distribution, keine Rezeption ohne Transformation durch den Nutzer" (196) und andererseits: „In einem historischen Schichtenmodell der Kommunikation behält der Begriff des Autors, des Werks und des Rezipienten seinen systematischen Platz" (197).

sischen) Werkbegriff, vom Werk zu sprechen? In Bezug auf Luhmann[167] findet sich bei Thierse folgende Beschreibung:

> Es ist der Werkbegriff, der ganz wesentlich (aber natürlich nicht allein) die künstlerische Kommunikation vereinfacht, Beteiligung organisiert, Einstellungsbeliebigkeiten reduziert, Erwartungen reguliert (THIERSE: 249).

Gerade im Bereich der Kunst, wo die Idiosynkrasie des Produktions- und Rezeptionsprozesses sowie der 'Artefakte' zu einer radikalen und u. U. auch verwirrenden Pluralisierung und Ambiguisierung führt und wo weder der Sinn noch der Status von Kunst eindeutig sind, kann mithilfe des Werks eine einheitliche Perspektive etabliert werden. Nicht in dem Sinne, dass es zu einem interpretatorischen Konsens kommt, aber in dem Sinne, dass man weiß, dass es sich hier um ein Kunst-Werk handelt (oder zumindest um eine Kommunikation, die sich fragt, ob etwas Kunst ist oder nicht),[168] dass man die und die Möglichkeiten hat, an der künstlerischen Kommunikation teilzunehmen (auch wenn man immer weiter experimentierend diese Möglichkeiten durch neue herausfordert) und dass man nicht beliebig den Umgang mit Kunst individualisieren kann, sondern sich *auch* an Konventionen usw. halten muss. Wichtig in diesem Zusammenhang ist auch Zons Vorschlag: Auf die Frage, wovon sich der Werkbegriff abgrenzt, antwortet er: „Grenzwerte also des literarischen Werks, sage ich, sind zunächst der flatus vocis, Gemurmel, Bricollagen, Plagiate auf der einen und heilige Texte auf der anderen Seite."[169] Dabei wendet er sich gegen den Vorschlag von Odo Marquard, der als Abgrenzungskriterien für den Werkbegriff, also für die Unterscheidung 'Kunstwerk/etwas anderes' den Kitsch und u. a. die Differenzen Artefakt/Naturding, Nichtgebrauchsding/Gebrauchsding ins Spiel bringt.[170] Man muss sich für keinen der beiden Vorschläge entscheiden, wichtig ist, dass hier indiziert ist, dass das Kunstwerk eine strikte Differenzgröße ist, die losgelöst von normativen und ideologischen Zuschreibungen wie Organizität, In-sich-Vollendetheit oder (Ab-)Geschlossenheit gedacht wird. Das Kunstwerk – in welcher Form auch immer und mit welchen weiteren Eigenschaften auch immer! – erlaubt es, Kunst im Hinblick auf alles andere zu unterscheiden und diesen Unterschied zeitlich stabil zu halten, also Kunstkommunikationen eine Identität zu

---

[167] LUHMANN, Niklas 1986: Das Kunstwerk und die Selbstreproduktion der Kunst. In: H. U. Gumbrecht, K. L. Pfeiffer (Hgg.), Stil. Geschichten und Funktionen eines kulturwissenschaftlichen Diskurselements. Frankfurt a.M., 620-672.

[168] DAMJANOVIC: 60 argumentiert, dass man die Kunst durch Kunstwerke erkennt „und nur durch sie von ihr überhaupt wissen kann, und daß es schließlich keine Kunst ohne Kunstwerke geben kann."

[169] Und weiter: „Grenzwerte sind zugleich gefährliche Randzonen." Zons in der Diskussion des Vortrags OELMÜLLER, Willi 1983: Zu einem nicht nur ästhetischen Werkbegriff. In: OELMÜLLER: 186-201; Diskussion: 201-230, 220.

[170] Ebenda: 208.

verleihen: „Das Werk hat eine Grenze zu allem anderen."[171] Signifikant ist dabei, dass das Kunstwerk auch vor der funktionalen Differenzierung der Gesellschaft diese Demarkationslinie markieren konnte. Selbstverständlich war die Kunst vor der Sattelzeit um 1770 in verschiedenste Diskurse eingebettet, sie war kein ausdifferenziertes System und von politischer, moralischer, religiöser usw. Pragmatik durchwebt, sie war eingbunden in einer komplexen Gemengelage und es lässt sich in diesem Sinne von „multifunktionale[r] Kommunikation" sprechen (PLUMPE: 256), dennoch gab es auch hier schon Kunstwerke Auch wenn eine Freske in einer Kirche die Unterscheidung Kunst/Religion prozessiert und es nicht eindeutig war, ob es sich eben um Kunst oder Religion handelt, schon der Umstand, dass diese Differenz thematisiert wurde, deutet darauf hin, dass das Kunstwerk eine Differenzmarke ist.[172] Es lässt sich argumentieren, dass das Kunstwerk – selbstverständlich auf historisch je spezifische Weise – trotz gesellschaftsstruktureller und semantischer Veränderungen, die im Laufe der Geschichte auftreten, immer seinen – wie minimalen auch immer – Werkcharakter behalten hat, d. h., dass es immer etwas als Kunst unterscheiden konnte von Nicht-Kunst.[173] Auch wenn die Kunst Alteuropas in eine multifunktionale Kommunikation eingebettet war, so hat sich der Werkcharakter des Werks gegenüber dieser multifunktionalen Vereinnahmung als resistent erwiesen. Ob es um die Mäzenenkultur oder die operative Geschlossenheit des funktional ausdifferenzierten Systems geht, im Hinblick auf den (minimalen) Werkcharakter lässt sich eine Konstante beobachten. Dabei handelt es sich nicht um eine anthropologische Konstante, sondern um eine gesellschaftsstrukturell und semantisch konstituierte Konstante. Signifikant ist jedoch, dass sich das Werkhafte des Werks (und nicht seine Semantik oder Programmatik) als ein Gesellschaftsphänomen erweist, dass in verschiedenen gesellschaftsstrukturellen und semanti-

---

[171] Piepmeier in der Diskussion zu BOEHM, Gottfried 1983: Das Werk als Prozeß. In: OELMÜLLER: 326-338; siehe auch STIERLE 15: „Die Grenze ist dem Werk wesentlich".

[172] Bei den Fresken großer Meister ist mit der Unterscheidung Kunst/Religion immer angezeigt, dass es sich, obwohl eindeutig auch religiös codiert, um Kunst handelt, da die Meister als Künstler gelten, die Malschulen und Malschüler haben. Der Meister und seine Schüler haben die religiös codierte Freske als Künstler gemalt, nicht als Naturwissenschaftler, Politiker oder Geistlicher. Dies ändert freilich nichts daran, dass sich erst mit der funktionalen Differenzierung ein eigenständiges Kunstsystem ausdifferenziert hat.

[173] Es ist wichtig zu beachten, dass allein der Werkcharakter des Werks, allein das Werkhafte an ihm – eigentümlich quer zu den Veränderungen in Gesellschaftstruktur und Semantik – stabil bleibt und nicht die Art und Weise wie das Werk programmiert wird. Ein Kunstwerk kann als Werk des Teufels angesehen werden und Künstler auf die Folterbänke der Inquisition bringen oder in der funktional differenzierten Gesellschaft, von religiöser Kommunikation unabhängig, ausschließlich an der Reproduktion des Systems Kunst teilhaben. In beiden Fällen bleibt der Werkcharakter des Kunstwerks intakt, gleichwohl er im ersten Fall radikal hinterfragt ist. Auch wenn ein Kunstwerk einen Künstler auf die Folterbank gebracht hat, es hat dies trotz aller Vermengungen von Kunst und Religion als Kunstwerk getan. Der Werkcharakter bleibt intakt, seine Rigidität jedoch ist gesellschaftsstrukturellen und semantischen Veränderungen unterworfen.

schen Formationen relevant bleibt. Indem sich im Zuge der funktionalen Differenzierung der Gesellschaft ein Kunstsystem ausdifferenziert und sich anhand von Kunstwerken aus dem Verbund und der Gemengelage von politischer, moralischer, religiöser usw. Kommunikation herausschält, wird das Werk und sein Werkcharakter selbstverständlich neu formatiert. Mit der operativen Geschlossenheit, der Selbstorganisation, mit der Differenzierung in Funktion – Leistung – (Selbst)Reflexion, mit den polykontexturalen Beobachterverhältnissen im Sinne der gegenseitigen Beobachtung der Systeme, der Professionalisierung von Kunstkritik, dem Copyright u. ä. m. muss das Werk neuen Leistungsanforderungen gerecht werden, aber der Werkcharakter als Werkcharakter behält seine Funktion bei: die künstlerische Kommunikation zu vereinfachen, Beteiligung zu organisieren, Einstellungsbeliebigkeiten zu reduzieren, Erwartungen zu regulieren – und dies auch im Hinblick auf die Avantgarde oder den ereignisorientierten Performativitätsschub des 20. Jahrhunderts: „der Werkbegriff trägt. Und selbst, wo er in Frage gestellt wird, geht das nicht, ohne daß die Infragestellung des Werks wieder ein Werk ist" (MARQUARD in OELMÜLLER: 345).[174]

Auch Thierse argumentiert in eine ähnliche Richtung, wenn er „als elementare Mindestanforderung [für den Werkbegriff] – das „Gebot der Ganzheit" (THIERSE: 261), das mit Kohärenzbildung und „vielleicht nur relativer Sinnkonsistenz" (ebenda) verbunden ist, markiert. Er möchte die Kritik am emphatischen Werkbegriff samt seiner Eigenschaften – Organizität, (Ab-)Geschlossenheit usw. (s. o.) – berücksichtigen, dabei jedoch nicht das Kind mit dem Bade ausschütten. In diesem Sinn plädiert er dafür, „nichtorganische[], kommunikative[] Formen von Ganzheitsbildung" (ebenda) zu beachten, wobei dabei nun die „Schwerpunktverlagerung der Kohärenzbildung zum Rezipienten hin" (ebenda) wichtig wird. Dabei wird dem Werk eine minimale Einheit und somit eine minimale Identität zugeschrieben.[175] Sosehr auch die meisten Implikationen des klassischen Werk-

---

[174] Wie sehr die programmatisch als Nicht-Werke ausgeflaggten Arbeiten der 'Avantgarden' immer Werke bleiben, wie sehr also die literarische Kommunikation ohne Weiteres in der Lage ist, die Negation der Werke als Werke zu beobachten, macht PLUMPE: 177-230 eindrücklich deutlich.

[175] Korrelierend argumentiert auch BOEHM: 331, wenn er festhält, dass sich die „*Eigenart* (Individualität) des jeweiligen Gebildes nur aus dem Gesichtspunkt seiner *Einheit* verständlich machen lässt." Werke gibt es nur, wenn sie als eine Einheit, als ein „Zusammenhang" (ebenda) gedacht werden. Ein Werk ist nur dann ein Werk, wenn verschiedene Elemente, d.h. „Schichten, Zeichen, Gegenstände, Formen, Topoi" (ebenda), Medien, Träger, Vorstellungen, Konventionen, Erfahrungen, Wissensbestände usw., zu einem Werk zusammengeschnürt, also als Werk beobachtet werden und STIERLE: 14 sieht die Selbstreferenzialität als Konstituens der Werkeinheit, denn die „Einheit des Werks [entspringt] aus seiner Rückkehr in sich selbst", wodurch – als weiteres Konstituens – eine Grenze zu allem anderen entsteht. Dabei denkt er (ebenda: 20) eine „Beständigkeit und Eigenständigkeit des Werks" durch die Geschichte hindurch und schreibt sie der selbstreferenziellen Einheit des Werks zu.

begriffs nicht mehr Geltung beanspruchen können, sosehr bleiben die elementaren Mindestanforderungen des Werkbegriffs intakt:

> Es bleibt weiterhin sinnvoll, 'Werk' und 'Handeln' zu unterscheiden, das fixierte Kommunikat vom unendlichen Prozess der Kommunikation, die begrenzte Gestalt, das gestaltete Objekt, das künstlerische Ergebnis von unfixierten Prozessen, von Improvisationen, Serien, performances" (ebenda).

Der Werkcharakter selbst bleibt erhalten, nur der Status dieses Charakters wird hinterfragt und einer neuen Bestimmung zugeführt. Das *Werk* ist somit zunächst ein *minimal-einheitliches Differenzmerkmal*, das Kommunikationen und Beteiligungen organisiert (Kunstwerk/Nicht-Kunst), es besitzt in diesem Sinne durchaus eine (kommunikativ etablierte) minimale Identität und weiter ist es ein Differenzmerkmal, dass innerhalb von Kunstkommunikationen Unterscheidungen setzt (Kunstwerk/performance). Mit der ersten Implikation geht die folgende Darstellung mit, mit der zweiten nicht so ohne Weiteres, denn wie gleich zu sehen sein wird, lässt sich argumentieren, dass auch den Improvisationen und den performances ein (wenn auch minimaler) Werkcharakter zugeschrieben werden muss. Wenn performances als Kunst betrachtet werden und nicht allein als Bewegung von Personen o. ä., dann nur in Form von Kunst-Werken. Selbstverständlich gibt es gravierende Unterschiede zwischen einem Gemälde, einem Buch, einer Skulptur und einer performance und dies auch in Bezug auf ihren jeweiligen Werkcharakter, jedoch haftet ihnen allen, im unterschiedlichen Maße freilich, ein Werkcharakter an. Die Unterschiede sind zwar gravierend, aber im Hinblick auf die Zuschreibung Kunst nie so gravierend, dass der Werkcharakter einer performance völlig gelöscht wird – auch nicht bei so radikalen Entwerklichungsversuchen wie bspw. im Wiener Aktionismus. Thierse hingegen unterscheidet Kunstwerke von performances, bleibt dabei jedoch die Erklärung schuldig, warum und wie Improvisationen oder performances dennoch als Kunst beobachtet werden (und das werden sie in aller Regel). Hätten sie diesen Werkcharakter nicht, würden sie sich verflüchtigen und könnten nicht ins Kunstsystem integriert werden. Nimmt man konsequent das systemtheoretische Modell in Anschlag, dann lässt sich argumentieren, dass auf den Ebenen der Funktion und der Leistung die Werkhaftigkeit des Werks intakt bleibt.[176] Sowohl für die Gesamtgesellschaft als auch für die verschiedenen Funktionssysteme als auch für die einzelnen Interaktionssysteme wird Kunst immer ausschließlich über Kunstwerke relevant. Ob es sich dabei um Gemälde oder performances usw. handelt und wie rigide der Werkcharakter jeweils ist, ist unerheblich, entscheidend ist allein die Werkhaftigkeit (wie minimal diese auch immer sein mag). Auf der Ebene der (Selbst)Reflexion wird zwar programmatisch die Möglichkeit eröffnet, nicht-werkhafte Kunst (performances, Improvisationen, Avantgarde u.ä.m.) zu prozessieren, jedoch wird auch hier

---

[176] Insbesondere REINFANDT: 25-45 hat die Aspekte *Funktion – Leistung – (Selbst)Reflexion* systematisch für das moderne Literatursystem ausgearbeitet.

letztendlich die Identität auf der Ebene der Selbstreferenz nur qua Kunstwerken etabliert. Die Semantik und Programmatik des Kunstsystems bzw. seiner einzelnen Schulen, Stile, Richtungen und Ästhetiken kann zwar das Ende des Kunstwerks postulieren wollen, sie kann dies jedoch immer 'nur' in Form von Kunstwerken tun. Die Konstellation Funktion – Leistung – Selbstreferenz, die die Einheit des Kunstsystems (wie jedes anderen auch) garantiert, kommt nicht umhin, diese Einheit anhand einer verbindlichen Größe zu garantieren: nämlich mithilfe von Kunstwerken. Selbstverständlich affiziert die Programmebene diese Dreierkonstellation, d. h. es macht durchaus einen Unterschied, ob ein *Kunstwerk* als Kunstwerk oder ob ein *Kunstwerk* als Nicht-Kunstwerk beobachtet wird. Der Umgang mit performances oder Improvisationen ist maßgeblich anders als der mit Skulpturen oder Gemälden und die Semantiken, die medialen Dispositionen, die wahrnehmungsmäßigen Gegebenheiten, die ästhetische Erfahrung, die kontextuellen Rahmungen usw. sind deutlich unterschieden voneinander. Die Performativitätsästhetik oder die neuesten Medien verändern die Selbstbeschreibungen des Kunstsystems ebenso wie sie seine Leistungen anderen Funktionssystemen gegenüber verändern. Aber sie tun dies immer in Form von Werken. Weit mehr: Sie können diese ganzen Unterschiede und Veränderungen prozessieren, allein weil sie alle Werke sind. Dass eine performance gegenüber einem Gemälde ganz neuartige Wahrnehmungedispositionen usw. bewegt, dass also eine Performativitätsästhetik möglich ist, liegt daran, dass sie *als Kunstwerk* sowohl die Möglichkeiten von Kunstwerken neu formatiert und erweitert als auch die medialen, ästhetischen und semantischen Erfahrungen, die man anhand von Kunstwerken macht, verändernd affiziert. Diese genaue Unterscheidung von Funktion – Leistung – Selbstreferenz samt ihrer Programme ist wichtig, weil sie die Problematik des Werkbegriffs genau platzieren kann. Fischer-Lichtes Aufteilung *Werk*: Interpretation, Bedeutung, Sinn, Verstehen einerseits und *Kunstereignis*: Inszenierung, Aufführung, Spiel, Verkörperung (FISCHER-LICHTE: 138) setzt beispielsweise an einem ganz anderen Punkt an. Meines Erachtens werden hier verschiedene Ebenen miteinander verwechselt. Abgesehen davon, dass auch an einem Kunstwerk Ereignishaftes usw. haftet, ebenso wie eine Performance verstehen provozieren kann,[177] ist es entscheidend, dass in der von der Arbeit modellierten Werkauffassung unabhängig von Verstehen, Sinn usw. einerseits und Ereignishaftigkeit, Inszenierung, Verkörperung usw. andererseits das Werk seine Funktionen – Beteiligung zu organisieren, Einstellungsbeliebigkeiten zu reduzieren, Erwartungen zu regulieren, minimale Identität zu sichern – beibehält. Unabhängig von medialen, wahrnehmungsmäßigen, semantischen, materialen, kontextuellen usw. Unterschieden erfüllt das Kunstwerk seine Funktionen als Kunst-

---

[177] Fischer-Lichte ist sich dessen auch bewusst, wenn sie davon spricht, dass Spiel, Verkörperung usw. *eher* das Ereignis kennzeichnen als das Werk. Es geht um eine Gradualisierung und nicht um eine gegenseitige Ausschließung.

werk.[178] Verstehens- und Inszenierungsprobleme usw. sind auf einer anderen Ebene angesiedelt, sie sind nicht minder wichtig, tangieren jedoch nicht (unmittelbar) den Werkcharakter eines Werks.[179] Auf dieser Konstitutions- und *Funktionsebene* ist das Werk somit *befreit von semantischen und/oder normativen Aspekten*, es ist losgelöst von Programmen und auf die Ausdifferenzierungsebene von Kunst verlagert.[180] Wenn die Ebenen verwischt werden, kann es zu folgenden Missverständnissen kommen: Bürger zum Beispiel hinterfragt das Einheitspostulat des Werkbegriffs: „Die Gefahr ist die der Integration. Der Interpret läuft Gefahr, die spröden, sprengenden, gegen eine bestimmte Einheit protestierenden Momente des Werkes wegzuinterpretieren" (BÜRGER: 338). Wenn Thierse, Oelmüller und Müller von der Identität, Einheit (und Ganzheit) des Werks geredet haben, dann auf einer ganz anderen Ebene als Bürger. Dieser argumentiert in Richtung Semantik und Gestalt des Werkes, die drei anderen in Richtung funktionaler Ebene des Werkcharakters eines Werks. Jedes noch so spröde, Einheit sprengende, fragmentierte und zerstückelte Werk besitzt eine minimale Einheit, die es als Werk beobachtbar macht (bzw. genauer: Diese minimale Einheit wird dem Werk in den Kommunikationen, die an Kommunikationen anschließen usw. zugeschrieben). Im Hinblick auf die Einheit des Werks und seinen Werkcharakter geht es nur insoweit um Interpretation, als das Kunstwerk als Kunstwerk interpretiert wird.

Diesbezüglich analog zur Arbeit geht Stierle mal implizit mal explizit davon aus, dass es nur „werkhaft gebundene[] Kunst" (STIERLE: 11) geben kann. Alle

---

[178] Ganz in diesem Sinne: „Selbst ein mündliches Kunstwerk muß als Kunstwerk identifiziert werden, ansonsten könnte es nicht erkannt werden". – „If I cannot identify a painting, a sculpture, or a piece of music (which is itself repeated, interpreted, performed, etc.) as the same work, if I cannot identify it as the same, I cannot recognize in it the particular noematic content which identifies it as an artwork" (STÄHELI: 181 und Derrida in ebenda).

[179] Auch wo Inszenierungsaspekte in der Performancekunst aufgrund ihrer Art und Weise des Inszenierens die Konstitutionsebene von Kunst radikal hinterfragen (wie beispielsweise einige Arbeiten von Schlingensief oder des Wiener Aktionismus), wo also die Inszenierungsebene scheinbar direkt die Konstitutionsebene zu affizieren scheint, auch dort bleibt der Werkcharakter gewahrt, auch dort geschieht die Infragestellung von Kunst in Form von Kunst. Auch solche Inszenierungsexperimente werden von der Konstitutionsebene des Werks verschluckt und in den Programmbereich verlagert. Freilich nicht unbedingt während der Aufführung, hier kann es durchaus zu einer genuinen Entwerklichung kommen, allerdings schlägt die Kunstkommunikation schon unmittelbar danach zu und ordnet retro-aktiv auch die krasseste Aktion als Kunstwerk ein.

[180] In seinen etwas hybriden diskurstheoretisch-systemtheoretischen Ausführungen setzt Müller den Werkbegriff von hermeneutischen Beschreibungen ab und fokussiert, analog zur Argumentation hier, allein die *funktionale Beschreibungsebene*, um schließlich zu einer funktionalen Definition des Werkbegriffs zu kommen: „Werke sind weder zeitlose Substanzen noch fixe Identitäten, sie enthalten keinen – wie auch immer – korrespondenztheoretisch abgesicherten Wahrheitsanspruch, der stets Objektivitätseffekte hervorruft, vielmehr sind sie machtimprägnierte, künstlich-kunstvoll hergestellte disperse Einheiten, die sich wesentlich aus Differenzen ergeben, Identitätseffekte erzeugen und stets in intertextuelle Zusammenhänge eingelagert sind" (MÜLLER: 25).

Formen der Kunst – beispielsweise auch die neueste Medienästhetik, die das Medium anstelle des Werks setzten möchte – wird als Kunstwerk erscheinen müssen: „Einen Umsturz im Verhältnis von Medium und Werk wird es nicht geben. Auch die neuen Medien werden ihre phantastischen Virtualitäten zu werkhafter Dichtung aktualisieren müssen, um neue Dimensionen ästhetischer Realität erschließen zu können" (ebenda: 17) und: „Aber auch Unbestimmtheit, Ambiguität, Offenheit, Dezentrierung müssen als diese prägnant sein, um ästhetische Qualität zu gewinnen" (ebenda). Prägnant sein, heißt hier werkhaft gebunden zu sein. Dies wird auch durch die Unterscheidung geschlossenes *Werk*/ offenes *Werk* indiziert (vgl. SCHANZE: 193ff.). Während das erstere durch (Ab)Geschlossenheit, Abgegrenztheit und eine monolithische Sinneinheit gekennzeichnet ist und als diese vor jeder Rezeption und Beobachtung selbstidentisch und komplett ist, ist letzteres durch eine fragmentarische Offenheit und Unabschließbarkeit gekennzeichnet, die „den Hörer, Seher und Leser zu seiner Ergänzung braucht" (ebenda: 193). Das Entscheidende ist dabei, dass es sich in beiden Fällen um ein Werk handelt. Die Fragmentarität des offenen Kunstwerks bleibt (zumindest minimal) als Werk zusammengeschnürt, sie fließt nicht auseinander. Und auch dort, wo neueste Mediennutzungen (Internet) die „definitorischen Merkmale, Anfang, Ende und Einheit, im wahrsten Sinne des Wortes zu überspringen trachten" (JAHRAUS 2003: 57 in Bezug auf Bernd Scheffer) bleibt der (minimale) Werkcharakter gewahrt. Und dies deshalb, weil der Werkcharakter des Werks seine minimale Einheit und Identität nicht (mehr) den Größen Anfang, Ende, Kohärenz usw. verdankt, sondern seiner Beobachtung als Kunst im Unterschied zu etwas, das nicht Kunst ist. Ist Kunst im Spiel, unabhängig von der (beobachteten) Morphologie des 'Kunstobjekts', gibt es auch ein Kunstwerk.

Einen strikt funktionalen Werkbegriff skizzieren auch Gerhard Plumpe und Niels Werber, indem sie das *Werk* als *symbolisch generalisiertes Kommunikationsmedium* auffassen.[181]

*[Exkurs: symbolische Generalisierung]*

Luhmann geht davon aus, dass Kommunikation unwahrscheinlich ist und dass Medien „[d]iejenigen evolutionären Errungenschaften" sind, „die an jenen Bruchstellen der Kommunikation ansetzen und funktionsgenau dazu dienen, Unwahrscheinliches in Wahrscheinliches zu transformieren" (SS: 220). Diese Medien sind Sprache (Verstehensunwahrscheinlichkeitsbearbeitung), Verbrei-

---

[181] Siehe PLUMPE, Gerhard / Niels WERBER 1993: Literatur ist codierbar. Aspekte einer systemtheoretischen Literaturwissenschaft. In: S.J. Schmidt (Hgg.), Literaturwissenschaft und Systemtheorie. Positionen, Kontroversen, Perspektiven. Opladen 9-43 und PLUMPE.

tungsmedien (Erreichbarkeitsunwahrscheinlichkeitsbearbeitung) und symbolisch generalisierte Kommunikationsmedien (Erfolgsunwahrscheinlichkeitsbearbeitung). Die drei Medientypen ermöglichen sich gegenseitig, limitieren sich und belasten sich mit Folgeproblemen (vgl. ebenda). Dass die Kommunikation jetzt räumlich und zeitlich ausgedehnt werden kann und dass sie dazu u. a. Schrift zur Verfügung hat, führt dazu, dass die Differenz von Mitteilung und Information voll zu Tage tritt. Diese Differenz, die nicht mehr in einem Gespräch austariert werden kann, wird 'nur' noch 'abstrakt', d. h. nicht in Interaktionszusammenhängen, prozessiert. Die Unterscheidung von Mitteilung und Information lässt sich nicht mehr in Form eines Face-to-Face-Gesprächspartners als Einheit beobachten, sondern wird immer als Differenz selbst gelesen. Sprache und Verbreitungsmedien bearbeiten (erfolgreich) die Unwahrscheinlichkeiten des Verstehens und des Erreichens, steigern aber gleichzeitig die Unwahrscheinlichkeit der Annahme. Indem sie die Zusammengezogenheit von mündlicher Rede, Interaktion und Gedächtnis aufbrechen, erhöhen sie die Zweifel, „welche Kommunikation überhaupt Erfolg haben, das heißt, zur Annahme motivieren kann" (ebenda: 221). Wie kann eine Kommunikation so kommuniziert werden, dass die prozessierten Selektionen der Kommunikation als Motivation für die Annahme der Kommunikation werden können, oder: Wie kann Alters Selektion Ego motivieren, Alters Selektionen als Anlass für das eigene Erleben und Handeln anzunehmen? Um diese hochunwahrscheinlichen Selektionen dennoch annehmbar zu machen, um „die Annahme einer Kommunikation erwartbar zu machen, in Fällen, in denen die Ablehnung wahrscheinlich ist" (GG: 316), etablieren sich symbolisch generalisierte Kommunikationsmedien, „die funktionsgenau auf dieses Problem bezogen sind" (SS: 222). Diese Medien (Wahrheit, Werte, Liebe, Macht/Recht, Eigentum/Geld, Kunst) haben also die Funktion, „Selektionen so zu konditionieren, daß Kommunikationen angenommen werden, obwohl dies von der Zumutung her unwahrscheinlich ist" (GG: 382). Es geht dabei um das „Spezialproblem einer unwahrscheinlich gewordenen Verknüpfung von Selektion und Motivation" (ebenda: 332). Ego wird motiviert, die Annahme von Alters Selektion als Grundlage eigener weiterer Selektionen zu verwenden. Die Kommunikationsmedien bearbeiten das Problem der erfolgreichen Kommunikation und „eine Kommunikation hat Erfolg, wenn ihr Sinn als Prämisse weiteren Verhaltens übernommen und in diesem Sinne Kommunikation durch andere Kommunikation fortgesetzt wird" (ebenda: 337). Die Unwahrscheinlichkeit der erfolgreichen Kommunikation *und* die Transformierung dieser Unwahrscheinlichkeit in Wahrscheinlichkeit qua symbolisch generalisierter Kommunikationsmedien sind beides und in enger gegenseitiger Profilierung Konstituenten von Kommunikation und somit von sozialen Systemen.

Das Kommunikationsmedium ist *symbolisch*, indem es eine Referenzvielfalt zu einer Einheit zusammenballt, indem es also im Hinblick auf die Sozialdimension (Alter/Ego) in einem Umfeld von nicht so ohne weiteres verknüpfbaren Selektionen eine soziale Übereinstimmung, eine Gemeinsamkeit, herstellt. Es geht also darum, „das an sich unwahrscheinliche Passen herzustellen" (GG: 320), also darum, dass ich bspw. mit Handke darin übereinstimme, dass es sich bei seiner *Mannschaftsaufstellung des 1. FC Nürnberg* in einem Gedichtband um Kunst handelt und eben nicht, was auch möglich wäre, um das tatsächliche Aufstellen einer Mannschaft für das nächste Spiel (an die dann eine Kritik im Sinne von zu offensiv oder defensiv eingestellt, warum die Formation 5-3-2 und nicht 4-4-2 u. ä. m. anschließen könnte). Bei der Symbolisierung steht die Vereindeutigung unklarer Kommunikation im Mittelpunkt.

Wenn ich bspw. Handke irgendwo treffen und dieser mir in einem Gespräch erklären würde, was er mit seiner Mannschaftsaufstellung sagen wollte, dass es ihm also darum ging, Kunst her- und auszustellen, wäre eine erste minimale Symbolisierung erreicht, jedoch nicht die Generalisierung. *Generalisiert* ist ein Kommunikationsmedium dann, wenn die soziale Übereinstimmung nicht nur für mich und Handke in unserer konkreten Gesprächssituation gilt, sondern, „wenn die zugrundegelegte Gemeinsamkeit für mehr als nur eine Situation Bestand haben soll", „wenn die Form mehrere verschiedene Situationen übergreift" (GG: 318 und 320):

> was gilt, ist nicht die Wirkung der einzelnen Selektionen, sondern die Existenz einer generalisierten Regelung der Koordinierung der Selektionen. [...] Der Sinn [...] einer spezifischen Kommunikation erschöpft sich nicht in der Kommunikation selbst, sondern kondensiert zu Formen, auf die man sich in anderen Situationen, zu anderen Zeitpunkten und mit anderen Partnern beziehen kann (GLU: 191).

Wenn die Mannschaftsaufstellung als Kunst beobachtet wird, so nur dann, wenn diese Beobachtung unabhängig von dem Gespräch zwischen mir und Handke ist. Das heißt auch, dass die Symbolisierung, die die soziale Übereinstimmung markiert, erst dann voll zur Geltung kommt, wenn von Interaktionen abstrahiert wird. Die Symbolisierung verwirklicht sich erst vollständig in der Generalisierung. Erst wenn die soziale Übereinstimmung situationsübergreifend ist, gewinnt die Symbolisierung ihr volles Potenzial. Die symbolische Generalisierung ist ein explizites Abstraktionsmoment, das sowohl die Sozial- als auch die Sachdimension von den Restriktionen mündlicher Rede, Interaktion, Gedächtnis, Zeitpunkt, Ort, Subjektivität, Körperlichkeit, Befindlichkeit und Singularität befreit und gerade aufgrund dieser Befreiung als Kommunikationsmedium fungieren kann. Symbolische Generalisierung muss von dem kontextuellen Verschleiß von Begriffen abstrahieren, sie muss kontextuelle Idiosynkrasien abschälen, um überhaupt generalisierbar und somit symbolisch sein zu können. Es sind also „generalisierte und 'ausgebleichte' Elemente nötig, die ihren spezifischen , kontextuellen Wert verloren haben und gerade dadurch den Surplus-Wert der Generalisierbarkeit und der multiplen Anwendbarkeit gewinnen" (STÄHELI: 175).

*Fortsetzung:*

Im Hinblick auf Kunst und Literatur schlagen Plumpe und Werber vor, nicht Kunst allgemein oder Schönheit (wie Luhmann), sondern konkret das (Kunst-) Werk als symbolisch generalisiertes Kommunikationsmedium zu beobachten. Somit wird das Werkkonzept deutlich von seiner tradierten Semantik abgeschält; es wird allein im Kontext der Transformation von Unwahrscheinlichem ins Wahrscheinliche funktional bestimmt und somit „entontologisiert und kommunikativ operativ gefasst" (JAHRAUS 2001a: 187). Das Werk verliert gänzlich seinen ontologischen Status als ein gemachtes Objekt, das als organisches und in sich (ab)geschlossenes Gebilde selbstidentisch durch die Zeit geschoben werden kann. Es ist ein Kommunikationsmedium nicht aufgrund seiner Morphologie oder aufgrund der Beschaffenheit seines materiellen Substrats, sondern aufgrund der Kommunikation und Folgefolgekommunikationen, die es als dieses Medium beobachten. Als symbolisch generalisiertes Kommunikationsmedium wird das Werk „mit keiner seiner empirischen – etwa goethezeitlichen – Ausprägungen" (PLUMPE: 257) verwechselt, es „meint hier nicht ein empirisches Substrat" (PLUMPE/WERBER: 36), sondern wird als ein „Magnet" verstanden, „der aus aller möglichen Kommunikation literarische Kommunikation aussortiert" (ebenda).[182] Interessant ist dann, dass Plumpe auch die oben gekennzeichnete minimale Eigenschaft der minimalen Einheit auch dekonstruiert wissen möchte:

> Das 'Werk' wollen wir aber nicht als Einheit, sondern als Differenz verstehen, und zwar als Differenz von Medium und Form [...] Wer ein 'Werk' beobachtet, der beobachtet strenggenommen keine Einheit – etwa gar das 'organische Werk' als Einheit seiner Teile –, sondern eine Differenz; er sieht die 'Form' auf dem Hintergrund eines 'Mediums' als Summe mehr oder weniger wohlartikulierter Selektionen (ebenda: 48 und 257).

Die Argumentation, dass ein Werk keine Einheit, sondern eine Differenz markiert, wird direkt aus der Medium/Form-Unterscheidung abgeleitet:

> Form ist Selektion aus einem Medium. [...] Als symbolisch generalisiertes Kommunikationsmedium restringiert es eine komplexe Menge von Elementen zu einer eng gekoppelten Form (PLUMPE/WERBER: 26). Man sieht die Form nur als Form, wenn man ihre Differenz zum Medium mit sieht. [...] Artikulierte Form ist immer 'Formierung eines Mediums' – Selektion aus einem 'woraus' (PLUMPE: 48).[183]

---

[182] Vgl. auch: „Wie Magneten Eisenspäne anziehen, so ordnen die symbolisch generalisierten Medien die Flut der Sinnselektionen" (PLUMPE: 257).

[183] Dass das Medienkonzept der symbolisch generalisierten Kommunikationsmedien hochkompatibel mit dem Medienkonzept Medium/Form sein soll, hat Luhmann selbst explizit betont: „Auch symbolisch generalisierte Kommunikationsmedien sind Medien insofern, als sie die Differenz von loser und strikter Kopplung voraussetzen und auf der Grundlage eines lose gekoppelten medialen Substrats Formbildungen ermöglichen" (GG: 319), vgl. auch dort S. 353 oder auch „Wenn wir von 'Kommunikationsmedien' sprechen, meinen wir immer die operative Verwendung der *Differenz* von medialem Substrat und Form"

Die Arbeit kann nun größtenteils mit dieser „Umdispositionierung des Werkbegriffs" (JAHRAUS 2001a: 187) mitgehen. Sie unterschreibt die Entontologisierung und die operative Wendung ohne Weiteres. Wenn man das Werk als symbolisch generalisiertes Kommunikationsmedium beobachtet, ist der Werkbegriff auch an Thierses Entschlackung der werkspezifischen Semantik anschließbar. Als symbolisch generalisiertes Kommunikationsmedium ist das Werk somit in der Lage, künstlerische Kommunikation zu vereinfachen, Beteiligung zu organisieren, Einstellungsbeliebigkeiten zu reduzieren, Erwartungen zu regulieren u. ä. m. Somit abstrahiert das Werk von der konkreten Morphologie der Texte oder Artefakte, die ihm zugrunde liegen, es garantiert die Erkennbarkeit von Kunst und also die Etablierung und Stabilisierung von künstlerischer und literarischer Kommunikation. Im Hinblick auf die Identifizierung und Anschließbarkeit von Kommunikationen synthetisiert es die Unterschiede zwischen beispielsweise Goethes Wilhelm Meister, Handkes Mannschaftsausstellung des 1. FC Nürnberg und Schlingensiefs Performances. Das heißt nicht, dass die Unterschiede zwischen ihnen unwichtig werden, denn schon die Diskussion darüber, ob eine Mannschaftsaufstellung als Gedicht, d. h. als Literatur beobachtet werden kann oder nicht, fokussiert ja die Unterschiede, jedoch kann die Unterschiedlichkeit selbst nicht bestimmen, ob etwas Kunst und somit Werk ist oder nicht. Prinzipiell kann allen Dingen Werkhaftigkeit zugeschrieben werden, wenn man Kunstwerke als symbolisch generalisierte Kommunikationsmedien beobachtet. Und ist einmal die literarische Kommunikation in Gang gebracht, d. h. ist die Mannschaftsaufstellung als Werk beobachtet, werden die Unterschiede zwischen ihr und dem Wilhelm Meister auf die Programm- und Selbstreferenzebene verschoben (s. o.). Mit der symbolischen Generalisierung wird des Weiteren angezeigt, dass explizite Unterschiede und multiple Idiosynkrasien, die gerade in einer polykontexturalen und multizentrischen Gesellschaft heterarchisch sprießen und nirgendwo normativ-verbindlich abgesichert sind, dennoch soziale Gemeinsamkeiten etablieren, also Kommunikationen (re)produzieren. Das Werk als symbolisch generalisiertes Kommunikationsmedium zeigt an, dass Kommunikationen möglich und stabilisierbar sind in einem Meer von kommunikationshemmenden Spleens, Eigenheiten, unübersichtlichen Vielfältigkeiten und Unwahrscheinlichkeiten. Die Verwirrung wäre groß, wenn es einzelnen Situationen und Kommunikationen im Hinblick auf die Produktion und Rezeption von Kunst und Literatur ohne das Werk (als symbolisch generalisiertes Kommunikationsmedium) aufgetragen wäre, ihre Formen als Kunst durchsetzen zu müssen. Die Kommunikationen würden an ihrer eigenen Proliferation zusammenbrechen oder gar nicht erst in Gang kommen. Wird das Werk als symbolisch generalisiertes Kommunikationsmedium

---

(ebenda: 195). Die Medium/Form-Unterscheidung ist somit ein „hochabstraktes Grundlagenmodell", das es erlaubt, „die unterschiedlichen Medienkonzepte in diesem Begriff zusammenzufassen und systematisch aufeinander zu beziehen" (JAHRAUS 2003: 272).

beobachtet, wird noch radikaler und konsequenter als bei Thierse jenseits von normativen Organizitäts- und (Ab)Geschlossenheitssemantiken argumentiert. Es handelt sich um die deutlichste Dekonstruktion der emphatischen Werkästhetik bei gleichzeitiger Beibehaltung des Werkbegriffs. In diesem Sinne ist diese Perspektive voll korrelierbar mit der These der Arbeit, dass Literatur und Kunst immer (minimal) werkhaft gebunden sind. Der Werkbegriff wird des Weiteren so abstrakt angesetzt, dass er resistent ist gegenüber Inszenierung-, Verstehens-, Inhalts- oder Medienproblemen. Auch bleibt er stabil im Hinblick auf verschiedenste Ästhetiken wie Rezeptionsästhetik, Medienästhetik, Performativitätsästhetik usw. Er wird als *minimal-einheitliches Differenzmerkmal* beobachtet.

Plumpe operiert bei seinen diesbezüglichen Ausführungen explizit mit der Medium/Form-Unterscheidung. Um radikal mit Organizitäts- und (Ab)Geschlossenheitssemantiken zu brechen, verweigert Plumpe dem Werk jede Einheitszuschreibung, indem er es als Differenz von Medium/Form beobachtet. Es ist nun höchst plausibel, dass die Form immer nur in Differenz zum Medium erscheinen kann. Es gibt, wie gesehen, nicht die Form hier und das Medium dort, sondern immer und ausschließlich die Medium/Form-Unterscheidung, immer 'nur' ihre metaleptische Verschränktheit. Es ist somit plausibel, das Werk als diese Differenz selbst zu lesen: Das Werk ist „'Form' auf dem Hintergrund eines Mediums'" (PLUMPE: 257), es ist Werk, indem es als „Formierung eines Mediums" (ebenda), immer beide Antonyme gleichzeitig profiliert. Es gilt also: „Man sieht die Form nur als Form, wenn man ihre Differenz zum Medium sieht" (ebenda), indem man diese *Differenz als Form* beobachtet.

Trotz dieses viel versprechenden Ansatzes bleibt insgesamt die Korrelierung der beiden Medienbegriffe (symbolische Generalisierung und Medium/Form) problematisch, da weder Plumpe noch Luhmann diese Korrelierung systematisch ausarbeiten. Vielversprechende Hinweise gibt es einige, aber keine fundiert ausgearbeitete medientheotetische Grundlage (siehe GG: 195, 267, 319 oder 353). Es wäre sicherlich ein interessantes und lohnendes Unternehmen, die beiden Medienkonzepte systematisch aufeinander zu beziehen, ihre gegenseitige Konturierung konsequent zu erfassen und den Mehrwert der dabei entstehenden Synergie- *und* Ambivalenzeffekte zu beleuchten. Meine Studie geht jedoch einen anderen Weg, indem sie das Werk allein im Rahmen der Medium/Form-Unterscheidung beobachtet. Im Folgenden wird das Theorem der symbolischen Generalisierung nicht explizit angeklickt. Zwar wird die von Plumpe und Werber vollzogene deontologisierende Re-Justierung des Werkbegriffs voll und ganz unterschrieben und als immer implizit mitlaufende Argumentationsmatrize übernommen, und grundsätzlich gilt, dass die symbolische Generalisierung mit meiner Text/Werk-Konzeption kompatibel ist, insgesamt jedoch ist eine Korrelation meiner Text/Werk- und Medium/Form-Konzeption mit dem Theorem der symbolischen Generalisierung nicht notwendig, da es sich um zwei (noch) nicht systematisch konvergente Konzeptualisierungsmodelle handelt. Für die Arbeit ist nur ein sehr schmaler und sehr selektiver Ausschnitt des soziologisch sehr breiten und sehr komplexen Theorems der symbolischen Generalisierung relevant.

Kap. 2 hat bisher konzeptuell folgende Fragen und Aspekte in den Fokus gerückt:

– Wie kann so beobachtet werden, dass Beobachtungen Texte abwerfen?
– Wie kann so beobachtet werden, dass Beobachtungen Werke abwerfen?
– Die Unterscheidung Text/Werk wird als Medium/Form-Unterscheidung als literaturkonstitutive Unterscheidung gelesen.
– Wie müssen Texte 'er-beobachtet' werden, damit sie im Rahmen der Medium/Form-Unterscheidung beschreibbar werden?
– Wie müssen Werke 'er-beobachtet' werden, damit sie im Rahmen der Medium/Form-Unterscheidung beschreibbar werden?

# 3. Logistische Konfigurationen

## 3.1 Text/Werk als Schaltstelle von sozialer/symbolischer Systemreferenz und von Bewusstsein/Kommunikation

### 3.1.1 Text/Werk als Medium/Form

Berücksichtigt man all das bisher dargestellte und greift man die (wie minimale auch immer) Werkhaftigkeit des Werks auf, ohne die normativem Größen (Organizität, (Ab)Geschlossenheit, Sinneinheit, In-sich-Vollendetheit, Totalitätsrepräsentation, Synthesis, Autorschaft, raum-zeitliche Abgegrenztheit usw.) mitzunehmen und beobachtet man das Werk strikt als funktionale Größe, lässt sich das Werk nun folgendermaßen im Rahmen der Medium/Form-Unterscheidung beschreiben: Im Sinne dieser Arbeit ist das WERK die FORM, *die den Text als Medium benutzt*. Nur vordergründig ist diese Konstellation der Jahrausschen entgegengesetzt. Jahraus argumentiert, dass der „literarische Text [...] die beobachtbare Erscheinungsform für Literatur" ist (JAHRAUS 2004: 109). „Mit Literatur bezeichnet man somit die mediale Eigenschaft des Mediums Sprache, auch literarische Formen zu ermöglichen." Der Text ist „Form in einem Medium." Und S. 112: „Text ist Formung von Sprache im Medium Sprache. Kommunikation bzw. Diskurs sind jene Instanzen, die die Formung vornehmen. Ohne das Medium der Sprache kein Text". Ein Widerspruch zwischen meiner und der Jahrausschen These ergibt sich nur dann, wenn man den Text nicht im Rahmen der Medium/Form-Unterscheidung beobachtet. Innerhalb von Medium/Form kommt es nicht darauf an, dass man den beiden Antonymen feste Größen mit festen Positionen zuschreibt (nach dem Motto Text = Form oder Text = Medium), sondern dass man erkennt, dass die Medium/Form-Unterscheidung es erlaubt, gleitend zu beobachten. Es geht darum, dass man den Text – *je nach Beobachtungsfokus* – *als* Medium oder *als* Form beobachtet. Auch hängt es davon ab, welchen zweiten Wert man verwendet: Jahraus argumentiert mit Medium/Form im Zusammenhang von Sprache/Text, ich meinerseits im Zusammenhang von Text/Werk. Somit hantieren wir mit zwei verschiedenen Textbegriffen im Rahmen derselben Unterscheidungs-Matrix (Medium/Form). Entscheidend ist, dass der Bau der Medium/Form-Unterscheidung gleich bleibt, egal welche Begriffe man an ihm konturiert. Interessant ist, dass Jahraus später auch mit der Text/Werk-Unterscheidung arbeitet und dabei zwar immer noch den Text in die Nähe der Form bringt, aber nun eine signifikante Verschiebung vornimmt: „Das Werk bezeichnet die Identität eines literarischen Textes, der Text bezeichnet die Gesamtheit aller sprachlichen Formen, die das Werk im Laufe seiner Entstehungs- und Editionsgeschichte angenommen hat" (ebenda: 115; vgl. hierzu auch BUNIA: 307). Der Text ist nicht die Form im Medium der Sprache, sondern die Gesamtheit der Formen und ich bezeichne nun die Gesamtheit der Formen als formüberbordendes Über-den-Rand-Gehen. Die Gesamtheit der Formen lässt sich ja nicht in einem Text bzw. in einer Form (sensu Jahraus) beobachten, sondern eben in der Differenzialität der Formen. Gesamtheit ist undarstellbar. Als undarstellbare Gesamtheit der Formen ist der Text somit das Medium für seine Identifizierung im Werk (Form). Im Rahmen der Medium/Form-Unterscheidung befinden sich die beiden Konzeptualisierungen von Jahraus und mir nicht im Widerspruch, sondern tragen zur angemessen komplexen Beobachtung von Literatur bei. An dieser Stelle wird meines Erachtens die Konzeptualisierungskraft der Medium/Form-Unterscheidung sichtbar. Man hat eine klare Unterscheidung (Medium/Form), kann aber mit ihr flexibel, gleitend, differenzierend, differenziert und hochkomplex arbeiten.

Grundlegend gilt für meinen Ansatz, deshalb auch die ausführlichen Darstellungen des Textbegriffs, dass eine systemtheoretisch orientierte Literaturwissenschaft nicht den Text(begriff) zu ihrem Untersuchungsgegenstand macht, sondern, dass sie mithilfe des Textbegriffs die Literatur als ihren Phänomenbereich konstituiert. Geht es um Literatur, dann ist der Text nicht ein mögliches Untersuchungsobjekt, sondern eine conditio sine qua non des Beobachtens von Literatur. Der Text (im Rahmen der Unterscheidung Text/Werk) wird als Medium benutzt, Literatur zu beobachten und nicht als Beobachtungsobjekt verwendet.

Wird nun der Text (als Gesamtheit der Formen) als Medium und das Werk als Form beobachtet, lassen sich zunächst vier ineinander verschachtelte Konsequenzen beobachten:

*Erstens* wird der Text als Medium als eine Größe aufgefasst, die nicht verschließbar ist. Der Text als Medium markiert die Potenzialität, die nie als solche repräsentierbar ist. Im Text wuchert sozusagen die irreduzible Semiosis als das, was nie zur Form gelangen kann. Das „Medium [ist] die konservierte Kontingenz einer Form: es bewahrt die Möglichkeit einer anderen Selektion" (STÄHELI: 134). Das heißt, der Text bewahrt in sich die Möglichkeit, auch anders realisiert zu werden. Er ist der unerschöpfbare, nie zugängliche Ermöglichungsraum, das Möglichkeitsspektrum für Formen und somit vollkommen kompatibel mit dem dekonstruktiven Textbegriff.[1] Die Potenzialität des Textes – der „quasi ins Un-

---

[1] „Ein Text ist niemals (in Fülle) präsent, er ist immer ein Geflecht von Anwesendem und Abwesendem, eine Struktur der Verweisung" (GONDEK 1993a: 70) oder: „Der Text kommuniziert, indem er Verknüpfungs- oder Verzweigungsmöglichkeiten anbietet: Die Botschaft seines Mediums ist diese unendliche Prozedur von Vertextung" (HESPER: 34). Aus textphilologischer Perspektive klingt dies so: „Text ist als komplexes Zeichen [...] aus der Sicht des bedeutungssetzenden Rezipienten niemals voll fixierbar" (MARTENS: 12, siehe dort auch 13). Und STIERLE: 13 kommt der hier explizierten Argumentation recht nahe, wenn er vom Werk als einer „Figuration" spricht, bei der es „unvermeidlich [ist], daß an den Rändern dieser fragilen Strukturen [Formen] das Unverfügbare [die Potenzialität des Mediums als solche], nicht mehr Strukturierbare, sich behauptet. Die Prägnanz der kom-

endliche verlaufende Bewegungsablauf" – ermöglicht unzählige Formen, die jedoch nie die Potenzialität als Potenzialität erfassen können, sondern immer 'nur' kontingente Selektionen aus dieser Potenzialität sind (MARTENS: 13). Die wuchernde Semiosis des Textes, seine Potenzialität wird immer in der Kontingenz der Form, in ihrem Danebenliegen, in dem unsichtbaren Plus gegenüber der Form 'sichtbar'. Überhaupt: Sobald mit dem Theorem der Selektion gearbeitet wird, werden Kontingenz (alles ist auch anders möglich) und Komplexität (Überschuss an nicht aktualisierten Möglichkeiten) unhintergehbar. Als entgrenzte, unendliche, defigurierte, ausgefranste, über-den-Rand-gehende, plurale und asystemische Größe 'ist' *der Text somit immer mehr als seine Realisierung, immer mehr als das Werk*: „Der Text geht über das Werk hinaus, überschreitet dessen selbstgesetzte Grenzen, hält sich nicht an diese den Prozeß des Bedeutens abbremsenden Konventionen." *Der 'Rand' des Werks wird immer vom Text überschritten bleiben.* Dabei ist diese Potenzialität des Textes, seine absolute Prolepsis, keine ontische Marke. Der Vorwurf Werbers an die Adresse von 'Ambiguitätstheorien' (u. a. Eco), dass in diesen eine „substantiell inhärente[] Ambiguität" (WERBER: 97) in die Texte hineingelegt wird, greift hier nicht. Allein die konsequent kommunikationsinterne Unterscheidung Medium/Form macht es unausweichlich, zwischen Potenzialität (und damit korrelierend Ambiguität oder besser: Komplexität) und Aktualität zu unterscheiden. Potenzialität, Semiosis, Ambiguität oder Komplexität sind Effekte einer Unterscheidung und nicht präformistische Größen. Die Texte sind nicht als Texte ambig und auch nicht als Werk (Werber), sondern immer dann, wenn an ihnen die Unterscheidung Text/Werk bzw. Medium/Form abgelesen wird.

*Zweitens.* Das Werk ist die feste Kopplung der lose gekoppelten Elemente des Textes. Das heißt, das Werk als Form ist die „bestimmte[] Kopplung, die sie eben ist".[2] Damit ist gemeint, dass das Werk nur in der Form erscheint, in der es eben erscheint. Es ist die konkrete, aktuelle Realisierung von Möglichkeiten des Textes und nur als diese Realisierung ist der Text zugänglich.[3] Das bedeutet zum einen einen Verlust, da die ausgeschlossenen Möglichkeiten ausgeblendet werden, zum anderen jedoch ermöglicht erst dieses Ausblenden den Zugriff auf den

---

plexen Struktur [Form] hebt sich immer vor einem Hintergrund unaktualisiert bleibender Strukturierungsmöglichkeiten [Medium] ab."
[2] KRÄMER 1998: 2.2 Warum Medien der blinde Fleck bleiben, 3. Absatz.
[3] Im Grunde wird hiermit die auf die Unterscheidung Schriftlichkeit/Kommunikation abzielende – und innerhalb dieser Unterscheidung plausible – Modellierung Binczeks umgedreht: „[S]o wird Kommunikation durch Schrift zu Texten komprimiert, die die Kommunikation mit Potentialität anreichern" (BINCZEK 2000: 206f.). Im Rahmen meiner Konzeptualisierung muss es heißen: Der Text ist die absolute Prolepsis, die *von der Kommunikation* in Form von Werken sowohl als Text als auch als Kommunikation *komprimiert wird*. Das heißt: *Es ist die Kommunikation, die Texte beobachtbar macht und nicht Texte, die Kommunikationen beobachtbar machen.* Und es ist die Kommunikation, die sich anhand von Texten mit der Potenzialität der (von ihr konstituierten) Texte selbst anreichert.

Text via Werk. Dies führt zu dem Punkt, dass die Form (Werk) „ihre Konsolidierung dem Ausschluss all der anderen ebenfalls möglichen Formen verdankt. Formen sind somit immer bezogen auf 'ausgeschaltete Possibilitäten', also auf abwesende, nicht realisierte Formversionen" (KRÄMER 1998). In diesem Sinne wird eine 'Phänomenologie' des Unsichtbaren angebahnt, denn, indem etwas zur Form wird, wird durch dieses Formwerden (= Sichtbarwerden) etwas anderes unsichtbar gemacht. Dieses Unsichtbare wird gleichsam im Moment seines Unsichtbarwerdens, im Moment seines Nicht-Form-Werdens als Unsichtbares sichtbar gemacht. Luhmann stellt hierzu die Frage: „wie etwas unsichtbar wird, wenn etwas sichtbar wird", um dann von einer „Paradoxie des unsichtbarmachenden Sichtbarmachens" zu sprechen.[4] Die Konstellation, dass alles 'nur' als Form-in-einem-Medium zu haben ist, erlaubt sowohl den Umgang mit dem, was man hat (Form) als auch mit dem, was man *dadurch* eben nicht hat. In diesem Sichtbarmachen des Unsichtbaren ist der Zugriff auf den Text als Text, auf seine Potentialität evoziert und gleichzeitig verunmöglicht. Die Potenzialität, die Semiosis ist immer 'nur' in ihrem Entschwinden, immer in ihrem Unsichtbar-Werden 'sichtbar' und somit als nicht sichtbare sichtbar bzw. unsichtbar.

Die Punkte eins und zwei haben nun eine verblüffende Konsequenz zur Folge: *Zum einen ist der Text[Medium] mehr als das Werk[Form] (s.o.), zum anderen ist das Werk[Form] jedoch mehr als der Text[Medium]*. Wie ist das zu verstehen? Das Medium bietet sich, wie gesagt, zur Formung dar. Es lässt alles mit sich machen, solange es nicht als Medium zerstört wird.[5] Als nicht-formierte, jedoch formierbare Potenzialität ist das Medium nicht sichtbar, es fehlt ihm die konkrete Verkörperung in einer Form. Die Form ist nun in ihrem Sich-Formieren nicht an bestimmte Kombinationsmöglichkeiten gebunden: „Die kombinatorischen Möglichkeiten eines Mediums lassen sich nie ausschöpfen" (LUHMANN 2001: 201). Das Medium schreibt der Form nicht vor, wie diese seine Elemente zu selegieren hat. Die Form kann völlig frei aus den Möglichkeiten eine Selektion herausgreifen. Dabei ist diese Selektion erst als solche in der Form verwirklicht, sie ist nicht schon im Medium bestimmt. Als kreative Selektion aus dem Möglichkeitsspektrum des Mediums ist die Form somit 'mehr' als das Medium, da sie etwas ist, dass das Medium (so) nicht ist. Jede Selektion ist eine Eigenleistung der Form und als solche fügt sie dem Medium etwas hinzu, nämlich die konkrete Formierung von Latenzen und Possibilitäten. Das Medium 'weiß' nie, was die Form mit

---

[4] Beide Zitate: LUHMANN 1995a: 149; siehe hierzu auch LUHMANN, Niklas 1990b: Weltkunst. In: Ders., F. Bunsen, D. Baecker, Unbeobachtbare Welt. Über Kunst und Architektur. Bielefeld, 7-45.

[5] STIERLE: 17 argumentiert, dass das „Werk [= Form] [...] auch immer das Medium gefährdet", aber solange es sich um Kunstwerke handelt, wird diese Gefährdung nie zur Zerstörung; die Gefährdung bleibt immer ein. Kunstwerk: „Das Werk kann bis zu seinem Zerbrechen das Widerständige, Unverfügbare in sich aufnehmen [...]. Dennoch steht auch hier die prinzipielle Positivität des Werks nicht in Frage."

ihm macht, *jede Form ist eine Überraschung für das Medium* und in dieser Überraschung liegt das 'Mehr' der Form gegenüber dem Medium. Wie schon gesehen, ist das Medium (Text) keine präformistische Größe, auf die die Form (Werk) stößt, vielmehr wird das Medium über die sich an ihm bildenden Formen retroaktiv nach-konstituiert. Das, was ein Medium an Möglichkeiten zu 'bieten' hat, hat es durch seine Nach-Konstitution qua Formen zu 'bieten'. Somit ist jedes Medium von neuem überrascht, was die Form aus ihm macht, sowohl hinsichtlich der aktuellen Realisierung als auch hinsichtlich des Möglichkeitsrepertoires selbst: Das Medium ist überrascht, das es diese bestimmte Form ermöglicht hat und es ist überrascht, dass es dieses bestimmte inkommensurable Möglichkeitsrepertoire zu 'bieten hat' – so jedenfalls kann ein Beobachter beobachten.

Das lässt sich kurz an einem prominenten Beispiel illustrieren: Duchamps Urinal (als (Kunst)Werk, als Form) hat zwar, indem es ein Urinal als Medium verwendet hat, eine bestimmte Selektion aus einem Möglichkeitspool getroffen, aber es hat als Werk 'Eigenschaften', die das Urinal als Urinal nicht hat. Dabei sind diese Eigenschaften 'entstanden' durch die spezifische Selektion der Form anhand des Möglichkeitsspektrums des Mediums (= De-Präsentation). In diesem Sinne ist das Werk mehr als das Urinal, obwohl es gleichzeitig 'nur' das realisiert, was ihm das Medium zu realisieren erlaubt. Diese Perspektive korrespondiert mit folgender Überlegung Dantos: „das Werk selbst besitzt Eigenschaften, die dem Urinal fehlen: es ist gewagt, unverschämt, respektlos, witzig und geistreich (Danto zitiert in BODE: 206).[6] Dieses 'Mehr' der Form gegenüber dem Medium findet sich so ähnlich auch explizit bei Luhmann. Er geht zunächst davon aus, „daß es ein Medium schon gibt, auf das die Form zugreift" (LUHMANN 2001: 202), aber für „den Fall der Kunst" möchte Luhmann die „umgekehrte These ausprobieren: daß die Form sich das Medium erst schafft, in dem [und indem!] sie sich ausdrückt" (ebenda: 202f.). In diesem Falle wird die Medium/Form-Differenz selbst als Medium für Kommunikation verwendet. Zum Beispiel: Die kunstvolle Verwendung von Sprache in der Literatur kann qua Schrift optische, aber auch semantische Anregungen für die Sprache selbst formulieren und so die Funktion der Sprache als Medium erweitern. Es werden neue Kombinationen sichtbar, die normalerweise (d. h. nicht-literarisch) nicht 'im' Medium Sprache 'angelegt' sind. Indem sich die Form literarisch-kunstvoll ausdrückt, schafft sie Selektionskombinationen, die nicht 'im' Medium selbst 'angelegt' sind, sondern die im Moment des Vollzugs der Form dem Medium aufgeprägt werden. Dieses 'von sich aus' und 'angelegt im Medium' ist wiederum unvorsichtig formuliert, da es entgegen der L(og)ist(ik) der De-Präsentation eine bestimmte Vorgängigkeit des Mediums impliziert, die so nicht gegeben ist. Dennoch sind Luhmanns Überlegun-

---

[6] Implizit wird diese Deutung auch von BOEHM: 337 bestätigt: „Er [Duchamp] ist deshalb radikal, weil er sowohl das von Werken Eingegrenzte wie das von ihnen Ausgegrenzte erfaßt."

gen äußerst produktiv, da sie gleichwohl in Richtung L(og)ist(ik) der De-Präsentation argumentieren. Wie die obigen Kapitel jedoch gezeigt haben, gilt es prinzipiell und nicht nur für die Kunst, dass die Form sich das Medium erst schafft, in dem und indem sie sich ausdrückt. In der Kunst allerdings wird diese Bewegung selbst thematisiert und zuweilen auch in die eigene Programmatik aufgenommen. Während jedoch die Alltagskommunikation und die Kommunikation der anderen Funktionssysteme *eher* damit arbeiten, dass sie das Möglichkeitsspektrum des Mediums, das sie freilich durch ihre Formen erst konstituieren, anzapfen und die unerschöpfliche Potenzialität und Komplexität des Mediums pragmatisch reduzieren, prozessiert das Kunstsystem *eher* so, dass es mit seinen Selektionen und Kombinationen die Kapazität des Mediums, d. h. seine Komplexität immer weiter ausbaut und nutzt. Das heißt: Qua Literatur kann das Möglichkeitsspektrum des Mediums programmatisch und selbstreflexiv erweitert werden. Formen in der Literatur markieren also nicht nur eine Reduktion von Komplexität des Mediums (wie alle anderen nicht-literarischen Formen auch), sondern sie steigern auch die Komplexität des Mediums. Und in diesem Sinne sind Literatur und Kunst exklusiv, d. h. ihre Verkörperung der instantanen Reduktion und Steigerung von Komplexität ist ihre idiosynkratische und konstitutive Eigenschaft im Vergleich zu anderen Kommunikationen (Systemen). Kunst (re)produziert nicht nur mithilfe ihrer Formen das Medium, sie formatiert es mithilfe ihrer Formen stets neu. Sie ist De-Präsentation, indem sie explizit die beiden sich gegenseitig konturierenden Momente – das Medium ist mehr als die Form sowie der Form vorgängig und die Form ist mehr als das Medium, das 'erst' durch die Form zu dem wird, was es ist: Medium – prozessiert *und* thematisiert.

An diesem Punkt angelangt, wird auch ersichtlich, dass das 'Mehr' der Form gegenüber dem Medium und das 'Mehr' des Mediums gegenüber der Form aufs engste mit der L(og)ist(ik) der De-Präsentation korreliert. Indem die Form nachkonstitutiv das sie konstituierende Medium konstituiert und indem sie das ihr zur Realisation angebotene Möglichkeitsrepertoire des Mediums nachkonstitutiv affiziert und verändert, wird jedwede unidirektionale Argumentation dekonstruiert: *Die L(og)ist(ik) der De-Präsentation lässt somit konstitutiv offen, ob das Werk (die Form) komplexer als das Medium ist oder ob das Medium komplexer ist als das Werk (die Form)* – und dies exemplarisch *und* paradigmatisch entlang von Literatur. Will man entweder Medienästhetik oder Werkästhetik o. ä. betreiben, kann man entweder dem Medium oder der Form, entweder dem Text oder dem Werk mehr Komplexität zuschreiben, die Medium/Form-Unterscheidung ist jedoch so gebaut, dass man an ihr beide Komplexitäten instantan *beobachten* kann. Gerade deshalb ist sie eine universale Unterscheidung, die an allen Phänomenen beobachtet werden kann.

*Drittens.* Wenn das Werk als Form aufgefasst wird, muss erneut betont werden, dass die Form ein ereignisbasierter operativer Vollzug ist. Die Form ist zwar die rigide, feste Kopplung von losen Elementen, aber diese Kopplung ist raumzeitlich situiert und begrenzt. Wie gesagt: Formen sind instabil und variabel, sie gelingen nur momentweise und nachdem sie sich verflüssigt und verbraucht haben, sinken sie wieder in das stabile Medium ein. Hier lässt sich von der Ereignishaftigkeit des Werks sprechen (vgl. hierzu auch NASSEHI 1997: 54ff.). <u>Zum einen</u> wird somit das Werk zum Werk erst in seinem Vollzug als Form. Ein Text wird zum Werk während seines Interpretiert-, Gelesen- und Beobachtetseins. Er wird zum Werk, wenn Kommunikationen (= flüchtige Ereignisse) an Kommunikationen an Kommunikationen usw. anschließen und dabei den Text als Werk beobachten. Das Werk ist nicht das einmal produzierte Gebilde, das als diese Entität durch die Zeit geschoben werden kann, sondern die jeweils neu zu aktualisierende Formung des Mediums. Das Werk (als Form gelesen) ist immer das Werk, das es war, indem es jedes Mal neu als das realisiert wird, das es so nie war. Es ist immer *identisch und anders zugleich* und nur als die Einheit dieser Unterscheidung (Identität/Differenz) ist es Form, ist es Werk. Ohne explizit die Medium/Form-Unterscheidung zu berücksichtigen, argumentiert STIERLE: 178 ähnlich:

> Das Werk ist, wenn es sein Telos als Werk erreicht, ereignishaft. Aber die bloße Einmaligkeit eines augenblicklichen und darin wie zufälligen Gelingens ist noch kein Werk. Das Werk ist kein Feuerwerk, das aufbrennt und erlischt. Es ist in seiner Einmaligkeit zugleich wesentlich eine Figur der Wiederholbarkeit. Die Wiederholbarkeit konstituiert erst eigentlich die Werkhaftigkeit des Zeit-Werks.

Also auch bei Stierle wird das Werk zum Werk erst in den Folgebeobachtungen, wobei die Größen Identität/Differenz und Einmaligkeit/Wiederholbarkeit nicht ganz kongruent sind. Wichtig ist auf jeden Fall auch, dass das Werk im Nachhinein zum Werk wird, also im Nachhinein seine Werkhaftigkeit erhält. 'Erst' die Folgezeit des Werks macht aus ihm ein Werk: „Erst im wiederholenden Vollzug kommt das Werk als Werk in den Blick" (ebenda: 180).[7]

Im Kontext dieser Ausführungen, kann man auch auf den Begriff der Kompaktkommunikation rekurrieren: „Kompaktkommunikation bedeutet [...] das Switching des Textes zwischen der Ebene der Textualität und der der Kommunikation" (JAHRAUS 2003: 448)." Ich werde den Begriff indes nicht verwenden, da er, zwar nicht theoriebautechnisch, jedoch begrifflich ausblendet, dass es um Differenzialität geht. Als selbst kompakter Begriff vereinfacht er Kommunikation, invisibilisiert aber zu stark das, worum es geht und was nur mithilfe einer Unterscheidung beschreibbar ist: Differenzialität.

<u>Zum anderen </u>bedeutet Werk als Form, dass das Werk zunächst durchaus das Stillstellen der Potenzialität, der Semiosis markiert. Das Werk schließt die Signi-

---

[7] Wichtig ist es, zu betonen, dass sich Stierle – im Gegensatz zur Arbeit hier, der es um Kunstwerke im allgemeinen geht – hier auf Literatur und Musik als Zeit-Werken bezieht und diese von den bildenden Künsten absetzt.

fikationsprozesse in einem geschlossenen Rahmen zusammen, es markiert die Versiegelung des Zusammenhanges von Signifikant und Signifikat, aber – und das ist entscheidend – nur zeitweilig. Die These ist also, dass die Potenzialität bzw. die irreduzible Semiose nicht als solche kommuniziert wird. Das Werk bzw. die Kommunikation stellt die Potenzialität – for the time being – still. Während des Prozessierens von Kommunikation ist die prinzipielle Dekonstruierbarkeit der Unterscheidungen, sind die Wucherungen der Semiose stabilisiert. Erst retrospektiv, besser: retro-aktiv kann sich die Dekonstruktion zu Wort melden. Teubners Darstellung zum Anlass nehmend, kann man formulieren, dass das Werk (= Kommunikation) die Semiosis bzw. die Potenzialität dekonstruiert, selbstverständlich nicht in dem Sinne, dass es sie auf Dauer stilllegen könnte, aber in dem Sinne, dass es sie auf eine neue – und zeitweilig stabile – Sinnebene, auf die der Kommunikation verschieben kann. Dem Werk gelingt es die Sinnproduktion gegenüber der Semiosis bzw. Potenzialität zu immunisieren. Das tut es durchweg erfolgreich, wenn auch nicht auf Dauer.[8] Wenn sich also anhand eines Textes (Medium) ein Werk (Form) beobachten lässt, kommt es zu einer Sinnfixierung, die in den Anschlüssen und Folgeanschlüssen der Kommunikation stabilisiert wird. Gleichzeitig läuft die irreduzible Potenzialität als Schatten dieser Stabilisierung immer parallel mit.

*Viertens.* In diesem systemtheoretischen Rahmen wird das Werk nicht einem Subjekt zugeschrieben. Das Werk ist ein kommunikatives Ereignis und als solches an die Parameter der Kommunikation gebunden. Wie dargelegt, ist Kommunikation kein Austauschprozess zwischen Subjekten, „kein Transporteur von Sinnmomenten zwischen Bewusstseinen" (FUCHS 1995: 38), sondern eine operativ geschlossene autopoietische Ereigniskette, die sich ausschließlich qua Kommunikationen reproduziert (vgl. auch WG: 24). Das Werk ist nicht die Repräsentation der Intention oder des Bewusstseins eines Autors, es geht hier nicht um die „Übertragung von etwas Vorhandenem" (REINFANDT: 67), z. B. des 'Bewusstseins- oder Seeleninhalts des Autors', sondern um das Anschließen von Kommunikation an Kommunikation. BINCZEK 2000: 65 argumentiert analog:

> So wird der Autorname zu einer ausschließlich textuellen Institution oder zu einer funktionalen Werkkategorie, die als Signatur kein Subjekt mehr referentialisiert, sondern lediglich eine besondere Konvention der Textstrukturierung und -autorisierung. [...] Das Werk dient seinerseits nicht als Indikator für eine geistige Einheit, die mit dem Autorsubjekt korreliert, sondern als ein Textbündel, das nur noch durch die Signatur zusammengehalten wird.

Dies bedeutet auch und vor allem, dass das Werk weder ein geschlossener, fertiger bzw. von einem Subjekt gefertigter Gegenstand ist, „der in Distanz zum Be-

---

[8] Ich beziehe mich hier auf TEUBNER, Gunther 1999: Ökonomie der Gabe – Positivität der Gerechtigkeit: Gegenseitige Heimsuchungen von System und différance. In: A. Koschorke, C. Vismann (Hgg.), Widerstände der Systemtheorie. Berlin, 199-212.

obachter steht, der ihn von außen prüft"⁹ noch einfach das Produkt unserer Kognition, Lektüre oder Interpretation, sondern vielmehr ein Kondensat als Ergebnis eines de-präsentierenden HER(AUS)STELLENS. Das Werk ist ein Produkt, das sich beim nach-konstitutiven Aufeinanderprall von Text und Kommunikation ergibt und in Beobachtungsbeobachtungs-, d. h. Kommunikationskommunikationsverschachtelungen als Werk bestätigt und konstituiert wird. Es entsteht unter Beteiligung von Bewusstseinen, die bei strikt operativer Trennung als soziologische Größen, also Personen (Autor, Leser, Verleger usw.) beobachtet werden können. Es gibt natürlich Namen (Picasso, Baselitz, Musil, Mayröcker usw.) und Personen, die Lesungen halten, Stücke inszenieren usw., jedoch bilden die Namen und Personen keine organische Einheit mit dem Werk, sondern ergeben sich als Beobachtungs- und Kommunikationseffekte beim Prozessieren von Kommunikation. Sie sind kommunikative Zuschreibungsgrößen und keine Subjekte, die Werke schaffen. Sie sind vielmehr Marken, anhand derer sich künstlerische und literarische Kommunikation maßgeblich entzündet.[10]

### 3.1.2 Literatur = Text/Werk

Die in diesem Kapitel bisher explizierten Argumente zielen darauf ab, den Werkbegriff zu dynamisieren, dieser wird dann sowohl dem klassischen Werkbegriff gerecht, der von einem Abschließen der Signifikationsprozesse spricht als auch der poststrukturalistischen Kritik an diesem Werkbegriff. Weder ist das Werk die permanente Einheit von Signifikationsprozessen noch ist Kommunikation möglich, wenn die Semiosis des Textes als solche artikuliert werden soll. Gegenüber dem starken Werkbegriff muss gesagt werden, dass das Werk nicht so stabil ist, wie angenommen und gegenüber einem (einseitigen) Poststrukturalismus muss argumentiert werden, dass der Text als solcher unkommunizierbar ist und dass er sogar auf die zeitweise Disziplinierung seiner Semiose durch die Kommunikation angewiesen ist, um als das, was nie als solches artikuliert werden kann, 'in Erscheinung zu treten'. Text/Werk als Medium/Form beobachtet, indiziert, dass Potenzialität, Semiose, Komplexität, Unbestimmtheit, Nichtgestaltetheit usw. und Fixierung, Bestimmtheit, Gestalt usw. *gleichzeitig* miteinanderlaufen. Dabei verhindert das Werk$_{[Form]}$, dass der Text$_{[Medium]}$, – der als ausgefranstes, über den Rand waberndes, intertextuell vernetztes, transsubjektives und transpersonales Moment beobachtet wurde –, sich konturlos in seine Ausgefranstheit auflöst. (Dabei ist es nicht allein entscheidend, dass eine „Welt ohne Begrenzun-

---

[9] Barthes zitiert in ERDMANN/HESPER: 22.
[10] Oder: „Die Instanzen [Autoren und Leser] werden terminologisch zwar beibehalten, aber nur noch als Konstruktionen, die sich auf diverse funktionale oder auf medientechnische Voraussetzungen zurückführen lassen" (BINCZEK 2000).

gen [...] völlig chaotisch wäre",[11] sondern, dass es mithilfe von Begrenzungen überhaupt erst möglich wird, Chaos von Ordnung, Entgrenztes vom Begrenzten, Ausgefranstes vom Gesäumten, Über-den-Rand-Waberndes vom Umrandeten usw. zu unterscheiden. Also nicht allein Auflösung/Begrenzung, sondern vor allem Begrenzung[Auflösung/Begrenzung]). Im Hinblick auf das Theorem der Sinn-Form ist noch zu sagen: Weil die Sinnkonstitution über die logistisch immer gegebene Gleichzeitigkeit von wuchernder Semiosis und Domestizierung dieser wuchernden Semiosis läuft, also bei der Sinnbildung immer schon implizit mitgelaufen sein wird, lässt sich die Text/Werk-Unterscheidung als Sinn-Form beobachten. Der Text wird also qua Werk vor seiner Auflösung gerettet bei gleichzeitiger Mitprozessierung der textuellen (medialen) Vielfalt und Unabschließbarkeit. *Der Text wird in eine Form gebracht, in der weiterhin die Semiosis vibriert. Indem das Werk den Text zeitweilig fixiert, partizipiert es an den Vibrationen der Semiose und absoluten Prolepse des Textes mit.* In diesem Sinne müssen Texte als a-systemische Gebilde (sensu Koschorke) gar nicht systemkonform gemacht werden (wie seine Argumentation einseitig suggeriert). *Als Medium bleibt der Text die irreduzible, plurale und a-systemische Größe, während er als Werk[Form] System- und Kommunikationsanforderungen gerecht wird.* Texte und Werke sind ja gerade deshalb so anhaltend faszinierend, weil genau diese Korrelation unhintergehbar ist. Gerade weil sich Sinn und Kommunikation nicht auf Dauer in sich selbst beruhigen können und weil sich die wuchernde Semiose als sie selbst nicht artikulieren kann, ist gerade ihr Korrelieren das produktive Moment und dies jenseits wertender Parameter wie Abwehr von Systematisierungsversuchen einerseits und Abwehr von Entgrenzungsdiskursen andererseits. Kunst-*Werke* sind deshalb so anhaltend interpretationsbedürftig, weil sie die eine Seite einer Unterscheidung sind, deren andere Seite von Hyperkomplexität, Semiose, Unabschließbarkeit usw. markiert ist und weil Kunst-Werke hohe Eigenkomplexität aufbauen, indem sie sich eben an dieser anderen Seite formieren.

Diese Argumentation ist m. E. auch mit Jahraus' Definition von Literatur kompatibel (wenn auch nicht identisch):

> Als Literatur könnte man jene schriftlichen Texte auffassen, in denen so zwischen Informationen und Mitteilungen differenziert wird, daß die Anschlussoptionen ein Höchstmaß an Unverbindlichkeit garantieren (JAHRAUS 2001a: 161).

Diese Unverbindlichkeit ist kompatibel mit der Potenzialität des Mediums und der 'nur' zeitweiligen Stabilität der Form, die nie verbindlich festlegt, sondern sich gerade dadurch auszeichnet, dass sie von einer anderen Form abgelöst werden kann (und immer so weiter). Gleichzeitig kann diese Unverbindlichkeit nicht als sie selbst kommuniziert werden, sie muss „als verbindliche Information zum Beispiel in der Form der Mitteilung markiert" werden (ebenda). Sie muss al-

---

[11] ASHBY, Ross 1974: Kybernetik. Frankfurt a.M., 194.

so Form gewinnen. Geht es also um die Definition von Literatur bzw. Literarizität, so indiziert die Konstellation 'Form[Werk] = Einheit *und* Differenz der Unterscheidung Medium[Text]/Form[Werk]', dass Literatur durch die Gleichzeitigkeit von Potenzialität, unbegrenzter Semiose, Unbestimmtheit, Unverbindlichkeit usw. einerseits und Fixierung, Bestimmtheit, Verbindlichkeit usw. andererseits sowie der Thematisierung und Exploration dieser Gleichzeitigkeit gekennzeichnet ist.[12] *Literatur lässt sich somit als Prozessierung und Elaborierung der Gleichzeitigkeit von unbegrenzter Semiose und Bestimmtheit beobachten.*

Die Konstellation ‚Form[Werk] = Einheit *und* Differenz der Unterscheidung Medium[Text]/Form[Werk]' lässt sich, um auch dies noch kurz anzudeuten, mit den Modellen von Reinfandt und Sill korrelieren, ohne dabei auf die vorhandenen Unterschiede zwischen ihnen selbst und zwischen ihnen und meiner Arbeit besonderen Wert zu legen. Reinfandt spricht im Hinblick auf die Literatur als Sinnsystem von einer „offene[n] Rezeptionsbindung", die die Möglichkeit eröffnet, „mehrere Sinnorientierungen nebeneinander bzw. übereinander bereitzuhalten" (REINFANDT: 55). Literarische Kommunikation etabliert sowohl einen „Sinnhorizont, der das normalsprachliche Prinzip der eindeutigen Denotation mit potentieller Mehrdeutigkeit überformt" (ebenda: 105) als auch die Möglichkeit, den polykontexturalen Sinnhorizont der modernen Gesellschaft bzw. die „Mehrdimensionalität dieses Sinnhorizonts" (ebenda: 381) mithilfe des „integrative[n] Charakter[s] des literarischen Sinnhorizonts" (ebenda: 379) zu inszenieren. Dies alles kann literarische Kommunikation, so meine These, weil sich an ihr die Konstellation *'Form[Bestimmtheit] = Einheit und Differenz der Unterscheidung Medium[Potenzialität]/Form[Bestimmtheit]'* als konstitutiv beobachten lässt. Diese Konstellation bietet sozusagen das *infrastrukturell-logistische Moment für literarische Kommunikation*: Was Literatur kann – verschiedene Sinnorientierungen im Nacheinander der Folgeanschlusskommunikationen (= Formen) gleichzeitig übereinander bereitzuhalten (= Medium) und genau dies zu kommunizieren (!) – kann sie aufgrund der Beobachtung dieser Konstellation. Es handelt sich gleichsam um eine *nominale Definition der Logistik von Literatur*, ohne die Literatur als Phänomenbereich nicht konstituierbar wäre.

Obgleich Sills These, dass das Literatursystem, auch wenn es als Beobachtung zweiter Ordnung charakterisiert werden kann, „in Abgrenzung zu anderen gesell-

---

[12] Und konsequent auf die Kommunikation gewendet, die sich in ihren Anschlüssen und Folgeanschlüssen etabliert, lässt sich dann sagen, dass die „Frage, ob man an eine textuelle Anschlussoption verbindlich oder unverbindlich anschließt, erst durch den Anschluß selbst [also durch die Form und nicht durch den Text[Medium], MG] entschieden wird" (ebenda: 161). Deshalb ist ja die Form[Werk] die Einheit *und* Differenz der Unterscheidung Medium[Text]/Form[Werk]. Dabei darf man die Form[Werk] nicht im traditionellen Sinne als individuelle Rezeption beobachten, sondern vielmehr als kommunikative Granulation, die sich im Fortgang der Kommunikation, d.h. in den fortlaufenden Beobachtungs- und Kommunikationsverschleifungen ergibt.

schaftlichen Kommunikationen in der Beobachtung von Welt *nicht* an beobachtungsleitende Unterscheidungen gebunden ist" (SILL: 156), meines Erachtens (aus systemtheoretischer Perspektive) unhaltbar ist, lässt sich ein Vergleichsmoment feststellen.[13] Sill argumentiert, dass ein literarischer Text, der als kommunikative Ereignisgegenwart verstanden wird, die Simultanpräsenz aller sinntragenden Textelemente" (ebenda: 161) darstellt. Der Text ist „als sinntragende Einheit [...] charakterisiert durch die *virtuelle Gleichzeitigkeit* all seiner Elemente" (ebenda).[14] Diese Gleichzeitigkeit ist virtuell, da der Text, aus Sprache bestehend, im Hinblick auf das Lesen und im Gegensatz zur Objektwahrnehmung, nur „organisiert [...] in einer sequenziell geordneten Abfolge von Sätzen" (ebenda: 164) erscheinen kann. Der Text prozessiert (im Lektürevorgang) linear über verschiedene „'Ablaufphasen der Lektüre'" (ebenda: 163), er ist somit digitalisiert, jedoch wird die Gleichzeitigkeit aller Sinnelemente, der Digitalisierung zum Trotz, analog mitgetragen (vgl. hierzu auch NASSEHI 1997: 64, der sich diesbezüglich Sills Thesen anschließt). Somit verweist der Text in jedem digitalen Moment in Form eines Sinnelements auf die anderen möglichen nichtrealisierten, jedoch realisierbaren Sinnelemente. Die Digitalität und Ereignishaftigkeit jedes Sinnelements (Form), die keine dauernde Zeitlichkeit besitzt, sondern immer in den Folgekommunikationen als eben erloschene Ereignisgegenwart konstituiert wird, ist immer begleitet von der Analogizität der Möglichkeiten, d. h. von der Potentialität, Prolepsis und Semiose. Digitalität wird somit konstitutiv von Analogizität heimgesucht, ebenso wie Analogizität in (verlöschende) Zeit-Punkte zergliedert werden muss, oder: Ohne Digitales kein Analoges und vice versa, d. h.: Omnia determinatio est negatio. Genau dies wird auch mit der Konstellation 'Form = Einheit *und* Differenz der Unterscheidung Medium[Prolepsis als Simultanpräsenz]/Form [verlöschende bestimmte Ereignisgegenwart]' markiert.

Im Hinblick auf die Deutung von literarischen Werken beschreibt Sill Literatur dann als ein „Netz, in dem sich semantische Potenziale abschatten, die über das explizit Formulierte des Textes hinausreichen" (SILL: 172). Diese trivialevidente Beobachtung verliert ihre Trivialität dann, wenn daran erinnert wird, dass die hier beschriebene Konstellation, liest man sie mit der L(og)ist(ik) der De-Präsentation und der Metalepse zusammen, es unentscheidbar lässt, ob das Medium mehr ist als die Form oder ob die Form mehr ist als das Medium, indem sowohl die Form mehr ist als das Medium als auch das Medium mehr ist als die

---

[13] Unhaltbar deshalb, weil *jedes* Beobachten, wenn es denn ein Beobachten ist, an Unterscheidungen gebunden ist. Es geht nicht, einerseits zu behaupten, dass Literatur *Beobachtung* zweiter Ordnung sei und andererseits die unhintergehbare und fundamentale Definition von Beobachtung – „[f]ür unsere Zwecke genügt es, im Anschluss an Spencer Brown Beobachten zu definieren als Gebrauch einer Unterscheidung zum Zweck der Bezeichnung einer (und nicht der anderen Seite)" (KG: 99) – zu negieren.

[14] Und weiter: „die zu beobachten nur deshalb möglich ist, weil der Text in seiner verbindlichen Gestalt 'zeitfest' geworden ist" (SILL: 161).

Form (s. o.). Dass hier zu lösende Probleme für jede Interpretationstheorie liegen, dürfte deutlich sein. *Nicht nur: Der Text hat mehr 'zu bieten' als wir über ihn bzw. anhand von ihm sagen, sondern auch: Wir sagen mehr als der Text uns 'angeboten' hat.* Solchermaßen kann *Literatur* in ihrer Realisierung der Gleichzeitigkeit von wuchernder Semiose und zeitweiliger Sinnfixierung als *Einheit der Unterscheidung Text/Werk* definiert werden.

Grundsätzlich sei hier noch angemerkt, dass eine Konzeptualisierung denkbar wäre, die im Zuge (post)moderner Entwerklichungstendenzen statt mit der Unterscheidung Text/Werk mit Unterscheidungen wie bspw. Textualität/Text, Textur/Text oder Sprache/Text arbeitet. Einerseits wäre man damit die ganze Altlast des Werkbegriffs los und hätte dabei dennoch die grundlegende Unterscheidungssyntax der Medium/Form-Unterscheidung beibehalten: Textualität$_{[Medium]}$/Text$_{[Form]}$ bzw. Textur$_{[Medium]}$/Text$_{[Form]}$ bzw. Sprache$_{[Medium]}$/Text$_{[Form]}$. Eine solche Konzeption wäre sozusagen programmatisch up to date mit aktuellen Entwerklichungstendenzen. Andererseits würde man jedoch gewisse Charakteristika des Werkbegriffs, die trotz der Entwerklichungstendenzen signifikant bleiben (s. o.), verloren geben. Ich denke, dass die Konstellation 'Medium als wuchernde Semiose, als Potenzialität / Form als vorübergehende Stabilisierung, Sinnfixierung und Anschlussgarantie' besonders gut im Hinblick auf die begrifflichen Traditionen von Text und Werk funktioniert. Im Rahmen der basalen Konzeptualisierung der Arbeit, die die Medium/Form-Unterscheidung als eine ihrer syntaktischen Momente ausweist, ist es letztlich eine Frage der Gewichtung und nicht eine Frage unterschiedlicher Konzepte, ob man von Textualität/Text, Textur/Text oder Text/Werk ausgeht. *Konzeptuell* sind diese Unterscheidungen im Kontext der Medium/Form-Unterscheidung *isomorph*. Meines Erachtens lässt sich jedoch mit der Unterscheidung Text/Werk am Besten an begriffliche Traditionen im Rahmen ihrer Reformulierung und Dekonstruktion anschließen. *Mit der Unterscheidung Text/Werk kann man am deutlichsten an etablierte und bewährte Begriffe anschließen und gleichzeitig diese auch am deutlichsten re-justieren und re-codieren.* Hingewiesen sei noch darauf, dass eine eingehende interdisziplinäre und intermediale Auseinandersetzung, die systematisch Musik und bildende Kunst berücksichtigen würde, womöglich zu einer anderen Gestaltung der Medium/Form-Unterscheidung im Hinblick auf die Begriffe Textur, Text und Werk kommen würde. Je nach Beobachtungszuschnitt verschieben sich auch die Möglichkeiten der Begriffsverwendung.

*3.1.3 Bewusstsein/Kommunikation*

Bevor konkret das Sinn-Schema Text$_{[Medium]}$/Werk$_{[Form]}$ als Medium für die strukturelle Kopplung beobachtet wird, muss zunächst die grundlegende medientheoretische Re-Markierung der strukturellen Kopplung durchgeführt werden. Ich knüpfe hiermit an die Ergebnisse von Kap. 2.7 an, erweitere und verfeinere aber die Fokussierung, indem ich die These diskutiere, dass sich die strukturelle Kopplung konstitutiv in Form von Medien realisiert. *Ohne Medien keine strukturelle Kopplung* (und natürlich ohne strukturelle Kopplung keine Medien).

Die Argumentation soll auf die These hinauslaufen, dass sich die Wechselseitigkeit der wechselseitigen Konstitution von Bewusstsein und Kommunikation entlang von Autokonstitution via Autokonstitution und entlang von operativer Geschlossenheit, nur dann einstellen kann, wenn Bewusstsein und Kommunikation dafür *Medien* zur Verfügung haben. Bzw.: Bewusstsein und Kommunikation und ihre strukturelle Kopplung gibt es allein dann, wenn Medien genau zum Zwecke der strukturellen Kopplung verwendet werden. Ohne Medien keine strukturelle Kopplung, kein Bewusstsein, keine Kommunikation – und selbstredend: Ohne strukturelle Kopplung, ohne Bewusstsein, ohne Kommunikation keine Medien. Bewegt man sich auf systemtheoretischem Terrain, kann nicht von Medien gesprochen werden, ohne dass nicht auch von Formen gesprochen wird (und vice versa). Wir haben gesehen, dass es Medien und Formen allein in der Medium/Form-Unterscheidung gibt, nur so und nie anders.[15] Hier geht es nun nicht darum, die Medium/Form-Unterscheidung als diese Unterscheidung zu beobachten, vielmehr soll diese Unterscheidung auf das Theorem der strukturellen Kopplung engeführt werden. Was kann man also an der strukturellen Kopplung (als konditionierter Koproduktion) beobachten, wenn man die Medium/Form-Brille aufsetzt.[16]

Wie ist es möglich, dass die *Auto*-Konstitution des einen Systems konstitutiv notwendig auf die *Auto*-Konstitution des anderen Systems angewiesen ist? Wie ist es möglich, dass die operativ *geschlossenen* Systeme *offen* sind für das 'Via' der Konstellation 'Autokonstitution via Autokonstitution'? Wie also kann die Selbstreferenz des einen Systems als Fremdreferenz des anderen Systems genutzt werden? Wie ist aufgrund von operativer Geschlossenheit und dem 'Auto' der

---

[15] Somit ist jede Medientheorie bzw. -wissenschaft immer zugleich auch konstitutiv eine Formtheorie bzw. -wissenschaft. – Dass das Medium ebenso wie das Zeichen weder positiv noch identifikatorisch bestimmt werden kann, sondern allein differenziell, argumentiert JAHRAUS 2003: 249-298, insb. 264ff. Dies bedeutet, dass das Medium ein „prinzipiell unbestimmbarer, undefinierbarer Begriff" ist, da u.a. „[j]ede Definition [...] ihrerseits ein letztlich medialer Akt [ist], weil die Definition in einem Medium stattfinden muß; daher kommt sie gegenüber dem Medium immer zu spät. [...] Die Differentialität des Mediums bedeutet also, das Medium in seiner Definition konstitutiv zu verfehlen. Das Medium ist, was es gerade nicht ist." Auf dieser Grundlage kann dann Jahraus folgende Eigenschaften des Mediums beobachten, wohl wissend, dass diese Beobachtung immer schon zu spät gekommen sein wird. Das Medium 'ist' also „eigenschaftslos", „definitionslos", „subjektlos", „sinnlos", „zeitlos", „nicht vermittelnd und selbst unvermittelt" (alle Zitate ebenda: 265 und 266).

[16] Freilich ergibt sich auch als Nebeneffekt die umgekehrte Frage: Wie wird die Medium/Form-Unterscheidung er-beobachtet, wenn sie zum Zwecke der Beobachtung der strukturellen Kopplung eingesetzt wird?

Autokonstitution die Rede von wechselseitiger Affizierung und Konditionierung möglich? Jahraus schlägt vor, Medien als Verkörperungen von struktureller Kopplung *und* vice versa zu beobachten:

> Medien haben die Funktion, das Prozessieren eines Systemtyps zum Anstoßimpuls für das Prozessieren des anderen Systemtyps zu machen [...] sie gewährleisten Fremdreferenz durch den jeweils anderen Systemtyp und unterbrechen die Selbstreferenz des je eigenen Systemtyps (JAHRAUS 2001a: 107).

Das bedeutet, dass Medien die strukturelle Kopplung von Bewusstsein und Kommunikation leisten. Aufgrund der messerscharfen operativen Geschlossenheit der Systeme stellt sich die strukturelle Kopplung nicht einfach von alleine ein. Ließen sich Systeme und die strukturelle Kopplung ohne Medien denken (und dass lassen sie sich nicht!), wäre eine Systembegegnung durchaus mit dem Aufeinanderprall zweier Kugeln zu vergleichen. Systeme, die auch ohne Medien Systeme wären, koppelten sich somit miteinander immer mithilfe von etwas Drittem, den Medien, nie von sich aus oder: Ohne Medien wären die Systeme blind füreinander, sie könnten sich nicht 'wahrnehmen'. Da jedoch darauf hingewiesen wurde, dass die Systeme immer nur in der System-/Umwelt-Differenz vorkommen und nie isoliert und dass die strukturelle Kopplung kein zusätzliches, akzidentelles Moment, „kein ominöses Drittes, das zu Bewusstsein und Kommunikation hinzutritt" (ebenda: 111), sondern – wie gesehen – „eine substantielle Systemeigenschaft, eine conditio sine qua non" ist, müssen *Medien*, die die strukturelle Kopplung von Bewusstsein und Kommunikation leisten, selbst als *Realisierung der strukturellen Kopplung*, also auch als *substanzielle Systemeigenschaft*, als eine *conditio sine qua non* beobachtet werden (Zitat: JAHRAUS 2001b: 325. Somit: „Bewusstsein und Kommunikation [können] nicht mehr ohne Medien modelliert werden" (JAHRAUS 2001a: 110). Also: Ohne Medien keine Systeme und ohne Systeme keine Medien. Das hat die weitreichende Konsequenz zur Folge, dass es Medien sind, die „Bewusstsein und seine Wahrnehmung überhaupt erst kommunizierbar und im gleichen Zug Kommunikation überhaupt erst wahrnehmbar machen" (ebenda). Es gibt also nicht Bewusstsein, Kommunikation und die sie koppelnden Medien als drei voneinander getrennte Entitäten; die Medien sind somit keine selbstidentische Größe, die in einem Dazwischen von Bewusstsein und Kommunikation die Kopplung vollzieht (so wäre eher die Position von Siegfried J. Schmidt zu beschreiben), vielmehr unterscheiden sich Bewusstsein und Kommunikation voneinander und konstituieren sich wechselseitig immer in mediatisierter Form. In der Unterscheidung Bewusstsein/Kommunikation ist Medialität schon konstitutiv eingeschrieben:

> Bewußtsein und Kommunikation sind nicht auf Medien als von ihnen unabhängige Instanzen bezogen, vielmehr müssen Bewußtsein und Kommunikation ihrerseits als medial konstituiert gedacht werden (251). [...] *Bewußtsein und Kommunikation in struktureller Kopplung sind ihrerseits medial konstituiert. Das bezeichnet der Begriff der Medialität* (273) (JAHRAUS 2003).

Das bedeutet erstens, dass das „Medium seinerseits ein Konstitutionsmoment sowohl für Bewußtsein als auch für Kommunikation darstellt" (JAHRAUS 2003: 253), dass also die strukturelle Kopplung selbst bzw. ihre „prozessuale Doppeldimension [...] als das Medium überhaupt begriffen werden kann" (ebenda). Das Medium gibt es somit allein in Form von struktureller Kopplung von Bewusstsein und Kommunikation.[17] Zweitens bedeutet dies, dass durch diese Konzeption Bewusstsein und Kommunikation – als medienaffizierte und medienkonstituierte Instanzen – die „medial nicht mehr hintergehbare Fundierungsebene" (ebenda: 251) markieren. Die Unterscheidung Bewusstsein/Kommunikation ist somit nicht nur die 'Letztunterscheidung' der Systemtheorie, sondern die unhintergehbare Letztunterscheidung einer Medientheorie. Die Unterscheidung Bewusstsein/Kommunikation wird zur Fundierungsgröße für jegliches Konzeptualisieren von Medien und Medialität. Nicht zuletzt kommt es zu der Konstellation, dass „das Medium aus der Sicht des einen Systemtyps immer in der Form des anderen Systemtyps sichtbar, beobachtbar werden kann" (JAHRAUS 2003: 288).[18] Jahraus argumentiert hier mithilfe der Medium/Form-Unterscheidung:

> Medien leisten die strukturelle Kopplung und gleichzeitig sind in der strukturellen Kopplung sowohl Bewußtsein als auch Kommunikation Medien für Formen. Bewußtsein und Kommunikation sind Medien, in denen Formen granulieren können [...] Die Formbildung in einem Medium löst Formbildungen im anderen Medium systemspezifisch aus. Nichts anderes besagt strukturelle Kopplung. Dieser Theoriebaustein soll [...] dazu dienen, Bewußtsein und Kommunikation als Medien bzw. als Mediensysteme einzuführen (ebenda: 286).

Jahraus liefert hier eine radikale Perspektive, indem er die (beispielsweise von Siegfried J. Schmidt aufgestellte,[19]) These, dass Medien Bewusstsein und Kommunikation koppeln dahingehend rekonzeptualisiert, dass *Bewusstsein* und *Kom-*

---

[17] Also: „Das Medium ist die kognitive Disposition von Kommunikation und immer zugleich auch die kommunikative Disposition von Bewußtsein" (ebenda: 253). Und weiter: „[D]ie strukturelle Kopplung ist in der prozessualen Konstitution der beiden Systemtypen immer schon mitgegeben.

[18] Anders Karl Ludwig Pfeiffer: Für ihn sind Medien nicht konstitutiv für Bewusstsein und Kommunikation. Sie sind bei ihm kulturanthropologische Steigerungsformen des menschlichen Erlebens. Es handelt sich bei ihnen um „Ermöglichungsformen 'liminaler' bzw. 'liminoider' Erfahrungen", um Formen „gesteigerter Erfahrungen" (PFEIFFER, Karl Ludwig 1999: Das Mediale und das Imaginäre. Dimensionen kulturanthropologischer Medientheorie. Frankfurt a.M., 12). Medien „ermöglichen packende, faszinierende Erfahrungen, ohne welche soziale wie private Lebensformen imaginativ austrocknen würden" (ebenda: 22). Medien sind zwar in den kulturanthropologischen Index eingeschrieben, sie sind jedoch letztlich Zusätze, ohne die es grundsätzlich – freilich mit negativen Folgen – auch gehen würde. Jahraus' systemtheoretisches Konzept hingegen schreibt Medien konstitutiv in die Epistemologie ein: Ohne Medien kein Bewusstsein, keine Kommunikation, keine Wirklichkeit.

[19] Siehe SCHMIDT, Siegfried J. 1994: Kognitive Autonomie und soziale Orientierung. Konstruktivistische Bemerkungen zum Zusammenhang von Kognition, Kommunikation, Medien und Kultur. Frankfurt a.M.

*munikation* selbst – immer in struktureller Kopplung – bereits *Medien* (und zwar wechselseitig füreinander) sind.[20] Auf Grundlage der Medium/Form-Unterscheidung lässt sich sagen, dass sowohl Bewusstsein als auch Kommunikation Medien für Formen sein können. Wichtig ist dabei, dass unter allen Umständen die operative Geschlossenheit der beiden Systeme und die doppelte Autokonstitution gewahrt bleiben. Wenn das Bewusstsein Medium für kommunikative Formbildungen ist und vice versa, dann nicht in dem Sinne, dass mitten durch die Medium/Form-Unterscheidung beobachtet wird. Also nicht: Bewusstsein = Medium und Kommunikation = Form (und umgekehrt), sondern: Die systemspezifische Verwendung der Medium/Form-Unterscheidung durch das Bewusstsein löst eine systemspezifische Verwendung der Medium/Form-Unterscheidung in der Kommunikation aus (und umgekehrt). Die Formbildungen des Bewusstseins anhand des eigenen Mediums (Gedanken und Wahrnehmungen verwenden Gedanken und Wahrnehmungen als Medien, um Formen, also weitere Gedanken und Wahrnehmungen zu bilden) lösen im anderen System Formbildungen anhand des eigenen Mediums aus (Kommunikationen verwenden Kommunikation als Medien, um Formen, also weitere Kommunikationen zu bilden). Die jeweilige Verwendung der Medium/Form-Unterscheidung durch das eine System wird vom anderen System als Medium benutzt, um systemspezifisch die Medium/Form-Unterscheidung zu verwenden:

> Kommunikation ebenso wie Bewußtsein sind je eigenes Medium für je eigene Formbildung. Die Formbildung im einen System initiiert die Formbildung im jeweils anderen. Dies vollzieht strukturelle Kopplung. Bewußtsein und Kommunikation sind somit als Medien Systeme; *sie sind die basalen Mediensysteme*. Ich gehe also davon aus, daß sowohl Bewußtsein als auch Kommunikation sich als Formbildungsprozesse im je eigenen Medium, das sie sind, vollziehen. Ich möchte damit Konzeptualisierungen umgehen, die von Bewußtsein als Medium der Kommunikation und umgekehrt sprechen. Denn diese Redeweise ist schlichtweg undeutlich und kann zu dem Mißverständnis führen, daß im Medium Bewußtsein Kommunikation Form annimmt (bzw. bildet) oder umgekehrt. Formen sind immer an das spezifische, d. h. systemische Medium gebunden. [...] [I]ch gehe davon aus, daß die Formbildung in einem System durch die Formbildung im anderen angestoßen werden muß, und bezeichne dies als strukturelle Kopplung. Die Formbildung des Mediums macht Bewußtsein kommunizierbar und Kommunikation kognitiv wahrnehmbar. [...] Nur dadurch erscheint das jeweils andere System als Medium für das erste System. [...] In diesem Rahmen müssen nur die beiden Systeme Bewußtsein und Kommunikation vorhanden sein und ihre konstitutive Eigenschaft, in ihrer Medialität auf Formbildungen mit Formbildungen zu reagieren und vice versa (ebenda: 287).

---

[20] In diesem Sinne lässt sich dann auch der Begriff *Medialität* einführen: „Die Differentialität des Mediums ist (nichts anderes als) die Differentialität von Bewußtsein und Kommunikation in struktureller Kopplung" (JAHRAUS 2003: 273), also: „Bewußtsein und Kommunikation sind in struktureller Kopplung ihrerseits medial konstituiert. Das bezeichnet der Begriff Medialität" (ebenda).

Diese Konzeptualisierung beantwortet die oben gestellten Fragen, indem sie die operative Geschlossenheit und das 'Auto' der Autokonstitution strikt als diese beibehält und die operativ geschlossenen, autokonstitutiven und autoreferenziellen Formen[Medium/Form] als Medium für operativ geschlossene, autokonstitutive und autoreferenzielle Formen[Medium/Form] beobachtet.

Wenn man diese abstrakte Konzeptualisierung auf 'konkrete' Medien wie Sprache, Schrift, Stimme, Buch, Radio, Fernsehen, Computer, Film usw. bezieht, ergibt sich folgende Konstellation: Weil gilt, dass „das Medium aus der Sicht des einen Systemtyps immer in der Form des anderen Systemtyps sichtbar, beobachtbar werden kann" (JAHRAUS 2003: 288), muss auch gelten, dass aus der Sicht des Bewusstseins Sprache, Schrift, Stimme, Buch, Radio, Fernsehen, Computer, Film usw. immer konstitutiv als Kommunikation erscheinen und dass umgekehrt aus der Sicht der Kommunikation Sprache, Schrift, Stimme, Buch, Radio, Fernsehen, Computer, Film usw. immer konstitutiv als Bewusstsein erscheinen. Nie gibt es diese Medien 'an sich', sondern immer *als* Bewusstsein oder *als* Kommunikation. Also *nicht*:

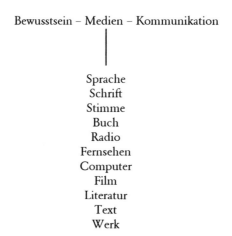

sondern:

| | |
|---|---|
| Fernsehen | Fernsehen |
| Computer | Computer |
| Film | Film |
| Literatur | Literatur |
| Text | Text |
| Werk | Werk |

Auch in diesem Sinne sind Medien das, was sie nicht sind. Medien werden zu Medien in ihrer De-Identifikation innerhalb der strukturellen Kopplung. Sprache ist *bewusst* die Sprache, die sie ist und gleichzeitig die Sprache, die sie *kommunikativ* ist. Sprache gibt es nicht als eine genuine Größe, die bewusst bzw. kommunikativ angezapft werden kann, sondern Sprache ist das, was sie ist, konstitutiv in der Unterscheidung Bewusstsein/Kommunikation. Sie erhält ihre Identität in dem Unterschied, in dem einen System bewusst und in dem anderen System kommunikativ zu sein. Alle Medien erhalten somit ihre Identität als Unterschiede entlang der Unterscheidung Bewusstsein/Kommunikation. Medien sind entweder als Bewusstsein oder als Kommunikation das, was sie sind bzw.: Bewusstsein und Kommunikation sind per se und konstitutiv medial. Somit gilt: *Die Welt ist alles, was die strukturelle Kopplung ist und die strukturelle Kopplung ist alles, was der Fall ist – entlang von Medien und Medienkonkretisationen.* Wenn nun die Unterscheidung Bewusstsein/Kommunikation zunächst als Letztunterscheidung und dann Bewusstsein und Kommunikation als wechselseitige Mediensysteme beobachtet werden, sodass Bewusstsein und Kommunikation allein als Medien Bewusstsein und Kommunikation sind, dann lässt sich formulieren: *Die Welt ist alles, was medial ist. Medien sind alles, was der Fall ist.* Sybille Krämer formuliert analog, wenn auch etwas vorsichtiger: „Wir haben nicht die Welt, sondern immer nur eine historisch kontingente Version von der Welt. Diese Version aber trägt unentrinnbar die Spur der Medien, in und durch deren Gebrauch sie entsteht" (KRÄMER 2001: 171f). Somit: *Die Welt ist immer Welt-in-einem-Medium.*

*Text/Werk*. Die Hauptthese ist also, dass Medien die strukturelle Kopplung realisieren, indem die Medien aus der Sicht des einen Systemtyps immer in der Form des anderen Systemtyps sichtbar werden. Dabei fungiert das Medium als Medium in Form von Medienkonkretisationen. Bewusstsein und Kommunikation sind strukturell gekoppelt via konkreter Medien (Sprache, Text, Film, Imaginäres, Halluzinatorisches usw.).[21] In diesem Zusammenhang argumentiert Jahraus, dass die Sprache als konkretes Medium der strukturellen Kopplung und der Text als „Schaltstelle zwischen Kommunikation und Bewußtsein" beobachtet werden kann (JAHRAUS 2001a: 113 und 166). Diese Perspektive hängt mit der

---

21 Hierzu in Bezug auf S.J. Schmidt JAHRAUS 2001a: 111f.: „Medien – in der allgemeinen Begriffsbestimmung – stellen somit lediglich ein Potential dar, das es erst durch Konkretisierung in solchen Formationen (Medienangeboten) aktualisiert werden kann, auf die Bewußtsein und Kommunikation 'ansprechen'".

grundsätzlichen Annahme zusammen, dass der Text nicht einfach als Text erscheint, sondern, „dass ein Text nicht ohne die Kommunikation, in der er erst als Text in Erscheinung tritt, als Text konstituiert wird" (ebenda: 164). Als *Schaltstelle* verweist er die „an ihn ansetzenden Anschlusshandlungen auf die beiden Systemtypen als Referenzrahmen" (ebenda). Somit ist der Text weder Ausdruck eines Bewusstseins oder gar einer Autorenintention, noch ist er der äußere Anlass für kommunikative Akte und kommunikative Kondensationen wie Produzent, Vermittler, Rezipient oder Verarbeiter (im Sinne der Empirischen Literaturwissenschaft eines S.J. Schmidt). Der Text als Medium und somit als strukturelle Kopplung zwischen Bewusstsein und Kommunikation ist ein Klappmechanismus, der als die Barre („-/-") der Unterscheidung die Komplexitätsbelastungen beider Seiten ertragen muss und ertragen kann.

Mithilfe von Grassmucks Ausführungen zur Figur des *Fikusâ* lässt sich die Rolle des Textes noch präzisieren.[22] Ein Fikusâ lässt sich folgendermaßen charakterisieren:

> Er [Fikusâ] ist ein Wesen, das sich instinktiv an den Schnittstellen zwischen Systemen anlagert; der Adapter, der die Operationen leistet, die operativ geschlossene (Otaku-) Systeme miteinander verbinden. [...] Ein Fikusâ ist ein Koordinator; eine Figur des Dazwischen; ein Bindeglied; eine fließende, bewegliche Figur [...] ein Gateway. Eine Mediatrix, ein go-between, ein Intermediär. Der Fikusâ ist ein 'Medium' [...] eine Borderline-Figur, ein Grenzgänger (GRASSMUCK: 239f.).

Wichtig ist, dass der Fikusâ in seiner Funktion als Adapter eine Konversionsleistung erbringt. Er führt für die Systeme eine „Umformatierung" (ebenda: 241) durch. Das heißt, dass er Operationen des einen Systems so umformatiert, dass sie im anderen System als Informationen lesbar werden und umgekehrt. In unserem konkreten Falle würde dies Folgendes bedeuten: Bewusstsein und Kommunikation sind operativ geschlossene Systeme, mit je eigener Morphologie und Struktur. Sie können nicht jeweils in das andere System hineinoperieren. Der Fikusâ nun transformiert Ereignisse des Bewusstseins so um, dass sie von der Kommunikation als Informationen beobachtbar und verarbeitbar werden. Die Kommunikation kann ja nicht die Bewusstseinsvorgänge an sich beobachten, sondern 'nur' das Bewusstsein 'in Form' von Kommunikation. Das gilt selbstverständlich auch umgekehrt. Ohne den Fikusâ würden lediglich Ereignisse an Ereignisse prallen, ohne Informationswert, das heißt, es würde zu einem heillosen Rauschen kommen. Der Text (= Fikusâ) formatiert also Bewusstseinsvorgänge so um, dass sie von der Kommunikation als (nun kommunikative) Bewusstseinsvorgänge beobachtet werden und er formatiert Kommunikation so um, dass sie von

---

[22] GRASSMUCK, Volker 1999: Schließungen und Öffnungen. Medientheoretische Anmerkungen zu Otaku und Fikusâ. In: R. Maresch, N. Werber (Hgg.), Kommunikation. Medien. Macht. Frankfurt a.M., 220-244.

den Bewusstseinvorgängen wahrgenommen werden können.[23] Damit ist in anderer Terminologie noch einmal das betont, was im Hinblick auf die strukturelle Kopplung als Leitmotiv gelten kann, dass nämlich „das Medium aus der Sicht des einen Systemtyps immer in der Form des anderen Systemtyps sichtbar, beobachtbar werden kann" (JAHRAUS 2001a: 111). Das heißt in unserem Falle konkret, ein (literarischer) Text ist für das Bewusstsein immer Kommunikation und für die Kommunikation immer Bewusstsein.[24]

Als Fikusâ, als Barre fungiert der Text als doppeltes Medium: Qua Text kann das Bewusstsein die Medium/Form-Verwendungen der Kommunikation als Medium benutzen, um eigene Medium/Form- Verwendungen zu prozessieren und qua Text kann die Kommunikation die Medium/Form-Verwendungen des Bewusstseins als Medium verwenden, um eigene Medium/Form-Verwendungen zu prozessieren. Bewusstsein und Kommunikation verwenden sich anhand des Textes gegenseitig als Medien:

$$\text{Bewusstsein}_{[Text]} \quad / \quad \text{Kommunikation}_{[Text]}[25]$$

Der Text ist sowohl auf der Bewusstseins- als auch auf der Kommunikationsseite zu haben. Solchermaßen ist ein Text für das Bewusstsein immer Kommunikation und für die Kommunikation immer Bewusstsein.

*Zum einen* ist der Text für die Kommunikation immer Ausdruck eines psychischen Systems. Damit ist nicht gemeint, dass sich im Text die Intention des Autors manifestiert oder dass Wahrnehmungen oder Gedanken in die Kommunikation sickern, sondern dass in Form des Textes die Medium/Form-Verwendungen des Bewusstseins als eben Medium/Form-Verwendungen des Bewusstseins kommuniziert werden. Zu aller erst entlang des Textes kann die Kommunikation kommunizieren, dass das Bewusstsein operativ geschlossen ist und dass die Bewusstseinsoperationen kommunikativ unzugänglich bleiben. Am Text prozessiert die Kommunikation die Unterscheidung Bewusstsein/Kommunikation und entlang des Textes kommuniziert die Kommunikation, dass sie nicht Wahrnehmungen und Gedanken kommuniziert, sondern über Wahrnehmungen und Ge-

---

[23] Damit hat der Fikusâ – als Medium – „die Funktion, das Prozessieren eines Systemtyps zum Anstoßimpuls für das Prozessieren des anderen Systemtyps zu machen. [...] sie [Medien] gewährleisten Fremdreferenz durch den jeweils anderen Systemtyp und unterbrechen die Selbstreferenz des je eigenen Systemtyps" (JAHRAUS 2001a: 107). Der Fikusâ antwortet auf die Frage, wie es möglich ist, dass die Selbstreferenz des einen Systems als Fremdreferenz des anderen Systems genutzt werden kann bzw. muss?

[24] Gegenüber Grassmuck muss abweichend betont werden, dass der Fikusâ nicht ein Drittes ist, das zu den Systemen hinzukommt. Grassmuck konzipiert ihn als eine selbstidentische (zuweilen auch personifizierte) Einheit, die als solche zwischen den Systemen positioniert ist. Jedoch: Der Fikusâ ist an die Systeme konstitutiv gebunden. Es gibt ihn nicht unabhängig von den Systemen, die er koppeln soll. Der Fikusâ 'erscheint' immer 'in Form' eines Systems und nie als er selber.

[25] Also nicht: Bewusstsein – Text – Kommunikation.

danken kommuniziert. So etabliert die Kommunikation eine kommunikative Version von Wahrnehmungen, Gedanken, Imaginärem oder Halluzinatorischem. Der Text liefert – selbst völlig geruchlos, blind, taub, geschmacklos, gefühllos, gedankenlos usw. – der Kommunikation somit eine mediatisierte Wahrnehmung. Indem anhand des Textes (des Mediums) Wahrnehmungen, Gedanken, Imaginäres oder Halluzinatorisches als operativ unzugänglich markiert werden, werden sie als kommunikativ zugänglich markiert. Im Hinblick auf Literatur (und Kunst) kann dann behauptet werden, dass Literatur bei Aufrechterhaltung der operativen Trennung zwischen wahrnehmenden psychischen Systemen und Kommunikation die Funktion hat, Wahrnehmung für Kommunikation verfügbar zu machen. Kommunikation kann nicht wahrnehmen (riechen, schmecken, fühlen, sehen, tasten) und Wahrnehmung kann nicht kommunizieren. Die Unverfügbarkeit der Wahrnehmung für Kommunikation wird innerhalb der Literatur als diese Unverfügbarkeit dargestellt. Somit kommuniziert Kommunikation in Form von Literatur paradoxerweise über die Verfügbarmachung des Unverfügbaren und markiert den Ausschluss der Aisthesis aus der Kommunikation als ihr konstitutives Problemfeld. Somit werden Autopoiesis und operative Geschlossenheit in diesem Sinne zur conditio sine qua non von Literatur (und Kunst). Im Kontext von experimenteller Prosa werden wir in Kap. 3.3 diese Konstellation wiedertreffen und die Figur einer *Poetik der Kognition* (sensu Block) diskutieren.

*Zum anderen* ist der Text für das Bewusstsein immer Ausdruck von Kommunikation. Anhand des Textes wird die für Kommunikation konstitutive Konstellation Information – Mitteilung – Verstehen prozessiert. Wie Jahraus betont, ist der Text das

> kommunikative Material [...]. Medien materialisieren die Differenz zwischen Information und Mitteilung und machen sie damit im Hinblick auf das Verstehen überhaupt erst operationalisierbar. Kurz gesagt: Ohne Medien [Texte] kein Verstehen! Das gilt sowohl für psychisches Verstehen als auch für soziales Verstehen, auch wenn kommunikativ eben immer nur wieder soziales Verstehen sozial greifbar wird (JAHRAUS 2001a: 115).

Anhand des Textes erkennt das Bewusstsein, dass die anderen Bewusstseine operativ, weil wie es selbst operativ geschlossen, unzugänglich sind, indem es erkennt, dass Kommunikation nichts Psychisches enthält, sondern Informationen und Mitteilungen verteilt. Entlang des Textes kann das Bewusstsein prozessieren, dass es etwas anderes ist als Kommunikation, gleichzeitig aber selbst Informationen von Mitteilungen unterscheiden und somit verstehen. Diese Bewegung kann als *strange loop* bezeichnet werden, da das Bewusstsein, indem es den Text als Kommunikation liest, die Information (Bewusstseine und Kommunikation sind zu differenzieren) von den Mitteilungen (Textart) unterscheiden, also verstehen kann. Entscheidend ist, dass der Text als Medium dem Bewusstsein und der Kommunikation dazu dient, das für beide konstitutive *re-entry* zu vollziehen: konstitutiv anhand einer Medienkonkretisation (beispielsweise Text) tritt die Unterscheidung Bewusstsein/Kommunikation im Bewusstsein bewusst und in der Kommunikation kommunikativ wieder ein.[26]

An diese Überlegungen möchte ich nun die These anschließen, dass nicht der Text (allein), als Medium der strukturellen Kopplung dient, sondern das Sinn-Schema Text/Werk. Grundsätzlich bedeutet dies, dass Bewusstsein und Kommunikation nicht (allein) qua Medien, sondern durch die konkrete Ausformulierung der Medium/Form-Unterscheidung strukturell gekoppelt werden. Medien und Formen (im Rahmen der Unterscheidung Medium/Form) sind Medium der strukturellen Kopplung. In unserem Fall ist die Unterscheidung Text$_{[Medium]}$/Werk$_{[Form]}$ das Medium für die strukturelle Kopplung. Die Folgethese besagt nun, dass Bewusstsein und Kommunikation konstitutiv im Kontext von loser und strikter Kopplung strukturell gekoppelt werden müssen. Allein Medien, an denen der Unterschied zwischen losen Elementen (Medium) und festen Elementen (Form) beobachtbar ist, sind Medien der strukturellen Kopplung. Nur so kann qua Text das eine System in Form des anderen Systems sichtbar werden. Ich lese den Text also nicht als sprachliches Material, das als Text identifiziert (oder als solches nicht identifiziert) worden ist (sensu JAHRAUS 2001a: 113), also nicht als Form im Medium der Sprache, sondern als Medium im Sinne der absoluten und bestimmten Prolepsis. In meiner Beobachtung ist weder allein eine konkrete Materialisierung oder Formierung (Form) noch nur die schiere Potenzialität des Medium das Kopplungsmoment, sondern die konstitutive Differenz von Medium und Form. Bewusstsein und Kommunikation werden in Form von festen Elementen (= Werk), im Medium von losen Elementen (Text) strukturell gekoppelt. *Das heißt im Hinblick auf Literatur, dass Bewusstsein und Kommunikation qua Werk (Form) im Medium des Textes strukturell gekoppelt werden.* Nur so kommt das wechselseitige In-Beobachtung-Setzen in Gang.

Nun kann eine, *paradigmatisch anhand von Literatur beobachtbare*, Eigentümlichkeit beschrieben werden. Indem der Text als Text zu aller erst in der Kommunikation erscheint, kann das Werk (Form) als kommunikative Realisierung des Textes (Medium) angesehen werden. Das Werk markiert somit die literarische Kommunikation. Da nun das Literatursystem als Einheit der Unterscheidung symbolische/soziale Systemreferenz beobachtet werden kann (s. u.), kann

---

[26] Hierzu JAHRAUS 2001a: 223f.: „Da [...] beide die Differenz zwischen Kommunikation und Bewusstsein, in der sie stehen, über eine re-entry-figur intern noch einmal reproduzieren und an diesem re-entry die eigene Selbstproduktion katalysatorisch initiieren, kann das eine System dem anderen jeweils als Medium erscheinen. Kommunikation ist also Medium für Bewußtsein, Bewußtsein Medium für Kommunikation, wobei das Medium immer auch externalisiert werden kann, zum Beispiel in Texten. Bewußtsein und Kommunikation können sich also medial externalisieren, um unabhängig von der realen Präsenz das jeweils andere System prozessunabhängig in eigene Prozesse einzubinden. Wo Sinn immer an die strukturelle Kopplung beider Systeme gebunden ist, kann ein Medium den einen Systemtyp für den anderen substituieren. Die Disponibilität von Sinn, die dadurch gewonnen wird, kann als Zeichen definiert werden."

im Rahmen der Unterscheidung Bewusstsein/Kommunikation argumentiert werden, dass die Form (das Werk) die Reproduktion der literarischen *Kommunikation* sichert, während das Medium (Text) die Reproduktion des Bewusstseins sichert. Eigentümlich ist diese Konstellation deshalb, weil sowohl der Text als auch das Werk als kommunikativ in Richtung Bewusstsein konditionierende Sinn-Form beobachtet wurden. Es ergeben sich zwei Antwortmöglichkeiten. Erstens: Im Falle von Literatur wird paradigmatisch sichtbar, dass verschiedene Sinn-Formen jeweils unterschiedlich vom Bewusstsein und von der Kommunikation absorbiert werden. Das Bewusstsein verwendet die Sinn-Form Werk anders als die Sinn-Form Text. Zweitens: Im Zuge des Theorems der Sinn-Form muss obige Argumentation re-formuliert werden: Als Sinn-Formen sind immer Unterscheidungen zu beobachten. Solchermaßen sind nicht der Text *oder* das Werk *oder* das Buch *oder* der Film usw. Sinn-Formen, sondern die an ihnen konstituierten Unterscheidungen. Sinn-Formen sind Text/Werk, Buch/Schrift, Film/Bild usw. Somit:

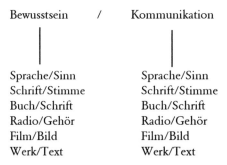

Im Falle von Literatur entlang der Unterscheidung Text/Werk ergibt sich, dass Literatur als Sinn-Form in Form der Sinn-Form Text/Werk beobachtbar ist. Mithilfe der Unterscheidung Text/Literatur ist „Literatur [als] eine weitergehende Aggregationsform von Texten" lesbar (JAHRAUS 2001a: 114). Literatur ist somit Form im Medium von Texten. Im Zuge der Unterscheidung Text/Werk kann gesagt werden, dass *Literatur als Werk* (also als literarische Kommunikation) *Form im Medium von Texten* ist.

Anhand der These, dass Sinn-Formen konstitutiv als Unterscheidungen beobachtbar sind, kann weiter argumentiert werden, dass bei jeder Sinn-Form das eine Antonym (eher) für die Reproduktion der Kommunikation (Schrift/<sub>Stimme</sub>, Buch/<sub>Schrift</sub>, Radio/<sub>Gehör</sub>, Film/<sub>Bild</sub>, Werk/<sub>Text</sub>) und das andere Antonym (eher) für die Absorption des Bewusstseins (<sub>Schrift</sub>/Stimme, <sub>Buch</sub>/Schrift, <sub>Radio</sub>/Gehör, <sub>Film</sub>/Bild, <sub>Werk</sub>/Text) zuständig ist. *Aufgrund* dieser Verzweigung koppeln Sinn-Formen, so die These, Bewusstsein und Kommunikation strukturell. Indem sie beide Systeme jeweils unterschiedlich bedienen, dienen sie beiden Systemen als Medium ihres wechselseitigen In-Beobachtung-Setzens und ihrer konditionierten Ko-Produktion. Ohne diese Verzweigung käme strukturelle Kopplung nicht zustande. In unserem konkreten Falle bedeutet dies also, dass im Rahmen der Sinn-Form Text/Werk die Werkseite die literarische Kommunikation und die Textseite das Bewusstsein bedient. Damit gilt für Literatur im Allgemeinen, was Hühn der Lyrik im Besonderen zuschreibt, wobei gesagt werden kann, dass diese Konstellation exemplarisch anhand von Lyrik (Hühn) bzw. anhand von experimenteller Prosa (Grizelj) beobachtbar wird:

> Für ihn [Hühn] stellt sich das Gedicht als 'Medium im Bewußtseinsprozeß[]' dar, mit dessen Hilfe das Bewußtsein seinen an sich für sich selbst uneinholbaren Prozeß der Gedankenkonstitution als Vorstellung beobachten kann. [...] Das Gedicht ermöglicht dem Bewußtsein mithin die Beobachtung des Unbeobachtbaren" (JAHRAUS 2001a: 216).[27]

Der Text[Medium] ist deshalb so bewusstseinsaffin, weil er als Medium (als Potenzialität und Prolepsis) und als Text (als wuchernde Semiosis) beobachtbar ist. *Nur indem man den Text im Sinne der oben explizierten dekonstruktiven Wendung als Überborden, als Über-den-Rand-Gehen, als a-systemische Größe, als wuchernde Semiosis beobachtet, hat man ein Medium, das das Bewusstsein absorbieren kann.* Dies deshalb, weil das Bewusstsein selbst ein Moment des Überbordens markiert. *Zum einen* reproduziert sich das Bewusstsein als psychisches System qua Wahrnehmungen, Gedanken, Vorstellungen im Modus von Assoziationen, Imaginärem, Halluzinatorischem, endothymen Momenten usw. Es hat seine Reproduktionseinheit in der Differenz seiner Operationen und reproduziert sich entlang der Bruchstellen der medialen Alienation. Das *Bewusstsein* ist ein Sinn-*System*, das mit Kommunikation strukturell gekoppelt ist und alle Eigenschaften von Sinn-Systemen hat (Autopoiesis, operative Geschlossenheit, Ereignishaftigkeit, Dezidiertheit, Reentry-Fähigkeit usw.), diese Eigenschaften aber nicht so stringent taktet wie die Kommunikation, die sich monoton qua Kommunikationen reproduziert. Das Bewusstsein ist ein System, aber eines, das loser organisiert ist als die Kommunikation, obwohl es in der strukturellen Kopplung mit Kommunikation formidentische Momente etabliert hat. Das *Bewusstsein* lässt sich solchermaßen als *quirlige Operationsmatrix* beschreiben. Andersherum muss formuliert werden, dass das Bewusstsein eine quirlige Operationsmatrix ist, weil es eben qua Text (als Überborden und Über-den-Rand-Gehen, als wuchernder Semiosis) im Rahmen der Text/Werk-Unterscheidung selbstsozialisiert wird. Da, wie gesehen, Sinn-Formen

---

[27] Dabei kapriziert sich Hühn besonders auf die Unterscheidung Selbst-/Fremdreferenz: „Interessanterweise dient in der Lyrik [...] der selbstreferentielle Hinweis auf den poetischen Charakter der eigenen Äußerung meist nicht zur Differenzierung von Fremd- und Selbstreferenz [...], sondern gerade der Einheit von Fremd- und Selbstreferenz. [...] Weil die Lyrik das Verhältnis von Fremd- und Selbstreferenz in dieser Weise relationiert, kann das psychische System, in Gestalt des Konstruktes des Ich, die selbstreferentielle Äußerung gezielt zu seiner Selbstkontinuierung einsetzen" (HÜHN, Peter 1993: Lyrik und Systemtheorie. In: H. de Berg, M. Prangel (Hgg.), Kommunikation und Differenz. Systemtheoretische Ansätze in der Literatur- und Kunstwissenschaft. Opladen, 114-136, 120).

sowohl Epiphänomen von struktureller Kopplung als auch Bedingung der Möglichkeit von struktureller Kopplung sind, muss gesagt werden, dass das Bewusstsein und der Text gleichursprünglich emergieren. Anhand des überbordenden und wuchernden Textes selbstsozialisiert sich das Bewusstsein als semiosisafin, indem der Text im Zuge der strukturellen Kopplung von Bewusstsein und Kommunikation als überbordender und wuchernder Text konstituiert wird. Luhmann argumentiert hier ganz analog, wenn er das Bewusstsein als „Irrwisch" bezeichnet.[28] Meine These ist nun, dass der *Irrwisch Bewusstsein* dieser Irrwisch in der Selbstsozialisation qua überbordendem und wucherndem Text ist. Implizit beschreibt Luhmann die mediale Alienation des Bewusstseins, die jetzt als Effekt der Unterscheidung Text/Werk beobachtet werden kann. Uns wird bewusst,

> wie unscharf wir auswählen müssen, um sagen zu können, was man sagen kann; wie sehr das herausgelassene Wort schon nicht mehr das ist, was gedacht und gemeint war, und wie sehr das eigene Bewußtsein wie ein Irrlicht auf den Worten herumtanzt: sie benutzt und verspottet, sie zugleich meint und nicht meint, sie auftauchen und abtauchen läßt. [...] Diese Überlegenheit des Bewußtseins über die Kommunikation (der natürlich in umgekehrter Systemreferenz eine Überlegenheit der Kommunikation über das Bewußtsein entspricht) wird vollends klar, wenn man bedenkt, daß das Bewusstsein nicht nur mit Worten oder vagen Wort- und Satzideen, sondern nebenbei und oft unvernehmlich mit Wahrnehmung und mit imaginativem Auf- und Abbau von Bildern beschäftigt ist. Selbst während des Redens beschäftigt sich das Bewußtsein unaufhörlich mit Wahrnehmungen (LUHMANN 1995b: 123).

Freilich kann das Bewusstsein als Irrwisch nicht kommuniziert werden. In struktureller Kopplung etabliert sich das Bewusstsein als Irrwisch, der, sobald es um Kommunikation geht, in „eine Situation des forced choice manövriert" wird (ebenda: 124).[29] In der Kommunikation muss das Bewusstsein als Kommunikation eindeutig sein und sich als Irrwisch invisibilisieren. Beides muss man konstitutiv aufeinander beziehen (Irrwisch Bewusstsein und eindeutige Kommunikation), weshalb ich ja auch die Sinn-Form Text[Irrwisch]/Werk[Eindeutigkeit] in den Fokus rücke.

---

[28] LUHMANN, Niklas 1995b: Die Autopoiesis des Bewußtseins (1985). In: Ders., Soziologische Aufklärung 6. Die Soziologie und der Mensch. Opladen, 55-112, 123.

[29] Von einer grundsätzlichen Unbestimmtheit des Bewusstseins spricht PAß, Dominik 2006: Bewußtsein und Ästhetik. Die Faszination der Kunst. Bielefeld. Im Hinblick auf das unhintergehbare dingonotlogische Schema der Sprache fragt Paß: „*Wie* also vom Bewußtsein sprechen, wie *nicht* von ihm sprechen?" (ebenda: 61). Die Beschreibung des Bewusstseins läuft immer dem Prozessgeschehen des Bewusstseins hinterher; das Bewusstsein wird in der Beschreibung seiner selbst verfehlt. Konsequent operativ-konstruktivistisch schlägt Paß vor, die Beschreibung des Bewusstseins als Konstruktion des Bewusstseins zu lesen. Das Bewusstsein ist nicht es selbst jenseits seiner Beschreibung, sondern die Beschreibung des Bewusstseins konstituiert und revidiert immer die Beschreibungen des Bewusstseins, die das Bewusstsein zuallererst als Bewusstsein etablieren. Das Bewusstsein ist das, was es in seinen Beschreibungen ist: Das unbeschreibbare Bewusstsein.

Freilich kann die These, dass das Bewusstsein textaffin auf der Grundlage eines dekonstruktiven Textbegriffs ist, auch an die Ausführungen zur Texttheorie angeschlossen werden. Dort habe ich im Hinblick auf einschlägige texttheoretische Ansätze formulieren können, dass der Text als striktes Beobachtungsphänomen weder als fertiges, statisches Gebilde mit einer klaren Morphologie noch als dynamische Sinnkonstruktionsgröße zu beobachten ist, sondern dass der Textbegriff vielmehr aus der unauflösbaren Spannung dieser beiden Pole emergiert.[30] Diese Spannung habe ich im Folgenden jedoch nicht im Textbegriff selbst verortet, sondern die Unterscheidung Text/Werk eingeführt und darauf verwiesen, dass dabei die Materialität von Texten als Werken die Außenseite der Innenseite der Medium/Form-Unterscheidung bildet. Was aus texttheoretischer, dekonstruktiver, medien- und systemtheoretischer Perspektive zu Text (und Werk) gesagt wurde, findet als Präfiguration in der These, dass das Bewusstsein textaffin (und das Werk kommunikationsaffin) ist, seine konfigurierende Einlösung.

Mit einem Vorgriff auf die Unterscheidung symbolische/soziale Referenz kann das Bewusstsein in Analogie zum Text (!) auch als Moment der wuchernden Semiosis bezeichnet werden. Wir haben ja entlang von Fuchs gesehen, dass das Bewusstsein Zeichen nicht nur prozessiert, sondern auch Zeichen als Zeichen wahrnimmt und beobachtet. Als dieses Zeichen prozessierende und Zeichen als Zeichen wahrnehmende und beobachtende System ist es _zum anderen_ von der konstitutiven Semiosis der Zeichen affiziert. Das Bewusstsein ist nicht nur formidentisch mit Kommunikation getaktet, sondern operiert im Hinblick auf die Zeichenhaftigkeit von Zeichen markant anders als die für die Semiosis blinde Kommunikation. *Während entlang des Werkes Literatur als literarische Kommunikation, d. h. als 'Sozialsystem' etabliert wird, wird entlang des Textes Literatur als 'Symbolsystem' etabliert.* Die Kommunikation ist vollkommen blind für die Semiose, da sie monoton und digital Anschlüsse an Anschlüsse reiht. Der Text hingegen ist in seiner Medialität eine semiotische Größe (und dies im oben beschriebenen dekonstruktiven Sinne). Solchermaßen sind die beiden Konstellationen Literatur[symbolisch/sozial] und Literatur[Text/Werk] symmetrisch und beide auch symmetrisch im Hinblick auf die strukturelle Kopplung. *Die Sinn-Form Text/Werk bedient mit ihrer Textseite das Bewusstsein, indem sie Literatur symbolisch taktet und sie bedient mit ihrer Werkseite die Kommunikation, indem sie Literatur sozial taktet.*[31] Strukturelle

---

[30] „Die beiden Auffassungsweisen schließen sich nicht aus, sondern bilden als solche eine spannungsreiche Einheit; erst ein komplexer Textbegriff, der das Zusammenwirken von Festgefügtheit und entgrenzender Bewegung, von syntagmatischer Geschlossenheit und paradigmatischer Polyvalenz fasst, vermag dem Kunstcharakter eines Textes gerecht zu werden" (MARTENS: 19f.).

[31] So ähnlich auch schon bei Jahraus, wobei hier die für meine Arbeit maßgebliche Idee des überbordenden Textes und des überbordenden Bewusstseins im Sinne einer wuchernden Semiosis fehlt: „Literatur ist insofern ein Kommunikationsmedium, das die Bedingungen des Verhältnisses der beiden Systemtypen Bewußtsein und Kommunikation für die beiden

Kopplung ergibt sich nur dann, wenn die im Hinblick auf die wechselseitige Konstitution vollkommen heterarchischen und symmetrischen Systeme Bewusstsein und Kommunikation im Hinblick auf ihre konditionierte Ko-Produktion qua Medien asymmetrisch operieren. Das Medium (die Sinn-Form Text/Werk) kann aus der Sicht des einen Systems immer in der Form des anderen Systems nur dann sichtbar werden, wenn die eine Sinn-Form-Seite ($_{Text}$/Werk) die Kommunikation und die andere Sinn-Form-Seite (Text/$_{Werk}$) das Bewusstsein bedient. Die Differenz von a-systemischem, überbordenden, wuchernden Text und (zeitweilig) sinnfixierendem, säumenden Werk diffundiert in die strukturelle Kopplung und affiziert die Beobachtung der symbolischen und sozialen Systemreferenz. Es dürfte nun nicht überraschen, wenn ich hier die These platziere, dass diese basale Konstellation insbesondere und exemplarisch entlang der Beobachtung von experimenteller Prosa HER(AUS)GESTELLT werden kann.

*3.1.4 Soziale/symbolische Systemreferenz*

Jahraus spricht von zwei 'Globalparadigmen', die die äußersten Enden von literarischer Kommunikation abstecken: zum einen den an der Innenseite des Textes sich abarbeitenden und semiotische Codes knackenden Strukturalismus (Literatur = Symbolsystem) und zum anderen die an der Außenseite des Textes konstruktivistisch sich abarbeitende Empirische Literaturwissenschaft (Literatur = Sozialsystem).[32] Um diese äußeren Enden nicht in ihrer Position erstarren zu lassen, sondern einen Beobachtungsfokus zu finden, der es erlaubt, beide aufeinander beziehbar zu machen, hat Claus-Michael Ort die Unterscheidung Symbolsystem Literatur/Sozialsystem Literatur eingeführt. Dabei wird nicht – und hier schlägt der operative Konstruktivismus der Systemtheorie zu – mit dieser Unterscheidung nachträglich Literatur schlicht betrachtet, sondern im Zuge dieser Unterscheidung werden die beiden äußersten Positionen „überhaupt erst in diese Konstellation der Gegenüberstellung" gebracht (JAHRAUS 2001a: 205). Die Unterscheidung Symbolsystem Literatur/Sozialsystem Literatur ist für die Beobachtung von Literatur konstitutiv.

Die *soziale Referenzebene* markiert die *Außenseite des Textes*; hier fungiert der Text als Anlass bzw. als Auslöser für kommunikative Anschlussselektionen, also für an

---

Systemtypen funktional umsetzt. Literatur als schriftliche Form im Medium der Sprache und der Textualität bedient sowohl Bewußtsein als auch Kommunikation, indem sie Bewußtsein bedient, ist sie als Symbolsystem konzeptualisierbar, indem es Kommunikation bedient, als Sozialsystem" (JAHRAUS 2001a: 215).

[32] JAHRAUS, Oliver 1999: Die Unhintergehbarkeit der Interpretation im Rahmen literaturwissenschaftlicher Theoriebildung. In: O. Jahraus, B. Scheffer (Hgg.), Interpretation, Beobachtung, Kommunikation. Avancierte Literatur und Kunst im Rahmen von Konstruktivismus, Dekonstruktion und Systemtheorie. (= IASL. 9. Sonderheft). Tübingen.214-291. Zu diesem Problemkomplex vgl. auch JAHRAUS 2003: 583-630.

ihm vollzogenen Kommunikationen, dabei etabliert sich Literatur als literarische Kommunikation, indem *über* literarische Texte kommuniziert wird. Hier wird der literarische Text als „kommunikatives Ereignis" ausgewiesen (ebenda: 166). Dabei bewegt man sich im Hinblick auf personale Identitäten auf der Ebene von Autor, Rezipient, Vermittler und Kritiker. Der sozialen Referenzebene werden des Weiteren die Größen soziale Systeme, soziale Gruppen, Institutionen, Rollen, Normen, Werte und Aktoren zugeschrieben.[33]

Die *symbolische (oder semiotische) Referenzebene* markiert die Ebene der Zeichen im Hinblick auf die Mittel des Sagens (Zeichen) und die Inhalte des Gesagten (Semantik). Sie bezieht sich auf das, was in einem Werk wie gesagt wird. Mit symbolischer Referenz wird die *Innenseite eines Textes* gekennzeichnet und umfasst die semiotische Ebene der Kommunikabilien und Bedeutungen. Auf dieser Ebene vollzieht der Text intern Kommunikation, indem er diskursiv-semantisch Zeichen prozessiert. Zur symbolischen Ebene zählen also die Sprache, der Stil, der Inhalt, die Charaktere, die narrative Struktur (Bildungsroman, Abenteuerroman, analytische/synthetische Erzählung usw.), literarische Mittel (Monolog, Dialog, stream of consciousness, Rahmen-/Binnenerzählung usw.), der literarische Status (Roman, Gedicht, Drama, Hybrid) und die ideen- und motivgeschichtlichen Bedeutungszuschreibungen. ORT 1992: 424 nennt hier Diskurse, Textklassen (Gattungen, Genres usf.), Texte, Propositionen und semantische Merkmale ('elementares') Wissen.

Entscheidend ist nun, dass beide Systemreferenzen „nicht unabhängig voneinander angenommen werden" können, beide sind „immer wechselseitig aufeinander bezogen" (JAHRAUS 2001a: 166). Sie sind „demnach wechselseitig füreinander Umwelt entlang der Grenzlinie des Textes. [...] Das bedeutet, daß sich Symbol- und Sozialsystem am (literarischen) Text wechselseitig konstitutiv voraussetzen" (ebenda: 209). Es handelt sich hier um eine „theoretische Leitdifferenz" und nicht um eine Alternative.[34]. Wenn dies so ist, dann wird schlagartig die Rede von *Symbolsystem* Literatur und *Sozialsystem* Literatur problematisch. Zwei ineinander verschränkte Irritationen schleichen sich hier ein: Erstens suggeriert diese Redeweise, dass wir es mit zwei verschiedenen Literatursystemen zu tun haben, weil zweitens die Rede vom Symbolsystem die „semiotische Dimension in den Rang eines Systems erhebt" und die „Semantik eines Textes [...] als empirisches Datum" gilt (JAHRAUS 2004: 142). Solchermaßen ist Literatur als

---

[33] ORT, Claus-Michael 1992: Vom Text zum Wissen. Die literarische Konstruktion soziokulturellen Wissens als Gegenstand einer nicht-reduktiven Sozialgeschichte der Literatur. In: L. Danneberg, F. Vollhardt in Zusammenarbeit mit H. Böhme und J. Schönert (Hgg.), Vom Umgang mit Literatur und Literaturgeschichte. Stuttgart, 409-442, 424.

[34] ORT, Claus-Michael 1993: Sozialsystem 'Literatur' – Symbolsystem 'Literatur'. Anmerkungen zu einer wissenssoziologischen Theorieoption für die Literaturwissenschaft. In: S. J. Schmidt (Hg.), Literaturwissenschaft und Systemtheorie. Positionen, Kontroversen, Perspektiven. Opladen, 269-294, 270.

Symbolsystem „auf andere Weise System denn als Sozialsystem" (ebenda). Nicht nur innerhalb einer systemtheoretischen Perspektive, die von Literatur als einem Funktionssystem spricht, aber besonders dort, scheint die Idee, dass die semiotische Dimension in ihrer Differenz zur kommunikativ-sozialen Dimension als System beobachtet werden kann, problematisch. Vielmehr muss formuliert werden, dass es entlang der strukturellen Kopplung von Bewusstsein und Kommunikation allein psychische und kommunikative Systeme gibt, wobei die Kommunikationssysteme intern durchaus semiotische Momente als interne Kommunikationen prozessieren. Die semiotische und die sozial-kommunikative Ebene sind nicht symmetrisch, da nur das Kommunikationssystem re-entry-fähig ist: Sozialsystem$_{[Symbolsystem/Sozialsystem]}$. Wie wir entlang von Fuchs gesehen haben, sind Zeichen soziales Material in der strukturellen Kopplung von Bewusstsein und Kommunikation und eben nicht eigenständig systemische Elemente. Gäbe es ein Symbol-*System*, gäbe es keine strukturelle Kopplung. Solchermaßen kann formuliert werden, dass es sich bei den Größen semiotisch und sozial – entlang des sozialen *re-entry* – „lediglich um unterschiedliche Sinndimensionen ein und desselben Systemtyps handelt, der kommunikativ [!] konstituiert ist" (JAHRAUS 2001a: 210).[35] Es gibt somit das eine Sozialsystem Literatur mit zwei unterschiedlichen Sinndimensionen: semiotisch-symbolisch und sozial. Ich würde noch stärker formulieren, dass es das Sozialsystem Literatur nur gibt, indem an ihm zwischen symbolischer und sozialer Sinndimension unterschieden wird. Die symbolische Sinndimension ist also kein kommunikativ zu vernachlässigender Wert, vielmehr ist das Sozialsystem *konstitutiv* auf die Unterscheidung symbolisch/sozial angewiesen ist. Ohne die symbolische Sinndimension gäbe es das Sozialsystem Literatur nicht, was eben aber nicht heißt, dass dem Symbolischen der Status eines Systems zugeschrieben werden kann. Das Sozialsystem Literatur ist dieses Sozialsystem nicht, weil es einfach Kommunikationen an Kommunikationen aneinandergereiht bekommt (solchermaßen würde es tautologisch implodieren), sondern weil es die Differenz der sozialen und der semiotischen Sinndimension *kommuniziert*. Kommunikation ist also Kommunikation konstitutiv über den Umweg des Semiotischen, das freilich keinen eigenständigen systemischen Status besitzt. Ich werde im Folgenden ausschließlich von symbolischer und sozialer Systemreferenz (bezogen auf das Sozialsystem) sprechen und die Redeweise Symbolsystem Literatur/Sozialsystem Literatur vermeiden.

Nun geht es C.-M. Ort nicht nur darum, die wechselseitige Aufeinanderbezogenheit der beiden Systemreferenzen theoretisch zu postulieren, sondern auch eine konkrete Größe zu benennen, an der diese Bezogenheit beobachtet werden kann. Sein Vorschlag ist, *Wissen* als *Nexus* von symbolischer und sozialer System-

---

[35] Weiter argumentiert JAHRAUS 2001a: 210 dass die semiotisch-symbolische Ebene die Sachdimension des Sinns betont, während die sozial-kommunkative Ebene die Sozialdimension prozessiert.

referenz zu fokussieren. Wissen wird über die Begriffe Affektivität, Einstellungen, Sprachkompetenz, Alltagswissen, Rituale, Mythen, Ideologien und Wissenschaften definiert (ORT 1992: 424). Wissen ist in diesem Sinne ein „leerer Vermittlungsbegriff am Schnittpunkt von semiotischer und sozialer Systemreferenz" (ebenda: 414) und „Literatur ist einerseits Quelle sozialen und kulturellen Wissens, andererseits aber gleichzeitig auch 'spezifischer Modus der Wissenskonstruktion'" (JAHRAUS, Oliver 2001a: 207). Da es ja Literatur nicht als Sozial- und Symbolsystem gibt, ist Wissen kein Kopplungsmechanismus zweier Systeme (oder Systemtypen), sondern eine Größe, die verschiedene Sinndimensionen des Sozialsystems Literatur koordiniert und konfiguriert. Anhand von Wissen reproduziert sich das Sozialsystem Literatur, indem es zwischen Vollzug des kommunikativ-sozialen Prozesses und semiotischen Momenten unterscheidet.

In Anbetracht dessen, dass qua Wissen die Funktion der Literatur zu konkretistisch auf den „sozial institutionalisierten semiotischen Konstruktionsmodus sozio-kulturellen Wissens" (ORT: 275) zugespitzt wird und Literatur in das Korsett gesteckt wird, „nur Wissensspeicher" und „gesellschaftliche Selbstbeschreibung" zu sein (JAHRAUS 2001a: 207), stellt sich Jahraus die Frage, „ob man den Nexus vom spezifizierten Wissen auf die unspezifizierte Kommunikation umstellen müsste" (ebenda: 207). Einerseits versucht Ort konkretistische Momente zu vermeiden, nicht umsonst spricht er von Wissen als leerem Vermittlungsbegriff und von einem Konstruktions-*Modus*, andererseits trifft die Kritik von Jahraus durchaus zu, dass Wissen letztendlich doch eine spezifische sozial legitimierte Größe ist. Wissen ist zwar ein Modus unserer WELTHER(AUS)STELLUNG, allerdings geht es Ort um die (wohl jeweils kontextgebundene) soziale Validität und Legitimität von Wissen. Was Jahraus' Vorschlag angeht, so bildet Kommunikation freilich den Nexus zwischen symbolischer und sozialer Referenz, allerdings immer und überall und nicht spezifisch für das Literatursystem. Jahraus versucht mithilfe der basal allgemeinen und unspezifischen Kommunikation die spezifisch literarische Kommunikation zu beobachten.

Mithilfe von Jahraus' Vorschlag kommt meines Erachtens zwar Kommunikation im Allgemeinen, jedoch nicht literarische Kommunikation als spezifische Kommunikation im Besonderen in den Blick. Wenn man nun den einen Nexus beobachten will, so muss man, so die erste These, verschiedene Abstraktionsstufen berücksichtigen und, so die zweite These, nicht nur einen Nexus, sondern mehrere beobachten. Auf der obersten Abstraktionsstufe ist Kommunikation als Nexus beobachtbar. Auf einer niederen Abstraktionsstufe kann das Wissen als Nexus beobachtet werden, wobei dabei neben dem Problem der rigiden Funktionsbestimmung noch ein ganz anderes und meines Erachtens gewichtigeres Problem auftaucht. Ebenso wie Kommunikation ist Wissen für die Beobachtung von Literatur zu unspezifisch, da Wissen in der Gesellschaft nicht eigenlogisch genug prozessiert wird. Damit ist Folgendes gemeint: Es geht darum, dass ein gesamtgesellschaftlicher Modus des Welther(aus)stellens (Kommunikation und

Wissen) deshalb als Nexus dienen kann, weil er einerseits überall in der Gesellschaft (in Interaktionen und Funktionssystemen) relevant ist, aber als Nexus von symbolischer und sozialer Systemreferenz immer systemspezifisch codiert werden muss. Wenn man Kommunikation oder Wissen als Nexus beobachtet, so muss man beobachten können, wie diese allgemeinen Modi jeweils systemspezifisch realisiert werden. Die Kommunikation und das Wissen müssen im Literatursystem und im beispielsweise Wissenschaftssystem jeweils anders sein. Funktionssysteme etablieren sich solchermaßen, indem sie in die Identität mit der Gesellschaft (qua Kommunikation oder Wissen) Differenz einbauen (literarische oder wissenschaftliche Kommunikation, literarisches oder wissenschaftliches Wissen). Funktionssysteme (re-)produzieren sich entlang dieser Differenz von Identität und Differenz. *Ein Nexus von symbolischer und sozialer Referenz ist deshalb als Nexus beobachtbar, weil sich an ihm die Identität von System und Umwelt und gleichzeitig die Differenz von System und Umwelt beobachten lässt.* Auf hohen Abstraktionsstufen können Kommunikation und Wissen als Nexi beobachtet werden und es macht auch Sinn von literarischer Kommunikation, wissenschaftlicher Kommunikation, literarischem Wissen und wissenschaftlichem Wissen zu sprechen, aber die Spezifizität der Systeme kann nicht auf diesen Abstraktionsstufen erfasst werden. Dies bedeutet, dass man sich, um Systeme identifizieren zu können, auf niedrigere Abstraktionsstufen begeben muss. Man muss Nexi beobachten, die *spezifisch unspezifisch* sind, die also überall in der Gesellschaft auftauchen (Identität), aber jeweils so systemspezifisch zugerichtet werden (Differenz), dass von einem Literatursystem oder einem Wissenschaftssystem usw. die Rede sein kann. Es lässt sich also von literarischer oder wissenschaftlicher Kommunikation, von literarischem oder wissenschaftlichem Wissen allein über den Umweg über niedrigere Abstraktionsstufen sprechen. Im Hinblick auf Literatur stelle ich die These auf, dass Literatur konstitutiv über die Nexi Text/Werk, Narrativität und des Sinn-Schemas narrativ/a(nti-)narrativ als Literatur beobachtet werden kann. Wenn also von einem Nexus von sozialer und symbolischer Systemreferenz die Rede ist, so nur im Rahmen einer rekursiv sich verschleifenden Reihe. Diese Rekursionsreihe ist solchermaßen nicht Mittel zum Zweck der Beobachtung, sondern selbst konstitutiver Teil der Argumentation. *Beispielsweise* an folgende Reihen im Hinblick auf den Nexus von symbolischer und sozialer Systemreferenz ist zu denken:

Literatur:

Kommunikation →
    Wissen →
        Text/Werk →
            Narrativität →
                experimenteller Prosa
                    (narrativ/a(nti-)narrativ)

Wissenschaft:

Kommunikation →
    Wissen →
        Theorien →
            Disziplinen →
                Methoden[36]

Rekursion indiziert hier, dass die niedrigeren Abstraktionsstufen nicht schlicht auf die höheren folgen, sondern mit den Punkten der niedrigen Abstraktionsstufen werden die Punkte der höheren Abstraktionsstufen zu aller erst als Nexus von symbolischer und sozialer Systemreferenz (nach-)konstituiert. Wie gesagt, von literarischer Kommunikation lässt sich nicht allein qua Kommunikation, sondern erst im Zuge von Text/Werk und Narrativität reden. Dabei kommt auch hier wieder die These zum tragen, dass experimentelle Prosa als *exemplarisches* Verstärkungsmoment dient: *Insbesondere* entlang von experimenteller Prosa kann die Notwendigkeit, eines Nexus von symbolischer und sozialer Referenz, also die Notwendigkeit der Rekursionsreihe beobachtet werden. Dies deshalb, weil experimentelle Prosa den Nexus nicht nur zur Voraussetzung hat, sondern auch explizit zum Thema. Experimentelle Prosa kommuniziert über den Nexus und macht solchermaßen exemplarisch beobachtbar, wie literarische Kommunikation sich reproduziert.

Jahraus schlägt einerseits Kommunikation als Nexus vor, argumentiert aber andererseits weite Strecken mit dem Begriff des Textes. Es ist der Text, der als konstitutive „Grenze zwischen Symbol- und Sozialsystem" (JAHRAUS 2001a: 208) beobachtet werden kann:

> Symbolsystem und Sozialsystem wären demnach wechselseitig füreinander Umwelt entlang der Grenzlinie des Textes. [...] Das bedeutet auch, daß sich Symbol- und Sozialsystem am (literarischen) Text wechselseitig konstitutiv voraussetzen (ebenda: 209).

Der Grenzbegriff dient dazu, das prozessuale Kommunikationskonzept und das Konzept des literarischen Textes produktiv ins Verhältnis zu setzen. Doch wie schon beim

---

[36] Auf einer anderen Konzeptualisierungsebene ließe sich überlegen, ob nicht auch Publikationen als ein relevanter Nexus des Wissenschaftssystems beobachtet werden können.

Zeichenbegriff erweist sich gerade der Textbegriff vor dem Hintergrund einer prozessualen Bestimmung als problematisch. Aus diesem Grunde gilt es, die Konzepte von Text und Kommunikation einander anzunähern und nach der Bedeutung des Textes für die Kommunikation zu fragen (JAHRAUS 2004: 145).[37]

Eine Annäherung von Text und Kommunikation erfolgte schon durch die Formel: „Die Differentialität des Textes besteht somit darin, daß ein Text nicht ohne die Kommunikation, in der er erst als Text in Erscheinung tritt, als Text konstituiert wird" (JAHRAUS 2001a: 164). Wenn der Text die Grenze von symbolischer und sozialer Systemreferenz markieren soll, so nicht als materielles Objekt, nicht als Artefakt mit genuin semiotischer Substanz, sondern als kommunikatives Epiphänomen. Meine Überlegungen zum 'Text als Text' und 'Text als Kommunikation' im Rahmen der Unterscheidungen Artefakt/ästhetisches Objekt und Medium/ Form stellen sich nun als Versuche heraus, den Text als konstitutive Grenze zwischen symbolischer und sozialer Systemreferenz lesbar zu machen. Nur indem der Text(begriff) derart theoretisch gestaltet wird, bekommt er den Status der Grenzlinie. Meine Versuche zielen also darauf ab, den Textbegriff so zu fundieren, dass er im Rahmen von literarischer Kommunikation nicht nur beobachtbar bleibt, sondern eine theoriebautechnische Schlüsselposition erhält. Allerdings haben die bisherigen Überlegungen gezeigt, dass der Textbegriff nicht so ohne weiteres diese Schlüsselposition zugeschrieben bekommen kann. Der Text als Text bleibt für die literarische Kommunikation unsichtbar. Aufgrund dessen haben wir zunächst die Differenz von Text als Text/Text als Kommunikation getroffen, um schließlich die Grenzlinie von symbolischer und sozialer Systemreferenz nicht allein dem Text, sondern der Text/Werk-Unterscheidung zuzuschreiben. Weil der Text im Rahmen der Medium/Form-Unterscheidung als überbordendes Medium, als Prolepsis, als wuchernde Semiose das an der Kommunikation ist, was nicht Kommunikation ist und weil die Kommunikation in Form von Werken markieren kann, dass *kommunikativ* zwi-

---

[37] Im Hinblick auf den Begriff Kompaktkommunikation heißt es dann bei JAHRAUS 2001a: 158: „Kompaktkommunikation bedeutet [...] ein Switching des Textes zwischen der Ebene der Textualität und der der Kommunikation." Als Kompaktkommunikation vollzieht der (schriftliche) Text einerseits selbst intern Kommunikationen, indem er Zeichen prozessiert und zwar sowohl auf rein semiotischer Ebene der Signifikanten als auch auf diskursiv-semantischer Ebene. Andererseits ist der Text auch „Bestandteil, differentielles Ereignis, von Kommunikation (extern)" (ebenda: 157) – anlässlich des Textes entzünden sich an ihm Kommunikationen. Der Text ist in diesem Sinne sowohl die Einheit der in ihm enthaltenen Kommunikabilien (Zeichen, Symbole, Botschaften, Themen, Bedeutungen, Diskurse usw.) als auch der Auslöser für an ihm vollzogene kommunikative Operationen. Der Text ist die Differenz von Semiotik und Kommunikation. -- In diesem Kontext stellt Ort die wichtige Frage, ob der „Sinn (als Verweisungsstruktur) [von der] Zeichenstruktur deutlich zu trennen [ist]" (ORT, Claus-Michael 1997: Systemtheorie und Hermeneutik. Kritische Anmerkungen zu einer Theorieoption aus literaturwissenschaftlicher Sicht. In: H. de Berg, M. Prangel (Hgg.), Systemtheorie und Hermeneutik. Tübingen /Basel, 143-171, 150f.).

schen Semiosis und Überbordung einerseits und Prozessualität und (zeitweiliger) Stabilisierung andererseits unterschieden werden kann, kann das Sinn-Schema *Text/Werk* den *Nexus von symbolischer und sozialer Systemreferenz* bilden. Die Kommunikation ist ja, wie wir gesehen haben, vollkommen blind für die Semiose, da sie monoton und digital Anschlüsse an Anschlüsse reiht. Der Text hingegen ist in seiner Medialität eine semiotische Größe (und dies im oben beschriebenen dekonstruktiven Sinne). Solchermaßen sind die beiden Konstellationen Literatur[symbolisch/sozial] und Literatur[Text/Werk] symmetrisch, auch im Hinblick auf die strukturelle Kopplung. In dieser Konzeption muss der Text der Kommunikation gar nicht angenähert oder angeglichen werden. Weil die Unterscheidung Text/Werk den Nexus bildet und nicht (nur) der Text, kann der Text *kommunikativ* (!) das bleiben, was er ist: Nicht-Kommunikation.

Die Text/Werk-Unterscheidung markiert also die Barre („-/-") zwischen Bewusstsein und Kommunikation sowie, daraus folgend, die Barre („-/-") zwischen symbolischer und sozialer Systemreferenz. Sie ist somit der Durchschlagsplatz für vier verschiedene Komplexitäten. Und sie kann dieser Durchschlagsplatz sein, weil – wie gesehen – die Antonyme alle vier Unterscheidungsseiten bedienen:

– Text/$_{Werk}$ → Bewusstsein, symbolische Systemreferenz

und

– $_{Text}$/Werk → Kommunikation, soziale Referenz.[38]

Dabei dient die Textseite, die als Medium die unergründliche, irreduzible Potenzialität oder infinite Semiosis verkörpert, dazu, dass Literatur konstitutiv interpretierbar bleibt. Als der unerschöpfbare Ermöglichungsraum, das Möglichkeitsspektrum für Formen, als Medium, als Fikusâ, als „konservierte Kontingenz einer Form" (STÄHELI 2000: 134) ist der Text in der Lage, Pluralität, Ambivalenz, Asymmetrie, Komplexität, Offenheit, Unabschließbarkeit usw. zu implizieren und den Systemreferenzen zur Realisation freizugeben. Er ist in diesem Sinne die ewige Quelle von Kontingenzerfahrung und Kontingenz ist die Garantie für die Unendlichkeit der Interpretation. Der Text kann nie von den an ihm beteiligten Referenzen aufgebraucht werden und genau das markiert Literatur. Sie exemplifiziert diese Unendlichkeit, sie hat diese Kontingenzerfahrung zu einem

---

[38] In Bezug auf Reinfandt formuliert JAHRAUS 2001a: „Der literarische Text als Einheit von Symbol- und Sozialsystem zeigt sich somit als Doppelhorizont der Sinnwelten des psychischen und des sozialen Systems." Ich würde nur an die Stelle des Textes die Sinn-Form Text/Werk platzieren. –– Indem ich den Text *im Rahmen* der Text/Werk-Unterscheidung der symbolischen Systemreferenz zuschreibe, vermeide ich es wie ORT 1992: 424 den Text als ganzes, als semiotische Einheit allein auf der Seite der symbolischen Systemreferenz zu situieren. Dadurch erhielte der Text einen strukturalistischen Status und ließe sich somit auch nur von einer strukturalistischen Theorie bzw. strukturalistischen Literaturwissenschaft beobachten.

ihrer prominentesten Programme gemacht. Deshalb sind (literarische) Texte nicht reibungslos in systemische Zusammenhänge integrierbar. Im Rahmen der Unterscheidungen 'Text als Text' und 'Text als Kommunikation' und Text/Werk bleibt der Text immer das, was sich der Kommunikation und der Systematisierung kommunikativ (!) entzieht. Es lässt sich also formulieren: Weil der Text als wuchernde Semiose und weil das Werk als zeitweilige (!) Stabilität beobachtet werden und weil solchermaßen ein immer virulenter asystemischer 'Rest' pulsiert, ist das (Kunst-)Literatursystem in der Lage, weitaus komplexitätskomplexer als andere Funktionssysteme. Meine Text/Werk-Form liefert sozusagen die nachträgliche Erklärung für folgende Beschreibung Luhmanns:

> Mehr als alle anderen Funktionssysteme wie zum Beispiel Religion, Politik, Wissenschaft oder Recht ist das Kunstsystem [...] in der Lage, die Pluralität von Komplexitätsbeschreibungen zu akzeptieren. Mehr und vor allem deutlicher als in anderen Funktionssystemen kann in der Kunst vorgeführt werden, daß die moderne Gesellschaft und, von ihr aus gesehen, die Welt nur noch polykontextural beschrieben werden kann (KG: 494). [...] Die Kunst zeigt in der Form des Leidens an sich selbst, daß es so ist, wie es ist. Wer dies wahrnehmen kann, sieht in der modernen Kunst das Paradigma der modernen Gesellschaft (ebenda: 499).

Da die Sinn-Form Text/Werk als Medium/Form-Unterscheidung beobachtet wird und da diese Unterscheidung metaleptisch gebaut ist, wird bei klarer Aufrechterhaltung der Barre der Text als Medium als ausgefranstes, saumloses Gewebe über den Umweg von Bewusstsein und symbolischer Referenz auch die Kommunikation und die soziale Referenz mit wuchernder Semiose kontaminieren. Keine der Formen (Werke) schließt den Saum ab, vielmehr wird für die Zeit der Formierung bzw. Formung das Tanzen der Textfäden beruhigt. Literatur als die Einheit der symbolischen und sozialen Systemreferenz via Text/Werk und Literatur als spezifische Realisierung der strukturellen Kopplung via Text/Werk ist konstitutiv von beiden Seiten ihres Sinn-Schemas geprägt: vom saumlosen Text und von der (zeitweilige) Stabilität prozessierenden Kommunikation. In diesem Sinn ist Literatur auch die Prozessierung von Offenheit *und* Geschlossenheit, Instabilität *und* Stabilität, Beobachtbarkeit *und* Unbeobachtbarkeit, Kommunikabilität *und* Inkommunikabilität, Interpretierbarkeit *und* Nicht-Interpretierbarkeit, System *und* Diskurs.

Literatur kann deshalb über den Nexus Wissen symbolisch und sozial vermittelt werden, weil sie „noch nicht Diskurs und daher 'als semiotisches Medium [= Text!] relativ offen bleibt', andererseits aber gerade als eigenständiges Sozialsystem seit dem Ende des 18. Jhdts. fest institutionalisiert ist" (JAHRAUS 2004: 144). Diese Doppelstellung von Literatur zwischen semantischer, semiotischer und diskursiver Offenheit einerseits und sozialer Institutionalisierung andererseits wird meines Erachtens allerdings nicht qua Wissen transportiert, sondern in Gestalt der Sinn-Form Text/Werk. Die Textseite reproduziert die unhintergehbare Offenheit des Literatursystems, während die Werkseite die Institutionalisierung des Sozialsystems Literatur reproduziert.[39]

Ort und Jahraus zielen mit ihren Überlegungen darauf ab, literaturwissenschaftliche und literaturtheoretische Einseitigkeiten zu überwinden. Beide sehen in der Systemtheorie das Potenzial, nicht nur die symbolische von der sozialen Systemreferenz zu unterscheiden, sondern mit der Bennennung des Nexus auch die „Operationalisierung dieser Differenz für die literaturwissenschaftliche Forschung" zu vollziehen. Dabei müssen beide Antonyme (symbolisch/sozial) „gleichermaßen konzeptionell berücksichtigt werden" (JAHRAUS 2001a: 206). Dies kann nur eine systemtheoretischen Literaturwissenschaft leisten, wenn es „ihr gelingen könnte, die Einheit zwischen der Differenz und der Einheit von Symbol- und Sozialsystem Literatur in den Griff zu bekommen" (ebenda: 208). Es geht also um die Idee einer integrativen Literaturwissenschaft. Meine These ist nun, dass das Gelingen einer integrativen Literaturwissenschaft davon abhängt, welche Nexi man beobachtet und wie man die beiden Unterscheidungskonstellationen Bewusstsein/Kommunikation symbolisch/sozial relationiert. Ich betrachte dabei die Rekursionsreihe 'Sinn-Formen → (Kommunikation) → (Wissen) → Text/Werk → Narrativität → experimentelle Prosa (narrativ/a(nti-)narrativ)' im Rahmen der beiden Unterscheidungskonstellation Bewusstsein/Kommunikation und sozial/symbolisch als notwendiges Beobachtungsmoment einer integrativen Literaturwissenschaft. Dabei dient das Reihenende, die experimentelle Prosa, als exemplarisches Moment. *Insbesondere* entlang der Beobachtung von experimenteller Prosa kann eine integrative Literaturwissenschaft gelingen. Indem Literatur und experimentelle Prosa als Sinn-Formen beobachtet werden, kann die *Literaturtheorie und -wissenschaft erkennen, dass sie ihr sprachtheoretisches Paradigma um ein kognitionstheoretisches (Bewusstsein), ein soziologisches (Kommunikation) und ein medientheoretisches (strukturelle Kopplung) erweitern muss*. Ich komme hierauf in Kap. 3.3. zurück.

---

[39] Dass es Luhmann genau auf die gleichberechtigte Korrelierung von sozialer und symbolischer Systemreferenz ging, ist die These von de Berg: „Sowohl in der engen, textimmanenten als auch in der weiten Adaption des Medium/Form-Begriffs bleibt auf der Strecke, worauf es Luhmann m. E. ankommt: ein Kunstverständnis, das die Werke sowohl als einmalige semantische Größen wie auch als Momente kunstsystemischer Autopoiesis, also in ihrer Beziehung zu anderen Kommunikationen erfasst. In eben diesem Versuch, der Kunst gleichermaßen als Symbolsystem wie als Sozialsystem gerecht zu werden, besteht das Herausforderungspotential der Systemtheorie" (DE BERG, Henk 2000: Kunst kommt von Kunst. Die Luhmann-Rezeption in der Literatur- und Kunstwissenschaft. In: Ders., J.F.K. Schmidt (Hgg.), Rezeption und Reflexion. Zur Resonanz der Systemtheorie Niklas Luhmanns außerhalb der Soziologie. Frankfurt a.M., 175-221, 212f.).

## 3.2 Narrativität als Nexus von sozialer/symbolischer Systemreferenz und als strukturelle Kopplung von Bewusstsein/Kommunikation

### 3.2.1 Kybernetik der Narrativität

> „wir haben keine Vorstellung von einer Kultur, in der man nicht mehr wüsste, was *Erzählen* heißt"
> (Paul Ricoeur).

Wird differenztheoretisch *beobachtet* – und Beobachtung ist per definitionem eine Unterscheidungsoperation –, wird Identitäts-Beobachtung grundsätzlich problematisch. Man kann sich nicht auf Entitäten verlassen. Jede Position ist konditioniert und kontaminiert durch ihre andere Seite bzw. dadurch, dass Entitäten keine Selbstidentität zugeschrieben werden kann, wodurch sich der Begriff der Entität auflöst. Weder gibt es Identitäten als vorfindbare Größen, noch lassen sich Momente als in sich stabile Größen isolieren. Weder kann von einer unter Umständen gefährdeten Kern-Identität die Rede sein, noch lassen sich Identitätspartikel zu einer Gesamtidentität addieren. Wird differenztheoretisch beobachtet, wird Identität zu einem konstitutiv und permanent immer wieder neu und anders zu verhandelnden Moment. Das ist allerdings auch das maßgebliche Moment: Differenztheorien – ich denke hier natürlich in erster Linie an die Systemtheorie und die Dekonstruktion – problematisieren per definitionem Identitätskonzepte jeglicher Couleur, aber in dieser Problematisierung wird die prinzipielle Konzeptualität und Notwendigkeit von Identitäten nicht ad acta gelegt. Auch Differenztheorien sind konstitutiv auf die Konstruktion von Identitäten angewiesen, ja, sie etablieren sich als Differenztheorien maßgeblich dadurch, dass sie Identitäten konstruieren, ihre eigenen als Differenztheorien, aber auch alle anderen Identitäten. Identitäten werden nicht einfach destruiert, sondern vielmehr de/konstruiert. Es wird nicht schlicht auf Differenz umgeschaltet, sondern auf die Differenz von Identität und Differenz (Systemtheorie) bzw. auf das unaufhaltbar *differänzielle* Aufschieben der Identität (Dekonstruktion). *Identitäten* – differenztheoretisch betrachtet – sind solchermaßen notwendige *Zuschreibungs-Ballungen von Unterscheidungsoperationen*. Wenn bezeichnet und unterschieden wird, werden Momente *in bestimmten Hinsichten, aus bestimmten Perspektiven, in jeweiligen Kontexten, für gewisse Zeitspannen* identifizierbar. Dies bezieht sich nicht nur vordergründig auf die nahe liegende personale Identität, sondern auf alle denkbaren Identitäten wie *beispielsweise* Handlungen, Entscheidungen, Werke, Texte oder Telekommunikationen. Dabei wird nicht von den Identitäten als Zuschreibungs-Ballungen aus in Richtung Unterscheidungen beobachtet, vielmehr sind Identitäten als Zuschreibungs-Ballungen Epiphänomene von Unterscheidungsgebrauch. *Identitäten werfen keine Unterscheidungen ab, sondern Unterscheidungen werfen Identitäten ab.* Es gilt also nicht Identität = Identität/Differenz, sondern, wie gesehen, Differenz = Identität/Differenz. Die Systemtheorie arbeitet mit fünf Basisunterscheidungen, die als Matrize für alle Identitätsbildungen fungieren: Bewusstsein/Kommunikation, Identität/Differenz, Operation/Beobachtung, Medium/Form und System/Umwelt. Alle Identitätszuschreibungen, die an Begriffen wie Person, Individuum, Ich, Subjekt, Wirklichkeit, Geschichte, Gemeinschaft, Leben u. v. m. kondensieren, sind Effekte dieser Basisunterscheidungen. Dabei ist es wichtig zu erkennen, welche logistische und theoriebautechnische Position dem Begriff 'Identität' zugeschrieben wird. Identität ist – differenztheoretisch beobachtet – ein Phasenmoment in der Logik und Logistik von Unterscheidungsverwendungen.

Entscheidend wichtig ist nun allerdings, dass Identitäten, indem sie Epiphänomene von Unterscheidungsoperationen sind, keine logistisch und theoriebautechnisch residuale Position zugeschrieben bekommen. Identitäten sind als Epiphänomene konstitutiv notwendig für das, was man als Wirklichkeits- und Ich-Erfahrung bezeichnen kann. Ohne explizites differenztheoretisches Inventar hat de Kerckhove, wie wir schon sehen konnten, ganz ähnliche Betrachtungen angestellt. Seine Argumentation zeigt, dass qua Psychotechnologie 'Schrift' mitsamt ihren Parametern überhaupt die Bedingungen der Möglichkeit von Identitätsbeobachtung – im abendländischen Sinne[40] – konstituierbar werden. Qua Alphabetschrift wird überhaupt erst die Möglichkeit eröffnet, eine Identität als bspw. 'Subjekt' zu beobachten. De Kerckhove spricht in diesem Zusammenhang von „primären Effekten" (DE KERCKHOVE: 30). Dabei sind Identitäten wie *beispielsweise* das 'Subjekt' unmittelbare Epiphänomene der zeitlichen Parameter des alphabetischen Schriftgebrauchs:

> Meine Hypothese ist, daß das Bewußtsein durch eine intensive Analyse zeitlicher Faktoren, die dem Erlernen und dem Umgang mit dem Alphabet inhärent sind, unmittelbar angeregt wird, unbewußt nach der Sukzessivität des Sichtbaren zu suchen. [...] Die Reorganisation der Wahrnehmung in den Gesichtsfeldern, die Trennung von Subjekt und Objekt, sogar die Hervorbringung des Subjektes selbst, stehen in unmittelbarem Zusammenhang mit der Entstehung dieser spezialisierten Form zeitlicher Analyse, die im

---

[40] Ich betone dies deshalb, weil de Kerckhoves gesamte Medientheorie auf der Beobachtung eines kohärenten mentalen Raumes des Abendlandes ausgeht. Wie wir Identitäten (Ich, Subjekt, Individuum, Person, Handlung usw.) beobachten, ist qua Alphabetschrift als Signum des Abendlandes, spezifisch abendländisch (siehe DE KERCKHOVE). Im Hinblick auf eine Kommunikationstheorie bestätigt Peter Fuchs diese These, indem er zeigen kann, wie aufgrund spezifisch japanischer Kommunikationsstrukturen die Art und Weise der Identitätsbildung (Ich, Subjekt, Individuum, Person, Handlung usw.) in Japan signifikant von der abendländischen abweicht (siehe FUCHS 1995). – Freilich müssten für eine umfassende Diskussion dieser Problemlage auch disziplinär die Ethnologie und theoretisch die Postcolonial Studies befragt werden.

Laufe der abendländischen Geschichte die Vorherrschaft über die Verfahrensweisen einer räumlich orientierten Analyse übernehmen wird (ebenda: 58). [41]

Nicht die Identitäten wie bspw. Individuum, Person oder Subjekt konditionieren und etablieren die Schrift, sondern die Schrift konditioniert und etabliert das, was sich als Identität (Individuum, Person oder Subjekt) beobachten lässt. *Identitäten sind Effekte bestimmter struktureller, logistischer und logischer Parameter, sie sind – de Kerckhove kybernetisch gelesen – Epiphänomene bestimmter Baupläne, bestimmter Verschaltungen, bestimmter Grammatiken.* Im Folgenden wird es darum gehen, Identität (und Narrativität) im solchermaßen kybernetischen und logistisch-syntaktischen Sinne zu beobachten. Es geht nicht um die Semantiken und Gestalten von Identität, sondern um die logistische Matrix, die es überhaupt erlaubt, von (narrativen) Identitäten zu sprechen. Nun bedeutet dies allerdings auch, und damit sind wir mitten in kybernetischer Feed-back-Argumentation, dass alles, was zur Epiphänomenalität von Identitäten und der sich daraus ergebenden konstitutiven Notwendigkeit von Identitäten gesagt werden kann, allein mithilfe eben von Identitäten gesagt werden kann. Identitäten sind notwendige Medien des Beobachtens nicht nur der Wirklichkeit im Allgemeinen, sondern auch von Identitäten und ihren Bedingungen der Möglichkeit im Besonderen. Wiederum geht es in erster Linie darum, die logistische und theoriebautechnische Position von Identitäts-Beobachtung präzise zu fassen.

Identitäten sind Effekte bestimmter Verschaltungen und diese Verschaltungen lassen sich konkret benennen. Die Arbeit vertritt die *These*, dass eine der maßgeblichen Verschaltungsgrammatiken als *Narrativität* bezeichnet werden kann. *Identitäten sind Epiphänomene narrativer Verschaltungen; Identitäten sind Effekte narrativer Logistik und Grammatik.* Dabei wird eine Struktur sichtbar: Die Alphabetschrift ist aufgrund ihrer Parameter die Bedingung der Möglichkeit von Identitäten, indem sie aufgrund ihrer Parameter die Matrize für narrative Verschaltungen abgibt. Schrift ermöglicht Narrativität und Narrativität ermöglicht Identitäts-Beobachtung – (wobei, im Modus der Retro-Aktivität und der De-Präsentation beobachtet, gesagt werden muss, dass die Schrift die Bedingung der Möglichkeit von narrativer Identität im Nachhinein qua narrativer Identität wird). Diesen Aspekt diskutiert de Kerckhove unter dem Titel 'Momente der Ordnung der Dauer': Es geht darum, dass das „von der Lektüre geprägte Bewußtsein [...] darauf trainiert [ist], die Informationen eines Textes zu gliedern, sie zu klassifizieren und nach einem Ensemble unterschiedlicher Quantitäten zu ordnen" (ebenda: 62). Im Zusammenhang dieser Ordnungsleistung sind dann solche Aspekte zu nennen, wie „Verwaltung der Zeit" qua Erzählung, „Spannungsbogen", „Geschichte", „Verwicklungen, Abschweifungen, Verzögerungen oder Umwege der

---

[41] Später spricht DE KERCKHOVE: 47 davon, dass die abendländische Kultur ein dreigliedriges Ensemble etabliert: Raum, irreversible Zeit und identisches Subjekt.

Handlung", „Anfang und Ende" u. ä. m. Erst qua Schrift samt ihrer (zeitlichen) Form wird es überhaupt möglich, Geschichten narrativ entlang von Ereignissen, plots und stories zu erzählen.[42] Pointiert lässt sich sagen: *Identität gibt es im Kontext der abendländischen Schrift-Matrize als narrative Identität.*[43] Narrativität ist solchermaßen kein akzidentelles Moment von Identitäts-Beobachtung, sondern ihre conditio sine qua non. Diese These wird im Laufe dieses Kapitels anhand einschlägiger Narrativitätstheorien elaboriert werden (3.2.2), damit Narrativität als strukturelle Kopplung von Bewusstsein/Kommunikation (3.2.3) und als Nexus von sozialer und symbolischer Systemreferenz (3.2.4.) gelesen werden kann, sodass dann *im Nachhinein* beobachtbar wird, aufgrund welcher Parameter und Strukturmerkmale diese Thesen ihre Relevanz erhalten (3.2.5). Diese Kapitel- und Erklärungsanordnung spiegelt damit die theoretische Prämisse der Arbeit wieder, dass nicht von der Objekt- auf die Metaebene, sondern von der Meta- auf die Objektebene beobachtet wird. Es werden also zunächst Thesen aufgestellt, die *im Nachhinein* entlang der Bauweise von Narrativität und Narrationen lesbar gemacht werden. Schließlich wird mit dem Refigurationskapitel auch das gesamte Narrativitäts-Paradigma retro-aktiv re-justiert. Entlang der These, dass Narrativität konstitutiv in Form des Sinn-Schemas narrativ/a(nti-)narrativ daherkommt, wird Narrativität *im Nachhinein immer schon* von diesem Sinn-Schema konstituiert gewesen sein. Somit kann letztendlich argumentiert werden, dass Narrativität entlang ihres sie konstituierenden Sinn-Schemas narrativ/a(nti-)narrativ exemplarisch geeignet ist, experimentelle Prosa zu beobachten und dass insbesondere die Beobachtung von experimenteller Prosa das Sinn-Schema narrativ/a(nti-)narrativ als sowohl Nexus von sozialer Referenz und symbolischer Referenz als auch als strukturelle Kopplung von Bewusstsein und Kommunikation beschreibbar macht.

Wenn sich Identität konstitutiv als narrative Identität beobachten lässt, so ist damit nicht ein möglicher Modus von Identitätsbildung gemeint, der sich anderen Identitätsbildungsmodi konfrontiert sieht, sondern eben ein konstitutiv notwendiger Modus (der freilich noch andere konstitutive, nicht explizit narrative, Modi neben sich haben kann (bspw. Performativität)). Narrativität ist in diesem konstitutiven Sinne als ein allgemeiner Sinn- und Identitätsbildungsmodus zu beobachten. Hierzu Meuter (konkret im Hinblick auf personale Identität):

---

[42] Natürlich hängt Narrativität auch von der 'Ordnung der Abfolge (Sukzessivität)' ab und natürlich hängt Identität auch von Schrift-Parametern ab, die nicht unmittelbar mit Narrativität korreliert werden, aber für die hier vertretenen Thesen soll sich auf das Narrativitäts-Theorem konzentriert werden.

[43] Ob die Rede von narrativer Identität auch in Wirklichkeiten mit ikonographischer Schrift oder in Wirklichkeiten 'ohne Schrift' Sinn macht, wäre ein eigenes Forschungsprogramm wert. 'Ohne Schrift' ist hier konventionellerweise auf die Alphabetschrift im engeren Sinne bezogen, nicht auf die Schrift als Differenz, die Derrida in seiner *Grammatologie* so eindrucksvoll im Kontext seiner Differenz- und Differänztheorie expliziert.

> bei personaler Identität handelt es sich eigentlich nicht um eine einzigartige Form von Identität, sondern um einen – wenn auch speziellen – Fall von (sinnhafter) Identitätsbildung insgesamt [...] eine bestimmte Form von Identität, nämlich diejenige, die man einer narrativen Episode oder Geschichte zuspricht, soll Aufschluß darüber geben können, was man unter sinnhafter Identität insgesamt verstehen kann [...] Ich halte also Narrativität für einen Begriff, der nicht nur geeignet ist, das speziellere Problem der Identität einer Person zu behandeln, sondern auch das allgemeine Problem von sinnhafter Identitäts-Bildung insgesamt.[44]

Weil sich Narrativität in diesem fundamentalen und umfassenden sowie konzeptionell und theoriebautechnisch basalen Sinne beobachten lässt, kann sie systemtheoretisch als Nexus und strukturelle Kopplung relevant werden. *Narrativität* lässt sich auch deshalb als *Sinn-Form* beobachten und nominalistisch lässt sich formulieren: Die Welt ist alles, was die strukturelle Kopplung via Sinn-Form Narrativität ist bzw.: Die strukturelle Kopplung via Sinn-Form Narrativität ist alles, was der Fall ist.

Diese These erhält ihre Relevanz innerhalb des logistisch-syntaktisch kybernetischen Beobachtungsmodus. *Narrativität* wird hier als *Matrix*, *Matrize* oder *Schaltplan* gelesen und ist aufgrund dessen als basaler und allgemeiner Sinn-, Identitäts- und Welther(aus)stellungsmodus beobachtbar. Viele Narrativitätstheorien argumentieren in einem analogen Beobachtungsmodus (u. a. White, Ricoeur, Bruner, K. Gergen, Mink, MacIntyre), machen diesen Modus aber selten explizit. Demgegenüber liefert die Arbeit von Margaret Sommers einen narrativitätstheoretischen Ansatz, der sich des logistischen Beobachtungsmodus bewusst ist. Dieser Beobachtungsmodus firmiert bei ihr unter den Namen 'relationaler' und 'netzwerkartiger' Ansatz.[45] Ich werde im Lauf meiner Argumentation öfters auf sie zu sprechen kommen, hier nur kurz der an dieser Stelle entscheidende Zusammenhang. Sommers beobachtet einen markanten Wechsel in der soziologischen Beobachtung von Narrativität: Frühere Beschreibungen haben Narrativität im Sinne einer Repräsentation als eine Form, in der Wissen, Semantiken und Diskurse ihren Ausdruck finden *können*, beobachtet. Narrativität war in diesem Sinne ein möglicher modus operandi von Repräsentation, der nicht zurückschlägt auf die zu repräsentierenden Momente. Die Repräsentation bleibt dem zu Repräsentierenden äußerlich. Der *narrativist turn* dekonstruiert diese Auffassung, indem er Narrativität als basalen und für Sinn, Identität und Wirklichkeit

---

[44] MEUTER, Norbert 1995: Narrative Identität. Das Problem der personalen Identität im Anschluß an Ernst Tugendhat, Niklas Luhmann und Paul Ricoeur. Stuttgart, 10. – Allgemeine Sinnbildung und Narrativität werden auch von WHITE, Hayden 1990: Die Bedeutung der Form. Erzählstrukturen in der Geschichtsschreibung. Frankfurt a.M., 11f. konstitutiv miteinander korreliert. Siehe auch BELL, Michael 1990: How Primordial is Narrative? In: C. Nash (Hg.), Narrative in Culture. The Uses of *Story*telling in the Sciences, Philosophy, and Literature. London/New York, 172-198, 172.

[45] Siehe SOMMERS, Margaret R. 1994: The narrative constitution of identity. A relational and network approach. In: Theory and Society 23 (1994), 605-649.

konstitutiven modus operandi beobachtet und dabei Narrativität nicht als Repräsentations-Form, sondern als *Konzept* „of social epistemology and social ontology" liest (SOMMERS: 606).[46] Es geht also um den „shift from a focus on representational to ontological narrativity" (ebenda: 613). Die Fundamentalität und Unhintergehbarkeit von Narrativität für unsere Identitäts- und Sinnbildung wird von Sommers als „ontological condition of social life" (ebenda: 614) beschrieben.[47] Es geht nun Sommers darum, beobachten zu können, mithilfe welcher Prämissen Identität als narrative Identität konstituiert wird. Dabei wird Identität eben nicht narrativ repräsentiert, sondern Identität ergibt sich als – sensu Sommers ontologisch relevantes – Epiphänomen von Relationierungen und Verbindungen. Wenn soziale Relationierungen und Verbindungen im Hinblick auf die Dimensionen 'Teile, Kausalität, Selektion, Temporalität, Sequenz und Ort' in den Blick rücken, kondensiert an dieser Blickkonstellation narrative Identität. Narrative Identitäten sind sich konstitutiv ergebende Effekte von Verschaltungen:

> Together, these dimensions suggest narratives are constellations of *relationships* (connected parts) embedded in *time* and *space*, constituted by *causal emplotment*. [...] Narrativity demands that we discern the meaning of any single event only in temporal and spatial relationship to other events. Indeed, the chief characterictic of narrative is that it renders understanding only by *connecting* (however unstably) parts to a constructed *configuration* or a social network of relationships (however incoherent or unrealizable) composed of symbolic, institutional, and material practices (ebenda: 616).

Narrativität markiert das Ausschalten von Inhalt und Semantik zugunsten der Beobachtung von Konfigurationen, Verschaltungen und Matrizen. In diesem Sinne ist Sommers Perpektive uneingestanden kybernetisch. Sommers unterscheidet des Weiteren „ontological narratives", „public narratives", Metanarrativity" und „conceptual narrativity" (ebenda: 618ff.).[48] Sommers legt nun ihren Fokus insbesondere auf die konzeptuelle Narrativität, da insbesondere an ihr der relationale und netzwerkartige Charakter von Narrativität sichtbar wird. Dies deshalb, weil entlang der konzeptuellen Narrativität Relationalität und Narrativität als „conditions of social being, social consciousness, social action, institutions, structures, even society itself" (ebenda: 621) sichtbar werden. Indem Narrativität und Relationalität korreliert werden, wird sichtbar, dass soziales Handeln (wir würden sagen: auch kommunizieren und entlang der strukturellen Kopplung:

---

[46] "These concepts posit that it is through narrativity that we come to know, understand, and make sense of the social world, and it is through narratives and narrativity that we constitute our social identities" (ebenda: 606).

[47] Die Diskussion, ob hierfür der Begriff 'Ontologie' – „a theory of *being*" (ebenda: 615) – *epistemologisch* zutreffend ist, lasse ich hier beiseite.

[48] Ich werde auf diese Viererkonstellation weiter unten genauer zu sprechen kommen, hier ist zunächst nur wichtig: „Like all narratives, ontological narratives are structured by emplotment, relationality, connectivity, and selective appropriation" (ebenda: 618).

auch wahrnehmen und denken) konditioniert wird von relationalen Konstellationen, in die es eingespannt ist (vgl. ebenda: 624). Damit ist sensu Sommers vor allem auch indiziert, dass narrative Identität keine entitative Größe ist, die als stabile Stabilität entlang von oder gegenüber sozialen und kulturellen Veränderungen konstant gehalten werden kann, sondern narrative Identität ist vielmehr konstitutiv affiziert von den Verschachtelungen und Verschaltungen der vielen Relationen. Narrative Identität lässt sich nicht als identische Identität, sondern als Kondensat von Relationierungen beobachten und hat ihren 'Ort' in den komplexen und oft gebrochenen Verbindungsverbindungen der sozialen Schaltanlagen, also eben keinen Ort in der Gesellschaft, oder in den Worten Sommers:

> To make social action intelligible and coherent, these systematic typologies must be broken apart and their parts disaggregated and reassembled on the basis of relational clusters. For a social order is neither a naturalistic system nor a plurality of individuals, but rather a complex of contingent cultural and institutional relationships. [...] A relational setting is a pattern of relationships among institutions, public narratives, and social practices. As such it is a *relational matrix*, a social network. Identity-formation takes shape within these relational settings of contested but patterned relations among narratives, people, and institutions (ebenda: 626; meine Hervorhebung, MG).

Narrative Identität erhält ihre Identität in der De/Konstruierbarkeit und Re/Arrangierbarkeit der sie konstituierenden relationalen Momente. Sie ist nicht beobachtbar in der Etablierung eines relationalen Clusters, sondern in den Defigurations- und Konfigurationsbewegungen des Relationierens; solchermaßen ist sie radikal *prozessual*, *transitorisch* und *atopisch*. Sommers Thesen ließen sich auf die Spitze treiben: Narrative Identität ist De/Konstruktion im Medium einer relationalen Matrix. Im Zuge meiner Transformationsthese werde ich auf diesen Aspekt zurückkommen. Hier ist es entscheidend, dass mein gesamter Fokus auf Narrativität durch und durch logistisch eingestellt ist und sich dabei auch explizit an (zumindest) einer Narrativitätstheorie orientiert, die auch *explizit* logistisch (relational und netzwerkartig) argumentiert. Auch werden alle anderen Narrativitätstheorien, die diese Explizitheit in dieser Form nicht aufweisen, durch die logistische Brille beobachtet, an ihnen interessiert (nur) das, was logistisch konzeptualisierbar ist.[49] Freilich markiert mein gesamter Ansatz – meine gesamte Thesenkas-

---

[49] Viele Narrativitätstheorien operieren implizit mit logistischen Parametern, dies ist ohne großen Beobachtungsaufwand sichtbar; ich denke hier bspw. an CARR, David 1986: Time, Narrative, and History. Bloomington, Indiana oder an SARBIN, Theodore R. 1986b: The Narrative as a Root Metaphor for Psychology. In: Ders. (Hg.), Narrative Psychology. The Storied Nature of Human Conduct. New York [u.a.], 3-21. Beim letzteren ist die Rede von Narrativität als einem „organizing principle" (8), das „thought and action" (11) lenkt; gleichwohl will Sarbin seinen Ansatz von abstrakteren Theorien des „organizing principle" unterscheiden, da diese in seinen Augen kalte Abstraktionen im Rahmen von konventionell mechanistischen oder formalistischen Theorien liefern würden (11). Ich nehme an, dass Sarbin meinen und Sommers logistischen Ansatz unter solche kalten formalistischen Theorien verbuchen würde. – Logistische Perspektiven finden sich auch bei MANCUSO,

kade – einen logistischen Beobachtungsmodus. Das dürfte im Laufe der Arbeit durchgängig deutlich geworden sein.

Nun muss nicht eigens betont werden, dass die Idee einer narrativen Identität weder die Erfindung der Systemtheorie noch dieser Arbeit hier ist. Es gibt schon eine ganze Menge an erarbeiteten Narrativitäts-Theorien. Allerdings: Die *logistische* Korrelierung dieser Theorien mit den systemtheoretisch gepolten Momenten symbolische Referenz/soziale Referenz und strukturelle Kopplung möchte die Arbeit auf ihr Konto verbuchen. Dabei geht es darum, an den schon erarbeiteten Bestand von Narrativitäts-Theorien anzuknüpfen und ihre vielfältigen und fundierten Ergebnisse – logistisch – für die eigene Konzeptualisierung fruchtbar zu machen.

### 3.2.2 *Narrative Identität*

#### 3.2.2.1 *Identität, Differenz, Transformation*

Die Frage, ob und wie sich menschliches, individuelles und gesellschaftliches Leben als Einheit identifizieren lässt, markiert den Ausgangspunkt für vielfältige Theoriemanöver. Ob sich Identität als gegeben finden lässt oder ob sie konstruiert werden muss, ob sie als kohärente Größe oder als kaleidoskopartig gebrochen-fragmentarisches Gebilde beobachtbar ist, ob sie als Summe verschiedener Rollen oder als Entität zu fassen ist, ob sie Konzepte wie Individuum und Person nach sich zieht oder ob diese Konzepte Identität nach sich ziehen; das sind nur einige wichtige Fragen, die im Kontext von Identitäts-Beobachtung relevant sind. Die Antworten und die Medien der Beobachtung sind den Fragen entsprechend vielfältig und uneinheitlich.[50] Eine der maßgeblichen Theorien, die in der Lage ist, die Mannigfaltigkeit der Fragestellung nicht nur konzeptionell zu bündeln, sondern auch eine eigenständige Theorievariante anzubieten, ist die Idee der narrativen Identität.

Starke Narrativitäts-Theorien wie bspw. die von Paul Ricoeur gehen ganz in unserem Sinne davon aus, dass

> schon unser lebensweltliches Erleben und Handeln nur dann verständlich gemacht werden kann, wenn man Phänomene berücksichtigt, die sich mit dem Begriff der Narrativität beschreiben lassen. Die Identität von – uns lebensweltlich vertrauten – Dingen wie Handlungen oder Ereignissen ist ohne diesen Begriff nicht zu erklären (MEUTER: 13 in Bezug auf Ricoeur)

---

James C. 1986: The Acquisition and Use of Narrative Grammar Structure. In: SARBIN 1986a: 91-110.

[50] Vgl. zur *uferlosen* Identitätsdiskussion im Literaturverzeichnis *unter anderem* die einschlägigen Bände und Texte von Marquard/Stierle, Keupp, Keupp/Bilden, Keupp/Höfer, Straub, Beck/Beck-Gernsheim, Hettlage/Vogt und Abels.

Sind Identität und Narrativität solchermaßen als basale und allumfassende Größen beobachtbar, so ist es nicht verwunderlich, dass der narrative Identitäts-Diskurs keinen homogenen theoretischen Beobachtungsstandpunkt hat. Weder gibt es ein wissenschaftliches Programm noch eine wissenschaftliche Disziplin, die die Beschreibung von narrativer Identität paradigmatisch oder exemplarisch verwalteten. Narrative Identität ergibt sich aus der Differenzialität der an ihrer Beschreibung und Konstitution beteiligten Programme, Methoden und Disziplinen. [51] Zu denken ist hierbei an die zahlreichen und elaborierten narratologischen Modelle der Literaturwissenschaft und Literaturtheorie[52], an die mittlerweile zahlreichen und vielfältigen psychologischen Narrativitäts-Modelle[53], an die Geschichtswissenschaft[54], an die Soziologie[55] und an die Philosophie[56]; zuletzt gab es auch erste medientheoretisch orientierte Beschreibungsversuche.[57] In

---

[51] Susanne Jacob spricht in diesem Zusammenhang von Narrativität als einem „Modebegriff der Sozial- und Geisteswissenschaften", der längst die angestammte Domäne der Literaturwissenschaft verlassen hat (JACOB, Susanne 2000: Narratio – Die Rolle der Erzählung in Ethikkonzeptionen der Gegenwart: Paul Ricoeur und Alasdair MacIntyre. Jena, 8.

[52] In einer literaturwissenschaftlichen Arbeit wie dieser hier erübrigen sich Literaturhinweise im Hinblick auf die literaturwissenschaftliche Narratologie, da sie die Form einer langen Literaturliste annehmen müssten. In Kapitel 3.2.5 werden die von mir verwendeten Modelle nachgewiesen. Eine schöne kommentierte literaturwissenschaftliche Literaturliste zur Narratologie liefern bspw. MARTINEZ, Matias / Michael SCHEFFEL 1999: Einführung in die Erzähltheorie. München, 160-185. Für konsistente Überblicke über das weit verzweigte Feld literaturwissenschaftlicher Narratologie siehe bspw. JAHN, Manfred 1995: Narratologie: Methoden und Modelle der Erzähltheorie. In: A. Nünning (Hg.), Literaturwissenschaftliche Theorien, Modelle und Methoden. Trier, 29-50 und GOEBEL, Eckart 1999: Stationen der Erzählforschung in der Literaturwissenschaft. In: E. Lämmert (Hg.), Die erzählerische Dimension. Eine Gemeinsamkeit der Künste. Berlin, 3-33. Dieser Band widmet sich der Frage, wie Erzählen literatur-, kunst-, theater-, film- und musikwissenschaftlich relevant ist.

[53] Vgl. im Literaturverzeichnis die einschlägigen zu Rate gezogenen Texte von Mcadams, Sarbin, Gergen, Gergen/Gergen, Mair, Sampson, Bruner 1990, Bruner 1991, Howard und Kraus.

[54] Vgl. im Literaturverzeichnis bspw. die zu Rate gezogenen Texte von White, Müller/Rüsen und Straub.

[55] Siehe bspw. SOMMERS und VAASSEN, Bernd 1996: Die narrative Gestalt(ung) der Wirklichkeit. Grundlinien einer postmodern orientierten Epistemologie der Sozialwissenschaften. Braunschweig.

[56] Vgl. im Literaturverzeichnis die einschlägigen zu Rate gezogenen Texte von bspw. Schapp ²1981, Schapp ³1985, Lübbe, Carr, Macintyre, Meuter und Thomä. Das opus magnum von Paul Ricoeur dürfte an der Grenze zwischen Literaturtheorie und Philosophie angesiedelt sein: RICOUER, Paul 1988/1989/1991: Zeit und Erzählung. Bd. I, Bd. II, Bd. 3. München.

[57] Allerdings unter literaturwissenschaftlichen Vorzeichen; ich denke hier an das Kapitel 'Die Narrative und ihre Medien' in MÜLLER-FUNK, Wolfgang 2002: Die Kultur und ihre Narrative. Eine Einführung. Wien [u.a.], 171-183. Siehe zur Korrelation von Narrativitäts- und Medientheorie auch GRÜNZWEIG, Walter (Hg.) 1999: Grenzüberschreitungen. Narratologie im Kontext. Tübingen, 209-261. – MEUTER: 99 (Anm. 192) erwähnt noch theologische Diskussionen des Narrativitäts-Begriffs und SOMMERS: 637f. sieht das Narrativitätsparadigma in folgende Disziplinen hineinmäandern: „law and critical race theory", „psy-

Anbetracht dieser Theorie- und Disziplinenlage ist es nahe liegend von einem „Narrativist Turn in the Human Sciences" zu sprechen.[58] Im Folgenden geht es allerdings nicht um die jeweilige Rekapitulation dieser einzelwissenschaftlichen Perspektiven, sondern um die (Re-)Konstruktion einer gemeinsamen Problemlage – trotz und entlang aller Differenzialität. Das Identitätsproblem wird so beobachtet, dass *mithilfe der Differenzen* zwischen den Methoden und Disziplinen im Narrativitäts-Diskurs Narrativität als kohärent zu beschreibende Größe beobachtbar wird. Wiederum haben wir Vergleichbarkeit trotz Differenzialität vor uns. Und dass wir von Vergleichbarkeit und (differenzieller) Kohärenz sprechen können, liegt daran, dass alle Narrativitäts-Perspektiven ihren konstitutiven gemeinsamen Fokus und ihren konstitutiven kleinsten gemeinsamen Nenner in der Lösung der Identitätsfrage haben.[59]

Der hier eingeschlagene Weg, Identität sowohl differenztheoretisch als auch narrativitätstheoretisch zu fassen, wird – auch wenn diese Korrelierung nicht immer explizit gemacht wird und das differenztheoretische Denken nicht immer besonders elaboriert ist – auch von den *meisten* Narrativitätstheorien eingeschlagen. Diese starten von der Prämisse, dass Identität eben kein Kern hinter den Rollen und Adressen ist, dass Identität nicht in uns als psychische (oder körperliche) Entität oder außerhalb von uns als soziale Entität greifbar ist und dass sie dies deshalb nicht ist, *weil* Identität zum einen ein relationales Moment ist, das allein über ein vielfältiges Differenzgewebe beobachtbar ist und weil Identität zum anderen konstitutiv narrativ konstruiert wird (vgl. nochmals SOMMERS). Differenztheorien und Narrativitätstheorien argumentieren dabei selbstimplikativ: Die narrativ differenzielle Identität ist keine Entität, *weil* sie erst über Diffe-

---

chology", „medicine", „psychoanalytic theory", „education", „philosophy", „Gender, subjectivity and language", „anthropology" und "physiscs". Zur Korrelation von Feminismus- und Narrativitätstheorie siehe GRÜNZWEIG: 167-205. – Sehr lesenswert ist auch die Studie von Truchlar, die die Beobachtung von Identitätsbildung breit auffächert (auch wenn sie nicht explizit narrativitätstheoretisch arbeitet). Hier ist die Rede von Identitätskonstruktionen in Malerei und Zeichnung, Foto, Film und Video, Musik, Tanz und Performance, Mode, Design und Architektur sowie in wissenschaftlichen Diskursen (TRUCHLAR, Leo 2002; Identität, polymorph. Zur zeitgenössischen Autobiographik und Bewusstseinskultur. Wien).

[58] KREISWIRTH, Martin 1992: Trusting the Tale: The Narrativist Turn in the Human Sciences. In: New Literary History 23 (1992), 629-657.

[59] Keupp spricht in diesem Sinne sehr schön von Identität als einer *Diskursarena* (siehe KEUPP, Heiner 1997: Diskursarena Identität. Lernprozesse der Identitätsforschung. In: H. Keupp, R. Höfer (Hgg.), Identitätsarbeit heute. Klassische und aktuelle Perspektiven der Identitätsforschung. Frankfurt a.M. 11-39). Und MEUTER: 99 (Anm. 192) weist darauf hin, dass eine „strukturalistisch inspirierte Narratologie" versuche, die „Ergebnisse der Einzelwissenschaften zusammenzufassen und zu systematisieren". Die Rede ist von PRINCE, Gerald: 1982: Narratology: The Form and Functioning of Narrative. Berlin [u.a.], PRINCE, Gerald 1987: A Dictionary of Narratology. Nebraska und kurz und prägnant PRINCE, Gerald 1990: On Narratology (Past, Present, Future). In: A. M. Hardee, F. G. Henry (Hgg.), Narratology and Narrative. Univ. of South Carolina, 1-14

renzen und mithilfe von Narrativität als Identität beobachtet werden kann.⁶⁰ Und schließlich schlägt das Differenztheorem noch einmal zu: Die Identität ist differenziell zu bestimmen, weil qua Narrativität die Erzählungen erst in ihrer Differenz zu anderen Erzählungen als identitätsstiftende Erzählung beobachtbar werden (sensu: CURIE: 17).

Aber zunächst der Reihe nach. Alle Narrativitätstheorien gehen davon aus, dass Narrativität bzw. Erzählen keine rein strategischen und somit fakultativen Momente sind, die sich im Zuge der Identitätsbildung und des Identitätsmanagements aus einem Pool möglicher Identitätsbildungsstrategien auswählen ließen. Vielmehr: Geht es um Identität, um personale Identität und die Identität unserer Wirklichkeit und Gesellschaft samt der ihnen zugeschriebenen Eigenschaften, dann haben wir eben keine Wahl (siehe WHITE: 7, 45, 50, 72).⁶¹ *Identität ist konstitutiv narrative Identität und solchermaßen ist der Begriff narrative Identität ein Pleonasmus.* Sobald wir irgendwie von Identität reden, sind wir sensu Schapp schon mitten im Narrativitätstheorem, sind wir *in Geschichten verstrickt*. Die grammatische Struktur dieser Argumentation ist zu beachten: Wir stricken nicht selber aktiv unsere Geschichten, sondern wir sind wir in der erzählten Welt, indem wir dem Geschichten-Erzählen und den Parametern dieses Erzählens passiv ausgeliefert sind, indem wir „uns in den Geschichten und Episoden unseres Lebens *vorfinden*, anstatt sie als Autoren zu *entwerfen*" (MEUTER: 257).⁶² Narrativität ist grundlegend basal: „We live in and through stories. They conjure worlds. We do not know the world other than as story world"⁶³. „I propose the narratory prin-

---

⁶⁰ Das ist genau das Argument von CURRIE, Mark 1998: Postmodern Narrative Theory. Basingstoke, 17; siehe hierzu auch MÜLLER-FUNK: 18 und VAASSEN: 187 im Hinblick auf die personale Identität: „Der Gedanke der fundamentalen Bezogenheit löst die traditionelle Logik des 'Entweder-Oder' ab und ersetzt sie durch die differentielle Logik des 'Sowohl-Als-Auch'. In diesem Sinne sind Personen bestimmt durch das, was sie sind *und* durch das, was sie nicht sind. Sie stehen sich nicht als isolierte Entitäten gegenüber, sondern sind in ihrer metaphorischen Bedeutung in unauflöslicher Weise aufeinander bezogen".

⁶¹ „[Z]weifelsohne sind Narrationen zentral für die Darstellung von Identität, für das individuelle Erinnern, für die kollektive Befindlichkeit von Gruppen, Regionen, Nationen, für ethische und geschlechtliche Identität" (MÜLLER-FUNK: 17) und WHITE: 72 in Bezug auf Ricoeur: Für Ricoeur ist die Erzählung „keine diskursive Strategie oder Taktik, die der Historiker je nach pragmatischem Ziel oder Zweck anwendet oder nicht anwendet. Sie ist ein Mittel, Ereignisse zu symbolisieren, ohne das ihre 'Geschichtlichkeit' nicht hervortreten kann."

⁶² Das heißt nicht, dass wir nicht aktiv verschiedene Geschichten erzählen können, dass wir nicht aktiv aus verschiedenen Erzählmustern auswählen können, es bedeutet aber, dass wir nicht darüber entscheiden können, ob wir erzählen möchten oder nicht und dass wir von den Strukturen der Erzählmuster abhängen. *Dass* wir in Geschichten verstrickt sind, ist zunächst die basale These, *nicht wie* wir darin verstrickt sind. Das Kapitel wird allerdings zeigen, dass die Beobachtung von experimenteller Prosa gerade auch dem Wie des Erzählens eine konstitutive Funktion für die Identitätsbildung zuspricht.

⁶³ MAIR, Miller. 1988: Psychology as *Story*telling. In: International Journey of Personal Construct Psychology 1 (1988), 125-138, 127.

ciple: that human beings think, perceive, imagine, and make choices according to narrative structures"[64]. In diesem Sinne ist Narrativität „das zentrale Organisationsprinzip von gelebter Wirklichkeit und menschlichem Denken und Handeln" (VAASSEN: 231).[65] Ist somit Narrativität grundlegend basal und „keineswegs nur ein Code unter vielen", so lässt sie sich als „menschliche Universalie" bezeichnen, „auf deren Basis sich transkulturelle Botschaften über die Natur einer gemeinsam erlebten Realität weitergeben lassen"[66]. Es geht dabei um die „Produktion von Sinn" (ebenda: 58). White grenzt diese Perspektive von einer Position ab, die Narrativität lediglich als Ornament ohne Informations- oder Erkenntniswert postuliert (siehe ebenda: 57). Freilich muss dann diskutiert werden, welchen epistemologischen Status man dieser Universalie zuschreibt: Ist sie eine anthropologische Konstante in einem biologischen oder ontologischen Sinn, dann befinden wir uns im Paradigma einer realistischen Erkenntnistheorie, die als Epistemologie des Was, als Epistemologie des Beobachteten, Narrativität als basale Eigenschaft der Welt entdeckt (Identität ist in diesem Paradigma eine „entitative, gegebene Wirklichkeit" (VASSEN: 104) oder ist sie ein zu er/findendes Beobachtungsphänomen im Rahmen einer konstruktivistischen Epistemologie des Wie, einer Epistemologie des Beobachtens, abhängig von der Art und Weise des Beobachtens?[67] Oder ist sie als Universalie, indem sie qua Erzählung die Geschichte vom Erzählen als Universalie erzählbar macht, gar nicht nur realistisch oder nur konstruktivistisch erfassbar, sondern im Sinne einer Kulturanthropologie (sensu MÜLLER-FUNK) ein kulturelles Phänomen, das gewisse naturale und biologische Dispositionen jeweils kulturspezifisch codiert und sich solchermaßen allererst als dieses kulturelle Phänomen konstituiert? Die Rede ist dann von der narrativen Etablierung der „kulturelle[n] Universalien [...] Symbol und Mythos, Ritual und Sprache, Bild und Technik" (ebenda: 19).[68] Müller-Funks Kulturanthropologie nimmt eine Kompromissposition ein zwischen narrativer Konstrukti-

---

[64] SARBIN, Theodore R. 1986b: The Narrative as a Root Metaphor for Psychology. In: Ders., (Hg.) 1986a: Narrative Psychology. The Storied Nature of Human Conduct. New York [u.a.]. 3-21, 8.

[65] Ebenso KRAUS: 170, er argumentiert, dass unser Handeln und Erleben, unser ganzes Leben und unsere komplette Welterfahrung narrativ sind. Ricoeur setzt ebenso basal an, indem er eine unserer grundlegendsten Wirklichkeitserfahrungen — die Zeit — narrativ codiert: Zeit „wird in dem Maße zur menschlichen, wie sie narrativ artikuliert wird" (RICOEUR: ZuE-I,13).

[66] Alle Zitate WHITE, Hayden 1990: Die Bedeutung der Form. Erzählstrukturen in der Geschichtsschreibung. Frankfurt a.M., 11.

[67] Die Unterscheidung von Epistemologie des Was bzw. Epistemologie des Beobachteten und Epistemologie des Wie bzw. Epistemologie des Beobachtens geht auf Heinz von Foerster zurück (FOERSTER, Heinz von [3]1997: Entdecken oder Erfinden. Wie läßt sich Verstehen verstehen? In: H. Gumin, H. Meier (Hgg.), Einführung in den Konstruktivismus. München/Zürich, 41-88).

[68] Und Narrativität umfasst dann alles, was als Code, Zeichen, Symbol, Text und Diskurs bezeichnet werden kann (siehe MÜLLER-FUNK: 18).

on von Identitäten und der biologischen Anlage von Narrativität: „In der 'Nußschale' befände sich zwar nicht der Kern ewiger Identität mit sich selbst, wohl aber das organische, im Leiblichen verankerte Vermögen zu erzählen" (ebenda: 19). Mit seiner Argumentation ist Müller-Funk in der Lage, Einheit (Narrativität) und Differenzialität (Kulturen) zusammenzudenken: „Kulturen unterscheiden sich dadurch, was sie aus bestimmten, nicht-determinierenden, aber unhintergehbaren 'natürlichen' Gegebenheiten 'machen'" (MÜLLER-FUNK: 96). Er positioniert sich auf keiner Seite der Unterscheidungen Wirklichkeit/Konstruktion, Biologie/Konstruktion, sondern löst das Problem, indem er einen Zirkel beobachtet:

> [W]er ist der Erzähler, wenn dessen Identität sich erst durch die Erzählung konstituiert? Und ist nun das Erzählen eine global verbreitete Kulturtechnik, die in der Manufaktur der Identität erworben und erlernt wird oder eben doch zumindest ein naturales Potential, das sich je verschieden kulturell differenziert?" (ebenda: 20).

Die Lösung ist eben die, dass Narrativität als die angelegte Möglichkeit zu Erzählen im Prozess der Identitätsbildung je kulturspezifisch konstituiert wird. Die biologische Veranlagung zu Erzählen ist dann kein präformistisch-ontologisches Moment, sondern Ergebnis je kulturspezifischen Erzählens. Im Hinblick auf Žižeks Lacan-Lektüre wird die Erklärungsfunktion des Zirkels noch deutlicher. Žižek spricht von einer „'petitio principii der Zeitschleife, das heißt die Erzählung setzt stillschweigend als gegeben voraus, was sie vorgibt zu reproduzieren" (ebenda: 33). Was für diesen Zirkel der psychotherapeutischen und psychoanalytischen Situation gilt, gilt auch für die Beobachtung von Narrativität, Wirklichkeit und (personaler) Identität.

Vaassen argumentiert zwar nicht kulturanthropologisch wie Müller-Funk, aber er laboriert am gleichen Problem. Er sieht seinen 'soziokulturellen' Ansatz der *kulturell-sprachlichen Gestalt(ung)* von Wirklichkeit qua Narrativität als ein Manöver, das sich zwischen den Ontologien der realistisch-kritischen Erkenntnistheorie und dem Kognitivismus des Radikalen Konstruktivismus, der die Gefahr der „Individualisierung und Subjektivierung von Wissen und Wirklichkeitserfahrung" in sich birgt (VAASSEN: 85), hindurchbewegt. Weder ist Narrativität eine aufzufindende Eigenschaft der Welt, noch ist sie ein kognitives Konstrukt, vielmehr ist sie als kulturell-sprachliche Gestalt(ung) ein Produkt der Zusammenarbeit von Kognition und Sprache, von Kognition und Kommunikation, von Kognition und Gesellschaft, von Kognition und den symbolisch-semiotischen Strategien einer Gesellschaft, wobei hier Kognition – ganz im Sinne der strukturellen Kopplung – erst im Zusammenspiel mit Sprache und Kommunikation als Kognition sich etabliert. Solchermaßen ist (narrative) Identität keine Entität, „sondern eine narrativ fundierte Vorstellung, die wir uns im Verlaufe unserer Enkulturation in die westliche Geisteswelt aneignen" (ebenda: 9) und dann auch nicht mehr loswerden. Im Hinblick auf die beiden Positionen von Müller-Funk und Vaassen ließe sich Narrativität als basales und universales Phänomen beschreiben, das im Zuge der strukturellen Kopplung HER(AUS)GESTELLT wird. Das Theorem der Her(aus)stellung kann erklären, wieso Narrativität als konstruiertes Moment eine unhintergehbare Größe ist.

Mithilfe von Müller-Funk und Vaassen lässt sich Narrativität als Universalie beschreiben, ohne dabei wie White *einfach* behaupten zu müssen, dass Narrativität transkulturell sei. Vielmehr muss argumentiert werden, dass es Formen des Erzählens in den meisten Gesellschaften unserer Welt gibt, dass aber die Form des Erzählens, die Grammatik der Narrativität, aufgrund verschiedenster Parameter — Kommunikationsstrukturen (Nähe/Distanz, Interaktion/Gesellschaft), mediale Bedingungen (Alphabetschrift/ikonographische Schrift, Mündlichkeit/Schriftlichkeit) usw. — jeweils kulturspezifisch deutlich zu unterscheiden ist. Wenn man behauptet, dass Narrativität eine transkulturelle Universalie ist, dann muss man die kulturellen Unterschiede der Form der Erzähl-Grammatik deutlich markieren und explizieren, wie man entlang von sichtbaren Kultur-, Gesellschafts- und Kommunikationsunterschieden die These aufstellen kann, dass — *auf einer bestimmten Abstraktionsstufe der Argumentation* — Narrativität transkulturell universal sei.

Wenn somit Identität(en) und also auch das, was als Ich, Individuum, Wirklichkeit oder Gesellschaft beschreibbar ist, konstitutiv narrativ beschreibbar ist, wenn solchermaßen Narrativität unhintergehbar ist, dann ist auch die Isolierung und Lokalisierung von einzelnen Identitäten nicht loslösbar aus der narrativen Identitätsbildung. Narrative Identitäten (ein Pleonasmus) können daher zum einen selbst nur narrativ beschrieben werden, zum anderen ergeben sich narrative Identitäten nicht aus nicht-narrativen Momenten, sondern eben aus anderen Narrationen. Da alles, wahrnehmen, denken, kommunizieren und handeln, narrativ konditioniert ist, ist jede Beobachtung von Narrationen und Narrativität selbst von Narrativität konditioniert. Solchermaßen gibt es keine anhaltbaren und isolierbaren Momente der Narrativität, die als 'abgeschlossene Narrationen' markierbar wären, sondern vielmehr ein unhintergehbares und permanent unaufhaltbares, somit kontinuierliche Erzählen von Erzählungen. Narrationen sind solchermaßen Phasenmomente des Narrationsprozesses. Vaassen bringt diese Argumentation auf den Punkt:

> Wo wir auch gedanklich ansetzen, wir finden stets nur Narrationen, die sich auf Narrationen berufen — ein unhintergehbares Gewebe von Bedeutungen, das unsere gelebte Wirklichkeit ausmacht: stets noch im Entstehen begriffen, niemals vollständig greifbar [...]. Die fundamentale Basisbewegung der permanenten Transformation von Narrationen bezeichne ich hier als Kommunikation. Die Wirklichkeit, die wir erfahren, stellt einen 'Effekt' der Kommunikation dar. [...] Wir befinden uns inmitten einer Kultur und können nur in ihren Narrationen gegen ihre Narrationen andenken (VAASSEN: 8).

Vaassen redet dann weiter davon, dass unsere Identitäten und unsere Wirklichkeit sich in und als „Myriaden von Narrationen" (ebenda: 98) etablieren und dass diese „Narrationen [...] stets Transformationen anderer Narrationen dar-

[stellen]" (ebenda: 153). Narrativität und Narrationen kommen meines Erachtens in eine ähnliche konzeptionelle Position wie die Kommunikation bei Luhmann und in dieser hier unhintergehbaren Form erhält Narrativität denselben Status wie der Sinn in der Systemtheorie. *Narrativität ist ein Super-Medium.* Und *weil* es sich um Transformationen von Transformationen handelt, ist Narrativität unhintergehbar. Identitäten sind somit nicht Ergebnis der Transformationsprozesse, sondern Identitäten sind der Transformationsprozess selbst. Das hat zur Folge, dass Identitäten gerade in dem Trans- der Transformation als Identitäten beobachtbar werden; sie bilden „auf keinen Fall (vor-)gegebene Strukturen, die in ihrem So-Sein erkannt werden könnten, sondern stellen im Kern [?] vexierende differentielle Gefüge dar" (ebenda: 143). Implizit wird dadurch auch die Enkulturationsthese von Vaassen – (Narrative) Identität ist keine Entität, „sondern eine narrativ fundierte Vorstellung, die wir uns im Verlaufe unserer Enkulturation in die westliche Geisteswelt aneignen" (ebenda: 9) und dann auch nicht mehr loswerden – für eine retro-aktive Deutung offen: Narrativität und narrative Identität werden im Verlaufe der Enkulturation immer schon unhintergehbare und konstitutive Momente jeglicher Identitätsbildung gewesen sein. Mit dieser Transformationsthese wird auch die Notwendigkeit, Narrativität und Narrationen genau zu unterscheiden, besonders virulent. Dieses Problem wird später bei der Diskussion von Mink, MacIntyre, Ricoeur und der strukturellen Kopplung relevant werden, auch wird mit der L(og)ist(ik) der De-Präsentation an die Trans-Formationen angeschlossen werden. Hier nur kurz die Replik auf einen möglichen Einwand: Man kann natürlich einen bestimmten Text als Narration bezeichnen, bspw. Schnitzlers *Traumnovelle* (1926) und behaupten, dass es sich um eine isolierbare und abgeschlossene Größe handelt, die trotz aller Transformationsprozesse isolierbar und stabilisierbar ist, allerdings vergisst man dabei, dass Texte allererst und immer wieder neu qua Interpretation zu Texten und Werken werden. Wie ich dargelegt habe, haben wir es (innerhalb der Medium/Form-Unterscheidung) immer mit Werken (= Formen) im Medium von Texten zu tun. Werke sind dabei nur zeitweilig stabile fest gekoppelte Beobachtungszuschreibungen, die qua Interpretieren nicht nur permanent im Entstehen, sondern auch permanent im Vergehen sind. In diesem Sinne ist meine Text/Werk-Theorie vollkompatibel mit der hier elaborierten Narrativitäts-Theorie. Das heißt, dass ich *Narrationen* als *Formen im Medium der Narrativität* beobachte (!). Schnitzlers *Traumnovelle* ist das Werk (Narration) im Medium des Textes (Narrativität) und dies im Modus des Transformierens aus Transformationen. Somit sind Werke bzw. Formen zeitweilig isolierte Identitäten, die innerhalb der Transformation aus Transformationen *in gewissen Hinsichten* – je nach Beobachtungsfokus – als Identitäten beobachtet werden.

Wichtig ist, dass Vaassen mit seiner Transformationsthese Schapps In-Geschichten-Verstrickt-Sein präzisiert. Es ist nicht kognitivistisch oder subjektphilosophisch davon auszugehen, dass das Subjekt oder das Individuum die Kontrolle über Sprache, Kommunikation und Narrationen besitzt. Das 'Subjekt' oder das Individuum mit ihren Kognitionen sind sprachlich sozialisiert und in ihrem Bestehen und der Art und Weise ihres Prozessierens formatiert von sprachlichen, kommunikativen und narrativen Strukturen (vgl. ebenda: 94). Solchermaßen sind weder das Subjekt noch ein Individuum die Instanzen, die die Narrativitätsfäden spinnen, vielmehr wird qua Kommunikation Narrativität etabliert, indem sie sich als Transformation von Gestalttransformation konstituiert und dabei Identitäten (Subjekte oder Individuen) abwirft: „Kommunikation [...] ist eine permanente, subjektlose, immaterielle Bewegung der Transformation von (narrativer) Gestalt, in dem das Übernommene als Effekt, als 'Spur' im Gestalten (weiter-)wirkt. Kommunikation ist somit weder eine Struktur (Gestalt) noch ein Prozeß (Gestalten)" (ebenda: 101). Kommunikation ist die „subjektlose, immaterielle Bewegung der Transformation von Narrationen" (ebenda: 104; siehe auch dort 156) und „[d]ie (narrative) 'Gestalt' der sprachlich-kulturellen Wirklichkeit entzieht sich der Kontrolle durch unser Denken. Immer vollzieht sich Denken schon in narrativen Mustern, die wir nicht überschreiten können, ohne in anderen narrativen Mustern zu denken" (ebenda: 128).[69] Natürlich lassen der Begriff der Spur und die Idee, dass das Subjekt nicht Herr über die Sprache ist, in dieser Kombination an Derrida denken.[70] Auch wenn man die Schlagseite zur Sprache hin (systemtheoretisch) nicht mitmacht, Vaassen macht schön beobachtbar, dass und wieso Narrativität ein unhintergehbares Moment von Sinn und „(sinnhafter) Identitätsbildung" (MEUTER: 10) ist, dass und wieso Wahrnehmungen, Gedanken, Handeln und Kommunikationen narrativ konditioniert sind: *Weil* Narrativität und narrative Identität nicht Effekte subjektiven Handelns sind, indem sie narrative Transformationen von narrativen Transformationen sind, sind sie als Super-Medium beobachtbar. Vaassen macht deutlich – und das müsste jede psychologische Narrativitätstheorie explizit beachten –, dass Narrativität und jede Marke, die in die Position eines unhintergehbaren Mediums gebracht wird, diese Position nur jenseits subjekthaften Handelns einnehmen kann. Subjekt, Individuum und personale Identität sind Epiphänomene des narrativen Transformationsprozesses, der nur als *subjektloser* Prozess basal grundlegend für jegliche, auch die subjektive, Identitätsbildung sein kann. Auch an diesem Punkt wird es später

---

[69] VAASSEN: 7: „Wirklichkeit erscheint als ein kulturelles Phänomen, als eine sprachlich-kulturelle Gestalt(ung), die sich weder auf eine externe Realität noch auf ein intentionales Subjekt als Autor zurückführen läßt." „Der sich permanent vollziehende soziale Prozeß hat keinen Autor, d.h. keine Person, die außerhalb des Prozesses stünde und auf seine Entwicklung einwirken würde und ebenso wenig distanzierte Zuschauer. Es ist ein permanentes Spiel der Grenzen (der Person) in und mit den Grenzen anderer sprachlich-kultureller Narrationen" (ebenda: 198; siehe auch ebenda: 202).

[70] „Vom Augenblick an, wo ich spreche, gehören die Wörter, die ich gefunden habe, nicht mehr mir, weil sie Wörter sind; sie werden in ursprünglicher Weise *wiederholt*." (DERRIDA, Jacques 1972: Die soufflierte Rede. In: Ders., Die Schrift und die Differenz. Frankfurt a.M., 259-301, 271).

wichtig werden, Narrativität von Narrationen zu unterscheiden, da es — wenn von narrativer Identität die Rede ist — konstitutiv notwendig ist, in Form von Narrationen Identitäten als Zuschreibungsballungen zu beobachten.

Wir haben einerseits permanente Transformationsprozesse aus Transformationsprozessen, allerdings bedeutet dies nicht, dass wird dadurch eine chaotische und konstant fluide Wirklichkeit konstituiert bekommen. Ganz im Gegenteil, Narrativität ist der Modus, der uns eine geordnete Wirklichkeit und geordnete Identitäten etabliert. „(Narrativ fundierte) Wirklichkeit entsteht als etwas Kohärentes, Kontinuierliches, Organisiertes, Gerichtetes — als etwas Sinnvolles" (VAASSEN: 126), da wir aufgrund narrativer Parameter (siehe Kap. 3.2.5) (zumindest zeitweilig in bestimmten Kontexten und in gewissen Hinsichten) stabile Zuschreibungen vollziehen können. Dabei, und dass ist wichtig, besitzt Narrativität kein inhärent geordnetes Moment, sondern liefert uns die Matrix dafür, entlang der Unterscheidungen Einheit/Differenz und Identität/Entgrenzung innerhalb des unaufhaltsamen Transformationsprozesses Zuschreibungen vollführen zu können (siehe ebenda: 96f., 98 und 138ff.). Für meine Unterscheidung narrativ/a(nti-)narrativ ist es auch entscheidend, dass *Narrativität* eine differenzielle Größe ist, die als *Einheit der Unterscheidungen Konventionalisierung/De-Konventionalisierung und Gestaltung/Auflösung* bezeichnet werden kann. Die Idee der narrativen Gestalt(ung) vereinigt „Konventionalisierung und De-Konventionalisierung in einer Bewegung [...]. Jede Gestalt trägt die Tendenz zu ihrer Auflösung in sich; 'Gestaltung' und 'Auflösung' sind stets gleichzeitig aktiv" (ebenda: 141). Auch deshalb — weil es sich bei Narrativität um die Einheit einer Differenz handelt — sind die narrativen Transformationsprozesse und die sich an ihnen beobachtbaren Identitäten subjektiv nicht einhol- und nicht kontrollierbar. Kraus macht in diesem Zusammenhang darauf aufmerksam, dass Identitäten per definitionem mithilfe der Unterscheidung Einheit/Differenz zu beobachten sind. Das Grundgesetz von Identität ist, „sich zu ändern und dabei doch gleich zu bleiben, ein anderer zu werden und sich doch kohärent, identisch erzählen zu können" (KRAUS: 174). Da sich jedoch permanent entlang von Gestaltung und Auflösung Transformationen aus Transformationen bilden, die nicht einholbar und unhintergehbar sind, muss die Sachlage differenztheoretisch präziser beschrieben werden. Identität ist nicht einfach eine Kombination von Einheit und Differenz, von Stabilität und Veränderung, von Gleichsein und Änderung, sondern *Identität* lässt sich definieren als die '*EINHEIT DER DIFFERENZ von Differenz von Identität/Differenz und Einheit von Identität/Differenz*'. Erst in dieser Konstellation kann narrative Identität sowohl als Matrix für Zuschreibungen als auch als unhintergehbares grundlegend basales Sinnmoment konzipiert werden. Und diese Konstellation ist auch vollkompatibel mit der Medium/Form-Unterscheidung: Identität ist die Differenz von Differenz und Einheit, indem *Narrationen* als *Formen im Medium der Narrativität* im Modus der Transformation aus Transformationen beobachtet werden.

Nach all dem bisher Gesagten drängt es sich nun auf, die Verschaltung von Identität und Narrativität eine Abstraktionsstufe tiefer anzusetzen und den Begriff der personalen Identität zu diskutieren und dies vor allem auch deshalb, weil Vieles von dem, was der Narrativität zugeschrieben wird, ihr in Form von narrativ konstituierter personaler Identität zugeschrieben wird. Narrativität als Super-Medium wird exemplarisch über die Beobachtung von personaler Identität beobachtbar, auch die historische Dimension kommt somit deutlich(er) in den Blick.

*3.2.2.2 Personale Identität und ('post')moderne Individualität*

Im Gegensatz zu den Begriffen Subjekt und Individuum bietet sich der Begriff Person besonders gut an, ontologische und entitative Modelle zu dekonstruieren. Person ist per definitionem (jedenfalls in neueren avancierten Theorien) eine soziale Konstruktion, die weder mit der Vorstellung von Subjekt oder Individuum noch mit dem kognitiven Selbstbild übereinstimmt. In einem allgemein soziologischen Sinne lässt sich dann über das Ich als Medium der personalen Identitätserfahrung sagen: „'Ich' oder 'Identität' ist nicht etwas, was Menschen 'eigen' wäre. Es sind Metaphern, die auf die fundamentalen Mythen einer Kultur verweisen: Mythen, die erzählen, was Menschen sind. [...] Ich ist eine zentrale Narration" (VAASSEN: 192).[71] In einem spezifischen soziologischen Sinne, sprich systemtheoretisch, ist Person eine rein soziale Größe, also ein Moment des sozialen und nicht des psychischen Systems: „[D]ie Identität von Personen ist Ergebnis dieser emergenten sozialen Ordnung" (MEUTER: 213).[72] In Bezug auf Luhmann

---

[71] Was für Identität im Allgemeinen gilt, gilt auch für personale Identität im Besonderen. Vaassen verweist auf Frey/Hauser, die vier grundlegende Momente jeder personalen Identitätsbildung markieren: „Individualitätsproblem" (Frage nach der Einmaligkeit von Identität), „Realitätsproblem" (Frage nach der Realitätsangemessenheit von Identität), „Konsistenzproblem" (Frage nach der Identität in verschiedenen Kontexten bzw. Perspektiven), „Kontinuitätsproblem" (Frage nach der Identität in der Zeit" (VAASSEN: 213, Anm. 140). – Für einen sehr schönen Überblick über einige einschlägige Identitätstheorien im Hinblick auf personale Identität (siehe wiederum VAASSEN: 160ff. (Erikson, Mead, Kognitionspsychologie (Whitbourne, Hausser)). Siehe auch STRAUB und KEUPP 1997 sowie mit expliziter Berücksichtigung der Kategorien *gender* und *race* SOMMERS: 607-613,

[72] Vaassen spricht des Weiteren sprachtheoretisch davon, dass das Ich bzw., die Person als zentrale Narration ein narrativ-konstruktiver Reifikationsakt sei: „Ich, Person, Selbst" (VAASSEN: 194), bei diesen Größen handelt es sich um eine „Reifikation sprachlicher Ausdrücke [...] [um die] Umwandlung von Metaphern in 'Dinge'" (ebenda: 193). „Die Reifikation, d. h. die Verdinglichung, von Person, Ich, Selbst usw. gründet sich somit auf ein massives Fundament aus narrativer Bedeutung und sprachlichen Anwendungsregeln" (ebenda: 194). Hier ließe sich einhaken und an das von Luhmann markierte 'dingontologisches Sprachschema' denken (vgl. hierzu REINFANDT: 64). Aufgrund der ontologischen Fundierung dieses Schemas wird die personale Identität trotz ihrer narrativen Konstruiertheit als eine entitative Größe verhandelbar: „Das entitative Ich erweist sich als Reifikation eines sprachlichen Begriffs" (VAASSEN: 195). Somit ist die Person keine entitative Größe,

formuliert Meuter dann weiter, „daß die Identität einer Person eine Konstruktion ist, deren Form und Inhalte abhängen von den jeweiligen sozialen Systemen, unter denen sie sich ausbildet" (ebenda: 215).[73] Personen lassen sich als relativ stabile „verdichtete 'Erwartungscollagen'" (SS: 176) beobachten. „Die Identitäten von Personen werden konstruiert, um 'Verhaltenserwartungen ordnen zu können, die durch sie und nur durch sie eingelöst werden können' (SoSy,429)" (MEUTER: 213). Solchermaßen markiert die narrative Konstitution von personaler Identität eine doppelte Konstruktivität: Mit Narrativität ist per definitionem die (subjektlose) Konstruktion von Identitäten gemeint und mit Person ist ebenfalls per definitionem die (subjektlose) Konstruktion von Identitäten gemeint.

Mit solch einer doppelten Konstruktivität ist freilich die Dekonstruktion von entitativen Modellen verbunden. Personale Identität ist nicht eine kernhafte, in sich stabile und entitative Größe, weder in einem biologischen noch in einem ontologischen Sinne, „sondern der Aspekt und 'Effekt' sprachlich kultureller Wirklichkeitsgestalt(ung)" (VAASSEN: 175). Und da personale narrative Identität selbstredend auch in die Transformationen von Transformationen (s. o.) und damit in die Uneinholbarkeit und Unhintergehbarkeit von Narrativität eingebunden ist, kann personale Identität nie als feste, in sich abgeschlossene selbstidentische Größe etabliert werden. Personale Identität ist solchermaßen Epiphänomen der permanenten Transformation von Narrationen aus Narrationen:

> In unserer Verwendungsweise bezeichnet Person keine Entität, sondern eine 'Gestalt', der kulturelle Bedeutung im Rahmen narrativer Verweisung zukommt. [...] Person als Bedeutung ist also in den Geschichten der Kultur verwoben und somit ebenfalls niemals abgeschlossen und vollständig erfassbar (142). [...] Wir sind in unserer bewußten Identität vollständig in die Narrationen und die relationale, soziale Ordnung verwoben (143). [...] Person ist als ein Text in Transformation zu verstehen [...]. Person ist weder Zentrum noch Ursprung noch Ursache (189) (VAASSEN).

Personale Identität ist ein aus der narrativen Transformation von narrativen Transformationen zeitweilig granulierter Zuschreibungsmoment, eine Erwartungscollage, ein Phasenmoment als Effekt sozialer Ordnungsbildung, der aufgrund dessen sich uneinholbar und per definitionem unabgeschlossen ist.

Wie gesehen, ist es plausibel, davon auszugehen, dass die narrativen Transformationsprozesse im Hinblick auf Identitätsbildung subjekt- und autorlos ablaufen (s. o.); im Hinblick auf die personale Identität muss diese These spezifiziert und reformuliert werden. *Narrativität* kann als das Muster oder als die uneinholbare Matrix von Identitätsbildung, also als infrastrukturell-logistisches

---

jedoch ist sie, weil wir über sie sprechen und sie mithilfe von Sprache er-beobachten, auf die dingontologischen Sprachschemata angewiesen.
[73] Zum luhmannschen Personenkonzept siehe unter anderem LUHMANN, Niklas 1995e: Die Form „Person". In: LUHMANN 1995: 142-154 und SCHROER, Markus 2000: Das Individuum der Gesellschaft. Synchrone und diachrone Theorieperspektiven. Frankfurt a.M., 223-274.

Moment beobachtet werden. Als dieses infrastrukturell-logistische Moment braucht es jedoch eine Form oder Gestalt. Diese lässt sich als *Narration* (als die jeweilige Erzählung einer Geschichte) beschreiben und die personale Identität, die Person als Erwartungscollage, ist sowohl auf die Grammatik ihrer Identitätsbildung (Narrativität) als auch auf die Gestalt ihrer Identitätsbildung (Narration) angewiesen.[74] Entscheidend ist dabei, dass eine Person nicht mit einer Narration identifiziert wird. Eine Biographie bspw. markiert nicht die personale Identität einer Person, sondern die Biographie und all die an dieser Biographie sich entzündenden Narrationen und Narrationspartikel ermöglichen es, von einer Person zu sprechen. Die personale Identität ergibt sich dann als transgressive Kreuzung verschiedenster Narrationen. Dabei ist sie einerseits der transformativen Narrativitätsmaschine passiv ausgeliefert, Narrativität und personale Identität sind autor- und subjektlos; jedoch sind die einzelnen Narrationen, die an der Identität einer Person beteiligt sind, andererseits durchaus einem Autor zuschreibbar. Personen erzählen Geschichten von sich und von anderen und haben somit Anteil an der sich daraus ergebenden personalen Identität. Jede einzelne Narration ist dabei eine Kombination schon sprachlicher, kommunikativer, symbolischer, semiotischer, narrativer, institutioneller, habitueller, gender-, sex- und racespezifischer Muster und Vorgaben – (wir werden uns halt immer schon in einer sprachlich, kommunikativ, symbolisch, semiotisch, narrativ, institutionell, habituell, gender-, sex- und racespezifisch zugerichteten Welt befunden haben) – und der je individuellen Fähigkeit, diesen Mustern und Vorgaben kreativ und innovativ neue Gestalt geben zu können. Narrationen unterscheiden sich ja gerade in der Variierung von Vorgaben und Mustern voneinander. Jede Narration ist eine je spezifische Realisierung der sie bedingenden Muster. Personale Identität ist somit doppelt gebrochen: Zum einen geht sie nicht in einer Narration auf, sondern ergibt sich als Transgression von Narrationen aus Narrationen, zum anderen ergibt sie sich als Differenz von Muster und Innovation, von Muster und Variation. Personale Identität ist solchermaßen in ein '*Geviert*' eingespannt:[75] (1) eine Narration (bspw. Autobiographie oder Biographie), (2) Narrationen und einzelne Narrationspartikel, die an die 'erste' Narration anschließen, (3) die sprachlichen, kommunikativen, symbolischen, semiotischen, narrativen, gattungs- und genrespezifischen, institutionell, habituell sowie gender-, sex- und racespezifisch affizierten Muster und (4) die je individuell spezifische Realisierung dieser Muster.[76] Eine Person geht in keinem dieser Punkte auf, sondern ist der phasenweise stabi-

---

[74] Wichtig ist, dass ich nicht *Narration* mit Geschichte gleichsetze, sondern eben mit der *Erzählung einer Geschichte*.
[75] Hier leihe ich mir nur den Begriff von Heidegger, ohne auch die komplexen philosophischen Konstellationen mitnehmen zu wollen.
[76] Wobei dies nicht bedeutet, dass die je individuell spezifische Realisierung der Muster eine komplette Eigenleistung von Personen ist, auch diese spezifische Realisierung hängt von Mustern ab.

le Kreuzungspunkt dieser Linien, der freilich – je nach historischer und epistemologischer Perspektive (s. u.) – in seiner Zusammenführungsfunktion gesichert oder gefährdet ist. Je nach historischem und epistemologischem Fokus ist die Relation der Relationen dieses 'Gevierts' unterschiedlich, was dazu führt, das wir von strategischen Identitäten, Patchwork-Identitäten, modernen Identitäten oder postmodernen Identitäten (s. u.) sprechen können.

In diesem Sinne kann man formulieren, dass Personen innerhalb der narrativen Transformation von Transformationen zwar nicht ihre eigenen Autoren, jedoch als vielfältig gebrochene *Ko-Autoren* ihrer eigenen personalen Identität beobachtet werden können. Diese Überlegungen finden sich ähnlich auch bei Meuter, Kraus, Vaassen, Bruner und Sommers. „Die Ausbildung der eigenen Identität kann nicht nur als die blinde Übernahme sozialer Angebote verstanden werden, sondern muß immer auch als ein innovativer und individueller Vorgang aufgefaßt werden" (MEUTER: 244). Ein narratives Modell erlaubt es, „die Aspekte der Individualität und Innovativität mit in den Begriff der personalen Identität einzubeziehen" (ebenda), aber „Identität [ist] nie Produkt unserer Absicht" (ebenda: 254). Vielmehr haben wir Teil an unserer Identität. Eine Person ist unter anderen Teilnehmern Teilnehmer an ihrer Identität. Wir sind „Koautoren unserer eigenen Erzählungen" (ebenda: 259).[77] Personale Identität formt sich somit entlang der Unterscheidungen Selbstreferenz/Fremdreferenz und Kontrolle/Nicht-Kontrolle. Meuter und Kraus markieren bspw. den Stil als ein Moment, das die Selbstreferenz, Kontrolle, Kreativität, Innovation und Individualität einer Narration ausmachen kann (ebenda: 260ff. und KRAUS: 160). Vaassen spricht in diesem Zusammenhang sehr schön davon, dass jede „Autobiographie" eine „Soziographie" (VAASSEN: 205) ist, weil die Narrationen der Personen konstitutiv auf die Narrationen anderer Personen angewiesen sind. Identität ist differenziell und „Identitätserfahrung ist nicht an einer einzelnen Person festzumachen, sondern bringt eine unauflösliche Verwobenheit der Mitglieder einer epistemischen Gemeinschaft in ihren Selbst-Narrationen zum Ausdruck" (ebenda: 213) und deshalb ist Identität eben auch nie abschließ- und einholbar. Wir haben ein „'dezentralisiertes' Verständnis von Person und Identität" (ebenda: 214) und Personen und ihre Identitäten sind nie fest, sondern immer im Werden: „Identität ist niemals erreicht oder auch nur faßbar; sie ist ein kollusives Drama, das niemals endet" (ebenda: 200; siehe auch ebenda: 209). Solchermaßen sind die beiden Momente Autobiographie = Soziographie und narrative Transformationen aus narrativen Transformation innerhalb einer Differenztheorie sich wechselseitig bedingende korrelative Größen.

Bruner argumentiert gegen die Vorstellung einer auktorialen entitativen personalen Identität, indem er darstellt, dass sich Identitäten im Hinblick auf die

---

[77] Siehe hierzu auch KRAUS: 245f., der in explizitem Bezug auf Meuter auch eine mittlere Position vertritt und von einem „Mitautor[]"spricht.

Erfüllung von Situations- und Kontextanforderungen bilden. Zum einen ist personale Identität an situative und kontextuelle Gegebenheiten gebunden, zum anderen entwickeln wir im Laufe unseres narrativen Identitätskonstruierens Gewohnheiten, die sich dann so sehr in unsere Identitätsbildung absetzen, dass von einer selbstbestimmten Konstruktionsarbeit nicht gesprochen werden kann. Personale narrative Identität ist Ergebnis der Ko-Autorschaft von Situation und Kontext (outside), „memory, feelings, ideas, beliefs, subjectivity" (inside) und den aus dieser Unterscheidung sich ergebenden Routinen und Gewohnheiten.[78] Insgesamt hat Bruners Darstellung eine Schlagseite, da er optimistisch glaubt, dass innerhalb dieser Konstellation genügend Manövrierraum für die Konstruktion von „our own uniqueness" (ebenda: 211) sei. Gleichwohl verfällt er nicht einem Einzigartigkeitskult, da er – wenn auch theoretisch ein wenig grobschlächtig – die Konstitution von personaler Identität als einen „balancing act" (ebenda: 218) bezeichnet, der zwischen der eigenen Autonomie und dem Rekurs auf Andere vermitteln muss und der deshalb ein dialektischer und unabschließbarer Prozess ist: „Self-making through self-narrating is restless and endless" (ebenda: 221).[79] Einerseits ist Bruner als Psychologe zu stark an eine aktanten- und handlungsorientierte Individualität gebunden und somit meines Erachtens theoretisch unterkomplex, andererseits überrascht es, dass er dennoch Argumente entwickelt, die diese Last einer Ich-, Aktanten-, Subjekt- und Handlungstheorie in Richtung struktureller, sprich logistischer, Perspektiven abfedern. Bruners *narrative self-making* ist schließlich doch Effekt sozialer und kulturelle Konstellationen, Verschaltungen und Verschachtelungen:

> selfhood is profoundly relational [...] the self-told narratives that make and remake our selves are ones we gain from the culture in which we live [...] we are virtually from the start expressions of the culture that nurtures us. But culture itself is a dialectic, replete with alternative narratives about what self is or might be. And the stories we tell to create ourselves reflect that dialectic (ebenda: 223).

Sommers argumentiert in ihrem logistisch-relationalen Ansatz auch im Hinblick auf Interaktion. Narrative personale Identität ergibt sich als Effekt von struktureller und sozialer Interaktion, sie ist das Kondensat intersubjektiver Beziehungsbeziehungen in einer Gesellschaft und lässt sich nicht einer einzigen Konstruktionsinstanz zuschreiben (vgl. SOMMERS: 618). Für Sommers ergibt sich die Ko-

---

[78] BRUNER, Jerome 2003: Self-Making Narratives. In: R. Fivush, C. A. Haden (Hgg.), Autobiographical Memory and the Construction of a Narrative Self. Mahwah/London, 209-225, hier 210. Die Outside-Seite bilden unter anderem "unspoken, implicit cultural models of what selfhood should be and what it might be– and, of course, what it should not be" (ebenda: 210f.).

[79] „We seem virtually unable to live without both, autonomy and commitment, and our lives strive to balance the two. So do the self-narratives we tell ourselves" (ebenda: 218). Und: "Self narrating [...] is from the outside in as well as from the inside out" (ebenda: 221). Viel theoretischer Aufwand lässt sich in solchen letztendlich radikal simplifizierenden Aussagen nicht finden.

Autorschaft aus dem Geflecht von standardisierten Erzähl-Formen, dem Versuch, diese kreativ zu subvertieren und der relationalen und netzwerkartigen Einbindung in die Gemengelagen von *class, race, gender* und *power*. Entscheidend ist dabei, dass dieses relationale Geflecht nicht allein auf die Konstruktion von personaler Identität abfärbt, sondern über die Ko-Autorschaft alle an der Identität beteiligten Momente affiziert. Das heißt, dass *beispielsweise* aktiv formulierte feministische Narrationen und Identitätsbildungen („counter narratives", ebenda: 631) als Alternative zu patriarchalisch eingeschliffenen Relationen zwar vom relationalen Identitätskonstruktionsgeflecht abhängig sind, aber gleichzeitig durch ihre sichtbare Alternativität auf das sie ermöglichende Relationengeflecht zurückwirken. Es handelt sich bei Sommers genuin um eine *Ko*-Autorschaft, da die Narrationen (Formen) auf das sie bedingende und ermöglichende Medium (Relationen) zurückwirken und dieses verändern. Freilich nicht immer in dem Maße, dass Beobachtungen und Theorien diese Konstellation beobachtbar machen können. Sie können dies nicht immer beobachtbar machen, weil wir ja innerhalb von relationalen Verschaltungen und Verschachtelungen im Modus der Transformation von Transformationen eben meist eine Menge an Relationsrelationen sehen und nur in besonders auffälligen Fällen ko-auktoriale Signaturen in sie einschreiben können. Damit will ich sagen, dass ein konsequent logistischer Ansatz im Grunde nur Relationsrelationen beobachten kann und die Ko-Autorschaft eher nebenbei, aber nichtsdestoweniger markant, als Beobachtungsartefakt abfällt..[80]

Diese Überlegungen zur Ko-Autorschaft der Personen an ihrer uneinholbaren personalen Identität, insbesondere wenn man die Komplexität der Relationierung der Relationen des 'Gevierts' beachtet, sind vollkompatibel mit dem Paradigma der strukturellen Kopplung. Wie später zu zeigen sein wird, ist Narrativität als Medium der strukturellen Kopplung von Bewusstsein und Kommunikation nicht einfach eine soziale Größe, sondern eine Sinn-Form, die als Epiphänomen und als Bedingung der Möglichkeit von struktureller Kopplung, sozial in Richtung Bewusstsein agiert (s. u.). Auch ist das 'Geviert' komplementär zu Vaassens These, dass sich narrative Identität über die Unterscheidungen Gestalt$_{[(1), (2)]}$/ Auflösung$_{[(4)]}$ und Konventionalisierung$_{[(1), (2), (3)]}$/Dekonventionalisierung$_{[(4)]}$ etabliert. Entscheidend ist nun aber auch, dass man die Rede von der vielfach gebrochenen Ko-Autorschaft ernst nimmt und dabei auf seine Formulierungen achtet. Kraus und auch Ricoeur sind hier unvorsichtig. Kraus argumentiert zunächst, dass „Narration als nicht hintergehbarer konstruktivistischer Bezugspunkt

---

[80] Zur Frage der (Ko-)Autorschaft im Hinblick auf personale Identität in Form von Bio- und Autobiographie siehe HAHN, Alois / Volker KAPP (Hgg.) 1987: Selbstthematisierung und Selbstzeugnis: Bekenntnis und Geständnis. Frankfurt a.M.; BROSE, Hans-Georg / Bruno HILDEBRAND (Hgg.) 1988: Vom Ende des Individuums zur Individualität ohne Ende. Opladen; RÖCKELEIN, Hedwig (Hg.) 1993: Biographie als Geschichte. Tübingen oder FIVUSH/HADEN.

des Subjekts zu seiner Welt" (KRAUS: vii) bezeichnet werden kann, um dann ein eminentes Problem seiner Subjektrede zu offenbaren: „Erzählend organisiert das Subjekt die Vielgestaltigkeit seines Erlebens in einen geschlossenen Verweisungszusammenhang" (ebenda: 159f.). Diese Redeweise impliziert, dass das Subjekt als Subjekt schon etabliert ist, bevor es sich erzählend organisiert. Erzählen wäre somit konstitutiv für die Organisation des Subjekts, nicht für die Etablierung des Subjekts als Subjekt. Ein ähnliches Problem beobachtet Müller-Funk bei Ricoeur: „das Subjekt erfindet sich durch den narrativen Bezug auf andere und doch wird in diesem Akt des Erzählens die Existenz jenes Subjekts vorausgesetzt, das sich im Akt der [sic] Erzählens konstruiert" (MÜLLER-FUNK: 76). Die Form wäre also Subjekt = Identität/Differenz. Demgegenüber muss eine Perspektive, die konsequent Narrativität im Rahmen der Transgression aus Transgressionen liest, ihre Subjektrede beachten: In der narrativen Transgession von Trasngressionen wird ein Moment identifizierbar, dass sich als Individuum, Person oder gar Subjekt beschreiben lässt. Das Subjekt ist somit Effekt des Erzählens und nicht sein Subjekt. Die Form ist also Erzählen = Identität/Differenz und als Folge davon: Subjekt, Individuum, Person.

Über die Beobachtung von personaler Identität muss nun auch konstitutiv eine gesellschaftstheoretische Ebene berücksichtigt werden. Zum einen wird dies notwendig, da die Rede von personaler Identität auch die korrelativen Begriffe Individuum und Individualität in den Fokus rückt und zum anderen kann beobachtet werden, wie(so) sich die Bedingungen und Gestalten von personaler Identität in Relation zu der jeweiligen Gesellschaftsstruktur beschreiben lassen müssen. Das heißt, die Art und Weise wie Gesellschaft sowie ihre Komplexität und Evolution beobachtet werden, konditioniert die Art und Weise, wie Personen als Individuen beobachtbar sind. Meuter markiert in diesem Zusammenhang, dass Narrativität das „entscheidende Organisationsprinzip für die [...] Zusammenführung der Semantiken von Individualität und personaler Identität" (MEUTER: 225) sei, denn: „Die eigene Einheit [...] besteht dann darin, sich als eine identische Person zu konstruieren" (ebenda: 232). Das Individuum kann dann als Einheit der Unterscheidung (konstruierter) Körper/(konstruierte) personale Identität (vgl. ebenda: 232) und personale Identität als Einheit der Unterscheidung Individuum/Identität beschrieben werden.

Eine elaborierte Beschreibung der Bedingungen und Gestalten von personaler Identität und Individualität in Relation zu der jeweiligen Gesellschaftsstruktur hat Luhmann im Kontext der Beobachtung der Gesellschaft als funktional ausdifferenzierte Gesellschaft geliefert. In aller Kürze geht es darum, dass an der Gesellschaft als der Gesamtheit aller Kommunikationen eine sich evolutionär steigernde Komplexität beobachtet wird. Luhmann geht von drei Strukturen der Gesellschaft aus: *Segmentär differenzierte Gesellschaften* sind hinsichtlich der Differenzierung in gleiche Teile bzw. Teilsysteme aufgeteilt (Clans, Familien, Stämme, Häuser oder Dörfer); es handelt sich dabei um eine sich qua Mündlichkeit und qua Interaktion unter Anwesenden reproduzierende Gesellschaft. Entscheidend ist dabei das Prinzip der Reziprozität (vgl. GLU: 66). Bei zunehmender Gesellschaftskomplexität ist das Prinzip der Gleichheit nicht mehr aufrechtzuerhalten. Einige Clans oder Familien werden nun anders, vor allem reicher und dadurch ist Reziprozität nicht mehr möglich und nicht mehr erstrebenswert, da die „Abweichung von der Gleichheit [...] sich als vorteilhaft erweist" (ebenda). Infolgedessen ergibt sich die nächste Differenzierungsform. Abweichung wird entlang von Gleichheit/Ungleichheit *territorial* etabliert. Dabei reproduziert die Unterscheidung *Zentrum/Peripherie* die Gesellschaft hierarchisch (Residenz/Land, Stadt/Land, Hof/Provinz, zivilisiert/barbarisch). Hier rastet dann im Zentrum die Unterscheidung Gleichheit/Ungleichheit *verwandtschaftlich* ein. Dabei reproduziert sich die Gesellschaft hierarchisch in Form von Schichten; es ist dabei die Rede von einer *stratifikatorisch differenzierten Gesellschaft*: „Damit entsteht eine Differenzierung der Differenzierungsformen: Im Zentrum kommt es zur Stratifikation und in der Peripherie wird Segmentation reproduziert" (GLU: 67). Hierarchisch ist diese Gesellschaft in nichttransgressive Schichten (Klerus, Adel, Dritte Schicht oder Kasten) unterteilt. Es gibt keinen Transfer von Identitäten zwischen den Schichten und diese Identitäts-Hermetik sichert Identität. Dabei ist auch die Exklusivität und Restriktion der Zugänge (bspw.: nur Klerus und Adel haben Zugang zur Politik, die Dritte Schicht nicht) identitätssichernd. Es kommt somit im Kontext des Ranges zur Ungleichheit zwischen den Schichten und zur Gleichheit innerhalb der Schichten. Schließlich die Rede von der *funktional differenzierten Gesellschaft* der Moderne (die Sattelzeit des Übergangs von der stratifikatorischen zur funktional differenzierten Gesellschaft wird im letzten Drittel des 18. Jahrhunderts gesehen). Die Gesellschaft differenziert sich nun in autonome, autopoietisch geschlossene Teilsysteme als Funktionssysteme (Politik, Wirtschaft, Recht, Wissenschaft, Kunst, Erziehung) aus.[81] Dabei kommt es zu einem eigentümlichen Gleichheit-/Ungleichheits-Management: Die Funktionssysteme sind alle unterschiedlich und ungleich (je eigene Funktion, je eigener Code, je eigene Erfolgsmedien usw.), aber dabei sind sie „in ihrer Ungleichheit gleich" (GG: 613). Nun ist es *prinzipiell* für alle möglich, Zugang zu allen Funktionssystemen zu haben. Es gibt keine Zugangsexklusivität und -restriktion. Für unseren Zusammenhang ist entscheidend, dass die Problematik des Individuums, der Individualität und der personalen Identität (weder in der segmentär oder nach Zent-

---

[81] Für eine eingehende Darstellung dieses gesellschaftstheoretischen Komplexes siehe unter anderem GG: 595-865; LUHMANN, Niklas 1980/1981/1989/1995: Gesellschaftsstruktur und Semantik. Studien zur Wissenssoziologie der modernen Gesellschaft. Bd. 1, 2, 3, 4. Frankfurt a.M.; FUCHS, Peter 1992: Die Erreichbarkeit der Gesellschaft. Zur Konstruktion und Imagination gesellschaftlicher Einheit. Frankfurt a.M., 67-88; KNEER, Georg / Armin NASSEHI [4]2000: Niklas Luhmanns Theorie sozialer Systeme. München; SCHROER: 223-283 und EBERLEIN: Undine 2000: Einzigartigkeit. Das romantische Individualitätskonzept der Moderne. Frankfurt/New York, 314-331.

rum/Peripherie differenzierten noch) in der stratifikatorischen Gesellschaft als diese Problematik nicht relevant war. Die Identität einer Person oder eines Individuums war innerhalb einer Schicht gesichert und verbürgt, es gab (außer in Ausnahmefällen) keine Schichttransgression (Stichwort: Endogamie) und solchermaßen war die Identität kein Problem. Mit der Geburt in die Schicht hinein war auch gleichzeitig die Identität mitgeliefert.

> Ältere Gesellschaften waren hierarchisch und nach der Unterscheidung von Zentrum und Peripherie organisiert. Dem entsprach ihre Weltordnung, die eine Rangordnung (eine series rerum) und ein Zentrum vorsah. Die Differenzierungsform der modernen Gesellschaft zwingt dazu, diese Strukturprinzipien aufzugeben, und entsprechend hat diese Gesellschaft eine heterarchische und azentrische Welt. Ihre Welt ist Korrelat der Vernetzung von Operationen und von jeder Operation aus gleich zugänglich. Ältere Gesellschaften sahen auf Grund der Form ihrer Differenzierung die feste Inklusion von Menschen in bestimmten Sozialpositionen vor. Deshalb mußten sie die Welt als Gesamtheit der Dinge begreifen. Die moderne Gesellschaft hat als Folge ihrer funktionalen Differenzierung diese Inklusionsvorstellung aufgeben müssen (GG: 156f.).

Solchermaßen besitzt die Gesellschaft ihre Identität nur noch in der Differenz ihrer heterarchisch, azentrisch und polykontexturell verteilten Funktionssysteme und die „Einheit der Gesellschaft [...] wird nur noch in ihrer Komplexität" erlebt (LUHMANN: 1995d: 138).[82] Der damit verbundene moderne Wegfall von ganzheitlichen Inklusionsvorstellungen dekonstruiert die Problemlosigkeit des Individuums und der personalen Identität. Es gibt nun keine gesellschaftsstrukturelle Instanz (wie noch die Schicht in der stratifikatorischen Gesellschaft), die die Identitätsbildung konditionieren und sichern könnten. Nun gehört das Individuum nicht nur einem Teilsystem an, sondern muss seine Identität in der Differenz seiner Teilhabe an den verschiedenen Funktionssystemen gewinnen. Gesellschaftsstrukturell ist nun nur noch gesichert, dass das Individuum seine Identität nicht mehr von einer strukturellen Instanz, sondern nur noch allein konstituieren muss. Dadurch wird Identität allererst zum Problem und schon „'[d]ie Frage nach der Identität ist bereits ein Symptom der Krise'" (VAASSEN: 159 Hermann Lübbe zitierend, siehe auch ebenda: 174). Die funktional differenzierte Gesellschaft verlangt somit vom Individuum individuell und identisch zu werden, entzieht ihm aber die Instanzen, die Identität garantieren: „Individuum-

---

[82] „Die moderne Gesellschaft ist durch Umstellung auf funktionale Differenzierung so komplex geworden, daß sie in sich selbst nicht mehr als *Einheit* repräsentiert werden kann. Sie hat weder eine Spitze, noch eine Mitte; sie hat nirgendwo einen Ort, an dem ihre Einheit zum Ausdruck kommen kann. Sie artikuliert ihre Einheit weder über eine Rangordnung der Schichten, noch über eine Herrschaftsordnung, noch über eine Lebensform (zum Beispiel die städtisch-politische der Griechen oder die Tugendfreundschaft der Stoiker), in der das Wesen des Menschen Gestalt gewinnt. Daran scheitern wohl letztlich alle Versuche, in einer 'kollektiven Identität' Anhaltspunkte für individuelle Identitätsbildung zu gewinnen" (LUHMANN 1995d: Die gesellschaftliche Differenzierung und das Individuum. In: LUHMANN 1995: 125-141,138.

Sein wird zur Pflicht"[83] in einer Gesellschaft, die In/*Dividuen* re-produziert.[84] Dadurch kommt es zur signifikanten Konstellation, dass mit der Problematisierung der Individualität und personalen Identität einerseits überhaupt erst Individualität und personale Identität als gesellschaftsstrukturelle und semantische Momente beobachtbar werden, dass aber andererseits durch die funktional differenzierte Gesellschaft gerade Individualität und personale Identität unterminiert, zumindest aber radikal problematisiert werden. Die funktional differenzierte Gesellschaft verlangt vom Individuum gleichzeitig individuell und dividuell zu sein. Die funktional differenziert Gesellschaft ist in diesem Sinne aporetisch, da sie das fordert, was sie im Zuge dieser Forderung aufgrund der Art und Weise ihrer Forderung verunmöglicht.[85] Die einzelnen Funktionssysteme operieren nur mit einzelnen Momenten von In/Dividualität, mit einem 'ganzen Individuum' können sie nichts anfangen. Das Wirtschaftssystem bspw. braucht nur einen Käufer und keine Zusammenballung von bspw. Käufer, Richter, Vater, Ehemann und Hobbyschriftsteller. Solchermaßen wird das Individuum zum Verwalter eines je spezifischen *Rollenmanagements* (vgl. LUHMANN 1995d: 131), das aber nicht Organisator, sondern Effekt des modernen Identitäsverwaltungsapparates ist. In diesem Sinne wird das „Individuum [...] durch Teilbarkeit definiert" (LUHMANN 1989: 223), es ist keine genuine Einheit, sondern der „Name für die Einheit des Zerlegten" (FUCHS 1992: 272).

Es ist also die Differenzierungsform der Gesellschaft, die gesellschaft*strukturelle* Entwicklung, die die *Semantik* des Individuums als Epiphänomen abwirft. Dabei hinkt die Semantik der Gesellschaftsstruktur nach, diffundiert aber in einer zirku-

---

[83] LUHMANN, Niklas 1989: Individuum, Individualität, Individualismus. In: Ders., Gesellschaftsstruktur und Semantik. Studien zur Wissenssoziologie der modernen Gesellschaft. Bd. 3. Frankfurt a.M., 149-258, 251.

[84] Wie SCHROER: 445 hinweist, argumentieren Beck und Luhmann in dieser Hinsicht analog: „Individualisierung beruht nicht auf der freien Entscheidung der Individuuen [...] Die Menschen sind zur Individualisierung verdammt (Beck 1993a: 152)".

[85] „[I]dentisch zu sein und zu bleiben, wird verlangt, ja aufgenötigt; und dies, obwohl die Gesellschaft dafür gar keine konstanten Rahmenbedingungen mehr bietet" (LUHMANN, Niklas 1995f: Vorwort. In: LUHMANN 1995: 7-11, 11). Deshalb re-produziert sich die personale Identität bzw. als Steigerungsform das Subjekt entlang der identitätsbildenden *Illusion*, selbst für sich und die eigene Identität verantwortlich zu sein. Das 'Subjekt' denkt (Semantik) Konstrukteur zu sein, ist aber sozio-strukturell das Konstruierte. Das, was das Individuum als seine Errungenschaften verbuchen möchte, sind „strukturelle Erfordernisse" (SCHROER: 261): „Die Wunschliste der Individualität: Selbstbestimmung, Autonomie, Emanzipation, Selbstverwirklichung, rückt [...] in ein anderes Licht. Sie wird den Individuen so vorgelegt, als ob sie deren eigene, deren innerste Hoffnung enthielte. Geht man vom soziostrukturellen Wandel aus, sieht man dagegen, daß das Individuum sich immer schon in einer Position findet, in der es Individuum zu sein hat. Die Notwendigkeit der Selbstbestimmung fällt dem Einzelnen als Korrelat einer gesellschaftlichen Entwicklung zu. Er wird in die Autonomie entlassen [...] ob er will oder nicht. Und selbst wenn er fragen würde: wie soll ich damit fertig werden, würde man ihn auf den kulturellen Imperativ verweisen, der da sagt: Das mußt du selbst wissen. Traum und Trauma der Freiheit gehen unversehens ineinander über" (LUHMANN 1995d: 132).

lären Bewegung in die Struktur ein. Insgesamt impliziert diese Argumentation, dass grundsätzlich gelten muss: Nicht das Individuum hat seine Gesellschaft, sondern die Gesellschafts-Form hat „ihre jeweilige Form der Individualisierung", und ihre jeweilige „Form von Individualität" (SCHROER: 245). Die allgemeine Form der Gesellschaft ist also nicht Individuum/Gesellschaft, sondern Gesellschaft[Individuum/Gesellschaft]. Die Gesellschaft „erzeugt sich selbst in Differenz zum Individuum. Sie muß in sich selbst eine Beschreibung ihrer selbst anfertigen, die es auf der operativen Ebene erlaubt, Gesellschaft und Individualität zu unterscheiden" (LUHMANN 1989: 151f.). Die Differenzierungs-Form der Gesellschaft (segmentär, stratifikatorisch, funktional) etabliert das Individuum, das ihrer Differenzierung entspricht. Wenn man also von Individualität spricht, so muss man immer angeben im Hinblick auf welche Gesellschaft.[86] Das heißt auch, dass für Luhmann das Individuum als „Folgelast der modernen, funktional differenzierten Gesellschaft" (SCHROER: 255) eine soziologische Größe und „keine zu feiernde Errungenschaft moderner Vorwärtsentwicklung" (ebenda) ist: „Die Notwendigkeit der Selbstbestimmung fällt dem Einzelnen als Korrelat einer gesellschaftlichen Entwicklung zu" (LUHMANN 1995d: 132) und ist als solches im Kontext der Unterscheidung Gesellschaftsstruktur/Semantik beschreibbar.[87] 'Theorien', die das Individuum als modernen Fortschritt feiern, auch wenn sie die Schwierigkeiten und Ambivalenzen sehen, oder als moderne Verwerfung kritisieren, sind solchermaßen keine Theorien, sondern eingleisige Semantiken, die die Unterscheidung Gesellschaftsstruktur/Semantik als ihren blinden Fleck haben.

Nun genügt es allerdings nicht einfach von Individuum auf Dividuum umzuschalten, um der funktional differenzierten Gesellschaft zu entsprechen, da es nicht möglich wäre von Rollen und Teilsystem(in)dividuen zu sprechen, wenn man kein Konzept von Individualität und Identität hätte. Das Entscheidende ist hier, dass das Individuum nirgends einen Ort in der Gesellschaft hat und dass damit personale Identität explizit allein als die

EINHEIT[IDENTITÄT]

der

Differenz[Individuum/Dividuum]

---

[86] Luhmann ist in dieser Hinsicht Durkheimianer: „Nicht die Individuen begründen die Gesellschaft, indem sie sich zum Zusammenleben entschließen und einen entsprechenden Vertrag schließen, sondern die Gesellschaft begründet die Individuen, indem sie es ihnen ermöglicht, sich als Individuen zu behandeln, Verträge zu schließen, sich wechselseitig zu binden, verantwortlich zu machen, zu sanktionieren" (LUHMANN 1995d: 129f.).

[87] Da das selbstbestimmende Individuum eben durch seine Epiphänomenalität letztlich seine Selbstbestimmung als Effekt von Gesellschaft sehen muss, kommt es bei der Etablierung personaler Identität und Individualität zum „Ausfall kommunikativer Bestätigung", der „dann die Endlosreflexion des Subjekts [!] auf sich selbst [motiviert]" (KG: 460).

von Differenz<sub>[Individuum/Dividuum]</sub> von Identität<sub>[Individuum]</sub>/Differenz<sub>[Dividuum]</sub> und der Einheit<sub>[Identität]</sub> von Identität<sub>[Individuum]</sub>/Differenz<sub>[Dividuum]</sub> beschreibbar wird.[88] Somit wird Identität *radikal* zum Problem. Als diese differenzielle Einheit haben das Individuum und seine Identität keinen Ort innerhalb der Gesellschaft, dies würde ja implizieren, dass sie als Ganzes entweder in einem der Funktionssysteme aufgehen würden oder als Teil der Gesamtmenge Gesellschaft anzusehen wären. Da die funktional differenzierte Gesellschaft aber heterarchisch, azentrisch, polykontextural und hyperkomplex im Modus der Kommunikation von Kommunikationen operiert, wird die Inklusionsindividualität von einer 'Exklusionsindividualität' abgelöst. Es kommt zur Exklusion der 'ganzen' Individuen aus der Gesellschaft und „unter je spezifischen Gesichtspunkten" (ebenda: 247) zur Inklusion dividualer Momente in die einzelnen Funktionssysteme. Als Individuum ist das In/Dividuum exkludiert, als Dividuum ist das In/Dividuum inkludiert.[89] Somit sind alle In/*Dividuen* für die Funktionssysteme „gleich gültig", indem der 'Rest' der Person, das Individuum für sie „gleichgültig" ist (SCHROER: 265). Der Ort des Individuums ist dabei der Nicht-Ort. Das Individuum gehört zur konstitutiven (!) Umwelt der Gesellschaft, die für ihn konstitutive Umwelt ist:

> Sie [die einzelne Person] kann sich beruflich/professionell im Wirtschaftssystem, im Rechtssystem, in der Politik, im Erziehungssystem usw. engagieren, und in gewisser Weise folgt der soziale Status den beruflich vorgezeichneten Erfolgsbahnen; aber sie kann nicht in einem der Funktionssysteme allein leben. Da die Gesellschaft aber nichts anderes ist als die Gesamtheit ihrer internen System/Umwelt-Verhältnisse und nicht selbst in sich selbst als Ganzes nochmals vorkommen kann, bietet sie dem einzelnen keinen Ort mehr, wo er als 'gesellschaftliches Wesen' existieren kann. Er kann nur außerhalb der Gesellschaft leben, nur als System eigener Art in der Umwelt der Gesellschaft sich reproduzieren, wobei für ihn die Gesellschaft eine dazu notwendige Umwelt ist. Das Individuum kann nicht mehr durch Inklusion, sondern nur noch durch Exklusion definiert werden (LUHMANN 1989: 158).[90]

---

[88] „Entscheidend ist, daß der Bezugspunkt der Reflexion von Identität auf Differenz umgestellt werden muß; daß Reflexion also Systeme voraussetzt, die sich selbst als Differenz von System und Umwelt beobachten und beschreiben können" (LUHMANN 1995d: 136).

[89] SCHROER: 247 schlägt deshalb vor, statt von Exklusionsindividualität (Luhmann), von einer „Mischung aus Exklusionsindividualität und Inklusionsindividualität auszugehen" (Nassehi).

[90] Zur Problematik der Begriffe 'Exklusionsindividualität' und 'Exklusions*raum*', die ja implizieren, dass das Individuum einen Raum zwischen den Teilsystemen besetzt und dort im Kreuzungspunkt des mannigfachen Nicht-Inkludiertseins seinen Platz erhält, siehe den aufschlussreichen Aufsatz von NASSEHI; Armin 2002: Exclusion Individuality or Individualization by Inclusion. In: Soziale Systeme 8,1 (2002), 124-135. Siehe auch: „Die Rede von Exklusionsbereichen, die auch bei Luhmann häufig räumliche Verortungen anzudeu-

Als dieses atopische Individuum kann es nun auch nicht mehr an der Steuerung der Teilsysteme teilhaben, bekommt aber dafür als In/Dividuum auch die Freiheiten, seine Individualität nicht mehr eng an gesellschaftliche Vorgaben orientieren zu müssen. Die Gesellschaft und ihre Teilsysteme operieren eigensinnig und eigenlogisch, mischen sich dafür nicht mehr in die „Fragen individuelle[r] Lebensführung" ein (SCHROER: 253). Somit gilt: „Die tatsächlich zu beobachtende *Unpersönlichkeit* kann der Person durchaus *persönliche* Vorteile schaffen" (ebenda: 265). Die ganze Problematik des inkludierten/exkludierten In/Dividuums als Effekt der gesellschaftsstrukturellen Differenz ist nun höchst ambivalent: „In der Identitätsreflexion kann das Individuum sich letztlich nur noch als Differenz zu sich selbst fassen im Sinne einer Selbsterfahrung, die sich sagt: ich bin, der ich bin, oder ebenso gut: ich bin, der ich nicht bin" (LUHMANN 1995d: 135). Diese Selbsterfahrung ist nun, weil das Selbst von der Gesellschaft dem In/Dividuum ohne Alternative aufgedrängt wird, sowohl als Traum als auch als Trauma erfahrbar (vgl. ebenda: 132).[91]

Schroer nennt nun zwei Möglichkeiten, die In/Dividualität entlang von Traum/Trauma zu verwalten. Zum einen radikal auf das Dividuum umzuschalten und damit auch die Ambivalenzen des Individuums über Bord zu werfen (Peter Fuchs) oder sensu Nassehi mit der Zwei-Seiten-Form „'Inklusionsindividualität/Exklusionsindividualität" zu operieren. Peter Fuchs vollführt am radikalsten die Destruktion des Individuums:

> Der Name für die Einheit des Zerlegten mag das Mythologem 'Individuum' sein, aber gleichgültig, was man darunter verstehen könnte, besser und genauer spräche man vom

---

ten scheint, kann nicht topographisch gefasst werden, wenn Inklusion und Exklusion als (sozial-)systeminterne Unterscheidung definiert wird. Raum kann nur systemintern kommunikativ thematisiert werden und ist keine sozialer Systembildung vorgeordnete Sachlage" (FARZIN, Sina 2006: Inklusion/Exklusion. Entwicklungen und Probleme einer systemtheoretischen Unterscheidung. Bielefeld, 100). – Einerseits ist die Rede von 'Exklusionsindividualität' hochplausibel, anderseits reibt sie sich an der radikal prozessual und ereignishaft konstituierten Kommunikationskommunikation der Gesellschaft. Deshalb ziehe ich es vor statt von 'Exklusionsindividualität' (ein für systemtheoretische Verhältnisse zu kompakter Begriff) und vom Individuum als „System eigener Art" von der personalen Identität des Individuums als der *EINHEIT der Differenz* von Differenz von Identität/Differenz *und der Einheit von Identität/Differenz* zu sprechen. Das letzt Wort ist hier noch lange nicht gesprochen, wie bspw. FARZIN und STICHWEH, Rudolf 2005: Inklusion und Exklusion. Studien zur Gesellschaftstheorie. Bielefeld sowie die Themenausgabe der Sozialen Systeme zu Inklusion/Exklusion (Soziale Systeme 2002, Nr. 8,1) zeigen.

[91] SCHROER: 254 zeigt wunderbar, dass Luhmann mit seiner Theorie zwei eingleisige Argumentationen vermeidet. Die These, dass das In/Dividuum Epiphänomen funktionaler Differenzierung ist, heißt nicht, dass die sozialen Systeme bzw. die Funktionssysteme das In/Dividuum auch direkt beeinflussen, kontrollieren oder determinieren (im Hinblick auf Weber, Adorno und Foucault). Die von der Gesellschaft erzwungene radikale In/Dividualität führt aber auch nicht dazu, dass die In/Dividuen die Sozialsysteme mit zuviel Individualität überschwemmen und diese so stören (im Hinblick auf Durkheim, Parson, Dahrendorf und Heitmeyer).

*Dividuum* (204). [...] Die Form der modernen Gesellschaft rechnet nicht mit Individuen (klar umrissenen Prozessoren in ihrer Umwelt), sondern produziert Verteilungen, die zwar unter Namen identifizierbar sind als Träger je bestimmter gebündelter Verhaltenserwartungen (Personen), aber als diese Identifikate (und vom ersten Schrei an) in die Kommunikationskomplexe der Gesellschaft hineinexplodieren (205) (FUCHS 1992).

Nassehi und Schroer verweisen nun darauf, dass diese Perspektive zwar adäquat die Systemreferenz Gesellschaft berücksichtigt, aber eben die Systemreferenz Bewusstsein vernachlässigt. Entlang der strukturellen Kopplung beobachtet sich das Bewusstsein (in Form von Selbstbeschreibungen) trotz aller Ambivalenzen und Fragmentierungen „'als psychophysische Individiualität'" (SCHROER: 268). Demgegenüber muss natürlich argumentiert werden, dass das, was das Bewusstsein über sich als Identität und Individualität denkt, unbeobachtbar bleibt; was man hat, sind nur Kommunikationen, die über die Selbstbeschreibungen des Bewusstseins als Identität und Individualität kommunizieren und es somit schon unter die Bedingungen der Gesellschaft (Dividualität) stellen. Entscheidend ist nun Nassehis und Schroers Feststellung, dass die funktionale Differenzierungsform der Gesellschaft weder nur ein Individuum noch nur ein Dividuum abwirft, sondern eben konstitutiv ein *In/Dividuum*. Dabei geht es allerdings nicht nur um die strukturelle Kopplung, sondern vor allem auch um die Unterscheidung Struktur/Semantik. Wenn man sich zu sehr auf das Dividuum kapriziert, argumentiert man schlagseitig auf der Gesellschaftsstrukturseite, wenn man sich zu sehr auf das Individuum kapriziert, befindet man sich asymmetrisch auf der Semantikseite. Maßgeblich ist aber, dass man die Barre der Unterscheidung Struktur/Semantik („-/-") operationalisiert. Ich unterschreibe folgende Thesen Schroers mit dem Hinweis, dass es weniger um die Beobachtung der bewussten Selbst-*Beschreibungen* als psychophysische Einheit, sondern vor allem um die Form der Selbst-Beschreibungen (Semantik) im Medium der Struktur geht:

> Freilich würde ich über Nassehi hinaus formulieren, daß sich das psychische System nicht *trotz*, sondern *aufgrund* der sozialen Fragmentierung als psychophysische Individualität beschreibt. Die [...] *empirisch gegebene Dividualität* des einzelnen bringt die Selbstbeschreibung als Individuum gerade hervor. [...] Die dividuelle Existenz des einzelnen in der modernen Gesellschaft wirkt als Katalysator für den Anspruch des einzelnen, Individuum sein zu wollen (ebenda: 268).

Solchermaßen operieren Nassehi und Schroer mit der „theorietechnisch elegante[n] Zwei-Seiten-Form ‚'Dividualität/Individualität' [...]" bzw. ‚Inklusionsindividualität/Exklusionsindividualität'" (ebenda), wobei es meines Erachtens rhetorisch eleganter ist von *In/Dividualität* zu sprechen. Ganz entscheidend ist bei Nassehi und Schroer, dass sie eben nicht einfach von Identität auf Differenz umschalten, sondern personale Identität als In/Dividualität beobachten, die sich im Medium der Differenz als Identität beschreiben muss, die sich als ambivalente, zerrissene, multiple Identität beschreibt. *Das In/Dididuum muss sich eben als In/Dividuum beschreiben können*. Dabei gehen Nassehi und Schroer entlang von

Luhmann davon aus, dass die moderne funktional differenzierte Gesellschaft in Form des In/Dividuums multiple Selbste etabliert, die allerdings nicht einfach als multiple Selbste Differenzen an Differenzen reihen, sondern konstitutiv als *EINHEIT (In/Dividuum) der Differenz von Identität/Differenz (Dividuum, multiple Selbste) und der Einheit von Identität/Differenz (Individuum, psychophysische Individualität)* beobachtet werden[92]:

> '*Die Identität des Selbst* und die *Differenz der Selbste* müssen unterschieden werden können und diese Unterscheidung scheint es zu sein, mit Hilfe deren sich Individuen ihre Individualität versichern.' (Nassehi 1993: 17) Die Losung also lautet: Identität trotz Differenz, die der postmodernen Auflösung der Identität in Differenz nicht erliegt" (SCHROER: 268f.).

In der Fassung *EINHEIT der Differenz von Differenz von Identität/Differenz und der Einheit von Identität/Differenz* ist es möglich von multiplen Selbts, Patchwork-Identitäten, pastische-personalities, Bastelexistenzen usw. (s. u.) zu sprechen, ohne den Komplexitätsgrad zu unterschreiten, den die Differenzierungsform der modernen Gesellschaft in Form der Unterscheidung Gesellschaftsstruktur/Semantik ihren Selbstbeschreibungen aufzwingt. Solchermaßen geht es nicht um die Auflösung von Begriffen wie Identität, Individualität, Selbst oder gar Subjekt, sondern um die komplexitätsadäquate theoriebautechnische Kontextualisierung dieser Begriffe, denn diese Kontextualisierung ist diesen Begriffen nicht äußerlich, sondern macht aus den Begriffen allererst das, was sie sind.

Eine narrativitätstheoretische Re-Formulierung dieser Problemlage mündet meines Erachtens in die These, dass *Narrativität* unter den Bedingungen der modernen funktional ausdifferenzierten Gesellschaft als *basaler Wirklichkeits- und Identitätsher(aus)stellungsmodus* beobachtbar wird. Erst in der funktional ausdifferenzierten Gesellschaft wird Narrativität als basale Sinn-Form HER(AUS)GESTELLT.[93] Dabei wird wiederum eine aporetische Konstellation sichtbar: In der modernen funktional differenzierten Gesellschaft ist Identität zum Problem geworden, durch diese Problematisierung werden allererst die Identitätsbildungsmechanismen (und an vorderster Stelle: Narrativität) HER(AUS)GESTELLT, was dazu führt, dass die Identitätsbildungsmechanismen das Problem, das sie lösen (Identitätsbildung), allererst produzieren (Identitätbildungs-Problem). Narrativität ist in der funktional differenzierten Gesellschaft die Lösung des Problems und das

---

[92] Das Individuum muss in der Lage sein „sich in mehrere Selbsts, mehrere Identitäten, mehrere Persönlichkeiten zu zerlegen, um der Mehrheit sozialer Umwelten und Unterschiedlichkeiten gerecht werden zu können" (LUHMANN 1989: 223).

[93] Einer weiteren Arbeit mag die spannende Aufgabe gestellt sein, sich zu fragen, ob man von einer Narrativität der Bilder, einer Narrativität der Musik oder einer Narrativität von sinnlicher Erfahrung bzw. umgekehrt von einer Visualität oder Sinnlichkeit der Narrativität sprechen kann. Wie sehr ist Narrativität von Sprache und Schrift und wie sehr von Bildern affiziert? (Wie sehr) sind Bilder und sinnliche Erfahrungen im Rahmen unserer alphabetisch-skripturalen Kultur narrativ formatiert? (Vgl. hierzu auch BUNIA: 186).

Problem. *Weil in der funktional differenzierten Gesellschaft Identität narrativ konstruiert wird, ist Identität ein Problem, das narrativ bearbeitet wird.* In der stratifikatorischen Gesellschaft wurde die narrative Konstruktion von Identität invisibilisiert bzw. in die Selbstverständlichkeit schichtspezifischer Identität abgeschattet. Narrativität konnte somit gar nicht zum problemlösenden Problem werden. Wenn nun das In/Dividuum, wie gesehen, nicht ausschließlich einem Teilsystem der Gesellschaft angehört, sondern sich seine Identität entlang der Disparatheit der Gesellschaft erarbeiten muss, werden auch die Medien, die ein In/Dividuum zur Lösung seines Identitätsproblems nutzen könnte, dezentralisiert. In einer polykontexturalen und multizentrischen Gesellschaft läuft das In/Dividuum immer Gefahr, an der Disparatheit der Sinnvorgaben keine Identitätsbildungsmuster ablesen zu können. Die Gesellschaft zwingt das Individuum, die Identitätsbildung in die eigenen Hände zu nehmen, entzieht ihm aber konstitutiv etablierte Rahmenbedingungen erfolgreicher Identitätsbildung (Schicht, Moral, Religion u. v. m.). Die Fragen sind nun, wie verdichtet das In/Dividuum die hyperkomplexen Sinnvorgaben der Gesellschaft zu einer kurz- oder längerfristigen Identität? Und wie kann das In/Dividuum sich als In/Dividuum beschreiben, sich also als IN/DIVIDUUM als *EINHEIT der Differenz von Differenz von Identität/Differenz und der Einheit von Identität/Differenz beobachten?* In unserem Zusammenhang selbstredend qua Narrativität. Narrativität als ein Modus, der in die Lage versetzt, Ereignisse zu einer Handlung und zu einer Geschichte zusammenzuführen (s. u.) und solchermaßen eine (zumindest zeitweise) stabile narrative Struktur zu etablieren, bildet das Medium dafür, in der hyperkomplexen Gesellschaft Identitätsbildungshaken einrasten zu lassen. Mithilfe von Narrativität kann das moderne In/Dividuum die „hohe unstrukturierte Reflexionslast" (LUHMANN 1995d: 132), die es bei der Identitätsbildung soziostrukturell aufgehalst bekommt, in die Konstruktion (zumindest phasenweise) stabiler und adressierbarer Identität umlenken. Es ist die Eigenschaft von Narrativität, disparate, unverbundene, hyperkomplexe und unter Umständen sich widersprechende Momente zu einem (zumindest zeitweise) stabilen und kohärenten Zusammenhang verbinden zu können. In diesem Sinne erfüllt Narrativität die Funktion, eine *Synthesis des Heterogenen* (Ricoeur) bzw. eine *Rekonstruktion des Sozialen* (Haupert) gewährleisten zu können. Dabei korrelieren zwei Dimensionen miteinander, nämlich dass Narrativität basal und omnipräsent ist, also in der gesamten Gesellschaft (Interaktionen, Funktionssysteme, Organisationen) zu beobachten ist und dass sie *aufgrund dessen* für die allgemeine und die personale Identitätsbildung zuständig ist. Da das Individuum seinen gesellschaftlichen 'Ort' atopisch in der Umwelt der Gesellschaft hat (Exklusionindividualität) und das Dividuum in allen Teilsystemen herummäandert (Inklusionsin/dividualiät), braucht es ein Sinn- und Identitätsbildungsmedium, das die Gesellschaft überall durchwandert. Oder: Das In/Dividuum erhält seine personale Identität via eines Mediums, dass ebenso wie das In/Dividuum überall an der Gesellschaft teilhat (Inklusion), nirgends aber ganz in der Gesellschaft aufgeht (Exklusion). Auch Narrativität als Sinn- und Identitätsbildungsmodus gehört als gesellschaftliches Phänomen zur konstitutiven Umwelt der Gesellschaft (Exklusion), indem es für alle Teilsysteme und alle Interaktionen relevant ist (Inklusion). Dadurch rückt es in eine Super-Medium-Position analog zum Super-Medium Sinn. Wichtig ist hierbei zu bedenken, dass ich nicht behaupte, Narrativität werde erst im Zuge der funktional differenzierten Gesellschaft konstituiert, sondern dass sich die Funktion und Beobachtbarkeit von Narrativität beim Wechsel von der stratifikatorischen zur funktionalen Differenzierung dermaßen ändert, dass Narrativität als HER(AUS)GESTELLTE Größe sichtbar wird, die als Wirklichkeits- und Identitätsbildungs-*Modus* die Probleme löst, die sie gleichzeitig re-produziert. Das ist der entscheidende Unterschied zwischen stratifikatorischer und funktional differenzierter Gesellschaft im Hinblick auf Narrativität.

Schließlich ist noch maßgeblich, dass das IN/DIVIDUUM im Zuge seiner personalen Identität als *EINHEIT der Differenz von Differenz von Identität/Differenz und der Einheit von Identität/Differenz* auf ein Medium angewiesen sein muss, das selbst genug *differenzkomplex* ist. Narrativität ist kein einheitlicher Modus, der schlicht Identität etabliert, sondern, wie wir gesehen haben, ein transgressiver Transformationsprozess, der im 'Rahmen' des 'Gevierts' hyperkomplexe Differenzrelationierungen prozessierbar macht. Wenn von narrativer Identität die Rede ist, so ist per definitionem die De/Konstruktion von Einheit entlang der *EINHEIT von Differenz und Einheit* indiziert. Damit hängt auch zusammen, ich greife hier kurz vor, dass Narrativität als Sinn-, Identitäts- und Weltherausstellungsmodus dreifach entfaltet ist: Als Identitätsbildungs-Matrize, als konkrete Gestalt einer Narration und als retro-aktive Beobachtung dieser Gestalt und Zuordnung dieser Gestalt zu einer Matrize im Zuge von Beobachtungsbeobachtungen. Ricoeur spricht hier von Mimesis I, Mimesis II und Mimesis III. Die Differenzkomplexität und die Dreierkonstellation von Narrativität sind es nun, die das Theorem der Ko-Autorschaft (s. o.) mit dem Theorem des In/Dividuums in der funktional differenzierten Gesellschaft korrelierbar machen. Das In/Dividuum ist als In/Dividuum im Zuge seiner Selbstbeschreibungen (Semantik) im Medium der Gesellschaftsstruktur der Ko-Autor seiner Beschreibungen. Weil Narrativität konstitutiv Ko-Autorschaft indiziert, also sowohl das Individuum (Autorschaft) als auch das Dividuum (Ko-) impliziert, ist Narrativität das ideale Medium für die Etablierung der In/Exklusionsindividualität. Als Dividuum partizipiert das In/Dividuum an den Eigenlogiken der Funktionssysteme, ohne auktorial eingreifen zu können (Ko-), als Individuum etabliert das In/Dividuum in der Umwelt der Gesellschaft, befreit von den Systemrationalitäten der Funktionssysteme, einen 'Raum', in dem es 'seinen' Narrationen einen persönlichen Anstrich geben kann (Autorschaft). In/Dividualität (als Epiphänomen der modernen Gesellschaft) ist als personale Identität deshalb eine narrative Identität, weil qua Narrativität die Komplexität von Inklusion und Exklusion konstituiv mit der Ko-Autorschaft verzahnt ist. Dabei ist es nicht so, dass das In/Dividuum Narrativität benutzt, um sich als In/Dividuum beschreiben zu können, vielmehr wird das In/Dividuum als In/Dividuum im Zuge von Beobachtungsbeobachtungen (Mimesis III) von Narrationen (Mimesis II) im Medium von Narrativität (Mimesis I) HER(AUS)GESTELLT. Die funktional differenzierte Gesellschaft etabliert sich und ihre In/Dividuen, indem sie Narrativität als problemlösendes Problem etabliert. In der funktional differenzierten Gesellschaft ist narrative Identität in Form von narrativer In/Dividualität ein Pleonasmus.

Die Systemtheorie hat bisher nur zaghaft versucht, Narrativität und funktionale Differenzierung zu korrelieren. Da ist natürlich, wie schon gesehen, der einzige, sehr lesenswerte, systematische Versuch von Meuter zu nennen. Ein Versuch, der bisher leider nicht genug Beachtung erhielt (insbesondere von systemtheoretischer Seite). Des Weiteren gibt es die Arbeiten von Hahn, der im mal festeren, mal lockereren Rekurs auf die funktionale Differenzierung insbesondere die (auto-)biographischen Formen als Kondensate moderner Identitätsbildungsprobleme liest und Studien zu Lebenslauf und Selbstbekenntnissen liefert.[94] Schroer und Nassehi rekurrieren auf Luhmann, wenn sie davon sprechen, dass

> 'Biographische Perspektiven [...] mehr und mehr zum funktionalen Äquivalent gesellschaftlicher Inklusion [werden]; sie sind der Ort, an dem exkludierte ganze Personen ihre Individualität mit den und gegen die Ansprüche gesellschaftlicher Funktionszentren in Form institutionalisierter Lebensläufe oder präskriptiver Rollen ausbilden. Biographische Perspektiven sind der Ort, an dem die Differenz von gesellschaftlich erforderter *Dividualität* und psychisch erlebter *Individualität* individuell erfahren, erlitten und notgedrungen überwunden wird' (Nassehi 1996: 50) (SCHROER: 270).

Wobei anzumerken ist, dass die Biographie und die Gestalt der Biographie, die die Unterscheidung Individuum/Gesellschaft handhabbar machen sollen, gesellschaftlich markierte Größen sind, die das Individuum in eine gesellschaftlich legitimierte Gestalt des Individualisierens pressen (vgl. hierzu auch die kritische Anmerkung Schroers zu Nassehi, ebenda: 270 (Anm. 132)). Das Problem bei Hahn und Nassehi ist, dass sie bei ihrem Biographierekurs kaum bzw. gar nicht Fragen der Narrativierung explizit erörtern und so auch nicht in die argumentative Position kommen können, Narrativität von Narrationen zu unterscheiden. Bei Hahn und Nassehi wird von Identität und In/Dividualität direkt auf die Ebene der Narrationen durchgeschossen, ohne die Narrativität als Matrize, als logistisch-syntaktische Matrix und ohne die Beobachtungsbeobachtungen zu beachten. Ihr Rekurs bleibt im Hinblick auf die Konstellation Identität als *EINHEIT der Differenz von Differenz von Identität/Differenz und der Einheit von Identität/Differenz* unterkomplex, weil er nur ein Moment der narrativen Dreierkonstellation fokussiert und an dieser entscheidenden theoriebautechnischen Stelle nicht

---

[94] HAHN, Alois 2000: Konstruktion des Selbst, der Welt und der Geschichte. Aufsätze zur Kultursoziologie. Frankfurt a.M.

(durchgängig) logistisch, sondern (eher) phänomenologisch argumentiert. Dadurch wird Narrativität in Form von Biographien in ihrer Fundamentalität als Identitätsbildungs-*Modus* gar nicht sichtbar. Und solchermaßen kann Narrativität nicht zum Repertoire systemtheoretischer Basistheoreme aufsteigen, sondern bleibt ein Moment von gestalterischer Qualität. Nichtsdestotrotz zeigen ihre Ausführungen, dass es notwendig ist die moderne Identitäts- und In/Dividualitätsproblematik mit Narrativität zu korrelieren. Mein Vorschlag ist, wie schon argumentiert, Narrativität theoriebautechnisch als logistisch-syntaktische Matrix von Identitätsbildung im Zuge der Ausbildung und Profilierung der modernen funktional differenzieren Gesellschaft zu beobachten.

Die Narrativitätstheorie ihrerseits ist nun auch relativ blind gegenüber systemtheoretischen Arbeiten zur funktionalen Differenzierung und den damit verbundenen Folgelasten (Polykontexturalität, Multizentrität, Hyperkomplexität), berücksichtigt aber implizit die damit verbundene grundlegende Problemlage. Es kommt zu folgender Konstellation: In der 'Vormoderne' (siehe KRAUS: 22f.) haben wir eine unproblematische Identitätsbildung, mit der *Moderne* nun wird Identität zum Problem, weil die „Konstruierbarkeit der eigenen Identität" (ebenda: 23) in den Blick rückt. Weil Identität konstruiert werden muss, ist sie problematisch. Dabei wird in der Moderne die Identität als Problem positiv-optimistisch gefasst (vgl. ebenda: 28).[95] Es kommt zu einem ausgewogenen „Wechsel von Prozessen der Entwurzelung und Wiederverwurzelung" (ebenda: 160) und die Kohärenz der Identität (als eine maßgebliche Größe von Identitätsbildung) bleibt „erwartbar" (MÜLLER-FUNK: 27f.). Identität ist ein Problem, jedoch ein zu bewältigendes und gar eins, an dem man(n) wächst und produktiv werden kann. Wenn man will, lässt sich nach der Moderne dann von einer „'herkuleische[n] *Spätmoderne*'" (ebenda: 28) sprechen. Kohärenz ist nun kein zwar erkämpftes, aber letztendlich zu erreichendes Moment, das stabil bleibt (Moderne), sondern sie ist nun „von mittlerer Reichweite" (ebenda). Das ‚strategische Ich' entwickelt eine strategische Identität, die kontrolliert die Dauern und Phasen seiner problematischen Identität bestimmen kann. Das spätmoderne Individuum etabliert seine Identität im Wechselspiel der Identitätsphasen und bleibt trotz (oder aufgrund) aller Probleme der Idee einer kohärenten Identität verpflichtet, auch wenn die Einheit der Kohärenz nun in der Aufeinanderfolge der verschiedenen Kohärenzphasen zu finden ist. Schließlich die *Postmoderne*. Hier nun ist der Optimismus verschwunden. Es herrscht kein Glaube mehr, sich durch die Hindernisse hindurch zu einer langfristig kohärenten oder auch nur kurzfristig kohärenten Identität durchschlagen zu können. Hier sieht man den Wald (Identität) vor lauter Bäumen (Identitätsprobleme) nicht. Die Postmoderne ist pessimistisch (so KRAUS: 28), da das Identitäts-Konzept selbst ins Wanken

---

[95] Eine Einschätzung, die Luhmann sicherlich nicht unterschrieben hätte.

gerät (sieh ebenda).⁹⁶ Es geht nicht mehr darum, wie trotz aller Probleme Identität etabliert werden kann, sondern darum, dass und warum aufgrund aller Probleme Identität nicht mehr etabliert werden kann und wie sich die Welt einzurichten hat, wenn sie die Unterscheidung Identität/keine Identität auf Dauer stellt.

Die Unterscheidung zwischen Spät- und Post-Moderne ist nicht immer (eher selten) eindeutig, sodass es kaum möglich wird, aus ihr analytisches Potenzial zu ziehen. Ob nun Spät- oder Postmoderne, folgende Parameter sind für beide relevant: Die Rede ist nun von Bastelexistenz oder Patchwork-Identität (siehe ebenda: 26). Identität wird entlang der Unterscheidung scheitern/gelingen als „Projekt" (ebenda: 159) „mit einer 'mittleren' Reichweite" (ebenda: 164) relevant.⁹⁷ Statt stabiler oder langfristiger Identität haben wir es nun mit temporärer Stabilität und vor allem auch mit dem Bewusstsein dieser Temporalität zu tun. Das Wissen, dass Identität allein phasenweise entlang der Unterscheidung Stabilität/Instabilität etablierbar ist, wird konstitutiver Bestandteil der Identitätsbildung. So lässt sich Identität allein im Rahmen von Emergenz und „Entropie" (MÜLLER-FUNK: 28) beobachten. Es dominiert ein „situative[r] Narrationstyp (ebenda: 28), bei dem die Zukunft eine „terra incognita" (ebenda: 28) ist. Und: die Person bzw. die Kultur bzw. die Gesellschaft haben ein Bewusstsein davon, oder: Das 'Geviert' ist konstitutiv so gebaut, dass es dieses Bewusstsein in seiner Form realisiert.⁹⁸

Des Weiteren muss von einer „Vielzahl der Perspektiven" (VAASSEN: 210) ausgegangen werden und der damit zusammenhängenden Umcodierung einer Identität in 'multiple Identitäten', 'Patchwork-Identitäten' oder 'Pastiche-Personalities'.⁹⁹ Solchermaßen ist die basale Eigenschaft von Narrativität – autorlos

---

⁹⁶ Diese These steht im Widerspruch zu postmodernen Programmen, die gerade das spielerische und dadurch befreiende Moment von Identitäts-Ambivalenzen feiern (bspw. GERGEN 1991).

⁹⁷ Für eine umfassende und fundierte Rekonstruktion der Bastelexistenz aus dem Geiste der Romantik – so die These – siehe EBERLEIN. Siehe auch HITZLER, Ronald / Anne HONER 1994: Bastelexistenz. Über subjektive Konsequenzen der Individualisierung. In: BECK/BECK-GERNSHEIM: 307-314.

⁹⁸ Genau deshalb lässt sich auch argumentieren: „Offenheit und Unabgeschlossenheit des Sich-Erzählens, Kohärenz und Kontinuität müssen immer wieder von neuem erkämpft werden" (KRAUS: 169) und daraus ergibt sich auch die konstitutive Dekonstruktion von Authentizität: Identität ist ein „relationales Geschehen", das aufgrund dessen jeden „Begriff eines authentischen, wahren oder 'realen' Selbst" (ebenda) dekonstruiert.

⁹⁹ „Here the individual experiences a form of liberation from essence, and learns to derive joy from the many forms of self-expression now permitted. [...] The pastiche personality is a social chameleon, constantly borrowing bits and pieces of identity from whatever sources are available and constructing them as useful or desirable in a given situation [...]. Life becomes a candy store for one's developing appetites" (GERGEN 1991: 147 und 150 zitiert in VAASSEN: 210). – Sensu Vaassen zieht die Pastiche-Identität auch eine Verlagerung der Identitätsmatrix nach sich: 'Form' statt 'Inhalt' oder: „Stil statt Persönlichkeit, Selbst-Präsentation statt Selbst-Verwirklichung" (ebenda: 211). Auf Literatur bezogen,

Transformationen aus Transformationen zu generieren und zu realisieren – die Konditionierungsmatrix der multiplen Bastelexistenz und vice versa. Dadurch kommt es zu einer hohen Komplexität der Identitätsgrenzen; die Bastelexistenz ist per definitionem durch die Instabilität ihrer Grenzen bestimmt. Die Bastelexistenz etabliert sich nicht trotz der multiplen Perspektiven und Grenzkomplexitäten, sondern *aufgrund* und *mithilfe* dieser multiplen Perspektiven und Grenzkomplexitäten oder einfacher formuliert: „Das postmoderne Denken setzt keine festen Grenzen mehr voraus, sondern steht unendlich vielen Transformationen offen" (VASSEN: 220). Das führt schließlich zu der schon erwähnten Differenzierung von Einheit und Differenz. Es kommt zur Situation, dass Identität paradoxerweise im Zusammenbrechen von Stabilität und festen Grenzen das erfährt, was Identität sichert: Kohärenz. Kohärenz bleibt eine conditio sine qua non von Identität, jedoch wird Kohärenz nun komplett anders codiert als noch in der 'Vormoderne' und Moderne: „Erst die 'alltägliche Dissoziation' – hier: die Identitätsstrategie der geringen Integration und des losen Verbundes vieler Identitätsprojekte – macht die Kohärenzerfahrung möglich" (KRAUS: 245, siehe auch ebenda: 248f.).[100] Oder: Die Verschärfung der Form der funktionalen Differenzierung macht die Konstellation 'Differenz von Einheit[der Unterscheidung Identität/Differenz] und Differenz[der Unterscheidung von Identität/Differenz]' zur konstitutiven Identitätsbildungsmatrix. Die heißgelaufene funktionale Differenzierung produziert ein (In)Dividuum, das seine personale Identität (narrativ) in der permanenten Realisierung der komplexen Differenz-, Transgressions- und Instabilitätsmomente der Gesellschaft etabliert bekommt. Identisch zu sein, bedeutet nun, dass der Flickenteppich der Patchwork-Identität seine Kohärenz nicht durch einen Saum erhält, sondern entlang der transgressiv ausufernden Fransen. Auch hier wäre an die Figur der Metalepse zu denken: Die Erstellung von Identität in Form von Unterscheidungen aufgrund des Zusammenbruchs von Unterscheidungen. Kittsteiner, ein erklärter Gegner jeglicher 'Postmodernismen' argumentiert vorsichtiger und konservativer, wenn er darlegt, dass die „großen Erzählungen der

---

schlägt MÜLLER-FUNK: 102 in die gleiche Kerbe: „Narratologisch gesprochen, bringt die Postmoderne im Bereich der Literatur nicht so sehr neue Formen hervor, wie das die klassische Moderne getan hat; was sich vielmehr verändert, ist der Akt des Erzählens selbst: Er steht fortan unter dem fast unbedingten Gebot der Selbstdarstellung. Denn nur mehr die Darstellung verbürgt, daß ich überhaupt in der Welt bin: *praesum, ergo sum*." – Siegfried J. Schmidt fokussiert die Betonung der Darstellung nicht als 'post'moderne Tendenz, sondern als eine grundlegende Kategorien von Identität (vgl. SCHMIDT 2003: 77f.).

[100] Kraus argumentiert weiter: „Kohärenz und Kontinuität. Sie sind nicht die unverrückbaren Koordinaten jeder Art von Identität, sondern werden als Konstrukte entziffert, die Subjekte in den Erzählmustern von sich selbst herstellen". Es geht um die „Erfahrung von Kohärenz" und um die Frage: „Wie also organisieren [...] Subjekte ihre Kohärenzerfahrung angesichts der Vielfalt lebensweltlicher Selbsterfahrungen einerseits und der Abnahme gesellschaftlich verfasster Kohärenzmodelle andererseits" (KRAUS: viii und 4). Kohärenz ist nicht gegeben und nicht der Ausgangspunkt für Identitäts-Bildung, sondern „Produkt eines Diskursgeschehens", eine „Strukturierungsleistung" (ebenda: 167).

Romane, ja die großen Erzählungen der Geschichte [...] nie durchkalkulierte 'Totalitätsmodelle' ohne Dissonanz geliefert" haben, sondern immer schon die Brüche mitgesehen haben. Damit wird der Ruf nach der Postmoderne unnötig und der post-postmoderne Ruf nach den großen – immer schon dissonanten – Erzählungen wieder möglich. Wie dem auch sei, Postmoderne oder nicht, es geht darum, dass Sinn, Identität und Wirklichkeit mithilfe von Brüchen konstituiert werden – mit dem Restblick für das Ganze (Kittsteiner) oder mit der Blindheit für das Ganze ('Postmoderne').[101]

Eine systemtheoretische These bezüglich der Frage nach der Fundamentalität von Narrativität wäre nun: Narrativität oder besser: narrative Identität ist als anthropologische Konstante nicht beobachtbar. Es gilt: Narrative Identität ist die von der funktional differenzierten Gesellschaft ihr gemäß geformte Identitätsbildungsmatrix. Narrative Identität ist die paradoxe und komplexe Einlösung dessen, was die Gesellschaftsstruktur verlangt und programmiert. Wobei gilt: Die narrative Identität löst das Identitätsproblem (Differenz von Einheit und Differenz), indem sie es reproduziert. Auf einer höheren Abstraktionsebene ließe sich sagen, dass die basale Eigenschaft der funktional differenzierten Gesellschaft die Etablierung von Mechanismen ist, die als Problemlösungen die Probleme reproduzieren. Freilich bedeutet dies nicht, dass nicht auch schon vor der funktional differenzierten Gesellschaft narrativ erzählt wurde, nur, Narrativität und narrative Identität waren nicht in diesen komplexen Problemlösungs-/Problemreproduzierungszusammenhang eingebettet. Früher wurde auch narrativ erzählt, allerdings markierte Narrativität in älteren, vormodernen Gesellschaftsstrukturen ein eher ornamentales Moment. In älteren Gesellschaften war narratives Erzählen *gesellschaftsstrukturell* irrelevant, in der modernen funktional ausdifferenzierten Gesellschaft hingegen hat *narratives Erzählen* ein unmittelbares *operatives Gewicht* bei der Re/Produktion der Gesellschaft. Und schließlich: Mit der funktionalen Differenzierung wird eine Struktur und werden Semantiken etabliert, die konstitutiv auf die Reproduktion von Gesellschaftsstrukturen aus sind, dadurch werden anthropologische Fragen unbeantwortbar. Ob Narrativität und Erzählen anthropologische Konstanten sind, kann – da wir in der funktional differenzierten Gesellschaft mit jeder Kommunikation die Gesellschaft reproduzieren – nicht beobachtet werden. Mit der Etablierung der funktional differenzierten Gesellschaft ist die Gesellschaft komplett blind geworden auf ihrem anthropologischen Auge. Dies alles gilt freilich nur dann, wenn wir systemtheoretisch davon ausgehen, dass die Gesellschaft ausschließlich aus sozialen Systemen, also ausschließlich aus Kommunikationen besteht. Und wir gehen davon aus, weil wir mit der Systemtheorie eine Theorie haben, die als Epiphänomen der funktionalen Differenzierung eine Theorie ist, die in der Er-Beobachtung der funktionalen Differen-

---

[101] KITTSTEINER, Heinz Dieter 2002: Die Rückkehr der Geschichte und die Zeit der Erzählung. In: IASL 27,2 (2002), 185-207, 203.

zierung unter ihr eigenes Beobachtungsobjekt fällt. In einer Theorie, die als Theorietheorie die funktional differenzierte Gesellschaft konstituiert und dies nur innerhalb der funktional differenzierten Gesellschaft kann, ist für anthropologische Konstanten kein theoriebautechnischer, also gar kein Platz da.

Schließlich sei noch erwähnt, dass der Zusammenbruch der (längerfristig) stabilen personalen Identität, nicht zwangsläufig zu einer pessimistischen Haltung (sensu Kraus, s. o.) führen muss. Sicherlich, die Identität ist zum Problem geworden und das Hineingeworfensein in die aporetische Konstellation, die Identität verlangt und gleichzeitig die etablierten Mechanismen der Identitätsbildung unterminiert (Stichwort: funktionale Differenzierung), ist ein massives und radikales Unsicherheitsmoment, das die Unterscheidung gelingen/misslingen auf Dauer stellt. Nur, diese aporetische Identitätskonstellation ist zweipolig, zum einen produziert sie Krisen und gescheiterte Identitätsbildungsversuche aufgrund ihrer Aporizität, zum anderen konstituiert sie jedoch auch Identitätsbildungsversuche, die gerade entlang dieser Aporizität innovative Momente des gelungenen Identitätsmanagements ausbilden. Das ('post')moderne Ich gewinnt solchermaßen sein spezifisches Profil entlang der Unterscheidungen gelingen/misslingen, Krise/Produktivität, Verlorensein/Neukonstituierung, Verzweiflung/Euphorie. Die ('post')moderne personale Identität oszilliert nicht nur zwischen „verzweifelte[r] Suche nach der verlorenen Identität" *und* „Freude über die 'Entgrenzung des Möglichkeitsbewusstseins" (VASSEN: 209), sondern etabliert sich genau entlang dieser Barren („–/–").[102] Diese Identität ist konstitutiv affiziert von diesen Unterscheidungen. Sie ist, wenn sie gelingt, in der Lage, genau die Momente der Krise in produktive Momente der Identitätsbildung umzucodieren. Genau das Fehlen von stabiler Stabilität, von vorhersehbarer Zukunft, von Ausgewogenheit im Krisenmanagement, von der Sicherheit, Identität erreichen zu können, von der Verlässlichkeit etablierter narrativer Muster und etablierter Medien, dieses massive und vielfältige Fehlen wird genau zu dem kreativen Moment der Identitätsbildung.[103] Dieses Fehlen wird nicht (allein) als Verlust, sondern (auch) als

---

[102] Im Hinblick auf eine *ästhetische* Identität bzw. Subjektivität müsste die Metapher der Oszillation durch eine komplexere ersetzt werden. Isers Vorschlag: „Oszillation beschreibt lediglich eine fluktuierende Bewegung zwischen Polen, deren Stabilität dadurch keine Veränderung erhält. Statt dessen operiert das Ästhetische viel eher in Rückkopplungsschleifen, die die Sinne den aus ihnen extrapolierten Mustern aussetzen, um dadurch unvorhersehbares Wahrnehmen und Vorstellen zu generieren, was die Erfahrbarkeit von Welt zwangsläufig erweitern würde" (ISER, Wolfgang 2003: Von der Gegenwärtigkeit des Ästhetischen. In: MENKE/KÜPPER: 176-202, 188).

[103] Im Hinblick auf diese komplexe Identitätsbildung wird oft gerne die Gantenbein-Karte gezückt: „Ich probiere Geschichten an wie Kleider" (FRISCH, Max 1964: Mein Name sei Gantenbein. Frankfurt a.M., 19; siehe hierzu VAASSEN: 201 und SILL: 232), wobei dabei von Narrationen die Rede ist und meist kein Unterschied zwischen Narrativität und Narrationen gemacht wird, so auch hier: „'Jeder Mensch erfindet sich eine Geschichte, die er dann, oft unter gewaltigen Opfern, für sein Leben hält, oder eine Reihe von Geschichten,

Gewinn, als Gewinn an Spielraum, Freiheit und Flexibilität beobachtbar. Die Krise wirkt befreiend, weil die fehlenden Momente als Restriktionsentlastung gedeutet werden können. Freilich soll damit in keiner Weise einem postmodernen Identitätsprogramm die Bahn frei gemacht werden. Es geht nicht darum, ein spielerisches, kreatives postmodernes Ich zu feiern, das in der neuen Medien- und Erzähllandschaft sich von Identität zu Identität hangelt oder klickt und fröhlich optimistisch an Krisenpunkten vorbeimanövriert oder Krisen feiert. Das wäre eine radikale Blindheit gegenüber strukturellen *und* semantischen Konstellationen. Vielmehr gilt es, zu beobachten, dass sich in der heißgelaufenen funktional differenzierten Gesellschaft an die Stelle von (nur) gelingenden Identitätsbildungsmanövern oder (nur) scheiternden Identitätsbildungsmanövern eine aporetische Struktur platziert hat. Diese strukturelle Konstellation gilt es zu erkennen und nicht einzelnen Identitätsbildungsversuchen das Wort zu reden. Wie wir schon sahen, bleibt es möglich, von Patchwork-Identitäten oder Baselexistenzen, positiv wie negativ, zu sprechen, solange man dies entlang der basalen und unhintergehbaren Konstellation IN/DIVIDUUM als *EINHEIT der Differenz von Differenz von Identität/Differenz und der Einheit von Identität/Differenz* tut und solange man erkennt, dass Patchwork-Identitäten oder Baselexistenzen konkrete Gestalten (Narrationen) im Medium von Narrativität sind. Mithilfe dieser Konstellation wird jedweder 'postmodernen Unterkomplexität schon im Vornherein der Garaus gemacht. Erkennt man diese Konstellation narrativitätstheoretisch, lässt sich auch sehen, dass die so vielfältige und multipel verzweigte, gar desintegrierte 'Postmoderne' durchaus auch Narrationen hat, die stabiler und langlebiger sind als andere und dies trotz aller Mannigfaltigkeit. Entscheidend ist aber, dass sowohl die Desintegration als auch die Stabilität gewisser Narrationen (die freilich immer eine relative Stabilität ist) nicht die Gesellschaft bedingen, sondern dass sie Epiphänomene der funktional differenzierten Gesellschaftsstruktur sind.[104] Stabilität/Instabilität, Ordnung/Desintegration, Restrinktion/Freiheit sind Momente, die sich ergeben, wenn die funktional differenzierte Gesellschaft auf Hochtouren läuft, nicht umgekehrt.

Anhand der Ausführungen von Eberlein lässt sich diesbezüglich noch eine grundlegende Konstellation beobachten. Eberlein sieht die komplexe aporetische Individualitätsproblematik und sie sieht in Bezug auf Luhmann und die funktional differenziere Gesellschaft, dass das Individuum sich selbst zum Problem wird, weil es via Semantik (Freiheit, Selbstbestimmung usw.) in die Position eines In/Dividuums gedrängt wird. Das In/Dividuum ist ein unlösbares Problem, weil es auf der Semantikseite die Folgelasten der strukturellen Gesellschaftsorganisati-

---

die sich mit Ortsnamen und Daten belegen lassen, so daß an ihrer Wirklichkeit nicht zu zweifeln ist'" (Max Frisch zitiert in SILL: 232).

[104] MÜLLER-FUNK: 77 spricht in diesem Sinne davon, „daß es – neben heterogenen – auch verbindliche Erzählungen gibt, auf die sich die Mitglieder einer postmodernen Gesellschaft mehr oder minder verbindlich beziehen können".

on bewältigen muss und dies – als Effekt der gesellschaftsstrukturellen Evolution – eben konstitutiv nicht kann. Eberlein sieht, dass

> [b]ei aller Betonung des Gewinns an Differenziertheit der Selbst- und Fremdthematisierung [...] die sich explizit gegen die Gesellschaft und ihre Rollenanforderungen setzende Individualität als eine letztlich ohnmächtig bleibende Kompensation des fundamentalen Umbruchs der sozialen Organisation [erscheint], über den der einzelne nichts vermag (EBERLEIN: 323),

aber sie zieht daraus die 'postmodern' gefärbte Konsequenz, dass sich aufgrund dieser Konstellation zwangsläufig eine erfolgreich selbstproduzierende *Bastelexistenz* aus dem Geiste der Romantik ergibt. Innerhalb der Unterscheidung romantisches Selbstfindungsmodell/romantisches Selbstproduktionsmodell ist es das letztere, das in Anlehnung an Gergens *pastiche personality* in der Lage ist, „[d]rohende Instbilitäten, Sinnkrisen, Überforderung etc." nicht abzuwehren, „sondern durch Affirmation der chaotisch-bunten Vielfalt der Optionen in widersprüchliche Sinnbricolagen" umzuformen (ebenda: 324). Diese selbstproduzierende Bastelexistenz lebt produktiv im Dilemma der hohen Reflexionslast und etabliert sich als personale Identität gerade in den unbewältigbaren Anforderungen der azentrischen und differenziellen Gesellschaft. Die Bastelexistenz errichtet sich, nicht indem sie die Ambivalenzen und Aporien der funktional differenzierten Gesellschaft überwindet oder überlistet, sondern indem sie diese auslebt und aushält. Gegenüber Gergen, der die *pastiche personality* letztlich in einem paradoxal selbstlosen „relational self" aufgehen sieht, möchte Eberlein in der Bastelexistenz noch Reste von Regie und Handlungsmacht gerettet wissen (vgl. ebenda: 330).[105] Dabei agiert die Bastelexistenz nach einer „wesentlich nach ästhetischen Kriterien beurteilten Produktion eines originellen Selbst" und schließlich kann, sensu Eberlein, davon gesprochen werden, dass die Bastelexistenz in der Lage sei, die „postmoderne Identitätsdiffusion zu kompensieren" und „dar-

---

[105] Gergens relational self ist einerseits vollkompatibel mit meiner logistischen Perspektive, da es die Identitätsbildung konsequent in der Interdependenz von Relationen sieht. Das relationale Selbst ist das Relationieren von Relationen (siehe GERGEN 1991: 147ff.), allerdings, darauf weist Eberlein hin, verbindet Gergen mit dem relationalen Selbst die Vorstellung, dass durch das Relationieren von Relationen sich neue Formen der Sozialität ergeben. Weil das Selbst im Kreuzungspunkt von Relationsrelationen etabliert wird, kommt es nicht zu einem Aufeinanderprall von einzelnen Identitäten (welcher Couleur auch immer), sondern zu einer Gemeinschaftserfahrung, in der Probleme wie Entfremdung, Isoliertsein, Ausgeschlossensein u.ä.m. nicht auftauchen. Nicht jede Identität ist ihr Zentrum, sondern die Gemeinschaftserfahrung ist zentral. Eine konsequent logistische Perspektive kann dem nicht folgen, weil sie sich nicht an Utopiebildungen beteiligt, sondern ausschließlich die Matrizen von Identitätsbildungsprozessen beobachten möchte. Gergens logistischer Ansatz schlägt schließlich in eine Gesellschaftsutopie um, wobei dabei, hier stimme ich Eberlein zu, auch die Altlasten utopischen Denkens mitgeschleppt werden: „Gergen kann nämlich nicht plausibilisieren, was das relationale Selbst einerseits vor der reinen Anpassung an seine Umgebung und andererseits vor seiner völligen Dissoziation, d.h. vor pathologischen wie schizophrenen Zügen schützen kann" (EBERLEIN: 328).

aus ein einzigartiges Kunstwerk zu gestalten" (ebenda). Sowohl Gergen als auch Eberlein sind schöne Beispiele dafür, wie innerhalb einer Analyse die Analyse zugunsten einer Utopie bzw. zugunsten wertbehafteter Wunschvorstellungen verlassen wird. Es wird nicht mehr beobachtet, also differenziert, sondern nur die eine Seite der Medaille fokussiert. Die Beschreibung der funktional differenzierten Gesellschaft liefert meines Erachtens keine Anhaltspunkte, die Komplexität der Identitätsbildungsprozesse zugunsten einer Formel des Gelingens zu reduzieren. Wenn man die Bastelexistenz als gelingendes Kunstwerk betrachtet, so operiert man allein auf der Semantikseite der Unterscheidung Gesellschaftsstruktur[funktionale Differenzierung]/Semantik[Freiheit, Selbstbestimmung, ästhetisches Gestalten usw.] und tritt radikal hinter die Vorgaben zurück, mit deren Hilfe man überhaupt in die Lage kam, die komplexe Situation moderner Sinn- und Identitätsbildung beschreiben zu können. Solchermaßen ist man blind gegenüber der Basiskonstellation IN/DIVIDUUM als *EINHEIT der Differenz von Differenz von Identität/Differenz und der Einheit von Identität/Differenz*. Es ist nicht die Bastelexistenz, also eine bestimmte Form (= Narration), die die Ambivalenzen und Aporien der funktional differenzierten Gesellschaft aushält, sondern via Narrativität (= Medium) werden die Ambivalenzen und Aporien der modernen Gesellschaft HER(AUS)GESTELLT und somit den Formen (= Narrationen) zur Verfügung gestellt. Diese Abgrenzung gegenüber 'postmodernen' Identitätsvorstellungen ist sehr wichtig, da Narrativität als Medium der Sinn- und Identitätsbildung in der modernen funktional differenzierten Gesellschaft (s. u.) an keiner Stelle als irgendwie gelingende Identitätsbildung im Sinne von Bastelexistenz, *pastiche personality*, Kunstwerk usw. beobachtet wird, sondern strikt logistisch als Medium, als Matrix des Sinn- und Identitätsbildens überhaupt. Narrativität ist keine semantische Größe, sondern das Mittel, die Verflechtungen und Verwerfungen von Gesellschaftsstruktur und Semantik beobachtbar machen zu können. Narrativität verspricht nicht, enttäuscht niemanden, kompensiert nicht, sondern ist die infrastrukturellsyntaktische Matrize von Sinn- und Identitätsbildung, die natürlich Formen (Narrationen) ausbilden kann, die als 'postmoderne' Bastelexistenz beschreibbar sind, die aber nicht die Identitätsbildung logistisch tangieren, sondern nur bestimmte Versionen von Identitätsbildung markieren. Wiederum ist es maßgeblich Narrativität und Narrationen zu trennen. Bastelexistenzen usw. sind solchermaßen Gestalten, die es dem In/Dividuum und der Gesellschaft erlauben, die Identität des Selbst (Individuum) und die Differenz der Selbste (Dividuum) (sensu Nassehi) unterscheiden zu können.

Freilich wird die Argumentationsschraube noch weiter angezogen, wenn wiederum behauptet wird, dass die Narrationen auf ihr Medium (Narrativität) zurückwirken. Die 'postmoderne' Bastelexisenz als Kunstwerk (Narration) wirkt also durchaus auf ihre logistische Matrize (Narrativität) zurück, aber sie kommt nicht in die Position, ihre Matrize zu substituieren. Damit ist auch gesagt, dass die Rede von einer 'postmodernen' Identität (in welcher Form auch immer: Bastelexistenz, *pastiche personality*, Patchwork-Identität) durchaus plausibel und tragfähig ist, nur, entscheidend ist, wie sie theoriebautechnisch und logistisch platziert wird. Deshalb sehe ich die 'postmodernen' Identitäten nicht als Alternativen zur narrativen Identität (oder umgekehrt), vielmehr sind 'postmoderne' Identitäten und narrative Identität auf zwei theoriebautechnisch und logistisch unterschiedlichen Abstraktionsebenen angesiedelt. Somit kann man nicht entweder über Bastelexistenz oder narrative Identität, über Patchwork-Identität oder narrative Identität, sondern immer nur über Bastelexistenz und Patchwork-Identität im Medium von narrativer Identität und Narrativität reden.[106] Auch lässt sich bei konsequenter Lesart der funktionalen Differenzierung Eberleins These von der künstlerischen Identitätskonstruktion neu positionieren: Die moderne funktional differenzierte Gesellschaft hat in Form eines ihrer Teilsysteme – Literatur – die Möglichkeit entwickelt, *exemplarisch* die aporetischen Konstellationen der Identitätsbildung durchzuspielen. In der (modernen) Literatur wird mit dem Ausprobieren und Etablieren verschiedenster *Formen der Selbstbehauptung* Literatur als das Medium beobachtbar, dass in den Etablierungsversuchen einer *Ästhetischen Subjektivität* exemplarisch die aporetische Struktur der Moderne nicht bewältigt, sondern re-produziert. Qua Literatur wird, so die These, der funktional differenzierten Gesellschaft eine Plattform zur Verfügung gestellt, die auf handlungsentlastete und entpragmatisierte Weise der Gesellschaft ihre Aporizität vorhält und allererst diese Aporizität im vollen Umfang sichtbar macht. Das Ich gelingt und misslingt als einzigartiges Kunstwerk in der Literatur und kann dann über Funktions- und Leistungsprozesse für individuelle Identitätsbildungsprozesse in der Gesellschaft, für andere Funktionssysteme und für die Gesamtgesellschaft als Beobachtungsmedium dienen. Wichtig ist hierbei, dass meine Arbeit nicht auf die Beschreibung von Konstruktion und Destruktion ästhetischer Subjektivität abzielt, sondern, weitaus abstrakter, die logistisch-syntaktischen Matrizen beobachtbar machen will, die in der Gemengelage von struktureller Kopplung sowie symbolischer und sozialer Systemreferenz allererst die Möglichkeit eröffnen, von Identitäten im Allgemeinen (auch in Form von Subjektivität) und ästhetischer Identität (bzw. Subjektivität) im Besonderen sprechen zu können. Wenn von ästhetischer Subjektivität in welcher Form auch immer ('multiple Subjekte' oder 'vernetzte Identität') die Rede ist, dann sind damit schon Kondensate einer narrativen logistischen Matrix markiert, auch dann, wenn diese ästhetische Subjektivität sich als radikal a(nti-)narrativ geriert. Ich werde auf dieses Problem zurückkommen.[107]

---

[106] Damit liefere ich eine alternative Beschreibung zu KEUPP [u.a] 2000, die narrative Identität als eine mögliche Identitätsbildungsmöglichkeit unter vielen betrachten.
[107] Ich beziehe mich hier auf die Dissertation von Julia Weber. Damit ist zunächst keine Kritik an diesem Ansatz verbunden, sondern schlicht die klare Markierung der Unterschiede bzgl. der syntaktischen Position sowohl des Beobachtungsgegenstands als auch des Beobachtens selbst. Metaphorisch ausgedrückt, während ich mich an die HTML-Ebene her-

Mit der allgemeinen Darstellung der Funktion von Narrativität als unhintergehbarem und basal grundlegendem Identitätsbildungsmodus und der Diskussion der Auswirkungen dieser Perspektive auf die Etablierung von personaler Identität ist theoriebautechnisch die Grundlage geschaffen, die systemtheoretisch gefärbten Thesen – Narrativität als strukturelle Kopplung und Narrativität als Nexus von sozialer und symbolischer Referenz – darzustellen und zu diskutieren. Das Paket wird immer enger geschnürt. Die Darstellung des Narrativitätsparadigmas im Kontext der funktionalen Differenzierung ist deshalb so ausführlich ausgefallen, da die Postulierung eines *narrativist turn* bzw. die Beobachtung der Narrativität als Sinn-Form und als Nexus von sozialer und symbolischer Systemreferenz von den Strukturen und Semantiken der funktionalen Differenzierung konditioniert ist. Die logistische Beobachtung von Narrativität ist solcherart Ergebnis gesellschaftsstruktureller Veränderungen. Nicht in einem empirischen Sinne, sondern derart, dass die funktionale Differenzierung ein Wissenschaftssystem etabliert hat, in dem logistische Theorien über Theorien sprechen können, die von funktionaler Differenzierung sprechen. Die funktionale Differenzierung ist gleichermaßen sowohl die Bedingung der Möglichkeit, Theorietheorien zu prozessieren, als auch Epiphänomen von Theorietheorien.

*3.2.3 Bewusstsein/Kommunikation*

Wenn Narrativität als (eine) Realisierungsform der strukturellen Kopplung beobachtet wird, so muss klar markiert werden, ich habe dies oben schon knapp dargestellt, dass es um Narrativität und nicht um Narrationen geht. *Narrativität* wird als basales *Sinnzuschneidungsmuster* (sensu FUCHS 2004), als *Blaupause*, als *Sinn-Form*, als *Sinn-Schema* und nicht als die jeweilige Gestalt narrativer Momente, also nicht als die Erzählung einer Geschichte (= *Narration*) beschrieben. Narrativität ist eine, Narration ist keine Sinn-Form als Sinn-Schema. Narrativität und Narrationen gibt es zwar nur im Rahmen der Unterscheidung Narrativität/Narrationen, aber sie bedeuten nicht nur etwas anderes, sondern sie nehmen beide jeweils eine gänzlich unterschiedliche logistische und theorietechnische Position ein. Dies wird in dieser Deutlichkeit auch von vielen (aber eben nicht allen) Narrativitätstheorien gesehen. Die Unterscheidung Narrativität/Narrationen ist insbesondere für die Narrativitätstheoretiker Mink, MacIntyre und Ricoeur mit seiner Dreierkonstellation Mimesis I-III maßgeblich relevant.

---

anmache, untersucht Frau Weber die Bilder, die auf dem Bildschirm erscheinen (siehe WEBER, Julia 2007: Das multiple Subjekt. Randgänge ästhetischer Subjektivität bei Fernando Pessoa, Samuel Beckett und Friederike Mayröcker. Ms. München.

Mink startet von der Prämisse, dass es keine unerzählten Geschichten geben kann.[108] Damit argumentiert er, dass Narrativität jedes Mal als Narration daherkommen muss, dass wir von Narrativität allein in Form von tatsächlich erzählten Geschichten etwas wissen können, dass wir also nicht ein narratives Muster von den Narrationen abstrahieren können: „Unsere Erfahrungen und unser Handeln besäßen demnach nicht schon von sich aus eine narrative Struktur, sondern sie erhielten diese Struktur nur dann, wenn wir sie zum Gegenstand einer Geschichte machten" (Mink zitiert in VASSEN: 159). Wenn wir nun doch so etwas wie Narrativität unterstellen möchten, so handelt es sich um den Vorgang einer „nachträglichen Übertragung oder Überformung unseres Handelns mit etwas, was eigentlich nur in expliziten Geschichten vorkommt" (ebd.).[109] Die Identität von Ereignissen oder Dingen hängt nicht von einer extrapolierten narrativen Struktur ab, sondern von der Einbettung dieser Ereignisse und Dinge in die jeweils erzählte Geschichte, die jeweils in einen konkreten Kontext eingebunden ist (vgl. ebenda). Die Identität einer Person, die bspw. biographisch entlang eines erzählten Lebenslaufes beobachtbar wird, konstituiert sich nicht anhand einer narrativen Struktur von Biographie, sondern anhand dieses konkret erzählten biographischen Lebenslaufes in der gerade aktuellen Situation. Die Form des Erzählens bei Mink ist also: Narration = Narration/Narrativität.

MacIntyre stellt hierzu die passgenaue Gegenthese auf. Geschichten konstituieren sich nicht im Kontext des jeweiligen Erzählt-Werdens, sondern als Realisierung narrativer Muster. Bevor Geschichten konkret erzählt werden, sind sie schon durch die *Art und Weise* wie wir leben, handeln und kommunizieren als Geschichten konstituiert. Und bevor Geschichten konkret erzählt werden, ist Identität im Allgemeinen und personale Identität im Besonderen schon narrativ konditioniert: „Geschichten werden gelebt, bevor sie erzählt werden" (MACINTYRE: 283). Leben und Narrativität werden ineins gesetzt (vgl. BELL: 176). Und hierzu MEUTER: 161: „Es ist also nicht so, daß narrative Strukturen unser Handeln erst nachträglich überformen, sondern sie erweisen sich als 'grundlegende und wesentliche [...] Charakterisierung' schon des Handelns selbst" oder im Hinblick auf die berühmte Formulierung Schapps: „wir sind bereits *in* unserem Erleben und Handeln in Geschichten verstrickt und nicht erst im Erzählen. Eine explizit narrative Geschichte ist zu verstehen als Gestaltung von bzw. Anschließung an Strukturen, die schon unser Erleben selbst organisieren" (ebenda).[110]

---

[108] Der einschlägige Text ist MINK, Louis O. 1978: Narrative Form as a Cognitive Instrument. In: R. Cohen (Hg.), New Directions in Literary History. Baltimore, 107-124.

[109] Somit wird von Mink, wie BELL: 176 feststellt, eine klare Trennung von Narrativität und Leben markiert. Das Leben ist nicht narrativ konditioniert, sondern wird erst in expliziten Geschichten an Narrativität herangeführt.

[110] „Die eigentliche Pointe ist also die, daß schon unser lebensweltliches Handeln als ein Prozeß verstanden werden muß, zu dem das Erzählen von Geschichten konstitutiv dazugehört, wie unfertig diese Geschichten auch immer formuliert sein mögen. [...] Es ist also

Damit wird von MacIntyre auch die Ko-Autorschaftsthese implizit bestätigt, da „wir uns in den Geschichten und Episoden unseres Lebens *vorfinden*, anstatt sie als Autoren zu *entwerfen*" (ebenda: 257). Indem Identität schon als Realisierung von Leben, Handeln und Kommunizieren narrativ konditioniert ist, kann unsere Identität nicht mit dem konkreten Erzählen einer Geschichte zusammenfallen.[111] Wir konstituieren unsere Identitäten, indem wir narrative Muster in Form von Leben, Sprache und Kommunikation realisieren.[112] Der biographisch erzählte Lebenslauf konstituiert Identität, indem dieses Leben als Biographie entlang der narrativ konditionierten Muster der Biographie gelebt, das heißt also, indem das narrative Muster Biographie realisiert wird. Die Form des Erzählens ist bei MacIntyre also: Narrativität = Leben. Narrativität = Narration.

Meuter macht nun deutlich, dass sich eine avancierte Narrativitätstheorie weder nur der einen noch nur der anderen Perspektive verpflichtet fühlen kann. Kurz: Beide Theorien haben Recht und beide Theorien sind in ihrer Ausschließlichkeit falsch (siehe MEUTER: 162) und:

> Es ist einerseits nicht so, daß wir mit expliziten *everyday stories* unsere Projekte nur nachträglich überformen würden und andererseits ist es nur schwer vorstellbar, daß unser Erleben und Handeln nicht schon in einer bestimmten Art und Weise strukturiert ist, an die dann die expliziten Geschichten anschließen und es weiter und anders fortführen können (ebenda: 164 (Anm. 121)).

White und Ricouer bieten solchermaßen avanciert ausgewogene Theorien an, indem sie argumentieren, dass sich eine Narrativitätstheorie – systemtheoretisch formalisiert – konstitutiv entlang der Differenz der beiden Formen 'Narration = Narration/Narrativität' und 'Narrativität = Narrativität/Narration' etablieren

---

nicht so, daß wir *erst* handeln und dann nachträglich erzählen [...], sondern narratives Erzählen und komplexes Handeln sind untrennbar miteinander verflochten" (MEUTER: 164); zu MacIntyre siehe auch MÜLLER-FUNK: 80.

[111] Freilich ist das auch nicht Minks Argument, da er Identität an die konkret erzählte Geschichte innerhalb eines spezifischen Kontextes bindet. In der Unterscheidung Geschichte/Kontext ist die Unterscheidung Autor/Ko-Autor eingelagert, wobei MacIntyres Theorieanlage an das Theorem der narrativen Transgression aus Transgressionen anschlussfähiger ist. – Im Hinblick auf MacIntyre ergibt sich eine weitere Problemkonstellation; es geht um seine Ineinssetzung von Leben und Narrativität. Indem wir leben, erzählen wir und vice versa; dabei werden kulturelle Differenzmomente ausgeblendet und Erzählen als Universalie bekommt einen ontologischen und anthropologisch-präformativen Status zugeschrieben, so die These von Müller-Funk: Erzählen ist solchermaßen keine „kulturell spezifische Form", es wird „anthropologisch-realistisch verortet". „Der erzählende Mensch wird in schlechter Abstraktion zur anthropologischen Konstante: der Mensch wird zum 'Geschichte erzählenden Tier'". „Erzählen und Leben tendenziell ineins zu setzen, bedeutet den Verzicht auf die Wahrnehmung kultureller Differenzen des Erzählens" (MÜLLER-FUNK: 81 und 82).

[112] „[N]ur weil sich unser Handeln bereits selbst pränarrativ strukturiert, können wir nachträglich (oder bereits während seines Verlaufs) mit einer expliziten Geschichte anschließen, die sich von der bloßen Ausführung eines intentionalen Plans unterscheidet" (MEUTER: 157f.).

muss. Bei White heißt es: „Die Erzählung ist gleichzeitig eine Diskursmodalität [= Narrativität], eine Sprechweise und das durch den Gebrauch dieser Diskursmodalität erzeugte Produkt [= Narration]" (WHITE: 76; meine Ergänzungen in eckigen Klammern). Für White ist die Erzählung „nicht nur eine Diskursform", sondern der Umstand „daß sie schon *vor* ihrer wie auch immer gegebenen Aktualisierung in Sprache oder Schrift eine Bedeutung besitzt" (ebenda: 9). Ricoeur bearbeitet dieses Problem, indem er eine komplexe Dreierkonstellation (Mimesis I-III) beobachtet.[113]

Ricoeur geht ganz im Sinne dieser Arbeit davon aus, dass Handeln und Kommunizieren immer schon von Sinn überformt gewesen sein werden. Handlungen und Kommunikationen sind für Ricoeur nun deshalb immer schon sinnhaft, weil sie immer schon symbolhaft sind (vgl. RICOEUR ZuE-1, 94 und MEUTER: 142ff.). Bevor also eine Handlung oder Kommunikation erzählt wird oder konkret eine spezifische Gestalt bekommt oder mit Bedeutung ausgestattet wird, ist sie von Symbolhaftem durchzogen. Solchermaßen besitzt sie schon im vor-erzählten und vor-gestalteten Zustand eine Matrix oder eine Grammatik, in Ricoeurs Worten: eine *Textur*: „Aufgrund ihrer immanent symbolischen Struktur besitzt eine Handlung eine 'Vorform der Lesbarkeit'; sie hat eine 'Textur'" (RICOEUR: ZuE-1, 95). Im Hinblick auf White spricht Müller-Funk vom „ästhetische[n] *emplotment*" als einer „transzendentale[n] Vorbindung" (MÜLLER-FUNK: 138). Ricoeurs Textur kann als solch eine transzendentale Vorbindung gelesen werden. In Bezug auf das In-Geschichten-Verstrickt-Sein-Theorem lässt sich sagen, dass die Textur auf die Verstrickung abhebt und die logistisch-infrastrukturelle Bedingung der Möglichkeit für erzählte Geschichten, also Narrationen, abgibt. Im Hinblick auf Clifford Geertz spricht Meuter in diesem Zusammenhang sehr schön von „Baupläne[n] oder Schablonen" (MEUTER: 143). Solchermaßen ist unsere komplette Welterfahrung, unser WELT-HER(AUS)STELLEN komplett von dieser Textur *durchsäuert*. Und Ricoeur konnotiert Narrativität nicht als semantische Größe, sondern ganz im Sinne der strukturellen Kopplung und der Theorie der Sinn-Formen als „*besonders fundamentale Struktur[] unserer lebensweltlichen Orientierung*". Es geht also nicht um Inhalte oder Bedeutungen sondern, durchaus kybernetisch gedacht, um die „Tätigkeit des *narrativen Gestaltens* oder

---

[113] MÜLLER-FUNK zeigt anhand der whiteschen Unterscheidung Diskursmodalität[Narrativität]/Produkt[Narration], dass ideologisch gefärbte Theorien, die Narrativität als konservativen und bürgerlichen Wirklichkeitskonstruktionsmodus sehen und für eine nicht-narrative Welterfahrung plädieren (bspw. Benjamin und vor allem Adorno) genau diesen Unterschied konzeptionell nicht sehen können. Nur wenn die Unterscheidung Narrativität/ Narration nicht beobachtet wird, ist eine ideologische oder, vorsichtig formuliert, programmatische Versus-Form der Unterscheidung möglich: Narrativität vs. Nicht-Narrativität (Bürgertum vs. Avantgarde o. ä.). Allererst aufgrund der expliziten Beachtung der Unterscheidung Narrativität/Narration kommt somit auch meine Dissertation in die theoriebautechnische Position sagen zu können, dass Narrativität die Einheit der Unterscheidung narrativ/a(nti-)narrativ ist. Ich komme hierauf zurück.

*Konfigurierens*" (MEUTER: 122 und 124). Dabei bildet diese Textur, und das ist maßgeblich wichtig, „die Voraussetzung dafür, narrative Darstellungsverfahren sowohl mit lebensweltlichen Zeitauffassungen als auch mit literaturwissenschaftlichen Refigurationen zu vernetzen."[114] In diesem Sinne ist die narrative Textur der Nexus von literarischer und nichtliterarischer Kommunikation. Diese Textur wird als *Mimesis I* bezeichnet. Wenn wir hierzu noch die These von der narrativen Transgression von Transgressionen hinzuziehen, dann markiert die Textur das Transgredieren selbst. Dass die Transgression von Transgression möglich ist, dass transgressiv Narrationen aus Narrationen sich bilden, ist das Moment, das als Textur bezeichnet werden kann. Die Textur ist ein rein logistisch verbindendes Moment und die These, dass wir es mit narrativen Transgressionen zu tun haben, besagt ja nicht, dass dadurch die Welt aufgelöst, sondern eben in der komplexen Verbindung der transgredierenden narrativen Bewegungen konstituiert wird. *Die Textur ist somit die konstruktiv narrative Transgression.* Ricoeur arbeitet zwar nicht mit dem Theorem der Transgression, liefert aber mit seiner Textur und seiner Mimesis I die theoretisch ausgearbeitete Plattform, um die schwierige Bewegung zu vollführen, Transgressionen als Logistik des narrativen WELTHER(AUS)STELLENS beobachten zu können. Diese Position markiert also folgende Momente: pränarrative Ebene, Textur, Sinn-*Schema*, Muster, Bauplan, Schema, Schablone oder Grammatik. Wichtig ist, dass Ricoeur mit Mimesis I den Bereich meint, der logistisch vor dem konkreten Erzählen von Geschichten unsere Welterfahrung durchwebt. Mit Mimesis I ist solchermaßen ein Vorverständnis der Handlung, ein prätextueller Beschreibungskontext, eine „Vorform der Lesbarkeit", ein „Quasi-Text" (RICOEUR: ZuE-1,95f.) markiert (vgl. NÜNNING/SOMMER: 36).[115] Es wird also mehr oder weniger explizit mit der Unterscheidung Textur/Text gearbeitet. Narrativität setzt also bei Ricoeur beim Erzählen (= Text) ein, das Davor des Erzählens ist die pränarrative Struktur (= Textur). Um dies zu betonen, spricht Ricoeur von der Mimesis I als prä-narrativem Moment; es ist die Rede von einer „pränarrativen Struktur der Zeiterfahrung" (RICOEUR: ZuE-1,98). Nun heißt dies aber nicht, dass es zwischen der Mimesis I als prä-narrativem Moment und dem Erzählen danach eine kategoriale Trennung gibt. Vielmehr ist es so, dass mit der Mimesis I die immer schon durch Geschichten bzw. deren Effekte durchsäuerte Identitätserfahrung indiziert ist. Es

---

[114] NÜNNING, Ansgar / Roy SOMMER 2002: Die Vertextung der Zeit: Zur narratologischen und phänomenologischen Rekonstruktion erzählerisch inszenierter Zeiterfahrungen und Zeitkonzeptionen. In: M. Middeke (Hg.), Zeiterfahrung im historischen Wandel und ästhetischer Paradigmenwechsel vom sechzehnten Jahrhundert bis zur Postmoderne. Würzburg, 33-56, 54.

[115] NÜNNING/SOMMER: 37 definieren Mimesis I so: „Ricoeurs Mimesis I ist somit die Ebene des kollektiv geteilten, strukturellen, symbolischen und zeitlichen Vorverständnisses, das das Erkennen, Bewerten und Wiedergeben von Alltagshandlungen und den mit ihnen verknüpften Zeiterfahrungen erst ermöglicht."

geht darum, „daß die Geschichte jemanden 'widerfährt' ehe sie irgendjemand erzählt. Die Verstrickung erscheint eher als die 'Vorgeschichte' der erzählten Geschichte (vgl. RICOEUR: ZuE-1,119). Die Bewegung ist äußerst komplex. Die prä-narrative Mimesis I markiert das „narrative[] In-der-Welt-sein" (ebenda: 128), bevor konkret Geschichten erzählt werden. Mimesis I und Erzählen sind korrelativ miteinander verstrickt, indem die Mimesis I die pränarrative Verstrickung in Narrationen markiert.

*Mimesis II* kann nun als die „explizite Ausformungen narrativen Gestaltens" (MEUTER: 146), als die die tatsächlich erzählten Geschichten, als „explizite Narrativität" (ebenda: 158) oder in unserer Terminologie als Narration bezeichnet werden. Während Mimesis I in Bezug auf Schapp das *Erleben von Geschichten* im Sinne einer Präfiguration markiert, indiziert Mimesis II das *Erzählen von Geschichten*.[116] Sie ist ganz konkret bei Ricoeur die Konstitution und Komposition der *Fabel* und somit ein konkreter „Akt des Konfigurierens" (KITTSTEINER: 193). Sie kann als der „Bereich der narrativen Komposition bzw. Konfiguration von Handlungs- und Zeitstrukturen" beschrieben werden (NÜNNING/SOMMER: 37), bei dem „verstreute Ereignisse 'zu einer als Ganzes betrachteten Geschichte'" (KAUL: 63) zusammengefügt werden (Stichwort: Synthesis des Hetrogenen). Solchermaßen lässt sich Mimesis II auch als Kunst-Werk beobachten. Dabei sind zwar die Begriffe verschoben, aber im Grunde ist die Anlage des Beobachtens gleich: Wir hatten oben die Konstellation Text$_{[Medium]}$/Werk$_{[Form]}$, nun haben wir Mimesis I$_{[Textur, Medium]}$/Mimesis II$_{[Text, Form]}$. Ricoeur ist somit vollkompatibel mit unserer bisherigen Argumentation. Maßgeblich entscheidend ist hier im Hinblick auf Mink und Ricoeur, dass Mimesis I (Narrativität) und Mimesis II (Narrationen) *wechselseitig konstitutive und korrelative Momente sind* (vgl. ebenda: 170). Im Gegensatz zu Ricoeur, der bei der Mimesis I von einem prä-narrativen Moment spricht, vermeide ich diese Wendung, indem ich Mimesis I mit Narrativität und Mimesis II mit Narrationen gleichsetze. Man kann weder nur von den Narrationen in Richtung Textur (Mink) noch nur von der Textur in Richtung Narrationen argumentieren (MacIntyre), da es eben nicht um einseitige, sondern um wechselseitige Bedingungsverhältnisse geht. Die Form des Erzählens wäre hier Narrativität = Mimesis I/Mimesis II bzw. Narrativität = Narrativität/Narration. Solchermaßen rückt nicht ein Moment der Form in den Fokus, sondern die Form selbst.[117] Entscheidend ist nun, dass man Ricoeur genau liest: Ricoeur

---

[116] Vgl. KAUL, Susanne 2003: Narratio. Hermeneutik nach Heidegger und Ricoeur. München, 62f. Und weiter: „Eine Kontinuität ist dadurch vorgeprägt, daß wir die 'Episodenfolge unseres Lebens' als '(noch) nicht erzählte Geschichte' erfahren können, daß also auf der Ebene der praktischen Erfahrung bereits Geschichte präfiguriert ist. Erlebte Geschichten sind, weil sie als Geschichten erlebt werden, Präfigurationen von erzählten, also konfigurierten Geschichten. Mit der Mimesis I hat es also bei einer 'pränarrativen Struktur und Erfahrung' sein Bewenden (ZE I, 118)" (ebenda: 62f.).

[117] Auch aus diesem Grunde kann Hayden White von der *Bedeutung der Form* sprechen.

identifiziert Mimesis II mit der Fabel-Komposition und umspannt damit zwei Dimensionen, erstens die Textontologie der erzählten Welt (Fabel) und zweitens die Darstellungsdimension (Komposition).[118] Damit ist meine Definition von Narration (Erzählung einer Geschichte) mit Ricoeurs Konstellation kompatibel, wobei ich, wie noch zu sehen sein wird, Geschichte im Gegensatz zu den meisten narratologischen Modellen auf die Darstellungsebene schiebe.

Während Mimesis I den logistischen Kontext, Mimesis II als Akt der Konfiguration die Fabelkomposition markiert, indiziert *Mimesis III* die „Refiguration" in der Rezeption und Interpretation (NÜNNING/SOMMER: 39). Mimesis III ist direkt an unsere Transformationsthese anschließbar: Wenn wir einen narrativen Bauplan, eine narrative Grammatik haben und (in wechselseitiger Konstitution) konkrete Narrationen als Realisierungsmomente dieser Grammatik, dann ist klar, das die Grammatik nicht in einer, oder mehrerer oder in der Summe aller Realisierungsmomente aufgehen kann. Narrativität als Grammatik, als Logistik, etabliert sich gerade in der Differenz der Realisierungsmomente. Und deshalb ist auch jede einzelne Narration nie abgeschlossen. Ricoeurs Idee ist die, dass die Narrationen selbst, er nennt sie auch Texte (s. o.), nicht von sich aus (ab)geschlossen sind, sondern allererst in der Rezeption (ab)geschlossen werden. Narrationen sind offen und der sinnhafte „Abschluß [eines Textes] [liegt] nicht im jeweiligen Text selbst [...], sondern in etwas, was über ihn hinaus verweist: die Rezeption. Erst in und durch die Lektüre eines Rezipienten gelangt ein Text zur Identität eines *poietischen Werkes* im eigentlichen Sinn des Wortes" (MEUTER: 167). Wir haben also die Textur (Mimesis I, Narrativität) als Logistik, Texte (Mimesis II, Narrationen) als Realisierungsmomente dieser Logistik und die Rezeption (Mimesis III) als die jeweils spezifische Inszenierung dieser Momente. Der Text ist dabei zwar die Realisierung einer Grammatik, er ist die Narration als konkret erzählte Geschichte, aber er ist solchermaßen keine Entität, sondern wiederum Medium für Interpretation und Bedeutungskonstitution. Der Text lässt sich als „Partitur, die auf verschiedene Weise aufgeführt werden kann' (RICOEUR ZuE-III: 272) beobachten und „nur durch ihre Interpretation kommt die Struktur des Textes allererst zum Vorschein" (ebenda: 265). Um bei dieser Musikmetaphorik zu bleiben, könnte man sagen: Musik (sowohl die Töne als auch die Vorstellung dessen, was Musik ist) ist die Mimesis I, die Partitur ist die Mimesis II und die Interpretation, die Aufführung, die Mimesis III. Oder: Eine konkret erzählte Lebensgeschichte als Biographie ist der Text, der in der Rezeption als dieser spezifische Text realisiert wird. Die Konstellation ist analog zu der bei Jahraus, der argumentiert, das die Interpretation den Text allererst als Text

---

[118] Die Unterscheidung erzählte Welt/Darstellung übernehme ich von MARTINEZ/SCHEFFEL.

konstituiert.[119] Entscheidend ist, dass die Mimesis III kein ornamentales Beiwerk ist, sondern konstitutiv für Mimesis I und Mimesis II (vgl. MEUTER: 168). Mit dem Refigurieren der Mimesis III installiert sich Ricoeur als genuiner Hermeneut, da er in der Bewegung von der Textur (Mimesis I) über die Texte (Mimesis II) via Interpretation (Mimesis III) im Voranschreiten wieder zurück zur Textur gelangt. Ricoeur präsentiert uns in seiner Konstellation den hermeneutischen Zirkel (bzw. eine Schraubendrehung weiter: die hermeneutische Spirale). NÜNNING/SOMMER: 38 fokussieren explizit diese hermeneutische Zirkularität, die nie selbstdementierend wird:

> Die Bewegung von der pränarrativen Zeiterfahrung über die temporale Struktur des literarischen Kunstwerks zurück zur Alltagspraxis verläuft Ricoeur zufolge zwar zirkulär, führt aber nicht in eine circulus vitiosus, sondern in Form 'einer endlosen Spirale [...], bei der die Vermittlung mehrmals durch den gleichen Punkt führt, jedoch jeweils in anderer Höhenlage. Die III verweist also auf den unabschließbaren Verstehensprozess, in dem narrativ konfigurierte Zeit durch Rezipienten 'refiguriert' wird.

Ich muss nun kaum noch erwähnen, dass diese zirkuläre hermeneutische Spirale, im Fokus meiner Arbeit, durch und durch im Modus der Retro-Aktivität und De-Präsentation ihre Runden dreht. Insgesamt handelt es sich, und wieder öffnet sich die Systemtheorie für Anschlüsse, um eine genuin „prozessorientierte[] Konzeption" (ebenda: 39). Die Ricoeursche Dreierkonstellation lässt sich im Sinne unserer Perspektive folgendermaßen re-formulieren: Mimesis I markiert als zugrundeliegendes Medium die Bedingung der Möglichkeit der Mimesis II, die, entlang von Beobachtungen und Beobachtungsbeobachtungsverschleifungen (Mimesis III), auf ihr Medium zurückschlägt, und es re-konstituiert. Also: „Die Rezeption[Mimesis III] des Textes[Mimesis II] verändert das Handeln [Mimesis I], refiguriert sozusagen die Präfigurationen[Mimesis I] – so schließt sich der Kreis der Mimesis" (KAUL: 63, meine Ergänzungen in eckigen Klammern, MG). Im Grunde kann hier formuliert werden, dass sich Luhmanns basale Medientheorie und Ricoeurs Hermeneutik ineinander verwandeln lassen und die Opposition Medientheorie/Hermeneutik dekonstruieren.

Schließlich sei nur kurz auf einen Aspekt vorgegriffen, der später näher beleuchtet wird. Ricoeur spricht im Rahmen von Mimesis III davon, dass die Rezipienten die Leerstellen, die jedes Kunst-Werk (Mimesis II) aufzuweisen hat, im Akt des Lesens auffüllen und damit erst die Mimesis II (das Kunst-Werk) zur Vollendung führen. Hier vollends entblößt sich Ricoeurs Hemeneutik als Phänomenologie (Stichwort: Roman Ingarden). Es gilt sogar: In avancierten Texten, die radikal defiguriert daherkommen, füllt die Mimesis III nicht nur die Leerstel-

---

[119] Siehe JAHRAUS 2003: 591 „Die Differenz von Ausgangs- und Resultattext, von Text und Interpretation geht der Interpretation nicht prozessual voraus, sondern wird überhaupt erst von dieser produziert. [...] Die Interpretation konstituiert Text und Interpretation gleichermaßen."

len, sondern ist auch an der Fabelkomposition beteiligt: „In diesem Extremfall trägt allein der Leser, der vom Werk [!] sozusagen im Stich gelassen wird, die Last der Fabelkomposition auf seinen Schultern" (RICOEUR: ZuE-1,122) und die „Vollendung der narrativen Sinnstiftung" (NÜNNING/SOMMER: 39) wird von den Rezipienten, also von der Interpretation vollzogen. Die Interpretation findet keinen Sinn im Werk, sondern stellt Sinn am Werk (her)aus. Ich arbeite nicht mit dem Theorem der Leerstellen, lese aber Ricoeurs diesbezügliche Argumentation im Hinblick auf experimentelle Prosa, die im Sinne Ricoeurs als ein Extremfall der Defiguration gelesen werden kann, folgendermaßen: *Insbesondere anhand von experimenteller Prosa lässt sich exemplarisch zeigen, dass es zu einer medienindizierten hermeneutischen Spirale (Mimesis I-III) kommt. Insbesondere anhand von experimenteller Prosa*, die ja gerade paradigmatisch in Form des Sinn-Schemas narrativ/a(nti-)narrativ daherkommt, wird die prozessuale Bewegung des Konfigurierens (Mimesis II) und Re-Konfigurierens (Mimesis III) im Medium der Narrativität (Mimesis I) beobachtbar. Wiederum sind wir an dem Punkt angelangt, wo Literatur in Form von experimenteller Prosa nicht allein ein semiotisches und/bzw. sprachliches Phänomen ist, sondern eine grundlegende Formation, die alle Bereiche unserer Sinn-, Identitäts- und Welterfahrung beschreibbar macht. Anhand von Literatur in Form von experimenteller Prosa wird der Literaturwissenschaftler konstitutiv und unausweichlich zum Epistemologen, Soziologen, Kognitionswissenschaftler sowie Medien- und Kulturtheoretiker. Ich komme hierauf zurück.

Wenn man diese Perspektiven in Beziehung setzt zu den Ausführungen in Kap. 2.7 zur strukturellen Kopplung und den Sinn-Formen, dann lässt sich folgendermaßen argumentieren. *Narrativität* wird als Sinnzuschneidungsmuster, als *Sinn-Form* beobachtet. Sinn-Formen sind, wie gesehen, die Momente, die garantieren, dass sich die Systeme trotz *und* qua operativer Geschlossenheit, Autopoiesis, *Selbst*organisation, *Eigen*komplexität, *Selbst*determinierung und *Binnen*prozessierung gegenseitig konstituieren, affizieren und konditionieren, indem *und* obwohl sie sich (t)autopoietisch selbst (re-)produzieren. „Sinnformen orientieren (sozusagen locker) psychische und soziale Beobachtungen" (FUCHS 2004: 90). Dabei sind Sinn-Formen die Ermöglichungsbedingungen von struktureller Kopplung und strukturelle Kopplung ist die Ermöglichungsbedingung von Sinn-Formen. Mithilfe von Sinn-Formen werden also operative geschlossene Systeme formidentisch getaktet. Konkret heißt dies nun, dass qua Sinn-Form Narrativität Bewusstsein und Kommunikation formidentisch getaktet werden. *Narrativität ist eine Realisierungsform der strukturellen Kopplung.* Dies bedeutet in seiner Konsequenz, dass mithilfe der Sinn-Form Narrativität Bewusstsein und Kommunikation immer schon narrativ getaktet gewesen sein werden. Dies bestätigt die These Ricouers: „wir haben keine Vorstellung von einer Kultur, in der man nicht mehr wüsste, was *Erzählen* heißt." Ich hatte argumentiert, dass Bewusstsein und Kommunikation formidentisch sind, sonst wären sie nicht strukturell gekoppelt und hatte folgende Momente als formidentische Momente ausgewiesen: Formidentische Systeme sind sinnförmig, zeichenhaft, re-entry vollziehend, dezidert, digital, autopoietisch, différancemäßig, depräsentativ, bezeichnend und unterscheidend, also beobachtend, unhintergehbar, uneinholbar und triadisch. Nun kann gesagt werden, dass Bewusstsein und Kommunikation solchermaßen formidentische Momente etablieren, indem sie qua Narrativität strukturell gekoppelt werden. Narrativität ist ein notwendiges Medium für die formidentische Taktung von Bewusstsein und Kommunikation.

Narrativität kann als Sinn-Form solch ein Medium nur sein, wenn mit Narrativität ein Sinnzuschneidungs-Muster gemeint ist. Narrativität ist weder eine semantische Größe noch eine konkret erzählte Geschichte. In diesem Sinne ist Narrativität eine Textur (Mimesis I) und nur als solche als Realisierung von struktureller Kopplung beobachtbar. Narrativität ist ein grundlegendes Muster, ein Bauplan, eine Blaupause, ein logistisch-syntaktisches Moment, das unsere komplette Welterfahrung durchsäuert.[120] Sie ist ein Modus von WELTHER-(AUS)STELLUNG, „a mode of thinking and being" (CURRIE: 2; 6). Analog hierzu redet Müller-Funk von einer „Kultur*technik* des Erzählens", die zu „einer Vereinheitlichung der Kompetenz und der Regulierung des Sozialen" führt (MÜLLER-FUNK: 67: meine Hervorhebung). Im Hinblick auf Jeffrey Pence ist dann von einer „Form von Technologie" (ebenda: 96) die Rede.[121]

Weiter lässt sich argumentieren, dass das Bewusstsein von der Kommunikation aus qua Narrativität sozial formatiert wird. Narrativität ist als Sinn-Form zwar keine schlicht soziale Größe, sie ist Epiphänomen *und* Bedingung der Möglichkeit von struktureller Kopplung (s. o.), aber sie ist als Realisierung der strukturellen Kopplung ein soziales Moment, dass kommunikativ in Richtung Bewusstsein formatiert.[122] Im Hinblick auf Sommers und Fuchs muss nochmals klar gemacht werden, dass es bei Sinn-Formen nicht um Semantiken, sondern strikt um logistische Größen geht. Qua Sinn-Formen als Sinn-Schemata werden Bewusstsein und Kommunikation in ihrer Art und Weise des Prozessierens formatiert. So ist bspw. die Sozialisation des Bewusstseins qua kommunikativ konditionierender Sinn-Formen ein „Prozeß der sozialen Formatierung des psychischen Systems"

---

[120] Analog dazu argumentiert auch White in seinen Ausführungen zur Historiographie. Eine Narration ensteht aufgrund der narrativen Muster, die ihr zugrundegelegt werden: „Geschichte, so eine zentrale These Whites, sei nicht etwas Vorgegebenes, also eine reihe roher Fakten, die es zu entdecken und darzustellen gelte, sondern immer schon das Resultat einer Organisation, die sich – gezwungenermaßen – literarischer Verfahren und narrativer Muster bedienen müsse, unter anderem der so genannten *emplotments*" (FÖRSTER: 162).
[121] Deshalb kann MÜLLER-FUNK 100 auch sagen: „Zwischen der kulturellen Zeit*konstruktion*, dem jeweiligen kulturellen *design* von Identität und den *Formen* des Erzählens sowie dem benutzten *medialen* Material besteht ein innerer Zusammenhang" (meine Hervorhebungen, MG).
[122] Das Imaginäre oder Halluzinatorische wäre eine bewusste Sinn-Form, die bewusst in Richtung Kommunikation konditioniert.

(FUCHS 2004: 96) und keine Direktive für bestimmte Inhalte, Bedeutungen oder Narrationen (!). Was Fuchs im folgenden Zitat allgemein formuliert, lässt sich meines Erachtens konkret der Narrativität zuschreiben – *das Bewusstsein wird qua sozialer Sinn-Form Narrativität sozial einreguliert*:

> So kann das psychische System und im engeren Sinne das Bewußtsein im Prinzip vieles denken […], aber was für es faktisch möglich ist (worin es Anschlüsse findet, bestätigt oder abgewiesen wird, wodurch es anerkannt oder in den Bereich der Devianz sortiert wird), das wird durch soziale Sinnformen einreguliert. Psychische Möglichkeiten werden durch soziale Strukturen […] gleichsam 'besetzt', das heißt: in ihrer Verwendung sozial gebunden (ebenda: 95).[123]

Narrativität als sozial konditionierende Sinn-Form ist solchermaßen per definitionem die basale Sinnbildungsinstanz sowohl für die Kommunikation als auch für das Bewusstsein. Diese logistisch-syntaktische Position kann Narrativität eben als Narrativität einnehmen und nicht als konkrete Narrationen. Narrationen sind keine Sinn-Formen als Sinn-Schemata, sondern konkrete Realisierungsmomente der logistischen, *sinn-förmigen*, Matrix.

Ebenso wie bei der Sinn-Form Schrift geht es darum, dass uns die Sinn-Form Narrativität „ohne daß wir uns dessen bewußt wären […] vorbuchstabiert, was Wirklichkeit ist" (DE KERCKHOVE: 9). Im de Kerckhoveschen Sinne kann dann von Narrativität als einem Metronom gesprochen werden, dass unsere WELTHER(AUS)STELLUNG taktet. Wenn wir auf der Ebene der strukturellen Kopplung und den Sinn-Formen argumentieren, müssen wir notwendigerweise Narrativität als Mimesis I, als logistische Größe beobachten. Im Sinne der De-Präsentation und der Retro-Aktivität heißt dies, dass alles, was wir an der Wirklichkeit beobachten immer schon narrativ wird affiziert gewesen sein. Wenn wir also von Identität reden, so deshalb, weil wir immer schon narrativ durchsäuert gewesen sein werden. Allererst qua Narrativität werden die entscheidenden Identitätsmuster beobachtbar. MEUTER: 100 möchte in diesem Sinne Narrativität „systemtheoretisch verstehen als eine basale Sinnstruktur, die sich als besonders geeignet erweist, sinnhafte Prozesse zu organisieren/stabilisieren". Und solchermaßen ist Sinn nicht anders denn als narrativ zu haben. Man muss „Sinnstrukturen als narrative Muster auf[]fassen" (ebenda: 114; vgl. dort auch 120). Auf dieser Grundlage lässt sich eine schwache Narrativitätsthese aufstellen: *Narrativität ist eine Sinn-Form* und eine starke: *Sinn-Formen sind narrativ* (oder zumindest narrativ affiziert).

Ich erinnere daran, dass ich (entlang von de Kerckhove) davon ausgehe, dass die Schrift als die basalste Sinn-Form zu beschreiben ist. Alles, was der Sinn-Form Narrativität zugeschrieben werden kann, kann ihr qua Sinn-Form Schrift zugeschrieben werden. Die grundlegenden Aspekte der Schrift (wie u. a. Hori-

---

[123] „Dasselbe gilt in Gegenrichtung" mithilfe einer bewusst konditionierenden Sinn-Form (FUCHS 2004:95).

zontalisierung, Verzeitlichung, Atomisierung, Kausalität der Zusammengehörigkeit und Dekontextualisierung) sind die Matrix, auf der Narrativität als Sinn-Form überhaupt erscheinen kann. De Kerckhove nennt die 'Momente der Ordnung der Dauer'. Es geht darum, dass das „von der Lektüre geprägte Bewußtsein […] darauf trainiert [ist], die Informationen eines Textes zu gliedern, sie zu klassifizieren und nach einem Ensemble unterschiedlicher Quantitäten zu ordnen" (ebenda: 62). Im Zusammenhang dieser Ordnungsleistung sind dann solche Aspekte zu nennen, wie „Verwaltung der Zeit" qua Erzählung, „Spannungsbogen", „Geschichte", „Verwicklungen, Abschweifungen, Verzögerungen oder Umwege der Handlung", „Anfang und Ende" u. ä. m.

Wenn Narrativität solchermaßen als Sinn-Form beobachtet wird, dann sind Bewusstsein und Kommunikation das, was sie sind, allein qua Sinn-Form Narrativität. Wir hatten die Formel aufgestellt: Die Welt ist alles, was die strukturelle Kopplung ist bzw.: Die strukturelle Kopplung ist alles, was der Fall ist, nun heißt es – qua Narrativität. Wenn das Bewusstsein denkt, vorstellt, wahrnimmt usw. und wenn die Kommunikation kommuniziert, so heißt dies nicht, dass immer narrative Muster aktualisiert sind, es bedeutet aber, dass sich Bewusstsein und Kommunikation als Bewusstsein und Kommunikation nicht etablieren könnten, wenn narrative Muster nicht beteiligt sind. Die These, dass Narrativität als Sinn-Form zu beobachten ist, bestätigt die Thesen der Narrativitätstheorie, dass Narrativität als basaler Identitäts- und Wirklichkeitskonstruktionsmodus zu beschreiben ist, bettet aber diese Thesen in ein systemtheoretisches Theoriedesign, um damit alle Vorteile der hochdifferenzierten Differenztheorie nutzen zu können.

Mit Ricoeurs Dreierkonstellation Mimesis I-III kann nun weiter argumentiert werden, dass Narrativität als Sinn-Form, als Logistik, nicht einfach die strukturelle Kopplung realisiert, sondern dass Narrativität als Sinn-Form durch die Narrationen (Mimesis II) und die Beobachtung der Narrationen (Mimesis III) immer re-konstituiert wird. Strukturelle Kopplung ist ein ereignishaftes Moment, das nur im Moment des Operierens da ist. Ebenso kann Narrativität als Sinn-Form allein in der aktuellen Aktualisierung der Narrationen als Sinn-Form aktiv sein. Narrativität ist keine Größe, die einfach in der Welt da ist und die angezapft werden muss, wenn Bewusstsein und Kommunikation sich koppeln, sondern Narrativität als Narrationen ermöglichende Sinn-Form entsteht in Form von Narrationen und verschwindet, wenn nicht erzählt wird.[124] Narrativität und Narrationen fallen nicht zusammen, aber ebenso wie es Narrationen ohne Narrativität nicht gibt, so gibt es Narrativität nicht ohne Narrationen. Der Bau der Unterscheidung Narrativität/Narration wird analog zur Medium/Form-Unterscheidung beobachtet. Narrativität wird als Medium und Narrationen als Form mar-

---

[124] Ganz in diesem Sinne formuliert auch MEUTER 242: „Identitäten, Symbole, Strukturen, wie schematisiert auch immer sie sein mögen, müssen in einem konkreten Kontext aktualisiert werden."

kiert. Indem Narrativität/Narration als Medium/Form beobachtet wird, wird jedwede eingleisige Argumentation (wie bei Mink und MacIntyre) konzeptionell vermieden. Narrationen konstituieren Narrativität als ihre Bedingung der Möglichkeit. Diese komplexe retro-konstruktive Bewegung wird allerdings von den Narrativitäts-Theorien meist übersehen. Außerdem erhält man ein dynamisches Modell. Wenn davon ausgegangen wird, dass die Form(en) das Medium reproduzieren und somit re-justieren, also auch verändern, so muss davon ausgegangen werden, dass die Narrationen die Narrativität reproduzieren, indem sie sie re-justieren. Müller-Funk argumentiert analog mit medientheoretischem Zungenschlag, wenn er behauptet: „Narrative bedürfen, wo sie aus dem Dunkel kultureller Selbstverständlichkeit ins Licht der Öffentlichkeit treten und manifest werden, medialer Repräsentanz. Umgekehrt schlägt die Logik des Mediums auf die Narrativität zurück" (MÜLLER-FUNK: 172).

Außerdem sei noch knapp erwähnt, dass Narrativität aufgrund der Form Narrativität = Narrativität/Narration sowohl als thematischer als auch als operativer Begriff gehandhabt wird. Mithilfe von Narrativität wird über Narrativität geredet. Narrativität ist das konstitutive Medium des Sehens, wenn über Narrativität und Narrationen geredet wird.

Wichtig ist schließlich auch, dass die Theorie der strukturellen Kopplung und der Sinn-Formen mit dem Transgressionsparadigma der Narrativitätstheorie kompatibel ist.[125] Die 'Schnittstellen' zwischen Mimesis I, II und III sind nicht glatt, es handelt sich auch nicht um homogene Übergänge. Narrationen schließen nicht einfach an Narrationen an, Narrativität ist nicht eine homogene Matrize für Narrationen und Interpretationen realisieren nicht einfach klar lesbare Partituren. Vielmehr durchsäuert Narrativität unsere Welterfahrung auf so mannigfaltige Weise, dass Narrationen überlappen, unfertig und im ständigen Wandel sind. Somit ist auch die Interpretation, die ja die Narrationen allererst konstituiert, vielfältig verzweigt, unabgeschlossen und auf weitere Interpretationen angewiesen. Außerdem etabliert eine Sinn-Form – bspw. Narrativität – unsere Welterfahrung konstitutiv im Verbund mit anderen Sinn-Formen (Zeit, Differenz usw.) und dieser Verbund ist nicht homogen und stringent, sondern vielfältig ineinander gebrochen. Vaassen spricht in diesem Zusammenhang von der konstitutiven Wechselseitigkeit von Konstruktion und Dekonstruktion, weshalb die narrative Bewegung „sich selbst somit nicht Ursprung sein" kann (VAASSEN: 100). Statt der Festigung einer bestimmten Narration herrscht eine permanente Transformationsbewegung qua Konstruktion/De-Konstruktion und statt stabiler Stabilität wird immer wieder die Barre der Unterscheidungen Struktur/Prozess,

---

[125] Natürlich arbeiten nicht alle Narrativitätstheorien explizit mit diesem Paradigma, explizit tut dies nur Vaassen, aber alle Narrativitätstheorien argumentieren implizit mithilfe des Transgressionstheorems. Dieses Theorem kann den Narrativitätstheorien als ein gemeinsamer Nenner unterstellt werden.

Stabilität/Dynamik, Permanenz/Wechsel, Identität/Differenz aktualisiert.[126] Vaassen findet für diese sich selbst nicht initiierende und sich selbst nicht einholende narrative Bewegung den Begriff Kommunikation: „Kommunikation [...] ist eine permanente, subjektlose, immaterielle Bewegung der Transformation von (narrativer) Gestalt, in dem das Übernommene als Effekt, als 'Spur' im Gestalten (weiter-)wirkt. Kommunikation ist somit weder eine Struktur (Gestalt) noch ein Prozeß (Gestalten)" (ebenda: 101). Die narrative Gestalt(ung) ist Kommunikation als „subjektlose, immaterielle Bewegung der Transformation von Narrationen" (ebenda: 104).[127] Das bedeutet nun auch, dass Sinn-Formen keineswegs die zu koppelnden Systeme Bewusstsein und Kommunikation homogenisieren. Wie wir gesehen haben, werden qua Sinn-Formen die Systeme formidentisch getaktet, aber Formidentität bedeutet Identität nur in bestimmten Hinsichten. Sinn-Formen realisieren die strukturelle Kopplung, indem sie Bewusstsein und Kommunikation entlang der Differenz von Differenz und Identität koppeln. Qua Sinn-Formen bleiben die Systeme die operativ geschlossenen Systeme mit je eigner Systemlogik und je eigenem Anschlussverhalten im Hinblick auf gemeinsame Ereignisse und mit je eigenen Formatierungen der Medium/Form-Unterscheidung; qua Sinn-Formen also sind Bewusstsein und Kommunikation differenzielle Systeme, die sich gerade in der konstitutiven Differenz zu dem anderen System etablieren. Qua Sinn-Form werden aber diese sich konstitutiv unterscheidenden Systeme auf eine gemeinsame und identische Frequenz gebracht, ohne zu verschmelzen oder sich zu überschneiden. Qua Sinn-Formen sind Bewusstsein und Kommunikation das, was sie sind, in Differenz zu dem anderen System auf der Grundlage formidentischer Momente (= gleiche Frequenz). *Sinn-Formen sind per definitionem die Differenz von Differenz und Identität* und in diesem Sinne vollkompatibel mit Vaassens Transgressionsthese. Differenz/Identität (Systemtheorie) und Konstruktion/Dekonstruktion (Vaassen) sind zwar nicht die gleichen Momente, aber logistisch-syntaktisch gesehen sind sie äquivalent. Beide Momente markieren, dass sich unsere WELTHER(AUS)STELLUNG nicht homogen und glatt vollzieht, sondern vielmehr in der Verschachtelung der Unterscheidungs-Barren. Die Identität eines Ereignisses kann beobachtet werden, obwohl (oder weil) Bewusstsein und Kommunikation jeweils anders an dieses Ereignis anschließen. Und die Identität eines Ereignisses kann beobachtet werden, obwohl (oder weil) auf der Kommunikationsseite verschiedenartige Kommunika-

---

[126] „Es wird also ein epistemologischer Prozeß unterstellt, in dem die *konstruktiven* Kräfte der Einheit, Identität und Unmittelbarkeit in einem (differentiellen) Spannungsverhältnis zu den *de-konstruktiven Kräften* der Entgrenzung und Zerstreuung stehen. Dieser Prozeß schließt uns selbst in unserem Denken und Handeln ein und unterliegt somit damit nicht unserer unmittelbaren, intentionalen Verfügung und Steuerbarkeit" (VAASSEN: 96f.).

[127] „Die hier entwickelte Epistemologie postuliert Kommunikation als eine non-subjektive, immaterielle Bewegung narrativer Transformation, die (kulturelle) Wirklichkeit gestaltet" (ebenda: 156).

tionen jeweils eigenlogisch an dieses Ereignis anschließen. Das Ereignis erhält seine Identität über die sich an ihm entzündenden bzw. es konstituierenden Differenzen. *Die Identität des Ereignisses ist seine Differenz. Die Konstruktion eines Ereignisses ist seine De-Konstruktion.*

Wenn wir von Narrativität als Sinn-Form sprechen, dann bedeutet dies, dass eine Narration ihre Identität in der Differenz zwischen Bewusstsein und Kommunikation *und* in der Differenz zwischen den die Narrationen etablierenden Kommunikationen erhält. Die narrative personale Identität eines Individuums konstituiert sich in der Differenz zwischen den an ihr beteiligten Bewusstseinen und Kommunikationen und in der Differenz von Kommunikationen und Kommunikationen. Die personale Identität etabliert sich in der Differenz von bspw. interaktiver, künstlerischer, wissenschaftlicher, politischer, rechtlicher, erzieherischer, intimer und medialer (mündlicher/schriftlicher/elektronischer) Kommunikation. Und sie etabliert sich in der transgressiven Bewegung des verschiedenartigen Anschließens an diese Kommunikationen.

Es muss aber betont werden, dass hier nicht einfach auf Transgression und Differenz umgeschaltet wird, sondern auf den transgressiven Wechsel der Stabilität und Instabilität der Barre Stabilität/Instabilität. Die Unterscheidung stabil/instabil ist stabil. Nur deshalb kommt es zu Identitäten via Differenzen. Und Narrativität lässt sich als eine Sinn-Form beobachten, die über die Stabilität der Unterscheidung stabil/instabil die Identität im Meer von Differenzen besonders stabil halten kann. Narrativität ist deshalb ein basaler Identitätsbildungsmodus. Die Sinn-Form Narrativität ist aufgrund ihrer Grammatik (siehe unten Kap. 3.2.5) besonders gut in der Lage, inmitten von Transgressionen aus Transgressionen (in-)stabile Kohärenz-, Kohäsions- und Fixierungsmomente zu etablieren. Narrative Transformationen aus Transformationen bedeuten nicht unübersichtliches Chaos, sondern die organisierte Aufrechterhaltung der Differenz von Identität und Differenz. Vaassen spricht davon, dass Narration „eine spezifische kulturelle Organisation einer textuell verstandenen Wirklichkeit" bezeichne (VAASSEN: 126). Und weiter: „(Narrativ fundierte) Wirklichkeit entsteht als etwas Kohärentes, Kontinuierliches, Organisiertes, Gerichtetes – als etwas Sinnvolles" (ebenda). Wirklichkeit wird solchermaßen beobachtbar als „gemeinsamer Bestand an Geschichten [Mimesis II] einer epistemischen Gemeinschaft [Mimesis III]" (ebenda: 127; meine Zusätze in eckigen Klammern). Ich würde eher formulieren, dass Wirklichkeit (Mimesis II) als Epiphänomen narrativer Muster (Mimesis I) einer epistemischen Gemeinschaft (Mimesis III) zu beobachten ist. Wie dem auch sei, entscheidend ist, dass die Sinn-Form Narrativität Wirklichkeit realisiert, indem sie – entlang von Transgressionen aus Transgressionen – in der Stabilisierung der Unterscheidung stabil/instabil eine narrative Wirklichkeit etabliert, die sich entlang von Momenten wie Kohärenz, Kohäsion, Kontinuität, Struktur, Entwicklung u. ä. m. beschreiben lässt. In diesem Sinne verstehe ich auch Ricoeurs Formel „Synthesis des Heterogenen" (RICOEUR ZuE I: 7). Diese

Synthesis markiert die Stabilität der Unterscheidung stabil/instabil innerhalb der narrativen Transgressionen von Transgressionen im Kontext der Differenzen Bewusstsein/Kommunikation und Kommunikationen/Kommunikationen.[128] In Kap. 3.2.5 werde ich auf die narrativen Parameter eingehen und somit die hier aufgestellten Thesen rückwirkend – retro-aktiv – erklären können. In diesem Kapitel war es wichtig, die These von der narrativen strukturellen Kopplung zu plausibilisieren, indem an einschlägige Narrativitätstheorien angeschlossen wurde. Dabei ging es darum, zeigen zu können, dass die Korrelierung von Narrativitätstheorien mit dem differenztheoretischen Design der Systemtheorie produktive Synergie-Effekte zeitigt und auch darum, dass das fundamentale systemtheoretische Theorem der strukturellen Kopplung zuallererst via narrativitätstheoretischem Zuschnitt als fundamentales systemtheoretisches Theorem beobachtet werden kann. *Die Welt ist alles, was die strukturelle Kopplung ist – via Narrativität. Die strukturelle Kopplung ist alles, was der Fall ist – via Narrativität.*

*3.2.4 Soziale/symbolische Systemreferenz*

Wir haben die Unterscheidung Symbolsystem Literatur/Sozialsystem Literatur umgewandelt in die Formel Literatur ist die Einheit der Unterscheidung symbolische/soziale Systemreferenz, um damit jedwede Suggestion zweier literarischer Systeme zu vermeiden. Die These ist nun, dass Narrativität – in der Dreierkonstellation Mimesis I, II, III – den Nexus der beiden Referenzebenen markiert. Um diese These nicht nur aufstellen, sondern auch explizieren zu können, ist ein Umweg über die Unterscheidung Literatur/Rest notwendig. Eine der Hauptprämissen aller nichtliteraturwissenschaftlichen Narrativitätstheorien ist die, dass Narrativität keine genuin literarische Marke ist. Narrativität findet sich nicht nur in literarischen Narrationen. Narrativität gehört nicht dem Literatursystem allein an. Narrativität ist, wie wir sehen konnten, ein basaler Identitäts- und Weltkonstruktionsmodus, der in der gesamten Gesellschaft (also in allen Kommunikationen) zu finden ist. In Interaktionen, in Organisationen und in Funktionssystemen (im Literatursystem, im Wissenschaftssystem, im Erziehungssystem, im Intimsystem, im politischen System usw.). Und er findet sich überall als basale Grammatik (Mimesis I, Narrativität), als konkrete Erzählung einer Geschichte (Mimesis II, Narration) und als Interpretation (Mimesis III). Und vor allem erhält Narrativität über die soziale Größe *Person* Eingang in die gesamte gesell-

---

[128] Freilich klingt dies bei Ricoeur anders, da es nicht explizit differenztheoretisch eingefärbt ist: „Die Produktion einer Geschichte bedeutet eine 'semantische Innovation', die darin besteht, daß heterogene Handlungen und Ereignisse zur 'zeitlichen Einheit einer vollständigen und umfassenden Handlung" (ZuE I,7) zusammengefügt werden.

schaftliche Kommunikation.[129] Um diese Universalität von Narrativität markieren zu können, verwendet Müller-Funk den Begriff Kultur. Dieser Begriff kennzeichnet den narrativen Kreuzungspunkt aller Diskurse und Kommunikationen. In diesem Sinne ist die Erzählung ein „kulturelles Universal" (MÜLLER-FUNK: 53). Für Müller-Funk ist es insbesondere Ricoeur, der „Narrationen aus ihrem speziellen literarischen Umfeld, aus dem ausdifferenzierten System 'Literatur' löst und diesen speziellen Fall von Erzählung wie alle anderen Formen des Erzählens als zentrale Mechanismen des Großphänomens 'Kultur' analysiert" (ebenda: 53). Somit wird eine Narratologie, eine „Theorie des Narrativen" etabliert, die eine rein literarische Erzähltheorie überschreitet" (ebenda: 56).[130] Grundsätzlich wird diese Bewegung an allen avancierten Narrativitätstheorien, natürlich auch an der von White, der die Narrativität in die Historiographie einführt, sichtbar, aber die Omnipräsenz des Narrativen wird exemplarisch bei Ricoeur deutlich. Narrativität ist nicht mehr gattungs- und disziplinspezifisch, vielmehr gilt:

> Erzählungen selbst werden zur geschichtlichen Praxis, indem sie – literarisch-fiktionale und historisch-fiktionale Narrative auf je unterschiedliche Weise – Modelle von Welt, Zeit und somit von menschlichem Handeln enthalten. So ermöglicht Ricoeurs Ansatz eine Öffnung hin zur Geschichte und zu den Sozialwissenschaften als dem Feld von Macht, Interessen und Legitimationen (ebenda: 76).

Wenn Müller-Funk von Kultur redet, dann meint er die unhintergehbare Omnipräsenz von Narrativität bei unserer WELTHER(AUS)STELLUNG.

Narrativität und Narrationen finden sich überall, freilich nicht überall in gleichem Maße. Sind sie für Interaktionen, das Intimsystem, für bestimmte Disziplinen der Wissenschaften und vor allem für das Literatursystem höchst relevant, so sind sie dies in der Organisationskommunikation oder bspw. im Wirtschaftssystem in diesem Maße nicht. Hier interessiert uns nun das Literatursystem. Wichtig ist, dass Narrativität als Nexus von sozialer und symbolischer Referenz der Literatur eben keine genuin literarische Größe ist und dass sie gerade aufgrund ihrer Verflochtenheit in (potenziell) alle Kommunikationen diese Nexus-Funktion überhaupt übernehmen kann. *Weil Narrativität kommunikativ (und qua struktureller Kopplung auch bewusst) universal und omnipräsent ist – so die These – kann sie den Nexus von sozialer und symbolischer Systemreferenz bilden.* Wieso?

Die *soziale Referenzebene* markiert die *Außenseite des Textes*; hier fungiert der Text als Anlass bzw. als Auslöser für kommunikative Anschlussselektionen, also für an ihm vollzogenen Kommunikationen. Im Hinblick auf die soziale Referenzebene

---

[129] Vgl. zur Unhintergehbarkeit von Narrativität in den verschiedenen Disziplinen NASH. – Zum Erzählen im Alltag vgl. den berühmten Band von EHLICH, Konrad (Hg.) 1980: Erzählen im Alltag. Frankfurt a.M.

[130] Mark Curie fordert „a narratology capable of bringing its expertise to bear on narratives wherever they can be found, which is everywhere" (CURRIE: 1).

ist von Narrativität qua personaler Identität die Rede. Größen wie Autor, Rezipient, Vermittler und Kritiker sind, wie alle anderen Identitätsgrößen auch, nicht anders denn narrativ zu haben. Nicht umsonst war ja dauernd die Rede von narrativer Identität, was per definitionem auch narrative personale Identität bedeutet. Sie sind spezifische Ausformungen der allgemeinen Person. So ist Narrativität in Form von spezifischen Personen (Autor, Rezipient, Vermittler, Kritiker) und den sich an ihnen entzündenden Kommunikation konstitutiv an der Literatur beteiligt – diesmal auf der sozialen Referenzebene.[131] Der sozialen Referenzebene werden noch die Größen soziale Systeme, soziale Gruppen, Institutionen, Rollen, Normen, Werte und Aktoren zugeschrieben (vgl. ORT 1992: 424).

Die *symbolische (oder semiotische) Referenzebene* markiert die Ebene der Zeichen im Hinblick auf die Mittel des Sagens (Zeichen) und die Inhalte des Gesagten (Semantik). Sie bezieht sich auf das, was in einer Narration qua Narrativität (Struktur, Verlauf) gesagt wird. Mit symbolischer Referenz wird die *Innenseite eines Textes,* also die semiotische Ebene der Kommunikabilien und Bedeutungen gekennzeichnet. Auf dieser Ebene vollzieht der Text intern Kommunikation, indem er diskursiv-semantisch Zeichen prozessiert. Zur symbolischen Ebene zählen also die Sprache, der Stil, der Inhalt, die Charaktere, die narrative Struktur (Bildungsroman, Abenteuerroman, analytische/synthetische Erzählung usw.), literarische Mittel (Monolog, Dialog, stream of consciousness, Rahmen-/Binnenerzählung usw.), der literarische Status (Roman, Gedicht, Drama, Hybrid) und die ideen- und motivgeschichtlichen Bedeutungszuschreibungen. ORT 1992: 424 nennt hier Diskurse, Textklassen (Gattungen, Genres usf.), Texte, Propositionen und semantische Merkmale ('elementares') Wissen. Nun ist Narrativität der Nexus von symbolischer und sozialer Referenz, weil sich Momente von Narrativität auf beiden Seiten der Barre finden. Auf der semiotischen Seite könnte kein Text als Werk entstehen, wenn nicht Narrativität involviert wäre. Jeder Prosatext ist konstitutiv kontaminiert von narrativen Mustern bzw. jeder Prosatext realisiert auf je spezifische Weise narrative Muster.[132] Die Etablierung von Inhalt, Charakteren, Stil und Bedeutung eines literarischen Werkes ist konstitutiv affiziert von narrativen Parametern. Das, was ein Werk wie und mithilfe welcher Medien sagt, lässt sich an den narrativen Realisierungsmomenten ablesen. Dabei ist auch wichtig, dass sich im literarischen Werk Strukturen finden, die auch außerhalb

---

[131] Es dürfte ersichtlich sein, dass ich hier zwar die soziale Ebene mit Personen und ihren Kommunikationen besetze, aber Personen strikt im luhmannschen Sinne als *kommunikative* Erwartungscollagen verstehe und nicht im Sinne der Empirischen Literaturwissenschaft als Handlungen bzw. Aktanten.

[132] Auch in Lyrik und Drama werden, wenn auch in geringerem Maße, narrative Muster realisiert. Meine Argumentation bleibt hier aber nicht stehen, später werde ich die These, dass Narrativität als sowohl Sinn-Form als auch als Nexus von symbolischer und sozialer Referenzebene zu beobachten ist, mit der These flankieren, dass Narrativität als die Einheit der Unterscheidung narrativ/a(nti-)narrativ zu lesen ist. Damit werden die hier angestellten Überlegungen auch im Hinblick auf Lyrik und Dramatik plausibel.

von Literatur vorfindbar sind. Ebenso wie außerhalb von Literatur kommuniziert wird, so wird auch in einem literarischen Werk kommuniziert (JAHRAUS 2003: 443ff.). Der Zusammenbau einzelner Ereignisse zu einem Handlungszusammenhang ist ein Moment der literarischen ebenso wie der nicht-literarischen Kommunikation – selbstredend macht es aber die Literatur anders als die anderen Kommunikationen. Die De/Konstruktion der N-Reihe (= narrative Reihe, s. u.) findet sich in Literatur und außerhalb von Literatur, allerdings in der Literatur eben markant literaturspezifisch (das ist keine tautologische Aussage). *Dass* sowohl hier als auch dort kommuniziert wird, *dass* es sowohl hier als auch dort Ereignisse, Handlungen und Geschichten, also narrative Momente und u. U. die narrative Reihe (s. u.) gibt, ist der gemeinsame Nenner. Narrativität markiert, *dass* narrative Momente sowohl in literarischer als auch in nicht-literarische Kommunikation realisiert werden. Über dieses 'dass' bildet Narrativität seine Fähigkeit aus, den Nexus von symbolischer und sozialer Referenz abgeben zu können. *Literatur definiert sich als Literatur, indem sie einen gemeinsamen Welther(aus)stellungsmodus – Narrativität – deutlich anders realisiert als nicht-literarische Kommunikation. Literatur etabliert sich als Literatur, indem sie in die Identität mit der Gesellschaft (qua Narrativität) mithilfe einer ganz anderen Art und Weise, mit Narrativität umzugehen, Differenzialität einbaut. Wiederum haben wir entlang von Narrativität die Differenz von Identität und Differenz. Narrativität ist der Nexus von symbolischer und sozialer Referenz, weil sich an ihr die Identität von Literatur und Nicht-Literatur qua Narrativität und gleichzeitig die Differenz von Literatur und Nicht-Literatur qua Narrativität beobachten lässt.* Narrativität ist weder nur identitäts- noch nur differenzstiftend, sondern eben das Medium, anhand dessen die Differenz von Identität und Differenz beobachtbar wird.

Auch C.-M. Ort und Jahraus beobachten solche Momente als Nexus von sozialer und symbolischer Referenz, die die Differenz von Identität mit der Gesellschaft und Differenz zur Gesellschaft markieren. Ort: Wissen. Jahraus: Kommunikation. Ort schlägt zwar den Begriff Wissen vor, liefert aber auch den entscheidenden Hinweis für die Arbeit, Narrativität als diesen Nexus zu beobachten. Eher beiläufig argumentiert Ort, dass als Nexus „subtextuelle[] Aggregationsniveaus (binäre Semantiken oder Codes, 'Kollektivsymboliken', narrative Verfahren usf.)" in Frage kommen (ORT 1995: 167). Diese Idee versucht meine Arbeit zu systematisieren.

Narrativität, so meine weitere These, kann nun – weil es auf der Skala Mimesis I bis Mimesis III verschiedene Spezifizierungsniveaus anbietet – als der genau spezifisch richtige Modus beobachtet werden. Narrativität ist spezifisch genug (Mimesis II und Mimesis III) und unspezifisch genug (Mimesis I), um jegliche Schlagseiten bei der Beobachtung der Differenz von Identität und Differenz zu vermeiden. Mithilfe von Narrativität haben wir ein Moment, das in der gesamten gesellschaftlichen Kommunikation zu finden ist, aber gleichzeitig zur Spezifizierung von literarischer Kommunikation geeignet ist. Literatur wird solchermaßen nicht über eine genuine Literarizität, nicht über etwas, was kategorial oder materiell nur der Literatur eigen wäre, definiert, vielmehr wird sie definiert über einen gesamtgesellschaftlich relevanten Welther(aus)stellungsmodus, der allerdings ganz spezifisch literarisch getaktet ist. Freilich lässt sich auch sagen, dass Narrativität in bspw. der intimen oder der wissenschaftlichen Kommunikation sowohl symbolisch als auch sozial relevant ist, allerdings ist für die Re-Produktion der Kommunikation dort die narrative Verschaltung von sozialer und symbolischer Referenzebene allein ein operatives Moment. Um nicht falsch verstanden zu werden: In allen gesellschaftlichen Kommunikationen ist Narrativität gegenwärtig, Narrativität ist basal und omnipräsent (s. o.). In allen gesellschaftlichen Kommunikationen ist sie symbolisch und sozial relevant. *Aber nur im Literatursystem* läuft die Re-Produktion des Systems konstitutiv über die Realisierung (operativ) des Nexus von sozialer und symbolischer Referenz und die Thematisierung des Nexus von sozialer und symbolischer Referenz. Literatur reproduziert sich nicht einfach qua Narrativität, sondern indem sie den Nexus realisiert *und* diese Realisierung (mal mehr, mal weniger explizit) zum Thema hat. Diese These ist analog gebaut zur Luhmann-These, dass „das Kunstsystem das einzige soziale System ist, in dem Wahrnehmung (im phänomenologischen Verständnis einer durch die Sinne vermittelten Bezugnahme des Menschen auf die Welt) nicht nur Voraussetzung der Kommunikation ist, sondern überdies (und ebenso wie die Dimension der Bedeutung) Gegenstand der Kommunikation."[133] Ich würde also formulieren: *Das Literatur-System ist das einzige soziale System, in dem Narrativität (als Verbund von Mimesis I, II, III) nicht nur Voraussetzung der Kommunikation ist, sondern überdies Gegenstand der Kommunikation.* Abstrakter formuliert lautet die These: *Das Literatur-System ist das einzige soziale System, in dem Narrativität nicht nur die Differenz von Identität und Differenz vollzieht, sondern dies auch zum Gegenstand hat.* Dabei handelt es sich hier nicht um Alternativen (Wahrnehmung vs. Narrativität), sondern um komplementäre Beobachtungen von Literatur als System.[134]

Ich habe nicht argumentiert, dass Wissen (Ort) und Kommunikation (Jahraus) nicht als Nexus von symbolischer und sozialer Systemreferenz beobachtet wer-

---

[133] GUMBRECHT, Hans Ulrich 2003: Epiphanien. In: J. Küpper, Ch. Menke (Hgg.), Dimensionen ästhetischer Erfahrung. Frankfurt a.M., 203-222, 212 – Gumbrecht verweist hier auf KG: 30f. und 41. Gumbrecht leitet auch hieraus entscheidende Momente seiner Theorie von ästhetischer Erfahrung bzw. ästhetischen Erleben ab: „Luhmann bezeichnet als eine besondere Eigenschaft des Kunstsystems die Simultaneität von Bedeutung und Wahrnehmung, von Bedeutungs- und Präsenzeffekten in der Kommunikation – und wäre dies nicht eine zu stark subjektzentrierte Perspektive, als daß man sie auf Luhmanns Philosophie übertragen könnte, so würde ich die These wagen, daß das, was Luhmann als Besonderheit des Kunstsystems herausgestellt hat, genau das Vermögen ist, Bedeutungs- und Präsenzeffekte simultan zu erleben" (ebenda).

[134] Zur Differenz von Literatur und Nicht-Literatur entlang der Unterscheidung Historie/Fiktion siehe KAUL: 104-113.

den können, ich habe allerdings argumentiert, dass sie aufgrund ihrer Unterspezifizität die Spezifizität von Literatur nicht (so gut) in den Blick bekommen. Wenn es um die Beobachtung von Literatur geht, muss der Nexus nicht einfach unspezifisch sein (wie bspw. Kommunikation), sondern er muss genau richtig spezifisch und unspezifisch sein. Für dieses Kapitel hier ist es maßgeblich, dass Narrativität genau diese spezifische Unterspezifizität hat. Insgesamt ist zu sagen, dass die Thesen der Kaskade weder in Konkurrenz zueinander stehen noch isolierte Positionen abgeben, sie sind vielmehr analytische Trennungen im Hinblick auf die Punktierung des literarischen Kommunikationsflusses. Die Thesenkaskade ist dazu da, die literarische Kommunikationskaskade in beobachtbare Momente gliedern zu können.

Diese ganze Diskussion hier und die These von der Narrativität als Nexus von symbolischer und sozialer Referenzebene könnte in einem weiterführenden Ansatz auch produktiv mit Luhmanns Dreierkonstellation Funktion – Leistung – Reflexion und mit der darauf aufbauenden Reinfandtschen Dreierkonstellation Sinnorientierung I bis III korreliert werden. Hier nur einige Hinweise.

In der modernen funktional ausdifferenzierten Gesellschaft ist das ausdifferenzierte System Literatur (als Einheit der Unterscheidung symbolische/soziale Referenzebene) dreifach eingespannt. Auf drei Ebenen muss es seine Eigenständigkeit als Teilsystem der Gesellschaft etablieren. Gegenüber der Gesellschaft als dem übergeordneten System aller Kommunikationen sichert sich das Literatur-System, wie übrigens jedes andere Teilsystem auch, seine Autonomie über die **Funktion**.[135] Das Verhältnis von Teilsystemen untereinander wird als **Leistung** bezeichnet. Auf der Basis von Input/Output-Beziehungen geht das Literatur-System als Sozialsystem Literatur Interpenetrationsverhältnisse mit anderen sozialen Systemen ein (SoSy/SoSy). Hierbei findet eine Neuspezifikation der Umwelt in beiderseitiger Richtung statt. Dabei werden dem Literatur-System von den anderen Systemen jeweils systemspezifische Semantiken zur Bearbeitung angeboten. Beispielsweise: Moralvorstellungen (Religionssystem, Erziehungssystem), Ideologieressourcen (politisches System), Erkenntnistheorien (Wissenschaftssystem), Glaubensofferten- und dogmatiken (Religionssystem) etc. Umgekehrt bietet das Literatur-System dem Wirtschaftssystem Verdienstmöglichkeiten, dem politischen System die Darstellung und Repräsentation von Macht, dem Religionssystem die Institutionalisierung von Glaubensfragen etc. Reinfandt schlägt nun vor, auch das Verhältnis von sozialen Systemen und psychischen Systemen als ein Leistungsverhältnis zu beobachten (SoSy/PsySy). Hierbei werden qua struktureller Kopplung Leistungen als *Sinngebungen* prozessiert. Das Lite-

---

[135] Die Systemtheorie ist sich dabei nicht einig, was diese Funktion im Hinblick auf das Literatur-System ist; Vorschläge sind *u. a. Herstellung von Weltkontingenz* (Luhmann) und *Unterhaltung* (Plumpe/Werber). Für eine Darstellung und Diskussion der verschiedenen Funktionszuschreibungen siehe SILL: 104-110.

ratur-System offeriert psychischen Systemen Sinnvorgaben z. B. in Form von Wirklichkeitskonstruktionen oder in Form von in der Gesellschaft nicht realisierten Möglichkeiten oder in Form von Bewältigung der Folgelasten der funktionalen Differenzierung als Bearbeitung moderner Sinnkrisen.[136] Das psychische System seinerseits liefert dem Literatur-System zunächst ein Bewusstsein, damit es seine Kommunikation auf die Anwesenheit von denkenden und wahrnehmenden Individuen beziehen kann und so überhaupt als Kommunikation realisiert wird. Aus diesem Konstitutionszusammenhang ergeben sich dann Leistungszusammenhänge. So liefert das Bewusstsein private Fiktionen (und Imaginationen), Erfahrungen, private Sinnkonstruktionen usw., die im Literatur-System öffentlich institutionalisiert werden. Die beiden leistungsbezogenen Systemreferenzen (SoSy/SoSy und SoSy/PsySy) schreibt Reinfandt der sozialen Systemreferenz zu (vgl. REINFANDT: 54). Im Gegensatz zu diesen beiden leistungsbezogenen Systemreferenzen, die vom Literatur-System als *Umweltreferenzen* behandelt werden, markiert die dritte Ebene der Reflexion die *selbstreflexive Systemreferenz*. Diese bestimmt zum einen, wie das Literatur-System mit Leistungszusammenhängen umgehen kann und wie es die Semantiken in die systeminterne Kommunikation integrieren kann, also wie es zur bereichsspezifischen Attribution kommt. Hier wird via Konnotationen Literatur im Kontext literarischer Sprache im Gegensatz zur Normalsprache beobachtbar (ebenda: 46). Zum anderen reguliert die Reflexion das Verhältnis von Funktion und Leistungen, alles dies zum Zweck der Identitätsbestimmung des Systems. Indem die Reflexion selbstreferenziell ist, integriert sie die Umweltreferenz (Funktion und Leistungen) in die Literatur. Qua Reflexion kommt es zum systemkonstitutiven *re-entry* System[System/Umwelt] bzw. Literatur[Literatur/Umwelt]. Wichtig ist dabei, dass dadurch die symbolische und die soziale *System*referenz vom Funktions-*System* Literatur systemintern prozessiert wird. In Form der Reflexion kann das Funktionssystem Literatur seine es konstituierende Differenz symbolische/soziale Systemreferenz prozessieren. Literatur ist die Einheit der Differenz von symbolischer/sozialer Referenz im Modus der Selbstreflexion des Funktionssystems Literatur.

Im Zuge dieser Dreierkonstellation und im Kontext der Beobachtung des Literatur-Systems als Einheit der Unterscheidung symbolische/soziale Systemreferenz ergeben sich (sensu Reinfandt) zwei basale Eigenschaften literarischer Kommunikation: Hinsichtlich der *sozialen Referenzebene* lässt sich von einer *sozialen Verfügbarkeit semiotischer Strukturen als Sinn,* hinsichtlich der semiotischen Referenzebene von einer semiotischen Speicherung sozialer Strukturen sprechen (vgl. REINFANDT: 54). Die narrativitätstheoretische These wäre in diesem Zu-

---

[136] Das psychische System bzw. das Bewusstsein als Individuum (!) muss jedoch eine hohe Arbeitskraft aufwenden, um diese Sinnvorgaben berücksichtigen zu können, da es auf der ebene der Gesellschaft mit einer kaum zu bewältigenden Vielzahl von Sinnvorgaben konfrontiert ist. Die Vielzahl „beruht auf dem Nebeneinander von unterschiedlichen sozialen Systemen mit jeweils eigenem Sinnhorizont" (REINFANDT: 58).

sammenhang die, dass Narrativität dem Literatur-System als Medium dient, um die Relationierung von Funktion, Leistung und Reflexion zu realisieren und zwar über die narrative Etablierung der sozialen Verfügbarkeit semiotischer Strukturen als Sinn und über die narrative semiotische Speicherung sozialer Strukturen. Das Literatur-System etabliert sich im Zuge literarischer Kommunikation als Literatur-System, indem es qua Narrativität als Nexus von symbolischer Referenz und sozialer Referenz die gesellschaftskonstitutive Dreierkonstellation Funktion, Leistung, Reflexion realisiert. Das, was das Literatur-System als Funktion in der Gesellschaft, als Leistung gegenüber anderen Sozialsystemen und als Verhältnis zu sich selbst im Hinblick auf Funktion und Leistung erbringt, erbringt es entlang der narrativen Relationierung von symbolischer und sozialer Systemreferenz. Das heißt mit Blick auf die einseitigen Thesen der Empirischen Literaturwissenschaft und einer rigiden Literatursoziologie, dass sich das Literatur-System als Sozialsystem konstitutiv über die Differenz symbolisch/sozial etablieren muss (im Modus der Narrativität). *Das Literatur-System ist als literarische Kommunikation ein Sozialsystem, indem an ihm zwischen interner Kommunikation (symbolisch) und externer Kommunikation (sozial) unterschieden wird.* Und dies muss konstitutiv über ein Medium laufen, dass weder nur in der Literatur noch nur außerhalb der Literatur anzutreffen ist, solch ein Medium ist, wie gesehen, die Narrativität als basaler Wirklichkeits- und Identitäts- und Sinnher(aus)stellungsmodus. *Weil Narrativität universal und omnipräsent ist, kann das Literatur-System sich als Einheit der Unterscheidung symbolische/soziale Referenz innerhalb der Dreierkonstellation Funktion, Leistung, Selbstreferenz etablieren.* Dabei sind zwei Aspekte wichtig: Erstens wird mit Reinfandts Idee, auch die strukturelle Kopplung von Bewusstsein und Kommunikation als Leistungsverhältnis im Rahmen eines Konstitutionsverhältnisses zu lesen, literarische Kommunikation als Einheit von symbolischer Referenz und sozialer Referenz von der Fundierungsunterscheidung Bewusstsein/Kommunikation eingerahmt. Anhand von Literatur lässt sich exemplarisch (gar paradigmatisch) beobachten, dass die strukturelle Kopplung von Bewusstsein und Kommunikation die Fundierungsebene aller Unterscheidungen, also der Welt abgibt. *Die Welt ist alles, was die strukturelle Kopplung ist – via Literatur.* Zweitens kann mit der These, dass ein Teilsystem der Gesellschaft im Medium eines universalen und omnipräsenten Modus spezifisch operiert, erklärt werden, wie Literatur eigensinnige Kommunikation (Stichwort: bereichsspezifische Attribution) im Medium eines allgemeinen Modus etabliert. Literatur etabliert sich als literarische Kommunikation nicht, indem sie etwas prozessiert, was nur die Literatur prozessiert – dies wäre vollkommen inkommunikabel –, sondern sie etabliert sich als literarische Kommunikation, indem sie einen allgemeinen Sinnbildungsmodus spezifisch literarisch zurichtet (qua Fiktionalität, Imaginärem, Ambivalenz, Handlungsentlastung, Nicht-Pragmatik, Autoreferenzialität usw.). Reinfandt argumentiert analog, indem er darstellt, dass Literatur im Medium der allgemeinen und omnipräsenten Sprache Spezifität realisiert. Es geht bei ihm und bei mir um die Bewegung, dass ein allgemeiner, basaler und omnipräsenter Sinnbildungsmodus (Narrativität) bzw. ein allgemeines, basales und omnipräsentes Medium (Sprache) systemspezifisch zugerichtet wird und dass genau diese Korrelation von Allgemeinheit und Spezifität ausschlaggebend ist. Im Sinne von Reinfandt wird bei der systemspezifischen Zuordnung (bereichsspezifische Attribution) ein Werk zwei Kräften ausgesetzt: Zum einen bleiben qua sprachontologischem Dingschema die alltagssprachlichen Bedeutungen aufrechterhalten, zum anderen „überformt das entsprechende Kommunikationssystem die normalsprachlichen Bedeutungen mit systemspezifischen Konnotationen [...] die Bedeutung eines Textes [wird] auf den Sinnhorizont des jeweiligen Systems ausgerichtet" (REINFANDT: 80. Also: Literatur wird zu Literatur, also zu einer eigenlogischen Kommunikation, im Medium einer allgemeinlogischen Sphäre: Sprache und/ bzw. Narrativität.[137]

Mit Blick auf die Reinfandtschen Sinnorientierungen kann noch gesagt werden, dass Narrativität je nach Sinnorientierung unterschiedlich realisiert wird. Werke mit der *primären* Sinnorientierung I versuchen qua Wahrscheinlichkeit und Faktenbezug, „die grundsätzliche Vergleichbarkeit bzw. Identität der vom Text entworfenen Wirklichkeit mit der 'empirischen' Wirklichkeit" zu etablieren, um vorgeben zu können, dass in der dargestellten Wirklichkeit ein 'objektiv' vorhandener Sinn zu finden sei (REINFANDT: 149). Der „semantische Fluchtpunkt' solchermaßen orientierter Werke ist in der „Ordnungsformen der Gesellschaft" zu finden (ebenda) (und nicht in einer „autonomen 'Objektivität'" (ebenda: 175), die quasi eine naturale Welt jenseits der Konstruktionsleistungen psychischer und sozialer Systeme wäre). Reinfandt spricht an dieser Stelle explizit von Narrativität. Zunächst bindet er Narrativität eng an den Roman: „[es] lässt sich auf einer funktionalen Ebene die Narrativität als wesentliches sinnstiftendes Element der fiktionalen Wirklichkeitsorientierung des Romans ausma-

---

[137] Reinfandt argumentiert weiter im Hinblick auf die Besonderheit des Literatur-Systems, dass Literatur die unterschiedlichen codespezifischen (den systemspezifischen Sinnhorizont und die systemspezifische Sprachverwendung mittragenden) Erkenntnis- und Wahrheitskonstruktionen anderer Funktionssysteme, die Konstruktionen der psychischen Systeme und die Prämissen der normalsprachlichen Alltagskommunikation nebeneinander stellen kann, ohne sie neutralisieren zu müssen. So kommuniziert Literatur (auch) über die Weltkonstruktionen der anderen Systeme und weist diese Kommunikation als ihre spezifische Erkenntnis aus. Sie tut dies, indem sie die verschiedenen fragmentarisiert auftretenden Weltmodelle als Medium benutzt, um sie bereichsspezifisch zu attribuieren (Form), wobei sie durch ihrer konstituitve leistungsbezogene strukturelle Kopplung an psychische Systeme die Konstruktionen subjektiviert (Stichwort: Ästhetische Subjektivität). Somit reproduziert das Literatur-System den „komplexen polykontexturalen Sinnhorizont der modernen Gesellschaft mit seinen unterschiedlichen Systemreferenzen" (REINFANDT: 105). Dabei wird das „normalsprachliche Prinzip der eindeutigen Denotation mit potentieller Mehrdeutigkeit überformt" (ebenda) und es geht dann darum, „welche besondere Eignung bestimmte Mitteilungsformen und Vertextungsstrategien für die literarische Bearbeitung bestimmter Sinnhierachien *und* die Fortsetzung der literarischen Kommunikation bieten" (ebenda: 122).

chen" (ebenda: 148), um dann Narrativität im engeren Sinne als eine bestimmte narrative Form zu lesen, die quasi im Dienste der Sinnorientierung I stehe. Narrativität ist sensu Reinfandt in der Lage, die tiefen Sinnkonfusionen der Moderne, die durch den Wegfall transzendentaler und totalisierender Absicherungen sowie die Etablierung der funktionalen und somit polykontexturalen Gesellschaft entstanden sind, zu kompensieren. Narrative Texte mit der Sinnorientierung I verbürgen die Sinnhaftigkeit der Wirklichkeit inmitten von Sinnkrisen. Insbesondere tun sie das, indem sie die Relativität von Konstruktionen und Sinngebungen ausblenden und zwar mithilfe der Anlehnung an diejenigen gesellschaftlichen Wirklichkeitskonstruktionen, die am meisten konventionalisiert, institutionalisiert und somit als selbstverständliche invisibilisiert sind. Das Problem ist hier, dass Reinfandt nicht zwischen Narrativität (Mimesis I), Narration (Mimesis II) und Beobachtung (Mimesis III) unterscheidet und zwar von Narrativität spricht, aber im Grunde Narrativität in Form einer bestimmten Narration meint. Seine Beobachtungen sind nicht grundsätzlich problematisch, nur ist ihr Zuordnungsstatus (Mimesis I, II oder III) nicht klar. Narrativität (Mimesis I) ist ein allgemeiner und basaler Sinnher(aus)stellungsmodus und keine Kompensationsstrategie. Sinnher(aus)stellung und Kompensation moderner Folgelasten liegen auf zwei verschiedenen Abstraktionsebenen. Wenn von Kompensation moderner Folgelasten die Rede ist, so nur dann, wenn man *Narrativität* (Mimesis I) in Form einer bestimmten *Narration* (Mimesis II) *beobachtet* (Mimesis III). Narrativität als basaler Sinnher(aus)stellungsmodus, als Sinn-Form, lässt sich nur beobachten, wenn Narrativität (Mimesis I) nicht an konkrete Programme, Poetiken und funktionsgeschichtliche Parameter gebunden wird.

Bei der Sinnorientierung II wird nicht die sinnhafte Ordnung der Gesellschaft als Referenz bearbeitet, sondern private Konstruktionen, Wahrnehmungen, Empfindungen etc. Hier ist der semantische Fluchtpunkt die „subjektive Weltsicht des Individuums" (ebenda: 151). Dabei werden drei Momente wichtig: Erstens gehen Werke mit dieser Sinnorientierung von der „Identität des Subjekts als semantischem Integrationspunkt der narrativen Darstellung" aus (ebenda)[138], zweitens verlagern sie den Schwerpunkt von der Darstellung der Wirklichkeit hin zur Aufdeckung der Arbeitsweise des Wahrnehmens und kognitiven Wirklichkeitskonstruierens. Die Operativität der „Ordnungsmuster […] der

---

[138] Diese Identität wird jedoch schon früh (siehe bspw. Tiecks *William Lovell* (1795/96) problematisiert. In modernen und 'postmodernen' Werken wird sie oft nur noch als Negativfolie sichtbar. Der semantische Fluchtpunkt ist dann nicht die subjektive Weltsicht des Individuums, sondern die Paradoxie einer subjektiven Sicht auf das Fehlen einer selbstidentischen Weltsicht des Individuums. Die Unterscheidung Individuum/Dividuum bildet den semantischen Fluchpunkt (exemplarisch bspw. in Frischs *Gantenbein* (1964) und Bayers *vitus bering* (1965).

menschlichen Wirklichkeitserfahrung" (ebenda) wird vertextet.[139] Und drittens erlaubt die subjektive Sinnorientierung eine Relativierung und Problematisierung etablierter gesellschaftlicher Ordnungen. Damit wird zum einen die Sicherheit, die diese Ordnungen suggerieren, als eine nur scheinbare entlarvt, d. h. die vollen Konsequenzen der Moderne (Sinnkrisen, Polykontexturalität, Multizentrik, Hyperkomplexität) treten in den Blick und zum anderen werden die Sinnkonstruktionen von Texten, die mit der Sinnorientierung I arbeiten, als ebenfalls instabile, 'lediglich' selbstproduzierte Konstrukte aufgedeckt.

Die Sinnorientierung III eröffnet einen radikal autoreflexiven Horizont. Der semantische Fluchtpunkt ist hier die literarische Form selber. Hier kann man weder von einem 'objektiven' noch von einem 'subjektiven', sondern vielmehr von einem literarischen Sinn sprechen. Dabei lassen sich drei Merkmale isolieren: Erstens orientieren sich die Texte an der literarischen Tradition und zwar an konventionellen *und* an experimentellen Erzählmodellen oder an spezifischen Gattungstraditionen. Zweitens „kann das Verfahren narrativer Sinnproduktion selbst durchgespielt, ausgetestet und eventuell auch thematisiert werden" (ebenda: 153). Und drittens bilden sich implizite und explizite konnotative Verbindungen zu anderen Texten auf einer intertextuellen Ebene. Zu erwähnen ist noch, dass Werke nie ausschließlich mit nur einer Sinnorientierung arbeiten, sondern auch *Hierarchien* und *Mischverhältnisse* bilden.

In diesem Zusammenhang formuliert Reinfandt die ausschlaggebende literaturwissenschaftliche Problemkonstellation, wenn er nach dem *Zusammenhang von erzähltechnischen Merkmalen spezifischer Prosa- (bzw. Roman-)Schreibweisen und dem Sinnhorizont moderner Literatur* fragt (ebenda: u. a. 155). In diesem Sinne ließe sich nun sagen, dass Narrativität in Bezug auf die verschiedenen Sinnorientierungen unterschiedlich relevant wird. Wiederum geht es um die Frage, wie – nun im Hinblick auf die drei Sinnorientierungen – die Realisierung von Narrations-Formen (Mimesis II) im Medium der Narrativität (Mimesis I) vollführt wird. Dabei ist – grobmaschig formuliert – die Sinnorientierung I (sensu Reinfandt) eher an klassisch konventionell erzählende Narrationen (!) gebunden, während die Sinnorientierungen II und III auch viel Raum für experimentelle Narrations-Formen bieten. Um die Korrelierung der Dreierkonstellationen Funktion, Leistung, Reflexion und Sinnorientierung I bis III mit verschiedenen Narrationen im Hinblick auf Narrativität als basalem Sinnkonstitutionsmodus feinmaschig zu vollführen, wäre eine eigenständige Arbeit notwendig. Für unseren Zusammenhang ist nur wichtig, dass Narrativität als strukturelle Kopplung und als Nexus von symbolischer und sozialer Referenz in Form von verschiedenen Narrations-

---

[139] Rohr bezeichnet diesen – aus ihrer Sicht für die Moderne paradigmatischen – Vorgang sehr treffend als *Mimesis of the Mind* (ROHR, Susanne 1996: Mimesis of the Mind. Literature in the Context of Charles S. Peirce's Semiotic Epistemology. In: REAL (= Yearbook of Research in English and American Literature) 12 (1996), 97-113).

Formen jeweils unterschiedliche Realisierungen der beiden Dreierkonstellationen nach sich zieht. Dies bedeutet vor allem, dass mit der These von Narrativität als struktureller Kopplung und als Nexus Literatur und ihre Werke nicht allein als Textverfahrensproblem, für das eine Philologie klassischen Zuschnitts zuständig wäre, beobachtet werden können. Vielmehr wird nach einer integrativen, medien- und kulturtheoretisch sensiblen Philologie verlangt, die Positionen, die eine Referenzebene zugunsten der anderen verabsolutieren und asymmetrisch im Rahmen der Dreierkonstellationen argumentieren, als unzulässige Verkürzungen beobachtet. Da die Relationierungen von symbolischer und sozialer Referenzebene und von Bewusstsein und Kommunikation im Hinblick auf die narrative Realisierung der beiden Dreierkonstellationen sich gegenseitig konstituierende Relationierungen sind, muss ein konsequent systemtheoretischer Zugriff auf den Text (als Werk) ein integratives Moment markieren. Es geht insgesamt um die „Operationalisierung dieser Differenz [symbolisch/sozial] für die literaturwissenschaftliche Forschung" (JAHRAUS 2001b: 206) und um die Operationalisierung der Differenz Bewusstsein/Kommunikation. Dabei kommt es wiederum zu einer wechselseitigen Korrelierung von Hermeneutik und Systemtheorie (s. o.): Beide arbeiten weder auf der Innen- noch auf der Außenseite des Textes, sondern genau auf der Barre der Unterscheidung. Hierzu KAUL: 61:

> Im Gegensatz zur semiotischen Fokussierung auf einen der Praxis enthobenen literarischen Text, gehe es hermeneutisch um den ganzen Prozeß der Mimesis, der sowohl die Präfiguration des Handlungsbereichs als auch seine durch die Rezeption bewirkte Refiguration umgreift. «Aufgabe der Hermeneutik ist es hingegen, die Gesamtheit der Voränge zu rekonstruieren, durch die eine Werk [!] sich von dem undurchsichtigen Hintergrund des Lebens, Handelns und Leidens abhebt, um von einem Autor an einen Leser weitergegeben zu werden, der es aufnimmt und durch sein Handeln verändert.» (ZE I, 88) Die Ordnung eines Textes wird also hermeneutisch nicht textimmanent untersucht, sondern im Hinblick auf eine Vermittlungsfunktion bezüglich der Opazität und Diskordanz des praktischen Lebens. Die Vermittlungsleistung der Mimesis II besteht darin, das bereits narrativ präfigurierte Verstehen von Handlung (Mimesis I) durch eine ordnende Handlungskonfiguration, eine erzählte Geschichte, zu refigurieren (Mimesis III), so daß die Welt nach der Lektüre einer Geschichte eine andere ist als vorher, nämlich eine, die durch neue narrative Konfigurationsstrukturen neu geordnet ist.

Hier wird sehr schön deutlich, wie es *narrativ zum Nexus von symbolischer und sozialer Systemreferenz im Modus der Retro-Aktivität* kommt. Wir sehen also, dass Ricoeurs Dreierkonstellation der Mimesis vollkompatibel ist mit meiner Thesenkaskade und der L(og)ist(ik) der De-Präsentation. Eine wichtige These der Arbeit ist nun, dass sich die Operationalisierung der Barren innen/außen, symbolisch/sozial *insbesondere und exemplarisch* anhand der Beobachtung von experimenteller Prosa, die gerade diese Barren selbst traktiert, konzipieren lässt.

## 3.2.5 Ein *Erzähl*-Modell

Zum theoriebautechnischen Zuschnitt der Arbeit gehört es, dass sie, indem sie ihre Beobachtungsobjekte (Medium/Form, strukturelle Kopplung, symbolische/soziale Systemreferenz, Narrativität, das Sinn-Schema narrativ/a(nti-)narrativ und experimentelle Prosa) präsentiert, gleichzeitig auch immer explizit sich als ihre Objekte her(aus)stellende Instanz präsentiert. Die Arbeit, als literaturwissenschaftliche Arbeit über experimentelle Prosa fällt im Beschreiben ihrer Objekte selbst unter ihr Objekt und macht dies anhand der Art und Weise ihrer Argumentationsanordnung sichtbar. Hierzu gehört auch, dass sie nun *im Nachhinein* beobachtet, aufgrund welcher Parameter und Strukturmerkmale die Thesen zur narrativen strukturellen Kopplung und zur symbolischen und sozialen Systemreferenz ihre Relevanz erhalten.

Nünning/Sommer weisen auf eine entscheidende Relationierung von Abstraktionsebenen hin, während die hohe – also logistische – Abstraktionsstufe die „Voraussetzungen dafür [schafft], narrative Darstellungsverfahren sowohl mit lebensweltlichen Zeitauffassungen als auch mit literaturwissenschaftlichen Refigurationen zu vernetzen" (NÜNNING/SOMMER: 54 im Hinblick auf Ricoeur), erlauben es bspw. Genettes Kategorien, „temporale Textstrukturen präzise zu beschreiben, und ermöglichen somit die systematische Analyse der Formen und Funktionen der Zeitdarstellung in der Erzählliteratur" (ebenda). In unserem Sinne können wir formulieren, dass die logistisch-syntaktische Argumentation die Voraussetzungen dafür schafft, narrative Darstellungsverfahren im Hinblick auf die erzählte Welt und die Darstellung beobachten zu können, wobei allererst im Zuge der spezifischen Darstellung der erzählten Welt die logistisch-syntaktische Ebene re-formatiert wird. Es geht im folgenden Kapitel um die Formen der Narrationen und die Art und Weise, wie an diesen Narrationen im Medium der Narrativität erkennbare Strukturmuster beobachtet werden können. Anhand der Strukturmuster der Narrationen wird zum einen erkennbar, wie(so) Narrativität als basaler und omnipräsenter Sinn-, Identitäts- und Wirklichkeitskonstruktionsmodus HER(AUS)GESTELLT werden kann und zum anderen wird beobachtbar, wie Literatur diesen allgemeinen Sinnbildungsmodus spezifisch zurichtet.

Die Narrativitätstheorien der verschiedensten Disziplinen liefern ein vielfältiges und oft widersprüchliches Bild dessen, was unter Narrativität und Narrationen zu verstehen ist. Die Definitionen variieren mitunter so stark, dass man kaum noch die gemeinsame Fragestellung erkennen kann.[140] Immer geht es dabei um Ereignisse, Handlungen, Geschichte(n) und das Erzählen. Im Folgenden

---

[140] Insgesamt gilt: „Die Bedeutung von Begriffen wie *story*, Fabel, plot, Erzählung, Narration und Narrativ differiert ganz offenkundig von Beschreibungsmodell zu Beschreibungsmodell, weil jedem Beschreibungsmodell eine andere theoretische Ordnung der Dinge entspricht" (MÜLLER-FUNK: 54).

werden nicht alle Unterschiede betrachtet und keine Ordnung in das wild tobende Narratologie-Meer gebracht, das würde viel Platz einnehmen und für den Fokus der Arbeit keinen analytischen Ertrag erwirtschaften, vielmehr liefere ich (m)eine Version von Narrativität und Narrationen. Eine Version, die freilich auf anderen Versionen aufbaut. Vornehmlich haben folgende Theorien als Fundierungsmatrix gedient: Der Genettesche Strukturalismus (vornehmlich in der modifizierten Version von Martinez/Scheffel), die Systematik von Petersen, die Kommunikationstheorie von Nünning, die Erzählgrammatiken von Mandler/Johnson und von Bower sowie Meuter und Vaassen.[141] Es geht nicht um eine umfassende Narrativitätstheorie, sondern um eine Fokussierung auf die für die Arbeit relevanten Problemkonstellationen: experimentelle Prosa, strukturelle Kopplung, symbolische/soziale Systemreferenz. Dabei geht es bei der Korrelierung von literaturwissenschaftlichen und nichtliteraturwissenschaftlichen Modellen letztendlich darum, Beobachtungsverfahren für Literatur im Allgemeinen und experimentelle Prosa im Besonderen zu erarbeiten.

Zunächst wird ein analytisches Konstrukt vorgestellt, das Narrativität als analytisch zu beschreibende Sinn-Form beobachtet. Das heißt, dass Narrativität als eine Sinn-Form beschrieben wird, die sich in Narrationen realisiert, an denen wiedererkennbare und analytisch fixierbare Muster und Strukturen sichtbar werden. Im Gegensatz zu den meisten Narrativitätstheorien beobachte ich dabei nicht Werke, um dann an ihnen entlang eine narrative Norm zu postulieren, sondern ich beobachte Narrativitätstheorien, um eine narrative Form zu postulieren, mit der ich Werke beobachten kann.

Ich starte also von der Prämisse, dass es konventionelle Strukturmuster des Erzählens gibt. Unter *Struktur-Muster* oder *Erzähl-Form* verstehe ich die Etablierung einer narrativen Reihe (= *N-Reihe*). Folgende N-Reihen sind relevant:

---

[141] GENETTE, Gérard 1998: Die Erzählung. München.; MARTINEZ/SCHEFFEL; PETERSEN, Jürgen H. 1993: Erzählsysteme. Eine Poetik epischer Texte. Stuttgart; NÜNNING, Ansgar 1989: Grundzüge eines kommunikationstheoretischen Modells der erzählerischen Vermittlung. Die Funktionen der Erzählinstnz in den Romanen George Eliots. Trier; MANDLER, John M. / N. S. JOHNSON 1977: Remembrance of Things parsed: Story Structure and Recall. In: Cognitive Psychology 9 (1977), 111-151; BOWER, Gordon H. 1978: Experiments on Story Comprehension and Recall. In: Discourse Process 1 (1978), 211-231.

Labovs Struktur der Alltagserzählungen:

Erzählung = Orientierung → Handlungskomplikation → Evaluation → Coda[142]

Mandler/Johnson:
- *story* = setting and event structure
- setting = state (and event)
- event structure = episode (then episode)
- episode = beginning cause development cause ending

Bower:
- *story* → setting + theme + plot + resolution
- setting → characters + location + time
- theme → event + goal
- plot → episode(s)
- episode → subgoal + attempt + outcome
- resolution → event (state)

In diesem Zusammenhang sind auch noch das viel beachtete Modell von van Dijk zu nennen (Narr = narrative Struktur):

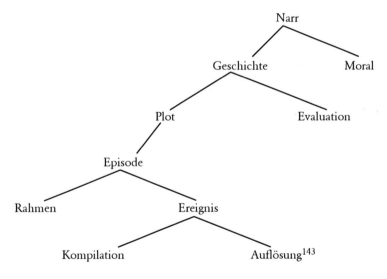

sowie das Modell der Anglistik der Uni Freiburg, das sich an Seymour Chatman orientiert (siehe Skizze 1 im Anhang).[144]

---

[142] LABOV, William 1980: Sprache im sozialen Kontext. Königstein. Siehe hierzu auch EHLICH.
[143] DIJK, Teun van 1980: Textwissenschaft. Eine interdisziplinäre Einführung. München, 142; vgl. hierzu auch KASPER: 51f.

Meines Erachtens werden in all diesen Modellen allerdings zwei Aspekte nicht präzise voneinander unterschieden: Die *Elemente*, die sich zu einer N-Reihe zusammenführen lassen und die *Art und Weise des Verbindens und Relationierens* dieser Elemente, wobei natürlich beide Momente wechselseitig aufeinander wirken und voneinander abhängig sind. Ich unterscheide nun das Struktur-Muster bzw. die Erzähl-Form von der Verlaufs-Form.[145] Unter *Erzähl-Form* verstehe ich das Etablieren der N-Reihe, hierzu sind nur wenige Elemente notwendig:

Vorfälle | Ereignis(se) → Episoden → Geschehen → Handlung(en) → Geschichte(n) → ERZÄHLUNG.

Unter *Verlaufs-Form* subsumiere ich folgende Momente: Zeit, Entwicklung, Fortschritt, Dialektik, Tragik, Komik, Kompilation, Peripetie, Ergebnis, Auflösung, Ziel, plot, setting, Thema, Charakter, Stil, Genre (Bildungsroman, Reiseroman, Abenteuerroman, Autobiographie, Science Fiction, Gothic Novel usw.) sowie all die Momente, die Genette zu Stimme und Modus zählt.[146] In diesem Sinne spreche ich von der *Erzähl-Grammatik* als Einheit der Unterscheidung Erzähl-Form/Verlaufs-Form.[147] Wichtig ist allerdings noch die Komposition der verschiedenen Kommunikationsebenen, da erst dadurch sowohl die Konstellationen im Hinblick auf strukturelle Kopplung und symbolische/soziale Systemreferenz als auch überhaupt eine Erzähl-Grammatik beobachtbar werden. Das elaborierteste narrative Kommunikationsmodell liefert Nünning:

---

[144] Die Rede ist von Stefanie Lethbridge und Jarmila Mildorf: www.anglistik.uni-freiburg.de/intranet/englishbasics/Discourse01.htm und CHATMAN, Seymour 1978: Story and Discourse: Narrative Structure in Fiction and Film. Ithaca.

[145] Dieser Begriff findet sich bei FÖRSTER: u.a. 136.

[146] Wie zu sehen ist, findet sich die Größe Zeit sowohl auf der Ebene der Erzähl-Form (die Etablierung der N-Reihe in der Zeit) als auch auf der Ebene der Verlaufs-Form (also die verschiedenen Verfahren der Zeitdarstellung wie Analepse, Prolepse oder die Unterscheidung von Erzählzeit und erzählter Zeit). Siehe zur Darstellung von Zeit im Hinblick auf Genette NÜNNING/SOMMER: 40-50 und allgemeiner CRITES, Stephen 1986: Storytime: Recollecting the Past and Projecting the Future. In: SARBIN 1986a: 152-173.

[147] Das, was ich als *Verlaufs-Form* bezeichne, markiert den Kreuzungspunkt dessen, was Martinez&Scheffel als *Erzählschema* bezeichnen mit dem, was Todorov *discours* nennt. MARTINEZ/SCHEFFEL: 188: „E r z ä h l s c h e m a (*Erzählstruktur*): Ein aus individuellen Erzählungen abstrahierter typischer Verlauf des Erzählens, der über ein stereotypes [...] Handlungsschema hinaus auch Aspekte der Darstellung und der Erzählpragmatik einschließt."

textintern

N1  Kommunikation der erzählten Figuren in der vom Text entworfenen Wirklichkeit = textontologische Ebene der Figurenkommunikation (*histoire*) (WAS)
N2  Erzählvorgang (*récit*) (WIE)[148]
N3  abstraktes Kommunikations-Niveau als Integration von N1 und N2, das als semantische Kategorie alle strukturellen Relationen des Werkganzen umfasst. Hier ist das Werk als Kommunikations-Medium beobachtbar, indem mit N3 die Schnittstelle von textinterner und textexterner Kommunikation markiert ist (*récit*).[149]
N4  Literarische Kommunikation; Autor, Leser, Vermittler; N4 aktiviert N3 als *Kunst*-Werk
N5  allgemeine/gesellschaftliche Kommunikation; allgemeine Sozialisierungserfahrungen

textextern

Erst über die Ebenen N3/N4/N5 kann von einer Erzähl-Grammatik gesprochen werden. Die Erzähl-Grammatik ist keine Eigenschaft des Textes, sondern ein Zuschreibungsphänomen bei der Er-Beobachtung von Texten (als Werken). Mein Vorschlag für eine *Erzähl-Grammatik* versteht sich als sinnvolles Kollationieren von Elementen der bisher vorgestellten Modelle (siehe Skizze 2).

Nun muss man allerdings präzise zwischen einer Erzähl-Grammatik und einer Poetik bzw. einer spezifischen Realisierung der Erzähl-Grammatik unterscheiden.

---

[148] Im Hinblick auf die unendliche Zahl der Möglichkeiten bei der Realisierung der Ebene N2 ist Nünning sehr präzise, wenn er vier Funktionen der Erzählinstanz unterscheidet: 1. Die *erzähltechnische Funktion* (bei Martinez/Scheffel die mimetischen Sätze) etabliert die Textontologie, also das temporale, lokale und personale Inventar von N1. 2. Die *analytische Funktion* liefert Erklärungen, Bewertungen und Kommentare, die sich direkt auf die konkrete Situation von N1 beziehen. Der Verweisungshorizont dieser zusätzlichen Informationen ist die gesellschaftliche Ordnung von N5 und die Erfahrung psychischer Systeme, die diese im Hinblick auf N5 machen. 3. Die *synthetische Funktion* bezieht sich nicht konkret auf N1. Sie reichert das Werk mit allgemeinen und generalisierenden Erklärungen, Bewertungen und Kommentaren an, die den Anspruch erheben, auch jenseits der konkreten Textontologie von N1 Gültigkeit zu besitzen. Auch hier ist N5 der Verweisungshorizont, wobei die Allgemeingültigkeit der Beobachtungen darauf hinweist, dass eine der (aktuellen) Gesellschaftssituation übergeordnete Perspektive abgestrebt wird. Die analytischen und synthetischen Funktionen werden von Martinez/Scheffel als theoretische Sätze bezeichnet, die im Gegensatz zu den mimetischen Sätzen (in der Regel) keinen logisch privilegierten Status besitzen (siehe MARTINEZ/SCHEFFEL: 95ff.). 4. Die *selbstreflexive Funktion* bezieht sich auf die Formen der Vertextung. Dabei können die eigene Strategie oder aber auch andere gerade nichtrealisierte Strategien thematisiert werden. Hier ist der Verweisungshorizont in N3 und N4 zu finden. Siehe hierzu NÜNNING 1989 und REINFANDT: 156ff.

[149] Die Zusätze in Klammern (*histoire* und *récit*) sind von mir. – Mit *h i s t o i r e* wird nach Todorov die erzählte Geschichte bezeichnet, sie „umfaßt nicht nur das Geschehen, sondern das umfassende Kontinuum der erzählten Welt, innerhalb dessen das Geschehen stattfindet" und mit *récit (d i s c o u r s)* werden nicht die Ereignisse und das Geschehen gekennzeichnet, sondern die Art und Weise, *wie* die Ereignisse und das Geschehen präsentiert werden. Der *récit* umfasst „den gesamten Bereich der literarischen Vermittlung eines Geschehens (d. h. außer der Anordnung der Ereignisse auch Perspektive, Stil, Modus usw.)" (MARTINEZ/SCHEFFEL: 23), solchermaßen umfasst der *récit* die Kommunikationsebenen N2 *und* N3.

Ich spreche von einer *transparenten Erzähl-Grammatik* in einem strikt deskriptiv-analytischen Sinne dann, wenn an einem Text die hier modellhaft vorgestellten Elemente klar beobachtbar und klar relationierbar sind. Transparenz ist dann gegeben, wenn bei der Analyse und Interpretation eines Textes die hier vorgestellte Erzähl-Grammatik (als Einheit der Unterscheidung Erzähl-Form/Verlaufs-Form) samt ihrer Elemente sichtbar wird. Dabei argumentiere ich gesamtgrammatisch, ich spreche von der Transparenz der Erzähl-Grammatik nicht dann, wenn der berühmte rote Faden sichtbar ist, sondern wenn die gesamte Relationierung der Elemente der Erzähl-Form im Hinblick auf die Relationierung der Momente der Verlaufs-Form beobachtbar ist. Der rote Faden bezieht sich in erster Linie nur auf die Transparenz der Erzähl-Form und die *histoire*, auch wenn er von den Parametern der Verlaufs-Form mit abhängig ist.

In der Regel sind klassisch-narrativ erzählte Texte *in dieser Hinsicht* transparent (ich denke *beispielsweise* an den Wilhelm Meister, an die Romane Zolas, Fontanes, der Mann-Brüder oder an die meisten Trivialromane).[150] *In dieser Hinsicht* kann man diese Texte als traditionell bezeichnen und folgende Annahmen Schmidts als Momente der Transparenz der Erzähl-Grammatik beobachten:

> Traditionelles Erzählen mit Plot und *Story* setzt einen erkenntnistheoretischen Rahmen voraus, der zumindest sechs Annahmen enthält: die Annahme der Realität der 'äußeren Wirklichkeit'; die Annahme, daß Sprache diese Wirklichkeit referentiell abbildet; die Annahme der Linearität von Zeit, der Kontinuität von Geschichte, der Kausalität von Handlungsfolgen sowie der Identität von Aktanten.[151]

Dies stimmt einerseits, aber andererseits ist die Rede von der Transparenz der Erzähl-Grammatik abstrakter angelegt als diese Beschreibung von Schmidt, da sie die Transparenz weder an bestimmte epistemologische Parameter noch an bestimmte Poetiken bindet. Schmidts Beschreibung läuft Gefahr, die Ebene der Literaturprogramme und Poetiken mit der Ebene der analytischen Beschreibung zu mischen. Ich komme im Hinblick auf Rusch gleich auf dieses Problem zurück. Insgesamt gilt, dass die Transparenz keine Eigenschaft der Texte ist, sondern ein Beobachtungseffekt bei der narratologischen Analyse von Texten, die sich an einem bestimmten narratologischen Modell orientiert. Die Erzähl-Grammatik ist ein Modell und die Transparenz ist ein heuristisch fruchtbares Epiphänomen der narratologischen Analyse anhand eines Modells.[152] Nun ist die Transparenz der

---

[150] Sie können in anderen Hinsichten – je nach Beobachtungsfokus – als opak o.ä. beobachtet werden; die Betonung liegt auf den Beobachtungs-Hinsichten.

[151] SCHMIDT, Siegfried J. 1984b: „Der Fall ins Ungewisse". Anmerkungen zu einer Nicht-Erzählerin. In: Ders. (Hg.), Friederike Mayröcker. Frankfurt a. M., 13-24, 16f.

[152] Mark Curie würde eine solche Auffassung wohl als poststrukturalistisch bezeichnen im Sinne von „interpretation of interpretation", dabei ist Interpretation „interpretation of metanarratives rather than narratives themselves [...] because all narratives are themselves interpretations, or because all narratives are ultimately metanarratives" (CURRIE: 12). Es geht in jedem Fall um die Metaebene als Einheit der Unterscheidung Objekt-/Metaebene.

Erzähl-Grammatik ebenso eine idealististisch-konventionelle Form wie die Erzähl-Grammatik selbst, d. h., dass bei der Textanalyse sehr schnell Momente beobachtbar werden, die der Transparenz im Wege stehen. Die Übergänge von transparenten Erzähl-Grammatiken über *trübe Erzähl-Grammatiken* (bspw. Benns Rönne-Novellen) bis hin zu *opaken Erzähl-Grammatiken* (bspw. Mayröckers Prosa) sind nicht eindeutig, sondern fließend und vielfältig gebrochen. Und die Parameter, die für die Transparenz der Erzähl-Grammatik relevant sind, also die klare Relationierbarkeit von Erzähl-Form und Verlaufs-Form, sind „in der Regel unvollkommen erfüllt" (KRAUS: 173). Entscheidend ist, wie gesagt, dass eine Erzähl-Grammatik nicht mit einer bestimmten Poetik verwechselt werden darf.[153] Rusch bspw. verwechselt meines Erachtens eine realistische Poetik mit einer modellhaften Konzeptualisierung und analytischen Deskription einer Erzähl-Grammatik:

> Jede Art von Erzählung oder Geschichte verlangt dem Erzähler ab, durch z. B. Tempus und temporale Bestimmungen, durch kausale, finale, konsekutive oder logische Junktoren eine ordinale Struktur aus Sätzen zu spezifizieren, die von den Hörern/Lesern als plausibel, stimmig, widerspruchsfrei, kohärent, etc. realisiert und durch Vorwärts- und Rückwärts-Inferenzen – auch über längere Sequenzen hinweg – bestätigt werden kann. Zeitstruktur, Kausalstruktur und Logik der Erzählung müssen kompatibel sein. Ist dies nicht gegeben, so scheitert die Erzählung und – mit ihr – der Erzähler (356) [...] Die kognitiven, sozialen und pragmatischen Bedingungen lassen Erzählstrukturen entstehen, die – wenn sie gelingen (und nicht durch eine kontrakonventionelle, z. B. postmoderne Poetik codiert sind) – konsistente, plausible und in sich geschlossene Ganzheiten, d. h. Geschichten darstellen. In der Darstellung bringen sie Protagonisten als Persönlichkeiten mit stabiler Identität, mit raum- und zeitindifferenten Eigenschaften, in durchschaubaren Beziehungen und Handlungszusammenhängen, mit nachvollziehbaren Zielen und Absichten hervor. Die dargestellten Vorgänge, Ereignisse und Zusammenhänge sind darstellungsgemäß transparent, sie haben ihre angestammten Plätze in übergeordneten Strukturen und lassen sich in die bekannten Details analysieren, sie haben definierte Ausgangspunkte und gelangen an 'natürliche' Endpunkte. In Erzählungen kann es keine wirklichen Überraschungen geben! Denn jedes unerwartete Ereignis muß als ein solches

---

[153] Kraus spricht nicht vom Transparenzgrad der Erzähl-Grammatik, unterscheidet aber narrative Formen, indem er von der großen Reise (in der Moderne), der (Auto-)Biographie, einer narrativen Fragmentarität (in der Postmoderne) und von Netzwerk-Identität (in der Postmoderne) spricht (KRAUS: 6). Die klassische große Reise und die (Auto-)Biographie besitzen in der Regel eine transparente Erzähl-Grammatik, die narrative Fragmentarität und das netwerkartige Erzählen eher eine trübe und opake Grammatik. Freilich zeichnet sich moderne und 'postmoderne' Literatur unter anderem gerade dadurch aus, dass sie die klassischen Formen der großen Reise und der (Auto-)Biographie subvertiert und neu justiert; ich denke bspw. an Bayers Reise-'Roman' *der kopf des vitus bering* (aber auch schon an den ausufernden *Moby Dick* (1851)) und an die Problematisierung von Autobiographie bei Mayröcker. Die Ebene der Transparenz von Erzähl-Grammatiken ist abstrakter als die von bestimmten Formen des Erzählens. Zur Autobiographie-De/Konstruktion siehe sehr aufschlussreich FINCK, Almut 1999: Autobiographisches Schreiben nach dem Ende der Autobiographie. Berlin.

plausibilisierbar und – nicht zuletzt – erzählbar sein. Es muß einem Intellekt entstammen, dem es wie unbewusst auch immer bekannt ist.[154].

Rusch konturiert die Transparenz der Erzähl-Grammatik an einer 'postmodernen Poetik' und nicht an der analytischen Beobachtbarkeit von Elementen und ihrer Relationierbarkeit. Deshalb herrscht bei ihm auch der rigide normative Ton. Ruschs Argumentation liefert allerdings – analytisch anders platziert und vom normativen und programmatischen Gestus befreit – durchaus wichtige Momente für die Beschreibung einer transparenten Erzähl-Grammatik.[155] Ruschs Beschreibung ist eine konsistente Beobachtung der Transparenz einer Erzähl-Grammatik – wenn all das funktioniert, was Rusch beschreibt, dann ist die Transparenz vollkommen deutlich sichtbar – allerdings argumentiert er eindimensional, weil er mit dem Nicht-Funktionieren der aufgestellten Parameter auch gleich das Erzählen selbst verabschiedet. Rusch schüttet ex negativo das Kind mit dem Bade aus. Für ihn gibt es eben nur ein Erzählen, das die Erzähl-Grammatik transparent macht oder kein Erzählen. Erzählen ist somit programmatisch als konventionell-realistisches Erzählen, das die Erzähl-Grammatik transparent macht, festgelegt. Mein Vorschlag ist nun, auch dann von Erzählung, Erzählen und Narrativität zu sprechen, wenn diese Transparenz nicht gegeben ist. Auch trübe und opake Erzähl-Grammatiken sind eben *Erzähl*-Grammatiken. Statt mit der Unterscheidung *Erzählen/Nicht-Erzählen* zu operieren, schlage ich vor, *Erzählen* als die *Einheit der Unterscheidung Erzählen/Nicht Erzählen* und *Narrativität* als die *Einheit der Unterscheidung narrativ/a(nti-)narrativ* zu beobachten. Dadurch wird Normativität und Programmatik den Poetiken und Literaturprogrammen überlassen und strikt literaturwissenschaftlich-analytisch gearbeitet. Ein markantes Problem bei Rusch ist auch, dass er nur marginal die Spezifik von Literatur berücksichtigt. Seine Beobachtung von gelingendem Erzählen bezieht sich auf unser nicht-literarisches Konstruieren von Wirklichkeit, als Literaturwissenschaftler (!) hat er reichlich wenig über das literarische Erzählen zu sagen: „In der ästhetischen Kommunika-

---

[154] RUSCH, Gebhard 1996. Erzählen. Wie wir Welt erzeugen. Eine konstruktivistische Perspektive. In: H.J. Wimmer (Hg.), Strukturen erzählen. Die Moderne der Texte. Wien, 326-361, 357.

[155] Rusch spricht des Weiteren von: „Zwang zur Kohärenz und Konsistenz", „Identitätszwang", „die Parallelität von Erzählreihenfolge und Reihenfolge der erzählten Ereignisse [sollte] gewahrt werden", „[d]ie Kenntnis konventioneller Strukturmuster für Erzählungen [...] setz[t] den Erzähler einem Komplettierungs- oder Elaborierungszwang zur Ausfüllung aller Slots in den abstrakten Schemata aus", es kommt aber auch zu einer „Elaborations-Lust", „[d]er pragmatische, konversationelle und situative Kontext der Erzählung zwingt auch zur Festlegung auf eine Relevanzbestimmung dafür, daß erzählt wird, was erzählt wird. Die Erzählung muß schlüssig in den kommunikativen Kontext eingebettet werden können, um die Akzeptanz der Zuhörer zu finden", „[d]er kommunikative Kontext bestimmt auch die Intensität des Detaillierungs- und Kondensierungszwanges", schließlich ist noch von einem „Gestaltungsschließzwang" die Rede (RUSCH: 349f.). Im Hinblick auf das Gelingen einer „wohlgeformten Narration" siehe auch KRAUS 172 sowie BRUNER 2003.

tion machen sich die genannten Zugzwänge in geringerem Maße bzw. in anderer Art und Weise geltend. […] Der Relevanzfestlegungszwang und der Zwang zur Kondensierung spielen – in modernen Texten – kaum noch eine Rolle" (RUSCH: 350). Rusch kommt über Gemeinplätze nicht hinaus, wenn er behauptet, dass in ästhetischer Kommunikation die sprachliche Gestaltung im Vordergrund stehe (ebenda: 351). Dadurch kann er überhaupt nicht sehen, dass durch das Erzählen in der Literatur (und insbesondere durch das moderne und 'postmoderne' Erzählen) das Erzählen insgesamt neu konfigurierbar wird. Man kann nicht Erzählen einfach aufteilen in Literatur/Nicht-Literatur, sondern muss entlang der These, dass Narrativität und Erzählen basal und omnipräsent sind, die Spezifik literarischen Erzählens in Korrelation zum nichtliterarischen Erzählen erkennen. Nicht zuletzt hat White zeigen können, dass es unentscheidbar ist, ob literarisches Erzählen nicht-literarisches Erzählen (konkret die Geschichtsschreibung) formatiert oder umgekehrt. Gleiches gilt für das Verhältnis von alltäglichem und literarischem Erzählen. Keine Narrativitätstheorie kann auf die präzise Elaborierung literarischen Erzählens verzichten, nur über die konstitutive Beobachtung von literarischem Erzählen werden Erzählen und Narrativität überhaupt erst beobachtbar.

Im Hinblick auf die Relevanz von Erzähl-Grammatiken für unser WELTHER-(AUS)STELLEN markieren Ruschs Ausführungen nichtsdestotrotz eine wichtige Konstellation. Der transparenten Erzähl-Grammatik kann der Status einer *episteme* zugeschrieben werden. Wenn von Narrativität als basalem und omnipräsentem Modus unseres WELTHER(AUS)STELLENS gesprochen wird, dann im Rahmen einer transparenten Erzähl-Grammatik, die als Beobachtung erster Ordnung zu einem immer mitführbaren „Set von 'Ready Made'-Verständlichkeiten" geworden ist (KRAUS: 176f.). Narrativitätstheorien gehen in der Regel von 'gelingenden Narrationen', narrativen Selbstverständlichkeiten, narrativen Grundmustern, von einem Parade-*Modell* von Narrativität aus, das gerade wegen seiner funktionierenden Selbstverständlichkeit zum basalen Modus des WELTHER-(AUS)STELLENS wird. Wir werden aber sehen, dass es einen grundlegenden Unterschied macht, ob das basale narrative WELTHER(AUS)STELLEN entlang der Unterscheidungen gelingendes/misslingendes Erzählen bzw. Erzählen/Nicht-Ezählen oder entlang der Konstellationen *Erzählen = Erzählen/Nicht-Erzählen* und *Narrativität = narrativ/a(nti-)narrativ* beobachtet wird. Meine Argumentation hat ihren Gravitationspunkt in der These, dass Narrativität als strukturelle Kopplung und als Nexus von sozialer und symbolischer Systemreferenz konstitutiv allein in Form des Sinn-Schemas narrativ/a(nti-)narrativ beschreibbar ist. Dabei ist es maßgeblich wichtig, dass die von Rusch und anderen so rigide postulierten Narrativitäts-Parameter re-justiert werden. Narrativität wird nicht dadurch realisiert, dass Linearität, Chronologie, Kausalität, Finalität und Ganzheit sich einfach einstellen, sondern dass diese Momente allererst entlang alternativer Momente sichtbar werden. *Narrativität konstituiert sich nicht schlicht als linearer Prozess, sondern als ein Modus, der es überhaupt erlaubt, Linearität, Simultaneität und Retro-Aktivität voneinander zu unterscheiden und miteinander zu korrelieren.* Narrativität ermöglicht somit unterscheidungsgeleitetes Beobachten und nicht die Prozessierung einzelner Parameter.[156] Ich würde also nicht soweit gehen und behaupten, dass das „strikt chronologisch[e] Erzählen [...] eine 'Anomalie'" ist (BUNIA: 188), und dass das nichtlineare Erzählen das gewöhnliche Erzählen ist (vgl. ebenda: 189), vielmehr gehe ich davon aus, dass Narrativität als basaler Modus unseres WELTHER(AUS)STELLENS dann beobachtbar wird, wenn die Transparenz des Erzählens den Umweg über nichttransparentes Erzählen genommen hat. Solchermaßen ist Erzählen die Einheit von strikt chronologisch linear geordnetem Erzählen und nichtlinearem Erzählen. 'Normal' und gewöhnlich ist weder transparentes narratives Erzählen noch intrasnparentes a(nti-)narratives Erzählen, sondern 'normal' ist Erzählen als Einheit dieser Differenz. Dies lässt sich entlang der N-Reihe gut darstellen.

Die Erzähl-Form als N-Reihe sieht, wie schon gesehen, so aus:

Vorfälle | Ereignis(se) → Episoden → Geschehen → Handlung(en) → Geschichte(n) → ERZÄHLUNG.[157]

Dabei bezeichne ich mit <u>Vorfällen</u> die Außenseite der Innenseite des Narrativen. Kein Moment ist von sich aus Teil der N-Reihe, kein Vorfall ist per se narrativ konditioniert. Vorfälle sind singuläre Größen, die allererst durch die Erzählung zu Ereignissen, also Teil der N-Reihe werden. Genauer gesagt: Mit der Erzählung wird die Unterscheidung Vorfall/Ereignis konstituiert, den Vorfällen wird kein präformistisch ontologischer Status zugeschrieben, da sie erst mit dem Erzählen zu dem werden, was sie sind: Vorfälle, die noch keine Ereignisse sind. Vorfälle werden als Außenseite der Innenseite der N-Reihe immer schon Momente der N-Reihe gewesen sein. Ricoeur liefert hierzu die Begründung:

> Ohne den Bezug auf einen narrativen Kontext ist ein Ereignis lediglich ein 'Vorfall'. Ein Vorfall ist durch seine vollständige Kontingenz definiert. [...] Eine Geschichte macht nun aus einer Reihe von heterogenen Vorfällen *Ereignisse* eines einheitlichen Zusam-

---

[156] Diese Argumentation unterscheidet sich somit von alteingesessenen Perspektiven, die Erzählen bzw. Narrativität allein im Hinblick auf Sukzessivität lesen. Pauler beschreibt solch eine eindimensionale Sichtweise: „hält doch die Erzähltheorie bis heute daran fest, daß das Erzählen 'eine Zeitkunst im Sinne von Lessings *Laokoon* [ist], ihre eigentliche Dimension daher das Nacheinander'. Die Sukzessivität, definiert als Abfolge narrativer Aussagen, gilt als grundlegende Kategorie des Erzählerischen. Erzählen heißt dann einen zeitlichen Wandel wiedergeben, der nicht nur beschrieben oder behauptet, sondern als Prozeß entfaltet werden muß. Zudem sollten an einem solchen Geschehen belebte, im allgemeinen menschliche Figuren beteiligt sein" (PAULER, Thomas 1992: Schönheit und Abstraktion. Über Gottfried Benns „absolute Prosa'. Würzburg, 13). Auch BUNIA: 198 wendet sich gegen diese obsolten Perspektiven, indem er formuliert: „Erzählen soll nicht über Ereignisfolgen definiert werden."

[157] Siehe Skizze 5 zum Alternativmodell von Martinez/Scheffel.

menhangs. Die Komposition einer Geschichte ist also ein Prozeß, der verschiedene Bestandteile 'als Gesamtheit organisiert und sie auf einen einzigen Sinneffekt hinauslaufen läßt' (RICOEUR ZuV: 11, 13 und 16).

und ein Ereignis ist ein 'Vorfall, der zur weiteren Entwicklung der Erzählung beiträgt' (ebenda: 13): „Nur innerhalb oder in Bezug auf diesen Kontext wird es [Ereignis] überhaupt erst zum Ereignis. Die Wahl des narrativen Kontextes 'ist gleichzeitig die Wahl dessen, was als Ereignis gilt' (ebenda). Gumbrecht *bspw.* hat in seiner 'Erzählung' *1926* eine Reihe von Ereignissen aus dem Jahre 1926 narrativ dargelegt, dabei sind diese Ereignisse erst durch seine Erzählung zu Ereignissen geworden. Alles andere, was im Jahr 1926 geschehen ist und nicht Eingang in Gumbrechts Buch fand, bleibt auf dem Level des Vorfalls, dies aber retro-aktiv erst durch Gumbrechts Erzählung.[158] Vorfälle werden durch die N-Reihe immer schon als Vorfälle nachkonstituiert gewesen sein. Vorfälle sind Entlang der narrativ codierten Unterscheidung Vorfall/Ereignis im Modus der Retro-Aktivität Noch-nicht-Ereignisse bzw. potenzielle Ereignisse. In diesem Sinne müsste Whites These: die erscheinenden Ereignisse sind als diese nur 'vor dem Hintergrund' von dadurch ausgeschlossenen Ereignissen beobachtbar (siehe WHITE: 21) umformuliert werden: Die erscheinenden Ereignisse sind als diese nur vor dem Hintergrund von Vorfällen beobachtbar. Dadurch vermeide ich die kategoriale Trennung von realen Ereignissen und der Narrativierung dieser realen Ereignisse sensu White. Dieser spricht davon, dass „reale Ereignisse" nicht-narrativ *sind* (WHITE: 14) bspw. in einer Chronologie und dass sie erst in einer historischen Erzählung zu narrativen realen Ereignissen werden. Dies entspricht einer realistischen Epistemologie des Beobachteten. Im Rahmen des Retro-Aktivitäts-Paradigmas, das einer Epistemologie des Beobachtens folgt, muss argumentiert werden, dass die realen Ereignisse qua Narrativität retro-aktiv als nicht-narrative reale Ereignisse, also als Vorfälle, nachkonstituiert werden und so als Außenseite der Innenseite immer schon Moment der N-Reihe gewesen sein werden. Somit gilt auch, dass von 'Anfang', 'Ende', 'auslösen', 'kommen', 'gehen', 'aufhören' u. ä. m. nur innerhalb von narrativen Sätzen geredet werden kann, denn „in der Natur beginnt nichts" (RICOEUR ZuV: 16) und hört nichts auf. Hat man solchermaßen Whites Argumentation re-justiert, so kann seinen Überlegungen durchaus gefolgt werden. Was er anhand der Unterscheidung Chronologie/ Erzählung in der Historiographie zeigt, was also dort gilt, gilt auch insgesamt für das Erzählen:

> Im historischen Diskurs dient die Erzählung dazu, eine Liste von geschichtlichen Ereignissen, die andernfalls nur eine Chronik wäre, in eine Geschichte umzuwandeln. Für diese Transformation müssen die in der Chronik dargestellten Ereignisse, Akteure und Handlungen als 'Geschichten-Elemente' (*story elements*) codiert, das heißt als diejenigen Arten von Ereignissen, Akteuren und Handlungen usw. gekennzeichnet werden, die als

---

[158] GUMBRECHT, Hans Ulrich 2001: 1926. Ein Jahr am Rand der Zeit. Frankfurt a.M.

Elemente spezifischer 'Geschichten-Typen' (*story-types*) wahrgenommen werden können. [...] Die Sinnproduktion kann [...] als Performanz betrachtet werden, weil jede gegebene Reihe realer Ereignisse auf vielfältige Weise innerlich verknüpft (*emploted*) sein kann, weil sie tragfähig genug ist, um als beliebige Menge verschiedener Geschichten-Gattungen erzählt zu werden. Da keine Reihe oder Folge realer Ereignisse *von sich aus* 'tragisch', 'komisch', 'farcenhaft' etc. ist, sondern erst durch die *Auferlegung* der Struktur eines entsprechenden Geschichten-Typs auf Ereignisse dazu gemacht wird, ist es die *Wahl* des Geschichten-Typs und seine *Auferlegung* auf die Ereignisse, die ihnen Sinn verleihen (WHITE: 60; meine Hervorhebung, MG).

Am Anfang der N-Reihe wird also nicht einfach eine Setzung gestanden haben, sondern – wiederum – eine Transformation. Alles fängt mit der Trans-Formation an. Die Geburt der Erzählung wird aus dem Geiste der Transformation angefangen haben. Natürlich lässt sich diese *Transformation* auch als *De-Präsentation* lesen. Die Vorfälle, die Vorfälle bleiben, also die Außenseite der Innenseite markieren und die Vorfälle, die Ereignisse geworden sind, also die Innenseite der Innenseite markieren, sind immer schon das, was sie vor der Etablierung der N-Reihe gewesen sind, nicht.[159] Die N-Reihe verfehlt die Welt im narrativen Welther(aus)stellungsprozess als das, was sie so nie war. Das ist die L(og)ist(ik) der De-Präsentation. *Narrativität ist ein de-präsentativer Wirklichkeitsher(aus)stellungsmodus.* Nun hört allerdings das retro-aktiv und de-präsentativ gepolte Argument nicht an der Barre der Unterscheidung Vorfall/Ereignis auf, sondern mäandert in die gesamte N-Reihe hinein.

Wenn ein *Ereignis* – „die kleinste thematische Einheit der Handlung" (MARTINEZ/SCHEFFEL: 190)[160] – eine zumindest minimal dauernde zeitliche Komponente erhält, spreche ich von *Episode*. Meist sind mehrere Ereignisse Teil einer Episode[161]. Beispiele im Hinblick auf Schnitzlers *Traumnovelle* (1926): Ereignisse sind a) Albertines Flirt mit dem jungen Mann in Dänemark, b) Fridolins 'Flirt' mit dem jungen Mädchen am Strand, c) das gegenseitige Erzählen dieser beiden Flirts; zusammen ergeben diese drei Ereignisse eine Episode. Des weiteren: a) der Herzinfarkt und Tod des Hofrats, b) Besuch Fridolins beim Hofrat, c) Gespräch Marianne-Fridolin, zusammen ergeben diese drei Ereignisse eine Episode.[162]

---

[159] „So schafft die Erzählung eine Ordnung der Dinge, die jenseits des Erzählens nicht besteht" (MÜLLER-FUNK: 75), das stimmt, aber es muss präziser formuliert werden: Die Erzählung schafft eine Ordnung der Dinge (= Erzählung) und sie schafft aufgrund dessen auch das, was aufgrund der Erzählung keine erzählerische Ordnung hat. Es gibt nicht eine Welt ohne erzählerische Ordnung und eine Welt mit erzählerischer Ordnung als zwei ontologisch unterschiedlichen Welten, sondern die Welt ohne erzählerische Ordnung ist ein Epiphänomen der Erzählung.

[160] Ereignisse sind im Hinblick auf die Skizze 1 als die Einheit der Differenz Ereignisse[Vorgänge/Geschehnisse] / Gegebenheiten[Charakter Situation] zu markieren.

[161] Analog hierzu auch SOMMERS: 616.

[162] Ich folge nur zum Teil der Episodendefinition von MARTINEZ/SCHEFFEL: 110 und 187: „Eine Episode ist eine in sich relativ abgeschlossene, in einen größeren narrativen Zusammenhang gehörende Teil- oder Nebenhandlung, die der Ausdehnung nach zwischen der

Nun ist die Relation von Ereignis(sen) und Episode ebenfalls ein retro-aktiv depräsentatives Moment: Die Ereignisse werden allererst im Zuge der Beobachtung einer Episode zu Ereignissen, die sich von Vorfällen und anderen Ereignissen unterscheiden. Einerseits ergeben sich Episoden erst aus Ereignissen, andererseits lässt sich von Ereignissen erst im Nachhinein von Episoden sprechen. Anhand der Ausführungen von Meuter kann man argumentieren, dass die Retro-Aktivität der N-Reihe sich in ihre einzelnen Elemente fortsetzt. Meuters Differenzierung der Episode ist vollkompatibel mit meiner Positionierung der Episode innerhalb der N-Reihe:

> [D]ie Episode *führt* von einem Anfang zu einem Ende [...]. Die interne Strukturierung einer Episode lässt sich damit als narrativ-teleologisch charakterisieren [...]. Ein narrativ-teleologisch strukturierter Prozeß ist somit ein in besonderer Weise rekursiver Prozeß, der sich nicht nur am laufend produzierten eigenen Output orientiert, sondern auch an seinem eigenen in Aussicht gestellten Ende (MEUTER: 115).

Wobei gesagt werden muss, dass dieser retro-aktiv rekursive Prozess sich nicht schon beim Übergang von Ereignissen zu Episoden, sondern erst am vom 'Ende' der N-Reihe, also von der ERZÄHLUNG her, 'schließt (siehe Skizze 3).

Verschiedene Episoden i) Fridolin und Albertine, ii) Fridolin beim Hofrat, iii) Spaziergang Fridolins durch die nächtlichen Straßen, iv) Besuch bei der Prostituierten Mizzi usw. ergeben ein <u>*Geschehen*</u> (chronologisch). Von einer <u>*Handlung*</u> ist dann die Rede, wenn das chronologische Geschehen kausal formatiert wird: Fridolin geht zum Hofrat, *weil* er Arzt ist, er spaziert durch das nächtliche Wien, *weil* er (vermutlich) von der Flirt-Beichte Albertines, der gegenseitigen Offenbarungssituation mit Albertine und dem Liebesgeständnis Mariannes verstört ist.[163]

---

Gesamthandlung einerseits und kleineren Einheiten wie 'Ereignis', 'Szene' oder 'Tableau' andererseits liegt." Ich rücke die Episode näher an die kleineren Einheiten (wie bspw. Szene) und kann ihr somit nicht den Status einer möglichen Nebenhandlung zusprechen, wie dies Martinez/Scheffel tun: „Eine Episode ist entweder Teil einer (aus mehrerern Episoden zusammengesetzten) Haupthandlung oder aber eine Nebenhandlung, die für die chronologische und kausale Kontinuität der Haupthandlung irrelevant ist" (ebenda). In meinem Sinne ist eine Episode keine Teil- oder Nebenhandlung, sondern immer ein Moment von Haupt-, Teil- und Nebenhandlungen.

[163] In anderen Texten, die multiple erzählte Welten (N1) liefern, gibt es verschiedene Handlungen. In bspw. M.G. Lewis' *The Monk* (*1796*) ist in die Haupthandlung eine 100seitige Nebenhandlung eingebettet, die für sich genommen alle Merkmale einer klassisch geschlossenen Erzählung hat. Diese Nebenhandlung ist in meinem Sinne keine Episode, sondern eben eine aus Episoden bestehende Handlung. Auch markieren Binnen- und Rahmenhandlung meist keine verschränkte Handlung, sondern zwei verschiedene Handlungen, ich denke hier bspw. an Grillparzers *Der arme Spielmann* (1848). Im Hinblick auf moderne und 'postmoderne' Erzählungen ist die klare Unterscheidbarkeit von Handlungen nicht so ohne weiteres sicher. Oft werden entlang der Verschränkung von auto-, intra-, hetero- und metadiegetischer Ebene die Möglichkeiten, Handlungen von Handlungen zu unterscheiden, unterminiert (bspw. Alban Nicolai Herbsts *Thetis. Anderswelt* (1998) oder Haruki Murakamis *Hard-boiled Wonderland* (1985). Dabei ist es oft auch schwierig auszumachen, ob die Verschränkungen sich in Form von multiplen Welten nur auf die N1-

Das, was die Narratologie üblicherweise als Fabel oder *story* bezeichnet, markiere ich als die Zusammenführung von Episoden über ein Geschehen zu einer Handlung. Die Kommunikationsebene N1 umfasst also Ereignisse, Episoden, das Geschehen, die *story* (= Fabel) und Handlung(en). Die Handlung ist also die Zusammenführung von Ereignissen zu Episoden zu einem Geschehen, das einen rekonstruierbaren textontologischen Zusammenhang ergibt. Handlung ist solchermaßen ein wenig mehr als *story* oder: Die *story* ist die Differenz von Geschehen und Handlung, wenn das *Geschehen* als das schlichte Aneinanderreihen von Episoden an Episoden im Modus des 'und dann ..., und dann ..., und dann ...', also im Modus der Chronologie beobachtet wird. Hier schlägt der, wie es im Englischen so schön heißt, *What-happened-Nextism* zu. Die *story* ist dabei kein einzelnes Element bzw. keine Position in der N-Reihe, sondern die *Bewegung* des Zusammenführens von Ereignissen zu Episoden zu einem Geschehen als Handlung. Ich übernehme die Definition von Geschehen aus Martinez&Scheffel: „Auf einer ersten Integrationsstufe erscheinen Ereignisse zu einem Geschehen aneinandergereiht, indem sie chronologisch aufeinander folgen" (MARTINEZ/SCHEFFEL: 25). Das Geschehen markiert die schiere Chronologie, während die Handlung das sinnvolle Relationieren der Elemente Ereignisse/Episoden im Hinblick auf ein Geschehen kennzeichnet. Und zu diesem sinnvollen Relationieren gehört auch bzw. gerade die Zuschreibung von Kausalität (sensu Martinez&Scheffel). Handlung markiert also die chronologische *und* kausale Relationierung der Elemente Ereignisse/Episoden zu einem Geschehen.[164] Auf dieser Grundlage kann man dann sagen, dass eine Handlungs-*Struktur* dort entsteht, wo über das schiere Aneinanderschließen des Geschehens hinausgegangen wird, indem sich unabhängig von den konkreten Ereignissen und Episoden die Art und Weise des Relationierens von Chronologie und Kausalität wieder erkennen und wiederholen lässt. White unterscheidet deshalb auch Struktur und Sinnordnung von bloßer Aufeinanderfolge (siehe WHITE: 15). *Histoire* wäre in diesem Zusammenhang das Gesamt aus Ereignissen, Episoden, Geschehen und Handlung. Und Handlungen lassen sich paraphrasieren. Geschichten lassen sich nicht pa-

---

Ebene beziehen (Murakamis *Hard Boiled Wonderland*) oder auch, wie ganz radikal bei Italo Calvinos *Wenn ein Reisender in einer Winternacht* (1979), sich auch auf die N2-Ebene erstrecken.

[164] Die Wendung sinnvolle Handlung ist somit ein Pleonasmus. Hierzu sehr schön Meuter in Bezug auf MacIntyre: „Handlungen sind immer nur als „verständliche[] Handlung" zu haben [...] und die Verständlichkeit einer Handlung ergibt sich daraus, daß sie 'als Moment in einer möglichen oder tatsächlichen Geschichte' begriffen werden kann. Die (sinnhafte) Identität einer Handlung ist also 'gleichzusetzen mit ihrer Stellung in einer narrativen Folge'" (MEUTER: 156). Von Meuter wird hier angerissen, was ich weiter unten diskutieren werde: Die Funktion eines Elements der N-Reihe ist allein innerhalb der N-Reihe zu beobachten. Die isolierte Beschreibung eines Elements ist nicht möglich.

raphrasieren (s. u.).¹⁶⁵ Nun ist es auch hier so, dass Ereignisse und Episoden als Geschehen die Bedingung der Möglichkeit von Handlung(en) sind, aber Ereignisse und Episoden als Geschehen werden allererst als diese beobachtbar, also konstituierbar, im Rahmen von Handlung(en). Von Episoden lässt sich erst im Nachhinein entlang von Handlungen sprechen. Vom Geschehen lässt sich erst im Nachhinein entlang von Handlung(en) sprechen. Handlungen ergeben sich aus einem episodenhaften Geschehen, das via Handlungen zu einem episodenhaften Geschehen wird. Oder: „Die Elemente der Fabel gewinnen vom Ende her ihren Sinn."¹⁶⁶ Solchermaßen ließe sich formulieren, dass via Chronologie und Kausalität *Linearität im Medium der Retro-Aktivität* vollzogen wird. Indem ich Geschehen und Handlung unterscheide und Handlung als sinnvolles Relationieren der Elemente Ereignisse/Episoden zu einem Geschehen definiere und indem ich daraus folgend die Handlung als sinnvolles Relationieren von der schieren Reihe 'Ereignisse – Episoden – Geschehen' unterscheide, argumentiere ich ähnlich, wenn auch nicht deckungsgleich mit Martinez/Scheffel, die die textontologische Ebene der erzählten Welt noch einmal unterschieden in „Handlung: (1) Die Gesamtheit dessen, was erzählt wird – im Unterschied zur Art und Weise seiner erzählerischen [...] Darstellung; umfaßt die Elemente [...] Ereignis, [...] Geschehen und [...] Geschichte [...]. (2) Handlung einer Figur" (MARTINEZ/SCHEFFEL: 189) und Erzählte Welt bzw. Welt bzw. Diegese: „Inbegriff der Sachverhalte, die von einem narrativen Text als existent behauptet oder impliziert werden" (ebenda: 192). Wie gesagt, diese Unterscheidung mache ich nicht explizit mit, ich verwende auch den Begriff der Handlung deutlich anders, indem ich aber die schiere Reihe (erzählte Welt) von der sinnvollen Relationierung ihrer Elemente ('erzählte Welt') unterscheide, laboriere ich am selben Problem. Ich unterscheide mich des weiteren von Martinez/Scheffel, indem ich Handlung(en) nicht komplett auf der Kommunikationsebene N1 platziere, sondern Handlung(en) auch in die Kommunikationsebene N2 hineinragen lasse (siehe Skizze 2). Damit will

---

165 Ich stimme Barthes und White also nur teilweise zu: „Eine Erzählung ist, um mit Barthes zu sprechen, ohne fundamentalen Verlust übersetzbar, was bei einem Gedicht oder einem philosophischen Diskurs nicht möglich ist" (WHITE: 11). Nicht die Erzählung, sondern 'nur' Geschehen, *story, histoire* und Handlung sind übersetzbar, nicht die Erzählung (als Einheit der Unterscheidung Was [erzählte Welt]/Wie[Darstellung], wobei auch Geschehen, *story, histoire* und Handlung nie ohne Verlust übersetzbar sind. In der Paraphrase sind sie immer das nicht (mehr), was sie in der Erzählung sind.

166 NEUMANN, Michael 2000: Erzählen. Einige anthropologische Überlegungen. In: Ders. (Hg.), Erzählte Identitäten. Ein interdisziplinäres Symposion. München, 280-294, 293. By the way: Neumann laboriert am gleichen Problem wie die strukturelle Kopplung, indem er dem Menschen qua Narrativität zum einen die „Fähigkeit, mittels Sprache die sozialen Beziehungen zu vervielfältigen und zu differenzieren" (Kommunikation) zuspricht und zum anderen qua Narrativität „die Fähigkeit zu mentalem Probehandeln" (Bewusstsein) attestiert (ebenda: 280). Allerdings unterscheidet sich seine Perspektive grundlegend von einer systemtheoretischen dadurch, dass er anthropologisch argumentiert und den 'Menschen' sozusagen als Einheit von Bewusstsein und Kommunikation fasst.

ich verdeutlichen, dass die textontologische erzählte Welt (N1) allererst im Erzählen (N2, Darstellung) als erzählte Welt beobachtbar wird. Die Unterscheidung N1/N2 bzw. die Unterscheidung *histoire/récit* erhält ihre Form und ihren Sinn qua Erzählen.[167] Ich werde dies gleich wieder aufgreifen. Zunächst geht es weiter in der narrativen Reihe. Wir sind nun bei der Unterscheidung Handlung(en)/Geschichte(n) angekommen.

*Intermezzo:* plot

Im Hinblick auf den *plot* stimme ich der Definition von White zu und betrachte den *plot* als Grenzphänomen von erzählter Welt und Darstellung: Der *plot* ist die: „Beziehungsstruktur [...], die den in der Darstellung enthaltenen Ereignissen einen Sinn verleiht, indem sie nun als Teile eines integrierten Ganzen identifizierbar werden" (WHITE: 20). Zum Changieren des *plot*-Begriffs zwischen WAS und WIE siehe die Tabelle bei MARTINEZ/SCHEFFEL: 26. Hilary Dannenberg zeigt sehr schön, wie(so) der Plot-Begriff „von verschiedensten Theoretikern und Übersetzern für die beiden Begriffe *story* und *discourse* verwendet worden" ist und wie(so) er deswegen „[j]enseits von *story* und *discourse* anzusiedeln" ist. Sie verweist dabei auf Chatmans maßgeblichen 'Kompromiss- bzw. Synthesevorschlag', nämlich den *plot* als die „Synergie von story und discourse", „als 'story-as-discoursed'" zu beobachten. Dabei ist für uns entscheidend, dass Danenberg darauf hinweist, dass der *plot* in der strukturalistischen Fassung, und auch noch bei Chatman, (zu) statisch gedacht wird, demgegenüber betonen Nicht-Strukturalisten, an vorderster Front Ricoeur den dynamischen Charakter von *plot* und beobachten *plot* als eine Bewegung. An diese Argumentation anschließend, habe ich den *plot* als Zusammenführungs-*Bewegung* von erzählter Welt (Handlung) und Darstellung (Geschichte) beschrieben. Er markiert im konstitutiven Unterschied zur *story* (als Zusammenführungs-Bewegung von Ereignissen, Episoden und Geschehen zu einer Handlung auf der Ebene der erzählten Welt) die Möglichkeit, die erzählte Welt von der Darstellung unterscheiden zu können. Freilich hat der *plot als Bewegung* zwei Positionen innerhalb meines Modells inne:

---

[167] Damit folge ich den Modellen, die das Was vom Wie unterscheiden (bspw. Martinez/Scheffel), gehe aber mit einer der Folgethesen nicht mit. Im Hinblick auf die Schema- und Scripttheorie der Kognitionspsychologie argumentieren MARTINEZ/SCHEFFEL: 151: „Die Handlung literarischer Erzählungen zu verstehen, hieße, sie ihrer linguistischen Präsentationsweise zu entkleiden und *unabhängig* von dieser Präsentation mental zu verarbeiten. Dieser kognitionspsychologische Befund stützt unsere literaturwissenschaftliche Entscheidung, das 'Was' von Erzählungen (Handlung und erzählte Welt) als eine *eigenständige Bedeutungssphäre* erzählender Texte zu betrachten und sie von dem 'Wie' ihrer Darstellung zu unterscheiden" (meine Hervorhebungen, MG). Wenn das WAS vom WIE unterschieden wird, so muss nicht eine Eigenständigkeit und Unabhängigkeit des WAS postuliert werden. In meinem Sinne ist die *Unterscheidung (!)* WAS/WIE ein Effekt der Art und Weise des Erzählens (des WIE).

einmal als Zusammenführungs-Bewegung und einmal als Moment der Darstellung (siehe Skizze 6.).[168] Der *plot* hat beide Positionen inne, weil der *plot* allein als Moment der Darstellung die Differenz von erzählter Welt und Darstellung beobachtbar machen kann. Also nicht WAS$_{[erzählte\ Welt]}$ ← *plot* → WIE$_{[Darstellung]}$, sondern *plot* = WIE$_{[WAS/WIE]}$. Die Darstellung, die Art und Weise des Erzählens konstituiert die Unterscheidung von erzählter Welt und Darstellung.[169]

*Fortsetzung:*

Mit <u>Geschichte</u> bezeichne ich nicht nur das, was erzählt wird (*story* und Handlung), sondern dass das WAS auf bestimmte Art und Weise (WIE) erzählt wird.[170] Hier wird nun relevant, mithilfe welcher Stimme und Fokalisation, mithilfe welcher Zeitmodi (Analepse, Prolepse), mithilfe welcher Verlaufsmodi (analytisch oder synthetisch), mithilfe welcher Reliefbildung (sensu Petersen) usw. die Textontologie konstituiert wird. Es lässt sich zwar nacherzählen, Fridolin ging erst hier, dann dort, dann hier hin und hat sich am Ende von seiner Frau einen erotischen Traum erzählen lassen und deswegen ging er dorthin usw. (Handlung), aber eben nur in einer Form, die die Art und Weise des Erzählens nicht einholen kann. Es ist wichtig, Handlung und Geschichte zu unterscheiden. Wenn jemand aufgefordert wird, erzähl mal die verrückte Geschichte von letzter Woche, so ist diese Aufforderung korrekt (man wird nicht sagen: erzähl mal die verrückte Handlung von letzter Woche), da man ja im Folgenden nicht nur die Handlung (WAS) sondern auch gleichzeitig das WIE erzählt bekommt. In diesem Sinne ist jede Paraphrase einer Handlung eine Geschichte, die Geschichte selbst ist per definitionem nicht paraphrasierbar bzw.: Die erzählte Geschichte *Traumnovelle* ist die Paraphrase ihrer Handlung. So lassen sich verschiedene Geschichten anhand 'ein und derselben' Handlung beobachten, wobei mit jeder Geschichte auch die erzählte Handlung iteriert – also wiederholt und verändert, also kondensiert und konfirmiert – wird. Die Identität einer Handlung liegt dann in der Differenzialität der sie konstituierenden Geschichten. Geschichten lassen sich folgenderma-

---

[168] Lethbridge/Mildorf unterscheiden *story* und *plot* entlang von E.M. Forster folgendermaßen: „The king died and then the queen died (story). The king died and then the queen died of grief (plot). Plot can be considered as part of the discourse [...] it is part of HOW the story is presented". Die folgende "sequence of events" (in unserer Terminologie Geschehen und Handlung) markiert die *story*: „girl marries young – husband treats her badly – husband dies – girl marries man who has loved her for a long time". Wie diese Handlung nun erzählt wird, wie die Motive und kausalen Verknüpfungen relationiert werden usw., dies ist das WIE, das den *plot* ausmacht. (Zitate: www.anglistik.uni-freiburg.de/intranet/englishbasics/Plot01.htm).

[169] Alle Zitate DANNENBERG, Hilary P. 1995: Die Entwicklung von Theorien der Erzählstruktur und des Plot-Begriffs. In: NÜNNING 1995: 51-68, 59f.

[170] Geschichte meint bei mir somit ungefähr das, was MARTINEZ/SCHEFFEL: 187 als *Darstellung* bezeichnen: „Die Form der erzählerischen Vermittlung einer [...] Handlung."

ßen formalisieren: WIE$_{[WAS/WIE]}$. Nun dürfte es nicht überraschen, wenn ich argumentiere, dass allererst durch Geschichte Handlungen nachkonstituiert werden. Geschichte ist die Konstituierung der Handlung als Trans-Formation der Handlung. Trans-Formation (und De-Präsentation) deshalb, weil mit der Geschichte nicht einfach dem WAS ein WIE$_{[WAS/WIE]}$ hinzugefügt wird, sondern weil mit dem WIE der Geschichte die sinnhafte Relationierung der Elemente Ereignisse/Episoden re-formatiert wird. Der Sinn der Handlung wird qua Geschichte immer schon trans-formiert gewesen sein. Oder: Der Sinn der Geschichte ist ein anderer Sinn als der Sinn der Handlung(en). Oder: Qua Geschichte wird der Sinn der Handlung immer schon das gewesen sein, was er so nie war. Ganz analog argumentiert schon WHITE: 59: „Die *Form* des poetischen Textes produziert einen ganz anderen 'Sinn' als alles, was in einer Prosaparaphrase seines verbalen Inhalts wiedergegeben werden könnte." Nun sind ebenso wenig wie *story*, *histoire* und Handlung deckungsgleich sind, *discours* und Geschichte deckungsgleich. Mit *discours* bezeichne ich den sinnvollen *Zusammenhang* von Handlung – Geschichte – Erzählung (s. u.). Am Sinnbegriff lässt sich auch meine alternative Begriffsverwendung explizieren. Die meisten narratologischen Modelle arbeiten mit einem 'Geschichte-Begriff', der auf der Ebene N1 angesiedelt ist und Begriffe wie *story*, Fabel, Geschehen oder *histoire* konnotiert. Martinez/Scheffel definieren Geschichte ganz in diesem Sinne als die komplexere Form des Geschehens:

> Das Geschehen als eine Reihe von Einzelereignissen wird zur Einheit einer Geschichte integriert, wenn die Ereignisfolge zusätzlich zum chronologischen auch einen kausalen Zusammenhang aufweist, so daß die Ereignisse nicht nur aufeinander, sondern auch auseinander folgen (25) Geschichte: Das durch einen kausalen Erklärungszusammenhang motivierte [...] und zu einem *sinnvollen* Ganzen integrierte [...] Geschehen einer Erzählung" (MARTINEZ/SCHEFFEL: 189; meine Hervorhebung, MG).[171]

Die Geschichte ist Teil der Textontologie (N1), sie ist ein Moment des WAS bzw. bei Martinez/Scheffel sind sowohl Handlung als auch Geschichte auf der WAS-Ebene N1 angesiedelt. Nun ist es unschwer zu erkennen, dass die Begriffe Handlung – Geschichte bei Martinez/Scheffel und mir vertauscht sind. Das, was die beiden als Geschichte bezeichnen, bezeichne ich als Handlung und das, was die beiden als Handlung bezeichnen, bezeichne ich als Geschichte, wobei es sich bei genauerer Betrachtung nicht schlicht um eine Vertauschung, sondern auch um feine Unterschiede handelt. Bei mir ist die Geschichte ein WIE-Moment und auf der Kommunikationsebene N2 anzusiedeln. Bei Martinez/Scheffel ergibt sich aus Geschichten eine Handlung, bei mir ergeben sich aus Handlungen Geschichten.[172] Während bei Martinez/Scheffel die Geschichte ein textontologisches *Phänomen* ist, ist es bei mir (sensu Schmidt) ein *modus operandi* des Relatio-

---

[171] Vgl. hierzu auch MARTINEZ/SCHEFFEL: 109.
[172] Dass sich Geschichten aus Handlungen ergeben und nicht vice versa, ist auch die These von SCHMIDT 2003: 48ff. und 60.

nierens von Ereignissen, Episoden, Geschehen und Handlungen: „In den bisherigen Überlegungen zu Geschichten und Diskursen sind Geschichten theoretisch als Modi der Synthetisierung von Handlungen aus Ereignissequenzen modelliert worden" (SCHMIDT 2003: 60).

Warum behalte ich nicht einfach die eingeschliffene Redeweise von Geschichte bei? Warum ändere ich die Positionen von Handlung und Geschichte innerhalb der N-Reihe? Die Betonung liegt auf dem Begriff Sinn. Ich folge Whites Überlegungen, dass (die) Geschichte sich als bestimmte Form des Erzählens (Stichwort: *emplotment*) etabliert (vgl. hierzu auch SOMMERS: 616). Die Art und Weise des Erzählens konstituiert einen spezifischen Sinn, der den Sinn von Handlungen (Chronologie und Kausalität) von dem Sinn der Geschichte unterscheidbar macht. Da Geschichte – White rigide gelesen – ein Epiphänomen der narrativen Darstellung, also des WIE ist, da entlang des WIE und in Form des WIE es überhaupt erst möglich wird, Geschichte zu sagen und zu beobachten, behandle ich den Begriff Geschichte als komplexer gegenüber dem Handlungsbegriff und somit als weiterstufiger. Ich nehme also Momente, die ein Historiograph (der) Geschichte zuschreibt und nutze die beiden Bedeutungsnuancen von Geschichte (Geschichte als *story* und Geschichte als Produkt der Geschichtsschreibung) aus, um das WAS vom WIE vom WIE her unterscheiden zu können. Dabei dürfte klar sein, dass ich immer vom WIE aus in Richtung WAS beobachte (Epistemologie des Beobachtens – WIE$_{[WAS/WIE]}$) und nie umgekehrt (Epistemologie des Beobachteten). Handlungen können (re)konstruiert werden (chronologisch und kausal), (die) Geschichte(n) nicht, da ihr Sinn (sensu White) nicht in den Daten und ihren chronologischen und kausalen Verbindungen, sondern in den Sinnzuschreibungen, die sich an ihnen spezifisch entzünden, liegt. Handlungen werden (re)konstruiert und interpretiert, (die) Geschichte hingegen ist der Interpretationsprozess selbst. Die Vertauschung der Positionen von Handlung und Geschichte innerhalb der N-Reihe ist also Ausdruck einer epistemologischen und theoretischen Prämisse und keine unnötige Verkomplizierung von etabliertem Theoriestand.[173] Ich sehe also gute Gründe für die Vertauschung, letztendlich ist es jedoch nicht entscheidend, ob die Handlung (die) Geschichte beobachtbar macht oder umgekehrt, entscheidend muss immer sein, dass zwei Sinnmomente unterschieden werden: Das Moment der Chronologie und Kausalität auf der WAS-Ebene und das Moment des narrativen Sinns auf der WIE-Ebene. Der *narrative Sinn* ist eben nicht chronologisch und kausal, im Medium von Retro-Aktivität, Rekursion, Transformation und De-Präsentation ist er vielmehr

---

[173] Meine Thesen sind, obwohl sie nicht aktanten- und handlungstheoretisch argumentieren, kompatibel mit Schmidts Perspektive: „Unter Geschichte verstehe ich einen unter einer Sinnkategorie (von sinnvoll bis sinnlos) geordneten Zusammenhang von Handlungsfolgen eines Aktanten. Geschichten entstehen durch die intrinsische Verkettung bzw. Vernetzung von Handlungen in der Weise, dass jede Handlung als Setzung von Varaussetzungen zur Voraussetzung für nachfolgende Handlungen wird uns so weiter" (SCHMIDT 2003: 49).

hybride und hyperkomplex. Das bedeutet, dass es Chronologie und Kausalität in Narrationen freilich gibt, dass aber der narrative Sinn einer Narration mit der Ortung dieser beiden Momente nicht erfasst wird. Der Sinn der Handlung wird sich qua Geschichte eingestellt haben. Der Sinn der Handlung wird qua Geschichte immer schon trans-formiert gewesen sein. Chronologie und Kausalität werden qua narrativen Sinn immer schon transformiert gewesen sein. Ricoeur argumentiert in diesem Zusammenhang zwar nicht deckungsgleich, aber durchaus kompatibel, wenn er behauptet, dass die klassischen chronologischen Parameter Anfang, Mitte und Ende eben nicht selbstimplikativ „chrono-logisch, sondern *narrativ-logisch* aufgefasst werden" müssen. Die Chronologie ist solchermaßen Epiphänomen der gesamten N-Reihe und hat nur in der jeweiligen Realisierung der N-Reihe einen Sinn: „Die Zeitlichkeit, die sie [Anfang, Mitte und Ende] entfalten, hat primär narrativen Sinn: nur im Hinblick auf die jeweilige Geschichte läßt sich etwas als Anfang, Mitte oder Ende charakterisieren" (MEUTER: 128 im Hinblick auf Ricoeur).[174] Es lässt sich also formulieren: Retro-Aktivität, Rekursion, Transformation und De-Präsentation sind narrativ-logische (und freilich auch narrativ-logistische) Momente bzw. die Narrativität hat in Form ihrer N-Reihe eine eigene narrativ-logische Zeitlichkeit, die alle Elemente der N-Reihe und den gesamten Prozess der N-Reihe affiziert. In die gleiche Kerbe schlägt auch Müller-Funk, wenn er darlegt, dass Erzählungen nicht in der Chronologie ihres Geschehens aufgehen, sondern narrativ-logische Parameter ausbilden: ästhetische, existenzielle und ethische. Diese Parameter überfluten gleichsam die Chronologie, Linearität und Paraphrasierbarkeit mit spezifisch narrativem Sinn: Erzählungen sind „Medien, die Handlungsketten nach ganz bestimmten Prämissen ordnen, nach ästhetischen (Dramatik), aber auch nach existentiellen (Intensität, Schmerz, Wunde) und nach ethischen (Sieg des Guten, *happy end*)" (MÜLLER-FUNK: 91). Weitere Überlegungen müssten hier anschließen, indem sie diese These im Kontext der Unterscheidung symbolische/soziale Systemreferenz und/oder im Rahmen der Nünningschen Kommunikationsebenen elaborieren, da der narrative (narrativ-logische) Sinn weder nur auf der Ebene N1 noch nur auf der Ebene N2 angesiedelt ist, sondern sich auch und vor allem in der Beobachtung der Ebenen N1 bis N5 etabliert. Die N-Reihe und der narrative Sinn sind nicht ausschließliche Momente der symbolischen Systemreferenz, sondern – als basale Wirklichkeitsher(aus)stellungsmodi – eben als Nexus von symbolischer und sozialer Systemreferenz zu beobachten. Oder im Hinblick auf Nünning: Der *narrative Sinn* ist der Nexus von textinterner und textexterner Kommunikation, der narrative Sinn ist somit als Kommunikationsebene N3 be-

---

[174] Und im Hinblick auf die Systemtheorie: "Dies erinnert durchaus an Luhmann, auch bei ihm sind Anfang und Ende keine chronologisch-objektiven Tatsachen, die man unabhängig von einem System feststellen könnte, sondern sinnverdichtete Punkte, die ein System im Vollzug narrativer Musterbildung konstruiert, um sich mit ihrer Hilfe in einer Umwelt zu orientieren" (MEUTER: 128).

obachtbar. Dies bestätigt auch Kraus, wenn er davon spricht, dass die Merkmale des Erzählens „soziale Konstrukte" sind, die „insofern auf gesellschaftliche Entwicklungen" reagieren (KRAUS: 173). Und auch Mink und White bestätigen unsere Perspektiven. Mink spricht von der Kohärenz von Erzählungen, meint damit aber genau das, was über die Chronologie hinausgeht. Der narrative Sinn ist nun nicht ein bestimmter Sinn, sondern die Unendlichkeit der Beziehungen und Möglichkeiten innerhalb der Erzählung; der narrative Sinn ist somit das Überborden der Kontingenz, das freilich in jeder Erzählung zu einer konkreten Realisierung wird, die als Kohärenz das Überborden zwar stillstellt, aber nicht vernichtet: „'Erzählungen aber enthalten [im Gegensatz zu Chroniken] unendlich viele ordnende Beziehungen und unendliche viele Möglichkeiten diese Beziehungen zu kombinieren. Wir meinen eine derartige Kombination, wenn wir von der Kohärenz oder auch der mangelnden Kohärenz einer Erzählung sprechen'" (Mink in WHITE: 63). Für White kondensiert der narrative Sinn am *plot*-Begriff; es ist das *emplotment*, das Ereignisse, die sensu White schlicht nicht-narrativ da sind, narrativiert und dabei Parameter der Chronik (Chronologie und Linearität) dekonstruiert. Sommers markiert ganz im Sinne Whites den *plot* und das *emplotment* als narrative Sinn-Formatierung. Qua *emplotment* wird schierer Chronologie und schierem Anschließen ein narrativer Sinn aufgepfropft. Für unsere Zwecke ist entscheidend, dass Sommers das emplotment als logistisch-syntaktisches Moment liest: Der narrative Sinn einer Erzählung ist nicht seine Semantik, nicht seine Inhalte und Motive, sondern die Relationierungsrelationierungen der Erzähl-Grammatik. Der narrative Sinn ist die Syntax der Erzählung und des Erzählens:

> It is emplotment that gives significance to independent instances, not their chronological or categorial order. And it is emplotment that translates events into episodes [...]. To make something understandable in the context of a narrative is to give it historicity and relationality. This works for us because when events are located in a temporal (however fleeting) and sequential plot we can then explain their relationship to other events. Plot can thus be seen as the logic or syntax of narrative [...]. Without attention to emplotment, narrativity can be misperceived as a non-theoretical representation of events. Yet it is emplotment that permits us to distinguish between narrative on the one hand, and chronicle or annales, on the other. In fact, it is emplotment that allows us to construct a *significant* network or configuration of relationship" (SOMMERS: 616f.).

White nun möchte des Weiteren zeigen, dass der Historiograph zwar vom *emplotment* konditioniert ist, diese Konditionierung aber invisibilisieren möchte: „Indem er eine Geschichte erzählt, legt der Historiker also zwangsläufig einen *plot* frei" (ebenda: 71). Der narrative Sinn „ist weniger 'konstruiert' als 'vorgefunden' in der universellen menschlichen Erfahrung einer 'Erinnerung'" (ebenda).[175]

---

[175] White unterscheidet zwischen „Geschichtselementen (*story elements*)" und „Plotelementen (*plot elements*)": „Nach allgemeinem Dafürhalten stülpt der *plot* einer Erzählung den Ereignissen, die ihre Geschichtsebene bilden, einen Sinn über, indem er am Schluß eine Struk-

Eine avancierte Narrativitätstheorie ist sich hingegen der konstruktiven Leistung von Narrativität und *emplotment* bewusst: „So schafft die Erzählung eine Ordnung der Dinge, die jenseits des Erzählens nicht besteht […] es wird nicht abgebildet, was ohne Erzählung da ist, sondern damit Handlung als Handlung erscheint, bedarf es (der Möglichkeit) des Erzählens" (MÜLLER-FUNK: 75 und 81). Ich würde im Rahmen der L(og)ist(ik) der De-Präsentation formulieren, dass der narrative Sinn Effekt unseres Beobachtens ist und sich im Verschleifen von Beobachtungsbeobachtungen solchermaßen etabliert, dass er als qua Beobachtungsbeobachtungen konstruierte Größe 'vorgefunden' wird. Der narrative Sinn wird, weil er qua Beobachtungsbeobachtungen im Medium von Beobachtungsbeobachtungen beobachtet wird, weder her- noch aus-, sondern eben HER(AUS)-STELLT. Dies führt zu einer *implodierenden Epistemologie*, die die Unterscheidung finden/konstruieren in den Beobachtungsbeobachtungsverschleifungen, die im Medium der Beobachtung beobachten, implodieren lässt.

Die hier elaborierte Vorstellung von der *Linearität der narrativen Reihe im Medium der Retro-Aktivität* ist nur möglich vor dem Hintergrund der Unterscheidung *Ereignis/Prozess*.[176] Die Ereignisse *und* die einzelnen Elemente der N-Reihe sind nicht isolierte Größen, sondern Phasenmomente eines Prozesses, dabei ist „[e]in Prozeß […] nicht einfach eine 'Reihe' oder 'Kette' von Ereignissen, in der nach dem immer gleichen Prinzip immer gleiche Teile aneinandergereiht würden" (MEUTER: 104). Hierzu Luhmann:

> So wenig wie eine Addition von Punkten eine Strecke ergibt, so wenig ergibt eine Addition von Ereignissen einen Prozeß. […] Prozesse sind demnach nicht einfach Faktenreihen. Von Prozeß sollte nur gesprochen werden, wenn die Selektion eines Ereignisses die Selektion des anderen mitbestimmt.[177]

Wichtig ist dabei auch, dass die Beobachtung eines Ereignisses bzw. eines einzelnen Elements weder etwas über die Struktur des Erzählens noch über die Funktion des Ereignisses bzw. Elements im Erzähl-Prozess aussagt. Erst in der Beobachtung der N-Reihe als Prozess, bei dem sich die Ereignisse und Elemente linear *und* rekursiv wechselseitig bedingen und alle Momente von der ERZÄHLUNG nach-konstituiert gewesen sein werden, ergeben sich die Erzähl-Grammatik und die jeweilige Funktion der Ereignisse und der einzelnen Elemen-

---

tur bloßlegt, die den Ereignissen immer schon immanent gewesen ist" (WHITE: 33). In der Historiographie ist der *plot* ein „Störfaktor", er „muß als in den Ereignissen 'vorgefunden' präsentiert werden, nicht als mittels narrativer Techniken dorthin verpflanzt" (WHITE: 34). White hingegen zeigt, dass Geschichte Effekt narrativer Techniken ist.

[176] Ich orientiere mich im Folgenden hauptsächlich an der entlang von Luhmann gewonnenen Argumentation von MEUTER: 98-121, deshalb werde ich nicht alle Beobachtungen im Einzelnen nachweisen.

[177] LUHMANN, Niklas 1980: Temporalisierung von Komplexität. Zur Semantik neuzeitlicher Begriffe. In: Ders., Gesellschaftsstruktur und Semantik. Studien zur Wissenssoziologie der modernen Gesellschaft. Bd. 1. Frankfurt a.M., 235-300, 243 und 250.

te.[178] Dabei ist die N-Reihe retro-aktiv selegierend und somit sinn-konstituierend.[179] Das heißt, dass das schiere Aneinanderschließen der Elemente – die Linearität – sich nicht einfach als Verkettungsmechanismus vollzieht, sondern dass jedes Element sowohl von folgenden nach-konstituiert wird, als auch, dass jedes Element seinen Sinn an das folgende Element weitergibt. Dies bedeutet, dass im Nachhinein das schiere Aneinanderschließen der Elemente immer schon Sinn gemacht haben wird. Dies ist die Logik jeder Prozessualität. *Jeder Prozess ist eine Kombination aus Linearität und Rekursion im Modus der Retro-Aktivität.* Hierzu Meuter (ohne expliziten Rekurs auf das Narrativitätstheorem):

> eines der basalen Merkmale jeder Form von Geschichten ist es gerade, daß ihre einzelnen Ereignisse einen inneren Bezug untereinander entwickeln, aufeinander reagieren und wirken. [...] in einer Geschichte reicht jedes Ereignis seine Selektivität an das Anschlußereignis weiter. Eine sinnhafte Geschichte ist daher nicht einfach die faktische Abfolge von Ereignissen, sondern [...] ein *historischer Weg*, in dem jedes Ereignis etwas vom vorhergehenden *erbt* (ebenda: 107).

Dabei kommt es zu einer – und das ist entscheidend – „*rekursive[n] Selektionsverstärkung*", indem „die Selektivität jedes narrativen Einzelereignisses [...] an jedes nächste Ereignis 'vererbt'" wird (ebenda: 120). Dadurch ergibt sich die „Möglichkeit, die reine Linearität einer Ereignissequenz zu übersteigen" (ebenda: 107), ohne die Linearität ad acta zu legen.

> Ein Ereignis innerhalb einer Geschichte – also ein narratives Ereignis – läßt sich nicht allein durch seine Position in einer irreversiblen Zeitpunktkette bestimmen, sondern dadurch, welche Sinnbezüge es zu ganz verschiedenen Ereignissen des sich jeweils zu einer Geschichte schließenden Zusammenhangs aufnimmt. [...] Jedes narrative Ereignis vollzieht eine Art Transformation der gesamten Prozeß- bzw. Systemzeit" (ebenda: 107f.).

Und natürlich auch umgekehrt: Die gesamte Prozess- bzw. Systemzeit (= Erzählung) vollzieht eine Transformation der Ereignishaftigkeit der Ereignisse. Solchermaßen ergibt sich der Sinn einer Erzählung nicht aus der Re-Konstruktion der Chronologie und Linearität von Ereignissen und Ereignissen über Episoden und Episoden zu einem Geschehen, sondern *immer schon im Nachhinein* über die Prozessualität des *récit* (Handlung, Geschichte, Erzählung). Meuter bezieht sich hier auf die Ereignisse als Basiselementen von Handlungen und Geschichten, meines Erachtens beschreibt er aber einen Mechanismus, der für alle Elemente der N-Reihe gilt. Das Verhältnis der Ereignisse zueinander ist analog zum Verhältnis der Elemente der N-Reihe zueinander. Die einzelnen Ereignisse sind ja

---

[178] Analog hierzu KRAUS: 175: „Die dramatische Qualität eines Ereignisses ist allerdings *keine Qualität des Ereignisses selbst*, sondern abhängig von seiner Position innerhalb einer Narration."

[179] Sinn impliziert Selektion und Selektion impliziert Sinn und so kann man die Außenseite der Innenseite von der Innenseite der Innenseite unterscheiden, indem man von der „Materialität der Vorfälle" (Außenseite der Innenseite) den „Sinn der Ereignisse" (Innenseite der Innenseite) unterscheidet (MEUTER: 130).

durch die Folgeelemente sinnhaft nachkonstituiert, deshalb gilt für die Ereignisse das gleiche wie für die Episoden und wie für jedes Element der N-Reihe: *Linearität und Rekursion im Modus der Retro-Aktivität*.[180] Deshalb variiere ich auch die These von Martinez/Scheffel, dass man die erzählte Welt (WAS) und die Darstellung (WIE) solchermaßen unterscheidet, dass die erzählte Welt eine eigenständige Ebene abgibt. Vielmehr argumentiere ich so, dass sich eine Erzählung in der und als N-Reihe so festfährt, dass man zwar WAS und WIE unterscheiden, aber eben nicht trennen kann. Um das Beispiel von Martinez/Scheffel aufzugreifen: Sicher könnte die „Geschichte von Werthers Leiden [...] auch in Form eines inneren Monologes, durch die Rede eines auktorialen Erzählers usw. dargestellt werden" (MARTINEZ/SCHEFFEL: 21), aber damit würde man meines Erachtens nicht einfach eine gleich bleibende erzählte Welt anders erzählen, anders darstellen, sondern den gesamten Sinn von Goethes Werther umcodieren.[181] Wir haben nicht einen Werther und verschiedene Möglichkeiten, ihn darzustellen, sondern jede Darstellungsweise konstituiert einen anderen Werther. Ich hantiere hier mit der Form $WIE_{[WAS/WIE]}$ und nicht mit der Form WAS/WIE und liege damit quer zur üblichen Auffassung, „dass es zu einer Histoire [=Was] beliebig viele Récits [= Wie] geben kann (Arbitrarität des Récit)" (BUNIA: 200).[182] Damit öffne ich die Analyse und Interpretation von Werken einer antithematistischen syntaktisch-infrastrukturellen Analyse sensu Derrida, einerseits und bestätige Luhmanns These, dass jeder Prozess allererst im Etablieren seiner Geschichte (Geschichte in meinem Sinne!) überhaupt beobachtbar und somit sinnhaft wird, andererseits:

---

[180] Die Matrix 'Linearität im Modus der Retro-Aktivität' impliziert die Endlosigkeit von selbstreferentiellen Prozessen. Luhmann argumentiert nun ganz in unserem Sinne, wenn er sagt, dass auch oder gerade endlos-selbstreferentielle Prozesse Identität für den Vollzug von Selbstreferenz Identität brauchen (siehe hierzu LUHMANN, Niklas 1979: Suche der Identität und Identität der Suche – Über teleologische und selbstreferentielle Prozesse. In: MARQUARDT/STIERLE: 593-594, 594.

[181] Ich weise nochmals darauf hin, dass Martinez/Scheffel mit 'Geschichte' das indizieren, was ich als Handlung bezeichne.

[182] Um eine einseitige Argumentation meinerseits zu vermeiden, zitiere ich die betreffende Stelle bei Martinez/Scheffel ganz. Der Unterschied zwischen ihnen und mir liegt vornehmlich darin, dass sie Darstellung als Beeinflussung der erzählten Welt lesen, die auch trotz wechselnder Darstellungsmodi diese erzählte Welt bleibt, während ich davon spreche, dass die Darstellungsweise nicht nur beeinflusst, sondern konstitutiv affiziert, sich also ihre erzählte Welt konstituiert. Nicht nur die ästhetisch-emotionale Wirkung hängt am Faden der Darstellung, sondern die gesamte ERZÄHLUNG. „Daß wir die erzählte Welt fiktionaler Werke nur aufgrund von Informationen, die in den Sätzen des Textes gegeben werden, konstruieren können, und daß die ästhetisch-emotionale Wirkung des Werkes von Eigenschaften der Vermittlung beeinflusst wird, ändert nichts daran, dass die erzählte Geschichte und ihre Welt von der Art und Weise ihrer Darstellung zu unterscheiden sind. Die Geschichte von Werthers Leiden könnte auch in Form eines inneren Monologes, durch die Rede eines auktorialen Erzählers usw. dargestellt werden" (MARTINEZ/SCHEFFEL: 21).

Prozesse kondensieren so zwangläufig eine Geschichte und können dann nach einer relativ kurzen Zeit 'nur noch unter Einbeziehung ihrer Geschichte' (WdG, 235) beschrieben werden. [...] Insgesamt bedeutet dies, daß mit dem 'Aufbau selektionsscharfer Strukturen die Abhängigkeit von der eigenen Geschichte zunimmt und das System sich sozusagen in seiner eigenen Geschichte festwächst' (SA-2,207) (MEUTER: 109).[183]

Die Paraphrase eines Geschehens oder die Beobachtung von Ereignissen und Episoden ist ohne den Bezug auf die Geschichte und die ERZÄHLUNG nicht möglich. Eine ERZÄHLUNG setzt sich somit nicht aus ihren Elementen zusammen, sondern aus der retro-aktiven Bewegung des Relationierens der Elemente. Meuter spricht zwar nicht von Linearität und Rekursion im Modus der Retro-Aktivität, aber er spricht völlig analog vom narrativ-teleologischen Zug der Episodenbildung im Modus der Rekursion (siehe MEUTER: 115). Die Idee ist dieselbe: Linearität und Teleologie auf der einen und Rekursion und Retro-Aktivität auf der anderen Seite konstitutiv miteinander zu korrelieren – im Modus der Retro-Aktivität (und natürlich im Rahmen meiner Arbeit: im Modus der De-Präsentation).

Mit der These, dass die Prozessualität bestimmt, dass und wie narrativer Sinn entsteht, ist überhaupt erst die Möglichkeit eröffnet, *Strukturen* zu beobachten. Allererst durch die Beobachtung von Prozessualität, die freilich der Prozessualität per definitionem nicht habhaft werden kann, kann von Erzähl-Form, Verlaufs-Fom und Erzähl-Grammatik die Rede sein. Solchermaßen kann man die einzelnen Elemente der N-Reihe und die Elemente der gesamten Erzähl-Grammatik nicht punktuell beobachten, sondern eben nur im Rahmen der Strukturen, die als Epiphänomene von Prozessualität zu beobachten sind. Die Selektionen an den jeweiligen Elementstellen können „nur noch erklärt werden, wenn man sie als Ergebnis von strukturierten Prozessen begreift" (MEUTER: 111). Dies bedeutet weiter:

> Strukturen sind also nicht mit den konkreten Relationen identisch. Der Strukturwert von Strukturen besteht gerade darin, daß sie 'auch beim Auswechseln der Elemente fortbestehen und reaktualisiert werden können'. [...] Strukturen *sind* daher nicht die Relationen, sondern deren selektive Regulierung" (ebenda: 112).

Allerdings gibt es keine

> unabhängige *Existenz* von Strukturen [...]. Strukturen erhalten ihre Realität nur innerhalb eines konkreten Prozesses, sie besitzen 'eine eigene Aktualität nur in dem Moment, in dem sie benutzt werden'. [...] jede realisierte Struktur ist immer auch eine individuelle Form, nämlich die der gegenwärtigen, aktuellen Realisierung (ebenda). [...] Strukturen spannen Horizonte bestimmter Ereignisrelationierungen auf und grenzen sie gegen an-

---

[183] WdG = Wissenschaft der Gesellschaft und SA-2 = Soziologische Aufklärung, Band 2.

dere Relationierungsmöglichkeiten ab" (ebenda: 113). [...] Strukturen sind Proze*ßepisoden* (ebenda: 120).[184]

Entscheidend ist, dass mit Struktur schon die Korrelation von Linearität und Rekursion im Modus der Retro-Aktivität indiziert ist. Die Wendung retro-aktive Struktur ist somit pleonastisch und wir hatten bei der Diskussion der Handlung ja schon gesehen, dass Strukturen dort beobachtbar werden, wo über das schiere Aneinanderschließen des Geschehens hinausgegangen wird und wo die Art und Weise des Relationierens von Chronologie und Kausalität wieder erkennbar ist. White unterscheidet deshalb auch Struktur und Sinnordnung von bloßer Aufeinanderfolge (siehe WHITE: 15). Wenn man nun noch die Begriffe Ereignis und Prozess konsequent systemtheoretisch als radikal flüchtige Momente versteht, die im Moment ihres Erscheinens schon verschwunden sind und im Beobachtetwerden als Hypostase das nicht mehr sind, was sie waren/sind (Prozesse), dann kann man Strukturen als Ermöglichung von Beobachtung im Medium der Flüchtigkeit und des Unbeobachtbaren beschreiben. Strukturen garantieren das Weiterlaufen der N-Reihe, nicht trotz, sondern aufgrund der Flüchtigkeit und Unbeobachtbarkeit ihrer Elemente (als Elemente).[185]

Meuter stellt in diesem Zusammenhang die passgenaue Gegenthese zu Rusch auf, der, wie gesehen, behauptet „[i]n Erzählungen kann es keine wirklichen Überraschungen geben! Denn jedes unerwartete Ereignis muß als ein solches plausibilisierbar und – nicht zuletzt – erzählbar sein. Es muß einem Intellekt entstammen, dem es wie unbewusst auch immer bekannt ist" (RUSCH: 357). Mit der Korrelierung von Linearität (bzw. Teleologie) und Rekursion im Modus der Retro-Aktivität, der Beobachtung von Strukturen im Medium der Flüchtigkeit und Unbeobachtbarkeit, mit der Kombinierung von Konfirmation und Kondensation bzw. Wiederholung und Variation sowie der These von der narrativen

---

[184] Und Meuter schließt an diese Überlegungen seine Thesen zur narrativen personalen Identität an: „daß besonders dichte und stabile Strukturen uns schließlich als *Identitäten* erscheinen, und zwar als Orientierungspunkte, an die unser Handeln, aber auch unser Erleben und Wahrnehmen insgesamt anschließen können. [...] Identitäten wären in diesem Verständnis nichts anderes als besonders dichte, routinierte Strukturen unseres Erlebens und Wahrnehmens, die sich leicht und sicher aktualisieren lassen und an die man daher Anschlüsse anbinden kann" (MEUTER: 113). „Identitäten" sind „besonders dichte und eingespielte narrative Relationierungsmuster" (ebenda: 120).

[185] Hierzu punktgenau Meuter in Bezug auf Luhmann: „Aufgabe von Strukturen ist es [...] die autopoietische Reproduktion der permanent verschwindenden Prozesselemente zu ermöglichen. Dadurch, daß sie Elemente zu typischen narrativen Mustern konfigurieren, reduzieren Strukturen/Episoden die Unsicherheit der Zukunft (bzw. die Entropie der bereitgestellten Möglichkeiten) auf ein Maß, das es ermöglicht, Anschlußfähigkeiten zu stabilisieren. [...] Strukturbildung heißt, mit anderen Worten, nicht nur Kondensierung, sondern auch Konfirmierung. Jede neue Situation bringt immer ein 'Moment der Überraschung' (SoSy,395) mit sich" und „diese permanente Einarbeitung von kontingenten Neuheiten und Überraschungen" sowie „jede Reproduktion variiert und dynamisiert das, was sie reproduziert" (MEUTER: 118f.). – Zu Struktur und Prozess siehe auch VAASSEN: 100 und MÜLLER-FUNK: 46ff.

Trans-Formation aus Trans-Formationen kann ganz im Gegenteil behauptet werden, dass Narrativität per definitionem Überraschung nach sich zieht: „Ich halte dieses Moment der Einarbeitung von kontingenten Überraschungen bzw. Neuheiten für ein basales Charakteristikum von Narrativität" (MEUTER: 119). In diesem Sinne kann *Narrativität* als die *Einheit der Unterscheidung Struktur/Überraschung* bzw. *Muster/Überraschung* definiert werden.

> Nun kann aber hier nicht stehen geblieben werden. Mein ganzes Modell läuft letzten Endes darauf hinaus, als (mindestens) ternär beobachtbar zu sein. Das ist maßgeblich entscheidend. Narratologische Modelle lassen sich, wie Müller-Funk herausgestellt hat, dahingehend unterscheiden, ob sie binär oder ternär angelegt sind. Binär sind die Modelle, die sich allein entlang der Barre einer Unterscheidung bspw. fabula/sjuzhet (Shklovsky), *histoire*/*discours* (Todorov), *story*/discourse (Chatman) oder *story*/narration (Cohan/Shives) konstituieren:

„Die meisten binären Modelle gehen ganz offenkundig aristotelisch von der Differenz von 'Handlung' (Inhalt) und 'Erzählung' (Form) aus, während die ternären Modelle ganz ähnlich wie die Peircesche Semiotik und auch die Ricoeursche Hermeneutik das Verhältnis von 'Handlung' und 'Erzählung' als eine eigene Ebene zu bestimmen suchen. Dabei wird die Erzählung als Akt selbst zu einer Handlung (Genette) oder zu einem relationalen Verhältnis (Mimesis III bei Ricoeur)" (MÜLLER-FUNK: 55).

Nünnings fünfstelliges Kommunikationsmodell ist quer zu seinen fünf N-Ebenen ebenfalls ternär: textinterne Ebene (N1 und N2), textexterne Ebene (N4 und N5) und die Innen und Außen verbindende Ebene N3. Auch das binäre Modell von Martinez/Scheffel ('Wie': Darstellung und 'Was': Handlung und erzählte Zeit) ist nur oberflächlich binär. Im Grunde ist es quartär. Martinez/Scheffel vollführen auf beiden Seiten ihrer Basisunterscheidung noch eine Binnendifferenzierung.[186] Die Unterscheidung innerhalb der erzählten WAS-Welt haben wir schon kennengelernt: Diegese/Handlung (s. o.), aber auch die WIE-Welt der Darstellung wird gespalten in Erzählung[187] und Erzählen.[188] Dieses binär-quartäre Modell sieht also folgendermaßen aus:

---

[186] Sie sprechen von einer „grundsätzlichen *Opposition* von Welt oder Handlung *vs.* Darstellung" (MARTINEZ/SCHEFFEL: 24, meine Hervorhebungen, MG).

[187] „*Erzählung*: Die erzählten Ereignisse in der Reihenfolge ihrer Darstellung im Text. Die Erzählung unterscheidet sich von der chronologisch rekonstruierten Handlung vor allem durch die Gestaltung und zeitliche Umgruppierung der Ereignisse im Text (Erzähltempo, Rückwendung, Vorausdeutung)" (ebenda: 25) und „Erzählung: Schriftliche oder mündliche Darstellung einer [...] Handlung" (ebenda: 188). Hiermit ist *ungefähr* das indiziert, was ich als Geschichte verstehe.

[188] „Die Präsentation der Geschichte und die Art und Weise dieser Präsentation in bestimmten Sprachen, Medien (z. B. rein sprachliche oder audiovisuelle) und Darstellungsverfahren (z. B. Erzählsituation oder Sprachstil)" (ebenda: 25) und „Erzählen: Kommunikative Sprachhandlung, die eine [...] Erzählung hervorbringt" (ebenda: 187).

Mein Modell folgt solchen ternären und quartären Tendenzen, indem es zwischen histoire, récit und Erzählung bzw. zwischen Handlung, Geschichte und Erzählung unterscheidet (siehe Skizze 4).[189] *Handlung* ist das sinnvoll (chronologisch und kausal) relationierende WAS, *Geschichte* das diesen Sinn (narrativ) rejustierende WIE (als WIE$_{[WAS/WIE]}$) und *Erzählung* ist die sinnvolle narrative Relationierung von WAS und WIE sowie im Rahmen von Nünnings Kommunikationsmodell die (freilich retro-aktiv konditionierte) Öffnung zu literarischer und gesamtgesellschaftlicher Kommunikation.[190] Dabei ist schon meine Form WIE$_{[WAS/WIE]}$ per se ternär. Das, was Martinez/Scheffel als Erzählung bezeichnen, wäre bei mir die Geschichte (als kleinere Einheit) oder der discours (als größere Einheit) und ihr Erzählen wäre meine ERZÄHLUNG. Allerdings markiert meine 'ERZÄHLUNG' als die sinnvolle narrative Relationierung von WAS und WIE nicht nur, aber auch, die phänomenalen Aspekte der Sprachen, Medien und Darstellungsverfahren, sondern auch eine konzeptionelle Größe. Mit ERZÄHLUNG kennzeichne ich die logi(sti)sche Bedingung der Möglichkeit der N-Reihe und ihrer Elemente. Die ERZÄHLUNG ist das selbstimplikative Medium ihres eigenen Erscheinens. Die ERZÄHLUNG ist die Narration im Medium der Narrativität bzw.: Sie ist die *Form*, in der die Narration als Narration erscheint und sie ist das – retro-aktive und de-präsentative – *Medium* für das Erscheinen der Narration. In diesem Sinne definiere ich *Narration* nicht als Handlung oder Geschichte, sondern als die *Erzählung einer Geschichte*. Die ERZÄHLUNG ist solchermaßen zweierlei: Zum einen das schiere Relationieren von WAS und WIE, die schiere Logistik des narrativen Sinnes (Müller-Funk spricht von einem 'relationalen Verhältnis' (s. o.)) und zum anderen das Phänomen, das durch dieses Relationieren herauskommt. Im Hinblick auf unsere Basisunterscheidung lässt sich damit sagen: Die ERZÄHLUNG ist Medium und Form. Als Medium und Form ist die ERZÄHLUNG nun auch die schließende Matrix der Retro-Aktivität. Eine ERZÄHLUNG ergibt sich einerseits aus den Elementen der narrativen Reihe (Ereignisse, Episoden, Geschehen, Handlung(en), Geschichte(n)), ist aber andererseits

---

[189] Auch Genette arbeitet mit einer ternären Konstellation: 'narrative-story-narrating'. Siehe hierzu die schöne Skizze in JAHN: 31.

[190] Mit der dritten Ebene sind sensu MÜLLER-FUNK: 55 konstitutiv auch kultur- und medienwissenschaftliche Problemlagen umspannt: „Eine kulturwissenschaftliche Theorie des Narrativen muß ganz entschieden auf der ternären Struktur des Erzählens bestehen, weil nur dadurch das Erzählen selbst als eine kulturelle Praktik begreifbar wird, das Handlungen und Sinnkonstitution in einer bestimmten Epoche und in einer konkreten Kultur modelliert. Darüber hinaus muß es die von Barthes erwähnten Medien, nicht epischen Gattungen und Künste berücksichtigen."

im Nachhinein immer schon die Bedingung der Möglichkeit, von einer N-Reihe und ihren Elementen zu sprechen. Die ERZÄHLUNG markiert im Modus der Retro-Aktivität die Gleichzeitigkeit von Gleichzeitigkeit, Linearität und Rekursion und so lässt sich sagen, dass erst im Nachhinein die N-Reihe immer schon qua ERZÄHLUNG transformiert und de-präsentiert gewesen sein wird (siehe Skizze 3).

Die hier elaborierte (mindestens) ternäre Konzeptualisierung von Erzählung ist äquivalent mit der weiter oben dargestellten Konstellation Narrativität (Mimesis I, Textur), Narration (Mimesis II) und Interpretation (Mimesis III). Die Dreistelligkeit der N-Reihe ist nur im Medium der grundlegenden Dreistelligkeit von Narrativität konzipierbar – und vice versa. Wir haben es hier mit zwei Dreistelligkeiten auf zwei verschiedenen Abstraktionsebenen zu tun, die sich wechselseitig konturieren und beobachtbar machen. Auf jeden Fall markiert die Dreistelligkeit keine schlichte Erweiterung binärer Modelle, die einer Verfeinerung oder Elaborierung von Modellen geschuldet wäre, sie markiert vielmehr die conditio sine qua non für alle Positionen, die Narrativität als basalen Sinn- und Welther(aus)stellungsmodus beobachten. Nur entlang eines (mindestens) ternären Modells kann behauptet werden, dass qua Narrativität das „allgemeine Problem von sinnhafter Identitäts-Bildung insgesamt" (MEUTER: 10) fokussiert und bearbeitet wird. Dies färbt auch grundlegend auf unsere Thesen bzgl. struktureller Kopplung und symbolischer/sozialer Systemreferenz ab. Indem ich formuliere, dass Narrativität als strukturelle Kopplung von Bewusstsein und Kommunikation beobachtet werden kann, argumentiere ich im Modus der Dreistelligkeit (Bewusstsein, Kommunikation und strukturelle Kopplung), wobei die systemtheoretische Pointe die ist, dass mit struktureller Kopplung kein kategorial anderes Moment gegenüber Bewusstsein und Kommunikation angezeigt ist, sondern dass sich Bewusstsein (I) und Kommunikation (II) allein in wechselseitiger Konstituierung (III) etablieren können. Die strukturelle Kopplung ist kein Dazwischen von Bewusstsein und Kommunikation, sondern die Bewegung des wechselseitigen Ermöglichens von Bewusstsein und Kommunikation. Ähnlich ist es auch bei der These, dass Narrativität den Nexus (III) von symbolischer (I) und sozialer (II) Systemreferenz bildet. Auch hier ist der Nexus kein eigenes Dazwischen, sondern das wechselseitige Aufeinanderangewiesen-Sein der beiden Referenzebenen. Somit ist die hier entfaltete *Dreistelligkeit* eine *ternäre Bewegung im Medium der Unterscheidung („–/–")* – wir befinden uns unhintergehbar in einer Differenztheorie. Die Dreistelligkeiten von A. histoire, discourse und Erzählung (bzw. zwischen Handlung, Geschichte und Erzählung), B. Narrativität, Narration und Interpretation, C. Bewusstsein, Kommunikation und struktureller Kopplung sowie D. symbolischer Systemreferenz, sozialer Systemreferenz und deren Nexus sind nicht identisch und deckungsgleich, aber logistisch betrachtet ist jede Dreistelligkeit auf die anderen Dreistelligkeiten konstitutiv angewiesen. Entscheidend ist nicht, dass die Dreistelligkeiten identisch sind, sondern dass es in allen Fällen um Dreistelligkeiten geht. Ich erinnere noch mal an Müller-Funks These, dass jedwede Kultur- und Medienwissenschaft von einem ternären Narrativitätsmodell ausgehen muss (will sie denn phänomenologisch und theoriebautechnisch alles erfassen, was als Kultur und Medien beobachtet werden kann). Egal, was mithilfe von was beobachtet wird, immer wird *Dreistelligkeit im Medium von Differenzialität* realisiert.

Wir haben hier die angestrebte Beobachtung der gesamten N-Reihe erreicht. Der Durchlauf 'fing' bei den Vorfällen an und 'endet' bei der Erzählung – all dies freilich entlang von Retro-Aktivität. Wir sprachen von der Erzähl-Grammatik als Einheit der Unterscheidung Erzähl-Form/Verlaufs-Form; als *Erzähl-Modell* möchte ich das Modell bezeichnen, dass alle hier relevanten Sinndimensionen kollationiert (siehe Skizze 6), es sind vier:

1. Die Erzähl-Grammatik als Einheit der Unterscheidung Erzähl-Form/Verlaufs-Form (die N-ReiheReihe und ihre Elemente)
2. Die Kommunikationsebenen N1 bis N5
3. Symbolische Referenz/soziale Referenz
4. Strukturelle Kopplung von Bewusstsein und Kommunikation.

Bei diesem Kollationieren von verschiedenen Sinnmodellen, geht es nicht darum, das Beste aller Modelle zu synthetisieren, sondern die Modelle als Ganze so ineinander zu verflechten, dass Narrativität als basale Sinn-Form beobachtbar wird. Falls dies gelungen sein sollte, so ist dieses Modell narratologisch gesehen absolut wasserdicht. Es dürfte bei der Beobachtung von Literatur bzw. bei der Kommunikation von literarischer Kommunikation nichts geben, was nicht durch dieses Modell *im Hinblick* auf Narrativität als Sinn-Form erfasst worden wäre. Skizze 6 soll veranschaulichen, wie mit verschiedenen Brillen, verschiedenen Theorien und verschiedenen Abstraktionsebenen Narrativität und Narrationen jeweils anders, aber immer vergleichbar, immer korrelierbar beobachtet werden.

*Transparenz des Erzähl-Modells:*

– Konstituierung von Vorfällen als Ereignissen
– Zusammenführung von Ereignissen als Episoden zu einem chronologischen Geschehen
– Sinnvolles Relationieren der Elemente Ereignisse/Episoden im Hinblick auf eine Geschehen zu einer chronologisch und kausal re/konstruierbaren Handlung
– Identitifikation von Aktanten als Protagonisten als Trägern der Handlung
– Etablierung einer Geschichte als der Einheit der Unterscheidung erzählte Welt/Darstellung ($WIE_{[WAS/WIE]}$)

→ *Die Transparenz der Erzähl-Form* ergibt sich, wenn diese Parameter klar benennbar sind.
- Klare Zuordnung von Stimme, Modus, Bewusstseinsrepräsentation
- Klare Koordination der Zeit (Ordnung, Dauer, Frequenz)
- Klare Beschreibbarkeit des Stils
- Kompatibilität von temporalen, kausalen und logischen Parametern hinsichtlich der mimetischen Sätze
- Nachvollziehbarkeit, Wahrscheinlichkeit und Plausibilität der Aussagen hinsichtlich der theoretischen Sätze
- Die alltagssprachlichen Bedeutungen, die weitgehend einem ontologischen Dingschema (sensu Luhmann) verhaftet sind, werden nur soweit systemspezifisch zugerichtet (bereichsspezifisch attribuiert), dass sie als fiktional erkennbar und dem Literatursystem zugehörig zugerechnet werden können
- Grammatikalisch und syntaktische Regeln des allgemeinen Sprachgebrauchs bleiben überwiegend intakt

→ *Die Transparenz der Erzähl-Grammatik* ergibt sich, wenn alle bisher genannten Parameter klar benennbar sind.
- Klare Zuordnung und Unterscheidbarkeit der Kommunikationsebenen N1, N2, N3, N4 und N5
- Die Transparenz der Erzähl-Grammatik führt zu einer Kohärenz der erzählten Welt (N1) und einer Kohäsion der Darstellung (N2). Dies ergibt klare Übereinkünfte über Werk, Fiktion und Gattung, also eine transparente Verständigung über N3

→ *Die Transparenz des Erzähl-Modells* ergibt sich, wenn alle bisher genannten Parameter klar benennbar sind.

Es handelt sich hierbei nicht um eine realistische Poetologie eines 'konventionellen narrativen Erzählens', sondern die Transparenz des Erzählmodells ist selbst ein Modell und als solches ein markantes Medium des Sehens. Entscheidend ist hierbei, dass die a(nti-)narrative Re-Markierung dieser Transparenz, ihre Trübung und Verdunkelung besonders gut folgende drei Sinnebenen beochtbar macht:
- symbolische und soziale Systemreferenz, somit kann Narrativität als Nexus dieser beiden Systemreferenzen beobachtet werden
- das Verhältnis von Bewusstsein und Kommunikation als strukturelle Kopplung
- Narrativität wird als Sinn-Form beobachtbar

## 3.3 Experimentelle Prosa als Schaltstelle von sozialer/symbolischer Systemreferenz und von Bewusstsein/Kommunikation

### 3.3.1 Was 'ist' 'experimentelle Literatur'?

> „Es war einmal eine Zeit, man schrieb die Jahre Neunzehnhundertfünfzig und folgende, da geisterte ein Schreckgespenst durch die Köpfe der Zeitgenossen. Es war der Begriff des Experimentellen. Tatsächlich *geisterte* dieser Begriff. Denn er war in aller Munde, doch jeder wusste etwas anderes von ihm zu erzählen" (Burghard Damerau).[191]

Die Frage, ob der aus den Naturwissenschaften entlehnte Begriff des Experiments für die Literatur und die Literaturwissenschaft analytisch verwendbar ist, wurde in den 50er und 60er Jahren (des 20. Jahrhunderts), theoretisch avanciert dann in den 70er Jahren ausführlich und kontrovers diskutiert. Was ist gemeint, wenn die Konkrete Poesie, die Wiener Gruppe, das Grazer Forum oder die Texte von Max Bense, Eugen Gommringer, Jürgen Becker, Ror Wolf, Konrad Bayer, Friederike Mayröcker u. a. als 'experimentell' bezeichnet werden? Was ist die Differenzierungsleistung dieses Begriffs? Wie unterscheidet sich experimentelle Literatur von nicht-experimenteller Literatur? Wie Ekkehard Mann richtig feststellt, sind die Ergebnisse dieser Diskussion letztlich eher mager ausgefallen.[192] Mager deshalb, weil das 'Experimentelle' der Literatur herhalten musste (und muss) als Metapher für das Innovative, Neue, Originelle, Nonkonformistische, Provokative, Ungewöhnliche, Unkonventionelle, Schwierige, Nicht-Normierende, Anti-Traditionelle, Avantgardistische, Revolutionäre, Rebellische, Abweichende und Ähnliches mehr.[193] In dieser Form verliert der Begriff des Experiments sehr leicht seine analytische Abgrenzungstauglichkeit, zum einen, weil die literarische Kommunikation seit ihrer prononcierten Autonomisierung seit der Frühromantik das Neue und Innovative als Minimalvoraussetzung für An-

---

[191] DAMERAU, Burghard 2000: Gegen des Strich. Aufsätze zur Literatur. Würzburg, 26-36, 26.
[192] Siehe MANN, Ekkehard 1997: Das Verstehen des Unverständlichen. Weshalb 'experimentelle' Literatur manchmal Erfolg hat. In: H. de Berg, M. Prangel (Hgg.), Systemtheorie und Hermeneutik. Tübingen/Basel, 263-287, hier: Anm. 19, 276. Hier auch verschiedene Literaturhinweise zu dieser Diskussion. Siehe vor allem SCHMIDT, Siegfried J. (Hg.) 1978: Das Experiment in Literatur und Dichtung. München.
[193] Hermann Kinder macht sich die Sache einfach, indem er ohne Interesse an Begriffsarbeit von „'experimentelle[n]', 'avantgardistische[n]', 'antimimetische[n]' (zusammengefaßt hier als: innovative[n]) Texte[n]" spricht (KINDER, Hermann 1994: Die Zweite Moderne. Innovative Prosa der Bundesrepublik von den fünfziger bis siebziger Jahren. In: H. J. Piechotta, R.-R. Wuthenow, S. Rothemann (Hgg.), Die literarische Moderne in Europa. Bd. 3: Aspekte der Moderne in der Literatur bis zur Gegenwart. Opladen, 244-269, 244).

schlussfähigkeit ausgewiesen hat und zum anderen deshalb, weil das 'Experimentelle' lediglich als Verdopplung von schon komplex explizierten Begriffen (bspw.: Avantgarde) daherkommt; 'experimentieren' und 'experimentell' werden so zu „Ersatzwörter[n] für etwas anderes".[194] Auch wird immer wieder (insbesondere von den Schreibenden selbst, u. a. von Stein, Enzensberger, Andersch, Grass) die Übertragung des naturwissenschaftlichen Experiment-Begriffs auf Kunst und Literatur abgelehnt, weil Literatur und Kunst eben ganz anders und unter ganz anderen Bedingungen arbeiten als die (Natur)Wissenschaften; die Parameter des Labors, der Versuchsanordnung, der Nachprüfbarkeit und Wiederholbarkeit, der Beherrschung der Mittel, der Kontrolle des Ergebnisses, der Teleologie u. ä. m. sind alle nicht auf Kunst und Literatur anwendbar.[195] Allerdings muss hier — wie Georg Jäger argumentiert — differenziert werden: „Bei der Rede vom Experiment im Kunstzusammenhang ist zu beachten, auf welchen Entwicklungsstand in den Naturwissenschaften sie sich jeweils bezieht".[196] Harald Hartung macht diesbezüglich darauf aufmerksam, dass wir im Grunde *mindestens* drei verschiedene naturwissenschaftliche bzw. wissenschaftstheoretische Experiment-Konzepte haben. Zunächst ist da der Experiment-Begriff der klassischen Physik, so wie er paradigmatisch 1751 in der 'Enzyklopädie' von d'Alembert beschrieben wurde. Hier geht es erstens um die „Aufstellung einer Hypothese, über deren Brauchbarkeit die Natur selbst entscheiden soll", zweitens um „[d]ie richtige Fragestellung, die aus der Gesamtheit der Vorgänge einen begrenzten Bereich herausnimmt und störende Nebeneinflüsse ausschaltet und vermindert" und drittens um die „Synthesis der einzelnen Teilmessungen zur allgemeingültigen Aussage, zum Gesetz" sowie um die damit zusammenhängenden drei Hauptprämissen: „Isolierbarkeit des aufzuklärenden Vorgangs, Begrenzung der auftretenden Variablen und Reproduzierbarkeit, d. h. jedes Experiment muß bei seiner Nachprüfung stets zum gleichen eindeutigen Resultat führen."[197] Es lässt sich sagen, dass hier die Erkenntnisrichtung vom Gewussten hin zur Überprüfung, also Bestätigung bzw. Falsifizierung dieses Gewussten geht. Es ist nun tatsächlich leicht nachvollziehbar, dass „der Versuch, diesen an der klassischen Physik gewonnenen Begriff des Experiments auf Kunst oder Literatur ohne Modifikation zu *übertragen*, scheitern muß" (HARTUNG: 12). Und wenn bspw. Stein, Andersch, Enzensberger und Marcel Bayer die Applikation des Experiment-Begriffs auf die Li-

---

[194] KRAMER, Andreas 1991: Aktenzeichen XY ungelöst. Literatur und Experiment: Ein Phantombild. In: Konzepte 8, 12 (1991), 44-46.
[195] Bayer spricht von einer Assoziationskette: „Technik – Naturwissenschaft – Empirie – Labor – von Außeneinflüssen freie Situation – fehlender Realitätsbezug" (BAYER, Marcel 1991 Literatur und Experiment. In: Konzepte 8, 12 (1991), 1 und 9-16, hier: 10).
[196] JÄGER, Georg 1997: Experimentell. In: K. Weimar (Hg.), Reallexikon der deutschen Literaturwissenschaft. Neubearbeitung des Reallexikons der deutschen Literaturgeschichte. Bd. I. Berlin/New York, 546-548, 546f.
[197] Alle Zitate HARTUNG, Harald 1975: Experimentelle Literatur und konkrete Poesie. Göttingen, 11.

teratur und Literaturwissenschaft ablehnen, so immer vor dem Hintergrund dieses klassischen Physikmodells.[198] Sie beachten eben nicht den jeweiligen Stand der Naturwissenschaften und der Wissenschaftstheorie, wenn sie den Experiment-Begriff ad acta legen wollen. Neben diesem klassischen Modell erwähnt Hartung noch Modelle der Quantenphysik und der Chemie. Die Quantenphysik dreht die Erkenntnisrichtung um und fragt „ins noch nicht Gewusste" hinein (ebenda). Hier wird von strenger Kausalität auf statistische Kausalität und von strenger Falsifizierbarkeit auf „Wahrscheinlichkeits-Vorhersagen" umgeschaltet (ebenda). Die Chemie arbeitet ähnlich, indem es ihr um das „Herumprobieren unter bestimmten Voraussetzungen" geht (ebenda). Beide, Quantenphysik und Chemie, operieren also mit einem Experiment-Begriff, der zukunftsoffener, kontingenzanfälliger und flexibler ist als der der klassischen Physik. Mit solchen loseren Experiment-Begriffen lebt es sich für Literaten und Literaturwissenschaftler schon leichter und in diesem Sinne lässt sich auch Heißenbüttels Satz verstehen: „Wir wissen nicht, was herauskommt. Aber wir probieren weiter."[199] Hier scheint die Applikation des Experiment-Begriffs auf die Literatur und Literaturwissenschaften plausibler und der Graben zwischen Naturwissenschaften und Geisteswissenschaften, sprich Literaturwissenschaften, nicht mehr so gewaltig. Wenn man also tatsächlich den *jeweiligen* Gebrauch des Experiment-Begriffs in Naturwissenschaften und Wissenschaftstheorie einerseits und Literatur und Literaturwissenschaften andererseits beachtet, muss man sich vor eindeutigen Ablehnungs- und Annahmeenthusiasmen hüten. Hier sind genaue Differenzierungsarbeit und genaues Relationieren und Korrelieren gefragt.

Lässt man sich nun auf die Korrelierung des Experiment-Begriffs mit Kunst und Literatur ein, schließen sich weitere Probleme an: *Erstens*: Das 'Experiment' ist von literaturwissenschaftlichen Modellen global auf das Verhältnis Literatur – Wirklichkeit übertragen worden. Literatur ist aus dieser Sicht ein Experimentieren mit etablierten Wirklichkeitskonstruktionen. Sie ist die permanente 'Entautomatisierung' und Problematisierung eingeschliffener Wirklichkeit(en). Qua Literatur wird scheinbar verbindlichen Ordnungen ihre Unbedingtheit genommen; Literatur enttarnt die Wirklichkeit(en) als konstruiert, kontingent und somit als veränderbar. Literatur sperrt sich gegen das Unsichtbarwerden von Realisierungsprozeduren. Sie experimentiert mit sperrigen Alternativen und die Literaturgeschichte ist gleichsam ein Labor, eine „Folge von Gedankenexperimenten mit wechselnden Versuchsanordnungen zum Thema Realisierung und Derealisierung". Freilich soll ihr dabei der 'Durchgriff' vom Papier auf die Realität ge-

---

[198] Siehe hierzu exemplarisch ENZENSBERGER, Hans Magnus 1969: Die Aporien der Avantgarde (1962). In: Ders., Einzelheiten II. Poesie und Politik. Frankfurt a.M., 50-80, insbes. 73f.
[199] HEISSENBÜTTEL, Helmut / Heinrich VORMWEG 1969: Briefwechsel über Literatur. Neuwied/Berlin, 47.

lingen, denn „[d]as Spiel mit Wirklichkeit als ein Infragestellen von Wirklichkeit allein kommt einem Prozeß der Ent-Wirklichung gleich."[200] Die These ist also: Jegliche Literatur ist experimentell; das 'Experimentelle' gehört zum Index der Literatur. Der Begriff 'experimentelle Literatur' markiert folglich einen Pleonasmus.[201] *Zweitens*: Das Experiment ist als literaturwissenschaftlicher und literaturgeschichtlicher Begriff schon seit Novalis und Friedrich Schlegel im Umlauf, hat aber nie eine verbindliche definitorische Gestalt gefunden. Je nach programmatischer und reflexiver Zurichtung des Literatursystems und je nach literaturwissenschaftlicher Beschreibungslage wurde es unterschiedlich und disparat konzipiert.[202] Disparat in zweierlei Beziehung:

*Erstens* kann der Experiment-Begriff semantisch unterschiedlich besetzt werden. Bspw. gehört das Experiment zum naturalistischen Programm eines Zola und wird zu einem „heftige[n] Plädoyer für den Bezug zum 'tatsächlichen Leben auf der Straße'" (BAYER: 10), gleichwohl dient es auch als Etikett oder Ersatzwort für Formalismus oder l'art pour l'art, also für den Fremdreferenz ausblendenden selbstreflexiven Einkapselungsversuch von Literatur und die Streichung bzw. radikale Problematisierung des Lebensbezugs (vgl. ebenda). Das Experimentelle lässt sich folglich auf sehr unterschiedliche Literaturprogramme anwenden, auf den Naturalismus eines Arno Holz, auf den Futurismus, Kubismus und Dadaismus, auf die Statischen Gedichte von Gottfried Benn, auf die Wortkunst eines August Stramm, auf die Simultangedichte im Expressionismus, auf Alfred Döblins Roman *Berlin Alexanderplatz*, auf den Surrealismus, auf die Konkrete Poesie, auf die Wiener Gruppe, auf Happening, Pop-Art und Aktionismus usw.[203] Wie sehr unterschiedlich bspw. die Programme von Holz, Benn und der Konkreten Poesie sind, ist jedem Literaturwissenschaftler evident und muss hier

---

[200] Beide Zitate: SCHMITZ-EMANS, Monika 1999: Derealisierung als Thema poetischer und poetologischer Reflexion: Der Projektcharakter des Wirklichen und seine Ambivalenzen. In: S. Porombka, S. Scharnowski (Hgg.), Phänomene der Derealisierung. Wien, 23-46, 31 und 29.

[201] In Bezug auf Franz Josef Czernin spricht auch BLOCK: 30 (Anm. 11) davon, dass der Begriff 'experimentelle Poesie' pleonastisch sei.

[202] Für einen Überblick über den Begriff des Experiments in Literatur (und Literaturwissenschaft) siehe u.a.: SCHWERTE, Hans 1968: Der Begriff des Experiments in der Dichtung. In: R. Grimm, C. Wiedemann (Hgg.), Literatur und Geistesgeschichte. Festgabe für Heinz Otto Burger. Berlin, 387-405; HARTUNG insb. 7-38; SCHMIDT 1978; RIHA, Karl 1982: Das Experiment in Sprache und Literatur. Anmerkungen zur literarischen Avantgarde. In: Propyläen Geschichte der Literatur. Literatur und Gesellschaft der westlichen Welt. Bd. 6: Die moderne Welt 1914 bis heute. Berlin, 440-463; JÄGER 1997.

[203] Diese Aufzählung folgt den Ausführungen von RIHA. – Forschung zur experimentellen Literatur nach 1945 bietet ein breites Spektrum an Autoren unterschiedlicher Provenienz an, es ist die Rede von *unter anderem* Bense, Gommringer, Heißenbüttel, Mon, Becker, Wiener Gruppe, Okopenko, Chotjewitz, Jonke, Ror Wolf, Wühr, Scharang, Jandl, Mayröcker, Handke, Bernhard, Wondratschek, Pastior, Schmatz, Höllerer, aber auch Wollschläger, Hubert Fichte und Arno Schmidt werden genannt und sogar (im Hinblick auf Montage und Collage) Johnson und Koeppen.

nicht expliziert werden. Der Begriff des Experimentellen wird hier als ein gemeinsamer Nenner für recht disparate Phänomene eingesetzt. Er gewinnt somit einerseits kein distinktes Profil und wirkt erzwungen im Versuch, eine Kategorie für die Beschreibung spezifischer Literaturformen zu sein. Er wirft zu viel Verschiedenes in einen Topf.[204] Andererseits erlaubt er es, disparate Phänomene zu vergleichen: *Vergleichbarkeit trotz Differenzialität.* Unabhängig davon wie sehr sich Literaturprogramme unterscheiden und vor allem, gerade dann, wenn sie sich unterscheiden, lassen sie sich unter bestimmten Bedingungen produktiv vergleichen. Um einen Vergleich disparater Formen vollziehen zu können, muss jedoch die Abstraktionsebene der Argumentation erhöht werden. Dem Begriff des Experimentellen müssen Parameter zugeschrieben werden können, die trotz der Differenzialität im Besonderen Gemeinsamkeiten im Allgemeinen beobachtbar machen. Es muss also eine sehr abstrakte Experiment-Definition her: „Literarische Verfahren auf der Suche nach neuen Ausdrucksmöglichkeiten oder überprüfbaren Ergebnissen [...]. Allgemein wird ein erkundendes, probierendes, ungewohntes Vorgehen in der Literatur als experimentell bezeichnet" (JÄGER 1997: 546). Diese sehr allgemeine Beschreibung, die quasi auf die große Mehrzahl der literarischen Texte, ob nun 'experimentell' oder 'nicht-experimentell', anwendbar wäre, lässt sich nun spezifizieren. Drei ineinander verschränkte Wege bieten sich dazu an: Erstens rückt die Sprache in den Fokus, zweitens kann trotz aller Differenzialität eine *spezifisch allgemeine* Experimentdefinition formuliert werden, die auf hohem Abstraktionsniveau auf viele disparate Werke zutrifft, indem sie allgemeine Problemlagen (Identität, Subjektivität, Wirklichkeit, Sprache, Kommunikation, Wahrnehmung, Bewusstsein, Medien) experimentell taktet. Und drittens wird quer zu Gruppen und Mikroepochen der Fokus auf experimentelles

---

[204] Wie die Korrelierung der verschiedenen Literaturprogramme unterschiedlichste Ästhetiken in einen Topf wirft, zeigt auf, dass dieser Topf der Suggestion folgt, dass experimentelle Literatur irgendwie schwierig, unkonventionell, ungewöhnlich oder anti-traditionell sei. In diesen Topf werden nicht Werke von Theodor Fontane, Gottfried Keller, Thomas Mann, Hermann Hesse, Heinrich Böll oder Maxim Biller geworfen, Werke von Autoren also, die gemeinhin als eher konventionell, eher traditionell, eher klassisch erzählend, als eben nicht-experimentell gelten. Und 'irgendwie' werden viele Lesende und viele Literaturwissenschaftler dieser Argumentationsbewegung folgen. Auch wenn der Begriff des Experimentellen nicht distinkt konzipiert wird, hinterlässt er wohl bei den Lesenden „[e]ine – zumindest vage – Vorstellung davon, welche Charakteristika einen beliebigen literarischen Text 'experimentell' oder [...] 'nicht-experimentell mache" (BAYER: 9). Und Bayer weiter: „Diese Vorstellung mag nicht ausformuliert sein, läßt sich aber sicherlich anhand der Beschreibung von vorgelegten Beispielen fassen [...] und der kleinste gemeinsame Nenner wird sicherlich der sein, daß ein Text 'anders sei als gewöhnlich', d. h. anders als sonstige, in der literarischen Sozialisation bevorzugte Texte" (ebenda). Die literarische Sozialisation erlaubt es somit, dem Experiment-Begriff auch ohne klaren konzeptionellen Zuschnitt ein gewisses, zwar ambivalentes, aber kaum negierbares, Distinktionspotential zuzuschreiben.

Schreiben nach 1945 gelegt, um Vieles, aber eben nicht zuviel miteinander korrelieren zu können.[205]

Nahezu die gesamte Sekundärliteratur (zur experimentellen Literatur nach 1945) rückt das Sprachproblem in den Mittelpunkt. 'Experimentelle' Literatur ist, linguistisch gesehen, selbstreferenziell, sie zielt darauf ab, eingeschliffene Verhältnisse zu hinterfragen, indem sie nicht allein mit dem der Literatur zur Verfügung stehenden Mittel Sprache arbeitet, um etwas auszusagen, sondern indem sie vielmehr in das Mittel selbst eingreift. *Sie arbeitet an der Sprache mit der Sprache*, sie deckt die Sprache als Mittel, als Material der Literatur auf, um sie der routinisierten und automatisierten Verwendungsweise, die mit einem abgesteckten Repertoire an Möglichkeiten umgeht, zu entziehen und ihr neue und unvorhergesehene Möglichkeiten zu eröffnen. 'Experimentelle' Literatur ist primär Literatur über Sprache und über die als sprachlich verfasst angesehene Wirklichkeit. Sprache wird in 'experimenteller' Literatur allererst als Material und als Thema von Literatur beobachtbar (vgl. HARTUNG: 5). Hier eine Kollektion an diesbezüglichen Beobachtungen:

> Der Gegenstand des literarischen Experiments ist also die Sprache, verstanden als Sprachmaterial; nicht ihr semantischer Gehalt, nicht die Objekte sprachlicher Fiktionen (8). [...] Die Sprache selbst wird nicht bloß Gegenstand der Untersuchung und des sprachverändernden Experiments, sondern auch im strengen Sinne das einzige Thema der Literatur [...] einer Literatur, die *in* und *mit* der Sprache experimentiert (9). [...] Dieser Rekurs auf die Sprache als autonomes Gestaltungsmittel – man kann auch sagen als *Spielmaterial* – wurde als ein Akt der Befreiung empfunden (33). [...] Wieners 'Verbesserung von Mitteleuropa, Roman' (1969) versteht sich als 'aufstand gegen die sprache', gegen das Medium von Poesie und literarischem Experiment (82) (HARTUNG).

> Experimentelle Literatur begegnet in vielen Spielarten. Ziel *aller* Bemühungen aber ist es, die Sprache der Literatur abzuziehen von der durch vielfache Regulative normierten und korrumpierten Alltagssprache und sie vom Zwang zu Konsistenz und Nachahmung von 'Wirklichkeit' (Mimesis) zu befreien (289). [...] Sprache sieht er [Ror Wolf] als Material an (294).[206]

> [D]ie Aufmerksamkeit dem zuwenden, was Schriftsteller der so genannten 'experimentellen' Literatur in Nachkriegsdeutschland als 'Sprachmaterial' bezeichnet haben (5).

---

[205] Dabei darf nicht ignoriert werden, dass die 'Experimentellen' nach '45 explizit auf frühere Werke im Sinne von (proto)experimentellen Vorbildern hinweisen, die Rede ist von Arno Holz, Hans Arp, dem Dadaismus oder dem Surrealismus, um nur die wichtigsten zu nennen. Im Kontext der Wiener Gruppe war es vor allem H. C. Artmann, der ein besonderes Gespür für (proto)experimentelle Literatur vor 1945 hatte. Wichtig ist auch, dass viele Werke, die heute als Meilensteine der modernen Literatur gelten, erst durch die quasi archäologische Arbeit der 'Experimentellen nach 1945' (ich denke bspw. an den Dadaismus oder Carl Einstein) diesen Status erhalten haben. Interessanterweise hat das Experiment nach '45 dem Experiment vor '45 Klassikerstatus ermöglicht, obwohl beide 'Experimente' ja unter der Fahne der Klassikerzertrümmerung angetreten sind.

[206] SCHEITLER, Irmgard 2001: Deutschsprachige Gegenwartsprosa seit 1970. Tübingen und Basel (meine Hervorhebung, MG).

[...] Experimentell meint so Prüfung, Sondierung, methodischen Umgang mit Sprache und deren Möglichkeiten, Trennung fester Fügungen, Verdeutlichung und Zerstörung von Satzklischees und die 'Denunziation der bürgerlichen 'Botschafts'-Sprache (15).[207]

[D]er Gegenstand der konkreten Poesie [ist] nicht die Repräsentation von Ereignissen und Empfindungen, sondern die Präsentation von Sprache als Sprache (KINDER: 247).

Daneben macht Heißenbüttels literaturhistorischer Abriss aber auch deutlich, dass für die Beantwortung der Frage, ob ein Prosatext als experimentell einzustufen ist, 'das Sprachproblem (...) das entscheidende Kriterium' darstellt (247). [...] Mon begründet die Konzentration der Literatur auf ihr Material – die Sprache – damit, dass 'Realität' uns zunehmend formulierte und reflektierbare Realität sei. [...] Hierauf reagiert die Literatur, indem sie als ihr 'Thema' die 'Sprache' wähle (248). [...] experimentelle Literatur – verstanden im oben erläuterten Sinn eines literarischen Experimentierens mit Sprache (249).[208]

Experimentell meint das Experiment, die Prüfung, Sondierung, den methodischen Umgang mit Sprache und ihren Möglichkeiten, die Trennung der festen Fügungen, die Zerschlagung des Satzklischees, das Hervorlocken des Weichtiers Sprache aus seinen Verkrustungen, die Denunziation der bürgerlichen 'Botschafts'-Sprache, sucht die Verfremdung, Neuformung, Montage, die Kombinatorik der zerlegten Satz- und Wortteile, ein bewußtes technisches Machen, den Dichter-Schriftsteller als literarischen Ingenieur. 'Experimentell' besagt also im allgemeinsten: Experimentieren mit der Sprache. Das Sprachproblem ist das entscheidenste Kriterium.[209]

Darüber hinaus enthält die Tendenz, 'die Organisationsmittel der Sprache selbst auszunutzen, aus dem Vorrat der Sprache heraus zu arbeiten, sich sprachimmanent zu verhalten und zuzusehen, was das Medium hergibt', den grundsätzlichen Widerspruch, daß gerade das sprachimmanente Verhalten den Mediencharakter der Sprache aufhebt (9f.).[210]

---

[207] BÜNDGEN, Thomas 1985: Sinnlichkeit und Konstruktion. Die Struktur moderner Prosa im Werk von Ror Wolf. Frankfurt a. M. [u. a.].

[208] HOFFMANN, Dieter 2006: Arbeitsbuch Deutschsprachige Prosa seit 1945. Band 1: Von der Trümmerliteratur zur Dokumentarliteratur. Tübingen/Basel.

[209] Hohmann bezieht sich hier, ebenso wie oben Bündgen auf Paul Konrad Kurz (HOHMANN, Klaus 1974: Experimentelle Prosa. Eine neue Literatur des Sprachexperiments. Text und Einführung für den Deutschunterricht. Paderborn, 66 und 69. Bei Hohmann ist durchgängig das Sprachproblem im Fokus (so auch bspw. 76f. oder 84f. und konsequenterweise haben seine Ausführungen in der Darstellung von Wittgensteins Sprachphilosophie ihren argumentativen Fluchtpunkt (88-94). – Vgl. KURZ, Paul Konrad 1974: Über moderne Literatur. Bd. IV. Frankfurt a.M.

[210] HEIMANN, Bodo 1978: Experimentelle Prosa der Gegenwart. München. – Vgl. hierzu auch folgende Aufzählung in Konzepte 8, 12 (1991), 29: Experimentelle Autoren thematisieren „ihr eigenes Medium; sie zerren am Gitter der Sprache, dehnen und strecken ihr Instrumentarium, sezieren die Zeichen und enthalten sich der Konventionalität. Sie kritisieren die Korruption der Sprache und suchen nach neuen Ausdrucksformen." Weiterhin geht es um das intensive bis in die Strukturen hineinreichende Erproben und Durchdenken von Sprache, „Wort, Satz und Syntax" und den „Vorstoß [...] in unbekannte, zu erprobende Sprach- und Sinngefüge über das traditionelle Sprach- und Formmaterial hinaus" (SCHWERTE: 400). Von Stefan Heidenreich wird dies bestätigt und bis auf die Ebene von Buchstaben und Phonemen weitergeführt (vgl. HEIDENREICH, Stefan 1991: Wenn der Autor Experimente macht. In: Konzepte 8, 12 (1991), 50-52, 52).

Nicht um die Sprache an sich im Medium der Repräsentation, sondern um ihre Präsentation – als Hinterfragung sprachlicher Bedingungen überhaupt – ist es der [Wiener] Gruppe gegangen. Die Sprache wird dabei nicht, wie in Realismusdarstellungen der traditionellen Literatur, als abbildgetreues Bild von Wirklichkeit re-präsentiert, sondern dieses Bild wird anhand von Präsentations- und Materialisationsverfahren (Montage – und Inventionismustechnik) ad absurdum geführt. […] Gegenüber dem Repräsentationsprinzip des Realismus wird von den Vertretern experimenteller Literatur 'nicht auf die Darstellung, sondern auf die Form, die der Darstellung vorausgeht, auf den materialen Aspekt der Sprache und Schrift, auf ihre phonetischen, grafischen, rhythmischen Qualitäten' das Interesse gelegt. Die gestalterische Konzeption des Textmaterials wird auf den Bedeutungsträger 'Sprache' selbst zugeschnitten, und nicht auf die konventionalisierte Bedeutung von Sprache. Die Sprache wird so weniger als Mittel, denn vor allem als Material angesehen. […] In dieser Sprachreflexion wird eine Präsentation von Sprache und Sprachelementen bewirkt, deren Repräsentationscharakter methodisch durch einen Materialisierungsprozess abgebaut wird.[211]

Die hier vorgestellten Perspektiven orientieren sich maßgeblich an den Ausführungen Heißenbüttels, Mons und Wieners *verbesserung von mitteleuropa, ein roman*.[212] Einerseits ist es bei der Sichtung der in Frage kommenden Werke ersichtlich, dass diese 'experimentellen' Werke das Sprachproblem fokussieren und Sprache als Medium und Material der Literatur ausstellen, andererseits muss behauptet werden, dass den erwähnten Forschungsperspektiven der spezifische theoretische und poetische Zuschnitt der Konkreten Poesie als Folie dient und es solchermaßen problematisch wird, 'experimentelle' Literatur insgesamt einseitig im Kontext dieses spezifischen Zuschnittes beschreiben zu wollen. Hier wird also ein bestimmtes Programm in die Position eines kleinsten gemeinsamen Nenners für 'experimentelle' Literatur insgesamt gebracht. Gegen solch eine radikal verengende und unterkomplexe Zuschreibungsbewegung muss eingewendet werden, dass *erstens* schon in den 70er Jahren „[d]ie Fixierung auf das Programm der Konkreten Poesie, auf die Thematisierung bzw. Präsentation der Sprache als Struktursystem und ihres Material- bzw. Zeichencharakters […] historisiert und einer wesentlich weiter gefaßten und diffusen Konzeption experimenteller Poesie geöffnet [wird] (BLOCK: 28),[213] dass *zweitens* Sprache durchaus ein konstitutives

---

[211] STEPINA, Clemens K. 2006: „Ich habe den sechsten Sinn". Zu Konrad Bayers Werkprinzip unter Berücksichtigung der Wiener Gruppe. In: Ders. (Hg.), „ich habe den sechsten sinn". Akten des Konrad-Bayer-Symposiums 2004, 64-71, 66.

[212] Siehe bspw. sehr prägnant HEIßENBÜTTEL, Helmut 1966: Voraussetzungen. In: Ders., Über Literatur. Olten/Freiburg, 219-223.

[213] Anderer Meinung im Hinblick auf die Wiener Gruppe im Besonderen und experimentelle Literatur im Allgemeinen ist STEPINA: 66, wenn er davon spricht, dass die Konkrete Poesie „durch ihren Gehaltvollzug Paradigmenfunktion innerhalb der experimentellen Literatur besitzt" (STEPINA: 66). Was *in gewissen Hinsichten* – wenn man sich sprachtheoretisch auf die Sprache kapriziert – für die Wiener Gruppe stimmen mag („Indem die *Wiener Gruppe* Konkrete Poesie nicht nur als literarischen Stil, sondern als Methode an sich übernimmt (der Dichter tritt zugunsten einer Sprachregelmechanik zurück), sind ihre Werke in Lyrik, Dramatik und Epik nicht einer konventionellen Texttypologie einreihbar, sondern

Dauerproblem 'experimenteller' Literatur bleibt, allerdings nicht mehr allein philologisch und sprachtheoretisch, sondern eben auch kognitions-, kommunikations- und medientheoretisch beobachtet werden muss und dass *drittens* ein maßgeblicher Zug 'experimenteller' Literatur gerade im Versuch der Umgehung von Sprache und ihren Folgeproblemen zu sehen ist (was natürlich wiederum bedeutet, dass Sprache im Horizont der Perspektive bleibt, sonst könnte man ja nicht von Umgehung von Sprache (!) sprechen).[214]

Sprache bleibt ein maßgebliches Dauerproblem 'experimenteller' Literatur, bekommt aber im Rahmen einer *spezifisch allgemeinen* Experimentdefinition eine Position zugeschrieben, die die Einseitigkeiten des *linguistic turn* vermeidet.[215] Erste Hinweise liefert Block, indem er wichtige Überlegungen von Siegfried J. Schmidt referiert:

> Ablehnung eines eindeutigen Kanons von Themen und Verfahren, Rechnen mit der Offenheit von künstlerischen Funktionen, Varianz von Erwartungshaltungen, Ausgestaltung neuer Handlungsmöglichkeiten. Experimentell sei, was vom Werk auf offene Prozesse umstelle, die Rezipienten zu Ko-Produzenten mache oder was die Kunstmittel und Wahrnehmungs- wie Denkvorgänge thematisiere, was Kunst insgesamt abzuschaffen oder das Verhältnis zwischen Werk und Kommunikation zu verändern versuche (BLOCK: 31 (Anm. 12)).

Mit dem Rekurs auf die Offenheit wird gegenüber der Abgeschlossenheit des Kunst-Objekts als Sinneinheit der Prozesscharakter des Schreibens, die Bewegung des Schreibens selbst in den Mittelpunkt gerückt. Es geht nicht um das fertige Produkt des Schreibens, sondern um die Art und Weise, wie die Vertextung zustande kommt.[216] Sie formatiert die Literatur neu, indem sie nicht nur Sprache, sondern die freilich sprachlich vermittelten konventionell granulierten Rela-

---

vielmehr als einander übergreifende Schwellform zu verstehen" (ebenda)), kann nicht auf experimentelle Literatur im Allgemeinen übertragen werden.

[214] Eine immer noch maßgebliche Studie zur Sprachkritik in der Moderne ist SAßE, Günter 1977: Sprache und Kritik. Untersuchung zur Sprachkritik der Moderne. Göttingen. Das Problem bleibt für die Literaturwissenschaft durchgängig relevant, es ist aber entscheidend, mithilfe welcher theoretischer Prämissen das Sprachproblem angegangen wird. Für eine vorsichtige medien- und kulturwissenschaftliche Erweiterung des Sprachproblems siehe den Band KACIANKA, Reinhard / Peter V. ZIMA (Hgg.) 2004: Krise und Kritik der Sprache. Literatur zwischen Spätmoderne und Postmoderne. Tübingen/Basel.

[215] Für eine komplexe Darstellung des Sprachproblems siehe FISCHER, Ernst / Georg JÄGER 1989: Von der Wiener Gruppe zum Wiener Aktionismus – Problemfelder zur Erforschung der Wiener Avantgarde zwischen 1950 und 1970. In: H. Zeman (Hg.), Die österreichische Literatur. Ihr Profil von der Jahrhundertwende bis zur Gegenwart (1880-1980). Teil 1. Graz, 617-683, 628-645.

[216] Die Fokussierung des Prozesscharakters betonen auch BLOCK: u.a. 29f. und HUMMELT, Norbert 1991: Statement. In: Konzepte, 8, 12 (1991), 37-39, 38: „Experimentell möchte ich [...] eine Verfahrensweise nennen, die das Verhältnis von Technik und Semantik [im Sinne Hummelts die bessere Unterscheidung im Vergleich zu Inhalt/Form, MG] stets aufs Neue bedenkt [...]. Das Experiment ist nicht das Ziel, sondern der notwendige Weg des Textes."

tionen der Konstellationen Werk/Rezipient, Sprache/Wirklichkeit, Sprache/ Kommunikation, Sprache/Wahrnehmung, Wahrnehmung/Wirklichkeit, Subjektivität/Sprache, Subjektivität/Kommunikation, Subjektivität/Wahrnehmung, Subjektivität/Wirklichkeit, Subjektivität/Medium usw. als konventionell aufdeckt und neu relationiert. 'Experimentelle' Literatur profiliert sich nicht im Postulieren von Positionen, Inhalten, Meinungen, es geht ihr nicht (allein) darum, Themen und Diskurse zu präsentieren, sondern in die Bedingungen der Möglichkeit eines solchen Postulierens und Präsentierens einzugreifen. Also Fragen zu stellen „nach dem Status der Abbildung, dem individuellen Verstehen, dem Verhältnis von Zeichen und Gedanke und der Infragestellung des Gegensatzes von Realität und Fiktion", somit zu experimentieren mit den „Mechanismen der Kommunikation, sodann der Konstruktion von 'Wirklichkeit' und zuletzt den psychophysischen Verankerungen bürgerlicher Kunst, Kultur und Gesellschaft".[217] Auch Block argumentiert jenseits sprachtheoretischer Engführungen: „Fragen nach den Bedingungen und Abläufen symbolischer (Selbst-)Vermittlung des Menschen, des Individuums, des Subjekts, seines 'Geistes', 'Innern', seines 'Ich' in Abhängigkeit von seinem Körper und seinen Sozialformen" (BLOCK: Klappentext). Block bezieht sich hier zwar auf experimentelle Poesie seit den 1970ern, formuliert aber die Problemlage so allgemein, dass sie als Teil einer übergeordneten Experiment-Definition durchaus in Betracht kommt. Hier wird ersichtlich, dass 'experimentelle' Literatur die basalen Sinn-, Identitäts- und Wirklichkeitskonstruktionsmechanismen reflexiv vollzieht und als diese Mechanismen thematisiert.

Diese *spezifisch allgemeine* Experiment-Definition hat nun jedoch einen wichtigen Aspekt noch nicht berücksichtigt. Die Schwierigkeit, heterogene Texte in einen gemeinsamen Vergleichsfokus zu rücken, muss auch die Konstellation 'Inhalt' – 'Form' – 'Rezeption' berücksichtigen. Die Irritation, Texte Zolas mit Texten Mons oder Heißenbüttels unter den Experiment-Begriff subsumiert zu sehen, hängt auch damit zusammen, dass Zola in seinen soziologischen Experimenten vor allem auf 'inhaltlicher' Ebene arbeitet, sprachlich und textuell aber nicht unbedingt experimentell vorgeht. Mon und Heißenbüttel hingegen traktieren vor allem Sprache und Text experimentell und Brecht oder radikaler natürlich der Wiener Aktionismus fokussieren zusätzlich noch das Experiment mit dem Publikum. Diese Konstellation wäre bei einer umfassenden Beobachtung experimenteller Literatur unbedingt zu diskutieren.

---

[217] Beide Zitate aus der Einleitung von Michael Backes, Georg Jäger und Oliver Jahraus in: JAHRAUS, Oliver 2001c: Die Aktion des Wiener Aktionismus. Subversion der Kultur und Dispositionierung des Bewußtseins (= M. Backes, T. Dreher, G. Jäger, O. Jahraus (Hgg.), Das Problempotential der Nachkriegsavantgarden. Grenzgänge in Literatur, Kunst und Medien. Bd. 2). München, 13-22, 13. Diese Ausführungen beziehen sich zwar konkret auf die Wiener Gruppe und den Wiener Aktionismus, sind aber m. E. so allgemein gefasst, dass sie als Bestandteil einer abstrakten Definition des Experiment-Begriffs brauchbar sind.

Der Begriff des Experimentellen gewinnt hier schon einiges Profil. Er ist so abstrakt gefasst, dass verschiedenste Werke mit seiner Hilfe beobachtet werden können. Er greift auf einer so abstrakten Ebene auf grundlegende Unterscheidungen und Konstellationen durch, dass damit die Differenzialität in einen gemeinsamen Fokus rücken kann. Hiermit ist auch eine weitere Argumentationsfigur verbunden: nämlich die *Figur des 'Insbesonderen'*. Es ist kaum zu leugnen, das auch 'konventionelle', 'nicht-experimentelle' Literatur die oben beschriebenen Unterscheidungen und Konstellation thematisiert und bearbeitet, aber in ihrer konventionalisierten Form bedient sie sich – aus der Perspektive eines spezifisch allgemeinen Experiment-Begriffs – mehr dieser Unterscheidung als nicht-reflektierten Instrumenten und weniger als problematisierbaren Größen. Es ist *insbesondere* 'experimentelle' Literatur, die die erwähnten Grundlagenunterscheidungen und -konstellation sichtbar macht, expliziert, hinterfragt, traktiert, verschiebt und bewusst reflexiv relationiert. Immer wieder wird die im Vergleich zu 'konventioneller' Literatur erhöhte Exemplifizierungsfähigkeit von 'experimenteller' Literatur betont: Vor allem „experimentelle Texte" seien in der Lage, „das Problem [die „Verbindung von Subjektivität und Sprache bzw. Medien"] *hervorragend* zu exemplifizieren" (BLOCK: 15; meine Hervorhebung, MG). Es geht um die Frage, ob

> strukturelle und operationale Bedingungen [...] im Umgang mit experimentellen Texten offenbar *besonders deutlich* werden? Kommt der Kunst experimenteller Poesie gerade in diesem Zusammenhang eine sie gegenüber anderen Kunstformen *auszeichnende* Leistung zu? (16) [D]ie reichlich abstrakte Frage nach dem Zusammenhang von Subjektivität [ist] gut am Beispiel experimenteller Poesie *zu veranschaulichen*, zu differenzieren und zu begrenzen (37). Experimentelle Poesie [...] besetzt m. E. in der Literatur *hervorragend* den Ort, an dem der prekäre Zusammenhang zwischen Subjektivität und Medien verarbeitet wird (ebenda: 283; meine Hervorhebungen, MG).[218]

Ganz ähnlich argumentiert auch Lorenz Engell, wie wir in der Einleitung sehen konnten. Und auch HEIMANN 1978 85: spricht äquivalent davon, dass „experimentelle Prosa als Paradigma und besondere Spielart moderner Literatur und Kunst überhaupt erscheinen kann, deren Erarbeitung genralisierbare Einsichten in die geistige und künstlerische Situation der Gegenwart vermittelt". Der 'experimentellen' Literatur wird eine besondere und im Hinblick auf fundamentale Unterscheidungen und Konstellationen herausragende und exemplarische Leistung zugeschrieben. Mithilfe von 'experimenteller' Literatur sieht man etwas, was

---

[218] Und im Hinblick auf die systemtheoretisch fundierte Unterscheidung Bewusstsein/Kommunikation formuliert: „Die poetische Thematisierung des Problems der Beteiligung von Bewußtsein an Kommunikation und umgekehrt, die sich an Ausdrücke der Subjektivität wie die Ichform anschließen läßt [...], erreicht mit der Konzeptkunst [als einer Form von experimenteller Literatur, MG] einen Höhepunkt" (BLOCK: 250).

man mit 'konventioneller' Literatur (so deutlich) nicht sehen würde.[219] Im Hinblick auf das Narrativitätstheorem kann nun behauptet werden, dass 'experimenteller' Literatur (als experimenteller Prosa, s. u.) deshalb exemplarischer Status zugeschrieben werden kann, weil sie einen basalen Sinn-, Identitäts- und Wirklichkeitskonstruktionsmechanismus – Narrativität – im De/Konstruieren von Narrativität als diesen Mechanismus in aller Prägnanz sichtbar macht. Indem solchermaßen qua 'experimenteller' Literatur (als experimenteller Prosa) konstitutiv unsere grundlegende Art und Weise des Weltverständnisses tangiert und traktiert wird, kommen wir nicht in die Position des selbstverständlichen narrativen Welther(aus)stellens. Und weil 'experimentelle' Literatur nicht einfach ein Sprachexperiment ist, sondern eben ein Modus, der Sinn-Formen subvertiert, ist 'experimentelle' Literatur auffällig, schwierig, opak, hermetisch und kommt über ihre Auffälligkeit in den Verstärkungsmodus des Besonderen und Exemplarischen. Ich komme später auf diese Aspekte zurück.

Mithilfe eines kleinen Hinweises von Georg Jäger lässt sich die Figur des Insbesonderen noch anders fokussieren. Er spricht davon, dass dem Begriff 'experimentell' eine Verweisfunktion zugeschrieben werden kann (JÄGER: 547). Solchermaßen lässt sich der Experiment-Begriff als ein *Verweis-Medium* beobachten. Der Experiment-Begriff kann als Medium beobachtet werden, um literaturkonstitutive Problemlagen spezifisch zu beobachten. Dadurch werden die Problemlagen neu formatiert. Mithilfe des Experimentbegriffs wird somit auch ein Blick auf *unter anderem* folgende Aspekte geworfen: Genie, Autorintention, Werk/Text, offene/geschlossene Form, Ganzes/Fragment, Subjektivität/Identität, Autorschaft, Produktions-/Rezeptionsverhalten, Materialität, Sprache, Intermedialität, Gattungen, Kunst als System, literarische Kommunikation. Und es lässt sich argumentieren, dass diese literaturkonstitutiven und literaturrelevanten Unterscheidungen und Problemlagen *insbesondere* entlang des Experiment-Begriffs als literaturkonstitutive und literaturrelevante Momente sichtbar werden. Prinzipiell ist jede Unterscheidung (bspw. Frau/Mann für die Gender Theorie oder Wir/die Anderen für die Postkoloniale Theorie) ein Verweis-Medium für bestimmte Problemlagen, die Unterscheidung experimentell/nicht-experimentell (bzw. im Hinblick auf Narrativität und experimentelle Prosa: narrativ/a(nti-)narrativ) kann

---

[219] Ähnlich argumentiert auch Monika Fludernik, wobei sie dabei keine medientheoretisch sensible Brille aufhat, sondern eher sprachmikroskopisch beobachtet, dabei aber dennoch zeigen kann, dass Literatur als Literatur insbesondere qua experimenteller 'Zergliederung' der Sprache beobachtbar wird: „Distorting language at its roots, after all, is not merely a pastime of some obscure writers at the margins of the posmodernist 'movement', but the very essence of literaturnost [...]. Even for the literary paragmatist or the linguistically oriented stylistician (who does not believe in the existence of a literary language) such radical experiments throw some light on the less extravagant processes of linguistic deformation observable in more standard kinds of writing" (FLUDERNIK, Monika 1996: Distorting Language at its Roots. (Late) Modernist and Postmodernist Experiments with Narrative Language. In: Sprachkunst 27 (1996), 109-125, 125).

jedoch als Brennglas beobachtet werden, das besonders deutlich bestimmte und vor allem auch literatur*konstitutive* und literaturrelevante Momente sichtbar werden lässt. Wenn man bspw. mit der Unterscheidung Mann/Frau auf das Problem Werk/Text im Hinblick auf offene/geschlossene Form verweist, stellt sich ein spezifischer Fokus ein. Wenn man mit der Unterscheidung experimentell/nichtexperimentell (narrativ/a(nti-)narrativ) auf das Problem Werk/Text im Hinblick auf offene/geschlossene Form verweist, stellt sich ein spezifischer Fokus ein, der die Unterscheidungen Werk/Text und offene/geschlossene Form besonders deutlich als literatur*konstitutive* und literaturrelevante Problemlagen beobachtbar macht. Solchermaßen ist 'experimentelle' Literatur ein Verweis-Medium, das die Logistik von Literatur und literarischer Kommunikation exemplarisch sichtbar machen kann. Das ist nur ein Beispiel. Grundsätzlich muss dies für alle literaturkonstitutiven und literaturrelevanten Momente gelten.

Der Begriff des Experimentellen reibt sich auf zwischen den disparaten und idiosynkratischen Programmen und Formen der einzelnen Werke und Richtungen, die den Begriff des Experimentellen als gemeinsamen Nenner aufzulösen drohen und einem allgemeineren Experiment-Begriff, der zwar Vergleichbarkeit trotz Differenzialität sichert, jedoch so abstrakt und breit ausfallen muss, dass er wiederum die spezifische Analysekraft für einzelne Werke zu verlieren scheint. Wie lässt sich dieses Aufreiben in den Griff kriegen? Da besteht zunächst die Möglichkeit, den Experiment-Begriff historisch zu fassen. Sowohl bspw. BLOCK: 30ff. als auch bspw. HARTUNG: 23 („Das literarische Experiment ist [...] nur in seiner Geschichte aufzufinden und zu bestimmen.") argumentieren in diese Richtung. Es geht dann darum, die Verwendung des Experiment-Begriffs in der Literatur mit dem Stand des jeweiligen naturwissenschaftlichen Experiment-Begriffs zu vergleichen und vor allem darum, diese Verwendung jeweils historisch zu kontextualisieren, also bspw. Zolas Verwendung des Begriffs von der der Konkreten Poesie abzugrenzen und sowohl ästhetik- als auch literaturgeschichtlich einzuordnen. Eine andere Möglichkeit ist die, von einem spezifisch allgemeinen und abstrakten Experiment-Begriff auszugehen und dann die konkreten und spezifischen literarischen Strategien zu untersuchen, die die einzelnen und unterschiedlichen Texte anwenden. Es geht nicht darum, dass die einzelnen Texte einer experimentellen Programmatik folgen, sondern, dass es unendlich viele verschiedene literarische Möglichkeiten gibt, die oben erwähnte Traktierung der fundamentalen Unterscheidungen und Konstellationen durchzuführen.

Im Zuge der Formel Vergleichbarkeit trotz Differenzialität im Rahmen einer *spezifisch allgemeinen* Experimentdefinition muss auch die Wendung 'experimentelle' Literatur (und experimentelle Prosa) problematisiert werden, da sie sofort suggeriert, dass es nichtexperimentelle, sprich 'konventionelle' Literatur (und Prosa) gibt. Dies ist dann, wenn man seinen Begriff von Experiment und Konvention expliziert, im Grunde kein Problem, birgt aber dennoch die Gefahr einer rigiden Taxonomie in sich. Lösen lässt sich dieses Dilemma, indem man nicht mehr von 'experimenteller' Literatur und (experimenteller Prosa), sondern von experimentellen Praktiken in der Literatur spricht. Diese Praktiken sind dann an (nahezu) allen Werken her(aus)stellbar, wobei einige Werke eher spärlich mit solchen Praktiken arbeiten (bspw. Hesse) und einige massiv (bspw. Achleitner). Damit vermeidet man zwar taxonomische Gefahren, rutscht aber wiederum zu sehr auf die Ebene der Textmorphologie ab.[220] Solchermaßen kommen logistische Aspekte, dass anhand von 'experimenteller' Literatur (als experimenteller Prosa) besonders gut die literarische Realisierung von struktureller Kopplung beobachtet werden kann, kaum noch in den Blick. Höchstens man formuliert sperrig, je massiver die experimentellen Praktiken, desto schärfer die logistische Brille. Ich werde im Folgenden die problematische Wendung 'experimentelle' Literatur (als experimentelle Prosa) beibehalten, weil ich eben die Logistik von Literatur und literarischer Kommunikation fokussieren möchte, betrachte aber den Hinweis auf die Wendung 'experimentelle Praktiken' als wichtige Problemsensibilisierungsstrategie.

*Zweitens*. Die Ambivalenz des Experiment-Begriffs hängt konstitutiv davon ab, wo man das Experimentelle platziert. Liegt es auf der Objekt- oder auf der Metaebene? „Die Metaphorik des Experiment-Begriffs im Kunstbereich resultiert aus einer ungenauen Differenzierung seiner Verwendung als Kategorie der Beschreibung oder des Beschriebenen" (JAHRAUS 2001c: 61). Der Experiment-Begriff ist somit disparat sowohl auf semantischer und definitorischer Ebene als auch auf der Ebene, ob das Experimentelle dem 'Kunst-Objekt' oder der Beobachtung zugeschrieben werden kann. Platziert man es auf die Ebene des Beschriebenen, dann wären Texte aufgrund ihrer Beschaffenheit als Objekte experimentell. Ein Text wäre ein experimenteller, weil er diese oder jene Form hat oder diese oder jene Vertextungsstrategie verwendet. Es müsste sich so eine präzise Charakteristik experimenteller Texte als literarischer Objekte erarbeiten lassen. Demgegenüber beziehen sich Jahraus, Hoffmann und Hartung auf Heißenbüttel, der dargelegt hat, dass der Experiment-Begriff weniger dazu dient, eine Beschreibung der Objekte zu liefern, sondern viel eher zum Index derer gehört, die diesen Begriff verwenden. Der Begriff ist nicht aus den Objekten gewonnen.[221] Und Block spricht davon, dass „das Prädikat 'experimentell' auch mehr einer kommunikativen Orientierung der beteiligten Akteure dient als einer genauen Charakteristik künstlerischer Objekte" (BLOCK: 31). Wird das 'Experimentelle' somit auf die Ebene der Beschreibung verschoben, ist damit eine nicht-ontologische Prämisse impliziert. In Anlehnung an Werber ließe sich für den Experiment-Begriff for-

---

[220] Bspw. HOHMANN: 87: „Als Fazit ergibt sich, daß jederzeit wohl nichts anderes möglich ist, als die einzelnen Methoden zu beschreiben, mit denen experimentelle Autoren Sprachmassen organisieren."
[221] Vgl. HEIßENBÜTTEL, Helmut 1971: Keine Experimente? Anmerkungen zu einem Schlagwort. In: Ders., Zur Tradition der Moderne. Neuwied/Berlin, 126-135, 133.

mulieren, was auch allgemein für den Kunst- bzw. Werk-Begriff gilt: Das Experimentelle besitzt im literarischen Text „kein materielles Substrat, daß aus ontischen Gründen" einen Text experimentell macht. „Die kommunikative Einstellung macht ein Ereignis" zu einem 'experimentellen' Text. „Eine natürliche Ontologie der Dinge wird verabschiedet. Nichts ist an sich" experimentell. „Eine Kommunikation erhält ihre Kontur nicht durch ein Substrat, auf das sie referiert, sondern durch ihre Einbindung" in eine spezifische Perspektive.[222] In diesem Sinne 'gibt' es keine 'experimentelle' Literatur, sondern Beobachtungen, die Werke aus bestimmten Gründen, in bestimmten Hinsichten und vor bestimmten Hintergründen als 'experimentell' bezeichnen, ihnen also den Status des 'Experimentellen' von einem bestimmten Blickwinkel aus zuschreiben.[223] Demgegenüber argumentiert Hohmann im Hinblick auf Vormweg und Kurz, dass die Stärke ihrer Definition ihrer textimmanenten Lesart geschuldet ist. Solchermaßen ließe sich das Experimentelle an der Textmorphologie ablesen. Eine kommunikations- und systemtheoretische Perspektive kann dies selbstredend nicht unterschreiben. Jäger hat ob der unterschiedlichen Verwendungsweisen und Bedeutungen des Experiment-Begriffs betont, dass der „Begriffsgebrauch stets expliziert werden [sollte]" (JÄGER: 546). Diese Forderung gilt auch dann, wenn man das 'Experimentelle' als Kategorie des Beobachteten fassen möchte, es ist jedoch konstitutiv eingeschrieben in jede Perspektive, die das 'Experimentelle' als Kategorie des Beobachtens konzipiert. So beobachtet, wird nicht nur der Experiment-Begriff stets expliziert, sondern auch instantan die diesen Begriff explizierende und somit konstituierende Beobachtung selbst. Wenn das 'Experimentelle' als Kategorie des Beobachtens beobachtet wird, werden konstitutiv immer beide Momente expliziert: Das, was beobachtet wird und das, womit dieses 'Das' beobachtet wird. Die Arbeit markiert solchermaßen explizit, dass sie als Beschreibung selbst unter ihr Objekt fällt, das als ein Objekt beschrieben wird, das sich selbst beschreibt. Die Arbeit ist sich im Beobachten ihres Gegenstandes immer selbst ihr Gegenstand. Und diese doppelte Explikation müsste dann sowohl Ordnung in den diffusen und ambivalenten Experiment-Diskurs bringen als auch eine konsistente Definition des 'Experimentellen' liefern können. Es versteht sich von selbst, dass eine systemtheoretisch orientierte Arbeit, die auf einem operativen Konstruktivismus fußt und die Beobachtung als ihre 'Letztkate-

---

[222] Hier habe ich den Begriff 'experimentell' dort eingesetzt, wo bei Werber Kunst, Kunstwerk und künstlerisch steht. Dieses Einsetzen soll markieren, dass es auf epistemologischer Ebene um eine völlig analoge Argumentationsbewegung geht. Zitate: WERBER: 27 und 157.
[223] In Bezug auf den *Wiener Aktionismus* versucht Oliver Jahraus eine radikale These auszutesten, wenn er argumentiert, dass die Kategorie des Experiments „die Differenz zwischen Beschreibung und Beschriebenem unterlaufen" könne, gerade deshalb, weil der Aktionismus als autoreflexives Experiment sowohl das allererst konstituiert, was er im Experiment zur Disposition stellen möchte als auch dadurch „als Kunstereignis sich selbst zur Disposition stellt" (JAHRAUS 2001c: 62).

gorie' konzipiert,[224] das 'Experimentelle' als Kategorie der Beobachtung und nicht als die des Beobachteten fasst. Es muss nicht grundsätzlich dieser Argumentationsbewegung gefolgt werden, aber jede Perspektive sollte, unabhängig von ihrem spezifischen theoretischen und methodischen Zuschnitt, zumindest markieren, ob sie den Experiment-Begriff auf der Ebene des Beschriebenen oder auf der Ebene des Beschreibens konzipiert. Nur so lassen sich Ambivalenzen und Widersprüchlichkeiten, wenn schon nicht gänzlich eliminieren, so doch produktiv für eine Konzeptualisierung nutzbar machen.

Die Verlagerung des Experiment-Begriffs auf die Metaebene erlaubt es schließlich auch, eine eingeschliffene Argumentationsrichtung umzudrehen. Immer wieder wird gefragt, ob und wie der naturwissenschaftliche und wissenschaftstheoretische Experiment-Begriff (in welcher Form auch immer) in der Literatur und Literaturwissenschaft einsetzbar ist. Der Transfer läuft immer in die eine Richtung: Von den Naturwissenschaften und der Wissenschaftstheorie zur Literatur und Literaturwissenschaft. Es ließe sich jedoch auch fragen, ob die Transferrichtung nicht umgedreht werden könnte. Was passiert mit dem Experiment-Begriff, wenn er literarisch und literaturwissenschaftlich traktiert wird? Sind Literatur und Literaturwissenschaft in der Lage, den Experiment-Begriff nicht nur zu applizieren, sondern auch zu reformulieren? Sobald der Experiment-Begriff mit Literatur und Literaturwissenschaft in Berührung gekommen ist, ist er nicht mehr der Begriff, der er vorher war. Und in dieser Reformulierung gehört er dann nicht mehr (ausschließlich) den Naturwissenschaften und der Wissenschaftstheorie an, sondern einem Diskurs, den man mit Jonathan Culler vielleicht als *Theorie* bezeichnen könnte (vgl. Culler 2002). Die literarische und literaturwissenschaftliche Kommunikation zieht den Begriff aus der strikten Vereinnahmung durch Naturwissenschaften und Wissenschaftstheorie heraus und lässt ihn zu einem Begriff werden, der weder methodisch noch disziplinär eindeutig wird, sondern sich dadurch auszeichnet, dass er zu einem theoretischen Begriff wird. Dass die Naturwissenschaften und Wissenschaftstheorie sich auf einen Rückkopplungseffekt einlassen würden, der über den Umweg von Literatur und Literaturtheorie ihr Experiment-Verständnis affizieren könnte, ist zu bezweifeln. Und schon sind diejenigen zu hören, die meine These der Reformulierung eines naturwissenschaftlichen und wissenschaftstheoretischen Begriffs qua Literatur und Literaturwissenschaft als postmoderne metaphorische Hypertrophie bezeichnet sehen wollen. Eine solche Kritik würde jedoch übersehen, dass hier eine Spezifik der Literatur sichtbar wird. Sicherlich re-justieren Literaturwissenschaft und ihr Objektbereich Literatur den naturwissenschaftlichen und wissenschaftstheoretischen Experiment-Begriff nicht im Sinne dieser beiden Diskurse, ja, meinetwegen verwenden sie ihn auch 'falsch', nur, das ist es ja gerade. Literatur (und

---

[224] FUCHS 2004: 11: „Beobachtung nehmen wir als Letzt- oder Leitbegriff, der immer vorausgesetzt ist."

auch Literatur*wissenschaft*) dürfen ihn nicht nur 'falsch' verwenden, sondern bereichern den ganzen Experiment-Diskurs und die literarische Kommunikation, indem sie ihn 'falsch' verwenden. Vielleicht gib es sogar Dimensionen des Experimentbegriffs, die sich gerade der Literatur verdanken. Oder im Sinne einer nominalistischen Literaturdefinition: Literatur ist das, was (u. a.) naturwissenschaftliche und wissenschaftstheoretische Begriffe komplett nach eigener Maßgabe verwenden und solchermaßen bereichern und rejustieren kann. Diese Thesen müssen hier nicht weiter elaboriert werden. Entscheidend ist allerdings, dass mit der Verschiebung der Problemlage von der Objekt- auf die Metaebene eine komplette theoretische Re-Justierung von literarischer und literaturwissenschaftlicher Kommunikation möglich und nötig wird.

*3.3.2 Was 'ist' 'experimentelle Prosa'?*

Hinsichtlich des uneindeutigen Status des Experiment-Begriffs stellt Andreas Kramer fest:

> [V]ermutlich haben wir es mit einem Phantom zu tun oder aber doch mit einem Phänomen, das inzwischen zu einem solchen geworden ist. Dieses hat aber doch genügend Spuren hinterlassen, um ein Phantombild anzufertigen (KRAMER: 45).[225]

Die Uneindeutigkeit und Ambivalenz des Experiment-Begriffs ist also kein Argument, um ihn fallen zu lassen. Die Arbeit wird jedenfalls die Uneindeutigkeit des Begriffs als Anlass nehmen, nicht den Begriff zu verabschieden, sondern das sich an ihm kontrovers, d. h. produktiv, entzündete Problemgefüge spezifisch, d. h. auf bestimmte Probleme fokussiert, zu beleuchten. In einer radikalen Wendung könnte formuliert werden, dass die Uneindeutigkeit des Experimentbegriffs ein wichtiges Verstärkungsmoment für die Exemplarität 'experimenteller' Literatur ist. Weil in den umständlichen Definitionsversuchen immer auch die logistische Ebene von Literatur und literarischer Kommunikation berührt wird, wird auch immer über die Art und Weise der Beobachtung von Literatur diskutiert und dadurch exemplarisch ein Medium HER(AUS)GESTELLT, das die Relationierung von Objekt- und Metaebene exemplarisch sichtbar macht.

Die Arbeit wird keine historische Darlegung und Zusammenfassung der Programmatiken des Experimentbegriffs darlegen, vielmehr wird sie vor dem Hintergrund des spezifisch allgemeinen Experimentbegriffs einen spezifischen Experiment-Begriff operationalisieren und explizieren. Die Konzeptualisierung eines solchen Experiment-Begriffs hängt nicht von der Morphologie der ausgewählten Texte ab, sondern von der Art und Weise, wie diese Texte und warum diese bestimmten Texte ausgewählt wurden und vor allem: vor welchem Problemhinter-

---

[225] DAMERAU: 26 spricht etwas negativ konnotiert von einem „Begriffsgespenst, ohne klare Konturen, eine schwankende Gestalt".

grund sie ausgewählt wurden. Der Begriff des Experimentellen, wie er hier expliziert wird, entsteht 'erst' instantan mit der Konzeptualisierung und Explikation des Begriffs selbst. Die Art und Weise, wie der Begriff des Experiments von der Arbeit gesetzt wird, konstituiert erst die Möglichkeit, einen solchen Experiment-Begriff überhaupt setzen zu können.

Meine Studie geht, wie gesehen, davon aus, dass *insbesondere* 'experimentelle' Literatur intensiv die Wirklichkeit fundierenden Unterscheidungen wie Sprache/Wirklichkeit, Kommunikation/Medien, Subjektivität/Medien usw. (s. o.) traktiert und neu relationiert. Sie geht auch davon aus, dass sie nicht nur mit den, sondern vor allem an den von ihr verwendeten Formen, Medien und Techniken arbeitet und somit zu Routinen granulierte künstlerische Verfahren und allgemein kommunikative Konstellationen subvertiert und neu formatiert. Allerdings bildet diese Anknüpfung an die spezifisch allgemeine Experiment-Definition nur einen ersten Orientierungsrahmen der eigenen Konzeptualisierung. Sie verortet das eigene Konzept in einen schon elaborierten Diskurs über das Experiment in der Literatur, gewinnt aber eigenständiges Profil, indem sie nicht bei dieser allgemeinen Definition stehen bleibt, sondern eingebettet in ihren Rahmen eine spezifische Ausformulierung dieser allgemeinen Definition vornimmt.

Um Vergleichbarkeit trotz Differenzialität operationalisieren zu können und um die *spezifisch allgemeine* Experiment-Definition weiter spezifizieren zu können, wird 'experimentelle' Literatur mithilfe der Unterscheidung *narrativ/a(nti-)narrativ* beobachtet. Bei a(nti-)narrativen Werken handelt es sich primär um Texte, bei denen eine „lineare, geschlossene, dramatisierte Handlung [...] eine story" vom Leser nicht mehr (so ohne weiteres) rekonstruiert werden kann. Es gibt „keine orientierenden Anfänge, keine eindeutigen, versöhnenden Enden" und: „Mit der Handlung fällt der Held" (Zitate: BODE: 6f.); kurz: Die „typischen Parameter – Figuren, Handlung, Zeit, Ort, Kausalität, Kohärenz" (ebenda: 153) – werden aufgelöst. Statt des *What-Happened-Nextism* wird von solchen Texten eine alternative Beobachterperspektive provoziert. Im Hinblick auf unser Erzähl-Modell kann genauer gesagt werden, dass a(nti-)narrative Texte in der Dekonstruktion der N-Reihe trübe und opake Erzähl-Formen und Erzähl-Grammatiken indizieren und es solchermaßen zu keinem transparenten Erzähl-Modell kommt. Es heißt nicht einfach, dass es keinen Helden und keine *story* gibt, sondern, dass die Relationierung von Erzähl-Form und Erzähl-Verlauf uneindeutig und komplex ist. Die Konstituierung von Vorfällen als Ereignissen im Hinblick auf die Zusammenführung von Ereignissen als Episoden zu einem chronologischen Geschehen ist schwierig oder nicht möglich. Das sinnvolle Relationieren der Elemente Ereignisse/Episoden im Hinblick auf ein Geschehen zu einer chronologisch und kausal re/konstruierbaren Handlung und die Identifikation von Aktanten als Protagonisten als Trägern der Handlung wird problematisch. Die Etablierung einer Geschichte als der Einheit der Unterscheidung erzählte Welt/Darstellung ($WIE_{[WAS/WIE]}$) gelingt nur mit Mühe oder gar nicht. Des Weiteren sind die klare

Zuordnung von Stimme, Modus, Bewusstseinsrepräsentation und die klare Koordination der Zeit (Ordnung, Dauer, Frequenz) gestört.[226] Die Relevanz und Plausibilität von mimetischen und theoretischen Sätzen stellt sich nicht ein. Oft vollzieht sich die bereichsspezifische Attribution in einem so radikalen Maße, dass es zu semantischen Verständnisproblemen kommt. Wie wir noch sehen werden, kommt es zu keiner klaren Zuordnung und Unterscheidbarkeit der Kommunikationsebenen N1, N2, N3, N4 und N5. Die eingeschliffene Realisierung der strukturellen Kopplung qua Sinn-Form Narrativität wird subvertiert, indem es zu all den hier dargestellten Trübungen kommt.

Die Unterscheidung narrativ/a(nti-)narrativ auf 'experimentelle' Literatur anzuwenden bzw. sie mithilfe dieser Unterscheidung zu beobachten und somit zu konstituieren, ergibt sich weder aus der Morphologie der Texte noch ist sie einfach von theoretischen Prämissen (Sinn-Form, strukturelle Kopplung, soziale Referenz/symbolische Referenz usw.) abgeleitet, sondern Ergebnis von Beobachtung von Beobachtung. Wenn man beobachtet, wie sowohl die Autoren und Autorinnen ihre Texte als auch die Sekundärliteratur diese Texte beobachtet, kristallisiert sich die Unterscheidung narrativ/a(nti-)narrativ als plausible Führgröße heraus – wobei markiert sein muss, dass innerhalb der hier entfalteten differenztheoretischen Argumentationslogik Narrativität mit dem Sinn-Schema narrativ/$_{a(nti-)narrativ}$ und experimentelle Prosa mit dem Sinn-Schema $_{narrativ}$/a(nti-)narrativ zu kennzeichnenn ist.

Immer wieder tauchen verblüffend ähnliche Beschreibungen auf. Repräsentativ seien hier einige vorgestellt: Schmidt bezeichnet Mayröckers Prosa als eine „nicht-narrative und nicht-mimetische Prosa", die „weder Roman noch Erzählung, weder Erörterung noch Darstellung" ist, eine Prosa „ohne Plot und Story" (SCHMIDT 1984: 13 und 16). „Raum und Zeit erscheinen instabil. Den Figuren läßt sich weder Identität noch Geschichte zuschreiben."[227] Kausalität und Linearität werden durch Korrespondenz und Simultaneität ersetzt. (vgl. SCHMIDT 1989: 80). Kasper spricht von „nicht-lineare[n] Prosaformen", die die Form des

---

[226] „Nicht das Kontinuum des Geschehens, sondern die Reduktion auf die Prägnanz einer Formel oder eines Bildes bestimmt die Struktur dieser Prosa; sie komprimiert Sprache auf den einzelnen Satz, das einzelne Wort, ihre letzte Konsequenz ist die Schrumpfung auf den Punkt ohne Ausdehnung, das Verstummen" (HEIMANN 1978: 15) oder auf das leere Blatt (Becker und Wiener). Und weiter: „In Verbindung mit dem Prinzip von Zitat und Collage führt diese Punktualisierungstendenz zur pluralistischen Struktur (!), einer Ansammlung heterogener Partikel, die von keiner Erzählperspektive, keiner Autorenintention und keinem erzählerischen oder gedanklichen Zusammenhang mehr verbunden werden und in ihrer Gesamtheit eigentlich 'nichts' 'meinen' und 'nichts' 'sagen'" (ebenda). Wir werden noch sehen, dass es so eingleisig und einfach nicht ist und dass es bei radikal experimentellen Texten, wie dem *vitus bering* bspw. durchaus erzählerisch klar benennbare Parameter gibt. Meine Rede von trüben und opaken Erzähl-Modellen meint mitnichten Entropie oder Chaos.

[227] SCHMIDT, Siegfried J. 1989: Fuszstapfen des Kopfes. Friederike Mayröckers Prosa aus konstruktivistischer Sicht. Münster, 9.

Romans sprengen.[228] Besonders hervorgehoben wird auch die radikale Problematisierung der Person. Die Identität der Erzählerin und ihres Textpersonals ist im ständigen Zusammenbrechen begriffen, ohne je gänzlich aufgelöst zu werden. In Bezug auf bspw. Ror Wolfs Texte, die m. E. auch zum Dunstkreis der hier zu verhandelten Werke gehören, spricht Appel von einer „Inkonsistenz des Erzählten", die Texte seien „auf die Sprengung von linearen Zeit- und Handlungsabläufen, auf ein vollkommen entindividualisiertes Figurenarsenal" ausgerichtet. Mit der „Selbstdissemination des textuellen Ichs" ist auch bei Wolf die pointierte Infragestellung von Ich-Identität thematisiert.[229] Bündgen beobachtet eine „Auflösung der Romanform". „Für die experimentelle Prosa ist das Gegenteil stringenter Handlung charakteristisch" (Bündgen: 12 und 15). Michaela Kenklies beschreibt Bayers *der kopf des vitus bering* analog:

> Dieser Text ist lesbar, dennoch wird man diesen Text nicht auf einen plot, einen Handlungsverlauf hin nacherzählen können. Der pragmatische Nexus einer linearen Handlung wird in „der kopf des vitus bering" zerstört, da hier der Sprachgebrauch nicht unter der Prämisse der mimetischen Abbildungsbeziehung erfolgt. Es werden vielmehr alle deiktischen Strukturen wie eine kohärente Sprecherrolle oder Einheit der Figuren aufgebrochen und jeweils als Simultanerscheinungen gehandhabt.[230]

Für solche Texte ist der 'Baßler-Test', der mit dem Schema paraphrasierbar/nicht paraphrasierbar arbeitet, maßgeschneidert.[231] Sowohl die hier dargestellten Perspektiven als auch der 'Baßler-Test' arbeiten alle mehr oder weniger explizit mit der Unterscheidung narrativ/a(nti-)narrativ. Oft wird von der Sekundärliteratur

---

[228] KASPER, Helga 1999: Apologie einer magischen Alltäglichkeit. Eine erzähltheoretische Untersuchung der Prosa von Friederike Mayröcker anhand von „mein Herz mein Zimmer mein Name". Innsbruck, 11.

[229] APPEL, Ina 2000: Von Lust und Schrecken im Spiel ästhetischer Subjektivität. Über den Zusammenhang von Subjekt, Sprache und Existenz in der Prosa von Brigitte Kronauer und Ror Wolf. Würzburg, 31 und 32.

[230] KENKLIES, Michaela 1999: Literarische Avantgarde und paradoxe Kommunikation. Am Beispiel von Konrad Bayers *der kopf des vitus bering*. In: O. Jahraus, B. Scheffer (Hgg), Interpretation, Beobachtung, Kommunikation. Avancierte Literatur und Kunst im Rahmen von Konstruktivismus, Dekonstruktion und Systemtheorie. (= IASL. 9. Sonderheft). Tübingen, 113-130, 125. Eine entsprechende Eigenschaftszuschreibung ließe sich auch aus den Texten der behandelten Autoren und Autorinnen selbst – seien diese poetischer oder theoretischer Natur – herausschälen. Hier sei repräsentativ nur auf Becker verwiesen, der von einem „Oldtime-Epiker" spricht, dessen Intention es sei, „eine Geschichte zu erzählen" und der dieses Geschichtenerzählen als „anachronistisch" bezeichnet (BECKER, Jürgen 1972: Gegen die Erhaltung des literarischen status quo (1964). In: L. Kreutzer (Hg.), Über Jürgen Becker. Frankfurt a.M., 13-19, 16). Vgl. auch den Prolog I der Dissertation. -- Hier sei schon angemerkt, dass die 'Textanalyse' zum *vitus bering* zeigen wird, dass die Momente *plot* und Handlungsverlauf nicht so einfach ad acta gelegt werden können, wie dies Kenklies hier behauptet.

[231] Siehe BASSLER, Moritz 1994: Die Entdeckung der Textur. Unverständlichkeit in der Kurzprosa der emphatischen Moderne 1910-1916. Tübingen. Die Nicht-Paraphrasierbarkeit kann auch als Dekonstruktion des *What-Happened-Nextism* narrativer Texte bezeichnet werden.

und auch von den Schreibenden selbst (siehe oben Prolog I) diese Unterscheidung gleichgesetzt mit der Unterscheidung erzählen/nicht-erzählen. Dies impliziert, dass es Texte gibt, die durch ihre „grundsätzliche[] 'Erzählverweigerung'" (BAYER: 9) absolut nichts erzählen würden. Die Arbeit wird bei dieser Gleichsetzung nicht mitgehen. Sie argumentiert stattdessen, dass es drei äquivalente Konstellationen gibt: Erzählen[Erzählen/Nicht-Erzählen], Narrativität[Narrativität/A(nti-)Narrativität] und somit *Erzählen[narrativ/a(nti-)narrativ]*. *Es gibt somit sowohl narratives als auch a(nti-)narratives Erzählen*. Auch geht es der Arbeit nicht darum, eine Typologie und Taxonomie von Texten anhand der Unterscheidung narrativ/a(nti-)narrativ zu präsentieren. Sowohl in einem 'konventionellen' als auch in einem 'experimentellen' Text finden sich Spuren beider Seiten. Kein Text ist nur auf der einen Seite der Unterscheidung komplett zu verorten. A(nti-)narrative Parameter wie Achronie, Nicht-Kausalität, Auflösung von Handlung, Geschichte, *story* und *plot*, Auflösung des Subjekts usw. finden sich in unterschiedlicher Form und Intensität auch in nicht-experimentellen Texten und Chronologien, Kausalität, Subjektivität usw. lassen sich auch in 'experimentellen' Texten beobachten. Mithilfe der Unterscheidung narrativ/a(nti-)narrativ sollen nicht die oben aufgezählten Perspektiven, dass es in experimentellen Texten um die Selbstdissemination des Ichs, die Auflösung von Linearität, die Problematisierung von Geschichte und Handlung usw. geht, bestätigt oder widerlegt werden, es soll auch nicht behauptet werden, dass narrative Texte Linearität und Identität bearbeiten und a(nti-)narrative Texte Nicht-Linearität und Nicht-Identität, vielmehr soll deutlich werden, dass sich mithilfe der Unterscheidung narrativ/a(nti-)narrativ besonders gut Probleme wie Identität, Linearität, Rekursion, Retro-Aktivität, Geschichte, Handlung, Subjektivität, Zeit, Kohärenz usw. beobachten lassen. Anhand der Bauform der Unterscheidung rücken diese Probleme in einen spezifischen Fokus und erhalten somit einen spezifischen Zuschnitt. Die Unterscheidung dient also nicht dazu, verschiedene Texte auseinanderzudividieren – also nicht dazu, zu sagen, Maxim Billers Texte seien narrativ und die von Jürgen Becker a(nti-)narrativ – sondern dazu, die erwähnten Probleme spezifisch beobachten zu können. Also beobachten zu können, wie durch narrative oder a(nti-)narrative Zeit- oder Identitätsbehandlung usw. sich verschiedene Konstellationen in verschiedenen Texten beschreiben lassen. Und dies funktioniert besonders gut bei solchen Texten, die explizit die Parameter der Unterscheidung thematisieren oder subvertieren, also besonders gut in 'experimentellen' Texten. Die Arbeit argumentiert entlang der spezifisch allgemeinen Experiment-Definition (s. o.), spezifiziert ihre Perspektive jedoch dahingehend, dass sie an diese allgemeine Definition die Unterscheidung narrativ/a(nti-)narrativ heranträgt. Mithilfe von narrativ/a(nti-)narrativ soll gezeigt werden, dass und wie *insbesondere* 'experimentelle' Literatur intensiv die Wirklichkeit fundierenden Unterscheidungen wie Sprache/Wirklichkeit, Kommunikation/Medien, Subjektivität/Medien usw. (s. o.) traktiert und neu relationiert und dass sie an den von ihr verwendeten Formen, Medien und Techniken arbeitet und somit zu Routinen granulierte künstlerische Verfahren und allgemein kommunikative Konstellationen subvertiert und neu formatiert.[232]

Wenn 'experimentelle' Prosa mithilfe der Unterscheidung ₙₐᵣᵣₐₜᵢᵥ/a(nti-)narrativ beobachtet wird, so bedeutet dies nicht, dass es ein Narratives bzw. A(nti-)Narratives gibt, auf das die Unterscheidung stößt, sondern, dass mit dem Treffen der Unterscheidung überhaupt erst Narrativität und A(nti-)Narrativität konstituiert werden. Traditionelles, 'konventionelles' narratives Erzählen ist keine ontologisch vorgegebene Größe, die von einem ihr nachgeordneten a(nti-)narrativen Erzählen subvertiert wird, vielmehr etabliert der a(nti-)narrative Diskurs erst seine Gegenposition – das Narrative –, indem er es zu subvertieren versucht. A(nti-)Narrativität konstituiert sich selbst, indem sie anhand der Unterscheidung ₙₐᵣᵣₐₜᵢᵥ/a(nti-)narrativ sich selbst und die Narrativität konstituiert (gleiches gilt prinzipiell in umgekehrter Konstellation auch für die Narrativität). Narrativität und A(nti-)Narrativität bilden keine Alternativen, sondern vielmehr sich wechselseitig konstituierende Antonyme *einer* Unterscheidung. Es gibt das eine nicht ohne das andere, oder derridaesk formuliert: Das eine gibt es nur in der Kontamination durch das andere. Experimentelle Werke konstituieren in ihrer Absetzbewegung von 'konventionell-narrativen' Werken sich und ihre Absetzmarke. Die Konstellation ist höchst komplex: Dies liegt daran, dass das Treffen der Unterscheidung selbst bzw. die Positionierung anhand der Unterscheidung selbst nicht beobachtbar ist und es zu der eigentümlichen Logik kommt, dass etwas als vorgängig Beobachtetes durch das Treffen einer Unterscheidung (ₙₐᵣᵣₐₜᵢᵥ/a(nti-)narrativ) als dieses Vorgängige vom Nachgängigen zuallererst konstituiert wird. Narrative Werke werden somit mithilfe der Unterscheidung ₙₐᵣᵣₐₜᵢᵥ/a(nti-)narrativ retro-aktiv nach-identifiziert, also *nach-konstituiert*. Oder: „Es entsteht eine Absetzbewegung zu einer vorgängigen Position, die als vorgängige Position erst durch die Absetzung in Erscheinung tritt" (JAHRAUS 2001c: 65).[233] Es ist wichtig, dies stets vor Augen zu haben, da 'experimentelle' Literatur, wie gesagt, ebenso wenig einen (ontologischen) Seinsmodus von Texten markiert wie 'konventionelle', 'nicht-experimentelle' Literatur. Es sind die Beobachtungsbewegungen der Autoren, Autorinnen, der Alltagskommunikation, der verschiedenen sozialen Systeme und der Sekundärliteratur (Wissenschaftssystem), die anhand der Unterscheidung 'experimentelle'/'nicht-experimentelle' Literatur allererst so etwas wie

---

[232] Auch für die hier zu analysierende 'experimentelle' Literatur gilt, was laut BLOCK: 288 für die New Media Poetry und die experimentelle Poesie eines Rühms gilt: „latente Strukturen aufzudecken, die Identitätsbildungen zu dekonstruieren." Es geht dann darum, wie sich gerade aufgrund der Unterscheidung ₙₐᵣᵣₐₜᵢᵥ/a(nti-)narrativ dieses Aufdecken und Dekonstruieren spezifisch vollzieht.

[233] Siehe hierzu auch: „Ausgehend von O. Wieners *die verbesserung von mitteleuropa* wird die De-Identifikation von Wirklichkeit in semiotischer Hinsicht als Realitäts(de-)konstruktion expliziert, die selbst modelliert, worauf sie als bestehende Wirklichkeit referiert" (BACKES/JÄGER/JAHRAUS: 14).

'experimentelle' oder 'nicht-experimentelle' Literatur konstituieren (sei dies mithilfe der Unterscheidung narrativ/a(nti-)narrativ, wie dies diese Arbeit hier tut oder sei dies mithilfe einer anderen arbeitsfähigen und anschlussfähigen Unterscheidung). 'Experimentelle' Literatur etabliert sich also weder über die Morphologie der Werke noch allein über die Haltung der Akteure (sensu Block), sondern über die Art und Weise wie anhand von Unterscheidungen (Texte als) Werke, Haltungen und Beobachtungen vor dem Hintergrund von Alltagswissen, literarischer Sozialisation, Literaturgeschichte und Literaturtheorie sowie -wissenschaft er-beobachtet werden.[234] 'Experimentelle Literatur' ist ein Epiphänomen von Beobachtungsbeobachtungsverschleifungen innerhalb dieses komplexen Konglomerats.

Wenn wir nun von 'experimenteller' Literatur (als experimenteller Prosa) absehen und abstrakt-theoretisch von Narrativität und A(nti-)Narrativität sprechen, können wir unser gesamtes Narrativitätskapitel re-markieren: Alles, was zu Narrativität als Sinn-Form, was zu Mimesis I, II und III, zur narrativen personalen Identität, zur Figur der Transformationen aus Transformationen, zum 'Geviert' usw. gesagt wurde, ist immer schon im Nachhinein entlang der Unterscheidung narrativ/a(nti-)narrativ gesagt gewesen. Die gesamte Konstellation Mimesis I (Textur bzw. Narrativität), Mimesis II (Narrationen) und Mimesis III (Beobachtung bzw. Interpretation), die im Modus von Transformationstransformationen beobachtet wurde, etabliert sich konstitutiv über den Umweg des A(nti-)Narrativen. Wir haben narrative Identität entlang von Kohärenz und Kohäsion, Stabilität/Instabilität, Konvention/Dekonventionalisierung, Konstruktion/Dekonstruktion gelesen und schon dort implizit die konsequent differenzielle Figur indiziert, dass eine Marke konstitutiv von ihrem Unterschied zu einer anderen Marke abhängt. Narrativität bildet hier keine Ausnahme. Linearität gibt es nur im Unterschied zu Rekursion, Kausalität nur im Unterschied zu Gleichzeitigkeit und Rückkopplung. Wenn nun Narrativität als Sinn-Form, also als basale Identitätsbildungsmatrize beschrieben wurde, so wird durch die Beobachtung der konstitutiven Differenzialität (via Unterscheidung narrativ/a(nti-)narrativ) Narrativität

---

[234] Diese Überlegungen orientieren sich in ihrer Argumentationsstruktur an folgenden Thesen von Oliver Jahraus: „Aus der Beobachterperspektive sollten diese Relationen [zwischen dem Wiener Aktionismus und den 'bereits etablierten' Positionen; MG] nicht auf Merkmale der Positionen zurückgeführt werden, weil man damit die Positionen ontologisiert und in die methodisch problematische Situation kommt, angeben zu müssen, worin diese Positionen bestehen und welches ihre faktischen Merkmale sind. Wenn man stattdessen die Relation und insofern auch ihre oppositionelle Positionierung erst als Resultat des Eintritts des WA [= Wiener Aktionismus] als Position in den Kunstbereich ansieht, wird deutlich, daß sich Positionen erst über ihre jeweilige Positionierung konstituieren. Die Positionierung des WA erlaubt es überhaupt erst, von einer ihm entgegengesetzten Position im Kunstbereich zu sprechen. Da die Positionierung aus der jeweiligen Position nicht sichtbar ist, betrachtet der WA die oppositionelle Position als vorgefunden, nicht erst als erst über die Positionierung konstituiert. [...] Avantgarden konstituieren sich über solche Absetzbewegungen" (JAHRAUS 2001c: 65f.; vgl. auch dort S. 89).

überhaupt erst als Sinn-Form beobachtbar. Ich argumentiere also, dass auch die Theorien, die nur von Narrativität, Geschichten, Kohärenz und Kausalität sprechen, ihr Sprechen der Unterscheidung narrativ/a(nti-)narrativ verdanken und dass die Narrativitätstheorie alleine über die Unterscheidung narrativ/a(nti-)narrativ in die Position kommt, narrative Identität beobachten zu können. Radikal gewendet komme ich wieder zu der These, dass qua Literatur, insbesondere in Form 'experimenteller' Literatur als experimenteller Prosa ($_{narrativ}$/a(nti-)narrativ) nicht nur literarisch relevantes Wissen beobachtbar wird, sondern überhaupt die Gesellschaft in die Position kommt, sich zu beobachten. Insbesondere qua experimenteller Literatur (als experimenteller Prosa) kann Narrativität als basaler Sinn-, Identitäts- und Wirklichkeitsher(aus)stellungsmodus HER(AUS)GESTELLT werden. Via experimenteller Prosa kommen soziologische, psychologische, philosophische, historische Theorien überhaupt in die Lage, Narrativität als basalen Sinn-, Identitäts- und Wirklichkeitsher(aus)stellungsmodus zu beobachten – auch dann, wenn sie diesen konstitutiven Umweg über die experimentelle Prosa explizit nicht gehen (wollen). Somit kann die Formel aufgestellt werden: *Exemplarisch* anhand experimenteller Prosa dient Literatur der Gesellschaft als *paradigmatisches* Selbstbeobachtungsmedium.

Eine Abstraktionsstufe tiefer kann im Hinblick auf experimentelle Werke formuliert werden, dass alles, was zum Erzähl-Modell gesagt wurde, immer schon im Nachhinein entlang der Unterscheidung narrativ/a(nti-)narrativ gesagt gewesen ist. Die Etablierung der N-Reihe, die Modellierung der Modelle (siehe Skizze 6) und die Gesamtbeobachtung des Erzähl-Modells ist konstitutiv von der Beobachtung 'experimenteller' Werke ($_{narrativ}$/a(nti-)narrativ) abhängig. Die Rede von der Transparenz von Erzähl-Form, Erzähl-Grammatik und Erzähl-Modell ist allein via trüben und opaken Erzähl-Formen, Erzähl-Grammatiken und Erzähl-Modellen möglich. Einen Hermann Hesse gibt es nicht ohne einen Carl Einstein, salopp formuliert; dies gilt freilich auch umgekehrt, allerdings kann man entlang von Hesse diese Konstellation nicht erkennen, Hesses Transparenz ist aufgrund ihrer Transparenz nicht das exemplarische Medium, um die Differenzialität von Narrativität und A(nti-)Narrativität zu beobachten. Wichtig ist hier allerdings, dass ich nicht behaupte, dass A(nti-)Narrativität neben Narrativität als Sinn-Form beobachtbar ist, sondern das via A(nti-)Narrativität Narrativität als Sinn-Form HER(AUS)GESTELLT wird. Die Rede von einer a(nti-)narrativen Identität würde keinen Sinn machen, weil sich auf der Negationsseite keine Identität verfestigen lassen. Es muss folgende Konstellation gelten: Narrativität$_{[narrativ/a(nti-)narrativ]}$.

Die Arbeit folgt der Bewegung, mithilfe einer Unterscheidung (narrativ/a(nti-)narrativ) disparate Texte in einem Vergleichsfokus zu binden. Die höchst unterschiedlichen Texte von Bayer, Becker und Mayröcker lassen sich mithilfe dieser Unterscheidung vor dem Hintergrund der spezifisch allgemeinen Experiment-Definition (s. o.) und im Zusammenhang mit der experimentellen Traktierung der Schnittstellen von symbolischer und sozialer Systemreferenz sowie Bewusstsein und Kommunikation (s. u.) miteinander vergleichen und korrelieren. Diese Vergleichbarkeit trotz Differenzialität markiert das analytische Potenzial der Unterscheidung narrativ/a(nti-)narrativ. Gleichzeitig muss bedacht werden, dass die Idiosynkrasie, die individuelle einmalige Spezifik jedes einzelnen Werkes durch die Anwendung dieser (wie jeder anderen Unterscheidung auch) verlorenzugehen droht. 'Experimentelle' Werke im Sinne dieser Arbeit versuchen die aus ihrer Sicht zu einem festen Repertoire an konventionellen, d. h. narrativen Schreibweisen verfestigte etablierte Erzählliteratur zu subvertieren, indem sie eben qua radikaler Idiosynkrasie von den Mustern der narrativen Strategien abweichen. A(nti-)narrative 'experimentelle' Literatur (als experimentelle Prosa) befindet sich somit in der komplexen Situation, etwas Eigenes, Neues, Innovatives im Rahmen einer Eigenes, Neues, Innovatives determinierenden Unterscheidung ($_{narrativ}$/a(nti-)narrativ) austesten zu müssen. Trotz der idiosynkratischen a(nti-)narrativen Abweichung oder Negierung von narrativen Mustern werden diese Muster, weil es eben Abweichungen und Negationen sind, nicht verlassen. Folglich wird das „produktive Potential" des Experiments vernachlässigt, man „rekurriert immer bloß auf den Sinn und die Wirklichkeit, die sie negiert, ohne zu dem Sinn und der Wirklichkeit durchzudringen, die sie setzt" (BAßLER: 184). Im Rahmen von Muster/Abweichung werden die Muster als konturgebender Hintergrund für Abweichungen aufgerufen. Das Ergebnis sieht dann so aus: „ein erwartbares Verfahren fiktionaler Texte [ist] nicht realisiert, sondern gelöscht. Die Nichtrealisierung eines solchen Verfahrens ist dessen negative Realisierung."[235] In diesem Sinne ist experimentelle Prosa das, was sie nicht ist.[236] Anstatt also 'experimentelle' Literatur ausschließlich als Negativbild von 'konventionellem', narrativem Erzählen aufzufassen und sich ausschließlich am Paradox der 'negativen Realisierung' abzuarbeiten, schlägt Baßler vor, ihre Werke auch (!) als „Erscheinungen sui generis" (BAßLER: 193) zu betrachten. Um diese neue Setzung auf einen Begriff zu bringen, spricht Baßler von einer „neuen Semiosis" (ebenda: 184).[237] Die Interpretation muss sich demnach dem „gänzlich Unbestimmten"

---

[235] ISER, Wolfgang 1976: Der Akt des Lesens. Theorie ästhetischer Wirkung. München, 321.

[236] In Anlehnung an Peter Fuchs: „Moderne Lyrik erscheint typisch bestimmt durch das, was sie nicht ist. Segen, Heiterkeit, Maß und Harmonie der 'älteren Epoche'" (FUCHS, Peter 1989: Vom schweigenden Aufflug ins Abstrakte: Zur Ausdifferenzierung der modernen Lyrik. In: Ders., N. Luhmann, Reden und Schweigen, 138-177, 139).

[237] Der Begriff Semiosis ist gut gewählt, weil er pointiert die Unabschließbarkeit und Komplexität von Signifikationsbeziehungen und -prozessen benennt. Als Bündelungspunkt von différance, Sinn, Wirklichkeit und Möglichkeit umfasst er „eine unermüdliche Erneuerung der Kontingenz, Komplexität, Andersartigkeit und Dissemination – und dadurch auch des Dissenses – im Zeichengebrauch, wozu es aufgrund der Eingebundenheit des Zeichens in ein unübersichtliches Netz differentieller Beziehungen kommt" (BITI: 724).

(ebenda: 190) öffnen.²³⁸ Mit Blick auf die neue Semiosis geht es dann vornehmlich darum, sich immer wieder von der Abenteuerlichkeit der Texte überraschen zu lassen.²³⁹ 'Experimentelle' Literatur (als experimentelle Prosa) artikuliert sich in diesen Überraschungsmomenten immer wieder an der Grenze zur „Außersprachlichkeit" und führt dabei eine Bewegung der „Desemantisierung" durch, indem sie „Erlebnisqualitäten zum Ausdruck" bringt, die sich nicht nur „der Semiotisierung widersetzen"²⁴⁰, sondern auch der Beobachtung durch eine Unterscheidung (bspw. narrativ/a(nti-)narrativ), sich also dadurch auch den eingeschliffenen Relationierungen von symbolischer und sozialer Referenzeben sowie Bewusstsein und Kommunikation querstellen. HOHMANN: 78 argumentiert analog, in dem er am Dadaismus nicht nur dessen Zerstörungskraft als Absetzbewegung und Negation hervorhebt, sondern auch auf den Versuch, „eine neue Bedeutungsfähigkeit von Formen und Sprache" zu schaffen, abhebt. Und Heißenbüttel sieht diese Bewegung genau am Experimentbegriff kondensieren: „Das, was gemeint ist, entzieht sich jedoch der begrifflichen Fassbarkeit. Der Begriff des Experimentellen, der positiv und negativ als Deckname verwendet wird, fasst nicht etwas, was eindeutig gemeint sein könnte" (HEIßENBÜTTEL 1991: 132). In dieser Hinsicht ist die Arbeit in einen breiteren Rahmen einzuordnen. Ganz im Sinne von Adorno und Iser kann allgemein davon ausgegangen werden, dass *insbesondere* in 'experimenteller Literatur' bzw. in experimenteller Prosa *zum einen* die „Wahrnehmung des Nichtwahrnehmbaren als Index ästhetischer Wahrnehmung" sichtbar wird; solcher Literatur wird die Rolle zugewiesen, „in der Präsenz des Nichtpräsenten die Erfahrung des Unerfahrbaren zu realisieren".²⁴¹ *Zum anderen* wird die Frage stellbar, wie das nur wahrnehmbar Erfahrbare in Sprache umgesetzt werden kann bzw. ob es überhaupt etwas Sprachfreies, nur Wahrnehmbares geben kann. Oder: „Wie kann ein Text, der Sprache ist, außerhalb von Sprache sein"? oder: „Wie kann das Inkommunikable kommunikativ evoziert werden?"²⁴² Somit kann an dieser Stelle die Unterscheidung narrativ/a(nti-)narrativ mit der Unterscheidung Text/Werk folgendermaßen korre-

---

[238] In den Worten Derridas heißt dieses gänzlich Unbestimmte das „unaufhörliche Außer-Gegenwärtige" (DERRIDA 1995: 350).

[239] BAßLER 1994, KASPER 1999 und SPRENGER, Mirjam 1999: Modernes Erzählen. Metafiktion im deutschsprachigen Roman der Gegenwart. Stuttgart/Weimar, u. a. 334f. versuchen analog zu der Dissertation beides – die Absetzungsbewegung (bzw. die Orientierung an einer Unterscheidung) und die neue Setzung sui generis – für ihre Interpretationen produktiv zu machen.

[240] Alle Zitate: ORT, Nina 1999: Versuch über das Medium: das 'was sich zeigt'. In: JAHRAUS/SCHEFFER: 147-170, 163f.

[241] Beide Zitate: MATHY, Dietrich 1997: Unverborgen vorenthalten. Zur Wahrnehmung des Nichtwahrnehmbaren als Index ästhetischer Wahrnehmung. In: G. Held, C. Hilmes, D. Mathy (Hgg.), Unter Argusaugen. Zu einer Ästhetik des Unsichtbaren. Würzburg, 281-300, 292.

[242] Erstes Zitat: BARTHES, Roland 1976: Die Lust am Text. Frankfurt a.M., 47; zweites Zitat: KENKLIES: 117.

liert werden: Text/_Werk_ – _narrativ_/a(nti-)narrativ und _Text_/Werk – narrativ/_a(nti-)narrativ_. A(nti-)narrative Momente sind textaffin und narrative Momente sind werkaffin, ohne dass es zu simplen Gleichungen wie Text = A(nti-)Narrativität oder Werk = Narrativität kommt.

Wird mit dem Semiosisbegriff auf das Unbestimmte (Text) abgezielt, so darf das nicht zu einer Hypostasierung des Unbestimmten führen. Wie noch zu sehen sein wird, erschöpfen sich die Texte nicht in dem Festhalten von Entropie, Kontingenz oder Chaos (eine solche Deutung wäre auch theoretisch im Rahmen der systemtheoretischen Medium/Form-Unterscheidung, entlang der immer 'nur' Formen beobachtet werden können und entlang der das Medium Sinn als unhintergehbares Supermedium beobachtet wird, unsinnig). Sie sind eben nicht nur Negationen von etablierten Wirklichkeits- und Sinnentwürfen, sondern eben auch Setzungen von alternativen Ordnungen. Wenn wir es in der 'experimentellen' Literatur mit „eine[r] diskontinuierliche[n] und fragmentarische[n] epische[n] Form zu tun habe[n], deren Konsequenz Alogizität, Brüchigkeit ist", dann heißt das noch lange nicht, dass als Ergebnis ein waberndes, konturloses „Bündel von Bildern"[243] herauskommen muss.[244] Schmidt beobachtet bei Mayröcker beispielsweise die Ablösung eines kausalen und linearen Wirklichkeitsmodells durch ein Modell, das auf Korrespondenz und Simultaneität aufgebaut ist (SCHMIDT 1989: u. a. 80f.). Ebenso werden Formen des Ichs nicht einfach destruiert, sondern durch neue Formen einer variablen Identität ersetzt (so auch WEBER). Auch Kasper sieht Mayröckers Prosa nicht in eine radikale Destruktion münden, vielmehr werden u. a. mithilfe von Wiederholungen und Isotopien alternative Kohärenzmuster gestiftet. (KASPER 1999: u. a. 54ff. und 150-158.) Das Zerstören der _story_ endet nicht im Nichts, sondern in der Schaffung einer „NICHTSTORY".[245] In Bezug auf Wolf spricht Appel gar von einer „asymmetrischen Synthese" (APPEL 2000: 32), die „heterogene mythenbildende Diskursversatzstücke [...] verhandelt und verschränkt" (ebenda). Und HEIMANN 1978: 63 interpretiert Jonkes Texte analog: „Jonkes scheinbar zusammenhanglose Darstellung enthält eine Fülle von Verweisen und Entsprechungen, die auf Zusammenhang deuten und ein nicht zu unterschätzendes Potential an erzählerischer

---

[243] FORTE, Luigi 1981: „Die verspielte Totalität". Anmerkungen zum Problem der Prosa der historischen Avantgarde. In: R. Kloepfer, G. Janetzke-Dillner (Hgg.), Erzählung und Erzählforschung. Stuttgart [u. a.], 385-395, 385 und 391.

[244] Das Interessante ist ja, dass auch Störung, Zerstörung, Lücke, Auslassung, Schweigen, Überlagerung, Überschreibung, Unlesbarkeit, Unbestimmtheit, Sinnlosigkeit, Sprachlosigkeit u.ä.m. immer in Form von Form gebracht werden müssen, um das zu sein, was sie 'sind', nämlich Störung, Zerstörung usw. Anhand der Analyse von 'experimenteller' Literatur kann diese Logik besonders gut beobachtet werden.

[245] MAYRÖCKER, Friederike 1985: Das herzzerreißende der Dinge (= HD). Frankfurt a. M., 143.

Kohärenz darstellen."[246] Auch hier kann die Medium/Form-Unterscheidung Entscheidendes dazu beitragen, zu beschreiben, wie Auflösung und Konstruktion, Entropie und Ordnung, Brüchigkeit und Kohärenz sich gegenseitig konturieren. Jedenfalls ist eine Argumentation, die nur auf die Subversionskraft experimenteller Prosa aus ist, radikal einseitig. So fragt sich HOHMANN: 71, ob der „Begriff der Struktur angewandt werden darf, d. h. ob er nicht die Bedeutung des einheitlichen Sinngefüges, der Ganzheit so verbindlich einschließt, daß er für Dichtungen ausscheidet, deren Absicht gerade die Auflösung von Sinnzusammenhängen ist." Abgesehen davon, dass die 'Absicht' von Dichtungen eine Chimäre ist, kann auf einer höheren Abstraktionsstufe argumentiert werden, dass experimentelle Prosa weder allein über die Auflösung noch allein über eine ganzheitliche Strukturierung beschreibbar ist. Experimentelle Prosa ist das, was weder Auflösung noch Struktur bzw. das, was sowohl Auflösung als auch Struktur ist. Entlang von experimenteller Prosa kann nicht nur Differenz, sondern entweder die Einheit von Identität und Differenz oder die Differenz von Identität und Differenz beobachtet werden, je nachdem welchen Beobachtungsfokus man eingestellt hat. In diesem Sinne lese ich auch Heimanns Deutung als Sensibilität gegenüber diesen Differenzkonstellationen. Experimentelle Prosa *gelingt* „vor allem als Widerspruch" (HEIMANN 1978: 15).

Meine Arbeit strebt somit dreierlei an: Sich und dem literaturwissenschaftlichen System *'experimentelle' Literatur als experimentelle Prosa* mithilfe der Unterscheidung narrativ/a(nti-)narrativ zu 'er-beobachten', indem sie erstens die negative Realisierung fokussiert: experimentelle Prosa ist experimentelle Prosa in ihrer Absetzbewegung gegen 'narrativ-konventionelle' Prosa (Text/Werk). Indem sie zweitens nach den Setzungen einer neuen, von der negativen Realisierung nicht-affizierten Semiosis Ausschau hält (Text/$_{\text{Werk}}$) und indem sie schließlich drittens versucht, alternative Ordnungsangebote in den Texten in den Blick zu bekommen ($_{\text{Text}}$/Werk). Es geht der Arbeit dabei nie darum, zu explizieren, was 'experimentelle' Prosa sei, sondern immer darum, zu beobachten, wie 'experimentelle' Prosa vor einem bestimmten Problemhintergrund (Logistik von Literatur und li-

---

[246] Und im Hinblick auf Becker: „Er [Fritz J. Raddatz] [...] zeigt, daß die experimentelle Prosa nicht den Zerfall anstrebe, sondern die Einheit, aber eine synthetische als Entsprechung zur geistigen Verfassung der Gegenwart. Ein Autor wie Becker erstrebt für ihn eine bisher unbekannte Art des Gesamtkunstwerks" (HOHMANN: 171). – Ähnlich auch HEIMANN 1978: 10: „Wo diese [die partielle Sprachzerstörung] nicht mehr partiell als Wunsch oder Bedrohung innerhalb einer sinnvollen Struktur erscheint, sondern im konsequent antigrammatischen Schreiben verwirklicht wird, befinden wir uns jenseits nicht nur experimenteller Literatur und Literatur überhaupt, sondern jenseits von Sinn, weil jenseits von Sprache. Eine solche Prosa würde uns nicht mehr interessieren, es wäre keine Prosa mehr, sondern Buchstabenmüll." Wenn man die Abstraktionsstufe anhebt (Sinn$_{[\text{Sinn/Unsinn}]}$ und Form$_{[\text{Medium/Form}]}$) sowie den normativen Ton ausschaltet, kann man mit dieser Beschreibung durchaus mitgehen.

terarischer Kommunikation, Realisierung der strukturellen Kopplung, die Relationierung von symbolischer und sozialer Referenzebene) funktionieren kann.

Indem solchermaßen 'experimentelle' Literatur als experimentelle Prosa mithilfe der Unterscheidung ₙₐᵣᵣₐₜᵢᵥ/a(nti-)narrativ beobachtet wird, wird nicht entlang von Gruppen, Richtungen und Zeitabschnitten beobachtet (bspw. Konkrete Poesie, Wiener Gruppe, Grazer Forum, Neue Subjektivität, 60er, 70er, 80er Jahre), sondern gerade an solchen Gruppierungen, Etikettierungen und Einteilungen vorbei. Die Unterscheidung ₙₐᵣᵣₐₜᵢᵥ/a(nti-)narrativ steht also quer zu einem vordergründig epochen- oder literaturgeschichtlich orientierten Ansatz, indem sie disparate und vor dem literaturgeschichtlichen Hintergrund (vordergründig) nicht zusammenhängende Werke miteinander korreliert und auf der Folie eines *gemeinsamen Problemarrangements* beobachtet. Es geht der Arbeit gerade um das Bearbeiten dieses Problemarrangements und nicht um einen Beitrag zur Einordnung experimenteller Prosa in ihren epochen- und literaturgeschichtlichen Kontext (ebenso wenig um eine hermeneutische Interpretation). Und gerade in der Loslösung von diesem Kontext und der Konzentration auf Probleme sieht die Arbeit einen innovativen Zug ihres Beobachtens. Nachdem nun explizit wurde, was von der Arbeit unter 'experimenteller' Literatur und 'experimenteller' Prosa verstanden wird, können im Folgenden die Anführungsstriche weggelassen werden. Es wird um *experimentelle Prosa* gehen.

Allerdings ist die Sache so einfach nicht. Jahraus und Block beobachten Lyrik bzw. experimentelle Poesie als paradigmatische Medien und Formen für moderne Literatur und für die Relationierung von Medialität und Subjektivität. Im Hinblick auf den paradigmatischen (oder exemplarischen) Charakter von Lyrik ist die Verstärkungsthese des Experimentellen wiederum selbst paradigmatisch an der Lyrik beobachtbar. Es lässt sich formulieren, dass die Wendung *experimentelle Lyrik* einen *Pleonasmus* darstellt, sofern man sich nicht auf die Ebene der Textmorphologie, sondern auf die logistische Ebene einer medientheoretisch sensiblen reflexiven Literaturwissenschaft begibt. Lyrik ist per definitionem experimentell, wenn an ihr die mediale Sinnkonstitution und Subjekterfahrung zwischen Bewusstsein und Kommunikation (als Mediensystemen) beschrieben wird.[247] Bei der Wendung experimentelle Prosa ist dies nun freilich anders. Aufgrund der Selbstverständlichkeit, die im narrativen Paradigma den transparenten Erzähl-Modellen zugeschrieben werden kann, ist Prosa per definitionem narrativ. Anders gewendet: Wenn von Prosa die Rede ist (narrativ/a(nti-)narrativ), dann ist von transparenten Erzähl-Modellen die Rede. Prosa ist solchermaßen der paradigmatische Träger transparent-narrativer Sinn- und Identitätskonstitutionen, weshalb ja auch bei Prosa die bereichsspezifische Attribution deutlich blasser ist als bei der Lyrik. Solchermaßen ist die Wendung *experimentelle Prosa* ein *Oxymo-*

---

[247] „Literatur und insbesondere Lyrik kann […] demonstrieren […], wie Subjektivität als Mediendifferenz in und mit Literatur entsteht" (JAHRAUS 2003: 569).

*ron*. Sobald wir etwas als Prosa bezeichnen, meinen wir etwas, was nicht experimentell, sondern transparent narrativ Sinn und Identität prozessiert.[248] Wenn nun von 'experimenteller' Prosa die Rede ist, so wird allein auf die allgemeine Uneindeutigkeit des Experimentbegriffs verwiesen, wenn von 'experimenteller Prosa' die Rede ist, so ist auch der oxymorale Charakter mitindiziert. Freilich ist die moderne Literaturgeschichte reich an experimentellen Praktiken in der Prosa und freilich schreibt die Avantgarde schon seit über hundert Jahren gegen die Gleichsetzung von Narrativität und Prosa an, aber per definitionem kann keine experimentelle Wendung das oxymorale Verhältnis von Experiment und Prosa aushebeln. Die Forschungsliteratur hat sich, da sie dieses oxymorale Verhältnis nicht explizit reflektiert hat, denn auch lange schwer getan mit experimenteller Prosa und gleichzeitig weitaus weniger Probleme mit experimenteller Lyrik gehabt:

> Ingenuine Motivkombinationen, die in der modernen Malerei seit langem gewürdigt werden, und denen man auch in der Lyrik ihre Berechtigung nicht abspricht, sowie ungewohnte Kodes der literarischen Konstruktion stellen in der Prosa ein scheinbar unüberwindbares Hindernis der Lektüre dar, die eine ernsthafte Auseinandersetzung häufig vereiteln (KASPER: 11).[249]

Entscheidend ist meines Erachtens das Narrativitätstheorem. Die Literaturwissenschaft und auch die gesellschaftlichen im Allgemeinen und die funktionsspezifischen Kommunikationen im Besonderen tun sich mit dem Oxymoron experimentelle Prosa deshalb so schwer, weil sich ein basaler Sinn-, Identitäts- und Wirklichkeitsmodus etabliert hat, der grundlegend alle Sinnbereiche affiziert: Narrativität (als narrativ/$_{a(nti-)narrativ}$). Diese eingeschliffene und alle Sinnbereiche durchsäuernde Selbstverständlichkeit hält sich zum einen stabil, deshalb ist auch das Oxymoron experimentelle Prosa nicht auszuhebeln, zum anderen reagiert jede Beobachtung sensibel auf die Erschütterung von Selbstverständlichkeiten.[250]

---

[248] „Wenn man Franz Mons Programm in Betracht zieht, dann [...] erweist sich das, was hier unter experimenteller Prosa verstanden wird, noch als wenig radikal, schon deswegen, weil es immerhin eindeutig als Prosa zu identifizieren ist" (SCHREMBS, Edigna 1973: Experimentelle Prosa der letzten Jahre und ihr Verhältnis zur gesellschaftlichen Wirklichkeit – am Beispiel Thomas Bernhard, Ror Wolf, Jürgen Becker, Gert Friedrich Jonke. In: Der Deutschunterricht 2 (1973), 68-82, 68). Damit ist natürlich auch impliziert, dass die 'experimentelle' Literatur die klassischen Gattungseinteilungen subvertieren möchte.

[249] Dass die Literatur insgesamt im Hinblick auf experimentelle Praktiken lange Zeit der bildenden Kunst hinterherlief, ist die These von HOHMANN: 75f.

[250] Selbstverständlichkeit ergibt sich, wenn Sinn-, Identitäts- und Wirklichkeitsher(aus)stellung im Modus des Immer-schon „fraglos eingespielt ist". Das, was Schmidt im Folgenden entlang von Günter Abel semiotisch fasst, appliziere ich auf das problemlose Funktionieren von Narrativität als Sinn-, Wirklichkeits- und Identitätsbildungsmatrize: „Wenn nicht nach der Bedeutung und Referenz von Zeichen gefragt wird, dann sind Zeichen 'realitätshaltig'. Das Realismusproblem tritt erst dann und dort auf, wenn jemand die semantischen Merkmale der Zeichen nicht (mehr) unmittelbar versteht. Im 'fraglos eingespielten Zeichengebrauch ist Wirklichkeit in einem unüberbietbaren Sinne da. Wirklicher als in die-

Während 'Lyrizität' (*im Unterschied* zu Narrativität) nicht der Status einer basalen Sinn-Form zugeschrieben werden kann, können somit lyrische Experimente (ein Pleonasmus) auch gutiert werden, ohne dass grundlegende Sinn- und Identitätsmechanismen tangiert werden. Lyrik ist paradigmatisch Literatur, aber eben nicht auch eine paradigmatisch *alle Sinnbereiche durchsäuernde Sinn-Form*. Während *Narrativität* im Rahmen von Sinn-, Identitäts- und Wirklichkeitskonstruktionen eine *paradigmatische Sinn-Form* ist, also die gesamte Gesellschaft und das Bewusstsein affiziert, taucht 'Lyrizität' zwar auch in der gesamten Gesellschaft als eine Sinn-Form auf und ist auch an der strukturellen Kopplung beteiligt, aber eben nicht als basale Sinn-Form.[251] Und falls 'Lyrizität' doch konstitutiv an dieser basalen Konstruktion beteiligt ist, so immer im Hinblick auf Narrativität. Die Form lautet also Narrativität[Narrativität/'Lyrizität'].[252] Aus diesem Grunde behaupte ich ja, dass weder 'experimentelle' Literatur noch experimentelle Lyrik als exemplarisches Medium für die Beobachtung der Logistik von Literatur und literarischer Kommunikation dienen, sondern eben experimentelle Prosa. Weil experimentelle Prosa (als $_{narrativ}$/a(nti-)narrativ) eine der maßgeblichsten Sinn-Formen – Narrativität – re-markiert und re-justiert, kann über die Beobachtung der logistischen Ebene eine reflexive Literaturwissenschaft etabliert werden, die sprach-, kommunikations-, kognitions- und literaturwissenschaftlich sensibel ist. Und hier schließt sich nun die radikale These an, dass allererst via experimenteller Prosa, weil sie basal sinn-formmäßig eingreift, nicht allein etwas zur Logistik von Literatur und literarischer Kommunikation, sondern auch etwas über die Gesellschaft

---

sem Sinn wirklich kann die Wirklichkeit nicht sein' (SCHMIDT, Siegfried J. 1998: Die Zähmung des Blicks. Konstruktivismus – Empirie – Wissenschaft. Frankfurt a.M., 74). Somit interpretiere ich experimentelle Prosa als Dekonstruktion von Fraglosigkeit und somit als paradoxe Wirklichkeitsher(aus)stellung via Wirklichkeitsdestruktion. Dies bestätigt auch Steinlechner in Bezug auf Bayers *der kopf des vitus bering*: „Wenn man [...] das Funktionieren von Sprache und Bewußtsein sowie das Verstehen selbst zum Thema macht, zerfallen einem die Selbstverständlichkeiten unter der Hand und es kann damit begonnen werden, die Teile zu neuen Kombinationen zusammenzusetzen" (STEINLECHNER, Gisela 1996: KONRAD BAYER *der kopf des vitus bering*. Selbstversuch mit Menschenfressern und möglichen Sätzen. In: H.J. Wimmer (Hg.), Strukturen erzählen. Die Moderne der Texte. Wien, 466-492, 471).

[251] Natürlich müsste man analog zu der Unterscheidung Narrativität/Narrationen auch genau zwischen 'Lyrizität' und Gedicht unterscheiden.

[252] Damit widerspreche ich Wolf, der in seiner Auseinandersetzung mit Nietzsche und Benn und mit Bezug auf Vico die These vertritt, dass die poetische Sprache die Ursprache sei. Da sie im forcierten Maße mit Bildlichkeit und Analogie arbeite – und schon beim vor-instrumentellen Kind und bei den ersten vor-rationalen Völkern der Erde anzutreffen sei – gehe sie jeder Instrumentalisierung und Narrativierung voraus. Im Rahmen meiner Argumentation muss hingegen formuliert werden: Bildlichkeit und Analogie lassen sich von Instrumentalität und Narrativierung erst im Modus der Narrativität unterscheiden. Die Ursprünglichkeit der peotischen Sprache ist somit narrativ abgeleitet und narrativ depräsentiert und nachkonstituiert (siehe WOLF, Andreas 1988: Ausdruckswelt. Eine Studie über Nihilismus und Kunst bei Benn und Nietzsche. Hildesheim, Zürich, New York, 266-268).

und die Theorie, die die Gesellschaft beobachtet, gesagt werden kann. Wenn bspw., wie so oft bei experimenteller Prosa, die Rede auf die *Entfabelung*, auf das „Ende der kausal-logisch verknüpften und psychologisch begründeten Fabel, des Helden und des allwissenden Erzählers" oder auf das „Ende des sinnvollen epischen Zusammenhangs" (HOHMANN: 82f.) kommt, so ist damit nicht schlicht eine narratologische Aussage getroffen, sondern vielmehr eine epistemologische und theoretische. Mit der Entfabelung geht nicht einfach die Dekonstruktion von Geschehen und Handlung einher, sondern die Re-Justierung unserer gesamten Sinn-, Identitäts- und freilich auch Literaturerfahrung.

Es lässt sich von struktureller Kopplung nur dann sprechen, wenn die Sinn-Form Narrativität (narrativ/$_{a(nti-)narrativ}$), die die strukturelle Kopplung realisiert, von ihrer experimentellen Destabilisierung ($_{narrativ}$/a(nti-)narrativ) kontaminiert wird – und diese Kontamination wird *exemplarisch* anhand von experimenteller Prosa sichtbar. Die Beschreibung dessen, wie es zwischen Bewusstsein und Kommunikation zu formidentischen Momenten usw. kommt, wird im Zuge des Sinn-Schemas $_{narrativ}$/a(nti-)narrativ re-markiert – und dies kann insbesondere entlang von experimenteller Prosa beobachtet werden. Wenn wir über experimentelle Prosa reden, reden wir über die Konstitution von Gesellschaft via Literatur. *Lyrik ist das paradigmatische Medium, um über Literatur und literarische Kommunikation sprechen zu können, experimentelle Prosa ist das exemplarische* und *paradigmatische Medium, um via Literatur und literarischer Kommunikation über die Gesellschaft und unsere basalen Sinn-, Identitäts- und Wirklichkeitskonstruktionsmodi zu sprechen.* „Unter dem Gesichtspunkt von Mediengeschichte und Mediensystematik wird Lyrik somit zum (Medien-)Paradigma von Literatur (und Kunst) schlechthin" (JAHRAUS 2003: 569). Im Sinne der Arbeit muss es lauten: *Unter dem Gesichtspunkt von Sinn-, Identitäts- und Wirklichkeitskonstitution wird Literatur exemplarisch in Form von experimenteller Prosa zum Paradigma von Gesellschafts-, Bewusstseins- und Wirklichkeitsvollzug.* Solchermaßen verstehe ich experimentelle Prosa als radikale Schlusssprosse einer avancierten Leiter. Lyrik (Jahraus) – experimentelle Poesie (Block) – experimentelle Prosa (Grizelj): „Die Formel lautet: Je avancierter der Gegenstand, desto deutlicher das Medienparadigma" (ebenda: 569).

Diese Thesen implizieren nun auch Folgendes: Mithilfe einer systemtheoretischen Konzeptualisierung kann Literatur via experimenteller Prosa als komplexes Phänomen im Zusammenhang von Bewusstsein, Gesellschaft, Wirklichkeit und Medien beobachtet werden und mithilfe der Beobachtung von insbesondere experimenteller Prosa kann eine systemtheoretische Perspektive den komplexen Zusammenhang von Bewusstsein, Gesellschaft, Wirklichkeit und Medien besonders signifikant beobachten.[253] Mithilfe von Systemtheorie ergeben sich neue

---

[253] Erst in solch einem Rahmen erhält die These, dass „es in der Kunst nicht nur um soziale, sondern prinzipiell jede Hervorbringung von Wirklichkeit geht" (BLOCK: 283) ihre theoretische Absicherung.

komplexe Perspektiven auf experimentelle Prosa und mithilfe der Beobachtung von experimenteller Prosa können Operationalisierungsbewegungen der Systemtheorie besonders gut durchgeführt werden. Die Arbeit fühlt sich dabei grundsätzlich folgender Argumentation verpflichtet, auch wenn sie sie konkret auf die Systemtheorie zuspitzt:

> Welches Problempotential entfalten die beiden Gruppen [Wiener Gruppe und Wiener Aktionismus], wenn man ihre künstlerischen Aktivitäten mit dem heute zur Verfügung stehenden wissenschaftlichen Instrumentarium analysiert? Welche systematischen Einsichten in die Verfasstheit unserer Kunst und Kultur ergeben sich aus diesen Analysen? Und umgekehrt: Was tragen die Analysen zur Bewertung der herangezogenen [...] Theorien bei? Welche Konzepte und Modelle bewähren sich, wie lassen sie sich weiterentwickeln, wo müssen sie revidiert werden? (BACKES/JÄGER/JAHRAUS: 12).[254]

Wichtig ist hier, dass qua 'experimenteller' Prosa die sich im Einsatz befindlichen Theorien nicht einfach auf ihre Tauglichkeit hin geprüft werden, sondern auch beobachtet wird, ob sich via 'experimenteller' Literatur Theoreme der Theorien besonders gut beobachten und gegebenenfalls revidieren lassen. Im Kontext der Arbeit kann somit gesagt werden: In Form von experimenteller Prosa kann strukturelle Kopplung exemplarisch HER(AUS)GESTELLT werden. Die strukturelle Kopplung ist qua experimenteller Prosa das, was sie nicht ist. Sie hat keine selbstidentische Identität, sondern ist immer von dem Medium, das sie HER(AUS)STELLT, affiziert. Und weiter: Mithilfe der Feedback-Logik (via experimenteller Prosa zur Systemtheorie und via Systemtheorie zur experimentellen Prosa) geraten die Größen Systemtheorie, Literatur, 'experimentelle' Literatur und experimentelle Prosa zu konstitutiven Momenten der Thesenkaskade, die wiederum die Bedingung der Möglichkeit wird, Systemtheorie, Literatur, 'experimentelle' Literatur und experimentelle Prosa wechselseitig zu relationieren.

*3.3.3 Protologik einer Systemtheorie experimenteller Prosa*

*3.3.3.1 Thesenkaskade*

Die Arbeit hat ihren Gravitationspunkt in den Thesen, dass experimentelle Prosa mithilfe des Sinn-Schemas $_{narrativ}$/a(nti-)narrativ auf spezifische Weise die strukturelle Kopplung realisiert und als spezifischer Nexus von sozialer und symbolischer Systemreferenz beobachtet werden kann. Bevor konkret auf diese Thesen eingegangen wird, wird hier die Thesenkaskade, als nun nicht nur apodiktisch formulierte, sondern als im Verlauf der Studie explizierte Kaskade präsentiert.

---

[254] Ähnlich, aber doch markant anders arbeitet auch BLOCK: 37: „Einerseits ist die reichlich abstrakte Frage nach dem Zusammenhang von Subjektivität und Medien gut am Beispiel experimenteller Poesie zu veranschaulichen, zu differenzieren und zu begrenzen. Andererseits ergeben sich unter dieser Perspektive einige neue Gesichtspunkte zur Leistung dieses literarischen Programms."

Somit ist die Thesenkaskade, die anfangs als Leseorientierung fungierte, als explizierte *Thesenkaskade* re-markiert. Sie wird hier, nach dem Durchgang durch die logistischen Prä- und Konfigurationen, als *Medium des Beobachtens* (operativ) *und* als *Gegenstand des Beobachtens* (thematisch) HER(AUS)GESTELLT.[255]

1. Die strukturelle Kopplung (von Bewusstsein und Kommunikation) ist alles, was der Fall ist. – Die Welt ist alles, was die strukturelle Kopplung ist.
2. Alle Unterscheidungen sind Epiphänomene der strukturellen Kopplung.
3. Die Thesenkaskade ist Epiphänomen der Beobachtung von struktureller Kopplung.
4. Sinn-Formen sind Sinn-Schemata, die als Unterscheidungen daherkommen.
5. Sinn-Formen bilden den Nexus von sozialer und symbolischer Systemreferenz.
6. Sinn-Formen sind Medien der strukturellen Kopplung von Bewusstsein und Kommunikation.
7. Literatur ist eine spezifische Sinn-Form.
8. Literatur bildet einen spezifischen Nexus von sozialer und symbolischer Systemreferenz.
9. Literatur ist ein spezifisches Medium der strukturellen Kopplung.
10. Literatur lässt sich als die Einheit der Unterscheidung Text/Werk beobachten (bzw. ohne die Unterscheidung Text/Werk gibt es keine Literatur).
11. Die Unterscheidung Text/Werk ist ein spezifisches Sinn-Schema.
12. Das Sinn-Schema Text/Werk bildet einen spezifischen Nexus von sozialer und symbolischer Systemreferenz.
13. Das Sinn-Schema Text/Werk realisiert auf spezifische Weise die strukturelle Kopplung.
14. Narrativität ist ein spezifisches Sinn-Schema.
15. Narrativität bildet einen spezifischen Nexus von sozialer und symbolischer Systemreferenz.
16. Narrativität realisiert auf spezifische Weise die strukturelle Kopplung.
17. Experimentelle Prosa ist entlang der Schemata Text/Werk und narrativ/a(nti)narrativ eine Sinn-Form.
18. Experimentelle Prosa bildet einen spezifischen Nexus von sozialer und symbolischer Systemreferenz.
19. Experimentelle Prosa realisiert auf spezifische Weise die strukturelle Kopplung.

---

[255] Zur Unterscheidung operativ/thematisch siehe FINK

### 3.3.3.2 Bewusstsein/Kommunikation

Literatur ist Literatur, indem beobachtet wird, wie die Realisierung der strukturellen Kopplung qua/als Literatur von anderen Kommunikationsformen abweicht. *Literatur* ist eine spezifische *Sinn-Form*, die Bewusstsein und Kommunikation spezifisch strukturell koppelt bzw. Bewusstsein und Kommunikation werden als Literatur spezifisch strukturell gekoppelt. Literatur ist Literatur, indem sie konstitutives Moment der Thesenkaskade ist. Die Arbeit geht dabei davon aus, dass die Beobachtung der Unterscheidung Text/Werk als Schaltstelle zwischen symbolischer und sozialer Referenz sowie zwischen Bewusstsein und Kommunikation eine literaturkonstitutive Unterscheidung ist. Die Unterscheidung *Text/Werk* ist ein *literaturkonstitutives Sinn-Schema* (bzw. eine literaturkonstitutive Sinn-Form).

Mithilfe von Block, aber stärker forciert, betont mein Ansatz, dass die Präsentation und Reflexion der Medien, die die strukturelle Kopplung leisten, nicht nur ein spezifisch literarisches Problem ist, sondern auch und vor allem ein literatur*konstitutives* Problem. Es geht um folgendes Argument:

> Sie [die Differenz Bewusstsein/Kommunikation, MG] gestaltet sich zum einen als generelles medientheoretisches Problem, da Medien besonders unter ihrer Fähigkeit diskutiert werden, Bewußtsein und Kommunikation zu vermitteln. [...] Sie gestaltet sich zum anderen als spezifisch literarisches Problem, da es für die Kunst, also auch die Literatur, eine besondere Option gibt, diese Differenz zu thematisieren und zwar über die Präsentation und Reflexion ihrer Medien und damit erzeugter Formen (BLOCK: 37).

Indem Literatur ihre Medien thematisiert und als Formen realisiert, realisiert sie die strukturelle Kopplung von Bewusstsein und Kommunikation, die ihrerseits in spezifischer Form als Literatur beobachtbar ist. Also: Sobald Literatur beobachtet wird, ist strukturelle Kopplung auf spezifische Weise etabliert gewesen.

Die Arbeit geht des Weiteren *zum einen* davon aus, dass die Unterscheidung Bewusstsein/Kommunikation die unhintergehbare Fundierungsebene aller weiteren zu verhandelnden Unterscheidungen ist. Alle oben erwähnten Unterscheidungen, die von experimenteller Prosa subvertiert und neu formatiert werden (Subjektivität/Medien, Subjektivität/Wirklichkeit, Sprache/Kommunikation usw., s. o.) werden somit als Epiphänomene der Bewusstsein/Kommunikation-Unterscheidung gelesen. *Zum anderen* geht sie mit, wenn argumentiert wird, dass insbesondere Literatur diese Unterscheidung fokussiert, indem sie ihre eigene Medialität und die sich daraus bildenden Formen reflektiert und präsentiert und diese Formen als spezifische Formen von struktureller Kopplung abwirft. Diese Perspektive lässt sich in die allgemeine Position überführen, dass es Kunst und Literatur – als kommunikative Systeme – sind, die das kommunikativ unerreichbare Bewusstsein mit seinen kommunikativ unerreichbaren Wahrnehmungen und Gedanken so kommunikativ zurichten, dass das Bewusstsein mit seinen Gedanken und Wahrnehmungen der Kommunikation zur Verfügung steht. Literatur und Kunst verwenden also die Formbildungen des Bewusstseins (bzw. die Verwendungen der Medium/Form-Unterscheidung durch das Bewusstsein) in dem Sinne, dass sie ihre eigenen Formbildungen (ihre eigene spezifische Verwendung der Medium/Form-Unterscheidung) in Anspruch nehmen, um die Formbildungen des Bewusstseins als eben Formbildungen des Bewusstseins nutzen zu können. Etwas allgemeiner formuliert: „Das Bewußtsein kann nicht kommunizieren, die Kommunikation kann nicht wahrnehmen" (KG: 82). Daraus ergibt sich, dass Kunst und Literatur bei Aufrechterhaltung der operativen Trennung zwischen wahrnehmenden psychischen Systemen (bzw. Bewusstsein) und Kommunikation die Funktion haben, Wahrnehmungen für Kommunikation verfügbar zu machen. Die operative Grenze bleibt intakt, da Wahrnehmungen nicht zu Kommunikationen werden (und Kommunikationen nicht zu Wahrnehmungen). Die Unverfügbarkeit des Bewusstseins für Kommunikation wird innerhalb der Kunst als diese Unverfügbarkeit dargestellt. Somit kommuniziert Kunst paradoxerweise über die Verfügbarmachung des Unverfügbaren und markiert den Ausschluss der Aisthesis (und der Gedanken und Vorstellungen) aus der Kommunikation als ihr konstitutives Problemfeld. *Autopoiesis und operative Geschlossenheit werden in diesem Sinne zur conditio sine qua non von Kunst.*[256] Diese Thesen orientieren sich an Luhmann:

> Kunst macht Wahrnehmung für Kommunikation verfügbar, und dies außerhalb der standarisierten Formen der (ihrerseits wahrnehmbaren) Sprache. Sie kann die Trennung von psychischen und sozialen Systemen nicht aufheben. Beide Systemarten bleiben füreinander operativ unzugänglich. Und gerade das gibt der Kunst ihre Bedeutung. Sie kann Wahrnehmung und Kommunikation integrieren, ohne zu einer Verschmelzung oder Konfusion der Operationen zu führen. Integration heißt ja nur: Gleichzeitigkeit (Synchronisation) der Operationen verschiedener Systeme und wechselseitige Einschränkung der Freiheitsgrade, die den Systemen von sich aus zur Verfügung stehen (KG: 82f.).

Es lässt sich davon sprechen, dass im Vergleich zu anderen Funktionssystemen (und im Vergleich zu Alltagskommunikationen und Interaktionen) es gerade Literatur und Kunst sind, die explizit die Relationierung von Bewusstsein und

---

[256] BLOCK: 50 hat wohl recht, wenn er sagt, dass Dirk Baeckers These: „Die Kunst kommuniziert über nichts anderes [!] als den Wiedereinschluss der ausgeschlossenen Wahrnehmung in die Kommunikation" (BAECKER, Dirk 1996: Die Adresse der Kunst. In: J. Fohrmann, H. Müller (Hgg.), Systemtheorie der Literatur. München, 82-105, 98) etwas arg exklusiv gedacht ist. — Luhmanns Diktum: *„Das Bewußtsein bleibt ganz bei sich selbst"* (KG: 84) wurde in Kap. 2.7 als sowohl richtig als auch als falsch dargestellt. Es ist richtig, weil das Bewusstsein im Zuge von Autopoiesis und operativer Geschlossenheit operativ bei sich bleibt und nicht aus sich heraus denken und wahrnehmen kann, also nie seine Operationen in Kommunikationen umwandeln kann. Es ist falsch, weil – wie Peter Fuchs deutlich zeigt – das Bewusstsein Bewusstsein nur sein kann, wenn es in struktureller Kopplung mit Kommunikation mithilfe von kommunikativ angelieferten Medien (bspw. Sprache und Zeichen) operiert. Es muss also lauten: *Das Bewusstsein bleibt ganz bei sich selbst via Kommunikation* (ohne sich selbst zu verlassen und ohne in Kommunikation eindringen zu können).

Kommunikation anhand ihrer jeweiligen Medialität fokussieren und diese Relationierungen als Medium für ihre eigenen Formbildungen nutzen. Gumbrecht bringt dies auf den Punkt, wenn er sagt, dass Luhmanns Kunstauffassung davon ausgehe, dass das „Kunstsystem das einzige soziale System ist, in dem Wahrnehmung [...] nicht nur Voraussetzung der Kommunikation ist, sondern überdies [...] Gegenstand der Kommunikation" und spricht dann in diesem Zusammenhang davon, dass mithilfe dieser Luhmannschen Argumentation es möglich sei, die These aufzustellen, dass die „Besonderheit des Kunstsystems [...] das Vermögen ist, Bedeutungs- und Präsenzeffekte simultan zu erleben" (GUMBRECHT 2003: 212). Dabei lässt sich von einer „Abweichungsästhetik im Bezug auf das Verhältnis von Bewußtsein und Kommunikation" sprechen (BLOCK: 49): „Dieses Verhältnis wird aus seiner normalen Mechanik herausgenommen und zwar, so eine Definition des Kunstwerks von Luhmann, 'durch einen zweckentfremdeten Gebrauch von Wahrnehmungen' [KG: 41]" (ebenda).[257] Diese Abweichung wird dadurch erreicht, dass explizit und vornehmlich das Bewusstsein adressiert wird. Es wird in seinem unhintergehbaren und operativen Bei-sich-Sein als bevorzugte Größe in den Fokus gerückt. „Das soll heißen, daß es vor allem Bewußtseinsoperationen sind, die mit Kunstwerken angesprochen werden, um eine gezielte Selbstirritation der Kommunikation zu erzeugen und ihre Unwahrscheinlichkeit aufzuzeigen" (BLOCK: 49). Kunst und Literatur präsentieren gewissermaßen kommunikativ die Unverfügbarkeit des Bewusstseins, indem sie die (kommunikativ) unverfügbaren Wahrnehmungen (und Gedanken) kommunikativ ansprechen und dieses Kommunizieren mit etwas Inkommunikablem thematisieren und reflektieren. Via (literarischer) Kommunikation wird das Bewusstsein mit sich selbst konfrontiert als das, was – operativ gesehen – via Kommunikation bei sich ist und bleibt. Via (literarischer) Kommunikation erkennt das Bewusstsein, dass es Bewusstsein ist bzw., dass es Bewusstsein innerhalb der strukturellen Kopplung von Bewusstsein und Kommunikation ist. Die Unterscheidung Bewusstsein/Kommunikation wird von Literatur und Kunst als Medium benutzt, um Formen zu bilden, die eben an das Bewusstsein (das Inkommunikable) adressiert werden und nicht allein, wie in den anderen Sozialsystemen, an vorherige und kommende Kommunikationen. Ästhetisches Erleben im Reflexionsmodus der ästhetischen Erfahrung (anhand von Kunstwerken) wäre dann – so eine mögliche Hypothese – die Synchronisation von Kommunikation und Nichtkommunikation, von Bedeutung und Präsenz (Gumbrecht), von Sprache und Außersprachlichkeit, von Semiotik und Energie, von Symbol und Intensität u. ä. m.[258] Von einer *Deviationsästhetik* lässt sich sprechen, weil mit der

---

[257] Und Luhmann weiter: „Offenbar sucht die Kunst ein anderes, nichtnormales, irritierendes Verhältnis von Wahrnehmung und Kommunikation, *und allein das wird kommuniziert*" (KG: 42). Vgl. zu dieser Exklusivität nochmals BAECKER 1996.

[258] Gumbrecht unterscheidet zwischen Wahrnehmung (als rein operativem Akt des Bewusstseins), ästhetischem Erleben und ästhetischer Erfahrung. Gegenstände, die ästhetisches Er-

Adressierung des Bewusstseins die Inkommunikabilität des Bewusstseins nicht allein Voraussetzung der strukturellen Kopplung und somit der Kommunikation ist, sondern auch als Präsentations- und Reflexionsgegenstand der Literatur literaturspezifische und literaturkonstitutive Formen abwirft, die auf spezifische, eben literarische, von anderen Kommunikationen abweichende Weise die strukturelle Kopplung realisieren. Allein in Literatur und Kunst wird das inkommunikable Bewusstsein bzw. die Inkommunikabilität des Bewusstseins als Voraussetzung der strukturellen Kopplung thematisiert und in dieser Thematisierung als Realisierungsmoment von struktureller Kopplung prozessiert. Dies bedeutet, dass auch dann, wenn nicht explizit das Bewusstsein als Bewusstsein Thema von Literatur ist, wenn also nicht thematisch über Gedanken oder Wahrnehmungen *kommuniziert* wird, die Inkommunikabilität des Bewusstseins sowohl Voraussetzung als auch reflexives Moment literarischer Kommunikation ist und somit Voraussetzung und Gegenstand von struktureller Kopplung. Literarische Kommunikation weicht von anderen Kommunikationen ab, indem sie die strukturelle Kopplung in ihrer Prozessierung – mal implizit, mal explizit – reflektiert und diese Reflexion und Prozessierung als Medium für ihre Formbildungen verwendet. In diesem Sinne ist *nur* literarische Kommunikation *konstitutiv* autoreferenziell, da sie ihre spezifische Realisierung der strukturellen Kopplung als Medium für ihre spezifische Realisierung der strukturellen Kopplung (Form) verwendet – und dies zu ihrem Gegenstand hat.

Es lässt sich beobachten, dass die Arbeiten von Block und Paß sowie meine Überlegungen im Hinblick auf eine *Poetik der Kognition* bzw. *Poetik des Bewusstseins* konvergieren. Allen drei Ansätzen geht es darum, systemtheoretisch aufzuzeigen, dass literariasche *Kommunikation* nicht einseitig die soziale, d. h. kommunikative Seite von Literatur und Kunst fokussieren darf. Es geht nicht nur um die Kommunikation über Kunstwerke, nicht nur um die Kunst (bzw. Literatur) als soziales System, sondern auch um die Wahrnehmung von Kunstwerken. Neben die Kommunikation über die Wahrnehmung muss die Wahrnehmung der Kunst treten. Paß geht hierbei argumentationslogisch am weitesten, indem er zwar Bewusstsein per definitionem als Differenz zu Kommunikation (und Körper) definiert, also auch die strukturelle Kopplung in den Blick rückt, aber weiter behauptet, dass ästhetisches Erleben und ästhetische Wahrnehmung erst dann

---

leben indizieren, sind durch „die Oszillation zwischen Präsenzeffekten und Bedeutungseffekten charakterisiert, die sie auslösen" (GUMBRECHT 2003: 212). Hierbei handelt es sich um „Augenblicke[] der Intensität" (ebenda: 208). Ästhetisches Erleben ist *noch* nicht ästhetische Erfahrung, die mit den Aspekten Interpretation und Bedeutungszuschreibung verbunden ist (siehe ebenda: 206). Es ließe sich m.E. formulieren, dass die ästhetische Erfahrung das interpretatorisch-reflexive Begreifen der erlebten Oszillationsbewegung ist. Freilich wird von der Erfahrung die Oszillationsbewegung bzw. die Gleichzeitigkeit von Präsenz und Bedeutung konstitutiv verfehlt, weil das Moment der Präsenz uneinholbar ist. Im Folgenden beziehe ich mich immer auf diese Gumbrechte Konstellation, wenn ich von ästhetischer Erfahrung und ästhetischem Erleben spreche.

möglich werden, wenn sich das Bewusstsein mithilfe von Kunst intensiv faszinieren lässt. Im Gegensatz zu meinem Ansatz, der ästhetisches Erleben und ästhetische Erfahrung in der *konzeptuell* ausgeglichenen Konvergenz der Unterscheidungen Medium/Form, Text/Werk, Bewusstsein/Kommunikation sowie symbolische/soziale Systemreferenz etabliert sieht, argumentiert Paß bewusstseinslastig, indem er an die Stelle des Werks als Kommunikation die Rezeption des Kunstwerks durch das Bewusstsein setzt. Ästhetisches Erleben funktioniert somit nicht anhand von Kunstwerken als kommunikativen Artefakten, sondern in der Löschung der Kunstwerke als kommunikative Artefakte zugunsten einer metempsychotischen Umformung des Bewusstseins bis hin zur völligen Absorption desselben durch das Kunstwerk. Kunst bleibt zwar einerseits ein kommunizierbares Moment, was aber 'wirklich' Kunst als ästhetisches Phänomen ausmache, kann nur durch das per definitionem unbestimmbare, unkommunizierbare und durch Kunst in seiner Identität gefährdete Bewusstsein *erlebt* werden. Im Rahmen meiner Überlegungen, die in Form von experimenteller Prosa Literatur paradigmatisch verwirklicht sehen, gehen solche Überlegungen zu weit. Das liegt vor allem daran, dass ich zwar Literatur als Kunst lese und experimentelle Prosa als Experiment mit den eingeschieffenen Formen der strukturellen Kopplung interpretiere, aber letztlich im Rahmen von Literatur (Sprache, Worte, Narrativität) bleibe. Paß vollführt eine alternative Bewegung der Paradigmatisierung: Für ihn sind 'nicht-sprachliche' und 'nicht-lettrische' Kunstmomente (phonetische Poesie und elektronische Musik) paradigmatische Medien des ästhetischen Erlebens durch das Bewusstsein. Nur unter radikaler Umgehung von Sprache, Narrativität usw. kann Kunst metempsychotisch das Bewusstsein absorbieren. Letztlich wird dadurch aber nicht sichtbar, dass alle Kunst solchermaßen codiert sein muss, sondern dass *insbesondere* anhand solch experimenteller 'trans-lettrischer' Kunst, die Positionen und Rollen von Bewusstsein und Kommunikation im Hinblick auf Kunst, ästhetisches Erleben und ästhetische Erfahrung beobachtbar werden. Trotz unterschiedlicher Konzipierung der Konvergenz von Kunst bzw. Literatur und struktureller Kopplung sowie trotz eines unterschiedlichen Referenzrahmens (Literatur als Kunst – Grizelj und nicht-literarische Kunst – Paß) vollziehen Paß' und meine Überlegungen eine äquivalentene Argumentatiosnbewegung: Sie lesen solche Kunstwerke als paradigmatische Formen der Kunst (bzw. Literatur), an denen über die explizite und experimentelle Adressierung des Bewusstseins, das Bewusstsein im Unterschied zur Kommunikation zum maßgeblichen und konstitutiven Moment von ästhetischem Erleben und ästhetischer Erfahrung wird. *Dort, wo das Bewusstsein außer- und ungewöhnlich irritiert und fasziniert wird, dort sind Kunst und Literatur besonders gut als Kunst und Literatur beobachtbar.*

Weitere Paradigmatisierungsbewegungen lassen sich beobachten. *Insbesondere* experimentelle Prosa hat die Autoreferenzialität der literarischen Kommunikation nicht nur zu ihrer Voraussetzung, sondern auch zu ihrem Gegenstand. Experimentelle Prosa experimentiert mit der Autoreferenzialität von Literatur im Kontext von struktureller Kopplung. Insbesondere via experimenteller Prosa kann der Literatur all das zugeschrieben werden, was ihr eben zugeschrieben wurde. In Form von experimenteller Prosa wird Literatur als Literatur besonders gut beobachtbar bzw.: In Form von experimenteller Prosa wird Literatur als Literatur verstärkt und in ihrer Spezifik intensiviert. *Exemplarisch via experimenteller Prosa kann Literatur als Literatur beobachtet werden,* die nicht nur Literatur ist (Lyrik als Paradigma), sondern die als Literatur grundlegende Sinn-, Identitäts- und Wirklichkeitskonstruktionsmodi beobachtbar macht. *Exemplarisch via experimenteller Prosa ist Literatur das paradigmatische Medium für die Selbstbeschreibungen der Gesellschaft und die Selbstbeschreibungen des Bewusstseins.* Das Experiment in der Prosa kann dann als eine spezifische Form beschrieben werden, die nicht allein das Bewusstsein adressiert und dadurch ein irritierendes Verhältnis von Bewusstsein und Kommunikation etabliert, sondern als 'Literatur zweiter Ordnung' die Schnittstellen und Differenzen der Unterscheidung Bewusstsein/Kommunikation, also dieses irritierende Verhältnis selbst in den Blick rückt (vgl. auch BLOCK: 283ff.). *Die Barre selbst der Unterscheidung, die Möglichkeiten des Relationierens der Antonyme selbst werden fokussiert und es wird mit neuartigen Formen der strukturellen Kopplung von Bewusstsein und Kommunikation experimentiert.* Dies kann u. U. bis zu einem gewissen Grad auch als Index jeder Literatur beobachtet werden, aber *insbesondere* anhand von experimenteller Prosa kann es als Index jeder Literatur beobachtet werden. Diese sehr allgemeine Beschreibung kann *beispielsweise* dahingehend spezifiziert werden, dass bei experimenteller Prosa „besonders [!] die Poesis des Psychischen, der Wahrnehmungen, Vorstellungen unter dem Einfluß von Sprache" in den Mittelpunkt rückt (BLOCK: 284):

> Die Teilnehmer im Bereich experimenteller Poesie werden so dahingehend orientiert, daß sich ihre Aufmerksamkeit insbesondere auf Bewußtsein, Wahrnehmungen, Vorstellungen und Gefühle (z. B. 'Ergriffenheit') richten soll. *Das kommunikative Medium 'Bewußtsein' wird damit seinerseits als ästhetische Form adressiert* (ebenda: 131; meine Hervorhebung, MG).

Die These lautet also: Qua experimenteller Prosa, die explizit und radikal das Bewusstsein adressiert und diese Adressierung ausstellt, wird es möglich, an der Literatur eine Abweichungsästhetik bezogen auf Bewusstsein und Kommunikation zu beobachten. *Insbesondere* qua experimenteller Prosa kann beobachtet werden, dass in der Literatur über die Adressierung des Bewusstseins (als genuin inkommunikablem Moment) die strukturelle Kopplung in den Blick kommt. Somit kann *im Bezug auf die strukturelle Kopplung* formuliert werden, dass *experimentelle Prosa paradigmatisch Literatur* ist.

Die experimentelle Adressierung des Bewusstseins versucht die 'Idiosynkrasie jedes einzelnen Bewusstseins' und seiner Wahrnehmungen, also die qua operativer Geschlossenheit konstituierte einmalige Spezifik jedes psychischen Systems gegenüber den Routinen, Konventionen, Traditionen, Funktionalisierungen,

Festlegungen, Determinationen, die qua Ausdifferenzierung der verschiedenen Funktionssysteme, qua kommunikativer Regeln, qua sprachlicher Normen und Gewohnheiten, qua ästhetischer oder literarischer Sozialisation und qua Sinn-Form Narrativität granuliert sind (bzw. sich als Episteme festgesetzt haben), zu profilieren. Indem qua Experiment *exemplarisch* für Literatur insgesamt die Wahrnehmungen, Gedanken, Vorstellungen oder Gefühle selbst in den Fokus rücken, werden nicht die Wahrnehmungen selbst (bzw. die Bewusstseinsoperationen selbst) beobachtbar, denn das Bewusstsein bleibt (via Kommunikation!) bei sich, vielmehr wird sichtbar, wie sich Bewusstsein und Kommunikation gegenseitig konstituieren und affizieren. Kapitel 2.7 hat mit Rekurs auf Fuchs gezeigt, dass es aufgrund der strukturellen Kopplung eigentlich keine Idiosynkrasie des Bewusstseins geben kann. Da das Bewusstsein konstitutiv mithilfe sozial, also kommunikativ angelieferter Medien (Zeichen, Sprache) operiert, ist es in seiner zweifellos operativen Einmaligkeit auch immer eine allgemeine Größe. Das Bewusstsein ist in konstitutiver struktureller Kopplung mit Kommunikation qua sozialer Medien (Sprache, Zeichen) immer schon einer *medialen Alienation* (so Fuchs) ausgesetzt. Experimentelle Prosa fokussiert somit genau diese Schnittstelle von Idiosynkrasie und Allgemeinheit des Bewusstseins.[259] Und entlang dieser Fokussierung wird überhaupt erst sichtbar, dass und wie das Bewusstsein in struktureller Kopplung Bewusstsein qua struktureller Kopplung ist. Qua experimenteller Prosa wird die mediale Alienation des Bewusstseins als mediale Alienation allererst beobachtbar. In diesem Sinne lässt sich experimenteller Prosa eine logistische Dimension an-beobachten. *Es ist inbesondere (!) experimentelle Prosa, die die mediale Alienation des Bewusstseins vollzieht, zu ihrem Thema macht und neu zu formatieren versucht.* Wie kann das Bewusstsein beobachtet und reorganisiert werden, wenn der Eigen-Sinn des Bewusstseins immer schon sozial alteriert ist? Welche Formen lassen sich etablieren, die die eingeschliffenen, routinisierten, sozial granulierten Alterierungen des Bewusstseins unterminieren und rearrangieren?

---

[259] Es geht hier also nicht um die (unmögliche) Darstellung einer Phänomenalität von Wahrnehmung und Bewusstseinsoperationen, sondern um die Art und Weise, wie Wahrnehmungen idiosynkratische Formen entwickeln anhand von Formbildungen der Kommunikation bzw. anhand von struktureller Kopplung. Ist das psychische System einmal mit dem Kommunikationsmedium par exellance – Sprache – in Berührung gekommen, kann es nicht mehr sprachfrei operieren. Wahrnehmung bleibt Wahrnehmung, sie wird nie Sprache, aber sie ist von da an immer sprachlich durchtränkte Wahrnehmung. Damit ist auch gemeint, dass die Wirklichkeit dann nicht mehr sprachfrei wahrgenommen werden kann. Der Blick auf die Natur, andere Menschen, auf Verhaltensweisen usw. ist buchstäblich geprägt von sprachlichen Parametern, die immer im Hinblick darauf, dass Sprache ein Kommunikationsmedium ist, entstehen. Auch oder gerade auf der Ebene von Kunstwerken wird dies deutlich, so sagt etwa FUCHS 1995: 137: „Nach van Gogh sind Getreidefelder mit schwarzen Vögeln anders wahrnehmbar als vor ihm".

Dabei gilt es zu differenzieren zwischen den Literatur-Programmen und Poetiken einerseits und der wissenschaftlichen Beobachtung andererseits. Die *Wiener Gruppe* und der *Wiener Aktionismus* beispielsweise versuchten ihrem Selbstverständnis und ihren (mal implizit, mal explizit formulierten) Programmatiken nach, die mediale Alienation zu unterlaufen und in experimentellen Texten und Aktionen ein 'reines', von struktureller Kopplung und sozialer Konditionierung 'rein' bei sich seiendes Bewusstsein denkbar und erfahrbar zu machen. Dabei zeugt die Komplexität und Avanciertheit ihrer Werke nicht nur davon, dass es sich hier um herausragende Literatur und Kunst handelt, sondern auch davon, dass sich die beiden Bewegungen auch der Schwierigkeit und letztlich auch Unmöglichkeit bewusst waren, die mediale Alienation in struktureller Kopplung aufzulösen. Ihre Werke haben deshalb so markant ihre Spur in der literarischen und künstlerischen Kommunikation hinterlassen, weil diese Werke auf hochbeeindruckende Weise genau die Un/Möglichkeiten von 'reiner' Wahrnehmung und 'reinem' Bewusstsein nicht in der Löschung der medialen Alienation in struktureller Kopplung, sondern in der avancierten De/Konstruktion und Re/Formatierung der medialen Alienation aufzeigen. Ihre Werke entstehen dabei entlang der Grenze von Illusion eines nichtmediatisierten, nicht-alienierten Bewusstseins und der Desillusionierung. Wissenschaftliche Beobachtungen können Literatur und Kunst nun nicht daran messen, ob diese erkennen oder nicht erkennen, dass mediale Alienation in struktureller Kopplung unhintergehbar ist, sondern sie müssen beschreiben, was für Analyseeffekte sich ergeben, wenn literaturwissenschaftlich beobachtet wird, dass hinsichtlich der Frage der medialen Alienation Literatur (und Kunst) und Wissenschaft anders ticken. Die Wissenschaft kann nämlich erklären, wieso experimentelle Werke entlang der Grenze von Illusion und Desillusion entstehen und dass exklusiv das Literatur-System in der Lage ist, die Barren von Illusion/Desillusion, Möglichkeit/Unmöglichkeit, reine Wahrnehmung/mediale Alienation nicht allein zu thematisieren, sondern vor allem auch zu vollziehen und zu verkörpern. Entscheidend ist hier, dass mit der *Poetik der Kognition* (sensu Block) nicht einfach die mediale Alienation markiert wird, sondern vielmehr, weil es sich um eine 'Poetik', also um ein genuin ästhetisches Moment handelt, es der Literatur (via experimenteller Prosa) gelingt, paradigmatisch und exklusiv Bewusstsein und Kommunikation als sich wechselseitig konstituierende Mediensysteme beobachtbar zu machen.[260] Solchermaßen

---

[260] Ich argumentiere somit deutlich vorsichtiger als Block, der suggeriert, dass das unhintergehbar kommunikativ affizierte Bewusstsein qua experimenteller Poesie je individuell zu sich kommen könne. Experimentelle Poesie re-markiert nicht nur die strukturelle Kopplung, sondern liefert den Individuen Residuen für bewusste Bewusstseinserfahrungen: „Bewußtsein, dessen sich die Kommunikation als Medium bedient, kann und soll als ästhetische Möglichkeitsform nicht nur kommunikativ, sondern auch für die beteiligten Individuen mit einem *cognitive turn* zurückgewonnen werden" (BLOCK: 285). – Bei PAẞ hingegen wird in Form von experimenteller Poesie dem Bewusstsein kein Medium zum Zwe-

kann man dann wissenschaftlich argumentieren, dass experimentelle Prosa in ihrer un/möglichen De/Konstruktionen medialer Alienation die etablierten Modi und Formen der medialen Alienation unterminiert und dass sie mit alternativen Modi und Formen der medialen Alienation experimentiert. Jede Poetik der Kognition, jede Reorganisation des Bewusstsein ist konstitutiv immer eine Poetik der strukturellen Kopplung und eine Reorganisation und Re-Markierung der strukturellen Kopplung.

Diese Konstellation markiert also nicht, dass die Alienation destruiert wird, sondern dass im Zuge der Mimesis III (Beobachtung bzw. Interpretation) der Prozess der Re-Markierung sichtbar wird. Nicht ein authentisches Bewusstsein wird qua experimenteller Prosa etabliert, sondern eines, dass sich seiner Lage als medial alieniertes Bewusstsein bewusst wird. Und als solchermaßen bewusstes Bewusstsein kann es die eigenen kreativen Leistungen im Rahmen der Beobachtung der medialen Alienation bewundern oder einfach registrieren. Mit einer anderen Terminologie und mit einem alternativen Referenzrahmen (die Semiotik von Ch. S. Peirce) argumentiert Rohr ganz in meinem Sinne: „the structure of creative process itself is reflected upon in literature [...]. What interpreting minds would thus encounter in literary texts are their own cognitive structures" (ROHR: 105 und 106). Rohr stellt die These auf, dass anhand von moderner Literatur das Bewusstsein mit seinen eigenen Strukturen konfrontiert wird. Ich würde formulieren: Weil experimentelle Prosa via Sinn-Schema $_{narrativ}$/a(nti-)narrativ eine maßgebliche, sozial in Richtung Bewusstsein konditionierende, Sinn-Form (Narrativität = narrativ/$_{a(nti-)narrativ}$) als Instanz der medialen Alienation traktiert, kommt die mediale Alienation in den Blick. Bzw.: *Insbesondere* anhand von experimenteller Prosa wird dies sichtbar, *insbesondere* anhand von experimenteller Prosa kann in Form von moderner Literatur das Bewusstsein mit seinen eigenen (medial alienierten) Strukturen konfrontiert werden – und dies wird Thema und Vollzugsmoment literarischer Kommunikation. Fuchs spricht in diesem Zusammenhang von dem via moderner Lyrik für Literatur konstitutivem „Einzigartigkeitsparadox" (FUCHS 1989: 145):

> Einzigartigkeit wird, wenn sie behauptet wird, in ihr Gegenteil verkehrt [...], weil die Proklamation von Einzigartigkeit voraussetzt, von irgendjemandem könne der Sinn der je behaupteten Einzigartigkeit geteilt werden, ein Sinn, der ja nur in konventionalisierter Rede mitgeteilt werden kann und also gerade nicht transportiert, was er transportieren soll. Selbst eine artistisch beabsichtigte Dekonventionalisierung bedarf des Horizonts

---

cke der Identitätsbildung geliefert, sondern ganz im Gegenteil: Anhand von experimenteller Poesie vollzieht das Bewusstsein ästhetisches Erleben als radikales Moment der Identitätsgefährdung durch völlige Absorption des Bewusstseins durch das Kunstwerk. Während sich bei Block das Bewusstsein als Bewusstsein identifizieren und differenzieren kann, deitentifiziert und entdifferenzialisiert sich das Bewusstsein bei Paß. Beide reden, wohlgemerkt, im Rahmen systemtheoretischer Parameter über Kunsterfahrung anhand von experimenteller Poesie.

der Konvention [...]. Einzigartigkeit ist in einem sehr präzisen Sinne inkommunikabel. Jenseits von Kommunikation mag sie statthaben oder nicht; soll sie kommunikativ präsentiert werden, hebt sie sich kommunikativ auf (ebenda: 145f.).

Die *Poetik der Kognition* ist in diesem Sinne paradoxe Kommunikation über Inkommunikables, weshalb es auch nicht einfach zu einer Konfrontation des Bewusstseins mit seinen kognitiven Strukturen (sensu Rohr), sondern zu einer Konfrontation des Bewusstseins mit seinen medial alienierten kognitiven Strukturen, also zur Konfrontation mit der strukturellen Kopplung kommt. Solchermaßen würde die sperrige Rede von einer *'Poetik der strukturellen Kopplung'* Sinn machen.

Die Bezeichnungen *Poetik der Kognition* und *'Poetik der strukturellen Kopplung'* sind wissenschaftliche Begriffe, die entlang von wissenschaftlichen Beobachtungen (Text, Werk, strukturelle Kopplung, Sinn-Formen (Stimme, Schrift, Narrativität) usw.) im Zuge der Beobachtung von Literatur und Kunst an der Literatur und Kunst HER(AUS)GESTELLT werden. Sie sind weder freischwebende Erfindungen der Wissenschaft noch der Ausdruck von literarischen und künstlerischen Poetiken und Programmen, sondern das Konstituieren der Objektebene qua Metaebene entlang der Unterscheidung (!) Objekt-/Metaebene.

Also, *insbesondere* mithilfe von experimenteller Prosa erkennt man, dass Literatur aufzeigt, wie strukturelle Kopplung, also alles, was der Fall ist, funktioniert. Da das einsame Bewusstsein allein in struktureller Kopplung via Kommunikation Bewusstsein ist, also konstitutiv mithilfe kommunikativer Bestände als Bewusstsein operiert, kann die literarische Kommunikation die Wahrnehmungen und Gedanken konstitutiv in dieser Kontamination durch kommunikative Bestände prozessieren. Für die literarische Kommunikation ist das Bewusstsein mit seinen Wahrnehmungen und Gedanken allein als immer schon sozial konditionierte Größe in struktureller Kopplung beobacht- und prozessierbar. Die literarische Kommunikation hat es immer mit (konstitutiv) kommunikativ 'verseuchten', *medial alienierten* Bewusstseinen zu tun. Und diese Konstitutivität der Kontamination ist, so die These, privilegierter Gegenstand und privilegierte Realisierungsform von 'experimenteller' Literatur (als experimenteller Prosa). *Experimentelle Prosa* traktiert also diese Kontamination. Sie *sucht Formen dafür zu finden, wie die Affizierung des Bewusstseins durch die Kommunikation (und vice versa) beobachtbar gemacht werden kann; sie tut dies in erster Linie dadurch, dass sie die eingeschliffenen Affizierungsmechanismen durch neuartige Formenarrangements als diese Mechanismen aufdeckt und dabei gleichzeitig neue Affizierungsmöglichkeiten ausprobiert.* Block bringt diese Bewegung sehr schön auf den Punkt, wenn er gleichzeitig von einer *Poetik der Kognition* und einem *kommunikativen Theater der Subjektivität* spricht (vgl. BLOCK: 70-82 und 131f.). Es ergibt sich ein konstitutives Paradox: <u>*Qua experimenteller Poesie soll das Bewusstsein via Kommunikation nicht-kommunikativ erfahren werden.*</u> Wenn also das Bewusstsein adressiert, thematisiert und präsentiert wird, so immer in dem Sinne, dass dies anhand der wechselseitigen Konstitution von Bewusstsein und Kommunikation vorgeführt wird. Experimentelle Prosa experimentiert somit mit den Möglichkeiten, wie Bewusstsein Bewusstsein in wechselseitiger Konstitution und Affizierung mit Kommunikation ist, wie also Bewusstsein Bewusstsein via Kommunikation ist.[261] *Die Inkommunikabilität des Bewusstseins wird eine literatur- und kunstkonstitutive ästhetische Größe, eine conditio sine qua non von Literatur und Kunst.* Für die literarische Kommunikation ist das Bewusstsein nur im Zuge der bereichsspezifischen Attribution relevant. Literatur via experimenteller Prosa prozessiert und thematisiert die strukturelle Kopplung nur, indem sie Bewusstsein (und freilich auch Kommunikation) als ästhetische Phänomene beobachtet und einsetzt. Es geht also nicht um die wissenschaftlich beschreibbaren Dispositionen des Bewusstseins, sondern um seine Inszenierung als ästhetisches Moment. Dabei ist es signifikant, dass der *Irrwisch Bewusstsein* gerade von experimentellen *Werken* adressiert wird, von Werken also, die explizit die Unterscheidung von wuchernder Semiosis (Text) und zeitweiliger Stabilisierung (Werk) markieren. Block stellt die wichtige frage: „wie sich die aktuelle Option experimenteller Medienkunst im Bezug auf eine das Bewußtsein adressierende wilde Semiose [sensu A. Assmann] darstellt" (BLOCK: 287). Folgende Konstellationen sind also beobachtbar:

- Text/$_{\text{Werk}}$ – $_{\text{narrativ}}$/a(nti-)narrativ – Bewusstsein/$_{\text{Kommunikation}}$
- $_{\text{Text}}$/Werk – narrativ/$_{\text{a(nti-)narrativ}}$ – $_{\text{Bewusstsein}}$/Kommunikation.

Und diese Konstellationen sind eben exemplarisch via experimenteller Prosa beschreibbar.

Insgesamt ist mit den Beobachtungen zur Poetik der Kognition zweierlei markiert. *Erstens* macht die Beobachtung von experimenteller Prosa deutlich, dass jeder Umgang mit Literatur sich nicht allein sprachlich bzw. sprachtheoretisch fassen lässt. Literatur ist kein ausschließliches Sprachphänomen, wie dies ein Teil der Literaturtheorie immer noch annimmt, sondern eine Größe, die die komplexe Relationierung von Bewusstsein (und seinen Wahrnehmungen), Kommunikation und den sie koppelnden Medien (vornehmlich Sprache) thematisiert und vollführt. Mithilfe dieser (systemtheoretischen) Beobachtungen kann einerseits gezeigt werden, dass Wahrnehmungen in operativer Geschlossenheit unverfügbar bleiben, also weder Sprache noch Kommunikation sind und dass sie andererseits immer schon von Kommunikation (und ihren Medien, bspw. Sprache) kon-

---

[261] Entlang von Blocks Argumentation wird auch deutlich, dass sich 'experimentelle' Literatur, indem sie eben die strukturelle Kopplung als Literaturkonstituente thematisiert und prozessiert, nicht allein um das WAS der Werke bemüht, sondern vor allem das WIE der Beobachtung von Literaturkonstituenten fokussiert. Im Experiment rücken die „individuelle[n], mediale[n] und soziale[n] Konstituenten von Literatur, die buchstäbliche ‚Poiesis'" in den Mittelpunkt und „es geht zudem weniger um das, was in ihnen [den Kunstwerken, MG] ggf. *als* Subjektives ausgesagt wird, als mehr um den individuell beobachterabhängigen und -fähigen Umgang mit Medienangeboten unter ästhetischen Vorzeichen" (BLOCK: 36). Es geht also um die *logistische Matrix* von Literatur und literarischer Kommunikation.

stituiert und affiziert werden. *Die Literaturtheorie und -wissenschaft erkennt anhand der Beobachtung von experimenteller Prosa, so die These, dass sie ihr sprachtheoretisches Paradigma um ein kognitionstheoretisches (Bewusstsein), ein soziologisches (Kommunikation) und ein medientheoretisches (strukturelle Kopplung) erweitern muss.*[262] *Weiter kann die These aufgestellt werden, dass experimentelle Prosa die Unterscheidung Bewusstsein/Kommunikation traktiert, die eingeschliffenen Routinen der strukturellen Kopplung von Bewusstsein und Kommunikation subvertiert und neu zu formatieren versucht. Diese Subvertierung und Neu-Formatierung erreicht sie vornehmlich durch eine Fokussierung auf die Wahrnehmungen und Bewusstseinsprozesse (Poetik der Kognition).*[263] Entscheidend ist dabei jedoch, dass es aufgrund der Form der Unterscheidung nicht um die Phänomenalität des Bewusstseins geht. 'Experimenteller' Literatur als experimenteller Prosa geht es nicht darum, Formen zu finden, um Wahrnehmungen, Vorstellungen, Gedanken oder Gefühle ausdrücken zu können, also nicht darum, diese 'Innenwelt' zu vertexten und dieser 'Innenwelt' eine Stimme zu geben – die mediale Alienation des Bewusstseins ist unhintergehbar –, vielmehr greift experimentelle Prosa über die Poetik der Kognition in die strukturelle Kopplung von Bewusstsein und Kommunikation selbst ein. Indem sie die strukturelle Kopplung in Form einer Poetik der Kognition neu formatiert, formatiert sie alle an der strukturellen Kopplung beteiligten Größen neu: Bewusstsein, Kommunikation und Medien (sowie Symbolisches und Soziales). Wie gesehen, lässt sich die Unterscheidung Bewusstsein/Kommunikation als „Konstitutionsmoment der Identifikation von Gesellschafts-, Bewusstseins- und Wirklichkeitsvollzug" bzw. als Konstitutionsmoment der Unterscheidungen Sprache/Wirklichkeit, Subjekti-

---

[262] In Anlehnung an Bernd Scheffer formuliert dies ähnlich schon BLOCK: 132, wenn er argumentiert, dass „sich die Literatur der Spätmoderne komplexer als nur rein sprachtheoretisch" begründen lässt, unter „'Einbeziehung vor- und außersprachlicher Wahrnehmungen' in die Theorie der modernen Literatur."

[263] Einen interessanten 'Vorläufer' findet die Dissertation in der Arbeit von Margret Eifler. Sie spricht korrespondierend von Anti-Narrativik. Ausgehend von dem Verfremdungsbegriff der russischen Formalisten arbeitet sie mit der Unterscheidung Wahrscheinlichkeitsverfahren/Verfremdungsästhetik und bezieht diese auf realistische Schreibweisen und nichtnarrative Schreibweisen anti-realistischer Texte. Problematisch ist bei Eifler jedoch die allzu vereinfachende Zuspitzung auf die subjektive Textaussage. In Weiterführung von Reinhold Grimms Beschreibungen der „Romane des Phänotyps" geht sie davon aus, dass im anti-narrativen Prosatext die Bewegung weg von der Handlung hin zum kognitiven Bestand des subjektivistischen Erzählers maßgebend sei. Sie spricht von einem „Reflexionsstil, der weniger Geschichtenerzählung, als geistige Ideenbewegung intendierte: Was an Handlungsaktivität wegfällt, wird in dieser subjektivistischen Erzählweise durch Erkenntnisleistung ersetzt. Nicht-narrative Literatur hat insofern vordergründig kognitive Darstellungsfunktion" (EIFLER, Margret 1985: Die subjektivistische Romanform seit ihren Anfängen in der Frühromantik. Ihre Existenzialität und Anti-Narrativik am Beispiel von Rilke, Benn und Handke. Tübingen, 5). Die Dissertation geht demgegenüber davon aus, dass der hier beschriebenen *Poetik der Kognition* nicht allein Darstellungscharakter zugeschrieben werden kann, dass es also nicht nur darum geht, die subjektive Reflexion zu versprachlichen, sondern vielmehr darum, via Re-Markierung der strukturellen Kopplung die Logistik von Literatur und literarischer Kommunikation in den Blick zu bekommen.

vität/Medien usw. lesen.[264] Indem nun *experimentelle Prosa* Narrativität re-markiert, die strukturelle Kopplung von Bewusstsein und Kommunikation bearbeitet, ihre konventionalisierten Formen subvertiert und neu zu formatieren versucht, *greift sie in das Gefüge von Gesellschafts-, Bewusstseins- und Wirklichkeitsvollzug ein.*[265] Weil experimentelle Prosa die Sinn-Form Narrativität (narrativ/$_{a(nti-)narrativ}$), die selbst als Nexus von sozialer und symbolischer Systemreferenz und als Realisierung von struktureller Kopplung beobachtet wird, re-markiert, macht sie exemplarisch sichtbar, wie Sinn- und Identitätsbildung als Gesellschafts-, Bewusstseins- und Wirklichkeitsvollzug vonstatten geht. Solchermaßen können die aufgestellten Thesen – dass Literatur als Einheit der Unterscheidung symbolische/soziale Systemreferenz zu beobachten ist, dass Literatur auf spezifische Weise die strukturelle Kopplung von Bewusstsein und Kommunikation realisiert, dass experimentelle Prosa als spezifische Verbindungsform von symbolischer und sozialer Systemreferenz zu lesen ist und dass sie als spezifische Realisierungsform von struktureller Kopplung beobachtet wird – zu einer 'integrativen Literaturwissenschaft' zusammengefasst werden. Als integrative Literaturwissenschaft manövriert dieser Ansatz sowohl zwischen der Scylla des Textualismus und der Charybdis des Soziologismus, als auch zwischen der Scylla des *linguistic* und der Charybdis des *cognitive turn*,[266] indem er *Literatur als Einheit von sozialer und symbolischer Referenzebene und als Einheit von Bewusstsein und Kommunikation* beobachtet.[267]

Anhand der Beobachtung von experimenteller Prosa soll die geforderte Operationalisierung der Unterscheidung von symbolischer und sozialer Referenzebene über die konsequente Operationalisierung der Bewusstsein/Kommunikation-Unterscheidung laufen. Grundsätzlich muss gesagt werden, dass die hier vorgestellten Thesen zur Systemtheorie experimenteller Prosa allein im Zuge der Beobachtung der logistischen Matrix von Literatur und literarischer Kommunikation formuliert werden können. Experimentelle Prosa lässt sich im Kontext von struktureller Kopplung und symbolischer und sozialer Systemreferenz allein dann beobachten, wenn auf hoher Abstraktionsstufe experimentelle Prosa immer wieder auf ihre logistische Matrix (Literatur, System, Bewusstsein, Kommunikation, Text, Werk, Narrativität) bezogen wird. Solchermaßen kann die integrativ-

---

[264] Vgl. hierzu auch BACKES/JÄGER/JAHRAUS.

[265] Diese Perspektive argumentiert mit Rekurs auf JAHRAUS 2001c: 80-103, wobei dieser anhand der radikalen Formen des Wiener Aktionismus die radikale These aufstellt, dass der Wiener Aktionismus die strukturelle Kopplung zwischen Kommunikation und Bewusstsein zu entkoppeln versucht.

[266] Siehe zu dieser zweiten Unterscheidung BLOCK: 61ff.

[267] SILL: 25 weist darauf hin, dass schon Adorno ein integratives Konzept angestrebt hat, das „Gesellschaftstheorie, Werkanalysen, Kommunikationsforschung, Untersuchungen zum literarischen Feld und empirische Wirkungsforschung" vereinigen sollte. Dass Adorno damit jedoch gänzlich andere gesellschaftstheoretische, vor allem politische, Implikationen als die (Luhmannsche) Systemtheorie mit sich führte, muss hier nicht sonders betont werden.

reflexive Literaturwissenschaft eine solche nur als Metatheorie zur Literaturtheorie, als reflexive Literaturwissenschaft, also als literaturwissenschaftliche Medienwissenschaft (sensu Jahraus) sein. Der Umweg, den die Beschreibung experimenteller Prosa über die logistischen Prä- und Konfigurationen geht, um anhand der Werke exemplarisch die logistische Refiguration beobachten zu können, ist ein konstitutiver Umweg. Folgende Perspektive teilt die Arbeit ohne Abstriche: „Es geht Block nicht um Literatur als hermeneutischen Interpretationsfundus, sondern es geht ihm – wie mir auch – um die Bedingungen, die jeder Interpretation, jeder Kommunikation, jeder Medialisierung vorausliegen" (JAHRAUS 2003: 566). Jahraus und Block versuchen über ihre paradigmatischen Ebenen (Lyrik und experimentelle Poesie) insbesondere die medialen Bedingungen der Möglichkeit von Subjektivität zu fokussieren. Exemplarisch entlang von Lyrik bzw. experimenteller Poesie wird Literatur als paradigmatisches Medium der Subjektkonstitution sichtbar. Qua Lyrik und experimenteller Poesie werden „jene Momente symbolisiert und medial umgesetzt […], die für die Subjektivität konstitutiv sind" (ebenda: 566).[268] Meine Perspektive geht hier zwar mit, stellt aber eine größere Brennweite ein, indem sie sich nicht so exklusiv auf Subjektivität kapriziert, sondern insgesamt Sinn- und Identitätsbildung als Gesellschafts-, Bewusstseins- und Wirklichkeitsvollzug liest.

Die Arbeit hat immer ihren Blick via experimenteller Prosa auf die logistische Matrix von Literatur und literarischer Kommunikation gerichtet, ist aber auch in der Lage, diesen Blick im Rahmen der Text/Werk-Unterscheidung auf niedrigeren Abstraktionsstufen schweifen zu lassen. Die Frage ist nun, wie über die konkreten Texte als Werke die logistische Matrix in den Blick kommt. Wenn die These aufgestellt wird, dass experimentelle Prosa die Unterscheidung Bewusstsein/Kommunikation re-markiert, so kann gefragt werden: (Wie) wird das in den Werken experimenteller Prosa reflektiert? Ein kurzer Blick in die betreffenden Werke genügt schon, um sehen zu können, dass dort keine Rede von struktureller Kopplung ist. Das ist auch nicht notwendig, um trotzdem die obigen Thesen aufstellen zu können. Drei Dimensionen eröffnen sich hier: Erstens *thematisieren* die Werke durchaus explizit Momente, die im Rahmen der strukturellen Kopplung relevant sind: Wahrnehmung, Bewusstsein, Sprache, Gesellschaft, Wirklichkeit, Determination usw. auch wenn sie nicht das Label strukturelle Kopplung und auch nicht das systemtheoretische Design indizieren. Zweitens geht es auch und vor allem um die *operative* Ebene. Bei bestimmter Einstellung des Beobachtungsfokus kann beobachtet werden, dass die experimentellen Werke in der Art und Weise ihres Experimentierens basale Momente (Sinn-Form, strukturelle

---

[268] JAHRAUS 2003: 566f. markiert noch, dass bei Block experimentelle Poesie exemplarisch ist, weil „die problematische und differentielle Konstitution von Subjektivität quasi im Prozeß, in laufender Operation, sozusagen auf dem Prüfstand des Experiments beobachtet werden kann."

Kopplung usw.) im Zuge ihres Operierens de/konstruieren. Die Darstellungsweise, die Form des Experiments, thematisiert nicht, realisiert jedoch das, was als strukturelle Kopplung beobachtbar ist. Indem eingeschliffene narrative Sinnbildungsmuster qua Syntaxzertrümmerung, Destruktion der N-Reihe, Trübung des Erzähl-Modells usw. subvertiert werden, wird die narrativ eingeschliffene Realisierung von struktureller Kopplung so gestört, dass die strukturelle Kopplung selbst in den Blick kommt. Die Störung hinkt dem selbstverständlichen Funktionieren nicht einfach nach, sondern anhand der Störung wird das selbstverständliche Funktionieren retro-aktiv nach-konstituiert. Drittens kann diese zweite These radikalisiert werden. Im Hinblick auf Block spricht Jahraus von einer „Figur des 'ex negativo'":

> Man kann [...] aus Blocks Arbeit entnehmen, daß Subjektivität nicht unbedingt als Innerlichkeit thematisiert werden muß, um sich ästhetisch auszudrücken. [...] Selbst oder vielmehr gerade dort, wo der Ausdruck der Innerlichkeit verabschiedet und Subjektivität als ästhetischer Effekt verfügbar wird, erscheint Subjektivität als medialer Effekt (JAHRAUS 2003: 566f.).

Selbst dort, wo Bewusstsein und Kommunikation in struktureller Kopplung nicht thematisiert, also nicht diskursiv eingesetzt, sondern operativ in Form von experimentellen Praktiken re-markiert werden, erscheint strukturelle Kopplung als basales mediales Ereignis, das entlang der Mediensysteme Bewusstsein und Kommunikation alles konditioniert, was beobachtbar, also sinnhaft ist. Nicht nur, indem experimentelle Prosa über Bewusstsein und Kommunikation redet, sondern auch in der Art und Weise wie sie experimentiert, wird strukturelle Kopplung als alles, was der Fall ist, beobachtbar.[269]

Im Kontext logistischer Beobachtungseinstellung sei ein Blick in die experimentellen Werke getan. Oswald Wiener und Gerhard Rühm beispielsweise haben immer wieder argumentiert, dass Wahrnehmungen und das Bewusstsein von der Sprache nicht nur konditioniert, sondern auch determiniert sind. Im Zuge einer expliziten Kritik geht es ihnen darum, zeigen zu können, dass und wie das Bewusstsein nicht bei sich selbst sein kann, nicht wirklich bewusst Bewusstsein sein kann, weil es von der Sprache und ihrer Grammatik eingeschnürt wird. Wiener und Rühm gehen also nicht davon aus, dass es qua struktureller Kopplung zur wechselseitigen Konstitution von Bewusstsein und Kommunikation kommt, vielmehr argumentieren sie so, dass das Bewusstsein prinzipiell rein bewusst sein könnte, also von Sprache und Kommunikation entkoppelt sein könnte, dies aber empirisch nicht sein kann, weil Sprache über *unhintergehbare* Routi-

---

[269] Aus diesem Grunde beobachte ich bspw. die Werke von Heimito von Doderer nicht als experimentelle Werke. Bei von Doderer ist zwar die „Apperzeption, das bewußte Wahrnehmen aller Dinge und Erfahrungen" der Inhalt seiner Werke, aber eben *nur* Inhalt. Es kommt zu keiner Diffusion in die operative Ebene, da seine Prosa traditionell narrativ-episch trotz „ironischer Brechung" ist (HOHMANN: 85f.).

nisierungsmechanismen immer schon Bewusstsein determiniert haben wird.[270] Wiener übt hier zwar explizit Sprachkritik, jedoch nicht um der Sprache willen, sondern um des Bewusstseins willen.[271] Es geht ihm nicht um eine linguistische Sprachkritik, sondern um die weiter gefasste Sprachbedingtheit unserer Wahrnehmung und unseres Bewusstseins, also um die Sprachbedingtheit unserer gesamten Wirklichkeitswahrnehmung. Das klassische Paradox der (klassischen) Moderne wird sichtbar: Sprache wird mithilfe von Sprache subvertiert.[272] Dabei fällt das berühmte Stichwort der „De-Identitfikation" (WIENER 1983: 37) als einer Revolte gegen „die formen des eigenen denkens" (ebenda). Konkret verfahrenstechnisch sieht dies bei Wiener folgendermaßen aus: „Mit der Zurückdrängung des Subjekts aus dem Schreibakt zugunsten der Konstruktion eines Textes auf der Basis numerischer Parameter erscheint Bewusstsein aufgehoben in der Struktur des Materials" (FISCHER/JÄGER: 631, siehe auch dort 638). Solchermaßen markiert die De-Identifikation in ihrem Versuch der Entkopplung von Bewusstsein und Kommunikation die radikale Re-Konfiguration der strukturellen Kopplung.[273] In der Auflösung des Subjekts in der Textur erscheint das in der Auflösung abfallende Bewusstsein selbst in der Verfahrensweise des Werkes aufgelöst und damit von Kommunikation und Sprache entkoppelt. Freilich, und das wusste Wiener, wird dies alles qua Sprache vollzogen und somit gilt: Die strukturelle Kopplung wird immer schon im Nachhinein sich eingestellt haben, – und dies beobachtet man exemplarisch entlang von experimenteller Prosa.

Interessant ist dabei folgende Unterscheidung Franz Mons, die sich mit unserer Unterscheidung Lyrik bzw. experimentelle Poesie/experimentelle Prosa deckt. Mon spricht der Konkreten Poesie (!) eine formale Dimension des Sprachexperimentierens zu, die sich um das „neue[], überraschende[], experimentierende[] Formulieren" bemüht,[274] während die experimentelle Prosa sich der „kritische[n]

---

[270] Vgl. hierzu HEIMANN 1978: 22, der in seiner Frösche-Interpretation darlegt: „Da wir die Sprache gelernt haben, können wir aus ihr nicht mehr heraus, sind wir in ihr gefangen, auch wenn wir sie in Frage stellen, auch wenn wir uns über sie erheben und sie kritisch überprüfen wollen, müssen wir uns ihrer 'bedienen'."

[271] „Das Schreiben ist nicht Mittel künstlerischer 'Darstellung' gewesen, sondern ein Instrument zur Untersuchung von Denkvorgängen und für den Schreibenden ein natürlicher Hebel zum Hinausschieben seiner im Schreiben ihm merkbar werdenden Vorstellungsschranken" (WIENER, Oswald 1983: Einiges über Konrad Bayer. In: protokolle 1 (1983), 37-45, 39). Auch in diesem Sinne lässt sich von einer *Poetik der Kognition* sprechen.

[272] Freilich ist dieses klassische Paradox bei Wiener kybernetisch erweitert: „Auch Außenseiter, Kritiker und Revolutionäre können ihr [Sprache] nur noch dienen und die bereits totale Sicherheit des Systems nur noch absoluter machen. Das kybernetische Prinzip hat in seiner Kalkulation auch die Gegner und die Versager immer schon berücksichtigt" (HEIMANN 1978: 42).

[273] HOFFMANN: 251 weist diesbezüglich auf die radikal experimentelle Gestalt von Wieners 'roman' hin („Destruktion des Druckbildes"). Ich würde formulieren, dass die De-Identitfikation nur über die radikal experimentelle Gestalt des 'romans' läuft.

[274] MON, Franz 1970: Text als Prozeß. In: Ders., Texte über Texte. Neuwied/Berlin, 86-101, 94.

Entlarvung real gegebener gesellschaftlicher Sprachzwänge durch experimentelle Verfremdung" widmet (HOHMANN: 70). Es ließe sich formulieren, dass die (Konkrete) Poesie literarisch innovativ für die literarische Kommunikation ist, während die experimentelle Prosa via literarischer Innovation gesellschaftlich relevant wird. Folglich kann nicht entlang von (Konkreter) Poesie, sondern exemplarisch entlang von experimenteller Prosa nicht nur die Re-Produktion von literarischer Kommunikation, sondern auch der gesamte Gesellschafts-, Bewusstseins- und Wirklichkeitsvollzug beobachtet werden.[275]

Insgesamt wehte in der 'experimentellen' Literatur der 50er und 60er Jahre ein explizit sprachskeptischer Geist, der die „'Sprachgefängnisse'" (HOHMANN: 79) sowohl im Hinblick auf die Gesellschaft (Kommunikation)[276] als auch im Hinblick auf das Bewusstsein beobachtete. Dabei wird auch gegen das sprachlich determinierte Bewusstsein rebelliert, dass aufgrund dieser Determination eben nur ein „'Bewusstseingestell'" (Harig in HOHMANN: 80) und kein authentischer Ausdruck einer individuellen Identität sei: „Da die Sprache 'meine' Gedanken, 'meine' Weltauffassung präformiert, stellt sich die Frage, was denn überhaupt noch subjektiv ist ('wo beginne eigentlich ich?')" (HEIMANN 1978: 23). Bei Jürgen Becker ist gar von „einer typischen kollektiven degradierten Bewußtseinsstruktur" (ebenda: 37) und bei Wiener von einer „'adjusitierung des bewußtseins'" (BACKES/JÄGER/JAHRAUS: 19) die Rede: „Diese sprachliche Vorformung diese Organisation der Wirklichkeit durch die Sprache ist für Wiener unerträglich, weil sie ein unverstelltes authentisches Leben der Menschen verhindert" (ebenda: 41).[277] Die *mediale Alienation* des Bewusstseins wird hier nicht als analytische Größe, sondern als Existenzgefahr beobachtet, weil die Sinngrundlage des Lebens einem sprachlich verschütteten, aber prinzipiell authentischen Bewusstsein und nicht der wechselseitigen Konstitution von Bewusstsein und

---

[275] Grundsätzlich bietet sich auch das Intermedialitätstheorem an, integrativ-reflexiv Literaturwissenschaft zu betreiben, weil auch hier deutlich wird, dass Literatur und Literaturwissenschaft nicht im Sprachparadigma aufgehen. Siehe hierzu auch FISCHER/JÄGER: 620, konkret im Hinblick auf die Malerei HARTUNG: 35 und vor allem BLOCK.

[276] „Und eine Literatur, die aus der Konzentration auf Sprache und aus der Destruktion etablierter sprachlicher Formen resultiert, läßt sich interpretieren als eine Literatur, die ihrer tatsächlichen gesellschaftlichen Relationen in dieser Epoche bewusst geworden ist" (HOHMANN: 169). Dies stimmt einerseits, andererseits wird die gesellschaftliche Dimension hier sprachtheoretisch verengt und der Blick für kognitions-, medien- und kommunikationstheoretische Fragestellungen getrübt. – Zum Theorem der Sprach- als Gesellschaftskritik siehe FISCHER/JÄGER: 643 und ASPETSBERGER, Friedbert 1973: Sprachkritik als Gesellschaftskritik. Von der Wiener Gruppe zu O. Wieners „die verbesserung von mitteleuropa, roman". In: Institut für Österreichkunde (Hg.), Zeit und Gesellschaftskritik in der österreichischen Literatur des 19. und 20. Jahrhunderts. Wien, 145-170.

[277] In diesem Zusammenhang spricht KINDER: 248 von einem „sprachstrukturell autoritär geprägten Bewußtsein".

Kommunikation zugeschrieben wird.[278] Problemtisch ist in diesem Zusammenhang Hohmanns Urteil, dass die experimentelle Prosa sich nur in der Absetzbewegung von einer zu kritisierenden in Sprache gefangenen Wirklichkeit absetzt, ohne eine eigene Semantik zu produzieren (vgl. ebenda: 81). Hohmann liest die experimentelle Prosa nur im Zuge der negativen Realisierung (s. o.), hält sich also nur auf einer Abstraktionsstufe auf und sieht somit nicht, dass in der Form des Experiments durchaus eine neue Semiosis (sensu Baßler) indiziert ist.[279]

Entscheidend ist, dass bspw. (und insbesondere) Wiener seine Sprachkritik transzendiert und eben nicht nur sprachlich und sprachtheoretisch, sondern viel umfassender gestaltet. Seine *verbesserung von mitteleuropa* versucht via der Paradoxie – qua Sprache Sprache zu subvertieren – qua Sprache mehr über die Welt zu sagen, als sich qua Sprache *sagen* lässt (vgl. hiezu die sehr schöne Deutung von HEIMANN 1978: 39-52, vgl. auch HOHMANN 101-115). Wiener formuliert hierzu: „Der Protest war nicht gegen einen bestimmten Staat oder sonst eine Folklore, sondern gegen Staat, Sprache, Konsens, Verfahren, Modelle, 'Denkgesetze', nicht gegen Verhaltensstile, sondern gegen die Formen des eigen Denkens'" (WIENER 1983: 37) gerichtet. Dabei etabliert sich Sprache und das was in der experimentellen Form von der Sprache nicht erfassbar ist – ich rekurriere auf Wieners 'roman' als a(nti-)narrativen *Text*, der aus heterogenem Material zusammengestellt ist – auf der operativen Ebene als das Medium, das dem Bewusstsein verhilft, den gesellschaftlichen Determinationen zu entwischen. Trotz bzw. *aufgrund* negativer Bewertung der medialen Alienation (thematisch) kommt es zur operativen Re-Markierung der strukturellen Kopplung in der Gestalt des wienerschen Werkes. Dabei ist Wieners Buch nicht nur gleichzeitig der „Widerspruch gegen die als unausweichlich erkannte Entwicklung und […] deren strukturelle Entsprechung" (HEIMANN 1978: 43), sondern in dieser Gleichzeitigkeit auch eine Re-Markierung der strukturellen Kopplung. Allerdings nicht allein über die Sprache, sondern über die Subversion der Sinn-Form Narrativität. Wieners Buchs re-markiert die strukturelle Kopplung, weil es in der Gleichzeitigkeit von Widerspruch und Entsprechung hinsichtlich der Sinn-Form Sprache eine a(nti-)narrative Form gefunden hat, die die Selbstverständlichkeit unseres narrati-

---

[278] Damit ist keinesfalls eine Kritik verbunden. Ich meine hier nicht, dass Wiener unterkomplex argumentiert, weil er die Mechanismen der strukturellen Kopplung nicht durchschaue, sondern beschreibe nur, wie die mediale Alienation bewertet wird. Grundsätzlich gilt: „Tatsächlich hilft die Unterscheidung, die die systemtheoretische Kommunikationstheorie zwischen psychischem und kommunikativem Verstehen trifft, herauszustellen, daß in den (Auto-) Poetiken des Verstehens [bei mir: experimentelle Prosa] auf Bewusstseinsprozesse aufmerksam gemacht wird. Ohne daß diese Differenz dort explizit behandelt würde, kommt sie doch deutlich zur Anwendung" (BLOCK: 285).

[279] Gleichwohl ist Hohmann nicht ganz konsequent, da er später argumentiert, dass der experimentelle Roman „in der Auflösung jeden strukturellen Zusammenhangs, der auf eine Sinneinheit zielt, etwas qualitativ völlig Neues darstellt (HOHMANN: 86).

ven Welther(aus)stellens radikal stört.[280] Hinsichtlich des Sprachparadoxons, qua Sprache gegen Sprache zu agieren, kann formuliert werden, dass die Gestalt des Romans, ihr a(nti-)narrativer Zug, auf subsprachlicher Ebene so an der narrativen Durchsäuerung unserer Welt rüttelt, dass die strukturelle Kopplung radikal affiziert wird.[281] Und diese Affizierung der strukturelle Kopplung kann zwar thematisch gemacht werden, dies geschieht des öfteren im Werk, allerdings ist die Pointe von Wieners *verbesserung* die, dass aufgrund der Gestalt des Werkes diese Affizierung (sensu Gumbrecht) ästhetisch *erlebt* und im Nachhinein dann ästhetisch *erfahren* wird. Allgemein lässt sich formulieren, dass Sinn-Formen, die die strukturelle Kopplung realisieren, hier Narrativität, in ihren Re-Markierungen qua subversiver Sinn-Schemata, hier narrativ/a(nti-)narrativ, nur dann re-markiert werden, wenn darüber nicht nur geredet wird (wie bei von Doderer), sondern wenn in Form von experimenteller Form diese Re-Markierung ästhetisch erlebt und erfahren wird.[282] Dabei etabliert sich *Literatur als Einheit der Unterscheidungen Semantik/Medialität, Semantik/Rhythmus, Denotation/Konnotation,*[283] dies jedoch *exemplarisch entlang von experimenteller Prosa*, die deutlich Schlagseiten in diese Unterscheidungskonstellationen bringt (Semantik/Rhythmus, Semantik/Medialität, Denotation/Konnotation).

Im Zuge meiner Unterscheidungsverwendung Text[Medium, wuchernde Semiosis]/Werk[Form, zeitweilige Stabilisierung] kann dann weiter formuliert werden, dass experimentelle Prosa in ihrer Re-Markierung der strukturellen Kopplung qua De/Konstruktion der Sinn-Form Narrativität die Beobachtung der Text/Werk-Unterscheidung ermöglicht. Dies deshalb, weil sich durch die De/Konstruktion von Narrativität keine routinisierte Realisierung des Textes als Werk einstellen kann, sondern vielmehr der Vollzug dieser Realisierung selbst auf Dauer gestellt wird. Indem in der ästhetischen Erfahrung die Re-Markierung der strukturellen Kopp-

---

[280] „So finden wir auch in diesem Roman keine epische zusammenhängende Darstellung, keine Handlung, keine Romanhelden, keine Figuren, auch keine Erzählperspektive und Erzählhaltung, sondern – unverbunden – Aphorismen, Reflexionen, bruchstückhaftes Räsonieren und wissenschaftliche Argumentation, kurze Erzählfragmente unterschiedlichster Art, Nonsenspassagen, Pointen, Kalauer. Sobald ein Zusammenhang entstehen will, wird er bewußt zerstört" (HEIMANN 1978: 44).

[281] HEIMANN 1978: 49f. macht zu Recht darauf aufmerksam, dass Wiener aufgrund des Sprachparadoxons nicht an die Möglichkeit einer sprachlosen Welt glaubt. Diese Naivität wird von der Form des Werkes radikal destruiert.

[282] Dies bestätigt auch BLOCK: 53f., indem er argumentiert, dass „die Komplexität der zusammenwirkenden Dimensionen […] in solchen literarischen Prozessen präsentiert und dekomponiert wird, die nicht nur *über* Bewußtsein sprachlich kommunizieren, sondern Aufmerksamkeit für die Ansprache und Beteiligung von Bewußtsein durch Sprache entwickeln."

[283] Hier argumentiere ich gegen die Luhmannsche Einseitigkeit, dass es in der Literatur paradigmatisch um das Umgehen von Sprache zugunsten von Rhythmus und Konnotation gehe (siehe KG: 200f.). Zum einen wird hier Sprache auf einen alltäglich-normalen Gebrauch reduziert, zum anderen eine bestimmte Literaturprogrammatik in einer falschen Metonymie für die ganze Literatur eingesetzt (vgl. hiezu auch BLOCK: 50f.).

lung ästhetisch erlebt wird, kommt die Form als Form-in-einem-Medium, als Werk-in-einem-Text in den Blick. Anhand von Ricoeurs Mimesiskonstellation kann dies verdeutlicht werden. Wie gesehen, ist mit der Mimesis I Narrativität als basaler Sinn-, Identitäts- und Welther(aus)stellungs-*Modus* indiziert. Mimesis II bezeichnet die Konfigurationen konkreter Narrationen und mit Mimesis III ist die Rezeption bzw. die Interpretation gekennzeichnet. Ich habe argumentiert, dass zwar immer die Präfigurationen (Mimeis I) via Konfigurationen (Mimesis II) von den Refigurationen (Mimesis III) retro-aktiv nachkonstituiert werden, jetzt kann ich weiter argumentieren, dass insbesondere in experimenteller Prosa genau dieses retro-aktive Nachkonstituieren ausgestellt wird und dass dieses Ausstellen, weil es die selbstverständliche Refiguration der Prä- und Konfigurationen stört, als Re-Markierung der strukturelle Kopplung beobachtet werden kann. Qua experimenteller Prosa wird explizit die retro-aktive Bewegung der Mimesis III thematisiert und operativ vollzogen. Und wir können die logistische Matrix von Literatur und literarischer Kommunikation exemplarisch via experimenteller Prosa beobachten, weil experimentelle Prosa die problemlosen Mechanismen der strukturellen Kopplung de/konstruiert und re-justiert. Erst die Subversion von Problemlosigkeit, Selbstverständlichkeit und Routine eröffnet den logistischen Blick.[284] Das Betreten der logistischen Ebene kann nur über die De/Konstruktion und Re-Konfiguration einer Sinn-Form, also eines eingeschliffenen Sinn-, Identitäts- und Wirklichkeitsher(aus)stellungsmodus erfolgen.

Imdem die Mimesis III als Lese- und Interpretationsvorgang gelesen wird, kann weiter argumentiert werden, dass die Lesenden bzw. Interpreten explizit beobachten, wie sie beim Beobachten des Textes als Interpreten ein Werk konstituieren. Der experimentelle Prosatext stellt sein saumloses Überborden aus, das vom sich selbst beobachtenden Interpreten in die Form eines Werkes gebracht wird. Gert Jonke im Blick argumentiert HEIMANN 1978: 61f. analog, auch wenn er weder ricoeursches noch systemtheoretisches Vokabular verwendet:

> Jonkes Bändchen[285] [...] ist [...] ein 'Baukastenspiel' mit dem Leser, es provoziert den Leser einerseits zur Erkenntnis seiner Lage, indem es ein soziologisches Modell bereithält, andererseits muß dieses Modell vom Leser selbst erst erstellt werden, und zwar sowohl durch die sinnvolle, bzw. Sinn erst schaffende Zusammensetzung der verschiedenen Erzählstücke und -stränge als auch durch Übertragung der metaphorischen Aussagen auf die eigene reale Situation. In beiden Hinsichten zwingt der Autor den Leser durch bewußte Unbestimmtheit und Nichtfestlegung zur eigenen Freiheit, zur Aus-

---

[284] Block bestätigt dies, spricht aber nicht von der Logistik, sondern von ästhetischem Interesse: „Ästhetisch interessant wird es, sobald Ausdrücke so gebraucht und kontextualisiert werden, daß der Common sense [in unserem Kontext: Narrativität] nicht mehr reibungslos greift, dass sie nicht mehr quasi-natürlich, sondern als künstlich und eben 'individuell' optional wahrgenommen werden. Erst dann kann die kognitive Aufmerksamkeit für Ausdrücke reflexiv und auf Hergestelltsein und Interpretationsmöglichkeit eines Werkes bezogen werden" (BLOCK: 54).

[285] Die Rede ist von JONKE, Gert 1970: Glashausbesichtigung. Frankfurt a.M.

schöpfung eignen Phantasie- und Freiheitsspielraums im Spiel mit dem Autor. [...] Beim Lesen macht er [Leser] die Erfahrung [...], daß es mehrere sinnvolle Möglichkeiten gibt, das Buch zu lesen: fortlaufend, erzählstrangweise, Erzählstücke vergleichend. Der Leser erkennt, daß er herausgefordert wird, eine eigene Strategie zu entwickeln [...]. Die grundsätzliche, gewollte Unbestimmtheit solcher Metaphorik [...] läßt ihn [Leser] [...] prüfen und wirkt gerade so der Verkümmerung von Phantasie und Kreativität entgegen, wie sie im Gefolge der Bewußtseinsverengung durch einseitig ausnützbare Rationalität auftritt.[286]

Ich würde abstrakter formulieren, dass durch die explizite Aktivierung von Mimesis III qua a(nti-)narrativer Re-Markierung von Narrativität die eingespielte und als selbstverständlich mitlaufende strukturelle Kopplung qua Narrativität rejustiert wird. Bewusstsein und Kommunikation koppeln sich nicht einfach en passant narrativ, sondern wenden ihre Medium/Form-Verwendungen darauf auf, ihre strukturelle Kopplung zu beobachten. Die strukturelle Kopplung wird Gegenstand in der strukturellen Kopplung von Bewusstsein und Kommunikation. Freilich wird dabei auf der Bewusstseinsseite mit einem erhöhten Ausschuss an Imaginationen, Halluzinationen und Assoziationen und auf der Kommunikationsseite mit einem größeren Aufwand der Anschlussgenerierung re-agiert. Es kommt solchermaßen zum „Bewußtmachen der hermeneutischen Situation des Lesers" (HEIMANN 1978: 84) und dies wird – da die Sinn-Form Narrativität als problemloser Her(aus)stellungsmodus ungerne gestört werden will – nicht immer gutiert. Die Re-Justierung der strukturellen Kopplung ist komplex und kompliziert und im Hinblick auf das Lesen oft anstrengend und unbeliebt: „Das verlangt neue – vor allem selbstreflexive – Rezeptionsweisen, die bis heute noch als 'schwierig' gelten und daher unpopulär sind" (BLOCK: 24).[287] Dabei nimmt die explizite Fokussierung der strukturellen Kopplung in ihrer Re-Markierung durch experimentelle Prosawerke einen konstitutiven Umweg: Indem die strukturelle Kopplung nur dann re-justiert und re-organisiert wird, wenn sie nicht nur thematisch wird, sondern auch auf neuartig-experimentelle Weise operativ realisiert wird, können die Lesenden die Re-Markierung der strukturellen Kopplung ästhetisch nur *erfahren* (Bedeutung und Reflexion), wenn sie die a(nti-)narrative Störung der strukturellen Kopplung ästhetisch *erleben* (Gleichzeitigkeit von Bedeu-

---

[286] Hartung argumentiert analog, indem er von einem Lesemodell spricht, „das nicht nur den verstandesmäßigen, automatischen Lesevollzug forderte, sondern eine neue, bewußtere, sinnlich erweiterte Vollzugsweise" (HARTUNG: 77). Ebenso auch SCHMIDT, Siegfried J. 1972: Konzeptionelle Dichtung: ein Interpretationsversuch. In: Ders. (Hg.), konkrete dichtung. texte und theorien. München, 149-151.

[287] Vgl. im Hinblick auf die These, dass Lesen nicht allein Bedeutungsdechiffrierung, sondern auch Abtasten der Medien und Materialien ist und was dieses Abasten für das Bewusstsein bedeutet, allgemein auf Literatur bezogen Gross, Sabine 1994: Lese-Zeichen. Kognition, Medium und Materialität im Leseprozeß. Darmstadt); beide Arbeiten sind sehr zu empfehlen. Eine vergleichbare Problemkonstellation werde ich später anhand von Mayröckers Prosa diskutieren.

tungs- und Präsenzeffekten).²⁸⁸ Experimentelle Prosa ermöglicht „durch das Bewußtmachen fest eingeschliffener Denk-, Sprech- und Verhaltensmuster unreflektierte Gewöhnungen zu lockern bzw. diskursiver Kritik zugänglich zu machen" (ebenda: 81) nur dann, wenn darüber nicht nur geredet, sondern dies auch an der Gestalt des Werkes erfahren und erlebt wird. Das „Bewußtmachen von Voraussetzungen des Erzählens und des Gebrauchs von Sprache" (ebenda: 84) muss ästhetisch erfahren und ästhetisch erlebt werden. Experimentelle Prosa leiert ästhetisches Erfahren und Erleben deshalb an, weil sie „nicht die Inhalte, sondern die Strukturen des Bewusstseins" re-produziert, also eine operative und nicht (nur) eine diskursve Sensibilität provozieren möchte.²⁸⁹ In diesem Sinne kann HARTUNG: 75 davon sprechen, dass es bei 'experimenteller' Literatur (ich würde sagen als experimenteller Prosa) um die „direktere sinnlichere Beziehung zum sprachlichen Material, gefördert u. a. durch Beschäftigung mit nichtliterarischen Disziplinen wie Musik (Rühm) und Architektur (Achleitner)" geht.

Das bedeutet nun des Weiteren zum einen, dass die Re-Markierung der strukturellen Kopplung immer ein retro-aktiver Effekt der nachkonstituierenden ästhetischen Erfahrung ist und zum anderen, dass in der retro-aktiven Nachkonstituierung des ästhetischen Erlebens qua ästhetischer Erfahrung die Re-Markierung der strukturellen Kopplung immer schon weitergelaufen sein wird. Das heißt, dass qua experimenteller Prosa die Re-Markierung der strukturellen Kopplung ästhetisch als das erlebt wird, was die strukturelle Kopplung (so) nie war. Der Text als überbordende saumlose Semiosis wird immer vom Werk nicht eingeholt gewesen sein.

Solchermaßen kann die in Kap. 3.1.4 aufgestellte These, dass mithilfe der Text/Werk-Unterscheidung das Literatur-System weitaus kompelxitätskomplexer als andere Funktionssysteme beobachtet werden kann, erweitert werden. Das Literatur-System ist entlang von Text/Werk komplexitätskomplex *exemplarisch* anhand der Beobachtung von experimenteller Prosa, die die Sinn-Form Narrativität (narrativ/$_{a(nti-)narrativ}$) mit dem experimentellen Sinn-Schema $_{narrativ}$/a(nti-)narrativ traktiert.

An dieser Stelle kann experimenteller Prosa noch eine weitere Exemplarität zugeschrieben werden. Indem über die Explizitheit der Mimesis III die Selbstverständlichkeit von Mimesis I als logistischer Matrize von Sinn-, Identitäts- und

---

²⁸⁸ Nur auf der ersten ebene gilt: „Der 'experimentelle' Roman enthält eine weitere Dimension, er macht seine Verfahrensweise zum Thema" (BÜNDGEN: 18); geht man weiter, kann ein Zweischritt beobachtet werden: Von der Beschreibung der Gegenstände zur Beschreibung der Mittel des Beschreibens und von der Beschreibung der Mittel des Beaschreibens zum operativen Realisieren dessen, was beschrieben wird. Ein paradigmatisches Werk, das textintern explizit den Weg von der thematischen zur operativen Ebene geht, ist Rühms *Frösche*.
²⁸⁹ HEIMANN Bodo 1971: Experimentelle Prosa. In: M. Durzak (Hg.), Die deutsche Literatur der Gegenwart. Stuttgart, 230-256, 253.

Welther(aus)stellung subvertiert wird, kommt das Verhältnis von Objekt- und Metaebene in den Blick. Anhand von experimenteller Prosa wird zuallererst die Metaebene als Einheit der Unterscheidung Metaebene/Objektebene (= Metaebene[Objekt-/Metaebene]) beobachtbar. Solchermaßen ist die Mimesis I nicht mehr problemlos die logistische Matrize, vielmehr wird via Proliferation von Mimesis III in Frage gestellt, ob und wie Sinn, Identität und Wirklichkeit narrativ HER(AUS)GESTELLT werden. Diese Proliferation von Mimesis III kann dann als exemplarisches Medium dienen, um im Modus der Mimesis III (retro-aktive Re-Figuration) erkennen zu können, dass die Unterscheidung Mimesis I/Mimesis III eine metatheoretische Unterscheidung ist: Metaebene[Objekt-/Metaebene].

Entscheidend ist hierbei, dass die a(nti-)narrative Re-Markierung der strukturellen Kopplung eben nur dann beobachtet werden kann, wenn entlang des Sprach- und Narrativitätsproblems das Sprachproblem transzendiert und umfassender als sprachtheoretisch beobachtet wird. Es geht also nicht nur um die sprachliche Konditionierung des Bewusstsein, sondern auch um die prinzipielle Selbstsozialisationsbewegung des Bewusstseins, um den erhöhten psychischen Aufwand an Imaginationen, Halluzinationen und Assoziationen, ja, auch Emotionen, um Kommunikationsroutinen, die nicht allein sprachlich gefasst werden können, insgesamt um das gesamte komplexe Sinn-, Identitäts- und Welther(aus)stellen.[290] Dabei wird die strukturelle Kopplung in Form von experimenteller Prosa als Einheit der *Differenzen* Bewusstsein/Sprache, Bewusstsein/Wirklichkeit und Sprache/Wirklichkeit und eben nicht als Identität von Sprache, Bewusstsein und Wirklichkeit beobachtbar gemacht. Konsequent diesbezüglich war die Wiener Gruppe, die schon früh die Grenzen von Literatur und Theater bzw. von Literatur und Aktion transgredierte, um eben eine „den rein sprachlichen Bereich transzendierende Kommunikationskritik (FISCHER/JÄGER: 645) in Bezug auf das gesamte komplexe Sinn-, Identitäts- und Welther(aus)stellen beobachtbar zu machen.[291]

### 3.3.3.3 Soziale/symbolische Systemreferenz

Speziell im Kontext des Subjektivitätstheorems argumentiert BLOCK: 33, dass „Subjektivität nicht ausschließlich mit Sprach-Text- bzw. Symbolstrukturen identifiziert wird." Dass Literatur eben kein Symbolsystem ist, sondern die Einheit

---

[290] Im Hinblick auf Wiener und die Systemreferenz Bewusstsein formulieren dies Fischer/Jäger ähnlich: „Die durch Sprache bewirkte Trennung von Ich und Welt soll in einem Verfahren aufgehoben werden, das nicht nur das Denken im engeren Sinn, sondern auch Empfindungen, Gefühle, Erlebnisse oder Leidenschaften mit konstuktivem (oder auch destruktivem) Kalkül aufbereitet" (FISCHER/JÄGER: 632).

[291] „In dieser 'Sprachkrise' wandte sich nun die Gruppe verstärkt Problembereichen zu, die jenen der sprachlichen Wirklichkeitskonstruktion vorauslagen bzw. sie transzendierten" (FISCHER/JÄGER: 646); siehe hierzu auch HARTUNG: 75.

von symbolischer und sozialer Systemreferenz, wird für Block, wenn auch mit anderer Begrifflichkeit, an der Subjektivierungsbewegung deutlich, die gerade das Sprachparadigma transzendiert. Auch Block bekommt die logistische Ebene in den Blick, die mich auch bewegt, indem er insbesondere anhand von experimenteller Poesie Subjektivität als komplexe sprachtranszendierende mediale Konstellation beobachten kann:

> In dem Moment, da ästhetische Prozesse selbst ins Zentrum des Interesses rücken, also individuelle, mediale und soziale Konstituenten von Literatur, die buchstäbliche 'Poesis', im Experiment behandelt und zum Ausdruck gebracht werden, wird reflexive Subjektivität auf dieser Ebene radikalisiert. Es geht dann für die Literatur weniger um Genialität, Originalität, autonome Kunstwerke, es geht zudem weniger um das, was in ihnen ggf. als Subjektives ausgesagt wird, als mehr um den individuell beobachterabhängigen und -fähigen Umgang mit Medienangeboten unter ästhetischen Vorzeichen: 'Reflexive Subjektivität' verbindet sich in allen Dimensionen des literarischen Experimentierens mit der Reflexivität der Literatur und ihrer Medien (BLOCK: 36, vgl. auch ebenda: 124).

Diese Beschreibung kann die Arbeit unterschreiben, allerdings mit dem entscheidenden Zusatz, dass die beschriebenen ästhetischen Prozesse und der logistische Blick weg von den Inhalten hin zu den Verfahren des Umgangs mit Medien und Medialität allererst im Zuge der De/Konstruktion des Narrativitätstheorems beobachtbar werden, eben weil Narrativität eine Sinn-Form ist, die basal unsere Sinn-, Identitäts- und Wirklichkeitsher(aus)stellung konditioniert. Im Zuge meiner Argumentation kam es zu der Konstellation, dass Literatur als Einheit der Unterscheidung Text/Werk entlang des Werkes als literarische Kommunikation, d. h. als 'Sozialsystem' etabliert wird, während sie entlang des Textes als 'Symbolsystem' etabliert wird. Dabei bedient die Sinn-Form Text/Werk mit ihrer Textseite das Bewusstsein, indem sie Literatur symbolisch taktet und sie bedient mit ihrer Werkseite die Kommunikation, indem sie Literatur sozial taktet. Solchermaßen ist der Text für das Bewusstsein immer als Werk und für die Kommunikation immer als Text zu haben. Also

− Text/Werk → Bewusstsein, symbolische Systemreferenz

und

− Text/Werk → Kommunikation, soziale Referenz.

Des Weiteren wurde argumentiert, dass das Literatur-System das einzige soziale System ist, in dem Narrativität nicht nur Voraussetzung der Kommunikation ist, sondern überdies Gegenstand der Kommunikation. Somit ist das Literatur-System das einzige soziale System, in dem Narrativität nicht nur die Differenz von Identität und Differenz vollzieht, sondern dies auch zum Gegenstand hat. Entscheidend ist hierbei, dass Literatur als Literatur-System ein System allein als *Sozial*-System ist, an dem konstitutiv zwischen interner Kommunikation (symbolisch) und externer Kommunikation (sozial) unterschieden werden muss: Sozialsystem[soziale/symbolische Referenzebene].

Hieran schließt sich nun die These an, dass *insbesondere* entlang von experimenteller Prosa die Notwendigkeit, einen Nexus von symbolischer und sozialer Referenz annehmen zu *müssen*, beobachtet werden kann. Dies deshalb, weil experimentelle Prosa den Nexus nicht nur zur Voraussetzung hat, sondern ein Reflexivwerden des Nexus ermöglicht und solchermaßen exemplarisch beobachtbar macht, wie literarische Kommunikation sich reproduziert. Dass bedeutet nun auch, dass, weil experimentelle Prosa qua Sinn-Schema $_{narrativ}$/a(nti-)narrativ prozessiert, via experimenteller Prosa *exemplarisch* die Sinn-Form Narrativität (narrativ/$_{a(nti-)narrativ}$) als literaturkonstitutiver Nexus beobachtbar wird. Dabei kann experimentelle Prosa diese Exemplaritäts-Funktion erfüllen, indem sie sowohl als Störung, als Selbstverständlichkeits- und Problemlosigkeitssubversion als auch als *Re*-Markierungs-*Bewegung* in den Blick kommt. Bzw.: Weil experimentelle Prosa die Re-Markierungs-Bewegung quasi institutionalisiert, kann sie Narrativität (als strukturelle Kopplung und) als Nexus von sozialer und symbolischer Systemreferenz in ihrer Problemlosigkeit de/konstruieren und eben re-markieren. Hierzu ist noch mal die narrative Dreierkonstellation Mimesis I bis III zu fokussieren.

> Die Vermittlungsleistung der Mimesis II besteht darin, das bereits narativ präfigurierte Verstehen von Handlung (Mimesis I) durch eine ordnende Handlungskonfiguration, eine erzählte Geschichte, zu refigurieren (Mimesis III), so daß die Welt nach der Lektüre einer Geschichte eine andere ist als vorher, nämlich eine, die durch neue narrative Konfigurationsstrukturen neu geordnet ist (KAUL: 61).

Im Kontext von experimentelle Prosa kann diese Beobachtung reformuliert werden: Qua experimenteller Prosa wird die Art und Weise der Vermittlungsleistung der Mimesis II ausgestellt, weil nicht selbstverständlich geordnet und re-figuriert wird (Mimesis III), sondern weil qua Sinn-Schema $_{narrativ}$/a(nti-)narrativ das Ordnen und Refigurieren selbst zum Problem wird. Das Ausstellen ist dabei die Problemgenese, die virulent gehalten wird. Dies deshalb, weil eben nicht die Welt via Refiguration, also durch neue narrative Konfigurationsstrukturen neu geordnet wird, sondern weil vielmehr das Refigurieren selbst am 'Anfang' und am 'Ende' der Refigurierungsbewegung steht. Nach dem Refigurieren haben wir qua $_{narrativ}$/a(nti-)narrativ keine neu geordnete Welt vor uns, sondern die Operation des Refigurierens selbst wird als Refigurierungsoperation virulent gehalten. Das heißt nicht, wir haben es oben gerade gesehen, dass es zu keiner Ordnung kommt, es heißt aber, dass das Ordnen über die konstitutiven Momente *De/*Konstruktion, *Re*-Figuration, *Re*-Markierung gehen muss. Wir sprachen ja oben von der Dreierkonstellation Absetzungsbewegung (= negative Realisation), absolute Unbestimmtheit bzw. wuchernde Semiose und alternative Ordnung. Diese Dreierkonstellation wird via experimenteller Prosa mit der Dreierkonstellation Mimesis I, II, III korrelierbar und via experimenteller Prosa wird solchermaßen überhaupt beobachtbar, dass sich Sinn-, Identitäts- und Wirklichkeitsher(aus)-stellung im Modus der Narrativität vollzieht. Qua experimenteller Prosa haben wir am 'Ende' eines Refigurierungsprozesses nicht eine neu geordnete Welt, sondern die ordnende Welt. Qua experimenteller Prosa wird *exemplarisch* der Sinn-, Identitäts- und Wirklichkeitsher(aus)stellung-*Prozess* beobachtbar.

Analoge Thesen finden sich auch im Kontext der Darstellung von moderner Kunst und Literatur. Gebauer&Wulf markieren den Durchbruch zu einer Ästhetik der Moderne als eine Re-Kodierung der Mimesis via Selbstreferenz:

> In der Selbstthematisierung von Mimesis findet ein Durchbruch zu einer modernen ästhetischen Auffassung statt: Das Welterzeugen, der Vorgang also […] wird zum Gegenstand der Literatur. Die Darstellung der Darstellung ist eine Rückwendung auf das Medium […]. Welterzeugen wird selbst zum Thema gemacht.[292]

Ich würde dem allerdings hinzufügen, dass die Mimesis *exemplarisch* entlang von experimenteller Prosa sich selbst thematisieren und damit den Welterzeugungsprozess reflektieren und ausstellen kann. Und dies deshalb, weil die Mimesis konstitutiv über den Umweg der Re-Markierung der Sinn-Form narrativ/a(nti-)narrativ autoreflexiv werden kann. Allein indem die Problemlosigkeit und Selbstverständlichkeit von Sinn-, Identitäts- und Welther(aus)stellung gestört und damit die Referenz auf Welt (Fremdreferenz) als Epiphänomen von Selbstreferenz beobachtbar wird, kann Literatur im Zuge einer autoreferenziellen Mimesis ihre Welt als Innenseite der Außenseite der Innenseite erkennen. Um diese Konstellation in den Blick zu bekommen, ist die De/Konstruktion und Re-Markierung einer Sinn-Form notwendig.

Konkret auf Narrativität als Nexus von sozialer und symbolischer Systemreferenz bezogen bedeutet dies, dass qua experimenteller Prosa im Zuge der *Re-Markierung* von Narrativität Narrativität als Nexus überhaupt erst beschreibbar wird. Diese Beschreibbarmachung, die als Dekonstruktion von Selbstverständlichkeit und Problemlosigkeit daherkommt, hat weitreichende Folgen. Indem im Ausstellen des Refigurierungsprozesses die Mimesis autoreferenziell wird, wird überhaupt beobachtbar, dass Literatur nicht über die Textmorphologie bestimmbar ist. Indem man die *operative Mimesis*, also das Re-Markieren, selbst beobachtet, beobachtet man wie Literatur als Literatur beobachtet wird.[293] Es wird sichtbar, dass Literatur kein Textphänomen ist, dass Literatur nicht aus intrinsischen Texteigenschaften ableitbar ist, dass es keine (genuine) Literarizität gibt, sondern dass vielmehr im Re-Markieren von Narrativität qua experimenteller Prosa exemplarisch die Figur 'Verstehen von etwas *als* etwas' in den Fokus rückt. Qua experimenteller Prosa wird sichtbar, dass wir es mit einer Zuschreibungsäs-

---

[292] GEBAUER, Gunter / Christoph WULF: ²1998: Mimesis. Kultur – Kunst – Gesellschaft. Reinbek bei Hamburg, 307 und 35. Analog hierzu ROHR: 109: „My main assumption here is that the central moments of insecurity, the central twists in the process of reality constitution, will be reflected and thematized in texts."

[293] Freilich muss hier gesagt werden, dass kein Prozess beobachtet werden kann, sonst wäre er kein Prozess, sondern das der Prozess der Re-Markierung im Beobachtetwerden immer schon weitergelaufen sein wird. Entscheidend ist jedoch, dass dieses Entwischen des Prozesses genau das permanente Weiterbeobachten des Prozesses garantiert.

thetik zu tun haben, dass die Beobachtung von Beobachtungsbeobachtungen, also literarische Kommunikation, Literatur etabliert. Qua $_{\text{narrativ}}$/a(nti-)narrativer Re-Markierung des narrativen Nexus von sozialer und symbolischer Systemreferenz wird Literatur als Sozialsystem sichtbar, an dem die konstitutive Unterscheidung soziale/symbolische Systemreferenz beobachtet wird. Da, wie wir sehen konnten, experimentelle Prosa exemplarisch zeigt, dass Literatur nicht allein sprachtheoretisch beschreibbar und konstituierbar ist, tangiert experimentelle Prosa auch nicht allein die Innenseite des Textes (symbolische Referenz). Es geht also nicht primär um Gattungs- und Genreprobleme, um das, was ein Text wie sagt, um die narrativen Strukturen (Bildungsroman, Abenteuerroman, analytische/synthetische Erzählung usw.), um die literarischen Mittel (Monolog, Dialog, stream of consciousness, Rahmen-/Binnenerzählung usw.), um den literarischen Status (Roman, Gedicht, Drama, Hybrid) und die ideen- und motivgeschichtlichen Bedeutungszuschreibungen, um Wissen, sondern darum, wie via sozialer Referenz (Beobachtung, Kommunikation, soziale Gruppen, Institutionen, Disziplinen, Rollen, Normen, Werte, Zuständigkeiten) all diese Aspekte etabliert werden. Beispielsweise literarischer Status: Der literarische Status gehört nicht zur Außenseite (Empirische Literaturwissenschaft), wird aber von der Außenseite der Innenseite zugeschrieben. Diese Konstellation beobachtet somit literarische Kommunikation (soziale Systemreferenz) *nicht* als Kommunikation *über* Gedichte, Romane oder Dramen (sensu FUCHS 1989) (literarischer Status = Innenseite), sondern als Kommunikation von Texten *als* Gedichten, Romanen oder Dramen (literarischer Status = Innenseite *via* Außenseite). Sobald Gedicht gesagt wird, wird ein Text als Werk kommuniziert. Indem $_{\text{narrativ}}$/a(nti-)narrativ trübe und opake Erzähl-Modelle prozessiert werden, kommt allererst die Bezeichnung eines Textes *als* Roman (Werk) in den Blick. Das gleiche ließe sich für alle Momente der Textinnenseite zeigen. Insgesamt gilt also, dass anhand von experimenteller Prosa die Konstellation Sozialsystem$_{\text{[symbolische/soziale Referenz]}}$ beobachtbar wird. Indem experimentelle Prosa die symbolische Systemreferenz radikal mit wuchernder Semiosis (Text) anreichert, also eingeschliffene Formen entgleisen lässt (ist es ein Roman, gibt es eine Erzählperspektive, gibt es einen Protagonisten, wie sind Binnen- und Rahmenerzählung relationiert, haben die a(nti-)grammatischen Sätze eine Bedeutung, was soll das leere Blatt, was sollen die Zeichnungen usw.?) kommt erst die kommunikative Bewegung 'Text als Werk' auf die Agenda der Beobachtung. Lässt sich für kunst-negierende Kunst- und Literaturformen wie bspw. den *Wiener Aktionismus,* die *Performance Art oder die Konzeptkunst* feststellen, dass hier die Frage 'Was / wann / wie ist Kunst?' institutionalisiert und auf Dauer gestellt wird, so kann für experimentelle Prosa formuliert werden, dass hier die explizite Fokussierung von Literatur als Einheit der Unterscheidung symbolische/soziale Systemreferenz institutionalisiert und auf Dauer gestellt wird. Die Frage, 'Wie wird der Text (wuchernde Semiosis) stabilisiert (Werk, Kommunikation)?', wird zum permanenten reflexiven Moment der literarischen Kommunikation, die solchermaßen, ohne sich selbst dauernd in Frage stellen zu müssen (Wiener Aktionismus, Performance Art, Konzeptkunst), sich als objektkonstituierende Metakommunikation beobachten kann. Dabei läuft dieses Auf-Dauer-Stellen über die *Irrwische Text und Bewusstsein*, da beide als Selbstverständlichkeitsunterbrecher fungieren. Damit ist eine logistische Konstellation impliziert: Die beschriebene Dekonstruktion von Selbstverständlichkeit und Problemlosigkeit des narrativen Sinnher(aus)stellens markiert ein Autoreflexivwerden der Mimesis und dies kann folgendermaßen dargestellt werden:

- Text/Werk – narrativ/a(nti-)narrativ – Bewusstsein/Kommunikation – soziale/symbolische Referenz.[294]

Das nichtexperimentelle Prozessieren von literarischer Kommunikation lässt sich dann so beschreiben:

- Text/Werk – narrativ/a(nti-)narrativ – Bewusstsein/Kommunikation – soziale/symbolische Referenz.

Entscheidend ist hier, dass es sich um dezidierte *Differenz-Konstellationen* handelt und nicht schlicht Text, A(nti-)Narrativität, Bewusstsein und symbolische Referenz bzw. Werk, Narrativität, Kommunikation und soziale Referenz als Reihe und gegenüber gestellt, sondern Differenzen miteinander relationiert werden.

Wenn nun die Abstraktionsstufe etwas herabgesetzt wird, kann gefragt werden, mithilfe welcher Mittel etabliert experimentelle Prosa die Reihe Text/Werk – narrativ/a(nti-)narrativ – Bewusstsein/Kommunikation – soziale/symbolische Referenz, um den narrativen Nexus von sozialer und symbolischer Systemreferenz zu remarkieren. Eine Strategie habe ich schon vorgestellt: Das Explizitmachen des Leseaktes und der Refigurationsleistung der Mimesis III (s. o.). Indem via wuchernder Semiosis der Lese- und Interpretationsakt massiv gefordert und gefördert wird, wird die gesamte Konstellation von Textproduktion und Werkinterpretation affiziert. Es kommt zu einem neuen, antiklassischen Werkverständnis bzw. zur Beobachtung der Text/Werk-Unterscheidung. Ähnliches beobachtet Hoffmann anhand von Rühms *Fröschen*. Durch das explizite Einbeziehen des Lesers durch den Erzähler und vor allem durch den radikalen Einsatz dekonventionalisierender und a(nti-)narrativer Mittel, die bis in die Dekonstruktion von Grammatik, Syntax und Wort diffundieren, wird der dadurch belastete Leseakt zugleich als Sinnkonstitutionsakt, der damit auch Literatur in Form des Werkes konstituiert, beobachtbar:

---

[294] Diese Reihe ist auch kompatibel mit der These von Backes, dass die Experimente der Wiener Gruppe die Dekonstruktion der „Verankerungen bürgerlicher Kultur, Kunst und Gesellschaft" über die „vielschichtige Destruktion der realitätskonstituierenden Symbolsysteme" vollziehen (BACKES/JÄGER/JAHRAUS: 13).

> Dahinter steht ein neues Verständnis des literarischen Werkes, bei dem dieses nicht mehr als Manifestation einer genialen künstlerischen Inspiration erscheint, sondern als eine *bestimmte Form der Kommunikation*, die in besonderer Weise dazu geeignet ist, das kreative Potenzial des Einzelnen zu fördern (HOFFMANN: 255F.; meine Hervorhebung, MG).

Es geht nicht einfach darum, dass die Lesenden zur aktiven Interpretation provoziert werden und auch nicht nur darum, dass sensu Hoffmann der einzelne Lesende positiv affiziert wird, vielmehr wird die gesamte Kommunikationsstruktur re-justiert. Die gesamte Konstellation in der sich Literatur im Hinblick auf ihre symbolische und soziale Systemreferenz befindet, wird durch die massive Frontstellung der Mimesis III neu organisiert, wobei am 'Ende' eben nicht allein ein neues Werkverständnis steht, sondern die Konstitutionsbewegung des Text-als-Werk-Her(aus)stellens selbst. Die Operation dieses HER(AUS)STELLENS wird solchermaßen reflexiv und ist somit nicht nur Voraussetzung von literarischer Kommunikation, sondern auch Gegenstand von literarischer Kommunikation.

Hoffmann liefert anhand von Mons Poetik auch den entscheidenden Hinweis für die Verzahnung von struktureller Kopplung mit sozialer und symbolischer Systemreferenz. In meiner Lesart bedeutet dies Folgendes: Indem in der experimentellen Prosa qua Frontstellung der Mimesis III der narrative Nexus von symbolischer und sozialer Referenz a(nti-)narrativ re-figuriert wird, wird von bestimmten Inhalten und bestimmten Botschaften abstrahiert, sodass die logistisch-syntaktische Matrix des Aktes des HER(AUS)STELLENS in den Blick kommt (vgl. HOFFMANN: 256). Dadurch wird nun allererst die logistische Matrize beobachtbar, die es erlaubt, die strukturelle Kopplung als strukturelle Kopplung beschreiben zu können. Für Mon wird durch diese logistische Abstraktion von den Inhalten für die Lesenden erkennbar, dass die Realität sprachlich verfasst ist. Indem die Lesenden a(nti-)narrativ in Frontstellung gebracht werden, kommen sie in die Position,

> durch dieses Arbeiten an und mit der Sprache ein Gefühl für die sprachliche Verfasstheit der Realität und in diesem Sinne 'ein der Realität angemessenes Bewußtsein (…) [zu] erwerben' […] Die im Spiel mit der Sprache zu erlangende 'Erfahrung der Freiheit' ermöglicht dem Einzelnen […] ein allgemeines Hinterfragen der etablierten Strukturen (ebenda).

Indem man das Sprachparadigma transzendiert, kann man formulieren, dass im Spiel mit der Sprache die logistische Matrize der strukturellen Kopplung her(aus)gestellt wird: Dass sich Bewusstsein und Kommunikation wechselseitig konstituieren, dass das Bewusstsein immer schon medial affiziert gewesen sein wird, dass es keine wahrnehmbare Welt jenseits von Sprache und Kommunikation gibt, dass alles, was der Fall ist, von dieser Konstellation eingeholt gewesen sein wird usw.²⁹⁵ Über den konstitutiven Umweg der Re-Justierung der Relation von symbolischer und sozialer Systemreferenz wird die strukturelle Kopplung beobachtbar – und dies eben nicht, indem einfach darüber gesprochen wird, sondern indem dieser Umweg sprachlich und kommunikativ qua Sinn-Schema narrativ/a(nti-)narrativ realisiert wird. Und diese Realisierung muss *ästhetisch erlebt* und *ästhetisch erfahren* werden, der 'Roman jenseits der Nachricht' als Seismograph für logistische Konstellationen der literarischen Kommunikation aktiviert nicht allein die Interpretierenden als Sinn- und Bedeutungserzeuger, die die Leerstellen des Textes semantisch zu füllen hätten,²⁹⁶ sondern konstituiert literarische Kommunikation als Moment der ästhetischen Erfahrung und des ästhetischen Erlebens. Die a(nti-)narrative Proliferation der Mimesis III macht somit sichtbar, dass Literatur (Objektebene) im Zuge literarischer Kommunikation (Metaebene) ästhetisch erlebt (Simultanität von Präsenz und Bedeutung) und retro-aktiv ästhetisch erfahren (Reflexivwerden der Simultanität) wird. Wir reden hier nicht über eine bestimmte Poetik oder ein literarisches Programm, sondern um die Möglichkeit, experimentelle Prosa als Medium logistischer Beobachtung verwenden zu können. In seinen didaktischen Überlegungen zur experimentellen Prosa argumentiert HEIMANN 1978: 84 ähnlich (wenn auch eher sprachtheoretisch ein wenig einseitig), wenn er davon spricht, dass der Umgang mit experimenteller Prosa ein „Bewußtmachen von Voraussetzungen des Erzählens und des Gebrauchs von Sprache" nach sich zieht und es in einer weiteren logistischen Wendung zur „Klärung des Begriffs 'Reflexion' und Gewinnen einer reflexiven Einstellung" kommt. Dadurch können aus dem Umgang mit experimenteller Prosa

> generalisierbare Einsichten gewonnen werden, die nicht nur auf diese Auswahl, diese Autoren, diese besondere literarische Richtung zu beziehen sind, sondern einen Einblick in Funktion, Verfahrens- und Wirkungsweisen von Literatur insgesamt vermitteln. Dies geschieht vor allem durch reflektiertes Lesen, d. h. Bewußtmachen des Lese- und Verstehensvorgangs als aktives Erstellen [und ich würde ergänzen: ästhetisches Erleben] von Sinnzusammenhängen (ebenda).

Literatur (Objektebene) und literarische Kommunikation (Metaebene) sind *insbesondere* im Zuge der Beobachtung von experimenteller Prosa als Literatur beobachtbar.

Indem nun Literatur entlang von experimenteller Prosa als Literatur beschreibbar und kommunizierbar ist, kann weiter formuliert werden, dass Litera-

---

[295] Entlang einer sprachtheoretisch dominanten Perspektive ist auch Mon mal mehr und mal weniger an logistischen Momenten interessiert, indem er im Hinblick auf die Collagetechnik einiger experimenteller Prosatexte seinen Fokus auf die *Muster* und Spiel-*Regeln* des Welt(her)ausstellens legt (vgl. Mon in HOFFMANN: 260).

[296] Vgl. hierzu unter anderem MON, Franz 1994: Collagetexte und Sprachcollagen (1968). In: Ders., Gesammelte Texte 1. Essays. Berlin, 211-226, insbes. 213.; siehe auch HEIMANN 1978: 16f.

tur qua literarischer Kommunikation zu Literatur wird, indem sie autoreflexiv ihre eigenen Bedingungen reflektiert. Experimentelle Prosa re-justiert die Relationierung von symbolischer und sozialer Systemreferenz und macht diese Re-Justierung zum Thema von Literatur und zeigt, dass sich Literatur konstitutiv entlang dieser Thematisierung und Reflexivwerdung als Literatur beobachten lässt. *Indem Literatur über sich als Literatur und über ihre Bedingungen kommuniziert, ist sie als Literatur beobachtbar.* Dabei werden die logistischen Parameter ihres Sich-Thematisieren-Könnens sichtbar: Bewusstsein, Kommunikation, strukturelle Kopplung, Sprache, Narrativität, Medien (vgl. hierzu ähnlich BLOCK: 49). *Literatur ist Literatur, indem sie autoreflexiv ihre Auoreflexivität ausstellt,* dabei allerdings nicht allein solipsistisch und autistisch über sich kommuniziert, sondern über die breitgefächerte logistische Matrize, die an ihrer Autoreflexivierung beteiligt ist. *Indem man beobachtet, wie sich Literatur beobachtet, beobachtet man mehr als Literatur*: Bewusstsein, Kommunikation, strukturelle Kopplung, Sprache, Narrativität, Medien – und dies exemplarisch via a(nti-)narrativer Re-Markierung des narrativen Nexus von sozialer und symbolischer Systemreferenz. Via Autoreferenzialität von Literatur erfährt man etwas über Literatur *und* vor allem etwas über unsere Sinn-, Identitäts- und Wirklichkeitsher(aus)stellungsmodi als Gesellschafts-, Bewusstseins- und Wirklichkeitsvollzüge. In diesem Sinne ist *Literatur einmalig, da ihre Autoreferenzialität der Gesellschaft als Selbstbeschreibungsmedium dienen kann.* Diese These kann durchaus als ein *zentrales Ergebnis* meiner für die Logistik von Literatur und literarischer Kommunikation sensiblen Ausführungen gelten.

Meine gesamte Argumentation lässt nun noch eine weitreichende Konsequenz sichtbar werden. Indem ich behaupte, dass qua experimenteller Prosa exemplarisch literarische Kommunikation re-markiert wird, sich dadurch besonders gut Literatur als Literatur beschreiben lässt und diese Re-Markierung ästhetisch erlebt und ästhetisch erfahren werden muss, behaupte ich auch, dass sich das Literatur-System nicht allein über die Realisierung von Texten als Werken reproduziert (These 10: Literatur = Einheit der Unterscheidung Text/Werk), sondern auch über das ästhetische Erleben und ästhetische Erfahren. *Literatur* ist solchermaßen die Einheit der *Unterscheidung ästhetisches Erleben/ästhetische Erfahrung.* Damit behaupte ich keineswegs, dass es ästhetisches Erleben und Erfahren allein in der Literatur (und der Kunst) gibt – die Debatten der letzten Jahre haben ja gerade gezeigt, dass ästhetisches Erleben und Erfahren überall in der Gesellschaft vorkommen können –, sondern dass allein im (Kunst- und) Literatur-System ästhetisches Erleben und Erfahren system*konstitutiv* sind.[297] An einer bspw. religiö-

---

[297] Zum Begriff der ästhetischen Erfahrung siehe unter anderem OELMÜLLER, Willi (Hg.) 1981: Kolloquium Kunst und Philosophie 1: Ästhetische Erfahrung. Paderborn; MENKE, Christoph 1991: Die Souveränität der Kunst. Ästhetische Erfahrung nach Adorno und Derrida. Frankfurt a.M.; SEEL, Martin 1985: Die Kunst der Entzweiung. Zum Begriff der ästhetischen Rationalität. Frankfurt a.M.; SEEL, Martin 2000: Ästhetik des Erscheinens. München; BUBNER, Rüdiger 1989: Ästhetische Erfahrung. Frankfurt a.M.; FISCHER-

sen oder politischen Kommunikation kann ästhetisches Erleben und Erfahren beobachtet werden (ebenso in der Alltagskommunikation), wobei dieses Erleben und diese Erfahrung dann nicht an der Systematizität der religiösen oder politischen Kommunikation Anteil haben. Auch ohne die ästhetischen Momente wäre religiöse oder politische Kommunikation religiöse oder politische Kommunikation. Bei der Literatur ist dies anders, hier re-produziert sich die literarische Kommunikation konstitutiv über ästhetisches Erleben und Erfahren; ästhetisches Erleben und Erfahren werden institutionalisiert und auf Dauer gestellt. Damit argumentiert meine Konzeption *unter anderem* gegen 'postmoderne' Perspektiven, die ästhetische Momente als conditio sine qua non politischer Kommunikation sehen (und vice versa)[298] und gegen Perspektiven, die unter dem Label 'Simulakrum' das Ästhetische so in jeglicher Kommunikation mäandern sehen wollen, dass zwischen politischer, literarischer, religiöser, wissenschaftlicher usw. Kommunikation nicht nur keine Unterschiede bezüglich der ästhetischen Erfahrung und des ästhetischen Erlebens, sondern keine Unterschiede bezüglicher der gesamten Welterfahrung auszumachen sind.[299] Insgesamt bin ich der Meinung, dass die These von der Literatur als Einheit der Unterscheidung von ästhetischem Erleben und ästhetischer Erfahrung im Zuge systemtheoretisch orientierter Literatur- und Kunstwissenschaft eine massive Neugestaltung des systemtheoretischen Designs bezüglich literarischer und künstlerischer Kommunikation nach sich ziehen würde. Mit dieser These müssten die bisherigen systemtheoretischen Perspektiven einer radikalen Re-Lektüre unterzogen werden.[300]

Die Re-Markierung des narrativen Nexus von sozialer und symbolischer Systemreferenz lässt sich auch an der Neugestaltung des Verhältnisses Leben/Kunst beobachten (wobei hier nicht explizit von experimenteller Prosa, sondern insgesamt von 'experimenteller' Literatur die Rede sein kann). Die Art und Weise, wie das eigene Schreiben und Schreibinszenieren mit dem Leben als Autor und Künstler korreliert wird, zeigt, dass sich das Sozialsystem Literatur nicht nur über die Unterscheidung symbolisch/sozial re-produziert, sondern dass diese Re-Produktion über die Sichtbarmachung einer metaleptischen Relation von sym-

---

LICHTE, Erika 2001: Ästhetischer Erfahrung. Das Semiotische und das Performative. Tübingen; KÜPPER, Joachim / Christoph MENKE (Hgg.) 2003: Dimensionen ästhetischer Erfahrung. Frankfurt a.M.

[298] Bspw. HEBEKUS, Uwe / Ethel Matala DE MAZZA / Albrecht KOSCHORKE (Hgg.) 2003: Das Politische. Figurenlehren des sozialen Körpers nach der Romantik. München.

[299] Bspw. BAUDRILLARD, Jean 1976: Der symbolische Tausch und der Tod. München oder BAUDRILLARD, Jean 1978: Agonie des Realen. Berlin. Siehe hierzu VENUS, Jochen 1997: Referenzlose Simulation? Argumentationsstrukturen postmoderner Medientheorien am Beispiel Jean Baudrillard. Würzburg.

[300] Die Ansätze, die Systemtheorie, Literatur, Kunst und ästhetisches Erleben/Erfahren korrelieren, sind an einer Hand abzuzählen. Siehe hierzu GUMBRECHT 2003. Im Grunde argumentiert JAHRAUS 2001c in seiner Auseinandersetzung mit dem Wiener Aktionismus (Stichwort: *Präsenzqualität*) mit Insignien der Ästhetischen-Erfahrungs-Debatte, ohne allerdings historisch oder systematisch diese Debatte zu berücksichtigen.

bolischer und sozialer Systemreferenz läuft. So drückt sich bspw. im Selbstmord Bayers „weder ein inneres oder seelisches Erlebnis aus, noch wird das Ereignis lebensphilosophisch gedeutet" (FISCHER/JÄGER: 638), vielmehr wird Bayers Leben und die Art seines Todes (soziale Referenz) von Oswald Wiener als Kunst-Werk gelesen, dass wie ein Text (symbolische Referenz) zu deuten ist. Die Unterscheidung Kunst/Leben wird *literarisch* so kodiert, dass jegliche psychologischen Deutungen an der Konstitution einer neuen Kommunikationsstruktur abprallen und diese *neue Kommunikationsstruktur* zeichnet sich dadurch aus, das nicht vom Text auf das Leben und vice versa geschlossen werden kann, sondern das metaleptisch das Leben als Text (als Kunst-Werk) und vice versa beobachtbar wird. Bayer hat nahezu fünf Jahre an seinem 'Roman' der *sechste sinn geschrieben* (1959-1964). Er hat bei einer Lesung des Textes vor der Gruppe 47 (Herbst 1963) in Saulgau (wo er nahezu hymnisch gelobt wurde) per Handschlag mit dem Verleger Heinrich Maria Ledig-Rowohlt einen Vertrag für die Veröffentlichung abgeschlossen, der dann am 31.10.1963 auch schriftlich besiegelt wurde. Bayer blieb ein Jahr, um das Buch zu beenden. Während dieses Jahres hat Bayer sich ins verfallene Schloss Habenberg zurückgezogen, allerdings kaum an dem Manuskript gearbeitet;[301] er hielt es für mehr oder weniger abgeschlossen und zum Zeitpunkt seines Todes lag ein Manuskript vor, von dem man ausgehen kann, dass es nahezu die Fassung letzter Hand ist. Bei einer weiteren Lesung vor der Gruppe 47 im schwedischen Sigtuna wurden Bayer und sein *sechter sinn* verrissen (Herbst 1964).[302] Kurz darauf nahm sich Bayer das Leben. Signifikant allerdings ist nun, dass Wiener Bayers Selbstmord nicht als Verzweifeln an der vernichtenden Kritik, sondern als Einlösung des Textes liest. Nicht nur im unmittelbaren Sinne, sondern auch in einem umwegig-ästhetischen Sinne: Das, was Bayer sagen wollte (symbolische Systemreferenz) ließ sich mit Sprache, Worten und der Dekonstruktion narrativer Parameter nicht mehr sagen, es musste die Systemreferenz gewechselt werden: Das was Bayer sagen wollte (symbolische Systemreferenz) musste in einem Akt des Autors (soziale Systemreferenz) vollzogen wer-

---

[301] Siehe hierzu die sehr schöne Beschreibung (s)einer damaligen Freundin Britta Hutter: „Ich muß ganz ehrlich sagen, er hat überhaupt nicht sehr viel gearbeitet, überhaupt in Hagenberg. Er hat sich sehr viel ablenken lassen … von allen möglichen Sachen. Er wollte alles mögliche andere tun und hat es auch zugegeben. Er hat immer ein paar Tage gehabt, wo er dann verschwunden war und er hat dann immer nur nach dem Essen geschrieben, oder so etwas. […] Am liebsten ist er eigentlich im Bett gelegen, und zwar stundenlang. Nur urplötzlich ist er aufgesprungen und hat gesagt, jetzt sei ihm und das und das eingefallen und er hat irgendetwas aufgeschrieben, so drei Zeilen, irgendwo." Zitiert in JANETZKI, Ulrich 1982: Alphabet und Welt. Über Konrad Bayer. Königstein/Ts., 129. Zu diesem ganzen Zusammenhang siehe ebenda: 127-136 und KASTBERGER, Klaus 2003: Alchemie des Ganzen. Konrad Bayers *sechster sinn*. In: B. Fetz, K. Kastberger (Hgg.), Die Teile und das Ganze. Bausteine der literarischen Moderne in Österreich. Wien, 113-138.

[302] Interessanterweise hat er bei der zweiten Lesung Textpassagen ausgewählt, die „stilistisch breitgefächerter war[en] als beim letzten Mal, zudem fehlte […] [ihnen] ihr durchgängig humoristischer Tonfall" (KASTBERGER 2003: 126).

den.³⁰³ Paradoxerweise ist dabei das soziale Aufhören (Selbstmord) die Vollendung des Nicht-Weiterkommens auf der Textebene (symbolische Referenz).³⁰⁴ Die symbolische Ebene kippt in die soziale über und vice versa. Der 'Roman' (symbolische Referenz) findet seinen Abschluss im Freitod Bayers (soziale Referenz).³⁰⁵ Während Britta Hutter Bayers Selbstmord sozialreferenziell erklärt und damit die Unterscheidung soziale/symbolische Systemreferenz klar beibehält, bringt Wiener ein metaleptisches Moment ein, indem er den *Selbstmord* als Verlängerung des Textes und es ließe sich sagen als *Realisierung des Textes* beobachtet:

> Ja, da ist er zurückgekommen von dieser Lesung (...) und er war so schlecht gelaunt und zwar hauptsächlich deswegen, weil ihm die Leute dort immer vorgeworfen haben, das sei ja ein antisemitischer Roman ... da waren also Zwischenrufe, und es hat also sehr viel gekostet, bis die Menschen endlich eingesehen haben, daß diese fiktiven jüdischen Namen nur eine literarische Fiktion sind. Aber das hat ihm damals doch einen ziemlichen Tiefschlag versetzt, sei es, daß er nicht verstanden hat, daß man ihn so mißinterpretieren kann, sei es, daß er gedacht hat, es kommt überhaupt nicht an, was er will. Jedenfalls war er damals recht niedergeschlagen (Hutter in JANETZKI 1982: 129).

> Das ist alles albern, als würde sich Konrad das Gefasel dieser Leute in Sigtuna zu Herzen genommen haben. Die lustigen Siebenundvierziger hat er sie geheißen. Und wegen einer Frau? (abfällige Handbewegung) Legen sie an einen außergewöhnlichen Menschen doch nicht so spießige Maßstäbe! Wenn man nicht mehr weiterkann, dann hört man einfach auf, so einfach ist das, aber: das werdens halt nicht verstehen. Konrad hat durch seinen Selbstmord – um mit Artaud zu reden, den sie aber sicher auch nicht verstehen werden – seinen Umriß wieder in die Natur eingefügt (Wiener in KASTBERGER 2003: 127).³⁰⁶

---

³⁰³ Siehe hierzu die prägnante Textstelle aus der *sechste sinn*, wobei es signifikant ist, dass hier im Hinblick auf goldenberg (als 'Stellvertreter' Bayers) nicht homo- oder gar auto-, sondern heterodiegetisch erzählt wird: „als goldenberg in seinem zimmer war, öffnete er beide hähne, schloss das fenster und machte es sich auf dem sofa bequem. der geruch war nicht unangenehm und er wartete auf den schlaf [...] als er erwachte schien die sonne durch das fenster. goldenberg öffnete es und schloss die beiden gashähne" (BAYER, Konrad ²1996: der sechste sinn. (= 6S). In: Ders., Sämtliche Werke. Herausgegeben von Gerhard Rühm. Wien, 573-666, 590).

³⁰⁴ Ähnlich argumentiert auch MAGER, Johannes 1978: Der Kopf des Vitus Bering. Ein Portrait in Prosa. In: Austriaca. Cahiers universitaires d'information sur l'Autriche. Nr. 7 (1978), 131-140, 131f. Im Hinblick auf Bayers Werk *der kopf des vitus bering*, indem er davon spricht, dass bei Bayer das „Schreiben für die Fortsetzung des praktischen Lebens stand [...]. Der Text soll als Handlung, als für das Leben wichtiges Experiment entschlüsselt werden."

³⁰⁵ Zum Selbstmord Bayers siehe BÖNING, Marietta 2006: Jenseits des Avantgardismus. Der Freitod als ästhetische Konsequenz: eine Überschreitung der Avantgarde? In: C. K. Stepina (Hg.), „ich habe den sechsten sinn". Akten des Konrad-Bayer-Symposiums 2004, 11-24 und meine Diskussion dieses Aufsatzes in meinem der-sechste-sinn-Kapitel (Kap. 4.4.2).

³⁰⁶ Natürlich lässt sich Wieners Aussage auch strikt sozialreferenziell lesen, als nachträgliche Nobilitierung eines Freundes vor einer abzulehnenden bürgerlichen Erklärungsvereinnahmung, allerdings bekommt man dadurch das gewaltige Potenzial nicht mit, das in der experimentellen Traktierung der Unterscheidung soziale/symbolische Systemreferenz liegt. Man versperrt sich den Blick auf die Logistik von Literatur und literarischer Kommunika-

Das bedeutet weder, dass hier eine biographistische Interpretation angepeilt wird (es geht nicht um die Person oder den Künstler Bayer, also nicht um „exzentrische[] Selbstdarstellung" (STEPINA: 65))[307] noch, dass diese Deutung des *sechsten sinns* und von Bayers Freitod eine hermeneutisch befriedigende Deutung wäre, sie zeigt aber, dass und wie 'experimentelle' Literatur literarische Kommunikation re-figuriert.[308] Es geht nicht darum, zu behaupten, dass der Versuch, Leben und Kunst zu entdifferenzialisieren (Stichwort: Surrealismus)[309] letztlich scheitert, das wurde und wird immer wieder behauptet und ist in seiner Evidenz nahezu trivial, sondern darum, dass durch das metaleptische Relationieren von Kunst und Leben qua 'experimenteller' Literatur literarische und künstlerische Kommunikation re-figuriert werden. Bei der ersten These (Kunst wird die Unterscheidung Leben/Kunst immer schon eingeholt haben) bleibt die Kunst immer das, was sie ist. Bei der zweiten These (qua Kunst/Leben wird Kunst re-figuriert) wird die Kunst das, was sie nicht ist. Kunst und Literatur kommen über die Re-Markierung der symbolischen und sozialen Systemreferenz entlang der Unterscheidung Kunst/Leben in die Position, sich ständig neu re-produzieren zu müssen.[310] Kunst und Literatur sind das, was sie nicht sind – insbesondere entlang von 'experimenteller' Literatur. In diesem Sinne lässt sich auch die Wiener Gruppe mit ihren Cabarets als wichtige Kippfigur beobachten. Die symbolische Referenz (Text) wird in die soziale Referenz überführt (Körper, Tanz, Gesang in ihrer Materialität als Haut, Bewegung, Stimme usw.) und die soziale Referenz (Körper, Tanz, Stimme) wird in einer Rückkopplungsschleife semiotisiert.[311] Diese Rückkopplungsbewegung wird institutionalisiert, auf Dauer gestellt und im

---

tion. – Wiener selbst war sich aber auch nicht schlüssig, wie er den Selbstmord des Freundes zu deuten hatte. Während er ihn hier als letzte Konsequenz des literarischen Schaffens Bayers erklärt, macht er an anderer Stelle äußere Einflüsse – die konservativ-reaktionäre „kulturbande" Nachkrieg-Wiens – dafür verantwortlich (WIENER, Oswald 1968: Die Wiener Gruppe. Eine Kontroverse. In: Neues Forum (1968), 171-172 und 239-242, 240).

[307] Stepina wendet sich rigoros gegen eine biographistische Deutung.

[308] Vgl. hierzu auch Fischer/Jäger: „zugleich unterliegen ihre Arbeiten einem Literarisierungsvorgang, in dessen Rahmen die Texte aus ihren damaligen Lebens- und Handlungszusammenhang herausgelöst und, philologisch aufbereitet, in die Kategorie des Kunst-Werks rückgeführt werden, – ein Ergebnis, das die auf Destruktion des Kunstzusammenhangs ausgerichtete Praxis der Wiener Gruppe zu revidieren scheint, das aber zugleich deutlich macht, in welcher Weise die Gruppe selbst dazu beigetragen hat, herkömmliche Anschauungen von Kunst zu verändern" (FISCHER/JÄGER: 628).

[309] Siehe hierzu knapp und präzise HABERMAS, Jürgen 1994: Die Moderne – ein unvollendetes Projekt. In: W. Welsch (Hg.), Wege aus der Moderne. Schlüsseltexte der Postmoderne-Diskussion. Berlin, 177-192.

[310] *Dadurch*, so würde ich ergänzen, kommt es zum „Aufbrechen einer trügerischen Immanenz des Werks zum Zweck einer Thematisierung des Umwelt-Bezugs des Kunstsystems und einer umfassenden Entwertung bestehender Werte" (BACKES/JÄGER/JAHRAUS: 15).

[311] Zum Übergang von der Wiener Gruppe zum Wiener Aktionismus als „Übergang von der Literatur zur Aktion" als „Ausweitung und Vertiefung eines Experiments" (BACKES/JÄGER/JAHRAUS: 11) siehe BACKES und vor allem JAHRAUS 2001c.

Modus von ästhetischem Erleben und Erfahren als Re-Markierung literarischer Kommunikation beobachtbar.

Die Re-Markierung des narrativen Nexus von symbolischer und sozialer Systemreferenz entlang von experimenteller Prosa (und 'experimenteller' Literatur) ließe sich noch weiterführen (bspw. qua Intermedialität[312] oder qua Fokussierung parergonaler Momente[313]), aber die bisherigen Ausführungen zeigen meines Erachtens zur genüge, wie die Logistik von Literatur und literarischer Kommunikation in den Blick kommen kann. Die Arbeit ist an dem Punkt angelangt, wo die apodiktische Postulierung der Thesenkaskade in einem langen logistischen Durchlauf ihrer Explizierung zugeführt wurde. Dabei sollte deutlich geworden sein, dass die Thesenkaskade nicht allein eine thematische Größe, sondern auch eine operative Größe ist. Die Thesenkaskade ist Gegenstand und Medium des Beobachtens zugleich.

Als integrativ-reflexive Literaturwissenschaft (siehe Einleitung) leistet die Studie einen Beitrag zu literaturtheoretischer Reflexion, indem sie die Theoreme der strukturellen Kopplung von Bewusstsein und Kommunikation sowie der Relationierung von symbolischer und sozialer Referenzebene nicht einfach als Beobachtungsinstrumente verwendet, sondern vielmehr als medien- und literaturtheoretische Grundlagendispositionen liest. Es sind Theoreme, die meines Erachtens universellen Charakter beanspruchen können und zwar sowohl in dem Sinne, dass sie eine paradigmatische Grunddisposition des medialen Indexes von Sinnsystemen beschreiben können als auch in dem Sinne, dass sich auf ihrer Basis verschiedenste Analysen und Interpretationen unterschiedlichster Werke etablieren lassen. Ähnlich wie bspw. Iser mit seiner Dreierkonstellation Fiktives, Imaginäres, Reales oder Mukarovsky mit seiner Unterscheidung Artefakt/ästhetisches Objekt oder Butler mit ihren Performativitätsdifferenzen oder Kristeva mit ihrer Unterscheidung Phänotext/Genotext eine Basis für literaturwissenschaftliches Arbeiten geschaffen haben, können auch diese Theoreme durchaus dieses Potenzial entwickeln. Sie sind sowohl abstrakt genug angelegt als auch im Hinblick auf Textanalysen (und im Hinblick auf Fragen nach der Funktion und Leistung von Literatur) vielfältig rekombinierbar.

---

[312] Siehe hierzu bspw. BLOCK oder HARTUNG: 76 und die beiden schönen Bände RÜHM, Gerhard (Hg.) 1985: Die Wiener Gruppe. Achleitner, Artmann, Bayer, Rühm, Wiener. Texte, Gemeinschaftsarbeiten, Aktionen. Reinbek bei Hamburg und FETZ, Wolfgang / Gerald MATT (Hgg.) 1998: Die Wiener Gruppe. Kunsthalle Wien 13.11.1998 – 21.2.1999. Wien. Im Gegensatz zum *Intermedialitätstheorem* eignet sich das *Intertextualitätstheorem* m.E. nicht dazu, die Unterscheidung symbolische/soziale Systemreferenz in den Blick zu bekommen, da man sich (zu sehr) auf der Textinnenseite bewegt. Qua Intertextualitätsforschung gelangt man nicht zu einer integrativen Literaturwissenschaft.

[313] Siehe HARTUNG: 78 im Hinblick auf Rühm.

# 4. Logistische Refigurationen

## 4.1 narrativ/a(nti-)narrativ

*Prosa.* Trotz epochemachender innovativer, experimenteller Formkombinationen seitens (post)moderner Prosa (man denke nur an Joyce' Finnegans Wake, an die Texte Gertrude Steins, den Nouveau Roman oder eben an Friederike Mayröckers Prosa) und zahlreicher Differenzierungen und Paradigmenwechsel seitens der Literaturwissenschaft muss EIFLER: 14 noch 1985 feststellen, dass a(nti-)narrative Vertextungsstrategien suspekt bleiben. Natürlich hat sich die Literaturwissenschaft auch intensiv mit ‚experimenteller' Literatur beschäftigt, aber nie konnte sie den Verdacht ganz von sich weisen, experimentelle Prosa nur stiefmütterlich zu behandeln: Kasper ist zuzustimmen, wenn sie am Ende des 20. Jahrhunderts noch feststellen muss:

> Ingenuine Motivkombinationen, die in der modernen Malerei seit langem gewürdigt werden, und denen man auch in der Lyrik ihre Berechtigung nicht abspricht, sowie ungewohnte Kodes der literarischen Konstruktion stellen in der Prosa ein scheinbar unüberwindbares Hindernis der Lektüre dar, die eine ernsthafte Auseinandersetzung häufig vereiteln (KASPER 1999a: 11).

Meine Studie versteht sich über den Umweg der Beobachtung der Literaturlogistik auch als Beitrag, experimentelle Prosa, genau in dieser Kombination, für die Forschung wieder diskussionsrelevant zu machen.[1] Auch möchte ich mit meinem logistischen Ansatz eine gebetsmühlenartig wiederholte Zweiteilung vermeiden. Immer wieder ist zu lesen, dass sich seit der Etablierung des Romans (Stichwort: Cervantes' *Don Quijote*) die große Prosaliteratur im ständigen Oszillieren zwischen Realismus und Anti-Realismus, Mimesis und Antimimesis, Wahrscheinlichkeitsverfahren und Verfremdungsästhetik u. ä. m. befindet.[2] Mit einem logistiksensiblen Beobachtungsfokus kann quer zu dieser Oszillationsthese argumentiert werden. Es geht also im Rahmen der Unterscheidung narrativ/a(nti-)narrativ nicht (nur) um die ständig variierenden Bewegungen von Krise und Erneuerung des Romans und der Prosa, sondern, abstrakter und weitrei-

---

[1] Seit Heimann (1978) und Hohmann (1974) ist kein eigenständiger Band mehr (einige Aufsätze schon) mit dem Etikett experimentelle Prosa erschienen.
[2] Mit solchen Zweiteilungen Arbeiten *bspw.* BRADBURY, Malcolm ²1992: The modern American Novel. Oxford [u.a.]; EIFLER und ICKSTADT, Heinz 1998: Der amerikanische Roman im 20. Jahrhundert. Transformation des Mimetischen. Darmstadt. Siehe zu dieser Diskussion WIRTHENSOHN, Andreas 2000: Annäherungen an einen vorläufigen Zusammenhang. Zum Werk Jürgen Beckers. Würzburg, 49ff. und REINFANDT, Christoph 1997: Der Sinn der fiktionalen Wirklichkeiten. Ein systemtheoretischer Entwurf zur Ausdifferenzierung des englischen Romans vom 18. Jahrhundert bis zur Gegenwart. Heidelberg.

chender angesetzt, um die Re-Markierungsbewegungen der gesamten logistischen Matrix von Literatur und literarischer Kommunikation.

*Forschung.* Wenn man sich die Forschungsliteratur zu den drei Autoren meiner Arbeit ansieht, so werden diese Beobachtungen bestätigt. Zu Bayer gibt es bis dato lediglich zwei Monographien und die Aufsatzliteratur ist eher übersichtlich. Zu Becker gibt es drei Monographien, auch hier ist die Aufsatzliteratur nicht massenweise vorhanden. Bei Mayröcker sieht die Situation etwas besser aus. Insbesondere seit der Mitte der 1990er Jahre hat sich hier viel getan, wobei die Anzahl der Monographien, sieben, auch nicht gerade überwältigt. Das laufende Erscheinen von Sammelbänden jedoch zeigt, dass hier die Forschungsmaschine gut ins Laufen gekommen ist. Ich verstehe meine Arbeit, neben ihren deutlichen literaturtheoretischen Implikationen, auch als expliziten Beitrag zur Becker-, Bayer- und Mayröckerforschung. Dabei soll gerade der durchgängig aufrechterhaltene literaturtheoretische Blick, also der logistiksensible Beobachtungsfokus, Aspekte an den Werken der drei Autoren herausstellen, die ansonsten eher ausgeblendet werden oder aufgrund spezifischer Problemlagen und methodischer und methodologischer Prämissen gar nicht in den Blick kommen. Meine Arbeit möchte zeigen, dass insbesondere entlang von experimentellen Prosatexten differenziert literaturtheoretische Reflexion ablaufen kann und dass umgekehrt, insbesondere entlang expliziter Theoretisierung experimentelle Prosa besonders gut in den Blick kommt. Die folgenden Analysen, die vor dem Hintergrund der aufgestellten Formel: *'Die Theorie ist immer schon Praxis* – Praxis als Theorie und Theorie als Praxis' entstanden sind, sind einerseits eng verflochten mit den vorangehenden Kapiteln und beziehen sich auch immer wieder auf diese, andererseits habe ich explizit darauf geachtet, dass sie für weniger theoretisch Interessierte lesbar sind. Sie lassen sich trotz aller theoretischen Einbettung als in sich geschlossene Werkanalysen betrachten, die von Becker-, Bayer- Mayröckerforschern auch punktuell rezipierbar sind. Ich werde, weil ich meine Bayer-, Becker- und Mayröckerkapitel logistisch fundiert sehe, jeweils keine Forschungsüberblicke den einzelnen Kapiteln voranstellen. Diese sind meines Erachtens nur dann relevant, wenn man sich monographisch mit einem Werk beschäftigt. Nichtsdestotrotz werden alle relevanten Forschungbeiträge zu den jeweiligen Werken berücksichtigt und oft auch explizit diskutiert. Im Durchgang durch die Kapitel ergibt sich somit en passant auch ein Forschungsüberblick.

*Werke.* Wenn ich davon spreche, dass ich experimentelle Prosa ($_{\text{narrativ}}$/a(nti-)narrativ) in den Fokus rücke, so sage ich ja zunächst nichts über meine konkreten Auswahlkriterien. Im Kontext der Unterscheidung narrativ/a(nti-)narrativ, ein kurzer Blick in die Literatur des 20. Jahrhunderts genügt da schon, ist jede Auswahl kontingent. Ich habe nun Werke ausgewählt, die radikal a(nti-)narrative Momente prozessieren, die deutlich die strukturelle Kopplung von Bewusstsein und Kommunikation thematisieren und realisieren, die über Rahmenbrüche massiv Ebenen verschieben und den Nexus von symbolischer und sozialer Systemreferenz dadurch besonders gut beobachtbar machen und an denen klar die Spezifität von Literatur beobachtbar werden kann. Es sind Werke, die explizit Literatur als Literatur und literarische Kommunikation beobachtbar machen. Neben Bayers, Beckers und Mayröckers Werken gehörten noch andere zur engeren Auswahl. *Unter anderem*: Wieners *verbesserung von mitteleuropa* (1969), Jonkes *Geometrischer Heimatroman* (1969) ebenso wie seine *Glaushausbesichtigung* (1970), Okopenkos *Lexikon-Roman* (1970) sowie Achleitners *Quadratroman* (1973). Wichtig war mir, eingeschliffene literaturgeschichtliche Periodisierungen und Gruppierungen aufzubrechen. Deshalb habe ich nicht Bayer und Wiener zusammen behandeln wollen. Auch wollte ich mit wenigen Werken in die Tiefe und nicht mit vielen in die Breite gehen. Diese Abstrichliste ließe sich noch lange weiterführen (Chotjewitz, Wühr, Heißenbüttel, Mon, Scharang, Schmidt usw. usf.), aber damit würde man die Auswahlkontingenz nicht erklären, sondern lediglich präsentieren können. Meine gesamte Argumentationsstruktur ist so angelegt, dass sie das, was sie zur experimentellen Prosa im Allgemeinen und zu Bayer, Becker und Mayröcker im Besonderen zu sagen hat, auch als maßgeblich relevant für andere experimentelle Prosawerke ausweist, die sich mithilfe der Unterscheidung narrativ/a(nti-)narrativ beobachten lassen. Die Arbeit möchte etwas über Bayer, Becker und Mayröcker im Rahmen einer reflexiven Literaturwissenschaft sagen, dies aber so sagen, dass sich auch etwas über Wiener, Wolf, Chotjewitz, Okopenko, Achleitner und andere sagen lässt. Und umgekehrt bedeutet dies aber auch, dass sich entlang von Wiener, Wolf und Chotjewitz die Re-Figurierungsbewegung anders vollziehen würde. Den Vorteil einer reflexiven Literaturwissenschaft sehe ich unter anderem darin, dass sie mit sehr vielen verschiedenen Objektiven beobachten kann und dass sie in der Art ihres Argumentierens immer explizit die jeweiligen Objektive ausstellt. Eine reflexive Literaturwissenschaft muss immer kommunizieren, dass und wie sie ihre Objektkonstitution ausstellt und wie und welche Variationen sich ergeben, wenn sich die Beobachtungsobjekte ändern. Die Arbeit versteht sich in ihrer konkreten Ausrichtung auf die drei Werke von Bayer, Becker und Mayröcker als Medium für die Beobachtung weiterer experimenteller Prosawerke im Kontext der erörterten logistischen Konstellationen. Experimenteller Prosa im skizzierten Sinne ist immer das, was sie ist und etwas anderers. Sie ist immer dieselbe und eine andere experimentelle Prosa im Kontext der dargestellten Problemkonstellation.

## 4.2 Konrad Bayers Parapsychologie der Literatur

### 4.2.1 der kopf des vitus bering

> „seit Bayer [ist] der Begriff der Literatur ein anderer geworden"
> (Peter O. Chotjewitz).

*Bewusstsein/Sprache.*
Konrad Bayers Werk insgesamt, aber vor allem seine beiden größeren Prosawerke (*der kopf des vitus bering* und *der sechste sinn*)[3] sind vor dem Hintergrund der sprachtheoretischen Reflexionen und Experimente der Wiener Gruppe als sprachreflektorische „Bewusstseinsdichtung" gelesen worden.[4] Ganz im Sinne der in Kap. 3.3 dargestellten Parameter kann auch Bayers Werk als explizite Auseinandersetzung mit den Themen Sprache, Bewusstsein und Wirklichkeit betrachtet werden. Es geht dabei um die Determinierungs- und Konditionierungskraft der Sprache im Hinblick auf das Bewusstsein und die Wirklichkeit, um die sprachliche *Dressur* des die Wirklichkeit wahrnehmenden und konstituierenden Bewusstseins.[5] Bayer teilt also die in der experimentellen Literatur der Zeit weit verbreitete Ansicht, dass die Sprache kein neutrales Medium ist, in dem sich das Bewusstsein ausdrücken könne, dass das Bewusstsein nicht selbstidentisch ist, sondern durch die grammatikalischen, syntaktischen und semantischen Strukturen der Sprache nicht einfach nur affiziert, sondern vor allem auch beschnitten und eingeschnürt wird. Diese Sensibilität für Aspekte der strukturellen Kopplung und der medialen Alienation wird dabei nicht einfach registriert und beschrieben. Da das die Wirklichkeit wahrnehmende und konstituierende Bewusstsein sprachlich dressiert ist und diese Dressur zu einer problemlos eingespielten Routine der Welterfahrung geronnen ist, kann die Dressur nur sichtbar gemacht werden, wenn die dressierenden Mechanismen der Sprache qua Dekonventionalisierung und De/Konstruktion als diese dressierenden Mechanismen aufgedeckt werden. Indem Sprache als Sprache Material der Dichtung wird, kommt überhaupt erst die mediale Alienation des Bewusstseins und somit auch der Wirklichkeit in den Blick.[6] Die „Sprache als Tyrannei" kann nur qua Sprachde(kon)-

---

[3] Der *vitus bering* ist zwischen 1958 und 1960 entstanden und 1965 nach Bayers Tod im Walter-Verlag erschienen. Am *sechsten sinn* hat Bayer zwischen 1959 und 1964 in unterschiedlicher Intensität bis zu seinem Selbstmord am 10. Okt. 1964 gearbeitet. Es gibt keine Fassung letzter Hand, man kann aber davon ausgehen, dass Bayer den Text als mehr oder weniger abgeschlossen betrachtete (siehe JANETZKI 1982: 132 und KASTBERGER 2003).

[4] DREWS, Jörg 1974: Wie sie lesen und lasen. Konrad Bayer: Der Kopf des Vitus Bering. In: Süddeutsche Zeitung, 16. März 1974.

[5] Zur Dressurmetapher vgl. JANETZKI 1982: 45.

[6] Wenn ich *hier* von 'experimenteller' Literatur und 'Experimental-Dichtung' rede, so meine ich konkret den sprachexperimentellen Zug der Literatur in den 50er und 60er Jahren (vor allem die Konkrete Poesie und die Wiener Gruppe). – Zur Sprache-als-Sprache- und Spra-

struktion sichtbar werden.[7] Natürlich muss diese Rede von sprachkritischer und sprachtheoretischer Experimental-Dichtung im Einzelnen genau differenziert werden. Einerseits gibt es bezogen auf die Sprachproblematik analoge Tendenzen in 'experimenteller' Literatur der 50er und 60er Jahre, andererseits unterscheiden sich die einzelnen Programmatiken auch im Hinblick auf die Sprachprogrammatik deutlich voneinander.[8] Via Sprache werden verschiedene heterogene Werke in einen Vergleichsfokus gerückt – Vergleichbarkeit trotz Differenzialität –, allerdings, so meine These, kann eine argumentative Vereinfachung der Sachlage nur dann vermieden werden, wenn das Sprachproblem nicht nur sprachtheoretisch beobachtet wird. Das bedeutet, dass man einerseits durchaus einer sprachsensiblen Beschreibung von Bayers Werk folgen muss, da sein Werk explizit solch eine Beschreibung provoziert und auch programmatisch entfaltet, andererseits kann experimentelle Literatur als experimentelle Prosa nur dann exemplarisch als Medium für logistische Beobachtungen dienen, wenn die Sprachproblematik kognitions-, medien- und kommunikationstheoretisch transzendiert wird (Stichworte: strukturelle Kopplung und soziale/symbolische Systemreferenz).

Bayers Werk und vor allem sein *vitus bering* arbeiten sich an der Paradoxie ab, ob und wie qua Sprache das qua Sprache medial alienierte Bewusstsein einen authentischen Ausdruck finden kann. Gibt es im Zuge der Sprachdressur des Bewusstseins Residuen von Individualität, einer Individualität, die eben deshalb individuell und einzigartig ist, weil sie von den Sprachmustern nicht affizierbar ist?[9] Dieser Individualitätsfokus markiert auch Bayers persönliche Signatur im

---

che-als-Material-These siehe auch BERGER, Albert 1987: Zur Sprachästhetik der Wiener Avantgarde. In: Walter Buchebner Literaturprojekt (Hg.), die wiener gruppe, Wien [u.a.], 30-45, 31 und 34.

[7] PAUL, Markus 1991: Sprachartisten – Weltverbesserer. Bruchlinien in der österreichischen Literatur nach 1960. Innsbruck, 57. – Zur These, dass das Bewusstsein und die Wirklichkeit sprachnormiert sind, vgl. unter anderem BERGER: 31 und 39, DOPPLER, Alfred 1987: Die 'Wiener Gruppe' und die literarische Tradition. In: WALTER BUCHEBNER LITERATURPROJEKT: 60-68, 63 oder KENKLIES: 119f. – Diesbezüglich stellt STRASSER, Kurt 1986: Experimentelle Literaturansätze im Nachkriegs-Wien. Konrad Bayer als Beispiel. Stuttgart, 118 folgende These auf: „[D]ie Sprache allein war nie zur Debatte gestanden, sondern die Erkenntnisweisen und -bilder und das damit erstellte kulturelle System."

[8] Siehe hierzu PAUL: 27ff., HARTUNG, Harald 1975: Experimentelle Literatur und konkrete Poesie. Göttingen und HAAS, Wolf 1990: Sprachtheoretische Grundlagen der Konkreten Poesie. Stuttgart.

[9] „Im Werk Konrad Bayers begegnet man immer wieder der unausgesprochenen [und ausgesprochenen!, MG] Frage, ob Subjektivität und Individualität des Menschen nicht lediglich eine sprachliche Fiktion seien. Es ist meines Erachtens die zentrale Problematik seines Gesamtwerks" (JANETZKI 1982: 7). Siehe exemplarisch zur These, dass jede Argumentation und jeder Gedankengang entlang sprachlich vorgegebener Muster verläuft, die Interpretation der Bayer-Texte *argumentation vor der bewusstseinsschwelle* (1962) und *karl ein karl* (1961) in ebenda: 39-45. – Michael Backes erweitert diese sprachtheoretische These im Zuge seiner *vitus-bering*-Deutung medial, indem er im Hinblick auf das Mussolini-Foto am Anfang des Buches anmerkt: „Sobald man sich Berings Kopf vorstellen möchte, ist man auf die

Rahmen sprachexperimenteller Literatur, wobei ihn gerade diese Frage nach der Individualität in abstraktere Regionen treibt als beispielsweise die anderen Mitglieder der Wiener Gruppe oder der Konkreten Poesie. Die Frage nach dem Individualitätsparadox ist logistisch tiefgelegt, weil sie „dasjenige, was für Rühm (und später auch Achleitner) längst gewusste Voraussetzung ist: den Normierungscharakter der Sprache" reflektiert (JANETZKI 1982: 18). Bayers Werke arbeiten nicht mit dem als Bewusstseins-Dressur entlarvten Medium Sprache, sondern stellen immer wieder diese Dressur aus. Sie verwenden die entlarvte Sprache somit nicht nur als Medium, sondern ermöglichen es via Beobachtung des Individualitätsparadoxons, die Medialität der entlarvten Sprache in den Blick zu bekommen. Dabei kommt paradoxerweise die Medialität der Sprache nicht über den allgemeinen Medienstatus der Sprache in den Fokus, sondern über den paradoxen Versuch, Sprache als Sprache via sprachlich mediatisierter und sich von Sprache unterscheidender Individualität beobachtbar zu machen. Sprache wird als Dressurmedium sichtbar, indem Individualität als der (scheiternde) Versuch, jenseits von Sprache zu sprechen, beschrieben wird. Insbesondere Janetzki hat die mediale Alienation qua Sprache im Rahmen des Individualitätsparadoxons dargestellt. Janetzki stellt dar, dass und wie Bayer sich an Rühm und den Konsequenzen von dessen Poetik orientierte,

> wonach die Reduktion auf die materiale Basis letztlich den Manipulationscharakter der Sprache bloßlegt, und die so sezierten Teile eine Synthese ermöglichen, die der Wirklichkeit ihre nur sprachgemachte Bedingtheit entgegenhält. [...] im Gegensatz zu Rühm aber interessierte ihn das formal-methodische Schreibverfahren nur in Hinsicht auf die eigenen, subjektiv beim Schreiben zu erkennenden Hindernisse und Indifferenzen. [...] Bayer thematisierte dabei aber weniger die allgemeinen Mechanismen der Sprache, als vielmehr die subjektiven Erkenntnisschranken, die dem persönlichen Begreifenwollen durch die Sprache abgesteckt sind (ebenda: 18).

Dadurch wird nicht über Sprache als Medium reflektiert oder Sprache einfach als entlarvtes Medium qua 'Sprache als Sprache' verwendet, sondern das Entlarven selbst fokussiert. Das Individualitätsparadox wird auch an den verschiedenen Verfahren der Wiener Gruppe und Bayer sichtbar: *Zum einen* beteiligt sich Bayer an der radikalen De/Konstruktion des Individuellen. Die Rede ist hier vom *methodischen Inventionismus*, also vom Versuch, Dichtung zu mechanisieren und dadurch aus dem Bedingungsgefüge des sprachlich normierten Bewusstseins zu befreien.[10] Diese „Befreiung von den Normen eigenen Denkens" (FISCHER/JÄ-

---

Vorstellung der Köpfe anderer Personen angewiesen und erhält deshalb nur Bilder, die das Abgebildete in seiner Individualität verdecken" (BACKES, Michael 2001: Experimentelle Semiotik in Literaturavantgarden. Über die Wiener Gruppe mit Bezug auf die Konkrete Poesie. München, 263).

10 „Mit dem sogenannten 'methodischen Inventionismus' wurden, auf eine Anregung des Bildhauers Marc Adrian hin, um 1954 automatisierte Verfahren entwickelt, mittels derer ausgewähltes Wortmaterial auf künstlichem Wege – ohne subjektive Eingriffe des Schreibenden – angeordnet werden konnte. [...] ein Ziel dabei war die Erreichung absoluter

GER: 631) zielte darauf ab, im Trennen von Dichtung und Bewusstsein, das Bewusstsein als sprachlich normierte Größe bloßzulegen und Dichtung solchermaßen von den als Dressur empfundenen Sprachmustern zu befreien. Die Dichtung bekommt somit eine eigene Signatur, indem sie nicht mehr an das sprachlich alienierte Bewusstsein gebunden ist. In dieser Entindividualisierung wird Dichtung paradoxerweise individuell, auf der Strecke bleibt das Bewusstsein, indem es im Material aufgeht: „Mit der Zurückdrängung des Subjekts aus dem Schreibakt zugunsten der Konstruktion eines Textes auf der Basis numerischer Parameter erscheint Bewußtsein aufgehoben in der Struktur des Materials" (FISCHER/JÄGER: 631). Indem Bewusstsein nun gänzlich als Material beobachtbar wird, kollabiert die Unterscheidung zwischen Bewusstsein (individuell, aber alieniert) und Sprache. Diese „Verneinung subjektiv-authentischer Erfahrung" (JANETZKI 1982: 25) macht nun paradoxerweise nicht nur sichtbar, dass das Bewusstsein und die durch es wahrgenommene und konstituierte Wirklichkeit sprachnormiert sind, sondern zeigt vor allem, dass die Sprache allein in ihrem Unterschied zum Bewusstsein normierend ist. Über die Löschung des individuellen Bewusstseins im Material wird eine Rückkopplungsbewegung sichtbar: Die Sprache normiert das Bewusstsein, das in seinem Aufgehen im Material die Sprache affiziert. Das Bewusstsein schlägt auf die Sprache zurück, nicht indem es sich als alieniertes Bewusstsein gegen die Sprache auflehnt, sondern indem es als gelöschtes Bewusstsein in die Sprache hineinsickert. Paradoxerweise verschwindet das verschwundene Bewusstsein solchermaßen nicht, vielmehr kann anhand seines beobachtbaren Verschwindens die „wechselseitige Beeinflussung von Sprache und Bewusstsein" beobachtbar werden (ebenda: 22). Dem *methodischen Inventionismus* gelingt somit auf subtile Weise die Her(aus)stellung der strukturellen Kopplung. Natürlich geht es nicht darum, dass die Wiener Gruppe eine wissenschaftliche Beobachtung avant la lettre bestätigt, sondern darum, dass qua ('experimenteller') Literatur spezifisch literarisch eine basale Medienkonstellation – Bewusstsein und Kommunikation in struktureller Kopplung – beobachtbar wird. Damit kann gezeigt werden, wie 'experimentelle' Literatur im Sinne der spezifisch allgemeinen Experiment-Definition (s. o.) nicht nur Sprachprobleme als Sprachprobleme traktiert, sondern alle wirklichkeitsrelevanten Unterscheidungen beschreibbar macht: Sprache/Wirklichkeit, Sprache/ Kommunikation, Sprache/ Wahrnehmung, Wahrnehmung/Wirklichkeit, Subjektivität/Sprache, Subjektivi-

---

Künstlichkeit der so produzierten Texte, ein anderes, damit eng zusammenhängendes die Ausschaltung der schöpferischen Urheber-Instanz" (STEINLECHNER, Gisela 1996: KONRAD BAYER *der kopf des vitus bering*. Selbstversuch mit Menschenfressern und möglichen Sätzen. In: H.J. Wimmer (Hg.), Strukturen erzählen. Die Moderne der Texte. Wien, 466-492, 474f.). Eine prägnante Definition des *methodischen Inventionismus* liefert BAYER, Konrad [2]1996: Hans Carl Artmann und die Wiener Dichtergruppe. In: Ders., Sämtliche Werke. Herausgegeben von Gerhard Rühm. Wien, 714-723, 717f. Siehe hierzu auch HARTUNG.

tät/Kommunikation, Subjektivität/Wahrnehmung, Subjektivität/Wirklichkeit, Subjektivität/Medium. In diesem Sinne kann anhand des *methodischen Inventionismus* die Re-Justierung der strukturellen Kopplung beobachtbar werden. Janetzki formuliert weniger technisch, dass als „Ausgangspunkt für die Schreibversuche der Gruppe" die Überlegung dient, „daß eine veränderte Sprache auch eine veränderte Welt nach sich ziehen müsse" (JANETZKI 1982: 23).

*Zum anderen* zeigen andere Texte Bayers, dass das Bewusstsein nicht als gelöschtes sichtbar werden muss, sondern dass es eine authentische Form im Sinne einer „subjektiven Erlebniseinheit" (ebenda: 25) etablieren kann. Es geht dann um Erlebnisse und Erfahrungen, die sich aufgrund ihrer Fantastik oder Para-Sinnlichkeit dem Sprachzugriff entziehen und allein individuell als radikal idiosynkratische Momente *erfahrbar* und *erlebbar* sind. Janetzki spricht in diesem Zusammehang von zwei Polen bei Bayer (ebenda: 25): Streichung und Inszenierung authentischer Erfahrung. Hieran kann die These angeschlossen werden, dass im Aufeinanderbeziehen dieser beiden Pole durch das sowohl hier als auch dort stattfindende Addresieren des Bewusstseins (Löschung des Bewusstseins hier und Authentifizierung des Bewusstseins dort) im Sinne einer *Poetik der Kognition* über das Aufdecken der medialen Alientation des Bewusstseins die strukturelle Kopplung beobachtbar und re-markierbar wird. Wenn man das gesamte Werk Bayers entlang dieser Pole beobachtet, erkennt man, dass Bayers 'experimentelle' Literatur explizit in Form einer Poetik der Kognition via sprachreflektorischer Momente die sprachlich konditionierte Wirklichkeitserfahrung medientheoretisch transzendiert.

*Schamanismus/Literatur.*
Im Hinblick auf den *vitus bering* kann die begonnene Argumentation konkretisiert werden. Anders formuliert: Indem ich versuche experimentelle Prosa als exemplarisches Medium für die Beobachtung logistischer Parameter HER(AUS)-ZUSTELLEN, muss ich allgemeine Thesen, die aus der Beobachtung des Gesamtwerks gewonnen sind, spezifisch auf Bayers Prosa beziehen. Erst in diesem konkreten Bezug wird die These, dass die Sprachproblematik mehr anzeigt als Sprachprobleme, operationalisierbar. Erst konkret anhand der experimentellen Prosa Bayers können die Thesen der Thesenkaskade nicht nur apodiktisch behauptet, sondern auch an den Werken als Realisierungsmomente dieser Thesen expliziert werden.

Es wurde gezeigt, dass Bayers Werk entlang der Pole Authentizität und Löschung des Bewusstseins die strukturelle Kopplung beobachtbar und re-markierbar macht. Beim *vitus bering* stellt sich die Frage: Anhand welcher Größe kann diese Beobachtbarmachung und Re-Markierung sichtbar werden? Die meisten Perspektiven arbeiten diesbezüglich auf der textontologischen Kommunikationsebene N1. Es geht dann darum, dass an der Figur Vitus Bering die Bewusstseins-, Individualitäts-, Sprach- und Wirklichkeitsproblematik sichtbar werden soll. So stellt sich Janetzki leitmotivisch die Frage, ob Vitus Bering via Epilepsie und Schamanismus zu seiner Identität als Wissender gelangt (JANETZKI 1982: 108). Sein Argument ist das Folgende: Im *vitus bering* wird darüber reflektiert, ob eine schamanische Individualität am Ende eine erkenntnistheoretische Position erreicht, die eben nicht erkenntnis*theoretisch*, sondern nur noch parapsychologisch, parasinnlich und parasprachlich zu *beschreiben* ist. Ist Vitus Bering zum Schluss der Wissende, mit sich identische Schamane? Im Verlauf des Werkes, werden Vitus Bering Indizien eines Schamanen zugeschrieben. Dabei ist er sich seines Schamanentums nicht bewusst. In einem ersten Teil des Werkes (VB: 534-544)[11] werden zunächst die Indizien präsentiert: Epilepsieanfälle („DIE FINGER sind über die eingeschlagenen Daumen gepresst" (VB: 540), „DIE FINGER sind über die eingeschlagenen daumen gelegt, die zähne fest aufeinandergepresst" (ebenda: 541), „verwirrt sank vitus bering in eine tiefe trauer, die zähne fest aufeinandergepresst. seine finger waren über die eingeschlagenen daumen gelegt" (ebenda: 544)),[12] Kälte (Hinweis auf Sibirisches Schamanentum) (ebenda: 538), Bärenfell und Bärentatze (538f.), Doppeladler (553 und 554). Auch deuten agrammatische Strukturen darauf hin, dass Vitus Bering, sich in den Initiationswehen eines Schamanen befindend, nichts von seiner Berufung weiß und somit nicht in der Lage ist, reflexiv darauf zu reagieren. Diese agrammatischen Strukturen sind dabei sowohl Ausdruck seines ob der Anfälle verwirrten Geisteszustandes als auch schon Hinweise darauf, dass sich die schamanische Erkenntnis nicht entlang grammatischer Strukturen darstellen lässt. Der zweite Teil intensiviert die Präsentation der Schamanenmotive; dabei beginnt er mit einem Hinweis darauf, dass es sich bei der ganzen Reise und dem Schamanismus um eine Erkenntnis- und Geistesreise handelt, dafür wird die Metapher des Feuers bemüht (ebenda: 545). Sie ist ein Hinweis auf Erleuchtung, Trance und Ekstase. Im zweiten Teil wird Bering immer offensichtlicher zum Schamanen: er springt beispielsweise ins Wasser (ebenda: 550 und die wissenschaftliche 'Bestätigung' dafür im *index* ebenda: 561 und 565), die Schamanen- und Erleuchtungsfarbe Blau taucht häufig auf und schließlich kommt es am Ende des zweiten Teils zu einem kompakten schamanistisch-epileptischen Anfall: Zunächst bahnt sich der Anfall durch

---

[11] BAYER, Konrad ²1996: der kopf des vitus bering. (= VB) In: Ders., Sämtliche Werke. Herausgegeben von G. Rühm. Wien, 531-572. Der erste Teil endet mit „*melancholische betrachtung allgemeiner natur c) (DER KRAMPF)*" (ebenda: 544) der zweite Teil beginnt mit „*theorie der schiffahrt*" (ebenda: 545).

[12] Durch den *index*, den Bayer 1963 geschrieben hat und der verschiedene Quellen zu Schamanentum, Epilepsie, Alchemie u.ä.m. enthält, wird die enge Korrelation von Epilepsie und Schamanentum sichtbar. Während nicht jeder Epileptiker Schamane ist, ist jeder Schamane Epileptiker. Die epileptischen Anfälle beim Schamanen gelten als „begegnung mit den göttern" (VB: 562) oder als Wahrsagen (ebenda: 566) und „der einzige unterschied zwischen einem schamanen und einem epileptiker sei, das der epileptiker die trance nicht mit dem willen hervorbringen kann" (ebenda: 564).

die längste agrammatiasche Stelle an (ebenda: 556f.), dann werden in einem Viererschritt alle klassischen Symptome eines Anfalls durchgespielt:

1. „'vitus bering zog – weil es bitter kalt war – einen dicken handschuh über. dann meinte er, ihm sei eine bärentatze gewachsen, und dann kam er von sinnen'" (ebenda: 557).[13]
2. „sein kopf war nach hinten gebogen, die zähne fest aufeinandergepresst. er hatte den rumpf gekrümmt und arme und beine durchgestreckt. die finger waren über die eingeschlagenen daumen gelegt. er atmete nicht und sein gesicht wurde langsam BLAU" (ebenda).
3. „die augen treten aus den höhlen. er streckt die zunge aus dem mund, seine arme und beine sind in ständiger bewegung, während sein kopf in einem gleichmäßigen rhythmus auf deck schlägt" (ebenda).
4. „das barometer stand auf 760 mm das ist ganz normal und er atmete schwer und die luft drückte und das ist ganz normal mit einem gewicht von 15.450 kilogramm auf berings haut und das ist ganz normal" (ebenda).

Diese Beschreibung deckt sich fast mit der populärwissenschaftlichen Darstellung eines epileptischen Anfalls im *index* und kann im Zusammenhang der epileptischen Stadien tonischer Krampf, klonischer Krampf, epileptisches Koma (und Schlaf) (ebenda; 561) beobachtet werden.[14] Janetzki deutet dieses Finale als Identitätwerdung Berings im Sinne einer schamanistischen Erleuchtung (JANETZKI 1982: 108). Er weist zwar auf Ambivalenzen hin, argumentiert aber, dass Bering am Schluss, sei es im Tod, sei es in einer geistigen Sphäre, als Vitus Bering der Erleuchtete dasteht:

> Es ist nicht der Tod Berings, der hier von Bayer thematisiert wird, sondern der Eintritt in den Zustand einer geistigen Schau, die Erreichung der Transzendenz [...]. Zum Schluß des Buches – gleichsam als Beginn einer neuen Periode – ist Vitus Bering der Wissende, er hat seine Identität erlangt. Über diese Identität selber kann nichts gesagt werden, und so beendet Bayer den Roman folgerichtig dort, wo das eigentlich Erwähnenswerte erst seinen Anfang nimmt. Bering gelingt der Absprung aus der Tagesrealität. Bayer bewertet dieses Aussteigen positiv; man muß ihm hierin nicht folgen. Es bleibt die Frage, wie Bering, der im gesamten Verlauf des Buches seinen Visionen und Tagträumen fremd gegenübersteht, sich plötzlich mit sich identisch begreifen kann [...]. Der Schluß des Buches hält zwei Lösungen bereit: Zum einen ist es der Tod, der quasi als Erlösung [!] die gelebten Irritationen beschließt, zum anderen ist es die angedeutete

---

[13] Bayer verwendet in seinem Werk das Montageverfahren, indem er Textausschnitte mehr oder weniger wortgleich aus dem *index* in den 'Reisebericht' montiert: so beispielsweise die Stellen mit den Fingern und Daumen (VB: 540, 541, 544, 557, 561), die Beschreibung des nach hinten gebogenen Kopfes und der aufeinandergepressten Zähne (ebenda: 557 und 561) oder eben der Satz „dann kam er von sinnen" (ebenda: 557) und „und kam von sinnen" (ebenda: 559).

[14] Die von Bayer angegebene Quelle lautet: „dr. f. könig's ratgeber in gesunden und kranken tagen, dr. karl meyer g.m.b.h., wien" (ebenda: 561f.).

geistige Sphäre, in die Bering eintritt, wobei aber offen bleibt, welcherart sie beschaffen ist (ebenda: 102, 108 und 110).[15]

Die Pointe von Janetzkis Argumentation ist dabei die, dass der *vitus bering* aus eigentlich drei Teilen besteht (den *index* ausgenommen), wobei der dritte Teil eben konstitutiv nicht geschrieben werden kann, weil er sprachtranszendent ein Moment der schamanistisch-transzendentalen Erleuchtung ist. Er deutet das Ende des „Buches" [!] als „Anfang eines 3. Teils" (ebenda: 103): „Dieser Zustand [...], die Sphäre des nur geistigen [...] entzieht sich folgerichtig einer sprachlichen Fixierung. So fallen in den letzten drei Prosapassagen gleichzeitig 'Schluß' (des Buches [!]) und 'Anfang' (des 3. Teils) zusammen" (ebenda: 104).

Meine Probleme mit dieser Deutung hängen damit zusammen, dass Janetzki, indem er strikt textontologisch argumentiert, kommunikationstheoretisch unterkomplex bleibt. Er bekommt weder die Kommunikationsebenen N1-N5 noch die Unterscheidung symbolische/soziale Referenz in den Blick. Meine Thesen 17-18 besagen ja nicht, dass experimentelle Prosa als spezifische Realisierung von struktureller Kopplung und als spezifischer Nexus von sozialer und symbolischer Systemreferenz dann beobachtbar wird, wenn an einer 'Roman'-Figur diese Momente beobachtbar werden. Wenn Janetzki im Sinne eines logistischen Blickes auf die strukturelle Kopplung davon spricht, dass Bayer „nicht die schon sprachlich erzeugten Wirklichkeiten diskutiert", sondern den „Prozeß ihrer Entstehung; dasjenige, was vor einer Fixierung sich im Kopf abspielt" (ebenda: 106), dann kann das nicht an der Figur des Vitus Bering abgelesen werden.[16] Die agrammatischen Strukturen, die Überlappungen verschiedenster Diskurse und Momente (archaisch, christlich, Kannibalismus, Restaurantbesuch, Begräbnisritus, Folter u. ä. m.), die a(nti-)narrative Struktur (s. u.) usw. zeigen nicht, dass dies alles den Prozesscharakter des Wirklichkeitskonstituierens im Kopf des Vitus Bering darstellt, sondern dass der Prozesscharakter der Wirklichkeitsher(aus)stellung als Werk, als *vitus bering*, sichtbar wird.

An *vier Aspekten* lässt sich exemplarisch aufzeigen, dass nicht Vitus Bering, also nicht die textontologische Figur, das ausschließliche Referenzobjekt einer Interpretation sein kann. *Erstens* stellt sich das Problem des Modus und der Stimme. Es lässt sich in diesem heterogenen und diesbezüglich nicht kohärenten Werk weder von durchgängig gleich bleibender Fokalisierung noch von gleich bleibender Stimme sprechen. Es wird zwischen Nullfokalisierung und interner Fokalisierung hin und her gewechselt. Ebenso haben wir es manchmal mit einer

---

[15] Janetzki bestätigt seine These einige Jahre später: JANETZKI, Ulrich 1987: „es gibt nichts, was zu erreichen wäre außer dem tod". Über Konrad Bayer. In: A. v. Bormann (Hg.), Sehnsuchtsangst. Zur österreichischen Literatur der Gegenwart. Amsterdam [u.a.], 31-42, 38.

[16] Auch MAGER, Johannes 1978: Der Kopf des Vitus Bering. Ein Portrait in Prosa. In: Austriaca. Cahiers universitaires d'information sur l'Autriche. Nr. 7 (1978), 131-140 referiert bei seinen Ausführung ausschließlich auf die Figur Vitus Bering.

heterodiegetischen und manchmal mit einer homo- bzw. autodiegetischen Erzählinstanz zu tun. „vitus bering dachte: ich, vitus bering, bin hungrig" (VB: 542), „verwirrt sank vitus bering in eine tiefe trauer, die zähne fest aufeinandergepresst. seine finger waren über die eingeschlagenen daumen gelegt" (ebenda: 544), „ich bin vitus bering" (ebenda: 549), „ich die sass der in windrose einem entsprachen der vier wirtshäuser und" (ebenda: 552), „er griff nach seinem schwarzen hut. bering warf ein stück geld in eine gewisse entfernung. er konnte sich weder vorwärts noch rückwärts bewegen" (ebenda). Während bei der agrammatischen Stelle auf Seite 552 die Zuschreibung auf Bering durch das 'ich' nahegelegt wird, steht bei der längeren agrammatischen Passage unmittelbar vor Berings Epilepsieanfall anstelle des 'ich' ein 'er' (ebenda: 556f.). Warum wird Berings Sprachverwirrung hier von Außen dargestellt? Der Beginn von Berings Anfall ist medial gebrochen, indem er als Inschrift markiert wird. Beachte die Anführungszeichen: „inschrift, mit einem scharfen gegenstand aus dem luckendeckel herausgestochen «vitus bering zog – weil es bitte kalt war – einen dicken handschuh über. dann meinte er, ihm se eine bärentatze gewachsen, und kam von sinnen»," (ebenda: 557). Warum wird gerade Berings Anfall, seine Identitätsfindung in der Transzendenz, zum Schluss von einem Erzähler erzählt? Ist Bering als Erleuchteter schon jenseits von Sprache? Woher weiß man (als Interpret), dass der Blick von Außen auf Bering einen epileptischen Anfall als schamanistische Erleuchtung (inkommunikables Erlebnis) deutbar macht? Gegenüber beispielsweise Janetzkis Argumentation bin ich der Ansicht, dass die oben aufgeführten erzähltheoretischen Signale die Stringenz einer Interpretation, die Bering als zum Schluss erleuchteten Schamanen betrachtet, so radikal unterminieren, dass eine gänzlich andere Interpretation vonnöten ist.

Insgesamt ist es auffällig, dass die Forschungsliteratur den *vitus bering* nicht mit erzähltheoretischen Mitteln beobachtet. Das ist insbesondere im Hinblick darauf eigenartig, dass es sich beim *vitus bering* zweifelsohne um einen Prosatext handelt. Zwar werden die Verfahren Bayers formanalytisch reflektiert (insbes. Montage), gleichzeitig werden diese Verfahren aber genutzt, um eben nicht erzähltheoretisch zu arbeiten. Es scheint das Motto zu gelten: Ein experimenteller Text, der so radikal beispielsweise das Montageverfahren einsetzt, muss und kann nicht erzähltheoretisch beobachtet werden, weil er durch seine radikalen Verfahren eben erzähltheoretische Parameter überflüssig macht. Ich hingegen behaupte, dass die These, dass es sich hier um Bewusstseinsprosa handelt und die damit verbundene Frage, ist die Figur Vitus Bering am Ende ein Schamane oder ist er keiner, nur dann Sinn machen, wenn von erzähltheoretischen Fragestellungen abgesehen wird. Demgegenüber gilt: Erst mithilfe einer erzähltheoretisch sensiblen Argumentation bleibt man nicht nur textontologisch an der Figur Vitus Bering haften, sondern bekommt den *vitus bering* in den Blick.

*Zweitens*: Die Farbe Blau wird einerseits als Erleuchtungsfarbe markiert: (ebenda: 557 und im *index* 569), andererseits wird sie mit dem Skorbut in Verbindung gebracht: „da schoss dem vitus bering das blut aus der nase, sein zahnfleich war BLAU geworden und als er danach griff, hatte er den linken, oberen eckzahn zwischen daumen und zeigefinger" (ebenda: 547f.). Unmittelbar auf diese Szene folgt eine halluzinatorische Passage mit eigenartigen Wassersäulen, viel Regen und Hagel, die Szene endet mit dem Widerspruch „der himmel war heiter und kein hauch regte sich" (ebenda: 548) und dem Beschuss der Wassersäulen durch den Kanonier des Schiffes. Es bleibt eine radikale Ambivalenz: Regnet es oder scheint die Sonne? Sind die Wassersäulen eine Halluzination Berings oder sieht die ganze Besatzung des Schiffes die Säulen? Wie dem auch sei, entscheidend ist, dass im Zuge von Skorbut-Indizien, die auf eine keineswegs zur Erleuchtung führenden Todeskrankheit hindeuten, ein schamanistisches Moment evoziert wird: Sinnestäuschungen und ekstatische Trancezustände. Diese Stelle muss man als Hinweis darauf ernst nehmen, dass die Epilepsie und der Schamanismus selbst als Halluzinationen eines Skorbutkranken beobachtet werden könnten. Die von Janetzki beobachtete Eindeutigkeit von Vitus Bering als Referenzobjekt eines Schmanismusdiskurses wird solcherart aufgebrochen.

*Drittens*: Janetzki redet davon, dass der zweite Teil *des Buches* dort endet, wo der dritte Teil *des Buches* beginnen müsste (s. o.). Diese Redeweise impliziert, dass der *index* nicht Teil des Buches ist. Somit wird im Hinblick auf Berings Schamanismus der *index* mit seinen Fragmenten aus verschiedenen (populär)wissenschaftlichen und anderen Quellen allein als diskursive Ergänzung der textontologischen Schamaneninitiation gelesen.[17] Der *index* ist jedoch meines Erachtens Teil des Buches. Er ist kein diskursiver Anhang, sondern konsitutiver Bestandteil der 'Roman'-Gestalt – dies ist ein deutliches Signal, dass der *vitus bering* nicht allein über die textontologische Ebene zu erfassen ist. Der *index* markiert, so die These, nicht eine bestimmte inhaltliche Interpretationslenkung, er ist nur in zweiter Linie eine semantische Größe, vielmehr markiert er ein *Hinlenken der Aufmerksamkeit auf formale Ebenenwechsel*.[18] Via *index* werden Schamanismus und Epilepsie als Kunst-Werk (N3), als gestaltete künstlerische Form lesbar. Der *index*

---

[17] Im *index* finden sich wissenschaftliche und populärwissenschaftliche (ethnologische und medizinische) Abhandlungen zur Epilepsie und zum Schamanismus, Lexikaeinträge zum Vitus Bering, Darstellungen von Yogaerfahrungen, alchimistische Schriften (die berühmte Chymische Hochzeit der Rosenkreutzer) und einiges mehr.

[18] Analog, wenn auch mit semiotischer Begrifflichkeit ausgestattet, argumentiert auch BACKES: 281: „Die Funktion der Intertexte im Index besteht also nicht nur darin, 'Deutungsmöglichkeiten für die Intention der Bewußtseinsmanipulationen' (Fischer/Jäger) bereitzustellen oder die Ausdrucksebene zu potenzieren und sie vom Signifikat abzulösen (Ruprechter); vielmehr ermöglicht das anzitierte Textreservoir einen analytischen Eingriff in die Funktionsweise und Wechselbeziehungen von langue und Diskurs, dessen Konsequenzen für die Selbstrepräsentation des Bewusstseins Bayer in der Theaterallegorie abgebildet hat."

als konstitutiver Bestandteil *des Buches* sensibilisert dafür, *dass die Gestalt des Buches in den Fokus der Interpretation rücken muss.* [19]

*Viertens*: Analog hierzu deute ich auch das Foto der stürzenden Mussolinibüste am Anfang des Werkes. Das Foto ist unter den Titel *der kopf des vitus bering* gesetzt und somit ebenso wie der *index*, konstitutiver Bestandteil des Buches. Der Medienwechsel (Bild/Schrift) markiert nun nicht, dass eine semantische Verbindung von Mussolini und Bering gezogen werden soll oder dass im Zuge der Subversion der Sprachautorität diskursiv auf eine weitere Autoritätssubversion (Sturz des Faschismus) hingewiesen werden soll. Der Medienwechsel markiert vielmehr, dass eine bestimmte diskursiv-semantische Deutung gerade nicht im Mittelpunkt steht. Wenn eine Autorität gestürzt werden soll, so die der nur semantischen Deutung, oder um es derridaesk zu formulieren: *Der Medienwechsel subvertiert den Thematismus, damit die Syntax des Buches in den Fokus rücken kann.* Der Medienwechsel und der Bruch zwischen Textontologie und *index* sind somit nicht die Mitteilungsform für bestimmte Informationen, sondern die Informationen selbst.[20] Die Mitteilungsform als Information zu lesen macht sichtbar, dass der *vitus bering* ein Buch über die Art und Weise ist, wie über die spezifische Gestalt eines Kunst-Werks etwas über unsere Welther(aus)stellung gesagt werden kann (und dass er nur nebenbei ein Buch über Vitus Bering ist). Der *vitus bering* ist ein Buch über das Welt(her)ausstellen. Und im Zuge dieser *syntaktischen, antithematischen Lektüre* des Werkes, kommt die Interpretation in die Position *sinnform-sensibel* zu sein. Indem sich der *vitus bering* als syntaktisch her(aus)zustellendes Buch präsentiert, indem er von einer logistisk-sensiblen Beobachtung solchermaßen beobachtet wird, kann beobachtet werden, wie qua experimenteller Prosa die strukturelle Kopplung und der (narrative) Nexus von sozialer und symbolischer Systemreferenz re-markiert wird.

Bevor ich meine Thesen weiter zuspitze, noch eine Auseinandersetzung mit den Deutungen Janetzkis und als Übergang zu meinen Thesen die Diskussion der Deutung von Fischer/Jäger. Janetzki argumentiert, dass es im Hinblick auf den Protagonisten Vitus Bering zu einer signifikanten Korrelation zwischen ekstatisch-schamanistischer Identitätsfindung und Gestalt des *vitus bering* kommt. Vitus Bering kommt qua *Ent-Grenzung* des Ich in Form von epileptischen, sinn-

---

[19] JANETZKI: 95 behauptet einerseits: „Der Index ist eben kein wissenschaftlicher Anhang, sondern Bestandteil des Buches 'Der Kopf des Vitus Bering' und unterliegt insofern anderen Kriterien", allerdings argumentiert er nicht entlang dieser Prämisse. Seine Drei-Teile-These steht dieser Prämisse gar entgegen.

[20] Siehe STANITZEK, Georg 1996: Was ist Kommunikation? In: J. Fohrmann, H. Müller (Hgg.), Systemtheorie der Literatur. München, 21-55, 40ff.; vgl. auch ADLER, Jeremy 1981: Isolation und Einheit. Bemerkungen zum Werk Konrad Bayers. In: G. Rühm (Hg.), Konrad Bayer Symposion Wien 1979. Linz, 7-15, 13: „Die Form der Aussage ist die Aussage selbst."

losen, ekstatischem Anfall zur *Ein-Grenzung* seines Ich.[21] Diese aporetische Bewegung des Ent-/Ein-Grenzens findet, so Janetzki, nun ihren Ausdruck in den Verfahrensweisen des 'Romans':

> Das Montageverfahren korrespondiert mit der Irritation Berings, macht sie quasi nachvollziehbar [...]. Bayer, der Vitus Bering als Person vorstellt, die nichts von ihrer Stigmatisierung weiß, bleibt nichts anderes übrig, als verschiedene kultische Elemente in einer Art Simultanschau vorzustellen, um die Irritation des Vitus Bering anzudeuten (96) [...]. Das Außersichsein des Vitus Bering korrespondiert so mit den außerhalb des grammatikalischen Regelgefüges angeordneten Worten, wobei die leicht erkennbare Methode der syntaktischen Umstellungen eben auf die *Vorstufe zur Trance* verweist [...]. Bayer findet in diesem Kapitel zu einer dem irritierten Bewußtsein Berings adäquaten Form (98) [...]. So scheint das zufällige Durcheinander der schamanistischen Elemente als bewußt methodisches Verfahren, durch das gleichzeitige Auftreten aller Dinge das heillose Durcheinander eines verstörten Bewußtseins 'verständlich' werden zu lassen (99) [...]. Zusätzlich verfremdet er auch die Syntax, sodaß sich hierdurch der Zustand Berings verdeutlicht, sich außerhalb der sprachlichen Ordnung zu befinden. (100) [...] Die Romankonstruktion innerhalb derer Bering als Schamane ausgewiesen ist, weist auf die Möglichkeiten einer Erfahrung des Ungewußten hin (JANETZKI 1982: 108).[22]

Und diese Deutung erreicht ihren Höhepunkt in der Annahme, dass bei einer der zentralen Passagen („essen und trinken I", VB: 541-544), in der neben- und ineinander archaische, christliche Motive, Kannibalismus, Restaurantbesuch, Begräbnisritus, Folter u. ä. m. präsentiert werden, Bering (!) die „Welt in einem ihm [!] chaotisch erscheinenden Zustand [erlebt] [!]" (ebenda: 100), (ohne beispielsweise zu klären, wieso Bering schon hier, noch nicht im Zustand der Erleuchtung wie am Ende, eines Zukunftsblickes („11. september 1829", VB: 541) fähig sein kann).

Auch Fischer/Jäger sehen eine Entsprechung zwischen der Gestalt des Werkes und der Bewusstseinsreise Berings. Sie lesen Bayers Werk als „Forschungsreise in unerschlossene Bewußtseinsräume" (FISCHER/JÄGER: 653), die im Einklang mit der Gestalt des Werkes steht (Montage heterogenen Materials, assoziative Vernetzung, die zu einer „'semantischen Übersättigung', d.h. zu einer bis zur Unverständlichkeit führenden Überdeterminierung der Textelemente [führt]. [...] [eine] ‚reise bis ans ende der bedeutung eines wortes ist eine reise bis ans ende der welt'", das „Verfahren schockhafter Schnitte", die „'Form der nicht inhaltsbezo-

---

[21] Siehe hierzu auch RUPRECHTER, Walter 1987: Alles und Nichts. Über einige Positionen im Werk Konrad Bayers. In: WALTER BUCHEBNER LITERATURPROJEKT: 120-130, 128.

[22] Dass die Montagetechnik mit dem Schamanismus korrespondiert, ist auch die These von STEINLECHNER 1996: 479f. Insgesamt bemerkt Steinlechner eine Korrespondenz von 'Inhalt' und 'Form', so dort, wo Bayer, um den ständigen Perspektivenwechsel der Welterfahrung auszudrücken, ein Schiff wählt („ein schwankendes Schiff, darauf der Kopf schwangt, worin ein Bewußtsein schwangt" (ebenda: 468)), aber auch dort, wo das Motiv der Verwandlung mit dem Verwandlungsvorgang par exellance – Töten, Essen, Verdauen, Ausscheiden – korreliert wird (siehe ebenda: 485).

genen Verbindung von Sätzen'" usw. (ebenda: 657ff.)).[23] Mitteilung und Information entsprechen einander. Das Bewusstsein wird als Palimpsest, als Tranformation von Transformationen beobachtbar (vgl. ebenda: 656 und 659), indem der *vitus bering* formanalytisch als „'Decollage' eines Palimpsests" daherkommt (ebenda: 656).[24] Zunächst wird hiermit auch (sensu Janetzki) Vitus Bering angepeilt, denn es geht um die „Erweiterung des Bewußtseins", um die „Gewinnung spiritueller Fähigkeiten" (ebenda: 654), um den „Seher-Dichter", „der als Epileptiker, Schizophrener oder Schamane von der Gesellschaft sozial ausgegrenzt wird. Der Höhepunkt geistiger Vision fällt mit dem leiblichen Tod zusammen" (ebenda), allerdings gehen Fischer/Jäger den entscheidenden Schritt über eine schlicht textontologische Interpretation hinaus. Sie formulieren nämlich, dass die geistige Vision Berings solchermaßen Funken sprüht, dass nicht (nur) Bering am Schluss als Erleuchteter dasteht, sondern die Lesenden am Prozess, nicht der Erleuchtung, aber der kreativen Dekonstruktion der Sprachdressur des Bewusstseins teilhaben:

> Der Text setzt sich aus Fragmenten unterschiedlicher Kulturstufen, Erfahrungsbereichen und Bewußtseinsschichten zusammen. Indem der Leser reflektierend und phantasierend Beziehungen knüpft, konkretisiert sich der Text schließlich als Horizont seines Bewußtseins […]. das Verfahren setzt die Erinnerungsspur [ich ergänze: des Lesers!] frei (ebenda: 657) der *kopf des vitus bering* versucht den Vorhang zwischen dem Bewußtsein als Zuschauer des Lebenstheaters und den Lebensvorgängen auf der Bewußtseinsebene aufzuziehen, indem er Oppositionen wie aktiv/passiv oder innen/außen aufbricht und damit die auf ihr beruhende Identität der Person bzw. des 'Ich' infragestellt. Der Text realisiert auf diese Weise ein 'Bewußtseinstheater' (ebenda: 660).

Mit der Metapher des Bewusstseinstheaters ist sehr schön impliziert, was ich entlang von Mussolini-Foto und *index* aufzeigen wollte: Die Ebenenüberlagerung.[25] Der Rahmen kommt in den Blick, wenn man die Theatermetapher bemüht

---

[23] BACKES 270 (Anm. 27) liest das Verfahren schockhafter Schnitte als „sprachliche Adaption der filmischen Schnittechnik": „Durch die Montierung von 'Aufnahmen' unterschiedlicher Art und Herkunft in einer einheitlichen Sequenz demonstriert Bayer den Apparat- und Verschnitt-Charakter einer Sprache, die im herkömmlichen Gebrauch zur zweiten Natur geworden ist."

[24] Vgl. zur Palimpsestthese in direktem Bezug auf Fischer/Jäger BACKES: 280. – HOHMANN: 118 spricht im Hinblick auf Bayers Verfahren von einer „Puzzle-Methode", Heimann von einem „Zerstückelungsstil" (HEIMANN, Bodo 1983: „Den Bären beim Tanzen nicht zu behindern." Konrad Bayer und der Kopf des Vitus Bering. In: protokolle 1 (1983), 109-118, 110).

[25] BACKES: 312 spricht mit Bezug auf Goffman in diesem Kontext von einem „'Rahmenbruch'". – Und JANETZKI: 109 kommt trotz seiner textontologischen Beringfokussierung und seiner These, dass Bering am Ende als Schamane in der Trance zu sich kommt, auch zur Deutung, dass es nicht (nur) um Bering, sondern auch (und ich würde sagen: vor allem) um den Leser geht: „Was der Text „Der Kopf des Vitus Bering" zu leisten vermag, ist, dem Leser die im eigenen Kopf verfügbare 'Enzyklopädie der Erfahrungen' ins Bewußtsein zu rufen, um sie dem entgegenzustellen, was gemeinhin als 'Wirklichkeit' und 'Subjektivität' gedacht wird."

(Bühne, Vorhang, Zuschauer), mehr noch, der Rahmen rückt bei Bayer in die Position der Information und über diese Positionsverschiebung wird der Blick für eine neue Kommunikationsstruktur literarischer Kommunikation frei: Aufgrund dieser Positionsverschiebung (Foto, Text, Berings Bewusstsein, *index*) ist entlang von Bayer der Begriff der Literatur ein anderer geworden. Mit Blick auf Fischer/Jäger bedeutet dies, dass nicht Vitus Bering als textontologische Figur der argumentative Fluchtpunkt ist, sondern das syntaktische Verhältnis von Text und Leser, also die Beobachtung des Textes als Werk. *der kopf des vitus bering* erleuchtet nicht Vitus Bering, sondern beleuchtet, wie qua experimenteller Prosa im Lese- und Interpretationsakt die strukturelle Kopplung re-markiert wird.[26] Dies geschieht über die Frontstellung der Unterscheidung symbolische/soziale Systemreferenz. Indem die Gestalt des Romans Vitus Bering (symbolische Referenz) den Leser (soziale Systemreferenz) solchermaßen affiziert, dass sich dieser als Leser und Interpret im kreativen Interpretationsakt selbst beobachtet, wird die granulierte strukturelle Kopplung re-justiert. Das Thema des *vitus bering* ist nicht (allein) der Schamanismus des Vitus Bering und nicht einfach die paradoxe Dekonstruktion von sprachlicher Determination qua sprachlicher Aufhebung von Sprache,[27] sondern die Beobachtung, wie *qua Literatur*, als spezifischem Erkenntnismodus, die allgemeine Welther(aus)stellung in den Blick kommt. Literatur und literarische Kommunikation sind das Thema *des kopf des vitus bering*, ebenso wie der „Interpretationsproceß" selbst.[28] Allerdings bedeutet dies nicht, dass der *vitus bering* ‚einfach' Literatur über Literatur ist, sondern dass er im Umgang mit Epilepsie und Schamanismus Literatur über Literatur ist. Nicht der Initiationsritus Berings steht im Mittelpunkt, sondern der Initiationsritus von Literatur. Und es geht – via Rahmenbruch qua Foto, Text, *index* – nicht um die schamanistisch-epileptischen Initiationswehen eines Bewusstseins (Vitus Bering), sondern um die schamanistisch-epileptischen Initiationswehen von Literatur. Epilepsie und Schamanismus sind in dieser Deutung *einerseits* keine genuin epileptischen und schamanischen Größen, die einer Person widerfahren können und die zur Bewusstseinserweiterung oder Erleuchtung einer Person dienen, es geht nicht um die parapsychologische Kraft von Epilepsie und Schamanismus im Hinblick auf ein Bewusstsein (Vitus Bering) – deshalb ist auch die Frage, ob Bering am Ende tatsächlich in die Transzendenz übertritt oder lediglich einen epileptischen Anfall hat oder ob mit den epileptischen Indizien (beispielsweise

---

[26] Dass es beim *vitus bering* vornehmlich um die Frage des 'Wie-Lesen' geht, ist das Argument von SZABÓ, Csaba 2002: Zum Fallenlassen. Anmerkungen zu Konrad Bayers *der kopf des vitus bering*. In: K. Bonn, E. Kovács, C. Szabó (Hgg.), Entdeckungen. Über Jean Paul, Robert Walser, Konrad Bayer and anderes. Frankfurt am M., 57-81, u.a. 62, 69 und 73.

[27] „sich am eigenen Sprachschopf aus der Sprache zu ziehen versucht" (BERGER: 39).

[28] BACKES: 255: „Gefragt wird nach den Folgen, die die Heterogenität der Diskurse für das Referenzobjekt, die Vorstellung einer Wirklichkeit als Summe des Möglichen und den Interpretationsprozeß selbst hat."

ausgestreckte Zunge) eine Aggression gegen Autoritäten ausgedrückt wird (sensu BACKES: 308) irrelevant für (m)eine Interpretation.[29] *Andererseits* sind Epilepsie und Schamanismus aber auch nicht beliebige Medien im Zuge der Beobachtung von Literatur über Literatur. Vielmehr sind sie notwendig, um Literatur als Literatur beobachten zu können. Meine These ist, dass Bayers *vitus bering* der Literatur das zuschreibt, was man als Gewinnung spiritueller Fähigkeiten, Transzendenz oder Erleuchtung beschreiben könnte. Es geht somit in erster Linie nicht um den Seher-Dichter Bering, sondern um die seherischen Fähigkeiten von Literatur. Literatur ist als *schamanische Literatur* ein besonderer Erkenntnismodus.[30] Der Literatur als Diskursform, als spezifischer Kommunikationsstruktur werden Eigenschaften zugeschrieben, die sonst Schamanen, also Personen und ihren Bewusstseinen zugeschrieben werden. Dabei sind Vitus Bering und der Schamanismus nicht genuin notwendige Mittel zur Darstellung des spezifischen Erkenntnismodus der Literatur, sie dienen aber in ihrer Radikalität und Außergewöhnlichkeit als besondere Verstärker, um diesen literarischen Erkenntnismodus auszustellen.[31] Es geht Bayer um Momente radikalen Andersseins und der

---

[29] Grundsätzlich stimme ich mit Ecsedy in ihrer Einschätzung der Problemlage überein, auch wenn ich nicht auf die „Ordnung des abendländischen Wissens", sondern auf die ebenenverletzende Re-Organisation der literarischen Kommunikation abhebe. Ecsedy „scheinen die [...] Reduktion des Textes aus 'Bewußtseinsdichtung' und die damit verbundenen kognitiven und erkenntnistheoretischen Probleme insofern unbefriedigend, als sie die *diskursive* Materialität des Textes, sein kalkuliertes Spiel mit der äußeren Ordnung abendländischen Wissens, vernachlässigt" (ECSEDY, Judit 2002: Chaos und Ordnung im *kopf des vitus bering*. In: BONN/KOVÁCS/SZABÓ:, 95-102, 96).

[30] Diese These steht diametral folgender Auffassung entgegen: „Der Künstler benutzt die Sprache, um ästhetisch zu demonstrieren, was die Wissenschaft theoretisch darlegt" (BERGER: 43). Ebenso kann meine Arbeit Folgendes nicht unterschreiben: Experimentelle Texte sind „im Prinzip keine literarischen [...], sondern theoretische, angewandte Literatur- oder Erkenntnistheorie; oder besser gesagt, eben Grenzfälle, aufbauend auf demontierter Literatur und zu theoretischen Erkenntnissen führend" (STRASSER: 73). Ähnlich wie Berger und Strasser argumentiert auch MAGER: 136. – Solche Deutungen sind explizit und implizit an einigen programmatischen Äußerungen Oswald Wieners orientiert und müssen auch als solche reflektiert werden: „Experimentelles Schreiben ist Forschung geworden, ein Versuch, Modelle des menschlichen Verstehens zu erlangen" (WIENER 1983: 44.). Siegfried J. Schmidt bestätigt solche Thesen, indem er formuliert, dass er bei Goldenberg (einer Figur aus Bayers Werk *der sechste sinn*) gelernt (!) hat, dass „Sinn und Bedeutung [...] nichts anderes sein können als eine Funktion unserer semantischen, kognitiven und emotiven Operationen" (SCHMIDT, Siegfried J. 1981: *argumentation vor der bewusstseinsschwelle*. Der Versuch, der Vernichtung durch Sprache entgegenzuwirken. In: RÜHM 1981: 63-70, 68). – Alle diese Beobachtungen übersehen meines Erachtens, dass Literatur bei Bayer als Medium installiert wird, das etwas aufzeigen kann, was nur Literatur und eben Wissenschaft nicht aufzeigen kann. Mithilfe von Literatur sieht man nicht besser und mehr, sondern anders und anderes als mithilfe von Wissenschaft.

[31] „Das Leben Brings ist allerdings kein x-beliebiger Aufhänger, da diesem Mann eine exemplarische Extremität des Bewußtseins eignete. Er war Forscher, Abenteurer, Spieler, Trinker und Epileptiker, also ein Mensch, der äußerste und ungewöhnlichste Erfahrungen machte" (HOHMANN: 117).

Schamanismus ist *eine* besonders prägnante, aber nicht die einzige Ausdrucksform dieses Andersseins. Es geht ihm um die *parapsychologische Signatur der Literatur*, sei diese nun qua Schamanismus oder durch andere parapsychologische Medien indiziert bzw. vermittelt.

Aus dieser These ergibt sich auch die Folgethese: Die Gestalt des *vitus bering* korrespondiert nicht mit der Ver(w)irrtheit Berings, sondern mit dem Trancezustand des Werkes, also mit dem Trancezustand der Literatur. Janetzkis oben zitierte Sätze lassen sich folglich umschreiben: ‚Das Montageverfahren korrespondiert mit der Irritation des Kunst-Werks, macht sie quasi nachvollziehbar. Das Außersichsein des Kunst-Werks korrespondiert so mit den außerhalb des grammatikalischen Regelgefüges angeordneten Worten, wobei die leicht erkennbare Methode der syntaktischen Umstellungen eben auf die Vorstufe zur Trance verweist. Bayer findet in diesem Kapitel zu einer dem irritierten Kunst-Werk adäquaten Form. So scheint das zufällige Durcheinander der schamanistischen Elemente als bewusst methodisches Verfahren, durch das gleichzeitige Auftreten aller Dinge das heillose Durcheinander eines verstörten Kunst-Werks 'verständlich' werden zu lassen. Zusätzlich verfremdet er auch die Syntax, sodass sich hierdurch der Zustand des Kunst-Werks verdeutlicht, sich außerhalb der gewöhnlichen sprachlichen Ordnung zu befinden. Die Romankonstruktion, die sich als Schamanen ausweist, weist auf die Möglichkeiten einer Erfahrung des Ungewussten hin.' Dies bedeutet nun auch, dass die These von den drei Teilen umformuliert werden muss: Der *vitus bering* als Kunst-Werk (Foto, Text, *index*, Interpretation) ist der dritte Teil, der sich am Schluss des Textes (Berings Trance auf textontologischer Ebene) immer schon geschrieben haben wird.[32] Im Rahmen unseres Erzähl-Modells kann formuliert werden, dass die *Erzählung* der dritte Teil ist. Der dritte Teil ist somit kein weiteres Moment der Handlung und der Geschichte, sondern die (retro-aktive) Etablierung der N-Reihe qua Erzählung (siehe Skizze 2). Im Kontext der Begrifflichkeit von Martinez/Scheffel würde die These lauten: Der Dritte Teil des *vitus bering* ist nicht auf der Ebene von Ereignis, Gesche-

---

[32] Wie ich schon beschrieben habe, ist die Korrelation von Schamanismusindizien und Transzendenz im Gegensatz zu schlichter Krankheit nicht immer klar (Stichwort: BLAU, s.o.). Somit ist auch die Korrelation von Schamanismus und Literatur bzw. Kunst nicht eindeutig, allerdings gibt es einige Hinweise, die schamanische Indizien eng an Kunst binden, so beispielsweise die Musik, konkret das Trommel- und Flötespielen sowie das Singen (von Hymnen). Durch Musik wird nicht allein Berings Zustand entpathologisiert (so JANETZKI 1982: 100), sondern das Schamanentum als Kunst geadelt (siehe VB: 537f. und im *index*: 563f.). Dass es sich bei der Musik und besonders beim Flötenspiel um ein explizites Kunstsignal handelt, bestätigt auch ein Blick in Gottfried Benns Rönne-Novellen (1914-1916). Diese fünf Novellen lassen sich als Kunstinitiation des Protagonisten Rönne lesen, die in der vierten Novelle (*Der Geburtstag* (1916) mit der erfolgten Initiation ihren Höhepunkt erreicht. Signifikant ist dabei, dass die Kunstinitiation immer wieder scheitert und erst mit dem Flötenspiel ihr entscheidendes Momentum zugespielt bekommt. Siehe BENN, Gottfried 1994: Der Geburtstag. In: Ders., Prosa und Autobiographie. In der Fassung der Erstdrucke. Hrsg. von B. Hillebrand. Frankfurt a.M., 41-51. 49.

hen, Geschichte, Handlungsschema und Erzählung, sondern auf der *Ebene des Erzählens* anzusiedeln: „Die Präsentation der Geschichte und die Art und Weise dieser Präsentation in bestimmten Sprachen, Medien […] und Darstellungsverfahren" (MARTINEZ/SCHEFFEL: 25) (siehe Skizze 5). Dabei korrespondieren die Heterogenität der *Darstellungsverfahren* (siehe FISCHER/JÄGER: 657ff.), der unterschiedlichen *Diskursmodi* (Literarischer Text und (populär)wissenschaftlicher *index*) und die verschiedenen *Medien* (Foto, Text, Schrift) mit den Initiationswehen und der Trance des Kunst-Werks.

Im Kontext der Formel 'Literatur = Text/Werk' kann nun weiter formuliert werden, dass die Heterogenität von Darstellungsverfahren, Diskursmodi und Medien die Ausstellung des 'Textes als Text' markiert, während die Initiierung der Interpretation von Interpretation im Leseakt als Realisierung des 'Textes als Werk' beobachtet werden kann. Dies bedeutet, dass die Ausstellung des 'Textes als Text' mit den Initiationswehen und dem Trancezustand des Textes als Kunst-Werk korrespondiert. Freilich ist dabei entscheidend, das der 'Text als Text' immer nur 'als Werk' in Erscheinung tritt, gleichwohl er das an der Kommunikation (am Werk) ist, was nicht Kommunikation (Werk) ist. Diese Konstellation, 'in Form von Form, das an der Form zu sein, was nicht die Form ist', kann allein eine Literatur beobachtbar machen, die den eingeschliffenen Routinen der Realisierung eines Textes als Werk entgegensteht, die entrückt und gegenüber solchen Routinen ver-rückt ist. Somit offenbart sich nicht der Trancezustand Berings als das, was nicht versprachlicht werden kann, sondern die Ausstellung des 'Textes als Text'. Die Unmöglichkeit den 'Text als Text' in Form eines Kunst-Werks beobachten zu können, ist der mögliche Trance- und Erleuchtungszustand von Literatur. Es geht also darum, das Möglichkeitsprinzip selbst (so STEINLECHNER 1996: 490) (= 'Text als Text') gegenüber dem Zugriff des Wirklichkeitsprinzips (= 'Text als Werk') zu bewahren, was natürlich allein als Versuch und nie als Erfüllung gelungen sein kann.[33] Anhand der Darstellung von Backes kann weiter beobachtet werden, wie diese (unmögliche) Realisierung des 'Textes als Text' als eben diese unmögliche Realisierung evoziert werden kann. Die Gestalt des *vitus bering* als radikales Formexperiment macht diese unmögliche Realisierung beobachtbar. So ist das Verhältnis von Foto und Text emblematisch, was zu einem multiplen Denotieren führt (BACKES: 256), die „Palette von referentiell eindeutigen, vagen, unbestimmten, generellen und schließlich referenzlosen Äußerungen, die sich nicht zu einer raumzeitlich kohärent entwickelten Geschichte des Vitus Bering zusammenfügen lassen" führt zu einem „eigentümliche[n] Wech-

---

[33] Steinlechner spricht im Hinblick auf das Prosastück Bayers *die elektrische hierarchie* davon, dass „anhand künstlicher, autark funktionierender Systeme eine Situation größtmöglicher Freiheit und Offenheit" (= T e x t /Werk) angestrebt wird (STEINLECHNER 1996: 490). *die elektrische hierarchie* ist der Schlussabschnitt des *stein der weisen* (1954-1962), der als einziges Werk zu Bayers Lebzeiten als Buch veröffentlicht wurde (1963 im Wolfgang-Fietkau-Verlag).

selspiel von Identifikation und gleichzeitiger Verschleierung" (ebenda: 264), des Weiteren ist die Rede von einer „spezifische[n] Spannung des *vitus bering* im dekonstruktiven Wechselspiel von raumzeitlich erfassbaren Fakten und dem Funktionieren des Textes als willkürliche Korrelationsmaschine von Sätzen" (ebenda: 269):

> Durch intertextuelle Verfremdung und intratextuelle Wiederholungen bzw. paradigmatisierende Variationen potenziert Bayer die Ausdrucksseite und löst ihre Synthese mit der Inhaltsseite aus (278f.) [...]. In der Tat kann man so etwas wie eine immer komplexere Decollage der langue als des Systems konstituierender Differenzen und schließlich diskursiver Ordnungen beobachten (282) [...]. [J]eder aktuell auftretende Satz erscheint [...] einem Zusammenhang anderswo schon auftretender Sätze entnommen und steht von vornherein in Beziehung zu unendlich vielen weiteren Sätzen und diskursiven Ordnungen außerhalb der Bühne seines Auftretens (302).[34]

All diese von Backes angeführten Parameter des *vitus bering* deute ich als (unmögliches) Ausstellen des 'Textes als Text', wobei damit qua Darstellungsverfahren (symbolische Systemreferenz) der Interpretationsprozess der Lesenden (soziale Referenz) als Interpretationsprozess in den Blick kommt. Solchermaßen wird nicht einfach der *vitus bering* als Literatur über Literatur und als Interpretation von Interpretation gelesen, sondern als ein Werk, das durch seine Rahmenbrechung die literarische Kommunikation affiziert. Es kommt zu einer neuen Kommunikationsstruktur von Literatur, indem eben die Barre („-/-") der Unterscheidung soziale/symbolische Systemreferenz als diese Barre kommuniziert wird. In einem nächsten Schritt kann nun formuliert werden, dass über diesen Umweg der sozialen/symbolischen Referenz auch die strukturelle Kopplung remarkiert wird. Indem der Leser sich als Interpret seines Interpretierens entlang eines Kunst-Werks bewusst wird, dass aufgrund seiner heterogenen Verfahren, Diskursmodi und Medien massive Interpretationshindernisse einbaut, wird der Leser von diesen heterogenen Momenten solchermaßen affiziert, dass er sich explizit seiner kognitiven Leistungen (Bewusstsein) im Unterschied zu Kommunikation bewusst wird. Die radikalen Formexperimente des *vitus bering*, die radikale Multiplikation der Bilder (vgl. RUPRECHTER 1987: 122) setzen den Leser schachmatt (so BACKES: 301), dadurch wird der Leser (soziale Referenz) aber als Interpret in Gang gesetzt: Als routinierter Leser von Literatur, der mithilfe der problemlos eingeschliffenen Formen strukturelle Kopplung operiert, wird der Leser blockiert, um als, so die These, schamanisierter, entroutinierter Leser kreatives Potenzial entwickeln zu können. Dies gelingt, indem er die strukturelle Kopplung sich eben nicht mehr problemlos und selbstverständlich vollziehen

---

[34] Hierzu KENKLIES: 126ff. die als Modi der „schwebenden Semantik" im *vitus bering* „drei Formen der Setzung und Negation" ausmacht, wobei der Text sich m.E. dadurch auszeichnet, dass er weder zur Setzung noch zur Negation hin kippt, sondern radikal die Oszillationsbewegung von Setzung und Negation aufrechterhält; diese Oszillationsbewegung kann als die (unmögliche) Darstellung des 'Textes als Text' gelesen werden.

sieht. Der schamanistische Rahmenbruch des *vitus bering*, der eine neue Kommunikationsstruktur literarischer Kommunikation konstituiert, inthronisiert auch den Leser als Schamanen. Es geht dabei weniger darum, dass ein konkreter Leser tatsächlich als Schamane initiiert wird, sondern dass die neue Kommunikationsstruktur ein schamanisches, ekstatisches Interpretieren und Lesen provoziert. Die Referenzialisierung des Schamanismusdiskurses im *vitus bering* lässt sich folgendermaßen veranschaulichen:

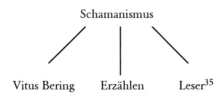

Meine Überlegung ist dabei, dass der Protagonist Vitus Bering (N1) als alleiniges Referenzobjekt des Schamanendiskurses zugunsten einer Ebenenverschiebung Richtung literarischer Kommunikation N3 und N4 sowie N5 dekonstruiert wird.[36] Der Schamanendiskurs mäandert solchermaßen in die Strukturen sozialer und symbolischer Referentialisierung und ist eben auch deshalb ein besonderer Erkenntnismodus. Weil der Schamanismus per definitionem Grenzüberschreitung, Ent-Grenzung, Übergang zur Transzendenz u. ä. m. ist, lässt er sich nicht monologisch referentialisieren. Der Schamanendiskurs ist *referenz-atopisch*, er hat seinen Ort überall und nirgends.[37] Der Schamanismus im *vitus bering* ist solchermaßen nicht relevant als genuiner Schamanismus (so wie er ethnologisch oder philosophisch beschrieben werden kann: Zerstückelung, Wieder-Zusam-

---

[35] Eine Dreierkonstellation findet sich auch bei HEIMANN 1983: 111, allerdings wird mit der starken Fokussierung des Kopfes als Bewusstseinssitz nicht eine Ebenenverschiebung angepeilt, Vitus Bering bleibt das argumentative Zentrum. Es kommen drei Köpfe in den Blick, nicht jedoch der *vitus bering* als Literatur: „Die Bewußtseinsvorgänge und -zustände im Kopf des Vitus Bering sind, indem er sie dokumentiert und versprachlicht, auch die des Autors und werden im Akt des Lesens und Verstehens auch zu denen des Lesers." – Andeutungsweise ein Rahmenbruch wird auch von de Smedt beobachtet: „Kann sich der Leser ihr [der Bewusstseinsveränderung] öffnen, wird die Lektüre von Bayers Montage stellvertretend zu einer Ekstasetechnik, die die Vorstellungen für Momente aus ihrer sprachlichen Einklemmung löst" (DE SMEDT, Erik 1983: Konrad Bayer und die 'Zerschneidung des Ganzen'. In: protokolle 1 (1983), 81-87, 85).

[36] Die Thesen, die in Bering und in seinem möglichen Schamanismus das primäre oder alleinige Referenzobjekt sehen, orientieren sich unter der Hand stark am Vorwort von Bayer. Dieses Vorwort gehört im Gegensatz zum *index* nicht zum *vitus bering*; es ist 1963 extra für eine Lesung im Sender Freies Berlin, wohl aus publikumsrelevanten Erwägungen des Redakteurs Hanspeter Krüger heraus, geschrieben und nicht für den Druck vorgesehen gewesen.

[37] RUPRECHTER 1987 hingegen argumentiert, dass es im *vitus bering* um das Cartesianische Projekt, Solipsismus und verwandte Fragen geht, macht aber nur unzureichend deutlich, wer denn als Solipsist oder als Cartesianisches Ich gemeint ist, Bayer, Bering, der Leser?

mensetzung, Anfall, Krampf, Trance, Transzendenz usw.), sondern als modus operandi des multiplen Relationierens, als modus operandi des Rahmenbruchs und der Ebenenverschiebung. In diesem Sinne ist der Schamanismus im *vitus bering* ein „abstrahierte[s] Formprinzip[]":

> Was ihn [Bayer] am Zen-Buddhismus fasziniert haben mag, könnten möglicherweise die der Zen-Literatur abstrahierten Formprinzipien gewesen sein: das Akzeptieren einer ständigen Irritation als Prinzip, die Abkehr von Kausalität und Ordnungsmodellen, die 'Ablehnung von Symmetrie' und eine 'Autorisierung für das Abenteuer der Offenheit' (JANETZKI 1982: 37f).[38]

Ein weiterer Hinweis auf Benns Rönne-Zyklus mag hier hilfreich sein: Diese fünf Novellen weisen eindeutig die Kunstinitiation des Protagonisten Rönne als primäres Referenzmoment der Interpretation aus. Die entscheidenden Aspekte spielen sich auf der textontologischen Ebene ab, es kommt zu keinem Rahmenbruch. Solchermaßen geht es um eine bestimmte Poetik und Auffassung von Kunst, nicht jedoch um eine Re-Markierung literarischer Kommunikation. Bei Benn werden experimentell-a(nti-)narrative Verfahren nicht darauf verwendet, literarisch eingespielte Rahmungen zu re-justieren. Somit gilt, dass nicht allein die Unterscheidung narrativ/a(nti-)narrativ darüber entscheidet, ob mit ihrer Hilfe eine Re-Markierung von struktureller Kopplung und eine Re-Justierung des narrativen Nexus von symbolischer und sozialer Systemreferenz vollzogen wird. Es geht vielmehr um *die Art und Weise, wie* a(nti-)narrativ experimentelle Prosa sich realisiert. Damit ist selbstredend kein qualitatives Urteil gefällt. Ich behaupte nicht, dass Texte, die entlang von eingespielten Rahmungen beobachtbar sind (Benn), weniger wichtig o. ä. wären als Texte, die Rahmungen de/konstruieren (experimentelle Prosa). Es handelt sich, strikt deskriptiv gesehen, um zwei verschiedene Formen von Literatur mit denen man Unterschiedliches unterschiedlich sehen kann.

Mit der Referentialisierung auf den Leser und das Lesen des Schamanismus, was Offenheit als Irritation in Dauerstellung bringt, werden auch Anschlüsse an meine Überlegungen aus Kapitel 3.3 möglich. Was für „[d]ie Teilnehmer im Bereich experimenteller Poesie" allgemein gilt, dass sie „dahingehend orientiert" werden, „daß sich ihre Aufmerksamkeit insbesondere auf Bewußtsein, Wahrnehmungen, Vorstellungen und Gefühle (z. B. 'Ergriffenheit') richten soll" und dass „das kommunikative Medium 'Bewußtsein' […] damit seinerseits als ästhetische Form adressiert" wird (BLOCK: 131), wird im *vitus bering* konkret via Schamanentum und der Inkommunikabilität schamanistischer Erfahrung transportiert. Hiermit schließe ich an die Überlegungen zur *Poetik der Kognition* an. Schamanisches und ekstatisches Interpretieren etabliert sich eben als das, was nicht kommuniziert werden kann. Schamanische Literatur provoziert ein scha-

---

[38] Solchermaßen verstehe ich den Schamanismusdiskurs als eine *Joker-Figur*, mit deren Hilfe man sowohl auf der Innen- als auch auf der Außenseite des Textes spielen kann.

manisches Lesen, dass die Literatur als schamanische Literatur nach-identifiziert, indem eben das, was den Schamanismus ausmacht – Trance und Transzendenz – zwar in der Form des Werkes 'ausgedrückt' oder besser angedeutet, aber eben als Trance und Transzendenz *nicht kommuniziert* werden kann. Diese Kommunikation des Inkommunikablen re-markiert, indem sie die strukturelle Kopplung als strukturelle Kopplung sichtbar werden lässt, die strukturelle Kopplung. Indem schamanistisches Interpretieren, weil schamanistisch, als inkommunikabel präsentiert wird, wird entlang der dadurch etablierten operativen Trennung von Bewusstsein und Kommunikation das Bewusstsein für Kommunikation verfügbar gemacht: „Kunst macht Wahrnehmung für Kommunikation verfügbar, und dies außerhalb der standardisierten Formen der (ihrerseits wahrnehmbaren) Sprache." (KG: 82). Der schamanistische Diskurs markiert – eben nicht nur auf der textontologischen Ebene – dieses 'außerhalb der standardisierten Wahrnehmung', wodurch es sensu Block zu einer „Abweichungsästhetik im Bezug auf das Verhältnis von Bewußtsein und Kommunikation" kommt (ebenda: 49).[39] „Das soll heißen, dass es vor allem Bewußtseinsoperationen sind, die mit Kunstwerken angesprochen werden, um eine gezielte Selbstirritation der Kommunikation zu erzeugen und ihre Unwahrscheinlichkeit aufzuzeigen" (ebenda). Kunst und Literatur präsentieren kommunikativ die Unverfügbarkeit des Bewusstseins, indem sie die (kommunikativ) unverfügbaren Wahrnehmungen (und Gedanken) kommunikativ ansprechen und dieses Kommunizieren mit etwas Inkommunikablem thematisieren und reflektieren.[40] Im Hinblick auf den *vitus bering* kann nun formuliert werden, dass insbesondere entlang von experimenteller Prosa – hier einer Prosa, die ihre Exemplarität als Schamanentum deklariert – anhand von Literatur solch eine Abweichungsästhetik beobachtet werden kann. Über die Adressierung des inkommunikablen Bewusstseins als Medium einer schamanistischen Lektüre kommt die strukturelle Kopplung in den Blick, womit formuliert werden kann, dass *experimentelle Prosa paradigmatisch Literatur* ist – in unserem konkreten Falle hier: schamanistische Literatur. Auch hier werden die in Kap. 3.3 aufgestellten allgemeinen Thesen, dass experimentelle Prosa, indem sie neue Formen für die die Affizierung des Bewusstseins durch die Kommunikation (und vice versa) sucht und dabei die Inkommunikabilität des Bewusstseins als eine literaturkon-

---

[39] Kenklies argumentiert analog zu meiner Arbeit, dass entlang von 'avancierter Literatur' (bzw. experimenteller Prosa) ein alternativer Erkenntnis- und Erfahrungsmodus von Literatur beobachtbar wird. Es geht dabei um „die Abwesenheit aller Differenz", die „Entortung der Perspektive", um die „'primordiale[n] Zweitlosigkeit'", um das „'Erleben von Nichtzweiheit'" u.ä.m. (KENKLIES: 120f.)

[40] Dass 'avancierte Literatur' sehr oft die Paradoxien, 'das Nicht-Sprachliche sprachlich', 'das Inkommunikable kommunikativ' zu entfalten versucht und dabei die Paradoxie des 'Sichtbarmachens durch Unsichtbarmachen' (sensu Luhmann) zu prozessieren versucht, ist die argumentationsleitende These von KENKLIES: 124: „Konrad Bayer steht mit dem Text 'der kopf des vitus bering' in dieser Tradition der kommunikativen Evozierung des Inkommunikablen."

stitutive Größe beobachtbar macht, konkret von einem experimentellen Werk remarkiert. Der *vitus bering* bestätigt diese allgemeinen Thesen, indem er sie konkret im Zuge des schamanistischen Diskurses und des Rahmenbruchs iteriert. Das bedeutet nun freilich nicht, dass Bayers *vitus bering* ‚tatsächlich' Literatur und literarische Kommunikation schamanisiert, sondern dass anhand des *vitus bering*, seines schamanistischen Diskurses und der damit verbundenen neuen Kommunikationsstruktur literarischer Kommunikation und der Re-Markierung der strukturellen Kopplung *exemplarisch* beobachtbar wird, dass und wie Literatur als Literatur beobachtet werden kann und wie, indem beobachtet wird, wie Literatur sich beobachtet, mehr als (nur) Literatur beobachtet wird. Bayers schamanistische Poetik ist Moment der Exemplarität seiner experimentellen Prosa und nicht eine Beschreibung von Literatur und literarischer Kommunikation.

Freilich muss an dieser Argumentationsstelle angemerkt werden, dass Bayer die Paradoxie der Kommunikation von Inkommunikablem in Form von schamanistischer Literatur und schamanistischem Lesen nicht nur aushalten und produktiv nutzen wollte (*vitus bering*), sondern dass er auch Wege gesucht hat, wie man nicht nur qua Sprache der Sprache entwischt, sondern wie man die Rahmenbrechung, die durch die Theatermetapher, die heterogenen Darstellungsverfahren, die unterschiedlichen Darstellungsmodi und die verschiedenen Medien indiziert ist, nicht nur literarisch vollzieht. Bayer (und vor allem auch Wiener) waren als Schriftsteller auch von einer radikalen Sprach- und somit Literaturskepsis durchdrungen. Der *vitus bering* ist meines Erachtens sowohl Ausdruck einer Poetik, die der Literatur – als schamanistischer Literatur – durchaus zutraut, alternative Erkenntnismodi zu initiieren und zu realisieren, als auch Dokument einer radikalen Literaturskepsis, die sich darin äußert, dass eben Literatur, weil sie auf Sprache (Stichwort: Dressur) angewiesen ist, trotz aller Rahmenbrechungen, eben nicht in der Lage ist, als Medium für alternative Erkenntnismodi zu dienen. Es ist konsequent, dass Bayer nach dem *vitus bering* lange fünf Jahre am *sechsten sinn* (als Fortführung dieser Sowohl-als-auch-Bewegung) geschrieben hat und dass er vor seinem Tod kaum noch Lust verspürte, zu schreiben. Die immense Schwierigkeit, die Ambivalenz eines solchen oszillierenden Literaturstatus auszuhalten, zeigt sich an diesen bio-bibliographischen Details. In dieser Hinsicht sind auch die cabaretistischen Aktivitäten Bayers (und der Wiener Gruppe) zu deuten. Das Cabaret markiert die medial radikale Rahmenbrechung und die damit verbundene radikale Re-Organisation literarischer Kommunikation.[41] Deutlicher als in der Literatur kann an den *Grenzen* von Literatur,

---

[41] Hierzu auch FISCHER/JÄGER: 661: „In Motiven, Themen und Intention nimmt *der kopf des vitus bering* vielfach vorweg, was der Wiener Aktionismus in reale Aktionen übersetzte. Einige Züge des Wiener Aktionismus stellen sich darum als Explosion des Textraumes, als Überführung des 'Bewußtseinstheaters' in Aktion dar." Dem stimme ich zu, betone aber, dass es m.E. nicht darum geht, dass der Wiener Aktionismus thematische Aspekte (Zerstückelung des Körpers, Ekstase des Körpers u.ä.m.) des *vitus bering* in Aktion umsetzt, son-

Tanz, Körperbewegung, Musik, Stimme, Bühnenraum, sozialem Raum und Aktion die Rahmenbrechung als spezifischer modus operandi einer spezifisch künstlerischen Erkenntnis inszeniert werden. Die schamanistischen Ent-Grenzungen und Ein-Grenzungen vollziehen sich besonders signifikant entlang von medialen Grenzen.

*Narrativität/ A(nti-)Narrativität.*
Das, was eben zur schamanistischen Literatur, zum Rahmenbruch, zur Re-Organisation literarischer Kommunikation, zur Re-Markiertung der strukturellen Kopplung, zur Poetik der Kognition, zur Exemplarität experimenteller Prosa usw. gesagt wurde, konnte nur im Kontext der experimentellen Re-Markierung von Narrativität gesagt werden. Die allgemeine These, dass „unser Alltagsbewusstsein eine stabile und kontinuierliche Raum-Zeit-Struktur voraussetzt" und dass Bayer im *vitus bering* „auf deren Destruktion besondere Mühe verwandt" (FISCHER/JÄGER: 659), kann folgendermaßen re-formuliert werden: Im *vitus bering* wird mit der a(nti-)narrativen De/Konstruktion und Re-Justierung der Sinn-Form Narrativität, die unsere Welterfahrung auf stabile und kontinuierliche Raum-Zeit-Strukturen trimmt, unsere Sinn-, Identitäts- und Welther(aus)stellung re-organisiert, was natürlich auch Auswirkungen auf die Stabilität unserer stabilen und kontinuierlichen Raum-Zeit-Strukturen hat. Oder: die Re-Markierung von literarischer Kommunikation (soziale/symbolische Systemreferenz) und die Re-Markierung von struktureller Kopplung laufen konstitutiv über die De/Konstruktion von Narrativität.

Ohne großen analytischen und interpretatorischen Aufwand kann beobachtet werden, dass im *vitus bering* nicht konventionell narrativ erzählt wird. *Einerseits* liegen Beobachtung wie die folgende nahe:

> Dieser Text ist lesbar, dennoch wird man diesen Text nicht auf einen plot, einen Handlungsverlauf hin nacherzählen können. Der pragmatische Nexus einer linearen Handlung wird in „der kopf des vitus bering" zerstört, da hier der Sprachgebrauch nicht unter der Prämisse der mimetischen Abbildungsbeziehung erfolgt. Es werden vielmehr alle deiktischen Strukturen wie eine kohärente Sprecherrolle oder Einheit der Figuren aufgebrochen und jeweils als Simultanerscheinungen gehandhabt (KENKLIES: 125).

Natürlich gilt, dass die N-Reihe hier kaum rekonstruierbar ist. Es ist nicht ersichtlich wie sich im Einzelnen Ereignisse zu Episoden, Geschehen und Handlung qua Erzählen einer Geschichte zusammenfügen. Insgesamt haben wir es mit ei-

---

dern dass er die (konstitutiv über bestimmte thematische Aspekte laufende) Rahmenbrechung radikalisiert und die literarische und künstlerische Kommunikation in voller Radikalität re-markiert (auch wenn es den Wiener Aktionisten nicht um eine Re-Markierung von Kunst, sondern um eine konsequente (freilich unmögliche) Zerstörung von Kunst ging). – KENKLIES 118 interpretiert die Ausführungen von Fischer/Jäger metatheoretisch: „Anhand des Übergangs von der Wiener Gruppe zum Wiener Aktionismus wird hier die realgeschichtliche Entwicklung als die Explikation einer Theorie gelesen."

ner trüben Erzähl-Form zu tun. Und durch die Heterogenität und schwierige Klassifizierbarkeit der Erzähl-Verlaufs-Momente (*plot*-Ambiguitäten, wie wird erzählt: Nullfokalisierung/interne Fokalisierung, hetero-/homodiegetisch, Un/Unterscheidbarkeit von mimetischen und theoretischen Sätzen, Grammatikalität und Syntax usw.) wird auch die gesamte Erzähl-Grammatik getrübt. Die heterogenen Verfahrensweisen, die unterschiedlichen Diskursmodi und die verschiedenen Medien (s. o.) führen zu einem Rahmenbruch, der die klare Relationierbarkeit der Kommunikationsebenen (N1-N5) erschwert und über die Subversion von textontologischer Kohärenz und erzählerischer Kohäsion die Relationierbarkeit von sozialer und symbolischer Systemreferenz verwirrt, wodurch es insgesamt zur Trübung des Erzähl-Modells kommt. Dieses radikal a(nti-)narrative Experiment subvertiert ein klares Unterscheiden von symbolischer und sozialer Referenz und unterminiert die Position, Narrativität als Nexus dieser beiden Systemreferenzen beobachten zu können, ebenso wie es die Beobachtung von Narrativität als Sinn-Form, also als strukturelle Kopplung re-markiert.

*Andererseits* erweist sich dieses trübe Erzähl-Modell als eben nicht opak. Obwohl sich die N-Reihe nicht kontinuierlich re-konstruieren lässt, kann dennoch von einem narrativen Gerüst die Rede sein. Dieses narrative Gerüst etabliert sich allerdings nicht über einen narrativen Vollzug des *vitus bering*, sondern über erstens die a(nti-)narrative De/Konstruktion eines spezifischen, narrativ konventionalisierten, Erzählmusters: *Reise-Roman* und zweitens durch die – zweifelsohne semiotisch hochkomplexe (siehe BACKES) – Referenz auf den 'tatsächlichen' Seemann und Forscher Vitus Bering. Fischer&Jäger sprechen in diesem Zusammenhang vom „Motiv der 'unendlichen Fahrt'", von der „Reise ins Imaginäre", vom „halluzinatorischen Trip in 'künstliche Paradiese'", und der damit verbundenen „Auflösung der Ich-Identität" und „Sprengung der Ich-Grenzen" (FISCHER/JÄGER: 653):

> der kopf des *vitus bering* ist eine Forschungsreise in unerschlossene Bewußtseinsräume. Die historischen Forschungsreisen von Bering dienen als Folie; die Formelemente der Reiseerzählung vom Typus der 'unendlichen Fahrt' geben das narrative Skelett ab" (ebenda).[42]

---

[42] Auch Steinle spricht davon, dass „[n]icht außerhalb des Schiffes […,] das zu Entdeckende zu liegen [scheint], sondern innerhalb dessen bzw. auf diesem", was dann die Rede von einer „Schiffahrt nach innen", die allerdings „zur völligen 'Entäußerung' hinführt", rechtfertigt. Wichtig finde ich Steinles Hinweis, dass eine Deutung, die in der epileptisch-schamanischen Ent-Grenzung allein das Gelingen von Berings Identitätsbildung sieht, zu kurz greift, vielmehr gehe es darum, dass der *vitus bering* „in keinem der beiden Bereiche [sprachlich-äußerliche Welt hier und nicht-sprachlich-innerliche Welt dort] allein Deckung für eine Ausschließlichkeit oder einen Vorzug findet. Nur im Erkennen beider Einflussreiche und mehr noch, im Übertreten und Pendeln, lautet der Entwurf, könne so etwas wie Identität, etwas wie Wirklichkeit sichtbar werden". Freilich ist auch hier Vitus Bering das (über)strapazierte Referenzobjekt (STEINLE, Robert 2002: „die bordwache sang das alphabet…" – Scharniere im *kopf des vitus bering*. In: BONN/KOVÁCS/SZABÓ, 83-94,

Die Formelemente der unendlichen Reise sind erzähltheoretisch im Hinblick auf die Erzähl-Grammatik nicht so ohne Weiteres rekonstruierbar, dennoch gibt es klare Signale, dass eine Reise oder verschiedene Reisen begonnen wurden und dass die Reise mit dem Anfall bzw. der Trance Berings ihren textontologischen Abschluss findet. Sowohl die Referenz auf die Biographie des Forschers Bering (seine Reisen ins Sibirische Meer, die Umstände seines Todes usw.) als auch die Dynamik im *vitus bering* lassen das narrative Muster 'Reise' deutlich genug zum Vorschein kommen. Obwohl somit im Einzelnen die N-Reihe nicht rekonstruiert werden kann (siehe Kenklies), gibt es durch nicht explizit narrative Signale Hinweise auf narrative Muster. Solche Signale sind beispielsweise die sich steigernden Anfälle Berings, die auf eine dramatische Zuspitzung hindeuten, damit korrespondiert ex negativo die immer größere Schwierigkeit des Schiffes, vorwärts zu kommen. Es wird kälter, das Eis wird dicker und schließlich friert das Schiff fest (vgl. zu der Korrespondenz dieser gegenläufigen Bewegung FISCHER/JÄGER: 656 und STEINLE: 86f.). Im a(nti-)narrativen Erzählmodus gibt es somit genug Hinweise auf narrative Muster. Wichtig ist dabei, dass der *index* mit seinen 'Informationen' nachträglich diese Signale, insbesondere Berings Schamanismus, verstärkt und somit überhaupt als diese Signale sichtbar werden lässt. Solchermaßen kann formuliert werden, dass nicht einfach gilt: Trotz a(nti-)narrativer Verfahrensweisen bleiben narrative Muster sichtbar, sondern indem der *vitus bering* narrative Muster (Reise) dekonstruiert, wird ex negativo sichtbar, dass hier narrative Muster durch die a(nti-)narrative Folie scheinen. In diesem Sinne kann man den *vitus bering* als *negative Realisierung* bestimmter narrativer Muster lesen. Die Re-Markierung von literarischer Kommunikation und struktureller Kopplung vollzieht sich über die Trübung des transparenten Erzähl-Modells 'Reise'. *Das narrative Muster 'Reise' dient als konstitutives Medium, um an ihm qua heterogener Verfahren, unterschiedlicher Diskursmodi und verschiedener Medien via Rahmenbruch literarische Kommunikation und strukturelle Kopplung zu re-markieren.* Ich habe in Kapitel 3.3 allerdings auch argumentiert, dass eine negative Realisierung immer an dem, was sie negiert, haften bleibt, weil sie es eben ex negativo realisiert und vorgeschlagen, eine *dreifach* eingespannte Beobachtungsperspektive einzunehmen. Entlang des *vitus bering* kann diese 3fach-Beobachtung wunderbar aufgezeigt werden: Der *vitus bering* vollführt *erstens* entlang der Unterscheidung $_{narrativ}$/a(nti-)narrativ eine negative Realisierung, indem er das narrative Muster der 'Reise' in seiner Absetzbewegung von diesem Muster als dieses Muster de/konstruiert und dabei das Muster (Reise) und sich (*vitus bering*) konstituiert. Dabei bleibt, indem das Abgesetzte und die Absetzung sichtbar werden, die Unterscheidung *Text/Werk* symmetrisch. *Zweitens* wird konkret über den Schamanismusdiskurs, der über den Rahmenbruch dreifach referentialisierbar wird

---

85, 88 und 93). Auch STRASSER: 101-107 argumentiert entlang einer analogen Unterscheidung: Ratio und Mystik.

(Bering, Erzählen, Leser), in Form einer *Poetik der Kognition* ein Moment angeschnitten, das nicht nur von der negativen Realisierung, sondern auch von eingespielten sprachlichen, grammatischen und kommunikativen Parametern unaffiziert bleiben soll. Indem das Inkommunikable kommuniziert wird und die schamanistische Trance als transzendente nichtkommunizierbare Erleuchtung den Text und den Leser erfasst, wird auf die wuchernde Semiosis, auf das Unbestimmte und Überbordende abgezielt. Qua schamanistischer Literatur, die narrative Muster de/konstruiert, soll etwas evoziert werden, dass dem Narrativen gänzlich jenseitig ist und auch nicht durch die Unterscheidung narrativ/a(nti-)narrativ/ erfasst werden kann. Hierbei kommt es zu einer dreifachen Asymmetrie: Text/$_{Werk}$ – Bewusstsein/$_{Kommunikation}$ – symbolische/$_{soziale}$ Systemreferenz. Schließlich *drittens* kommt es entlang des Rahmenbruchs zu einer Re-Organisation von literarischer Kommunikation und zu einer Re-Markierung der strukturellen Kopplung. Der *vitus bering* und die sich an ihm entzündenden Beobachtungen markieren ja nicht eine Zerstörung von Literatur und literarischer Kommunikation trotz Rahmenbruch usw., sondern gerade eine Re-Organisation von Literatur und literarischer Kommunikation *aufgrund* des Rahmenbruchs. Der *vitus bering* etabliert sich somit, weil und indem er als Literatur beobachtet wird, als alternativer Ordnungsmodus. Als Ordnungsmodus, der schamanistisch aufgeladen, Literatur und literarische Kommunikation als beobachtbare Instanzen alternativer Sinn-, Identität- und Welther(aus)stellungserfahrungen initiiert. Über diese Initiierung lässt sich kommunizieren und über diese Kommunikation auch. In diesem Sinne markiert der *vitus bering* als Literatur folgende Asymmetrien: $_{Text}$/Werk – $_{Bewusstsein}$/Kommunikation – $_{symbolische}$/soziale Systemreferenz.

Indem anhand des *vitus bering* diese 3fach-Beobachtung musterhaft vollzogen werden kann, etabliert sich experimentelle Prosa als exemplarisches Medium für die Beobachtung der logistischen Matrix von Literatur und literarischer Kommunikation. Ein Werk und eine Prosa, an der besonders gut die 3fach-Beobachtung gelingen kann, eignen sich besonders gut dafür, als Medium exemplarischen Beobachtens zu dienen.

*4.2.2 der sechste sinn*

Im Folgenden geht es darum, die begonnene Argumentation am zweiten größeren Prosawerk Bayers fortzuführen. Dabei wird *der sechste sinn* als Anschlusstext zum *vitus bering* gelesen. Natürlich kommen hier andere Motive, andere Verfahren und ein anderer Stil deutlich zum Vorschein, aber im Kontext der Frage, wie anhand von experimenteller Prosa und ihrer Re-Markierung von literarischer Kommunikation und struktureller Kopplung exemplarisch die Logistik von Literatur und literarischer Kommunikation in den Blick kommt, lassen sich beide Prosawerke als komplementär, sich wechselseitig ergänzend und sich wechselseitig verstärkend betrachten. Die Bayersche Gestaltung von Literatur als parapsychologischem Erkenntnismodus wird im *sechsten sinn* weitergeführt. Vor dem Hintergrund der logistischen Matrix von Literatur und literarischer Kommunikation geht es weniger um die Unterschiede zwischen *vitus bering* und *sechstem sinn* als vielmehr um die Gemeinsamkeiten. Diese Gemeinsamkeiten lassen sich im Hinblick auf die logistische Fragestellung nicht anhand der Textmorphologie beobachten, sondern sind Effekt der theoretischen Anlage der Arbeit. Weil *die Arbeit schon die Theorie als Arbeit am Text* versteht (siehe Einleitung), ist es möglich, den *vitus bering* und den *sechsten sinn* als experimentelle Prosawerke logistiksensibel zu beobachten. Dadurch werden die Texte nicht theorietauglich zusammengestutzt, vielmehr sieht man mithilfe der Theorie etwas an den Texten und an der Literatur, das man ohne die Theorie (so) nicht sehen würde. Die Theorie verengt den Blick, um anders und mehr beobachten zu können. Dass ist die produktive Paradoxie einer reflexiven Literaturwissenschaft.

*Thematisch* sind zwischen dem *vitus bering* und dem *sechsten sinn* ohne Weiteres Parallelen beobachtbar. Im *sechsten sinn*, an dem Bayer fünf Jahre geschrieben hat, wird wiederum das Problem in den Mittelpunkt gestellt, ob und wie in einer sprachnormierten Welt qua Sprache Individualität und Identität möglich sind.[43] Zentral sind die beiden programmatischen Fragen: „wer bin ich" (6S: 659)[44] und „Was ist Wirklichkeit" und die programmatische Korrelierung dieser beiden Fragen: „erst in der Gegenüberstellung von Ich und Wirklichkeit [gewinnen] beide überhaupt erst ihre Form".[45] Sowohl durch die Gestalt des Textes (Montage, Dekonstruktion der N-Reihe, Durcheinander der Personenzuordnungen usw.) (vornehmlich) im 'ersten Teil' und der Diskursivierung der Identitäts- und Wirklich-

---

[43] Zum bio-bibliographischen Hintergrund des *sechsten sinns* siehe JANETZKI 1982: 127-136 und KASTBERGER 2003.

[44] BAYER, Konrad ²1996: der sechste sinn. (= 6S). In: Ders., Sämtliche Werke. Herausgegeben von Gerhard Rühm. Wien, 573-666.

[45] Beide Zitate JAHRAUS, Oliver 2003b: Der sechste Sinn der Literatur. Zu Konrad Bayer: *der sechste sinn. ein Roman* (1966). Ms. München (Vortrag gehalten am 18.03.2003 in Linz und am 20.03.2003 in Wien). – STEPINA, Clemens K. 2006: „Ich habe den sechsten Sinn". Zu Konrad Bayers Werkprinzip unter Berücksichtigung der Wiener Gruppe. In: Ders. (Hg.), „ich habe den sechsten sinn". Akten des Konrad-Bayer-Symposiums 2004, 64-71, 67f. gelingt es in seiner Interpretation, eine differenzierte Darstellung des *sechsten sinns* im Hinblick auf die Sprachproblematik zu liefern, *in dieser Hinsicht* ist Stepinas Aufsatz überzeugend, allerdings kommt die von mir angepeilte sprachtranszendierende Kraft des Bayerschen Experimentierens so nicht in den Blick. Der Fokus ist für kognitions-, kommunikations- und medientheoretische Fragestellungen nicht eingestellt: „Durch die sprachkritische Ausstellung von Erzählungen in Prosa wird präsentiert, dass die realistische Intention, eine Auseinandersetzung einer Person mit ihrer Umwelt re-präsentieren, in sich aporetisches Unterfangen darstellt: Unumstößliche Begriffe des Realismus wie Subjekt und Wirklichkeit werden auf ihre sprachliche Abbildungsfähigkeit hinterfragt und kritisiert, bis sie schließlich selbst als sprachliche Fiktionen ausgemacht werden. [...] Die Methodik Konkreter Poesie, die es in der Materialisation und Präsentation von Sprache bewirkt, Subjektivität als sprachliche Fiktion auszuweisen, wird auf den Rahmen eines Erzählmusters übertragen."

keitsproblematik im 'zweiten Teil', kommen die *psychischen* (Denken, Träumen, Fühlen, Halluzinieren, Imaginieren), die *körperlichen* (die Körper der Personen sind meist durch krankheitsrelevante Signale gekennzeichnet) und die *sozialen* (Sprache, Kommunikationsformen, Kleidung, Namen, Interaktionen, Beziehungen) Möglichkeitsbedingungen von Identität, Individualität und Subjektivität in den Blick.[46] Der *sechste sinn* ist im Gegensatz zum *vitus bering* von Bayer nicht in zwei Teile unterschieden. Es lässt sich allerdings beobachten, dass im Verlauf des Textes die diskursive Thematisierung der Identitäts- und Wirklichkeitsproblematik zunimmt, das heißt, dass die Identitäts- und Wirklichkeitsproblematik im Verlauf des Textes immer mehr zum Thema des Textes wird und nicht nur an der Gestalt des Textes ablesbar ist. Hierzu gehören beispielsweise die Betrachtungen über die Perspektive (6S: 632) oder beispielsweise folgende Sätze: „goldenberg war ein mensch, der seine handlungen nicht erklärte. es ist unsinn sich mit worten zu verteidigen, sagte dobyhal stolz. goldenberg schwieg" (ebenda: 621), „zeit [...] ist nur zerschneidung des ganzen und durch die sinne, fügte er hinzu, als sie wieder *darüber sprachen*" (ebenda: 636; meine Hervorhebung, MG), „es gibt keine ursachen, die kannst du dir nur erfinden, es gibt nur erscheinungen" (ebenda: 650), „das wort ist ausser funktion gesetzt" (ebenda: 653) oder „'du musst distanz zu den erscheinungen, zu deinen sinneswahrnehmungen halten'" (ebenda: 656).[47] Dabei korrelieren die diskursiven mit den gestalterischen Stellen: Während durch die Gestalt des Textes gerade im Kontext des Durcheinanders der Personenzuschreibung und der Ambivalenz des Erzählinstanzstatus (ich komme hierauf gleich zurück) massiv die Frage nach der Identität einer Person und ihre Wahrnehmungs-, Erfahrungs- und Beschreibungsmöglichkeiten (Sprache) in den Fokus rückt, holen *bestimmte* diskursive Stellen genau diese Problematik ein. Dabei ist aber entscheidend, dass diese diskursiven Sätze nicht ausreichen, um das Thema des *sechsten sinns* zu fassen. Identität, Wirklichkeit, Wahrnehmung, Perspektive, Sprache werden nicht in toto thematisch eingeholt, sie bleiben in der radikalen Spannung zwischen Gestaltung und Thematisierung. Somit lässt sich kein diskursiver Satz als Beleg für eine bestimmte Beobachtung heranziehen, da es nur das Werk im Ganzen ist (Gestalt und Diskurs), das als Beleg dienen kann. Ein Satz wie beispielsweise „es gibt keine ursachen, die kannst

---

[46] Auch JANETZKI 1982: 136 spricht davon, dass es im *sechsten sinn* darum geht, „inwieweit sich sinnvoll von 'subjektiven Erkennen' sprechen läßt", um dann zu formulieren: „Die Personen erscheinen bei Bayer 'lediglich als durch ihre Eigennamen zusammengefasste Bündel allgemeiner Merkmale" (ebenda: 138). Der *sechste sinn* wird von Janetzki als Scheitern am Paradox, qua Sprache der Sprache ein individuelles Schnippchen zu schlagen, gelesen: „Bayer leugnet nicht die Möglichkeit einer Verständigung, er bestreitet nur, daß mittels der Sprache sinnvoll über Subjektivität und Identität gesprochen werden kann" (ebenda: 141f). Insgesamt ist bei Janetzki wiederum die ausschließliche Fokussierung auf die textontologische Figurenebene markant.

[47] Explizit diskursiv auch die längere Stelle auf S. 664 von „wir können in die welt nicht eindringen" bis „goldenberg lachte".

du dir nur erfinden, es gibt nur erscheinungen" (ebenda: 650) kann nicht als für das ganze Werk oder eine Figur oder gar für Bayer maßgebliche epistemologische oder poetische Aussage herangezogen werden. Das, was das Werk auszusagen hat, sagt es in *Form* des Werkes (Gestalt und Diskurs) aus.[48] Dadurch wird sichtbar, dass keine diskursive Aussage maßgeblich sein kann, weil die Thematik des Werkes (Identität, Wirklichkeit, Wahrnehmung, Perspektive, Sprache) eben nicht nur (!) diskursiv einholbar ist.[49] Das Thema des Buches lässt sich thematisch nur entfalten, indem es sich nicht nur thematisch entfaltet.

Während im vorderen Teil des Werkes gestalterisch vorgeführt wird, dass jede Aussage labil und revisionsbedürftig ist, wird im hinteren Teil des Werkes durch die Zunahme diskursiver Sätze die Vorstellung suggeriert, dass der *sechste sinn* nun thematisch sich selbst in den Griff zu bekommen scheint. Indem diskursive Sätze nicht sofort wieder zurückgenommen werden, scheinen sie als relevante Aussagen durchzugehen. Demgegenüber muss formuliert werden, dass die Prinzipien des Selbstdementi, der Zuordnungslabilität und der Aporie im vorderen Teil des Werkes grundsätzlich markieren, dass alle Aussagen – egal wann und wo sie im Text vorkommen – von den selben Prinzipien eingeholt sind. So werden zwar die Sätze „es gibt keine ursachen, die kannst du dir nur erfinden, es gibt nur erscheinungen" (ebenda: 650) und „das wort ist ausser funktion gesetzt" (ebenda: 653) nicht sofort wieder diskursiv zurückgenommen und labil, allerdings werden sie gestalterisch vom ganzen *sechsten sinn* zurückgenommen und labil. Die Unterscheidung Inhalt/Form kippt ineinander über. Der *sechste sinn* hat in seiner Gestalt genau die passende Form gefunden, seine Themen zu gestalten. Hier nun einige Beispiele wie im vorderen Teil, der gestalterisch und nicht diskursiv die Themen des *sechsten sinns* prozessiert, Aussagen und Beschreibungen postuliert und verwirrt bzw. dementiert werden:

> „nina, die auf dem toilettentisch lag, hatte ringe unter den augen und war voller haare" (6S: 577) – „sowjetische soldaten lagen auf dem toilettentisch. sie hatten risse unter den augen und waren voller haare" (ebenda). – „bei ihrem anblick beginnt der vornehm wirkende junge mann zu schluchzen. Er hatte haare rings um die augen" (ebenda: 579). „nina lag auf dem toilettentisch und hatte risse in den augen. ihr blondes haar war zusammengeklappt und ihr ganzer körper etwas schütter geworden" (ebenda: 580).
>
> „dann gab es ein allgemeines händeschütteln. den soldaten ist es einerlei, wessen fotoapparat, wessen uhr, wessen füllfeder sie nehmen" (ebenda: 577). – „der bauer schüttelte viele hände und es war ihm einerlei, welche uhren, fotoapparate und füllfedern er nahm" (ebenda: 578). – „den soldaten war es einerlei, wessen fotoapparat, wessen uhr, wessen füllfeder sie nehmen" (ebenda: 582).

---

[48] Im Hinblick auf die Sprachproblematik formuliert STEPINA: 67 analog: „Die Sprache ist für Bayer im Medium des Experiments zugleich methodischer Inhalt ihrer Form."

[49] Oder: „Dass aber der Roman diese Themenstellung nicht konsistent argumentativ entfaltet, ist nun aber durch das Thema selbst bedingt" (JAHRAUS 2003b: 8).

„die dame in rot fiel auf den telefonapparat und dabei erinnerte ich mich, dass ich noch immer meinen regenmantel anhatte" (ebenda: 577). – „der junge mann im regenmantel ordnet sein gebiss" (ebenda). – „der junge vornehm wirkende mann bleibt ungerührt, obwohl die bäuerin ganz unter den blumen verschwunden war. 'was will der körper von mir?' sagte er laut. dabei kam ihm in erinnerung, dass er noch immer einen regenmantel anhatte. er hob seine hand gegen mich und schrie: 'ich habe den sechsten sinn!'" (ebenda: 579).

„nina biss leicht in meine grossen träumerischen augen" (ebenda: 577). – „der vornehm wirkende junge mann fällt auf die zähne und ordnet seine grossen träumerischen augen" (ebenda: 578). – „obwohl wir uns kaum gegrüsst hatten, ging nina missmutig auf und davon. sie wollte meinen körper von mir. an den wänden erscheinen ihre grossen träumerischen augen" (ebenda: 579).

„der vornehm wirkende mann brannte noch immer lichterloh" (ebenda: 577). – „nina brennt lichterloh im stil der jahrhundertwende" (ebenda: 578).

„goldenberg wandte den kopf und sah nach einem der tische. er musste etwas gehört haben. gegenüber erhob sich oppenheimer neben einem hübschen mädchen und grüsste. goldenberg stand auf und ging hinüber. goldenberg blieb sitzen und winkte mit der hand. goldenberg rührte sich nicht" (ebenda: 597).

„plötzlich steht oppenheimer vor mir und sieht aus wie braunschweiger, der wie dobyhal aussieht und der sieht aus wie nina, die wie weintraub aussieht, der wie lipschitz aussieht, der wie mirjam aussieht und die sieht aus wie der mann an der barriere da, der meine eintrittskarte sehen will" (ebenda: 624).

Ganz massiv wird diese Verwirrungs- und Dementierungsbewegung in einer kompakten über eineinhalb Seiten gehenden aus 10 Partikeln bestehenden Szene deutlich (von „in einem kleefeld stand nina und weinte" (ebenda: 610) bis „nina stand in einem kleefeld und lachte. neben ihr stand goldenberg und lachte noch immer" (ebenda: 611)). Deutlich wird hier auch, dass die Stimmführung des Erzählers massiv erschwert wird. Gibt es einerseits Hinweise, dass es den homodiegetischen Erzähler Goldenberg gibt (die meisten 'Ich-Formulierungen' lassen auf Goldenberg schließen, beispielsweise „Ich, franz goldenberg, blauäugig, wusste es nicht" (ebenda: 591) oder „mittlerweile hatte sich der tag eingeschlichen und ich fand zwei telegramme im briefkasten, in welchen das übliche stand. missmutig warf ich sie zu den anderen in die schublade" (ebenda: 583)), so ist auch oft heterodiegetisch von Goldenberg die Rede (beispielsweise „nina trug stets eilbriefe bei sich mit der aufschrift: 'ich liebe dich sehr sehr.' missmutig warf franz goldenberg diesen zu den anderen eilbriefen in die schublade" (ebenda: 582). Schon der Umstand, dass Goldenberg auf Seite 664 verschwindet, der *sechste sinn* aber noch bis Seite 666 weiter geht, markiert den ambivalenten Status der Erzählinstanz.[50] Nicht nur die dargestellten Figuren (N1), sondern auch die Erzählinstanz (N2) ist mit schwierigen Identitätsfindungsprozessen beschäftigt.[51]

---

50 „Auffallendes Merkmal des 'sechsten sinns' ist die fehlende Identifikation des Erzählers mit einer der vorgestellten Figuren. Bayer, der in und mit dem Roman erst die Problem-

Ich rekapituliere im Folgenden zunächst eine Position, die ich im Nachhinein subvertiert wissen möchte. Es geht um die Referentialisierung der dargestellten Verwirrungs- und Dementibewegungen. Diese lassen sich rein textontologisch im Hinblick auf die Figuren und das Thema der Identitätsfindung lesen. Identität und Subjektivität sind als Kreuzungspunkte von psychischen, sozialen und körperlichen Momenten nicht eindeutig fixierbar. Hier wird an der Gestalt des *sechsten sinns* sichtbar, was später diskursiv formuliert wird: dass jede Wahrnehmung, jede Beschreibung, jede Fixierung, jede Aussage von der Perspektive – und damit dem Auch-anders-möglich-Sein – unterminiert wird: „Die wahrgenommene Bedrohungssituation besteht in der Bedrohung der Wahrnehmung selbst. Bedroht wird die Wahrnehmung durch die Perspektive" (JAHRAUS 2003b: 11). Dadurch wird „die idealistische Vorstellung eines Selbstbewusstseins als festes Fundament der Wahrnehmung desavouiert" (ebenda: 11f.).[52] Solchermaßen korrespondieren die Verwirrungs- und Dementibewegung sowie die Labilität der Erzählinstanz mit dem Zustand der Figuren (N1). Der Text drückt formal aus, was er diskursiv formuliert und formuliert diskursiv, was er formal ausdrückt. Das Problem der Identitätsfindung (textontologisch auf die Figuren bezogen) zeigt, dass der *sechste sinn* dabei eher desillusionierend und resignativ daherkommt. Es dominiert die Identitätslabilität zwischen psychischen, körperlichen und sozialen Dekonstruktionsbewegungen.[53] Die soziale Normierung von Identität, Individualität und Wirklichkeit qua Sprache und Kommunikation (s. o.) diffundiert in die Wahrnehmungen und die Körper. Schon die abstrakte Größe der Perspektive ist somit sozial konditioniert und normiert. Auch der Rückzug auf die Individualität einer Perspektive wird immer schon von der sozialen Determinierung qua Sprache und Kommunikation eingeholt gewesen sein. Die Figuren wissen, dass auch die Wahrnehmung nur das wahrnehmen kann, was qua sozialer Normierung als wahrnehmbar markiert wird. Wahrnehmung ist somit Bestätigung der Wirklichkeit und der Identität als sozialen Epiphänomenen:

---

    komplexe 'Identität' und 'Wahrnehmung' reflektiert, um einer Festschreibung durch fraglose Übernahme sprachlicher Konventionen zu entgehen, entspricht diesem Bemühen auch im Hinblick auf die Erzählperspektive" (JANETZKI 1982: 137, siehe auch dort 138).

51 „Die Person scheint bei Bayer fragwürdig hinsichtlich ihrer sich im 'ich' versichernden Identität" (JANETZKI 1982: 138). Hierzu auch STEPINA: 68: „Es gibt im *sechsten sinn* keinen [ich würde formulieren: konsistenten] Ich-Erzähler, es gibt ferner keine Identifikation des Autors mit einer entwickelten Figur, außerdem sind die Figuren voneinander nicht klar getrennt – in ihnen sind keine Identifikationsakte von Subjekten zu vorzufinden."

52 „Es lässt sich keine Textpassage finden, in der eine der vorgestellten Figuren als mit sich identisch vorgestellt wird" (JANETZKI 1982: 139).

53 An einer Stelle wird explizit die Identitätslabilität Goldenbergs dargestellt, dieser verwechselt sich beim Wahrnehmen (!) mit einem Schaffner: „goldenberg betrachtete den feisten nacken des schaffners. ich bin wieder ganz verkratzt, dachte goldenberg und betrachtete die gerissene haut des schaffners und die verkrusteten blutstropfen und nahm sich fest vor, ein pflaster daraufzukleben und das hemd zu wechseln, weil es reichlich verdreckt war. allmählich wurde ihm klar, dass er einen unbekannten menschen anstarrte" (6S: 593).

'perspektive', sagte goldenberg.
'diese scheisse'. sagte oppenheimer.
da sind wir also wieder beim thema (6s: 632).

'du musst distanz zu den erscheinungen, zu deinen sinneswahrnehmungen halten" (ebenda: 656).

Die Sprachkritik wird hier radikalisiert, weil sie nicht nur unser Denken, sondern auch sowohl unser Wahrnehmen, Fühlen und körperliches Befinden als auch abstrakte Rückzugspositionen (wie die Perspektive) normiert und determiniert.

Der *sechste sinn* entfaltet diese radikale Sprach-, Kommunikations- und somit Sozialkritik, bietet aber auch Strategien an, der Sprache und ihrem Normierungszugriff zu entwischen. Waren es im *vitus bering* die Epilepsie als heilige Krankheit und der Schamanismus, die der Figur Vitus Bering zu einer entgrenzten Identität (also Eingrenzung) verhelfen sollten, so sind es hier der sechste Sinn sowie „Halluzination und Imagination, Sprachmagie und Perspektivtaumel" (JANETZKI 1982: 126), Surrealismus, Traum und Sinnlichkeit. Der sechste Sinn wird leitmotivisch geradezu beschworen, auch dort, wo er in Frage gestellt wird. Dabei kommt es zu einer gegenläufigen Bewegung: Während der 'Roman' im Hinblick auf seine Themen immer diskursiver wird, wird die diskursive Benennung des sechsten Sinns immer seltener.[54] Nach meiner Zählung taucht der sechste Sinn als benannter sechster Sinn auf 89 Seiten 37 mal auf. Während er auf Seite 577 viermal und bis zur Seite 585 (also nach nur acht Seiten) 21 mal auftaucht, wird er auf den restlichen 68 Seiten folglich nur noch 16 mal erwähnt. Dreimal gibt es sieben, einmal 11 und einmal sogar 13 Seiten Abstand zwischen den Erwähnungen des sechsten Sinns. Ebenso wie bei der Verwirrungs- und Dementibewegung korrespondiert die heterogene Zuschreibung des sechsten Sinns mit der schwierigen Identitätszuschreibung der Figuren, wobei gesagt werden muss, dass Goldenberg meist mit dem sechsten Sinn korreliert wird.[55] Mit einer Analyse jeder einzelnen der 37 Erwähnungen wäre meines Erachtens nicht viel gewonnen, da es genug Signale gibt, den sechsten Sinn und seine Zuschreibung im Hinblick auf die Figuren (!) nicht sonderlich ernst zu nehmen. Wenn mit dem sechsten Sinn ein parapsychologisches Vermögen indiziert ist, so lässt sich solch ein Vermögen hin und wieder auf der Figurenebene entdecken. So spricht Goldenberg (N1) davon, dass er Gedankenlesen könne: „amadominae marcel oppenheimer neigte seinen scheitel und ich sah, dass sein schädel ganz aus glas war und wusste, was eine million lebewesen dachten. [...] das oberdeck

---

[54] „Die perspektivischen Umdeutungen des sinnlich Wahrnehmbaren treten an die Stelle der plakativen Behauptung, jemand habe den 'sechsten Sinn'" (JANETZKI 1982: 148).

[55] Siehe hierzu auch IHRIG, Wilfried 1988: Literarische Avantgarde und Dandysmus. Eine Studie zur Prosa von Carl Einstein bis Oswald Wiener. Frankfurt a.M., 155, wobei Ihrig in seinem Buch seine ganze Interpretation eingleisig textontologisch auf Goldenberg als der Hauptperson des *sechsten sinns* ausrichtet, dabei unterscheidet er zwischen Goldenberg und den anderen Figuren als „Staffagefiguren" (ebenda: 163).

und der bug waren ganz aus glas und ich konnte sehen, was ein schiff denkt" (ebenda: 591). Auch schlägt der sechste Sinn bis zur Erzählinstanz (N2) durch, die an einer Stelle in die Lage kommt, detailliert in die Zukunft zu blicken (ebenda: 6S: 653f.). Auch kann man die vielen halluzinativ-surrealistisch gezeichneten Stellen als Infizierung durch den sechsten Sinn lesen (siehe 599, 601, 614, 622, 624, 642, 646, 648): „ein weisses klavier schwebt durch den raum" (599). Es ist nun allerdings nicht so, dass der sechste Sinn und die halluzinativ-surrealistischen Bilder die Normierungsgewalt der Sprache durchbrechen. Der sechste Sinn bleibt bis zuletzt befragt und die Halluzinationen ändern nichts an der Identitätslabilität der Figuren.[56] Der sechste Sinn wird des Öfteren auch ironisch gebrochen, so wenn eine Dame, die „fünfhunderteinundzwanzig" heißt, den sechsten Sinn zugesprochen bekommt (ebenda: 580) und gleich im nächsten Satz ein körperlicher Verfall registriert wird: „mein körper ist voller risse und meine haut starr." Oder: „als er die hose auszog, sah nina über seinen schamhaaren die inschrift in gotischen lettern: 'ich habe den sechsten sinn.' seither war sie ihm verfallen" (ebenda: 584). Deutlich wird der sechste Sinn hier aufs Korn genommen.[57] Insgesamt sind die Figuren, die den sechsten Sinn zugesprochen bekommen, eher in gewissen Hinsichten gehandikapt und nicht besonders durch den sechsten Sinn ausgezeichnet: „mittlerweile war es nacht geworden und die indianer brannten um besser zu sehen. georg hatt in ihnen herumgestöbert. seit sein kopf verkohlt war, hatte er den sechsten sinn" (ebenda: 581). Es wird ersichtlich, dass die Darstellung des sechsten Sinns sowohl ernsthafte als auch deutlich ironisierende und parodierende Züge trägt. Solchermaßen können die Figuren zwar unkonventionelle und gegenüber den üblichen Wahrnehmungen abweichende Erfahrungen sammeln, Skurriles erleben, zwischen Surrealismus und Erkenntnistheorie hin und her schwanken und in dieser Ambivalenz versuchen, dem normierenden Zugriff der Sprache und der Kommunikation zu entkommen, nur, auf Schritt und Tritt kann beobachtet werden, dass diese Erfahrungen und Erlebnisse als parapsychologische Momente, als gelingende Identitäts- und

---

[56] JANETZKI 1982: 139 ist hier eher eindeutig: „Die Grundhaltung ist durchweg resignativ, auch wenn das die surreale Phantastik seiner Bildentwürfe mitunter vergessen lässt." So auch BÖNING, Marietta 2006: Jenseits des Avantgardismus. Der Freitod als ästhetische Konsequenz: eine Überschreitung der Avantgarde? In: C. K. Stepina (Hg.), „ich habe den sechsten sinn". Akten des Konrad-Bayer-Symposiums 2004, 11-24, 17. Hierzu auch IHRIG, Wilfiried 1981: Die Wahl der Qual. Bayers Romanfragment *der sechste sinn*. In: G. Rühm (Hg.), Konrad Bayer Symposion Wien 1979. Linz, 47-53, 49: „Die surreale Welt wird dabei nicht mit Hilfe des 'sechsten sinns' wahrgenommen. Vielmehr ist seine Beschwörung nur eines der montierten Elemente einer Sprachwelt, die ihre Eigenart einzig durch ein spezielles Verfahren der Textkonstitution erhält". Und: „Kommunikation bleibt instrumentell, Subjektivität verbleibt in solipsistischer Isolation, vermeintliche Alternativen [Halluzination, Surrealismus, Traum; MG] werden ad absurdum geführt" (ebenda: 52).

[57] Die Hinweise auf den sechsten Sinn sind „beschwörend und parodistisch zugleich" (IHRIG, Wilfried 1983: Leserfahrungen mit dem 'sechsten sinn'. In: protokolle 1 (1983), 129-134, 130).

Wirklichkeitsaneignung als kreative Produktivität scheitern bzw. so ambivalent bleiben, dass schließlich nicht mehr zwischen Scheitern und Gelingen unterschieden werden kann. Wenn die Ambivalenz der Preis ist, den die Figuren im Zuge ihrer Identitäts- und Wirklichkeitsaneignung zahlen müssen, dann ist es ein immens hoher Preis – so hoch, dass Goldenberg ihn nicht zahlen zu wollen scheint, da er ja einfach verschwindet, sich mitten im Gespräch mit Dobyhal in Nichts auflöst (ebenda: 664). Das Verschwinden Goldenbergs sollte man in Anbetracht des ambigen Status des sechsten Sinns nicht als parapsychologisches Erfüllungsmoment, sondern vielmehr als surrealistisch-skurrilen Hinweis darauf lesen, dass der sechste Sinn durchaus als Chimäre zu betrachten ist.[58]

Meine Frage ist nun, und damit schließe ich an die Ausführungen zum *vitus bering* an, ob man die dargestellte Verwirrungs- und Dementibewegung, die Erzählinstanzproblematik und die halluzinativ-surrealistisch mit dem sechsten Sinn verknüpfte Gestaltung des Textes auf die Figuren (allein) beziehen kann.[59] Korrespondieren diese Momente mit der ambivalenten Identitäts- und Wirklichkeitserfahrung der Figuren? Eher nicht. Indem ich die Unterscheidung Gestalt/Diskurs so lese, dass die Themen des *sechsten sinns* (Identität, Wirklichkeit, Wahrnehmung, Perspektive, Sprache, Kommunikation) nicht diskursiv eingeholt werden, sondern in der Gestalt des Werkes in der radikalen Spannung zwischen Gestaltung und Thematisierung verharren, stelle ich auch eine andere Korrespondenzkonstellation her(aus). Der Text drückt formal aus, was er diskursiv formuliert und formuliert diskursiv, was er formal ausdrückt. Dabei korrespondiert jedoch die Gestalt des *sechsten sinns* nicht mit dem Zustand der Figuren, sondern mit dem *sechsten sinn* als Kunst-Werk. Die Verwirrungs- und Dementibewegung, die Erzählinstanzproblematik und die halluzinativ-surrealistisch mit dem sechsten Sinn verknüpfte Gestaltung des Textes markieren die ambivalente Realisierung des Textes als Kunst-Werk. Der sechste Sinn als parapsychologische Größe hat Auswirkungen auf den *sechsten sinn* als Text, als Werk, als Literatur. Die Verwirrungs- und Dementibewegung lese ich somit nicht als Ausdruck einer schwierigen oder unmöglichen Identitätsbildung der Figuren, sondern als Versuch, den

---

[58] DAMERAU: 26 liest das Verschwinden Goldenbergs als dessen Tod und eindeutig als Scheitern: „Der Tod Goldenbergs kommt einem Scheitern gleich: Missglückt und beendet ist damit ein typisch modernes Programm. Bayers Roman zeigt den scheiternden Versuch, sich von üblichen Wahrnehmungsmustern zugunsten einer anderen, neuen Wahrnehmung zu befreien." So eindimensional ist es, wie gesehen, eben nicht. Weder nur auf der textontologischen Ebene der Figuren noch im Hinblick auf eine zu beobachtende Ebenenverschiebung und Rahmenbrechung. – Eindimensional in genau der entgegengesetzten Richtung ist JANETZKI 1982: 142: „Der letzten Trance des Vitus Bering vergleichbar ist Goldenberg hier in die Sphäre des nur Geistigen eingetaucht. Er ist in der Lage, sich außerhalb der sprachnormierten Wirklichkeit aufzutellen [sic]". Auch die surrealistischen Bilder deutet Janetzki als Gelingen, diesmal im Hinblick auf das Subjekt, das in diesen Bildern „Auskunft über sich selbst" erhält (ebenda: 145, siehe auch dort 153).

[59] So wie dies beispielsweise IHRIG 1988 tut.

'Text' der *sechste sinn* als Text, also als absoluten Möglichkeitsraum, zu etablieren. Damit ist auch die Rolle des sechsten Sinns verknüpft. Der sechste Sinn markiert eine alternative Erfahrungsform, die etablierte, standardisierte und qua Sprache und Kommunikation normierte Wahrnehmungen transzendieren soll. Es geht dabei um parapsychologische Grenzerfahrungen, dabei verstehe ich den sechsten Sinn als Möglichkeit, den Text als Möglichkeitsraum auszustellen. Die Verwirrungs- und Dementibewegung ist solchermaßen Ausdruck des Textes im Modus des sechsten Sinns. Indem der sechste Sinn den Text infiziert hat, macht er ihn als Text lesbar ('Text als Text'). So kann die These formuliert werden: *der sechste sinn hat den sechsten Sinn*. Indem das Kunst-Werk den 'Text als Text' ausstellt, hat das Kunst-Werk der *sechste sinn* den sechsten Sinn. Diese These impliziert, dass es, ebenso wie im *vitus bering*, zur Ebenenverschiebung und zum Rahmenbruch kommt: Es ist der Text der *sechste Sinn* ('Text als Text' – wuchernde Semiose) der parapsychologisch affiziert ist und solchermaßen die Textontologie überborden lässt.[60] Dadurch kommt es zu einer Re-Organisation literarischer Kommunikation ('Text als Werk'). Wiederum kann festgestellt werden, dass das parapsychologische Moment *referenz-atopisch* ist. Weil mit dem sechsten Sinn eine parapsychologische Grenzerfahrung indiziert ist, kann es nicht zu einer monologischen Referentialisierung des sechsten Sinns auf die Figuren (N1) kommen. Als parapsychologische Grenzerfahrung rekurriert der sechste Sinn gleichermaßen auf die Figuren, auf den *sechsten sinn* als (Text und Werk) und freilich auf den Leser. Wir haben hier eine analoge Konstellation zum *vitus bering*. Solchermaßen kann man den *sechsten sinn* als Weiterführung der Erprobung von schamanistischer Literatur lesen. Es ist schließlich die Literatur, die hier vom *sechsten sinn* als spezifischer Erkenntnis-, Erlebnis- und Erfahrungsmodus institutionalisiert wird. Der *sechste sinn* markiert ebenso wie der *vitus bering* die *parapsychologische Signatur der Literatur*. Das funktioniert nur, weil es auch hier zum Rahmenbruch kommt.

Auch hier wird der Leser schachmatt gesetzt. Die Verwirrungs- und Dementibewegung, die Erzählinstanzprobleme und die halluzinativ-surrealistischen Momente werfen den Leser auf sein Lesen und Interpretieren zurück. Die geballte Ladung, die der Leser abkriegt, ist gewaltiger als beim *vitus bering*,[61] weil hier kein bestimmtes narratives Muster (Reise) als konturgebende Kontrastfolie dient, also auch nicht mal virtuell eine narrative Reihe etabliert wird. Es gibt zwar immer wieder Hinweise auf Ort und Zeit, diese sind aber so zerstückelt einerseits und so von der Dementibewegung andererseits konterkariert, dass hier kaum noch narrative Reste zu finden sind. Eher kommt die N-Reihe in ihren einzelnen Kom-

---

[60] In diesem Sinne lese ich auch die Beobachtung von JAHRAUS 2003b: 5, dass der *sechste sinn* „auf der einen Seite lückenhaft [ist], weil verschiedene Elemente fehlen" und auf der anderen Seite „überbordend, weil die einzelnen Informationen massiv über die einzelne Szene hinaus verweisen."

[61] JANETZKI 1982: 151 spricht von einer „'Anarchie der Semantizität'".

ponenten in den Blick, dann wenn Ereignisse zu einer Episode und einem Geschehen zusammengezogen werden, wobei es nie zu einer handlungsrelevanten Sequenz (Chronologie und Kausalität) kommt.[62] Indem man nicht im Hinblick auf ein bestimmtes narratives Muster (beispielsweise Reise) von konturgebender Kontrastfolie sprechen kann, so muss man allgemein formulieren, dass der „realistische Roman" im allgemeinen (JAHRAUS 2003b:10) als Konstrastfolie dient.[63] In diesem Kontext liest Jahraus auch das Foto am Anfang des Buches. Es stellt Traudl Bayer im Positiv (Vorderseite) und im Negativ (Rückseite) dar. In diesem Doppel fungiert das Foto als „Emblem des Romans", wobei das Positiv „für einen realistischen Roman stehen kann", während das „Negativ für Konrad Bayers *der sechste sinn*" steht (ebenda: 4). Man muss Jahraus in dieser Argumentationsbewegung nicht en detail folgen, entscheidend ist aber, dass die Figur, das Foto als Emblem für den Roman zu lesen, genau das markiert, was ich als *parapsychologischen Rahmenbruch* bezeichne. Auch liest Jahraus den *sechsten sinn* als „Roman über das Leseerlebnis" (ebenda: 2 – ich komme gleich auf diese These zurück), rekurriert also nicht allein textontologisch auf die Ebene der Figuren, sondern markiert die Ebenenverschiebung. Auch Ihrig liest den *sechsten sinn* als Text über die Leseerfahrung (IHRIG 1983: 130). Ebenso finden sich bei KASTBERGER 2003 Momente, die auf den Rahmenbruch hinweisen.[64] Man kann also beobachten, dass bei *sechsten sinn* im Gegensatz zum *vitus bering* die Beobachtungen öfter und offensichtlicher den Rahmenbruch in den Blick bekommen, das liegt meines Erachtens *erstens* daran, dass sich der *sechste sinn* ohne konkrete narrative Kontrastfolie (beispielsweise Reise) entfaltet und eine deutlich trübere Erzähl-Form hat; die a(nti-)narrative Re-Markierung der Sinn-Form Narrativität ist stärker als im *vitus bering* – es gibt auch keine Dramaturgie, die, wie im *vitus bering* auf ein ekstatisches Finale o. ä. hinweist, keine Suggestion einer nachvollziehbaren Bewegung wie im *vitus bering* durch die Forschungsreise des Schiffes, keine wirklich verlässlichen geographischen Hinweise, wie das Polarmeer im *vitus bering*. *Zweitens* sind die Verwirrungs- und Dementibewegungen radikaler als die entsprechenden Momente im *vitus bering und drittens* ist mit dem sechsten Sinn eine parapsychologische Größe indiziert, die weitaus größere Beschreibungsoffenheit zulässt. Während die Epilepsie und der Schamanismus in verschiedene Phasen

---

[62] „der Leser [!] [ist] gezwungen, kontextuelle Analogien zu ziehen, die einer kausale [sic] Abfolge von Ereignissen wie einer logischen und temporären Stringenz des Erzählstrangs aber entgegenarbeiten" (STEPINA: 68).

[63] JAHRAUS 2003b: 4 spricht allgemein vom „Prototyp eines realistischen, narrativ dominierten Romans".

[64] Dort ist die Rede von Bayers „alchemistische[r] Methode des Lösens und Bindens von Welt", die auch Konrad Bayer in die Textwelt hineinzaubert: „In seiner experimentierenden Art zu schreiben ist Bayer kein Ingenieur, der sich zurücklehnt und distanziert, ganz im Gegenteil zittert und fiebert er bei seinen Experimenten mit und bezieht dabei auch seine eigene Person und seinen eigenen Körper mit ein" (KASTBERGER 2003: 13) – und dies bis zum Selbstmord.

(tonischer, klonischer Krampf, Koma, Schlaf, Zerstückelung usw.) aufgegliedert, aufgeteilt und eingeordnet sind, gibt es solche Ordnungsmomente beim sechsten Sinn nicht. Der sechste Sinn ist im *sechsten sinn* konfus und nicht gliederbar, so dass *viertens* eine komplexe Logik der Unterscheidung Gestaltung/Diskurs beobachtet werden kann. Wie gesehen, kann kein einziger Satz aus dem *sechsten sinn* für die Bestätigung bzw. Widerlegung von anderen Aussagen und somit auch nicht für die Bestätigung bzw. Widerlegung von Interpretationen herangezogen werden. Und Bayers Werk gestaltet genau dies, nämlich die spezifische, die Aporie in Dauerstellung bringende, Gestaltung der Unterscheidung Gestaltung/Diskurs.[65] Im Kontext dieser Unterscheidung deute ich auch das Foto am Anfang des Romans. Zum einen markiert es genauso wie das Mussolini-Foto im *vitus bering* den Rahmenbruch und all die damit verbundenen Folgen, zum anderen ist es als Positiv und Negativ doppelt kodiert. Dabei lese ich das Positiv als die diskursive Ebene des *sechsten sinns*, während ich das Negativ als die gestalterische Ebene lese.[66] Dabei wird nicht nur deutlich, dass „[d]ie Konstitutionsbedingungen des Bildes [...] zugleich die Verfahren seiner destruktiven Negation [sind]]. Damit das Positiv erscheint, braucht man das Negativ" (JAHRAUS 2003b: 4), sondern auch, dass sowohl Positiv als auch Negativ den gleichen Status haben. Keines wird präferiert. Im Zentrum steht nicht die Positivität vor dem Hintergrund der Negativität oder vice versa, sondern das Ineinanderkippen der beiden Seiten. Eine Aussage, eine Beobachtung lässt sich weder bestätigen noch widerlegen. Der Diskurs des *sechsten sinns* erklärt nicht die Gestalung des *sechsten sinns*, ebenso wenig wie die Gestaltung des *sechsten sinns* den Diskurs determiniert. Diese Deutung des Fotos ist freilich selbstdementierend. Sie markiert, dass jede Beobachtung des Fotos durch die doppelte Kodierung des Fotos sowohl bestätigt als auch widerlegt werden kann und weder bestätigt noch widerlegt werden kann. Das Foto markiert ein metaleptisches Verhältnis der Sowohl-als-auch-Bewegung mit der Weder-noch-Bewegung und überträgt dieses metaleptische Verhältnis auf den ganzen Text, der es selbst wiederum nahe legt, das Foto so zu beobachten. Im Grunde geht es um das metaleptische Verhältnis von Foto und Text. Beide sind entlang der beiden Bewegungen (sowohl als auch und weder noch) doppelt kodiert und radikal in der Schwebe gehalten.

Diese vier Momente sind so markant, dass sich die Referenz-Atopik des sechsten Sinns, die Überbordung der textontologischen Ebene deutlich stärker in den Intepretationen niederschlägt als noch beim *vitus bering*.[67] Diese vier Mo-

---

[65] Zur Figur der Aporie siehe auch JANETZKI 1982: 153. Siehe hierzu auch KASTBERGER 2003: 133: „in der Welt von Bayer [lässt] sich an keiner Stelle sagen, dass es ist, was es ist.

[66] Zum Foto äußert sich auch DAMERAU: 33, im Hinblick auf Traudl Bayer spricht er von einer „Liebeserklärung samt ihrer Brechung im Sinne der anderen Wahrnehmung."

[67] Man kann auch argumentieren, dass schon der massive Einsatz des Montageverfahrens den Rahmenbruch indiziert, weil mit der Montage sensu Georg Jäger die „Autonomie der Kunst, ihre Mimesis, das Werk und die Idee des Autors und der Autorschaft" negiert wer-

mente markieren eine Radikalisierung des Experiments, was zur Folge hat, dass sich der Rahmenbruch geradezu aufdrängt. Dabei kondensiert der Rahmenbruch auch hier vor allem an der Position des Lesers und des Lesens. Das radikale Experiment setzt die Lesenden und Interpretierenden solchermaßen schachmatt, dass sie massiv in die Position gedrängt werden, dieses Schachmatt zu reflektieren. Die massive Trübung der symbolischen Referenz durch die vier Momente platziert die soziale Referenz (Leser) in eine frontale Beobachtungsstellung.[68] Dabei kommt es dazu, dass sich der *sechste sinn* als lesbar erweist, indem er deutlich macht, dass man ihn als unlesbaren Text zu lesen hat. Die Unmöglichkeit, den *sechsten sinn* zu interpretieren, entpuppt sich solchermaßen als eine Lesart. Im Zuge dieser lesbaren Unlesbarkeit können am *sechsten sinn* folgende (nominalistischen Definitionen) beobachtet werden: Literatur ist die Einheit der Unterscheidung Text/Lesen und Literatur ist die Einheit der Unterscheidung Lesbarkeit/Unlesbarkeit.[69] Dadurch wird massiv die Mimesis III zum Gegenstand und Vollzugsmoment von Literatur. Die narrativ routinisierte und zur Selbstverständlichkeit granulierte Dreierkonstellation Mimesis I (Präfiguration), Mimesis II (Konfiguration) und Mimesis III (Refiguration) wird re-markiert, indem die Refiguration nicht mehr die Konfiguration re-figuriert und somit immer eine interpretierbare Größe etabliert, sondern das 'Re-, ihres Refigurierens in die Position

---

den (JAHRAUS 2003b: 7). Jahraus bezieht sich hier auf JÄGER, Georg 2000: Montage. In: H. Fricke (Hg.), Reallexikon der deutschen Literaturwissenschaft. Berlin/New York, 631-633. Konkret auf den *sechsten sinn* bezogen wird durch das massive Montieren die Verfahrensweise, die Gestaltung des Textes ausgestellt: „Der Roman führt uns seine Machart vor Augen, er stellt seine eigene Schreibweise aus" (JAHRAUS 2003b: 7). Meine Überlegungen widersprechen dem keineswegs, gehen aber davon aus, dass mit dem alleinigen Rekurs auf die Montage noch kein signifikantes Signal des Rahmenbruchs bezeichnet ist.

[68] „Ein normales Lesen, das alle Aussagen zum Sinn des Textes synthetisieren will, wird unmöglich gemacht. An die Stelle kontemplativer Versenkung des Lesers in den Text tritt ein Abgrund zwischen beiden. Die Lektüregewohnheiten selbst scheinen jede Annäherung zu verhindern. Gegenstand der Erfahrung wird gerade die Routine des Leseaktes" (IHRIG 1983: 132). Das *Lesen* wird hier zum einem *Scannen*, das nicht durch die Oberfläche zu einem Sinn oder einer Bedeutung stößt, sondern an der 'Textoberfläche' haften bleibt. Den formalen Ausdruck dieses Scannen markieren im *sechsten sinn* die beiden Seiten mit kaum leserlicher bzw. unleserlicher Typographie (6S: 612f.). Hier ließe sich an Aleida Assmanns langsamen Blick denken. Ich verfolge diesen Aspekt hier nicht weiter, da ich ihn im Mayröcker-Kapitel ausführlich ausarbeiten werde.

[69] Vgl. hierzu JAHRAUS 2003b: 2: „bei einer solchen Literatur ist das Leseerlebnis, die die Lektüre begleitenden und charakterisierenden Erfahrungen, konstitutiv für die dadurch ausgelösten Sinnbildungsprozesse. Was also einen literarischen Text wie den von Konrad Bayer ausmacht, das ist sein durch ihn provoziertes Leseerlebnis. Nicht der Text allein, sondern die Lektüre selbst ist für Hermeneutik und somit zugleich für ihre Subversion verantwortlich. Der Gegenstand der Lektüre ist zugleich sein eigener Prozeß. Und insofern kann man dem Text durchaus eine dekonstruktive Funktion unterstellen: er evoziert eine Lektüre, die sich zugleich auf sich selbst zurückwendet, und in dieser Unlesbarkeit zugleich die Lesbarkeit des Romans entdeckt. [...] Das spezifische Leseerlebnis, das dieser Roman provoziert, ist zugleich dasjenige, was das Verstehen des Romans ausmacht und bestimmt."

der Konfiguration schiebt. Experimentelle Prosa in der bayerschen Gestalt ist in einem genuin radikalen Sinne Literatur über das Interpretieren, Literatur über Literatur und Literatur über literarische Kommunikation. *Der Prozess, etwas als Literatur zu beobachten, kondensiert als Gegenstand einer Literatur, die in ihrer Unlesbarkeit als Literatur über Literatur lesbar wird.* Dadurch wird die literarische Kommunikation, dadurch wird das Verhältnis von symbolischer und sozialer Systemreferenz deutlich re-markiert. Es kommt in den Blick, dass kein Text ohne die Kommunikation (Lesen, Interpretieren) als Text beobachtet werden kann, indem entlang von Unlesbarkeit der Text als Ergebnis des Lesens lesbar wird. Oder: „Man könnte sogar [...] mit Roland Barthes sagen, dass es sich um einen schreibbaren Text handelt, einen Text, der vom Leser geschrieben wird in dem Moment, in dem sich in der Lektüre der Text überhaupt erst konstituiert" (JAHRAUS 2003b: 2f.). Die Mimesis III ist dabei keine Leerstellen auffüllende Bewegung, sondern die Konstitution all dessen, was als Text, Leerstelle, Füllung, Kunst-Werk usw. bezeichnet werden kann. Dadurch kommt es dazu, dass die Lektüre anhand der (letztlich unmöglichen) Ausstellung des 'Textes als Text' (= Ausstellung des Mediums als Medium) als Gegenstand des *sechsten sinns* die Konstituierung des 'Textes als Werk' (Form-in-einem-Medium) konstituiert. Indem der 'Text als Text' (Medium) ausgestellt wird, wird seine Etablierung als Werk (Form) zum Thema und zur reflexiven Größe des Werkes. Indem die Medialität (im Zuge der vier Bewegungen) als Medialität ausgestellt wird, wird die Formung der Form-im-Medium das, worüber der *sechste sinn* schreibt. Solchermaßen kann man das bayersche Werk als Folie benutzen, um die Etablierung des indirekten Weltkontaktes qua Literatur im Vollzug zu beobachten. Schließlich sei noch angemerkt, dass – ebenso wie im *vitus bering* – auch hier eine *Poetik der Kognition* etabliert wird. Indem nämlich Literatur als Einheit der Unterscheidung Lesbarkeit/Unlesbarkeit die Text- und Sinnkonstitution an den Leser und das Lesen übergibt, markiert sie, dass sich die literarische Kommunikation (die Beobachtung, Kommunikation und Fortfolgekommunikation von Lesen und Beobachten) konstitutiv über die inkommunikable Größe Lesen re-produziert. Die Fokussierung des Lesens ist die Fokussierung und Adressierung des Bewusstseins (Inkommunikabilität) und die gleichzeitige Fokussierung der Kommunikation, da sich diese als Kommunikation und Fortfolgekommunikation von Leseerfahrungen (Inkommunikabilität) vollzieht. Im Gegensatz zum *vitus bering*, der sensu Kenklies als Thema die Kommunikation des Inkommunikablen hat, ist im *sechsten sinn* auch diese Kommunikation übergesprungen: Nicht am Text der *sechste sinn*, sondern am Lesen des *sechsten sinns* wird sichtbar, dass sich literarische Kommunikation über den konstitutiven Umweg des Inkommunikablen (Lesen) re-produziert. Das Theorem der Kommunikation von Inkommunikablem ist nicht am/im Werk, sondern in der Konstitution des Textes als Werk qua Lesen und der (Fortfolge)Kommunikation dieses Lesens zu beobachten. Wiederum ein markanter Rahmenbruch, der schließlich dazu führt, dass über das Interpretieren von Interpretation (Lesbarkeit) die Unmöglichkeit von Interpretation (Unlesbarkeit) nicht als Information, nicht als Aussage des *sechsten sinns* miss*verstanden* wird, sondern dass vielmehr die lesbare Unlesbarkeit ästhetisch erlebt und als dieses Erlebnis qua Interpretation ästhetisch erfahren wird. Solchermaßen ist der *sechste sinn* nicht nur ein Buch über die Interpretation von Interpretation, über das Lesen von Lesen, sondern auch ein Buch über die ästhetische Erfahrung des ästhetischen Erlebens.

Über die von den vier Momenten provozierte Rahmenbrechung kommt eine so massive Fokussierung der Mimesis III in den Blick, dass von einer radikalen Re-Markierung der literarischen Kommunikation im Zuge der Re-Justierung der Sinn-Form Narrativität gesprochen werden kann. Dabei geht es wie im *vitus bering* nicht darum, dass via einer parapsychologischen Größe (sechster Sinn) Literatur als genuin parapsychologisches Erkenntnis-, Erfahrungs- und Erlebnismoment gekennzeichnet wird, sondern dass entlang von parapsychologischer Literatur in Form von experimenteller Prosa Literatur als spezifischer Erkenntnis-, Erfahrungs- und Erlebnismodus beobachtbar wird. Ich würde also nicht formulieren, dass der „*sechste sinn* [...] der Eigenname von Literatur überhaupt" ist (JAHRAUS 2003b: 16), sondern dass anhand der qua *sechsten sinn* parapsychologischen Literatur Bayers Literatur *exemplarisch* als spezifischer Erkenntnis-, Erfahrungs- und Erlebnismodus sichtbar wird. Das experimentell-parapsychologische Moment von Bayers Literatur ist Moment der Exemplarität seiner experimentellen Prosa im Hinblick auf die Beobachtung von Literatur und literarischer Kommunikation. *Insbesondere* anhand von Bayers parapsychologischer Literatur kann Literatur als spezifischer Erkenntnis-, Erfahrungs- und Erlebnismodus gedeutet werden. *Exemplarisch* anhand eines radikal-experimentellen Erlebnishorizonts (Parapsychologie oder Schamanismus) kommt die logistische Matrix von Literatur und literarischer Kommunikation in den Blick. *Insbesondere* auf dem Umweg über experimentelle Literatur (in Form von parapsychologischer Literatur) kann Literatur als Literatur im Rahmen von literarischer Kommunikation beobachtbar werden. *Literatur ist nicht parapsychologisch, aber insbesondere via parapsychologischer Literatur ist Literatur Literatur.* Dabei ist es ebenso wie beim *vitus bering* wichtig zu erkennen, dass es Bayer nicht um den sechsten Sinn als genuin parapsychologischem Vermögen geht, sondern um einen Modus der Welther(aus)stellung, der in der Radikalität der Grenzerfahrung Grenzen im Konstituieren subvertiert. Der sechste Sinn ist ein Medium für extreme Erfahrung und nicht esoterischer Selbstzweck. Bayer ist „kein Okkultist" (IHRIG 1981: 49)"[70]: „Die Annahme eines

---

[70] „Insbesondere steht der 'sechste sinn' des Romans nicht für den parapsychologischen Populärbegriff, sondern allgemein für die ersehnte Möglichkeit nichtnormativer Wahrnehmung" (IHRIG 1981: 49).

'sechsten Sinnes' fungiert bei Bayer als Begründung für eine versuchte Grenzüberschreitung" (JANETZKI 1982: 146).[71]

Dabei kann auch hier, wie im *vitus bering*, die schon bekannte Dreierkonstellation sichtbar werden: Der sechste Sinn kann erstens als eine Alternative im Kontrast zu Konventionen beobachtet werden. Der sechste Sinn im *sechsten sinn* ist vor dem narrativ-realistischen Roman als Kontrastfolie geschrieben und markiert all das, was nicht von den fünf Sinnen erfassbar ist: „Durch die Entwertung der anderen Sinne ist er [sechster Sinn] lediglich negativ bestimmt" (IHRIG 1988: 156).[72] Es handelt sich also um eine negative Realisierung. Zweitens indiziert der sechste Sinn als parapsychologische Größe durchaus ein Moment des ganz anderen, eine völlige Hingabe an die wuchernde Semiosis und die absolute Potenzialität, die sich an keinen Konventionen konturiert: „Es gibt keine Unterschiede mehr, alles ist auch anders denkbar" (JANETZKI 1982: 139).[73] Und drittens kann mit dem sechsten Sinn als Kunst-Werk, das den Leser als Text- und Werkkonstituierende Größe installiert, von einer neuen Ordnung der literarischen Kommunikation gesprochen werden. Es ist eine Ordnung, die im Lesen des Lesens literarische Kommunikation als Fortfolgekommunikation von Lesarten und Leseerfahrungen etabliert. Es ist eine Ordnung des Lesens.

Im Kapitel zum *vitus bering* sprach ich davon, dass Bayer einerseits via Schamanismus Literatur als spezifischen Erkenntnis-, Erfahrungs- und Erlebnismodus installiert und an diese Spezifizität glaubt, andererseits aber auch deutliche Skepsis gegenüber Literatur und vor allem literarischer *Kommunikation* hat. Anhand des *sechsten sinns* kann eine Radikalisierung dieser ambivalenten Position beobachtet werden.[74] Einerseits wird der sechste Sinn als parapsychologische Größe ernst genommen, da es via sechstem Sinn ja gelingt, über den Rahmenbruch das Interpretieren von Literatur solchermaßen in den Fokus zu rücken, dass Literatur

---

[71] Auch im Hinblick auf die Unterscheidung Geist/Körper fungiert der sechste Sinn als *Grenz*marke (siehe JANETZKI 1982: 148).
[72] Im Hinblick auf diese erste Ebene der Dreierkonstellation stimmt folgende Beschreibung Dameraus, die dieser allerdings nur auf die Figuren bezieht: „Wer hier den *sechsten* Sinn hat, hat nicht den ganz *anderen* Sinn für etwas anderes als das Konventionelle. Er oder sie sieht die Welt anders als üblich" (DAMERAU: 26). In diesem Sinne verstehe ich auch folgende Beobachtung Kastbergers: „Ich und Welt werden auseinandergenommen, urplötzlich krachen die getrennten Pole dann wieder in eins. In den fünf Sinnen fällt die Welt auseinander, im *sechsten Sinn* verschmilzt sie mit dem ehedem isolierten Ich zu einem kompakten Ganzen. Die Wahrnehmung und die Reflexion über die Wahrnehmung sind miteinander untrennbar verbunden" (KASTBERGER 2003: 114).
[73] Hierzu auch Ruprechter: Der Text „entfaltet ein Panorama von absurder Immanenz, in dem das Ereignis in der Perspektive der Unbestimmtheit als nicht entscheidbarer Möglichkeit steht" (RUPRECHTER, Walter 1981: der sechste sinn – Aspekte der Rede. In: RÜHM 1981: 55-62, 61).
[74] DAMERAU: 33 spricht von einem Schwanken zwischen Skepsis und Hoffnung.

als besonderer Weltaneignungsmodus sichtbar wird.[75] Indem am sechsten Sinn Grenzerfahrungen beobachtet werden können, die die Ebenen literarischer Kommunikation verschieben und re-justieren, wird die parapsychologische Signatur von Literatur deutlich sichtbar. Oder: Wenn Literatur ein spezifischer Erkenntnis-, Erfahrungs- und Erlebnismodus ist, dann als grenzen-transzendierende parapsychologische Größe. Literatur kann solch spezifischer Modus nicht allein im Sprachexperiment sein, vielmehr muss eine Erfahrungs- und Erlebnisform her, die alle Welterfahrungsbereiche gleichermaßen tangiert. Das literarische Experiment Bayers nimmt nicht nur die symbolische Systemreferenz ins Visier, sondern die gesamte Konstellation von Literatur und literarischer Kommunikation und alle an der Literatur und an der Welt beteiligten Größen: Bewusstsein, Körper, Kommunikation, Sprache, Medien, Sinn, Subjektivität, Wahrnehmung. Um diesen Globalangriff durchführen zu können, ist eben eine Grenzen und Strukturen insgesamt de/konstruierende und transzendierene Größe notwendig: der sechste Sinn. Indem Bayers experimentelle Prosa via parapsychologischer Größen nicht nur die symbolische Referenzebene anpeilt, kann anhand seiner Prosa Literaturwissenschaft *exemplarisch* ihr sprachtheoretisches Pradigma um ein kognitions-, kommunikations- und medientheoretisches Paradigma erweitern. *Insbesondere* anhand der parapsychologischen Literatur Bayers kann sich eine reflexive Literaturwissenschaft als integrative Literaturwissenschaft konstituieren. Die Betonung liegt auf dem 'exemplarisch' und dem 'insbesondere' und meint mitnichten exklusiv oder ausschließlich. Insbesondere *und exemplarisch anhand der Parapsychologie von Bayers experimenteller Prosa kann Literatur als Literatur, literarische Kommunikation als literarische Kommunikation im Zuge einer sprach-, kognitions-, kommunikations- und medientheoretisch sensiblen integrativen Literaturwissenschaft beobachtet werden.*

Bayer wäre nicht Bayer, wenn er nicht auch dieser Beobachtung Stolpersteine in den Weg gelegt hätte. Im Gegensatz zum *vitus bering* findet sich im *sechsten sinn* ein deutlich parodistischer und humoristischer Ton. Ich habe gezeigt, dass auf der textontologischen Figurenebene der sechste Sinn sowohl ernst genommen als auch parodiert wird. Im Zuge der Ebenenüberlagerung und des Rahmenbruchs springt diese doppelte Kodierung (Ernst/Parodie) auch auf die literarische Kommunikation über. Das bedeutet nun, dass der sechste Sinn nicht nur in Bezug auf die Figuren, sondern auch in Bezug auf die parapsychologische Signatur der Literatur parodistisch zu lesen ist. In der Form eines Selbstdementi (was die metaleptische Unterscheidung Gestaltung/Diskurs in die literarische Kommunikation kopiert) etabliert sich der *sechste sinn* als Literatur, die den sechs-

---

[75] Anderer Meinung ist JANETZKI 1982: 150: „Konrad Bayer weiß, daß seine literarischen Entwürfe nur Momentaufnahmen ohne Dauer sind, daß sie keine neuen Erkenntnisse transportieren und sich in ihnen lediglich sein Unbehagen an den tradierten Wahrnehmungsbewertungen ausdrückt." Stepina demgegenüber spricht von den Hoffnungen, „den sechsten Sinn für das geschriebene Wort zu erlangen" (STEPINA: Klappentext).

ten Sinn hat und als Literatur, die, weil sie den sechsten Sinn hat, sich als Literatur, die den sechsten Sinn hat, unterminieren muss. Der *sechste sinn* etabliert sich als parapsychologische Literatur und macht sich gleichzeitig darüber lustig.[76] In diesem Sinne ist der *sechste sinn* ein noch radikaleres Experiment als der *vitus bering*, der diese Form des Selbstdementi nicht kennt. Der *sechste sinn* ist so radikal radikal, weil er sich, indem er sich als parapsychologische Literatur initiiert, nicht nur sich als parapsychologische Literatur, sondern auch sich als Literatur überhaupt dementiert. Das ganze Unternehmen Literatur wird hier parodiert und ihm dadurch der eben noch verliehene Status eines spezifischen Erkenntnis-, Erfahrungs- und Erlebnismodus entzogen. Die Selbstdementibewegung kann man allerdings auch anders wenden: Der *sechste sinn* weist sich als parapsychologische Literatur aus, die Literatur als spezifischen Erkenntnis-, Erfahrungs- und Erlebnismodus ausweist und dementiert gleichzeitig sich und Literatur als diesen Modus, wobei die literarische Spezifität darin begründet liegt, dass sich Literatur als konstitutiv selbstdementierend ausstellt. *Der spezifische Erkenntnis-, Erfahrungs- und Erlebnismodus von Literatur ist das Selbstdementi.* Literatur kann via parapsychologischer Literatur Literatur nur sein, wenn sie sich als Literatur selbst dementiert. Es lässt sich hier durchaus von einer implodierenden, sich selbst aufhebenden Poetik sprechen, die in dieser Form die literarische Kommunikation dermaßen re-markiert, dass die Re-Markierung am Rande der Zerstörung schwebt. Konsequenterweise müssen Literatur und literarische Kommunikation hier aufhören, da sie, am 'Grenzposten Selbstdementi' angekommen, nur noch die Kommunikation zulassen, dass die Literatur sich selbst aufhebt und konsequenterweise auch diese Aufhebung aufheben muss, die die Aufhebung der Aufhebung aufheben muss usw.[77] Die literarische Kommunikation implodiert oder sie wechselt komplett ihren Status und wird aktionistische Kommunikation. Das Experiment *der sechste sinn* ist in seiner Radikaltiät der punktgenaue Übergang entweder in den Tod (Konrad Bayer) oder in die Aktion (Wiener Aktionismus). Anhand des *sechsten sinns* wird die strukturelle Kopplung, der Nexus von symbolischer und sozialer Systemreferenz, also die literarische Kommunikation, dermaßen radikal traktiert und re-markiert, dass diese Re-Markierung eine komplett neue Kommunikations-

---

[76] „Die Alchemie Bayers weiß von sich selbst, wie leicht sie zu einer Groteske werden kann, spielt dieses Wissen aber geradezu als eine Trumpfkarte aus" (KASTBERGER 2003: 134). – Trotz gänzlich anderem Argumentationsdesigns im Vergleich zu meinem Ansatz kommt IHRIG 1988: 169 dennoch zu vergleichbaren Ergebnissen: „Einerseits trägt der Text das Zeichen seiner formalen Perfektion zur Schau, da offensichtlich kein einziges Wort änderungsbedürftig ist. Damit wird eine Selbstlegitimation der Prosa vollzogen. Andererseits zieht der Erzähler die Regeln literarischer Arbeit ins Lächerliche, indem er sie mit gespielter Pedanterie überfüllt, ohne eine semantische Verdichtung zu bezwecken. Nicht zuletzt amüsiert er sich über die eigene Anstrengung, einen eigenen Text zu konstituieren."

[77] Wiederum eine überraschende Analogie zu Ihrigs ansonsten einseitig textontologischer Deutung: „Die Selbstaufhebung des Textes wird ihrerseits aufgehoben" (IHRIG 1988: 169).

form nach sich ziehen muss: die aktionistische Kommunikation.[78] Solchermaßen ließe sich auch der Selbstmord Bayers als (zu) ernst genommener Wechsel von literarischer zu aktionistischer Kommunikation lesen.[79]

Böning argumentiert in eine ähnliche Richtung. Sie fragt sich, ob der „Tod als Endpunkt einer künstlerischen Ereigniskette" zu beobachten ist (BÖNING: 12). Es geht dabei darum, ob sich Bayer mit seinem Selbstmord „im absoluten Sinne zum Kunstobjekt" mache (ebenda). Entscheidend an ihren Ausführungen ist jedoch die Art ihres Fragens, denn durch diese Art wird der Tod Bayers nicht als Vollendung oder Konsequenz eines einzelnen literarischen Werkes oder als Signatur einer spezifischen bayerschen Poetik, sondern vielmehr als Medium zur kompletten Re-Justierung literarischer Kommunikation lesbar. Bayers Selbstmord als 'Weiterschreiben' an seinem Werk tangiert die basalen Fragen von Kunst, Experiment, Avantgarde und Gesellschaft. Es geht um Kunst als autonomes Gebilde und als „'fait social'" (ebenda: 17), um Kunst als Gehalt (symbolische Referenz) und Kunst als Institution (soziale Referenz). Bayers Experiment mit Literatur und mit seinem Leben ist ein Experiment mit literarischer Kommunikation, den Möglichkeitsbedingungen von literarischer Kommunikation, dem Kontext von literarischer Kommunikation und dem Ende von literarischer Kommunikation (Stichwort: Aktion). Dabei betont Böning zurecht explizit den kommunikativen Aspekt dieses Experiments: Die Frage ist, kann dieses radikale Experiment mit literarischer Kommunikation noch kommuniziert werden? Bayer ging es

> [u]m das Aushalten der Abgründe zwischen den 'Versteht[sic]-du-mich?', um das Aushalten der Potentialität der Sprache. […]. Hartung […] bricht indirekt den Gedanken an Utopie. Bayer habe Literatur nicht ins Inkommensurable stilisieren wollen, sondern seine Literatur ist 'rigoroses Versuchen, sie in äußerster Anstrengung kommensurabel zu halten – und trotz des maßlos erscheinenden Anspruchs an Sprache'. Die erwähnten Experimente sind insofern auch als Kommunikationstests zu verstehen (ebenda: 17f.).[80]

Dadurch, wieder ist Hartung die Referenz, geht Bayers (und Wieners) Experimentieren „'in der existentiellen wie der artistischen Konsequenz über den engeren Bereich des Sprachexperiments hinaus. Wie weit, demonstriert Bayers Selbstmord" (ebenda: 14).[81] Bayers Freitod ist also kein Kunst-Werk, aber ein ge-

---

[78] Ich spreche hier von aktionistischer Kommunikation als Pendant zur literarischen Kommunikation, weil auch die radikale Aktion immer schon von der Kunstkommunikation als Innenseite der Außenseite der Innenseite von Kunst re-markiert gewesen sein wird. Nach der literarischen Kommunikation kommt nicht einfach die Aktion als Post/Anti-Kunst-Kommunikation, sondern als *künstlerische* Post/Anti-Kunst-Kommunikation.

[79] Als somit letzte Konsequenz des radikalen Experiments im Sinne einer Vollendung des Buches und nicht sensu Hohmann im Sinne eines Scheiterns an der Vollendung: Bayers Selbstmord ist für ihn die Konsequenz des Buches, aber: „Es konnte nicht vollendet werden, da das Suchen nach dem 'sechsten sinn' scheiterte und im Nichts endete" (HOHMANN 1974: 120).

[80] Böning bezieht sich hier auf HARTUNG: 81.

[81] Siehe HARTUNG: 79.

radezu paradigmatisches Mittel, um die Möglichkeitsbedingungen von Kunst/ Literatur und die Kommunikationsfähigkeit von Kunst/Literatur beobachten und kommunizieren (!) zu können. Die Pointe ist dabei, dass die Korrelierung von Leben und Werk Bayers weder das Leben (biographistische oder sozialgeschichtliche Deutung – soziale Systemreferenz), noch das Werk (textimmanenthermeneutische, strukturalistische Deutung – symbolische Systemreferenz) präferiert, sondern bezogen auf die Re-Justierung des Nexus von sozialer/symbolischer Referenz genau die Korrelierung in den Mittelpunkt rückt.[82] Der Selbstmord kann somit im Zuge seiner radikalen Re-Markierung bzw. Dekonstruktion der literarischen Kommunikation als paradigmatisches Beobachtungs-Medium einer integrativen Literaturwissenschaft dienen.

Der *sechste sinn* markiert in der Kombination der hier aufgeführten Elemente das radikalste Prosaexperiment in deutscher Sprache. Sicherlich gibt es Texte, die formanalytisch (beispielsweise Okopenkos Lexikonroman (*Lexikon einer sentimentalen Reise zum Exporteurtreffen in Druden* (1970)) oder Wieners *verbesserung von mitteleuropa. ein roman* (1969)) oder thematisch (beispielsweise der *vitus bering*) radikaler sind, aber *im Hinblick auf* die Re-Markierung literarischer Kommunikation ist der *sechste sinn* das extremste Prosaexperiment und da es ja um die Re-Markierung der Sinn-Form Narrativität geht, die paradigmatisch von Prosa geleistet werden kann, markiert der *sechste sinn im Hinblick auf* die Re-Markierung literarischer Kommunikation, das radikalste literarische Experiment überhaupt.[83] Und anhand dieser radikalen Radikalität und anhand der dadurch etablierten Unterscheidung von literarischer und aktionistischer Kommunikation kann Literatur als Literatur und als literarische Kommunikation besonders gut und besonders prägnant beobachtbar werden. Was vom *sechsten sinn* nach seinem Selbstdementi übrig bleibt, ist nicht der sechste Sinn, sondern die Möglichkeit, *qua radikalem Experiment Literatur via radikalem Experiment als Literatur beobachtbar zu halten.*[84] In

---

[82] Meine Arbeit argumentiert somit insgesamt gegen folgende Beschreibung Wieners, der mit dem richtigen und wichtigen Hinweis auf Bayer als Künstler das Kind mit dem Bade ausschüttet, indem er das Werk völlig marginalisiert. Ich argumentiere dagegen, dass Bayer ein einmaliges Experiment in der Korrelation von Werk und Leben vollführt hat und damit ein (im emphatischen Sinne) einmaliges Werk hinterlassen hat. Hingegen Wieners berühmtes Diktum: „Er [Bayer] war auch nicht in erster Linie ein Schriftsteller (dessen Leben dazu dient, ein Werk zu begleiten oder zu illustrieren); das meiste, was in Form von Anregungen und Ideen von ihm ausgegangen ist, erscheint in seinen Schriften nicht, oder jedenfalls nur so tastend, wie es sich in den damals möglichen Formulierungen unterbringen ließ. [...] Konrad Bayer hat durch seine persönliche Anwesenheit und durch sein Gespräch weit stärker und folgenreicher gewirkt als durch seine Arbeit, die man seither als 'Avantgarde' in die Tradition gestellt hat, wie man es tut, um den 'Dichter' aus Klischees zu synthetisieren" (WIENER 1983: 39).

[83] Anderer Meinung ist DAMERAU, der am *sechsten sinn* nicht seine Radikalität und das Experimentelle, sondern ganz im Gegenteil sein Anschließen an Konventionen fokussiert.

[84] Analog hierzu, aber genau von der anderen Seite argumentierend KASTBERGER 2003: 136: „Nicht der sechste Sinn, sondern nur das Buch vom *sechsten Sinn* ist damit an ein En-

ihrer radikalen Dekonstruktion kommt die Literatur zu sich. Der *sechste sinn* markiert den Beginn der Literatur in ihrem Ende.

## 4.3 Jürgen Beckers Literatur als Medium
Felder – Ränder – Umgebungen

*Reflexive Literaturwissenschaft.*
Experimentelle Literatur, Experimentelle Prosa, Bayers, Beckers und Mayröckers Werke gelten als schwierig, als rätselhaft, gar als inkommensurabel. Mit den Etiketten Schwierigkeit, Rätselhaftigkeit, Schwerverständlichkeit ist eine zweifache Markierung verbunden: Zum einen rutscht besonders die Gestalt bzw. der Gestaltungsmodus der Werke in den Fokus. Es wird gefragt, wie denn die Werke gebaut sind, dass sie so schwierig zu lesen sind. Die Gestalt bzw. Mitteilungsform der Werke wird zur Information über den Mangel an Information. Zum anderen kommen die Theorien und Methoden, die Werke im Allgemeinen und diese schwierigen Werken im Besonderen analysieren und interpretieren, in den Blick. Vielleicht liegt es ja an den Theorien und Methoden der Literaturwissenschaft, dass diese Werke ein Rätsel sind und evtl. ein Rätsel bleiben?[85] Dieser Problemhorizont ist einerseits allgemein im Kontext schwerverständlicher Werke beobachtbar, er muss geradezu obligatorisch genannt sein, wenn man sich mit diesen Werken auseinandersetzt, andererseits muss dieser Problemhorizont jedes Mal neu bei jedem Werk anders re-formuliert werden. Steins, Heißenbüttels, Mons, Wieners, Bayers, Rühms, Jonkes, Simons, Robbe-Grillets, Schmidts, Barthelmes, Beckers, Wolfs, Okopenkos, Handkes, Mayröckers usw. Werke sind jeweils anders schwerverständlich, jeweils anders als Medium der literaturwissenschaftlichen Selbstreflexion einsetzbar. Es genügt also nicht, diesen Problemhorizont einfach zu benennen, man muss ihn auch elaborieren. Eine reflexive logistiksensible Literaturwissenschaft muss in dieser Hinsicht besonders problemempfänglich sein, weil sie anhand der Beobachtung von Werken beobachtet, wie die Objekte (Werke) Epiphänomene der Beobachtung (Metaebene) sind. Anhand schwerverständlicher Werke wird Literaturwissenschaft nicht einfach zur Selbstreflexion genötigt, sondern auch zur Reflexion auf diese Selbstreflexion. Reflexive Literaturwissenschaft erkennt solchermaßen, dass sie im Beobachten ihres Gegenstandes immer auch selbst ihr Gegenstand ist. Dies bedeutet, dass eine reflexive Literaturwissenschaft an schwerverständlichen experimentellen Werken nicht allein ihre Methoden und Theorien der Beobachtung reflektiert und dieses

---

de gebracht. Die Möglichkeiten einer denkerischen Umgestaltung der Welt bestehen weiter."

[85] Siehe hierzu im Hinblick auf Becker WIRTHENSOHN, Andreas 2000: Annäherungen an einen vorläufigen Zusammenhang. Zum Werk Jürgen Beckers. Würzburg, 17f., 21f. und 40ff.

Reflektieren als eine methodologische Position ausweist, sondern dass sie sowohl jedwedes Positionieren als Methode und Methodologie als auch jedes Text- und Werkverständnis als Gegenstände ihrer Beobachtung kennzeichnet. Insbesondere anhand schwerverständlicher experimenteller Werke wird solcherart reflexive Literaturwissenschaft als Metawissenschaft beobachtbar. *Dadurch* kommt die Logistik von Literatur und literarischer Kommunikation besonders gut in den Blick.

Es gilt jedoch auch, dass die logistische Matrix von Literatur und literarischer Kommunikation jedes Mal anders – abhängig von den verschiedenen Werken – beobachtbar wird. *Literatur ist somit für eine reflexive Literaturwissenschaft immer jedes Mal anders Literatur.*[86] Indem ich Bayer, Becker und Mayröcker als experimentelle Prosa mithilfe des Sinn-Schemas narrativ/a(nti-)narrativ vor dem Hintergrund der Re-Markierung der Sinn-Form Narrativität lese, führe ich eine erste Spezifizierung ein. Im Zuge der Re-Justierung von Narrativität wird die Logistik von Literatur und literarischer Kommunikation *spezifisch* sichtbar. Entlang anderer Re-Justierungen kann eine andere Spezifizität HER(AUS)GESTELLT werden. Damit ist auch die logistische Matrix von Literatur und literarischer Kommunikation jedes Mal neu und jedes Mal anders zu beobachten. So muss formuliert werden: Insbesondere entlang der Re-Markierung von Narrativität qua experimenteller Prosa wird die Literatur-Logistik nicht nur besonders gut sichtbar, sondern als Logistik selbst re-markierbar. Der Durchgang durch die Werke Bayers, Beckers und Mayröcker re-figuriert somit die gesamte Theorieanlage der Arbeit. In diesem Durchgang (deshalb: *logistische Re-Figurationen*) werden die in Gang gesetzte reflexive Literaturwissenschaft, die Gestaltung von experimenteller Prosa, die Exemplarität von experimenteller Prosa im Hinblick auf die Literatur-Logistik und die Konzipierung des Verhältnisses Theorie/Praxis re-markiert. Entlang von Mayröcker ist die Exemplarität experimenteller Prosa eine andere als entlang von Becker und Bayer. Die Einheit der Werke von Bayer, Becker und Mayröcker liegt in ihren *gemeinsamen Unterschieden* hinsichtlich des gemeinsamen literatur-logistischen Fokus.

Im Folgenden geht es darum, zu zeigen, wie Beckers (Früh-)Werk spezifisch diese Re-Figurationsbewegung durchführt. Mehr als bei Mayröcker und Bayer, bei denen es um eine breit angelegte Analyse geht, soll anhand von Becker eine argumentative Engführung vollzogen werden. Natürlich dienen auch die Bayer- und Mayröcker-Kapitel dazu, die Thesenkaskade im Rahmen einer reflexiven Literaturwissenschaft und der Beobachtung der Logistik von Literatur und literarischer Kommunikation zu exemplifizieren, aber vor allem Beckers Werk fungiert als Selbstreflexionsmedium der hier gestalteten reflexiven Literaturwissenschaft.

---

[86] Siehe zu diesen Ausführungen meine Einleitung oben.

Es geht nicht darum, „eine Theorie durch Text-Hinweise zu illustrieren";[87] sondern zu zeigen, wie anhand eines Werkes, Metakommunikation als Einheit der Unterscheidung Objekt-/Metaebene zu beobachten ist. Dabei soll aber nicht nur etwas für diejenigen herauskommen, die sich für eine reflexive Literaturwissenschaft interessieren, sondern auch für diejenigen, die sich speziell für Beckers Werke interessieren. Wirthensohn bemängelt an der (zugegebenermaßen größtenteils unergiebigen) Becker-Forschung unter anderem, dass sie oft nur „einen speziellen Aspekt in Beckers Texten" betont (WIRTHENSOHN:35). Er versucht sich hingegen an einer „werkästhetisch" (ebenda: 41) orientierten Gesamtwerkanalyse. Daran ist nichts auszusetzen. Aber auch an den speziellen Ansätzen ist nichts auszusetzen. Mit einer werkästhetischen Werkanalyse sieht man nicht mehr, sondern anders. Wirthensohn argumentiert jedoch so, als ob nur der ‚literaturwissenschaftliche Allgemeinarzt' den Patienten adäquat behandeln könne. Die Einheit von Beckers Werk ist aber nicht durch eine Werkanalyse, sondern durch die Differenz der an ihm kondensierenden verschiedenartigen Beobachtungen sichtbar. Solchermaßen verstehe ich meine Ausführungen zu Becker sowohl als Beitrag für die Elaborierung einer reflexiven Literaturwissenschaft als auch als Beitrag zur Beckerforschung. Ich plädiere für eine entspannte Rezeption von Forschungsliteratur. Mit jedem (gut argumentierenden) Ansatz sieht man etwas Bestimmtes, auch Wirthensohn sieht etwas Bestimmtes und nicht alles an Beckers Werk.[88]

*Literatur als Medium.*
Ein Blick in Beckers *Felder*, *Ränder* und *Umgebungen* sowie in die Forschungsliteratur zeigt, dass eines der markanten Themen Beckerschen Schreibens die Beschreibungs- und Darstellungsmöglichkeiten des Bewusstseins sind.[89] Dabei geht es – ähnlich wie bei Bayer – darum, ob und wie die Individualität des Bewusstseins als eben diese Individualität be-*schreibbar* ist. Die in den 50er und 60er Jahren des vorigen Jahrhunderts in der Luft liegende Vorstellung, dass das Bewusstsein und seine Wahrnehmungen von der Sprache und ihrer Syntax und Grammatik konditioniert oder gar determiniert seien, findet sich auch hier.[90]

---

[87] MÜLLER-SCHWEFE, Hans-Ulrich 1977: Schreib' alles. Zu Jürgen Beckers „Feldern", „Rändern", „Umgebungen", anhand einer Theorie simuliert präsentativer Texte. München, 9. Hierzu auch WIRTHENSOHN: 26.
[88] Seine grundlegende These, die seinen werkästhetischen Ansatz rechtfertigt, ist die, dass „sich alle Werke durch ein ihnen gemeinsames Grundproblem bzw. einen Problemzusammenhang, dessen einzelne Komponenten jedoch unauflösbar miteinander verknüpft sind, auszeichnen" (WIRTHENSOHN: 41).
[89] *Felder* (= F) sind 1964, *Ränder* (= R) 1968 und *Umgebungen* (= U) 1970 erschienen.
[90] Siehe hierzu HINCK, Walter 1972: Die „offene Schreibweise" Jürgen Beckers. In: L. Kreutzer (Hg.), Über Jürgen Becker. Frankfurt a.M., 119-139, 120, 123, 125f. und vor allem den sehr schönen Aufsatz von ZENKE, Thomas 1972: Vom Prozeß der Erfahrung. Zu Jürgen Beckers Prosa. In: KREUTZER: 140-154. Siehe auch WIRTHENSOHN: 60f.

(Wie) kann das Bewusstsein in seiner Individualität der Welterfahrung nicht nur authentisch sein, sondern auch authentisch dargestellt werden? Becker, der Apologet der Authentizität ist sich dabei von vornherein bewusst, dass es nicht darum geht, Sprache und Literatur und Kunst als per se ungenügende Instrumente einer Authentizitätsdarstellung zu beobachten, sondern darum, Sprache als Literatur (und Kunst) als Medium zu betrachten, in dem Authentizität erfahrbar und – weil eben medial vermittelt – nicht erfahrbar wird.[91] Dies ist maßgeblich. Bei Becker wird nicht einfach indiziert, dass die Individualität und Authentizität des Bewusstseins qua Sprache undarstellbar ist, sondern, dass diese Unmöglichkeit von Authentizität überhaupt erst im Medium der *Sprache als Literatur* erfahrbar und be-*schreibbar* wird. Solchermaßen kann an den Werken Beckers beobachtet werden, wie Literatur nicht spezifischer Erfahrungsmodus allgemeiner und spezieller Probleme ist, sondern spezifisches Medium der Konstitution von Problemen und Problemlösungen. Wirthensohn argumentiert analog:

> Diese Grundproblematik [Authentizität und Darstellungsmöglichkeiten des Bewusstseins] ist keinesfalls als dem literarischen Werk vorgängig, gar als biographisch oder psychologisch bedingt zu denken; sie kristallisiert sich vielmehr überhaupt erst mit dem Versuch der literarischen Bearbeitung in ihren vielfältigen Aspekten und Komponenten heraus, ja sie ist letztlich eine genuin literarische (WIRTHENSOHN: 41).

Anhand von Beckers Werk, und ich schalte jetzt auf das Theorem der strukturellen Kopplung um, kann formuliert werden, dass zwar nicht die strukturelle Kopplung von Bewusstsein und Kommunikation, wohl aber ihre Re-Markierbarkeit im Zuge der Frage nach der *Darstellung* der Authentizität des Bewusstseins ein genuin literarisches Moment ist. Indem Literatur die Frage nach den Darstellungsmöglichkeiten der Authentizität des Bewusstseins stellt, stellt sie ihr Darstellen als Thema und Gegenstand der Literatur aus. Das Spezifische von Literatur sind nicht bestimmte Themen oder Inhalte, sondern die Art und Weise ihres Gestaltens und Darstellens. Wenn der „Eigentliche Inhalt des Kunstwerks [...] *seine Art, die Welt zu sehen* und zu beurteilen", ist, wenn also die Kunst „die Welt durch die Strukturen ihres Gestaltens" erkennt, dann markiert sie, dass das Thema, dass sie sich zum Gegenstand nimmt, nicht ohne diesen Fokus auf dieses Gestalten vorhanden ist.[92] Damit kontaminiert sie *jede* Frage nach einem Thema oder Gegenstand mit der Frage nach dem Darstellungs- und Gestaltungsmodus. Solcherart kommt die strukturelle Kopplung *als* strukturelle Kopplung von Bewusstsein und Kommunikation *insbesondere qua Literatur* in den Blick, da es die strukturelle Kopplung, also Bewusstsein und Kommunikation,

---

[91] Ich spreche hier nicht nur von Literatur, sondern auch von Kunst, weil Becker explizit intermdedial gearbeitet hat (Hörspiel, Film) und explizit Intermedialität als (Gesamt-)Kunsterfahrung reflektiert hat. Siehe unter anderem SCHÖNING, Klaus 1972: Gespräch mit Jürgen Becker. In: KREUTZER: 26-35, 31f.

[92] Zitate: ECO, Umberto 1977: Das offene Kunstwerk. Frankfurt a.M., 271.

immer nur im Rahmen bestimmter Darstellungsmodi, also im Rahmen bestimmter Medium-Form-Konstellationen gibt. Im Kontext der L(og)ist(ik) der De-Präsentation ließe sich formulieren, dass Bewusstsein und Kommunikation insbesondere qua literarischer Darstellungs- und Gestaltungsmodi als Momente der strukturellen Kopplung retro-aktiv nach-konstituiert werden. Damit ist jede Form der Beobachtung von struktureller Kopplung literarisch kontaminiert, weil sie auf den Horizont des Darstellens und Gestaltens geöffnet ist. Dies kann insbesondere anhand von Beckers experimenteller Prosa beobachtet werden. Das heißt *nicht*, dass psychologische, soziologische oder epistemologische Perspektiven Literatur und (Kunst) für ihre Argumentation heranziehen müssen, wenn sie über Bewusstsein und Kommunikation sprechen, es heißt aber, dass Bewusstsein und Kommunikation als Bewusstsein und Kommunikation – weil Literatur das Darstellungs- und Beschreibungsproblem in den Mittelpunkt rückt – exemplarisch, ja, paradigmatisch qua Literatur und Kunst beobachtbar werden. Hat man das einmal konstatiert, so lässt sich über die strukturelle Kopplung nicht mehr reden, ohne – implizit oder explizit – die literarischen Darstellungs- und Gestaltungsmodi zu berücksichtigen. Es gibt Beobachtungen der strukturellen Kopplung auch jenseits literarischer und literaturwissenschaftlicher Kommunikation, jedoch kommt jede Beobachtung der strukturellen Kopplung nicht umhin, die qua Literatur exponierten rhetorizistischen Momente der strukturellen Kopplung argumentationslogisch zu beachten. Damit wäre auch eine weitere, hier nicht mehr zu verfolgende These verknüpft: Es ist die Literaturwissenschaft, die als die maßgebliche reflexive Instanz der Systemtheorie (als Theorie) zu gelten hat und nicht die Soziologie, dies deshalb, weil gerade die Literaturwissenschaft einen sensiblen Blick für den epistemologischen Status von Rhetorizität, Form, Darstellung und Gestaltung besitzt. Solchermaßen wäre eine *reflexive Literaturwissenschaft* (im Hinblick auf systemtheoretische Parameter) nicht allein eine Version systemtheoretischen Argumentierens, sondern der *theorietheoretische Reflexionsdiskurs der Systemtheorie*.

Becker, seine Werke und seine Forschungsliteratur verwenden den Begriff der strukturellen Kopplung nicht, gleichwohl ist dort von Wahrnehmung, Bewusstsein, Sprache, Kommunikation und Wirklichkeit solcherart die Rede, dass es keine unnötige Technifizierung bedeutet, wenn ich im Weiteren von struktureller Kopplung spreche. Beckers *Felder, Ränder, Umgebungen* widmen sich nicht nur der Frage, wie Bewusstsein und Kommunikation (bzw. Sprache) 'miteinander verbunden' bzw. wie sie zu unterscheiden sind, sondern entfalten diesen Aspekt so, dass immer wieder die Unterscheidung von Bewusstsein und Sprache in den Mittelpunkt rückt. Dabei, und dies ist entscheidend, sind Wahrnehmungen, Bewusstsein, Kommunikation und Sprache nicht allein Themen der Werke, sondern auch die Vollzugsbewegung dieser Prosa. Wenn diese experimentelle Prosa über Bewusstsein und Sprache reflektiert, so im Zuge von Darstellungsverfahren und Gestaltungsmodi, die das, worüber reflektiert und gesprochen wird, operativ realisieren. Becker schreibt so, dass die strukturelle Kopplung von Bewusstsein und Kommunikation in der Gestalt seiner Werke als Thema und als Vollzugsmodus sichtbar wird. Ähnliches findet sich auch *streckenweise* bei Mayröcker (s. u.), aber hier ist diese Konstellation (beinahe) der einzige Gegenstand der Beckerschen Literatur.

*[Einschub: Literaturgeschichte/Logistik]*

Die massive, geradezu tunnelmäßig fixierende Fokussierung seiner frühen Prosa auf die Beobachtbarkeit der strukturellen Kopplung ist m. E. auch ein gewichtiger Grund, wieso Becker seine Experimente nach den *Umgebungen* (in dieser radikalen Form) aufgegeben hat und zu konventionellerem Erzählen zurückgekehrt ist. Damit wird auch die extrem ambivalente Rezeptions- und Forschungshaltung erklärbar: Becker war mit seinen *Feldern* und *Rändern* ein Star am Literaturhimmel der 60er Jahre, sowohl bei Forschung, Kritik als auch bei einer breiten Leserschaft. Dieser Starstatus äußerte sich nicht darin, dass alle seine Werke lobten, sondern dass sich an ihnen eine lautstarke und breit wahrgenommene Debatte entzündete. Krise des Romans, kritische oder affirmative Einstellung zur Gesellschaft und ihren 'Produktionsverhältnissen' sind nur zwei markante Stichworte. Gegner und Apologeten ließen Beckers Werke schimmern, seine Lesungen waren gesteckt voll.[93] Dieser Starstatus bröckelte danach brutal und rasant. Becker schreibt immer noch regelmäßig Gedichte und Prosa, aber obwohl er inzwischen mit einigen (einigermaßen) renommierten Preisen bedacht wurde (beispielsweise Uwe-Johnson-Preis), kennt ihn heute kaum noch jemand, von der Forschung wird er meist vollkommen ignoriert und an den Universitäten kaum gelehrt. Zu diesem Autor, der seit über vierzig Jahren schreibt, gibt es gerade mal drei, sich ausschließlich mit seinem Werk befassende, Monographien, in Darstellungen der deutschen Nachkriegsliteratur wird er nicht einmal erwähnt.[94] Mit meinem

---

[93] Zum Erfolg von Becker siehe VORMWEG, Heinrich 1972: Das wiederentdeckte Ich. In. KREUTZER: 80-85, 80f.

[94] Die Rede ist von BRENNER, Peter J. 1996: Neue deutsche Literaturgeschichte. Vom „Ackermann" zu Günter Grass. Tübingen. Diesen Hinweis verdanke ich WIRTHENSON: 11, dort (11-17) auch eine konzise Darstellung der Beckerschen Rezeptionskarriere. – Bei den drei Monographien handelt es sich um die Arbeiten von WIRTHENSOHN, MÜLLER-SCHWEFE und um die Arbeit von JANSHEN, Doris 1976: Opfer und Subjekt des Alltäglichen. Denkstrukturen und Sprachform in den Prosatexten Jürgen Beckers. Köln/Wien. Für meine Analyse ziehe ich des öfteren Wirthensohn zu Rate, da bei ihm das Literarische an Beckers Prosa und somit auch die literarische Kommunikation in den Blick kommt. Seine Arbeit ist also logistisch relevant. Mithilfe von Müller-Schwefe kann sich dagegen kein logistischer Blick einstellen, da sich seine Arbeit in einer maßlosen Fülle an Einzeldetails verliert und eher Anschlussmöglichkeiten für explizit linguistisch orientierte Philologen bietet. Janshen ihrerseits weitet ihren Fokus philosophisch, soziologisch und vor allem psychologisch so sehr, dass „von einem spezifisch literarischen Bewußtsein so gut wie überhaupt nicht die Rede ist" (so WIRTHENSON: 25). Beckers Texte werden zu besonde-

Ansatz geht es mir nicht darum, Beckers Frühwerk zu seinem Recht im Hinblick auf seine Stellung in der deutschen Nachkriegsliteratur zu verhelfen. Literaturgeschichtliche Einordnungen und Bewertungen sind nicht mein Thema. Die Frage, ob Beckers *Felder, Rändern* und *Umgebungen* eine wichtige, aber sehr flüchtige, Strömung der 60er Jahre waren (so WIRTHENSOHN: 70) oder nicht waren, fällt durch das Raster der Arbeit und ist für ihre Problemstellung nicht relevant. Entscheidend ist die Frage, wie(so) entlang des beckerschen Frühwerkes die logistische Matrix von Literatur und literarischer Kommunikation in den Blick kommt. Diesbezüglich sind Werke allein konzeptionell, nicht literaturgeschichtlich relevant. Ich gehe aber davon aus, dass nur die Werke konzeptionell und logistisch relevant sind, die literaturtheoretisch als besonders markante, also den Nerv treffende Werke beobachtbar sind. Kurz: Weil Beckers Frühwerk als markante experimentelle Prosa im Kontext der Literatur-Logistik beobachtbar ist, kann es auch als wichtige Position in der deutschen Nachkriegsliteratur beobachtet werden – *nicht umgekehrt.*

Beckers *Felder, Ränder und Umgebungen* sprechen über die strukturelle Kopplung in der Art und Weise, dass anhand ihrer Gestaltungsmodi die strukturelle Kopplung von Bewusstsein und Kommunikation beobachtbar werden kann. Somit wird anhand von Beckers Prosa exemplarisch deutlich, dass Literatur als Sinn-Form einen spezifischen Nexus von sozialer und symbolischer Systemreferenz bildet und als ein spezifisches Medium der strukturellen Kopplung beobachtet werden kann (Thesen 7 bis 9 der Thesenkaskade).

*Bewusstsein/Sprache.*
Die in der Forschung durchgängig vertretenen Thesen, dass es Becker um die Darstellung des Bewusstseins-*Prozesses* geht und dass damit die Mimesis nicht in Form der Abbildung von Wirklichkeit, sondern in Form der Abbildung des Bewusstseins relevant wird,[95] sind zu unterkomplex formuliert. Unterkomplex nicht deshalb, weil es sich bei der Mimesis des Bewusstseins-Prozesses um einen materialbedingten (Sprache) und medialen (Literatur) Darstellungs*effekt* handelt, sondern deshalb, weil Beckers experimentelle Prosa nicht (einfach) den Bewusstseins-Prozess darstellen will, sondern die komplexen sich wechselseitig konditionierenden Bestimmungsverhältnisse von Bewusstsein und Kommunikation. Die bei avancierter und experimenteller Prosa geläufige Rede von der paradoxen Versprachlichung des Nichtsprachlichen bzw. von der Kommunikation des In-

---

ren Repräsentationsformen individual- und sozialpsychologischer Befindlichkeiten und Strukturen, damit kommt auch hier die *literarische* Kommunikation kaum in den Fokus.
[95] Zu denken ist hier auch an Rohrs Formel *Mimesis of the Mind* (ROHR). Hierzu auch WIRTHENSOHN: 65, 102ff. und 131.

kommunikalblen wird von Beckers Experimenten deutlich verkompliziert und darstellungsmäßig elaboriert.[96]

Wie kommt in den *Feldern, Rändern* und *Umgebungen* die strukturelle Kopplung in den Blick? Was sind die Verfahren, die die wechselseitige Konditionierung von Bewusstsein und Kommunikation veranschaulichen sollen? Welche epistemologische Grundlage dient Beckers Prosa als Folie für diese Veranschaulichung? Bzw.: Wieso sind Wahrnehmung, Bewusstsein, Kommunikation und Sprache die zentralen Themen der Beckerschen *Darstellung* und *Gestaltung*?

*Felder. Felder* setzt sich aus 101 durchnummerierten, unterschiedlich langen und grammatikalisch, stilistisch und optisch äußerst heterogenen Textpassagen (Feldern) zusammen. Die Palette erstreckt sich von einem leeren Feld (Nr. 25, F: 25), einer visuellen Markierung eines Wortes oder Satzes „y-------------------o!" (Feld 31, F: 32) bis zu seitenlangen Abschnitten (beispielsweise Feld 85, F: 102-109). Feld 100 besteht aus 99 kurzen stichwortartigen Partikeln, die sich in der exakten Reihenfolge auf die vorherigen 99 Felder beziehen und solcherart als „ein nachgestelltes Inhaltsverzeichnis zu lesen sind" (WIRTHENSOHN: 78f.).[97] Feld 101 rahmt alle Felder, indem es die Dauer der Felder/*Felder* auf drei Jahre festsetzt und den Zeitpunkt des Feldes 101 auf den „22.12.1963 datiert: „vorne ist vor drei Jahren, hinten ist jetzt; Felder" (F: 146).[98] Es lässt sich somit von einer „99+(1x99)+1"-Struktur sprechen (WIRTHENSOHN: 80). Auffälligstes Merkmal der *Felder* ist die Heterogenität der Felder, die mit einer expliziten a(nti-)narrativen Gesamtbewegung korrespondiert. Hier kann von einer radikalen Opazität der Erzähl-Grammatik gesprochen werden. Es kommt zwar hin und wieder zu Zusammenfügungen zu Episoden, aber diese werden nicht zu Geschehen und Handlungen zusammengezogen (beispielsweise Felder 18 und 20; F: 22-24, wobei mit Feld 21 (F: 24) die Narrativität der Felder 18 und 20 explizit subvertiert wird). Die N-Reihe ist nur phasenweise und auch dann nur äußerst schemenhaft zu erkennen. Weder gibt es einen konsistenten Erzähler, noch stabile Fokalisierungen noch stabile diegetische Ordnungen. Linearität und Chro-

---

[96] Vgl. Hierzu KREBS, Corinna 1999: Theorie und Praxis in der Prosa Friederike Mayröckers. In: JAHRAUS/SCHEFFER: 131-146.

[97] WIRTHENSON liefert zu den drei Prosastücken jeweils drei sehr detaillierte Beschreibungen der Textverläufe (zu *Felder*: 78-84, zu *Ränder* 84-90 und zu *Umgebungen* 90-93). Siehe auch KOSKELLA, Gretel A: 1986: Die Krise des deutschen Romans. 1960-1970. Frankfurt a.M., 125-146 und die (über)detaillierte Analyse von MÜLLER-SCHWEFE.

[98] Diese Rahmung muss aber nicht zwangsläufig bedeuten, dass sich „Autor-Ich und Text-Ich schließlich als identisch" erweisen und auch nicht, dass die erzählte Zeit (drei Jahre) und die Erzählzeit (der Zeitraum, den „die Niederschrift der *Felder* […] in Anspruch nahm") identisch sein müssen (beide Zitate WIRTHENSOHN: 80). Das Feld 101 markiert nur, dass vom Werk (*Felder*) eine bestimmte Zeitkonstellation gesetzt wird. Hinweise auf die Dauer des *Felder*-Schreibens und den exakten Zeitpunkt des Beendens ergeben sich aus dieser Markierung m.E. nicht. Natürlich spielt Becker hier mit der Dekonstruktion von Fiktionalität, allerdings bleibt Feld 101 ein Feld im Rahmen der *Felder*.

nologie werden nur punktuell sichtbar (Feld 101; F: 146). Kurz, narrative Parameter werden radikal unterminiert.[99] Auch gibt es *kein explizites* narratives Model, das als Konturierungsfolie dient, wie beispielsweise der Reise-Roman im *vitus bering*. Kontrastfolien sind nur vage und *implizit* zu erkennen: der Essay, das Tagebuch und (wieder) der Reise-Bericht. Die negative Realisierung vollzieht sich hier auf der allgemeinen Ebene eines a(nti-)narrativen Paradigmas: Die *Felder* wollen grundsätzlich nicht(s) narrativ erzählen, der a(nti-)narrative Angriff ist global und allumfassend. Im Gegensatz zu beispielsweise dem *Nouveau Roman* von Robbe-Grillet, der a(nti-)narrativ den Kriminalroman negativ realisiert, wendet sich Beckers Werk nicht von bestimmten narrativen Formen, sondern basal von der Narrativität ab.[100]

Wirthensohn weist sehr schön darauf hin, dass schon der Titel einen a(nti-)narrativen Impetus in sich trägt. Mit Feldern ist erstens keine Kette mit zwei Enden, vorangehenden und nachfolgenden Abschnitten gemeint, sondern es sind *Flächen* markiert, die „auf allen Seiten mit den anderen Feldern Berührungspunkte gemeinsam haben" (WIRTHENSOHN: 78). Zweitens lässt sich an das physikalische Feld denken (siehe ebenda), dessen Beobachtung als Re-Justierung des klassischen Ursache-Wirkung-Denkens beschrieben werden kann:

> Bereits der Titel ist also Programm, indem er die Abkehr von unilinearen, auf dem Kausalitätsprinzip beruhenden Verknüpfungsprinzipien impliziert und statt dessen auf vielfältige Interdependenzen zwischen den einzelnen Abschnitten als textuellen Modus suggeriert (ebenda: 78).

Beckers Werke werden oft als radikal offen gekennzeichnet.[101] Mit dem Komplex Felder ist nun zweierlei markiert: Eine Offenheit, die lineare, chronologische und kausale Determinationen aufbricht und gleichzeitig eine alternative Ge-

---

[99] Dabei muss im Sinne der Dissertation Zimas Argumentationsrichtung umgedreht werden. Nicht: „Wo die semantische Grundlage und die Subjektivität verschwinden, wird auch die seit Huet als wesentlich betrachtete narrative Syntax fragwürdig" (ZIMA, Peter V. 1986: Roman und Ideologie. Zur Sozialgeschichte des modernen Romans. München, 250), sondern umgekehrt: Wo die narrative Syntax fragwürdig wird, geraten Subjektivität und Semantik in Gefahr.

[100] Siehe hierzu die berühmt gewordene Rede von Becker *Gegen die Erhaltung des literarischen status quo* (1964), dort spricht Becker von einem „Oldtime-Epiker", dessen Intention es sei, „eine Geschichte zu erzählen"; solch ein Geschichtenerzählen wird als „anachronistisch" bezeichnet. Becker versucht das „Authentische[]" „jenseits des Romans" zu finden: „erst seine aufgelösten Kategorien entlassen den utopischen Text, der jedem Roman eingeschrieben ist" (BECKER, Jürgen 1972: *Gegen die Erhaltung des literarischen status quo* (1964). In: KREUTZER:1 3-19, 16 und 19). Becker kritisiert an gleicher Stelle die Nouveau Romanciers, weil sie eben Romanciers bleiben. Ihre Werke fallen im Hinblick auf die Subversion von Narrativität gegenüber ihrer avancierten Theorie ab (siehe dort 14). Zu dieser Rede siehe auch ZETZSCHE: 282-286. – Zur Romandiskussion der 60er Jahre vgl. WIRTHENSOHN: 49-71 und KOSKELLA: 122-125. Zu einem Vergleich von Becker und dem *Nouveau Roman* siehe ZIMA: 247-269. Dort auch die Diskussion der Frage „Was ist ein Roman" (ebenda: 249ff.).

[101] Siehe beispielsweise KOSKELLA: bes. 129ff.

schlossenheit und Zusammengehörigkeit. Felder müssen, um Felder sein zu können, eine Begrenzung und eine Identität haben. Mit dem Begriff Felder ist sowohl der 'Text als Text' (wuchernde Semiose) indiziert, weil eben etablierte Ordnungsmuster aufgelöst werden als auch der 'Text als Werk', der eine neue Ordnungsbildung markiert.[102] *Felder* sind konstitutiv gleichzeitig offen und geschlossen, gleichzeitig wuchernd und gesäumt, gleichzeitig explodierend und implodierend, gleichzeitig sinn-negierend und sinn-generierend. Indem sie lineare, chronologische und kausale Parameter auflösen, sind sie anti-narrativ, indem sie alternative Ordnungsmuster anbieten, sind sie a-narrativ. Der Text wird in seiner zur Explosion tendierenden Offenheit beispielsweise durch thematische Konstanten (u.a. Verkehrsunfall (Felder 18-23) oder das Motiv der Taube (Felder 47-50 und 54) (siehe hierzu WIRTHENSOHN: 82) strukturiert. Insbesondere die Stadt Köln, die sich aus aktuellen Wahrnehmungen, Erinnerungen, Deskriptionsfetzen, Fantasieschüben, Assoziationen u. v. m. zusammensetzt, bildet eine konstante Ordnungsmatrix.[103] Ebenso das wahrnehmende, denkende und beschreibende Ich, das sich in seinen Wahrnehmungen in multiple Ichs aufgeteilt hat. Es dient in seiner verwinkelten Vielfältigkeit, die das Ich nie gänzlich auflöst, als komplexes kaleidoskopartiges Strukturmoment. „Die heterogene Wahrnehmung bedroht die Identität des Subjekts. Paradox stärkt sie dieses aber auch" (MÜLLER-SCHWEFE: 79).[104] Insgesamt kann also formuliert werden:

> Von Zusammenhangslosigkeit der Felder kann also keine Rede sein, vielmehr finden sich statt der von Becker so vehement bekämpften erzählerischen Kategorien eine ganze Reihe anderer Verknüpfungsmechanismen – rein formale, syntaktische, semantische, thematische und nicht zuletzt die […] parabolischen –, die in der Vielfalt ihres Auftretens wie ihres Zusammenwirkens vor allem eines zur Folge haben: Das Netz der Zusammenhänge weitet sich über die lineare Abfolge der einzelnen Felder hinaus zu einem kohärenten Gewebe, das verschiedenste Verknüpfungen als möglich, aber nicht als

---

[102] WIRTHENSOHN: 73ff. spricht vom „Text als Textur" *und* von der „Notwendigkeit, Offenheit zu begrenzen" (ebenda: 130), ZIMA: 259 von einer „,'polyphone[n]' Schreibweise".

[103] Siehe zum Topographiekontext HINCK: 132ff. – WIRTHENSON: 81 weist noch auf einige rein formale „textuelle Verknüpfungsmechanismen" hin, mit denen die Offenheit in Zaun gehalten wird. Oft bilden nämlich „das letzte Wort bzw. der letzte Satzteil eines Abschnitts mit dem ersten Worten bzw. Satzteil des folgenden eine sinnvolle, grammatisch korrekte Verbindung". Dadurch werden „beide Teile […,] zu einem Syntagma […] [verschmolzen], das den Leerraum, der die beiden Felder trennt, überwindet".

[104] Siehe hierzu auch ZENKE: 145 und WIRTHENSOHN: 100f., 115, 130 sowie ZIMA: 261., der von einer „subjektlose[n] Polyphonie" spricht und stärker die Auflösungstendenzen betont. Zur Ich- und Subjektproblematik siehe auch ZETZSCHE: 299, der argumentiert, dass „[t]rotz der Gefahr der Parzellierung der Wirklichkeit durch die visuelle Wahrnehmung […] Becker an der Möglichkeit des vermittelnden Sehens durch Bilder, imaginierte Photographien und Gedächtnisbilder fest[hält]". Somit sind Bilder ambivalente Medien, das ambivalente Ich beobachtbar zu halten.

zwingend erscheinen lässt und gerade in dieser Pluralität seine Offenheit erweist (WIRTHENSOHN: 83f.).[105]

Ich bezeichne dieses gleichzeitig entgrenzte und geschlossene kohärente Gewebe der *Felder* als ihre Feldhaftigkeit. Feldhaftigkeit markiert alternative Zusammenhänge im Zuge der Destruktion etablierter Zusammenhänge.

Beckers *Felder* versuchen zu zeigen, wie sich das sprachaffizierte Bewusstsein seine Erfahrungswelt er-beobachtet.[106] Im Kontext der strukturellen Kopplung lässt sich davon sprechen, dass in *Felder* eindeutig die Bewusstseinsseite fokussiert wird. Es geht um die Art und Weise, wie sich der *Irrwisch Bewusstsein* seine Identität als Bewusstsein, die Identität der eigenen Person, aber auch die anderer und die Wirklichkeit im Zuge seiner vielfältigen Bewusstseinsmodi etabliert. Dass das Bewusstsein sowohl Thema als auch Vollzugsmodus der *Felder* ist, wird des öfteren markiert:

25
26 Da war viel drin in meinem Kopf. da rollte es rum. Gemurmel von hinteren Bänken gedeckt und zur Rede an die Wand gestellt und weg. da scheuerte und riß. Nein. riß nicht. Nein. da blieb es liegen. wo. ganz unten im Geschiebe unter dem Scharren und Schaufeln oben drauf gegeben drauf. drauf geschlagen drauf die Nummer das Schild und weg. da ging viel rein. das passte war passend gemacht angepasst reingepasst und passt. [...] da lag es drin in meinem Kopf.
was machte es.
das.
wie kam es dazu.
es kam dazu.
wann fing es an.
das fing so an.
warum war es drin.
es war drin.
was.
es.
was sonst.
es.
sonst nichts.
sonst es.
[...]

---

[105] Die Metaphern *Netz* und *Gewebe* dienen des öfteren dazu, Zusammenhänge im Kontext schwieriger, avancierter und offener Werke zu beschreiben. So auch massiv bei Mayröcker (siehe hierzu KUNZ, Edith Ana 2004: Verwandlungen. Zur Poetologie des Übergangs in der späten Prosa Friederike Mayröckers. Göttingen, 23). – Im Bezug auf Becker spricht ZIMA: 265 davon, dass die Topographie und nicht Semantik und Narrativität die Einheit der Werke sichert.

[106] „Alles, was dem Autor [?] durch den Kopf geht oder unmittelbar von ihm erfahren wird, wird im Text notiert" (KOSKELLA: 127). Diese Gleichsetzung von Autor und 'Erzähler' bzw. wahrnehmenden und notierenden Ich ist das große Problem von Koskellas Analyse, siehe hierzu auch dort 132. Auch ZETZSCHE: 291 neigt dazu, Autor und Werk-Ich zu identifizieren.

drin.
wann.
drin.
wo.
drin.
wer.
a.
wer.
au.
wer.
auf.
[…] (F: 26ff.).

58              daß plötzlich verfolgt vom Alleinsein, daß mittendrin ein Absacken, daß wieder ein Reißen und Fallen und Fließen wohin, daß ruhig erst mal ruhig die Hände die Augen die Lippen das blaue Hemd die weißen Jeans die Haut des schwarzen Leders, und ruhig dann mal sagen: ich weiß gar nicht wie viele Tage da drin sind in diesem Tag und wer alles da redet in dem er redet, vom Aufwachen an vom Aufstehen an im unentschieden Dämmer und Mond, vom Zuhause an und vom Wegvomzuhause und Inderstraßedrin Imeinst Immerdrin Imvorhabendrin Imjetzt; meine Stimme dein Geschrei sein Gequatsche unser Murmeln euer Raunzen ihr Gebrüll (F: 58f.).

Das sind nur einige deutliche Hinweise darauf, dass und wie das Bewusstsein erprobt, sich als Thema zu entfalten und sich zu vertexten und zu versprachlichen. Es geht dabei um den Versuch, den Bewusstseins-*Prozess* zu be*schreiben*.[107] Damit fügt Becker den in der Moderne oft erprobten Bewusstseins-Mimesis-Versuchen (*Leutnant Gustl*, *Bebuquin*, *Ulysses* beispielsweise) einen weiteren äußerst gelungenen (!) Versuch hinzu. Aber meines Erachtens wird damit nicht die Beckersche Pointe erfasst. Vordergründig mag es um die verschiedenen Verfahrens(un)-möglichkeiten der sprachlich-literarischen Bewusstseins-Darstellung, um die (sensu Fuchs) mediale Alienation des Bewusstseins gehen, maßgeblich ist jedoch die gesamte Struktur der *Felder*.[108] Indem die *Felder* konstitutiv die Gleichzeitigkeit von Offenheit und Geschlossenheit, von Entgrenzung und Kohärenz durchspielen und in der Gestalt des Kunst-Werkes *Felder* präsentieren, kommt nicht (allein) der Irrwisch Bewusstsein mit seinen Prozessmomenten in den Blick, son-

---

[107] Im Kontext der Sprachskepsis argumentiert WIRTHENSOHN: 61, dass es nicht mehr genügt, diese „nur zu thematisieren, wie das seit Hofmannsthals berühmten Chandos-Brief in der modernen Literatur meist geschieht, vielmehr müssen die radikalen Zweifel an der Formulierbarkeit von Erfahrung sich unmittelbar in der literarischen Form niederschlagen." – Die Aufdeckung der „Verdinglichung von Sprache" durch Werbeslogans und Parolen untersucht ZIMA: 254f.

[108] WIRTHENSOHN: 102 argumentiert geradezu inständig, dass jedweder Bewusstseinsrealismus, jedwede Bewusstseinsmimesis, jedwede Bewusstseinsauthentizität ein Struktureffekt ist: „Der Anspruch, Wahrnehmung und Bewußtsein in ihrem Ablauf 'authentisch' aufs Papier zu bringen, läßt sich nur mit Hilfe besonderer Vertextungsstrategien illusionieren." Es gibt solcherart nur „Fiktionen der Authentizität" (ebenda).

dern (vor allem) seine Abhängigkeit von der wechselseitigen Konditionierung von Bewusstsein und Sprache. Indem der Irrwisch Bewusstsein nicht in der Offenheit und den Entgrenzungen aufgeht, sondern sich in der Gleichzeitigkeit von Entgrenzung und Kohärenz etabliert, können nicht einzelne Verfahren als bewusstseinsadäquat beschrieben werden, sondern allein die Feldhaftigkeit der *Felder*. Die Gestalt der *Felder* ist der Ausdruck des Bewusstseins im Zuge der strukturellen Kopplung von Bewusstsein und Kommunikation (Sprache).[109] Das Thema der *Felder* ist also nicht das Bewusstsein und seine Darstellungs(un)möglichkeiten, sondern das Thema ist die Gestalt der *Felder*, die das Bewusstsein und seine Darstellungs(un)möglichkeiten zum Gegenstand haben. In diesem Sinne lese ich das Feld 100 nicht nur als nachgeschobenes Inhaltsverzeichnis, sondern als Poetologie. In Beckers Werk (!) wird via Bewusstseinsfokussierung exemplarisch sichtbar, wie (sensu Eco) der Inhalt des Kunstwerks seine Art, die Welt zu sehen und zu beurteilen, ist. Das Thema der *Felder* ist die Frage, wie Literatur, indem es das Bewusstsein zum Gegenstand hat, Wirklichkeit im Zuge der Ausstellung ihrer Darstellungsmodi konstituiert. Das Thema der *Felder* ist – via Fokussierung des Bewusstseins – die Literatur selbst. Um die Thematisierung und den Vollzug von Literatur qua Literatur (*Felder*) literaturwissenschaftlich beschreiben zu wollen, kann man nicht Darstellungsmodi einzelner Felder oder die Zusammenhänge einiger Felder analysieren, sondern man muss die gesamte Struktur, die Feldhaftigkeit der *Felder*, anvisieren.

Wenn die Gestalt der *Felder* der Ausdruck des Bewusstseins im Zuge der strukturellen Kopplung von Bewusstsein und Kommunikation (Sprache) ist und wenn via Bewusstsein Thema und Vollzug von Literatur als Thema und Vollzug von Literatur beobachtbar werden, haben wir es mit Literatur als *Literatur-Literatur* zu tun. Und Literatur-Literatur lenkt den Blick notwendigerweise auf die literarische Kommunikation, auf den Nexus von sozialer und symbolischer Systemreferenz. Beckers *Felder* kommunizieren somit, dass sie Literatur als literarische Kommunikation kommunizieren. Maßgeblich ist dabei, dass sie dies nicht (bzw. eher selten) im Zuge explizit autoreflexiver Diskursivität tun, sondern indem sie ihre spezifische Gestalt ausstellen. Beckers *Felder* sind nicht aufgrund von Autoreflexivität, sondern aufgrund ihrer besonderen Gestalt Literatur-Literatur.[110] Dabei hat sozusagen die a(nti-)narrative Re-Markierung von struktureller Kopplung und des Nexus von symbolischer und sozialer Systemreferenz seine Form in der Feldhaftigkeit der *Felder* gefunden. Beckers Werke sind für meine Arbeit deshalb relevant, weil sie die exemplarische Beobachtung der logistischen Matrix von Li-

---

[109] Systemtheoretisch ist es nicht korrekt, Kommunikation und Sprache ineins zu setzen, aber mit dieser Ineinssetzung schmiege ich mich an die Beckersche Perspektive an, die – wie die meiste experimentelle Literatur der 50er und 60er Jahre – die Sprache als Metonymie für jegliche Kommunikationsprobleme verwendete.

[110] In diesem Sinne lese ich auch Zenkes Rede von „Schreiben vom Prozeß der Erfahrung und als Prozeß der Erfahrung" (ZENKE: 145).

teratur und literarischer Kommunikation im Zuge der Re-Markierung literarischer Kommunikation explizit an die Fokussierung von Wahrnehmung, Bewusstsein, Sprache und Kommunikation binden. Die Literatur-Logistik kommt hier über die vollzogene Thematisierung und Realisierung der strukturellen Kopplung in den Blick. Und natürlich wird dadurch auch das Lesen affiziert. Indem das „Verfahren des Textes als dessen eigentliches Thema anzusehen" ist (WIRTHENSOHN: 76), sind „vornehmlich inhaltsorientierte Lesarten […] weitgehend zum Scheitern verurteilt bzw. verfehlen das Spezifische solcher Texte" (ebenda). Die Utopie von Beckers Prosa liegt „jenseits der Texte […], nämlich im Bewußtsein des Lesers, der das vorgeführte Erfahrungsangebot annimmt und sich in seiner eigenen Wirklichkeitserfahrung irritieren lässt" (ebenda: 132). Ich schneide diesen Aspekt hier nur kurz an, da ich ihn im Mayröcker-Kapitel ausführlich diskutieren werde. Wie in Kap. 3.3 dargestellt läuft die Beobachtbarkeit der Literatur-Logistik und die Re-Markierung der literarischen Kommunikation maßgeblich über die Re-Justierung von Lese- und Interpretationsgewohnheiten.

*Ränder.* Die hier begonnene Argumentation kann an den *Rändern* noch pointierter entfaltet werden. Dieses Prosastück zeichnet sich durch seine überdeutliche Konstruktivität und symmetrische Formalität aus. Es besteht aus 11 Kapiteln mit insgesamt 107 Abschnitten, wobei die Kapitel 1 und 11, 2 und 10, 3 und 9, 4 und 8 sowie 5 und 7 einander unmittelbar entsprechen. Kapitel 6 – auch von der Seitenzahl exakt in der Mitte – bildet die Mittelachse: es besteht aus zwei leeren Seiten. Die Kapitel 1-5 und 7-11 können als Ränder des sechsten Kapitels beobachtet werden; dabei wird von den leeren Seiten aus gesehen der Text immer üppiger, die einzelnen Kapitel nehmen um etwa die doppelte Länge zu:

                          Kapitel 6
            Kapitel 5: 2 Seiten lang     Kapitel 7: 2 Seiten lang
              Kapitel 4: 3 ½ Seiten        Kapitel 8: 3 ½ Seiten
                Kapitel 3: 5 Seiten           Kapitel 9: 5 Seiten
          Kapitel 2: 10 ⅓ Seiten          Kapitel 10: 10 ¼ Seiten
        Kapitel 1: 16 ¼ Seiten             Kapitel 11: 17 ¼ Seiten

Die völlige Symmetrie wird dadurch aufgebrochen, dass die jeweils entsprechenden Kapitel 1 (32) und 11 (31) sowie 2 (19) und 10 (18) nicht die identische Anzahl von Abschnitten haben. Auch lassen sie sich nicht einfach austauschen. Im Zuge der Bewegung von Kapitel 1 zur leeren Mitte lässt sich eine ambivalente Struktur feststellen: während der Text immer mehr zu dem buchstaben- und wortlosen Weiß des Kapitel 6 zuläuft, also im Grunde minimaler wird, wird seine sprachliche Komplexität größer. Der Text fängt an, zu fleddern und wird immer schwerverständlicher, assoziativer und brüchiger. Für die Kapitel 7-11 gilt dies entsprechend umgekehrt. Über die leeren Seiten ist viel geschrieben worden,[111] WIRTHENSOHN: 84 formuliert dabei grundsätzlich, dass die leeren Seiten ihre Leere erst im Kontext ihrer sprachlichen Ränder bekommen. Dadurch, das ist entscheidend, wird die „prinzipiell unendliche[] Offenheit zumindest partiell reduziert" (ebenda). Solchermaßen lässt sich durchaus von einer entlang ihrer Ränder vollzogenen „Semantisierung der leeren Seiten" (ebenda) sprechen.[112]

Kapitel 1 und 11 liefern „Notierungen des Subjektiven".[113] In richtiger grammatikalischer und syntaktischer Form und mit korrekter Zeichensetzung werden Bewusstseins-Momente (Wahrnehmungen, Imaginationen, Erinnerungen, Vorstellungen) und die durch diese Momente hindurchgegangenen Wirklichkeitspartikel, vor allem sprachlicher Natur (Sprichwörter, Werbeslogans, Zitate) „assoziativ, ohne unmittelbaren Zusammenhang, aneinandergereiht" (ebenda: 84). Inhaltlich geht es zwar vorwiegend um Banalitäten des Alltags (Besuche, U-Bahn-Fahrten, Schnaps-Trinken u. v. m.), aber nicht nur, es gibt auch literarische Hinweise („Barthelme, warum kennt keiner Barthelme?" (R: 21). In Kapitel 11 wird die ohnehin immer latent vorhandene Reisestimmung manifest (R: 97f., 100, 102, 110f.) und sogar subtile Hinweise auf die deutsche Geschichte werden präsentiert. So vor allem folgender Abschnitt:

> Als es anfing, war noch gar nicht zu übersehen, um was es denn nun eigentlich ging. Als es soweit war, sagte jeder, es ist gut, daß es soweit ist. Als es dann weiterging, ging es natürlich mit den ersten Schwierigkeiten los. Als es plötzlich stockte, wurde hin und her probiert, bis es plötzlich wieder weiterging. Als es dann auch ziemlich klappte, hatte keiner mehr was dagegen. Erzähl doch weiter. Ja und als dann nichts dazwischen kam, dachte schon keiner mehr dran. Als dann wieder ein paar Kleinigkeiten vorkamen, nun ja, wer achtet schon immer auf Kleinigkeiten. Als es schlimmer wurde, machte man sich schon ein paar Gedanken. Als man aber sah, was los war, wer sollte den da nun was ändern. Als es nämlich plötzlich drunter und drüber ging, da hatte jeder andere Sorgen im Kopf. Dann, als alles aus war, sah es ja auch ganz anders aus, als man am Anfang gedacht hatte. Als es nämlich angefangen hatte, war noch gar nicht zu übersehen gewesen, um was es denn nun eigentlich gehen sollte. Erst als es soweit war, erst dann sagte jeder, es ist ganz gut, daß es soweit ist. Sicher, als es dann weiterging, ging es auch schon mit den ersten Schwierigkeiten los. Als es aber plötzlich stockte, da wurde gleich hin und her probiert, bis es weiterging. Und als es dann auch ziemlich lange klappte, nein, da hatte wirklich keiner mehr was dagegen. Erzähl doch weiter. Und als es längst vorbei und vergessen war, da fingen die ersten ja auch schon wieder an (R: 13).

**Obwohl es nie benannt wird, ist schnell deutlich, dass mit dem 'es' die Zeit des Nationalsozialismus aufgerufen wird. Becker zeigt hier durch eine Art abstraktem**

---

[111] Siehe VORMWEG 1972: 83f.; HINCK: 124; ZENKE: 151f. und ZIMA: 258f., der Beckers Prosatrilogie in dem Sinne als Radikalisierung moderner Prosaexperimente versteht, weil hier die Wertefrage, die für den (klassischen) modernen Roman noch wichtig war, gänzlich indifferent gesetzt wird.

[112] Analog hierzu schon HEIMANN: 31.

[113] Diese Beckerschen Beschreibungen finden sich unter anderem bei HINCK: 136.

Hülsen- oder Placebo-Erzählen, dass mithilfe narrativer *Strukturen* zwar das Gemeinte indiziert werden kann, dass aber damit nichts Konkretes (individuell, tragisch und existenziell Erfahrbares) einzufangen ist. Diese Passage ist somit keine subtil-gelungene Darstellung der Nazi-Zeit (in dieser Hinsicht ist sie eher grobschlächtig), sondern die Desavouierung von Narrativität als adäquatem Wirklichkeits-, Bewusstseins- und Befindlichkeitsdarstellungsmodus.[114] In Kapitel 1 und 11 lässt sich zwar von hin und wieder narrativen Passagen sprechen, aber im Hinblick auf die Kapitel und die ganzen Ränder kann man von einer opaken Erzähl-Grammatik reden, die im Zuge der Annäherung an die leeren Seiten des sechsten Kapitels immer opaker und opaker wird, bis Narrativität als Problem völlig verschwindet.[115] Hier wird ähnlich wie bei den *Feldern*, wenn auch stilistisch homogener, die Fokussierung des Bewusstseins und seiner Darstellungs(un)möglichkeiten in den Blick genommen, dabei werden narrative Größen subvertiert, weil sie die Darstellbarkeit des Bewusstseins verunmöglichen. Figuren, Handlung und Erzähler sind solchermaßen konventionalisierte Schablonen und Schleier, die den Blick auf das Bewusstsein versperren (vgl. WIRTHENSOHN: 63).[116]

Kapitel 2 und 10 setzen sich aus relativ gleichlangen Abschnitten zusammen, wobei auch hier (wie in den *Feldern*) die Leerzeilen oft durch ein gemeinsames Syntagma verbunden sind. Becker spricht hier von „syntaktischen Verschmel-

---

[114] Diese Textstelle wird auch von HEIMANN 1978: 37 interpretiert: Er verweist auf das Dritte Reich und formuliert dann: „Worum 'es' geht, wird nicht verraten, […] hier geht es nicht um reale geschichtliche Ereignisse, sondern um die sprachliche Dokumentation einer typischen kollektiven degradierten Bewußtseinsstruktur, eines Bewußtseins, das nichts durchschaut, nichts verantworten kann, aber sich für alles gerechtfertigt weiß." Siehe zu dieser Textstelle auch HOFFMANN: 283-286 und WIRTHENSOHN: 116f. – Eine ähnliche hülsen- bzw. placebomäßig daherkommende narrative Passage findet sich entsprechend in Kapitel 11 (R: 99 – von „Und muß denn das wieder sein?" bis „daß wir den Schrank da stehen lassen, wo er doch immer gestanden hat").

[115] Wie ich im Mayröcker-Kapitel zeigen werde, wird Narrativität nur dort zum Problem, wo Narrativität subvertiert wird, nicht dort, wo Narrativität durch radikale A-Grammatik oder radikal gebrochene Syntax oder radikale Lyrisierung völlig verdeckt wird. A(nti-)Narrativität muss den Weg über die negative Realisierung narrativer Momente gehen, sonst implodiert das Sinn-Schema narrativ/a(nti-)narrativ. Siehe hierzu auch KOSKELLA: 140.

[116] Trotz aller Subversion von Narrativität gibt es auch einige wenige Momente, die narrative Muster konkret aufgreifen. Da ist zum einen die Katze Nina, die auf den Seiten 7 und 73 noch lebt und auf Seite 88 tot ist. In Kapitel 11 wird dies bestätigt: „Nina draußen in der Erde" (R: 95), es gibt also eine Linearität und Chronologie. Insbesondere Kapitel 11 bezieht sich stark auf das Kapitel 1 und markiert, dass seitdem Zeit vergangen ist: „nun ist wieder ein Jahr vergangen" (R: 95). „Es ist ein Tag heute im Februar" (ebenda: 16), „Wieder ein Tag heute im Februar" (ebenda: 99), „heute ist Freitag" (ebenda: 7). „Nun ist, tatsächlich, wieder auch Freitag; und das ist weder Plan noch Absicht, wir achten nur manchmal ein bisschen auf das Zusammenspiel der Tage und die Wiederholbarkeiten der Ereignisse" (111). Allerdings dienen diese linearen Verbindungen weniger der Etablierung einer N-Reihe, als vielmehr der Reflexion über die (Un)Möglichkeit des narrativen Erzählens.

zungen" (HINCK: 136), da die jeweiligen Abschnitte völlig interpunktionslos ineinander verschachtelt sind. Dabei gibt es Satzelemente („Scharnierstellen und Zwischenglieder" (WIRTHENSOHN: 85)), die sowohl Teil des vorhergehenden wie des darauf folgenden Satzteiles sind (beispielsweise: „im ansonsten selbstgeregelten Sprechverkehr kracht es ja schon mal das ist es aber nicht *im Normalfall* wäre ein Schweigen von unbestimmter Dauer *die einzige mögliche Aktion* als Antwort bleibt von Fall zu Fall gestottert bis es ganz aus ist" (R: 31; meine Hervorhebung der Scharnierstellen). Einerseits bewegen sich Kapitel 2 und 10 thematisch mehr ins Allgemeine, indem sie den Fokus nicht auf subjektive Wahrnehmungseindrücke usw. lenken, andererseits wird durch die syntaktischen Kontaminationen „der rasende[] Ablauf kognitiver Prozesse" demonstriert, „die in der Tat keine Zeit mehr zum Erzählen, soll heißen: zur grammatisch wie logisch geordneten Strukturierung des Materials lassen" (WIRTHENSOHN: 106).[117]

Kapitel 3 und 9 bestehen jeweils aus einem einzigen seitenlangen Satz. Becker notiert: „Verknüpfung des Disparaten zu einem Satzzusammenhang" (HINCK: 136), wobei es zu einem düsteren apokalyptischen Szenario einerseits (Kapitel 3) und autoreflexiven Beobachtungen (Kapitel 9) andererseits kommt und diese Apokalyptik und Autoreflexivität auf die Argumentationsstruktur durchschlägt, denn von einer kohärenten und klaren Argumentationsbewegung kann keine Rede sein. Es dominiert assoziative Sprunghaftigkeit, die einzig durch die Themen und die beiden riesigen, durch keine Abschnitte unterteilten Mammutsätze mühsam zusammengehalten wird. Es ließe sich hier an einen stream-of-consciousness-mäßigen Gedankenschwall denken.

Kapitel 4 und 8 radikalisiert die assoziative Sprunghaftigkeit massiv: „Reihungen des Wahrgenommenen" (HINCK: 136). Dabei werden bruchstückhaft mit jeweils einem angefangenen und abgebrochenen Satz disparate Momente aneinandergekettet, wobei es durchaus (vielleicht isotopisch zu nennende) Zusammenhänge gibt. Hier ein Beispiel mit dem Zusammenhang Topographie bzw. Reise:

> immer blickt das Gesicht von der Landkarte hoch
> weil es ein Photo ist
> entschleierte Erde
> so entstehen Sätze die sich entfernen
> unsichtbar was die Biscaya ist
> schräg hoch der Blick zum Fenster das nicht da ist
> Fenster oder nicht (R: 50f.).

Hier könnte man von einer Punktierung des stream-of-consciousness reden, die sich von der zumindest grammatischen und vor allem syntaktischen Korrektheit

---

[117] HINCK: 12 spricht davon, dass die „syntaktischen Verschmelzungen [...] getreuer als jegliche grammatisch geordnete Fügung – den Strom der Wahrnehmungen aufzufangen" vermögen. Siehe hierzu auch ZENKE: 143.

der Kapitel 4 und 8 löst. Die Bewegung hin zur leeren Mitte beschleunigt das Bewusstsein und seine Wahrnehmungen, Vorstellungen, Erinnerungen und Imaginationen und es löst es ab von den eingefahrenen sprachlichen Mustern. Die Sogbewegung der leeren Seiten ist nicht nur rasant, sondern auch destruktiv, was sich *vorläufig* auch postiv wenden lässt: Je mehr sich das Bewusstsein zur Leere, also Sprachlosigkeit hin bewegt, desto mehr wird es von restriktiven Sprachstrukturen befreit.

Kapitel 5 und 7 radikalisieren die Kapitel 4 und 8. Es kommt zu einer „Auflösung der grammatischen und typographischen Zusammenhänge" (HINCK: 136):

```
da wo              zu
          rückkehrend              wo
     zum Ende
          kehrteinmalnochversuchtsmalwieder
umgezogenhinundher
               weil ... (R: 63).
```

In diesen Kapiteln kündigen sich die beiden leeren Seiten des sechsten Kapitels massiv an, da zwischen den Satzfetzen deutlich das Weiß der Seiten als eben dieses Weiß, als Leere zwischen den Worten, sichtbar wird. Das Blatt wird als Fläche beobachtet, bei der der Rand und die Stellung und Verteilung der Wörter auf der Fläche ebenso wichtig werden, wie Fragen der Bedeutung. Mehr noch, die Fläche selbst wird bedeutsam, wird zur Information (vgl. hierzu WIRTHENSOHN: 86 im Bezug auf Mon, der noch feststellt, dass trotz der Zertrümmerung ein „thematischer Zusammenhang" besteht: „Verlusterfahrung und Endzeitstimmung" (ebenda)). Das Bewusstsein löst sich immer mehr von grammatischen und syntaktischen Sprachstrukturen, um sich als frei flottierende, lineare, chronologische und kausale Muster subvertierende Form der Welther(aus)stellung im Medium der weißen, prinzipiell unbestimmt potenziellen Papierfläche zu etablieren.[118]

Wenn man sich die Bewegung von Kapitel 1 bis Kapitel 6 ansieht, könnte man durchaus denken, dass das Bewusstsein im Zuge der Darstellung seiner Darstellungs(un)möglichkeiten es schafft, die Sprache abzuschütteln. Ein befreiender Akt. Eine Entkopplung der strukturellen Kopplung. Allerdings ist es bezeichnend, dass das Kapitel 5 thematisch Endzeitstimmung verbreitet. Auch bleibt es nicht bei der radikalen Destruktion sprachlicher Parameter, sondern es kommt zum tatsächlichen Schweigen, zur tatsächlichen Leere. Und zu einem notwendigen Wiederanheben von Sprache (Kap. 7-11). Solchermaßen lässt sich

---

[118] In diese Richtung argumentiert auch Becker in seinen Selbstdeutungen: „In den Trümmern eines solchen Satzes oder eines ganzen Textzusammenhangs erscheinen dann zugleich die Reste eines aufgelösten Bewusstseins – also das genaue Gegenteil eines Bewusstseinsschemas" (LEIER, Manfred 1972: Interview mit Jürgen Becker. In: KREUTZER: 20-25, 24).

der Weg den Kapitel 1-6 nicht als Befreiung des Bewusstseins von der Sprache, nicht als Authentizitätsinszenierung bezeichnen, sondern – im Kontext der ganzen Struktur der *Ränder*, als explizite Markierung der wechselseitigen Konditionierung von Bewusstsein und Sprache. Die Bewegung hin zur Leere und wieder von ihr weg, zeigt, dass das Bewusstsein sich als Bewusstsein nicht im Zuge des Abbaus von Sprachverflechtungen, sondern im Zuge des Aufbaus von Sprachverflechtungen sieht. Die *Sprache* ist für das Bewusstsein nicht das schlechte Instrument einer Bewusstseinsnormierung, sondern *das Medium, in dem sich das Bewusstsein überhaupt als Bewusstsein erfährt.* Freilich kann es Sprache als dieses Medium erst in der De(1-6)/Konstruktion(6-11) der Sprache für sich erfahrbar machen. Ich lese die Kapitel 1 bis 5 und die Kapitel 7-11 als Ränder der Barre (–/–) der Unterscheidung Bewusstsein/Kommunikation. Die leeren Seiten markieren genau die unaufhebbare, unhintergehbare wechselseitige Konditionierung von Bewusstsein und Sprache (Kommunikation), die aufgrund dieser konstitutiven Wechselseitigkeit eben uneinholbar und somit nicht darstellbar und nicht in Sprache fassbar ist.[119] Ich lese die leeren Seiten als die *Form* der strukturellen Kopplung. Dabei kommt diese Form nur in den Blick, wenn das Bewusstsein in der Bewegung weg von der Sprache wieder hin zur Sprache deutlich machen kann, dass weder das Bewusstsein noch die Sprache die Protagonisten der *Ränder* sind, sondern ihre wechselseitige Konditionierung. In diesem Sinne ist auch der strikte und vielleicht starr und gestelzt wirkende Konstruktivismus der *Ränder* zu deuten: Anhand der Symmetrie des Werkes wird beschreibbar, dass die *Ränder* die *Form* der wechselseitigen Konditionierung von Bewusstsein und Sprache als ihren Gegenstand ausweisen. In der Symmetrie der Anlage wird dabei die *Form* der strukturellen Kopplung nicht nur zum Gegenstand, sondern die symmetrische Anlage verkörpert sozusagen die *Form* der strukturellen Kopplung. Damit sind auch hier, ebenso wie bei den *Feldern*, nicht – oder nur bedingt – die einzelnen Verfahren im Hinblick auf ihre Authentizitätsfunktion bezüglich des Bewusstseins relevant. Signifikant an der Beckerschen Prosa ist nicht so sehr, dass beispielsweise mit den syntaktischen Kontaminationen und den weiteren Radikalisierungen ein adäquater Ausdruck der Bewusstseinsdarstellung gefunden worden ist, vielmehr ist entscheidend, dass die Gestalt der *Ränder* das aussagt, was sie darstellen möchte: Bewusstsein/Sprache, und das darstellt, was sie aussagen möchte: Bewusstsein/Sprache. Gerade in der beinahe technisch zu nennenden symmetrischen Gestalt der *Ränder* wird exemplarisch sichtbar, wie der Gegenstand von Kunst der Modus seiner Weltbetrachtung ist. Während die *Felder* über den Umweg des Bewusstseins die Frage, wie Literatur Wirklichkeit im Zuge der Ausstellung ihrer Darstellungsmodi konstituiert, als ihren Gegenstand herausstel-

---

[119] So deute ich auch folgendes Argument: „Und gerade darin sind diese Texte 'wahrer', daß sie Kognition und sprachlichen Ausdruck nicht versöhnen, sondern ständig nach der Problematik dieses Verhältnisses fragen" (WIRTHENSOHN: 131).

len, stellen die *Ränder* dies über die Form der strukturellen Kopplung heraus. Die *Felder* sind bewusstseinslastig, die *Ränder* im Rahmen der Unterscheidung Bewusstsein/Sprache nicht, sie sind eben symmetrisch. Und entlang dieser Symmetrie wird sichtbar, dass das Thema der *Ränder* die Art und Weise ist, wie Literatur ihre Art und Weise thematisiert und vollzieht. Die markante technizistische Symmetrie ist solcherart kein technizistisches Korsett, kein kühler Laborversuch, sondern ein herausragendes Medium zur Beobachtung der Logistik von Literatur und literarischer Kommunikation.[120] Erst im Zuge dieser übertriebenen Künstlichkeit können die *Ränder* als exemplarisches Werk im Sinne meiner Arbeit beobachtbar werden. Erst diese übertriebene Künstlichkeit verleiht ihnen im Zuge meiner logistiksensiblen Analysen ihre Exemplarität. Es ist insbesondere diese übertriebene Künstlichkeit, die die *Ränder* zu *Literatur-Literatur* macht, wobei auch wieder hier, die Literatur-Literatur sich nicht in der Thematik oder in der Autoreflexion zeigt, sondern in der Gestalt des Kunst-Werks:

> Die Fiktion […] ist nicht vom Stoff her gesetzt, durch einen Helden oder eine Fabel, sondern in der Form, die als künstlich, willkürlich, geplant erkennbar bleibt. […] Fiktion als Form […]. Die *Ränder* von Jürgen Becker setzen eine Zäsur. Mit ihnen ordnet sich die deutschsprachige Literatur neu. Die vom Inhalt bestimmte Form erscheint endgültig als Sache der Vergangenheit, selbst in ihrem Gegenbild, der Groteske (VORMWEG 1972: 84f.).[121]

Die *Umgebungen* bestehen aus 72 Abschnitten, die alle mit Überschriften versehen sind. Beispielsweise „Geselliges Beisammensein" (U: 36), „Johann Häck Straße" (U: 43), „Da hängt nun an der Wand eine Stadtkarte von Stockholm" (U: 50), „In der Nähe von Belgien" (U: 58) oder „Jetzt ist die Landschaft ein Katalog voller Wörter" (U: 112). Im Gegensatz zu *Feldern* und *Rändern* ist das radikale Experimentieren deutlich in den Hintergrund getreten. Es finden sich längere narrative Passagen, die sogar manchmal Ereignisse und Episoden zu Geschehen und einer (rudimentären) Handlung zusammenfügen (beispielsweise U: 58-62). Auch gibt es immer mehr autoreflexive Stellen, die das Schreiben und Erzählen reflektieren.[122] Es etabliert sich keine durchgängige N-Reihe, aber im

---

[120] Ganz anderer Meinung sind HOLTHUSEN, Hans Egon: 1972: „Du. Und wer ist das?" In: KREUTZER: 71-76, 73 und SCHREMBS: 78. – JENNY, Urs 1972: Landkartenzeit, Sprichwörtezeit. In: KREUTZER: 76-80, 77 bemerkt hierzu treffend: „Das Buch als Ganzes ist mehr als die Summe seiner Partikel". Jenny liest die symmetrische Konstruktion der *Ränder* als Haltepunkt für das von der Auflösung bedrohte Ich (vgl. ebenda: 79).

[121] Auch an anderer Stelle betont Vormweg, dass anhand der beckerschen Prosa die Ordnung der Literatur re-justierbar wird, wenn er davon spricht, dass die „Voraussetzungen und Intentionen von Literatur" neu formuliert und der „Begriff von ihr in der Öffentlichkeit gründlich" verändert wird. Vormweg beschreibt hier in meinem Sinne die Re-Markierung literarischer Kommunikation (VORMWEG, Heinrich 1988: Nachwort. In: J. Becker, Felder. Frankfurt a.M., 149-156, 152). – Zum Aspekt der Fiktion siehe auch ZIMA: 259 sowie KOSKELLA: 142f.

[122] Diese autoreflexiven, metatextuellen Stellen deutet ZIMA: 260 als Haltepunkte, da diese „[i]m Unterschied zu den kritisierten und parodierten Diskursen der Religion, der Politik,

Hinblick auf einzelne Passagen kann durchaus von Beckers Beginn des narrativen Erzählens gesprochen werden.[123] Es gibt auch weitaus weniger Stellen, die assoziativ vernetzend daherkommen als in den ersten beiden Werken (beispielsweise U: 24f. und 97-102, wobei dieser zweite Abschnitt durch das Thema Geräusch konsistent zusammengehalten wird). Die einzelnen Abschnitte sind in sich weitaus kohärenter als in *Felder* und *Ränder*. Auch ist die Wirklichkeit, in den *Umgebungen*, deutlich konkreter, detaillierter und sozial komplexer gestaltet. Es tauchen nicht nur hin und wieder irgendwelche Namen von Personen und Städten auf, vielmehr haben die Personen eine soziale Signatur (vgl. hierzu WIRTHENSOHN: 90). Es lässt sich nun an den *Umgebungen* eine signifikante Gegenläufigkeit feststellen: Während die Abschnitte viel kohärenter und deutlich leichter zu verstehen sind, sind sie auch gleichzeitig offener. Zwischen den einzelnen Abschnitten gibt es kaum Kontinuitäten, sie werden weder durch eine feldhafte Struktur noch durch eine Symmetrie aufeinander beziehbar, vielmehr ließen sich die 72 Abschnitte „weitgehend problemlos vertauschen" (ebenda: 92). Ich deute diese Gegenläufigkeit im Rahmen meiner Fokussierung auf die strukturelle Kopplung als Hinwendung zur Kommunikation und zur Sprache. Während die *Felder* bewusstseinslastig sind[124] und die *Ränder* mit ihrer Symmetrie die Form der strukturellen Kopplung fokussieren, sind die *Umgebungen* kommunikationslastig. Natürlich kommt auch hier das Bewusstsein immer wieder als assoziationsfähiges Moment in den Blick, aber der Fokus liegt eindeutig auf der Sprache. Die Wirklichkeit setzt sich aus Sprache zusammen („Jetzt ist die Landschaft ein Katalog voller Wörter" (U: 112)). In diese Richtung deute ich auch den massiven Einsatz von Autoreflexivität in Bezug auf das Schreiben und Erzählen: Mithilfe der Metasprache wird ein sprachlich, grammatisch und syntaktisch korrektes Moment dem Irrwisch Bewusstsein entgegengesetzt. Bezeichnenderweise wird mit der Hinwendung zur Kommunikation die thematische Signatur offener. In *Feldern* (und auch in *Rändern*) wurde die sprachdurchtränkte Wirklichkeit durch die, wenn auch massiv gebrochene, Brille eines Bewusstseins beobachtet. In der Subversion der Sprache besaß das Bewusstsein seine multiple Identität. Hier nun in den *Umgebungen* gibt es die gebrochene Einheit der Weltbetrachtung nicht mehr, hier ist alles offen, weil nicht mehr von Bewusstsein in Richtung Wirklichkeit, sondern von der Wirklichkeit in Richtung Bewusstsein beobachtet wird.[125] Das Bewusstsein der *Umgebungen* ist nicht mehr das Medium

---

der Verwaltung, der Wissenschaft oder der Alltagsmoral [...] selten oder nie relativiert" werden.

[123] Siehe hierzu auch RADDATZ, Fritz J. 1972: In dieser machbar gemachten Welt. Überlegungen zu Jürgen Becker. In: KREUTZER: 155-171, 165.

[124] Siehe hierzu auch HOHMANN: 130f.

[125] Anderer Meinung sind HOHMANN: 136 und MÜLLER-SCHWEIFE: 78, der in den autoreflexiv-metatextuellen Kommentaren gerade ein Mittel sieht, wie sich das vielfältig gebrochene Ich auf eine „metastuflich rückblickende Identität" festlegt und dadurch „kritisch

des Sehens, sondern (nur noch) die Relaisstation sprachlicher Wirklichkeitspartikel und -zusamenhänge. In diesem Sinne kann formuliert werden, dass *Felder*[Bewusstsein] und *Umgebungen*[Sprache, Kommunikation] die Ränder der *Ränder*[strukturelle Kopplung von Bewusstsein und Kommunikation] markieren. Damit schließt sich meine Deutung erst mit der Schließung der drei Texte zu einer zusammengehörenden Trilogie. Meine vorhergehenden Beobachtungen der *Felder* und *Ränder* sind somit im Nachhinein immer schon von der Lektüre der *Umgebungen* affiziert gewesen.[126] Ich lese diese drei Prosastücke somit als notwendig zusammengehörendes Ensemble, das in dieser Zusammengehörigkeit Bewusstsein und Kommunikation (Sprache) in struktureller Kopplung beobachtbar und damit re-markierbar macht und das über diesen Umweg der strukturellen Kopplung literarische Kommunikation affiziert, indem sie in *Form* der strukturellen Kopplung ihre *Form* als Gegenstand von Literatur und als *Medium der literarischen Welther(aus)stellung* markiert.[127] Ich argumentiere nicht, dass Beckers Trilogie eine epistemologische und theoretische Größe realisiert, sondern dass Literatur als Literatur und als literarische Kommunikation in der Explizitmachung ihrer Gestalt beobachtbar wird. Bei Beckers Trilogie korreliert diese Gestalt mit der strukturellen Kopplung, bei anderen Werken mag es anders sein. Die strukturelle Kopplung ist nicht Fluchtpunkt dieser logistischen Überlegungen hier, sondern Medium und Gegenstand des Sehens. Es kann durchaus sein, dass Beckers Trilogie gerade aufgrund ihrer technizistischen Anlage im mnestischen Papierkorb der Literaturgeschichte gelandet ist; für eine logistiksensible reflexive Literaturwissenschaft gibt es aber keine literaturgeschichtlich relevanten Beobachtungsbeschränkungen.

## 4.4 Friederike Mayröckers Literatur-Literatur

### 4.4.1 Reise durch die Nacht

*Experimentell/post-experimentell.*
Zunächst mag es nicht erstaunen, Mayröckers Prosa im Kontext experimentellen Schreibens zu betrachten. Autorin und Forschungsliteratur sind sich einig darüber, dass die Texte vor 1973 als experimentell und die Texte seit dem Prosaband

---

gegen die ideologisch ungebrochene Identität der Subjekte wendet". Dabei wird die „größte Gespanntheit zwischen Identität und Heterogenität" aufrechterhalten.

[126] Zum Trilogie-Charakter der drei Werke siehe WIRTHENSOHN: 37, der auch darauf hinweist, dass *Felder, Ränder* und *Umgebungen* im 'Weißen Programm' bei Suhrkamp in einem Band veröffentlicht wurden.

[127] Im Hinblick auf eine ganz andere Frage – ob denn seine Prosa gesellschaftskritisch sei – argumentiert Becker in die ähnliche Richtung: Das Kritische Verhalten seiner Prosa äußert sich „ in der Art meines Schreibens und in der Gestalt meiner Texte selbst" (SCHÖNING: 32). Dadurch kommt es bei Becker auch nicht zum Verdacht eines „Sprachmystizismus", der ein bedeutungsloses Sprechen feiert (hierzu WIRTHENSOHN: 64).

*je ein umwölkter gipfel. erzählung* (1973) als post-experimentell zu beobachten sind. In *je ein umwölkter gipfel* betritt die Autorin die Bühne der zusammenhängenden Großprosa und verlässt das Terrain des in Abschnitte unterteilten, kleinteiligen Arbeitens. Es handelt sich bei der Prosa vor 1973 um kürzere Werke, die für Buchveröffentlichungen zusammengestellt wurden und keinen genuinen Zusammenhang bilden. Es dominiert die Montage- und Collage-Technik, die mit der „strenge[n] Haushaltung mit dem Sprachmaterial", mit den „sparsamen und übersichtlichen Wortstöcke[n]" „das Fremde klar begrenzt und in scharfer Umrandung in den eigenen Text einfügt", was zu einer „verknappte[n] Textökonomie" führt.[128] Bei diesen Texten kommt es aufgrund ihrer Kürze, ihres massiven gattungs- und genrelabilen Charakters, ihrer offensichtlichen Verwandtschaft mit experimentellen Strömungen der 50er und 60er Jahre (vor allem die Berührung mit der Wiener Gruppe) zu keinen längeren strukturellen narrativen Bewegungen. Diese Texte sind in ihrer jeweils isolierten Handhabung der Montagetechnik „'totale' Kurztexte[]",[129] „Festkörper" und „festgeschlossene Blöcke" (VOGEL 2002: 52), die jeweils für sich in ihrer Kleinabgeschlossenheit Ausprägungen verschiedener in den 50er und 60er Jahren kursierender Experimentalverfahren sind. Die frühen Prosatexte Mayröckers sind solchermaßen nicht anti-narrativ, weil weder in einer knappen Entfaltung noch in einer knappen Abgrenzung narrative Muster positiv oder negativ sichtbar werden, vielmehr sind sie a-narrativ in dem Sinne, dass Narrativität überhaupt nicht als Problem erkennbar wird.[130] Es kommt in ihren frühen Prosatexten zu keiner negativen Realisierung etablierter narrativer Muster.

Die „Wende von 1973"[131] vom experimentellen zum post-experimentellen Schreiben markiert nun allerdings keine Hinwendung zum traditionellen, konventionell-realistischen Roman, sondern die Erprobung alternativer narrativer Form.[132] Hier das berühmte Zitat:

---

[128] Beide Zitate VOGEL, Juliane 2002: Liquid Words oder die Grenzen der Lesbarkeit – Schriftbewässerung in der Prosa Friederike Mayröckers. In: I. Arteel, H. M. Müller (Hgg.), „Rupfen in fremden Gärten". Intertextualität im Schreiben Friederike Mayröckers. Bielefeld, 43-55, 52, 53f. und 54.
[129] KASTBERGER, Klaus 1999: Punkt und Fläche. Friederike Mayröckers Prosa aus werkgeschichtlicher Sicht. In: G. Melzer, S. Schwar (Hgg.), Friederike Mayröcker. Graz/Wien, 33-46, 34.
[130] Siehe hierzu auch KUNZ, Edith Ana 2004: Verwandlungen. Zur Poetologie des Übergangs in der späten Prosa Friederike Mayröckers. Göttingen, 19.
[131] MAYER, Friederike / Matthias MAYER 1984: Schreiben als Entfernung. Anmerkungen zur poetischen Wirklichkeit von Friederike Mayröckers Prosa. In: S.J. Schmidt (Hg.), Friederike Mayröcker. Frankfurt a.M., 8-56, 10.
[132] KUNZ: 26f. weist allerdings zu Recht darauf hin, dass in gewissen Hinsichten auch dem realistischen Erzählen nicht so ohne weiteres Konventionalität zugeschrieben werden kann. Realistisches Erzählen ist durchaus als innovativ und modern zu betrachten. Entscheidend ist m.E. dabei, welches *Modell* eines traditionellen, konventionell-realistischen

> 1971 hatte ich plötzlich genug vom sogenannten experimentellen Prosaschreiben. [...] Ich hatte plötzlich das Bedürfnis, Prosa zu schreiben, die ganz weggrückt vom experimentellen Arbeiten [...]. Es hat mir einfach keinen Spaß mehr gemacht. Ich habe es irgendwie als langweilig empfunden. Das heißt natürlich nicht, daß ich nicht auch in den Büchern danach noch mit Montagetechniken usw. gearbeitet habe. Das habe ich alles beibehalten, nur bin ich vom rein Experimentellen mehr hingegangen zu einer Erzählhaltung, obwohl ich mich eigentlich in Interviews immer dagegen gesträubt habe, meine Arbeit als Erzählung zu bezeichnen. Das würde ich auch heute noch sagen. Ich will nicht in einem üblichen Sinne erzählen, sondern mich an ein ganz unkonventionelles, unorthodoxes Erzählverhalten annähern, wenn man das so sagen kann.[133]

Erst indem explizit Erzählen und Narrativität in den Blick kommen, und sie kommen erst im Zuge längerer zusammenhängender Prosaarbeiten in den Blick, die bei aller Abweichung die Erkennbarkeit von Erzähl-Form, Erzähl-Grammatik und Erzähl-Modell erlauben, werden Erzählen und Narrativität zum Problem. Erst mit der Wende von 1973 wird Mayröckers Prosa überhaupt als a(nti-)narrativ relevante Prosa beobachtbar. Ich komme gleich auf das Narrativitätsproblem genauer zu sprechen. Zunächst noch einige Worte zu Begriff des Experimentellen.

Mit diesem Begriff – so wie ihn Mayröcker, KASTBERGER 2000: 16f. und alle, die die Wende-These vertreten, anwenden – ist es der Literaturwissenschaft trotz seiner Unbestimmtheit gelungen, literaturwissenschaftliche Beobachtungen von Gruppen, Verfahrenstechniken, literaturgeschichtlichen Perioden u. ä. m. zu etablieren. Die Literaturwissenschaft tut sich zwar schwer mit experimenteller Literatur, aber es gelingt ihr, sie terminologisch mehr oder weniger in den Griff zu bekommen.[134] Nun kommt Friederike Mayröcker mit einer neuen Schaffensphase daher, in der sie komplett Neues ausprobiert (also experimentiert!), aber nicht mehr experimentell sein will. Mayröckers Prosa seit 1973 ist solchermaßen weder traditionell-konventionell noch experimentell. Und als dieses Weder-Noch ist sie nun tatsächlich ein Rätsel für die Literaturwissenschaft. Die Forschungsliteratur ist sich einig, dass Mayröckers Prosawerk seit 1973 einmalig in der deutschsprachigen Literaturlandschaft ist, so einmalig, dass die Literaturwissenschaft mit ih-

---

Erzählens die Grundlage für eine alternative narrative Absetzbewegung bildet. Die Absetzbewegung konstituiert sich ihr Objekt, von dem sie sich absetzt.

[133] MAYRÖCKER, Friederike / Siegfried J. SCHMIDT 1984: „Es schießt zusammen". In: SCHMIDT 1984: 260-283, 264f. Mayröcker geht hier von einem sehr engen Experiment-Begriff aus, der sich an den Experimentalverfahren der 50er und 60er Jahre orientiert.

[134] SCHMIDT 1984b: 16 argumentiert, dass die Verfahren der „sogenannte[n] experimentellen Phase in der Arbeit F. Mayröckers" leicht benennbar und somit literaturwissenschaftlich etabliert sind: „Sprache wird autothematisch, als Material behandelt, also tendenziell konkretisiert. Hier haben die Kritiker verlässlichen Boden unter den Füßen und griffige Kategorien zur Hand: Montage, Collage, écriture automatique, Girlandenstil, Zitat, Wortlandschaften, Assoziationsketten, over-and-overing, aftering, Assemblage, Litanei, Reihung, usw. Schwieriger fällt die Antwort für Mayröckers Prosaarbeiten seit 1971, die weder Roman noch Erzählung, weder Erörterung noch Darstellung sind."

ren etablierten Werkzeugen hier scheinbar nichts ausrichten kann.[135] Indem dieses Prosawerk weder traditionellen noch experimentellen Parametern entspricht, wird die Literaturwissenschaft, die diese Parameter etabliert hat, radikal auf sich selbst zurückgeworfen. Sie erkennt am Werk Mayröckers (zumindest) zwei Aspekte: Erstens ist ihr handhabbar gewordener Experimentbegriff zu eng, er orientiert sich zu sehr an den Verfahren der Konkreten Poesie, der Wiener Gruppe und der Informationsästhetik. Die Literaturwissenschaft erkennt, dass sie ihren Experimentbegriff revidieren muss und zwar in dem Sinne, dass der Experimentbegriff, wie in Kap. 3.3 dargestellt, immer jeweils expliziert werden muss und dass er das Beobachten und nicht das Beobachtete charakterisiert. Gleiches gilt für den Begriff des Konventionellen. Indem Mayröckers radikal neue Prosa weder als experimentell noch als konventionell beschreibbar ist, müssen die Begriffe experimentell und konventionell einer Prüfung unterzogen werden. Zweitens wird die Literaturwissenschaft nicht nur in Bezug auf diese konkreten Begriffe, sondern insgesamt auf sich selbst zurückgeworfen. Im Kontext dieses Weder-Noch muss sie sich als Begriffe etablierende, Texte beobachtende, klassifizierende, historisierende und wissenschaftlich arbeitende Beobachtung beobachten. *Insbesondere* anhand eines radikal nicht-klassifizierbaren und weder methodologisch noch begriffstechnisch (konsistent) beschreibbaren Werkes, kann die Literaturwissenschaft beobachten, wie sie beobachtet.[136] *Insbesondere* anhand von Mayröckers Werk *kann* sich die Literaturwissenschaft als eine reflexive Literaturwissenschaft beobachten. Dabei betrachte ich diese Wendung nicht als Scheitern an Mayröckers Werk, sondern als besondere Chance der Literaturwissenschaft, via eines literarischen Werks sich selbst in den Blick zu bekommen. Eine Literaturwissenschaft, die davon ausgeht, dass die Form(el) 'Metaebene = Einheit der Unterscheidung Objekt-/Metaebene' gilt, kann nur gewinnen, wenn sie an einem Werk exemplarisch genau die Mechanismen dieser Formel zu Gesicht bekommt. Literaturwissenschaft bekommt sich anhand der Sperrigkeit von Mayröckers Prosa nicht nur als Literaturwissenschaft in den Blick (Begriffe, Epochen, Methoden

---

[135] „Mayröckers Texte ließen sich einerseits mit herkömmlichen Kriterien der Literaturkritik nicht bewerten, andererseits mit den entwickelten Verfahrensweisen der Literaturwissenschaft nicht fassen, so liegt nicht selten der Schluß nahe, man könne überhaupt nicht anders über Mayröckers Texte sprechen, als wie man vermutet, dass sie entstanden seien: nämlich 'assoziativ'" (BEYER, Marcel 1992: Friederike Mayröcker. Eine Bibliographie 1946-1990. Frankfurt a.M. [u.a]., 87f.). Siehe hierzu auch KREBS: 132.

[136] „Die gewonnene Erkenntnis vieler Ansätze über Friederike Mayröckers Werk bezieht sich oft nicht auf das betrachtete Werk, sondern auf das literaturwissenschaftliche Verfahren selber" (BEYER 1992: 90). Was hier bei Beyer leicht negativ konnotiert ist, wird bei Krebs positiv gewendet: „Die besondere sprachliche Organisation dieser Texte und die damit verbundenen Schwierigkeiten, die sich bei einer Interpretation der Texte ergeben, bietet damit Anlaß für Überlegungen zu aktuellen Verfahren der Interpretation, zum anderen aber auch Anstoß, mögliche Einsichten über die Relation von Literaturtheorie und Text zu gewinnen, die noch hinausgehen über die Verfahren zur Interpretation , die mittels Texttheorien gewonnen werden können" (KREBS: 131).

usw.), sondern auch als Literaturtheorie.[137] Solchermaßen betrachte ich die durch Mayröckers Werk provozierte Selbstreflexion der Literaturwissenschaft als reflexiver Literaturwissenschaft nicht nur als Medium, um Mayröckers Werk beobachten zu können, sondern als gleichwertigen Beobachtungsgegenstand: Wenn man Mayröckers späte Prosawerke liest, so liest man immer gleichwertig beides, ihre Werke und die Mittel dieses Lesens. Ich glaube nicht, dass man mit einer besonders textnahen, philologisch exakten Analyse, die sich begrifflich und methodisch den Mayröckertexten gewachsen fühlt, dem Werk besonders nahe kommt und die lästige Meta-Wendung auf das eigene Beobachten ad acta legen kann. „Je genauer diese Texte anvisiert werden, um so aufschlußreicher sind die Ergebnisse"[138], ja, aber nur *in bestimmten Hinsichten*. Allgemein gilt dieser Satz von Schmidt-Dengler nicht. *Gerade* an der Mayröckerschen Prosa wird sichtbar, dass jeder Ansatz: philologisch nah (Kastbergers editions-genetische Analyse), psychoanalytisch (Riess-Berger), narratologisch (Kasper), konstruktivistisch (Schmidt) in bestimmten Hinsichten etwas zum Werk Mayröckers sagt und (mehr implizit als explizit) ausstellt, dass dieses In-gewissen-Hinsichten genau das ist, was sich an Mayröckers Werk beobachten lässt.

> Die versuchten Antworten[139] ließen sich als exemplarische Analysen eines Werkes verstehen, das gegenüber der vorgefertigten Überzeugung und der allzu gesichert scheinenden Theorie ein letztes gewichtiges Wort behauptet. Für die Literaturwissenschaft leitet sich daraus eine grundlegende Verpflichtung ab: Der Dialog über das Werk der Autorin ist in einer Form zu führen, die die Stimme des Textes sowie die ihr angestammten Rechte möglichst uneingeschränkt bestehen lässt.[140]

Das würde ich in dieser Bestimmtheit nicht unterschreiben wollen, denn, je näher man ihm kommt und je mehr man es selbst uneingeschränkt sprechen lässt, desto mehr kommt dieses Das-Werk-selbst-uneingeschrängt-Sprechen-Lassen in den Blick. Ich behaupte hier mitnichten, dass eine beispielsweise philologisch nahe Analyse nichts bringt, sie bringt viel, wie Kastbergers Monographie zeigt, aber ich behaupte, dass die Spezifität von Mayröckers Prosa darin liegt, *jede* literaturwissenschaftliche Beobachtung, *jede* literaturwissenschaftliche Methode genau als eben eine Beobachtung und eine Methode auszustellen – das gilt grund-

---

[137] Zu den Schwierigkeiten, Mayröckers Prosa literaturwissenschaftlich in den Griff zu bekommen, siehe sehr eindringlich SCHMIDT-DENGLER, Wendelin 1995: Bruchlinien. Vorlesungen zur österreichischen Literatur 1945-1990. Salzburg und Wien, 507: „Interpretationen zu ihrem Werk gibt es zwar, aber sie alle stellen sich selbst so etwas aus, wie die eigene Ungültigkeitsbescheinigung, oder noch schärfer: ihren eigenen Totenschein." Es gilt, diesen Totenschein in eine produktive Selbstreflexion umzuwandeln.
[138] SCHMIDT-DENGLER, Wendelin 2000: Vorwort. In: KASTBERGER 2000: 7-8, 7.
[139] Es geht um die Aufsätze des Bandes KASTBERGER, Klaus / Wendelin SCHMIDT-DENGLER (Hgg.) 1996: In Böen wechselt mein Sinn. Zu Friederike Mayröckers Literatur. Wien.
[140] KASTBERGER, Klaus / Wendelin SCHMIDT-DENGLER 1996: Vorwort. In: KASTBERGER/SCHMIDT-DENGLER: 9-10, 10.

sätzlich für jede Literatur, kann jedoch besonders gut an einer experimentellen und sperrigen Prosa, die dies auch noch selbstreflexiv einholt, exemplifiziert werden. Beobachtet man Mayröckers Werk, muss man folgenden Satz umkodieren: „Um den Eigenarten von Mayröckers Literatur gerecht zu werden, wird ein textnaher Zugang erprobt und eine exemplarische Analyse der Textgenese unternommen" (KASTBERGER 2000: 11). Es müsste heißen: Um den Eigenarten von Mayröckers Literatur gerecht zu werden, wird ein textnaher Zugang erprobt, der die Eigenarten dieses Zugangs her(aus)stellt. Die Eigenarten von Mayröckers Literatur verweisen mich auf die Eigenarten meines Beobachtens. Diese Umkodierung muss buchstäblich gelesen werden: Eigenarten *meines* Beobachtens. Es geht nicht darum, dass einfach die Literaturwissenschaft sich und die Werke als Beobachtungsgegenstand entdeckt, sondern dass sie ihre eigene Theorie und Konzeptualisierung des Beobachtens entdeckt. In konkreten Falle der Arbeit heißt dies, dass sie sich entlang des mayröckerschen Werks als systemtheoretisch gepolte Literaturwissenschaft immer mitreflektieren muss. Anhand der mayröckerschen Prosa, die die Selbstreflexion der Literaturwissenschaft in Frontstellung bringt, wird auch die theoretische Fundierung der Literaturwissenschaft in Position gebracht. In meinem Falle ist es die Systemtheorie, im anderen Falle die psychoanalytische Literaturwissenschaft (Riess-Berger) oder die genetische Editionsphilologie (Kastberger). Dabei gehe ich davon aus, dass im Hinblick auf meine Problemkonstellation (die freilich selbst unter systemtheoretischen Vorzeichen steht), folgende Formel gilt: Mithilfe von Systemtheorie ergeben sich neue komplexe Perspektiven auf experimentelle Prosa und mithilfe der Beobachtung von experimenteller Prosa können Operationalisierungsbewegungen der Systemtheorie besonders gut durchgeführt werden. Im Hinblick auf andere Aspekte und im Hinblick auf die Konstituierung anderer Problemlagen mithilfe anderer Theorien mögen ganz andere Konstellationen herauskommen. Ich argumentiere somit nicht, dass man mit Systemtheorie alles besser beobachten kann, argumentiere aber, dass man insbesondere mithilfe von Systemtheorie die hier formulierten metatheoretischen Fragestellungen besonders produktiv auf der Agenda hat. Indem ich exemplarisch mithilfe von Mayröckers Prosa (als a(nti-)narrativer experimenteller Prosa) Literaturwissenschaft als systemtheoretisch gepolte reflexive Literaturwissenschaft in den Blick bekomme, kann ich exemplarisch zeigen, dass jede 'wie auch immer gepolte' Literaturwissenschaft sich als theoretisch gepolte Literaturwissenschaft beobachten muss. Über den Umweg der Systemtheorie können auch die Perspektiven, die nicht systemtheoretisch gepolt sind, Literatur und sich als Literaturwissenschaft in den Fokus nehmen. Damit sage ich nicht, dass mithilfe der Systemtheorie die Mayröckersche Prosa besonders gut oder exklusiv analysiert werden kann – so wie dies Schmidt für den Radikalen Konstruktivismus beansprucht hat –, sondern dass *anhand der systemtheoretischen Beobachtung ihrer Prosa die logistischen und metatheoretischen Momente von Literatur und Literaturwissenschaft besonders gut beobachtbar werden*. Systemtheoretisch orientierte Literaturwissenschaft ist somit ein ausgezeichnetes Reflexionsmedium für *jede* Literaturwissenschaft und *jede* Literaturtheorie, sich selbst sowie die Modi ihrer Objektkonstitutionen in den Blick zu bekommen. Es geht keinesfalls um eine systemtheortische Poetik.[141] Die Gefahr einer solchen systemtheoretischen Poetik sehe ich allerdings bei Krebs: Bei ihr führt die markante Struktur der mayröckerschen Prosa („Die Poetologie der Texte ist nicht nur das Thema dieser Prosa, sondern wird innerhalb der Prosa selbst als Praxis realisiert. Die Prosa macht das eigene Verfahren zum Bestandteil der Aussage, indem sie vorführt worüber sie spricht" (KREBS: 133)) dazu, dass nicht nur die Texte diese Poetologie vollführen, sondern dass auch *„anläßlich* der Texte" (ebenda: 136), also von der Interpretation, diese Poetologie von Thema und Praxis vollzogen wird. Mit der textintern getroffenen Unterscheidung Thema/Praxis wird der Text extern von der Interpretation beobachtet (vgl. ebenda). Soweit so gut, hier gehe ich mit. Überzogen finde ich die Konsequenzen, die hieraus gezogen werden:

> Die Systemtheorie als das verwendete theoretische Konzept zur Textinterpretation würde dabei nicht als ein der Literatur diametral entgegengesetzter Gegenstand verstanden, sondern beide, sowohl Literatur als auch Theorie könnten vielmehr in einen gemeinsamen Zusammenhang gestellt und als gegenseitige Ergänzung aufgefaßt werden. [...] Mit der – in der Prosa Mayröckers ebenso wie in der Systemtheorie – erfolgenden selbstbezüglichen Thematisierung der Bedingungen und Möglichkeiten der eigenen Wahrnehmung lassen sich in den Bereich theoretischer, wissenschaftlich gesteuerter Reflexion und dem Bereich ästhetischer, literarischer Produktion die Ausbildung ähnlicher Fragestellungen beobachten (KREBS: 136).

Theorie und Literatur ergänzen sich nicht, sondern mithilfe einer selbstreflexiven theoretischen Bewegung (Systemtheorie) kann exemplarisch die Konstitution

---

[141] SCHMIDT 1989: 116f. muss im Zuge seiner Interpretation unterstellen, dass Mayröckers Prosa das radikal-konstruktivistische Programm einlöst; zwar gilt: „Ihr Œuvre illustriert keine Theorie, es ist im Grade höchster Aufrichtigkeit authentisch", allerdings liest Schmidt Mayröcker so, „*als sei* Friederike Mayröcker zu einer 'realexistierenden Konstruktivistin' geworden, die intuitiv konstruktivistisch schreibt." Durch dieses 'als sei' will er das Unmögliche anzeigen: Mayröcker als genuine Poetin bzw. Künstlerin darstellen, die Literatur schreibt und keine Erkenntnistheorie betreibt und gleichzeitig markieren, dass die kategorial andere Größe, die Wissenschaft (des Radikalen Konstruktivismus), genau diese genuine Poesie erkenntnistheoretisch beobachten kann. Indem der Radikale Konstruktivismus (als Wissenschaft) dieses 'als sei' ernst nimmt, bekommt er das spezifisch Literarische nicht in den Blick. Mayröckers Literatur bleibt solchermaßen, trotz gegenteiliger Bekundungen, eine erkenntnistheoretische Größe: Mayröckers Texte „entsprechen" „für den analysierenden Beobachter [...] dem elaboriertesten Stand konstruktivistischer Erkenntnis-, Wissenschafts- und Identitätstheorien [...] und [...] [erfordern] eine konstruktivistische Poetik als Analyseinstrumentarium" (SCHMIDT 1984b: 16). Damit gilt aber: Die „Darlegung der spezifisch-ästhetischen Strukturen der Mayröckerschen Literatur [ist] ein Desideratum der konstruktivistisch motivierten Untersuchungen geblieben" (KASTBERGER 2000: 27). Zur Kritik an Schmidt siehe auch RIESS-BERGER, Daniela 1995a: Lebensstudien. Poetische Verfahrensweisen in Friederike Mayröckers Prosa. Würzburg, 33 und KUNZ: 27f.

von Literatur (Objektebene) und literarischer Kommunikation (Metaebene) beobachtet werden, ebenso wie mithilfe der Beobachtung von experimenteller Prosa exemplarisch diese theoretische Bewegung in den Blick kommt. Literatur und (Literatur)Wissenschaft werden nicht entdifferenzialisiert, vielmehr können mithilfe einer explizit autoreflexiven und autologischen Theorieanlage die in einen gemeinsamen Fokus gerückten Differenzen von Literatur und Wissenschaft signifikant beobachtet werden. Somit gilt weiter, dass mithilfe von Systemtheorie (= Wissenschaft) besonders gut die Spezifik von Literatur und literarischer Kommunikation sichtbar wird. Nur Literatur (re)produziert Literatur, nur literarische Kommunikation (re)produziert Literatur als autopoietisches, operativ geschlossenes System, allerdings kommt die Autopoiesis von Literatur und literarischer Kommunikation, kommt die Spezifik von Literatur besonders signifikant und exemplarisch im Zuge autologischer wissenschaftlicher Theoriebewegungen in den Blick. Literatur und literarische Kommunikation sind das, was sie sind, im Zuge wissenschaftlicher Beobachtungen. Dass, wie und ob es die Literatur mit Texten, Werken, Zeichen, Themen, Wahrnehmungen, Kommunikationen, Autoren, ästhetischen Erlebnissen und Erfahrungen usw. zu tun hat, 'weiß' die Literatur nicht von sich aus, sie ist auf die Wissenschaft angewiesen. Literatur erhält ihre autopoietische und operative Identität über ihren konstitutiven wissenschaftlichen Umweg. Nur Literatur ist Literatur – via (reflexiver) (Literatur-)Wissenschaft. Mit Bezug auf die Sozialdimension muss also gelten: Nicht ohne Autorinnen und Autoren gäbe es keine Literatur, sondern: Ohne Wissenschaftler/innen gäbe es keine Literatur.

Ich gehe davon aus, dass insbesondere und exemplarisch anhand von experimenteller Prosa die Logistik von Literatur und literarischer Kommunikation beobachtbar wird und sich exemplarisch eine reflexive Literaturwissenschaft etablieren kann, ich gehe aber auch davon aus, dass durch die verschiedenen Werke (Bayer, Becker, Mayröcker) jeweils unterschiedlich die strukturelle Kopplung und der Nexus von symbolischer und sozialer Systemreferenz re-markiert werden und sich somit jeweils anders Literaturwissenschaft als reflexive Literaturwissenschaft beobachten lässt. Anhand der Werke Mayröckers sieht man analoge Konstellationen wie bei Becker und Bayer, aber eben signifikant anders. Jedes Werk refiguriert die logistische Konstellation auf spezifische Weise, mit jedem Werk wird die Thesenkaskade iteriert (bzw. konfirmiert und kondensiert), also identifiziert und verändert.

<u>Mayröckers Prosa nach 1973 als experimentelle Prosa zu lesen</u>, steht quer zu den eingeschliffenen Einteilungen, aber nur solange man an einem engen Experimentbegriff haftet. Ich spreche von Mayröckers <u>mittlerer und später Prosa als experimenteller Prosa</u> ausschließlich in dem von mir explizierten Sinne, also im Rahmen der Thesenkaskade und der Unterscheidung narrativ/a(nti)narrativ. Es macht also meines Erachtens nur Sinn von Mayröckers mittlerer und später Prosa als experimentell *im Hinblick auf* die von mir aufgestellte Problemkonstellation

429

(strukturelle Kopplung, Bewusstsein, Kommunikation, symbolische/soziale Systemreferenz, literarische Kommunikation, Logistik) zu sprechen. Ich argumentiere also nicht gegen die oben beschriebene Einteilung experimentell/post-experimentell, sondern meine Problemkonstellation steht dieser Einteilung schon konzeptionell quer. Es geht um zwei verschiedene Dinge. Es kann allerdings formuliert werden: *Weil* Mayröckers mittlere und späte Prosa literaturwissenschaftlich inkommensurabel ist oder zumindest massive literaturwissenschaftliche Probleme aufwirft, kann sie als (in meinem Sinne) experimentelle Prosa beobachtet werden. *Weil* sie im oben beschriebenen Sinne weder experimentell noch konventionell ist, lässt sie sich in meinem Sinne als experimentelle Prosa beschreiben. Wieso nun ist Mayröckers mittlere und späte Prosa so anders, so schwierig und gleichzeitig so gut geeignet, meinen logistischen Beobachtungsmodus einzustellen?

*Buch/Bücher.*
Ich habe den beiden Unterkapiteln hier zwei Prosaarbeiten Mayröckers zugeordnet: *Reise durch die Nacht* (1984) und *Die kommunizierenden Gefäße* (2003),[142] werde aber nicht nur diese beiden Werke fokussieren. Sie markieren nicht die primären Analyseobjekte, sondern stecken zwei Grenzposten ab. Die Forschung geht davon aus, dass nach der 'experimentellen Phase' die post-experimentelle Phase mit *je ein umwölkter gipfel. eine erzählung* (1973) einsetzte. Hiermit ist der Beginn einer größer angelegten Prosa gemeint, die trotz aller Unterschiede so viele Gemeinsamkeiten hat, dass sich von einem zusammenhängenden Korpus sprechen lässt. Seit 1973 sind folgende Prosabände erschienen:

1975: *Das Licht in der Landschaft*; 1976: *Fast ein Frühling des Markus M.*; 1978: *Heiligenanstalt*;[143] 1980: *Die Abschiede*; 1984: *Reise durch die Nacht (RN)*; 1985: *Das Herzzerreißende der Dinge (HD)*; 1988: *mein Herz mein Zimmer mein Name (HZN)*; 1991: *Stilleben (ST)*; 1995: *Lection (L)*; 1998: *brütt oder Die seufzenden Gärten (brütt)*; 2003: *Die kommunizierenden Gefäße (KOG)*; 2005: *Ich schüttelte einen Liebling*; 2008: *Paloma*. Die Zusammenhangsthese gipfelt in der Überlegung, dass es sich seit *je ein umwölkter gipfel* eigentlich um das Weiterschreiben an *einem Buch* handelt: „diese Bücher [sind] im Grunde eine Abfolge von einer Ganzheit, von der ich noch nicht weiß, wo sie hingeht."[144] Auch in den Werken finden sich solche

---

[142] MAYRÖCKER, Friederike 1984: Reise durch die Nacht. (= RN). Frankfurt a.M.; MAYRÖCKER, Friederike 2003: Die kommunizierenden Gefäße. (= KOG). Frankfurt a.M.

[143] Allerdings gilt für diesen Band: „Er ist von der Rezeption nicht konsequent in die Folge langer Prosa Friederike Mayröckers eingereiht worden. Auch die Autorin selbst sieht diesen Text nicht als direkte Fortführung der seit *je ein umwölkter gipfel. erzählung* entwickelten Konzepte" (BEYER 1992: 42). In diesem Text hat Mayröcker weitaus stärker wieder das Collage-Prinzip angewandt, also in *ihrem* Sinne wieder experimentell gearbeitet.

[144] MAYRÖCKER, Friederike / SCHMIDT Siegfried J. 1989: „Lebensirritationsvorstellungen". (Gespräch mit Friederike Mayröcker am 16. April 1986 in Wien). In: SCHMIDT 1989:

Formulierungen von „einem einzigen Buch" (HZN: 161). Die einzelnen Bände lassen sich solchermaßen als verschiedene Kapitel des einen großen Buches lesen und die Suhrkamp-Werk-Ausgabe der Prosa bietet seit einigen Jahren auch die Möglichkeit, die Werke in einer Aufmachung am Stück als eben ein Buch zu lesen.[145] Die Forschung hat diese Ein-Buch-These aufgenommen. KASTBERGER 1999 spricht vom *Punkt* als der Wende von 1973 und von der *Fläche* als dem Zusammenhang zwischen der Prosa von 1973 bis 1998. Seine editions-genetische Analyse der *Reise durch die Nacht* ist nicht als Kontrapunkt zu der Ein-Buch-These zu lesen, sondern vor allem pragmatischen Überlegungen geschuldet. Die Genese der gesamten Prosa seit 1973 nachzuvollziehen, ist in Anbetracht der 30.000 Manuskriptblätter im Mayröcker-Archiv in Wien ein verständlicherweise unmögliches Unterfangen. KASTBERGER 2000 analysiert ein Buch, hat aber das gesamte poetische Prosaverfahren Mayröckers seit 1973 im Blick. Auch in den verschiedenen kürzeren Arbeiten zu Mayröcker, ob sie nun werkübergreifend sind oder (in den meisten Fällen) eine Einzelanalyse darstellen, wird auf den Zusammenhang der Prosabücher verwiesen. Kunz markiert ihren Ansatz explizit als werkübergreifend und möchte gerade daraus einen analytischen Gewinn ziehen. Zunächst beschreibt sie die gemeinsame Konstellation der verschiedenen Bände (wobei sie sich auf HD, ST und *brütt* konzentriert). Sie spricht allerdings von verschiedenen Büchern und *ein*em Text:

> Jedes neue Buch Mayröckers lässt sich aufgrund der immer gleichen Erzählsituation und der sich ebenso in jedem Band nahezu wiederholenden Raum- und Personenkonstellationen als Variation des vorherigen lesen. In jedem Band steht eine sich vage anzeichnende Dreierbeziehung im Zentrum, eine 'Beziehung zu zwei Personen, zu zwei erotischen Punkten, wo eine Person in der Mitte ist, und zwei erotische Punkte außen [...]. In jedem Band treten überdies zahlreiche Nebenfiguren auf, mit denen die Protagonistin in Dialog tritt, telefoniert und Briefe wechselt (KUNZ: 11f).[146]

---

121-142, 139. Mayröcker vertritt noch öfter die Ein-Buch-These (siehe MAYRÖCKER, Friederike / Dieter SPERL 1999: „Ich will natürlich immer schreiben". (Gespräch). In: MELZER/SCHWAR: 9-30, 11).

[145] „Das Ende von Reise durch die Nacht stellt sich [...] nicht als ein Ende der Schrift, sondern als eine willkürliche Unterbrechung der Lektüre dar" (KASTBERGER, Klaus 1996: Lebensmetapher / Todesallegorie. Friederike Mayröckers Reise durch die Nacht. In: KASTBERGER/SCHMIDT-DENGLER: 102-118, 116). – MAYRÖCKER, Friederike 2001: Gesammelte Prosa. 4 Bände. Hrsg. von K. Reichert. Frankfurt a.M.

[146] KUNZ: 12 weist darauf hin, dass die Idee „des ewig unabgeschlossenen Werks" auf die Romantik und Jean Paul verweist. Jean Paul wird unter anderem in KOG: 26, 78 und 80 genannt. Siehe hierzu auch HEINEMANN, Paul 2002: „Das helle Bewusstsein des Ich". Erscheinungsformen ästhetischer Subjektivität in Prosawerken Friederike Mayröckers und Jean Pauls. In: R. Kühn (Hg.), Friederike Mayröcker oder das „innere des Sehens". Studien zu Lyrik, Hörspiel und Prosa. Bielefeld, 211-240, THUMS, Barbara 1999: Metamorphosen von Leib und Seele. Die Schreibexerzitien Friederike Mayröckers in *Die Abschiede, mein Herz mein Zimmer mein Name* und *Stilleben*. In: MELZER/SCHWAR: 65-90, 87 sowie THUMS, Barbara 2002: Die Frage nach der „Schreibexistenz": Zum Verhältnis von Inter-

Entscheidend ist dabei, dass Kunz werkübergreifend argumentiert, nicht um die Unterschiede einzuebnen, sondern ganz im Gegenteil, um sie überhaupt richtig sichtbar machen zu können. Erst vor dem Hintergrund von „durchgehenden Tendenzen" und „Konstanten" kann eine „Differenzierung zwischen den einzelnen Werken, das Aufzeigen von Veränderung und das Skizzieren von Entwicklungslinien" sichtbar werden: „Um Veränderung als Veränderung sichtbar zu machen, bedarf es nämlich der Wahrnehmung der Konstanz" (alle Zitate ebenda: 13).[147] Ich folge Kunz in ihrer Einschätzung. Insbesondere eine Arbeit, die Mayröcker vor einem bestimmten Problemhintergrund (strukturelle Kopplung, Bewusstsein, Kommunikation, Nexus von symbolischer und sozialer Systemreferenz, Logistik von Literatur und literarischer Kommunikation, Text/Werk, Medien) beobachtet, gewinnt mehr, wenn sie das ohnehin zusammenhängende Werk als ein Buch liest. Im Sinne der von der Arbeit etablierten Begrifflichkeit gehe ich also von *einem zusammengehörenden Werk* seit 1973 aus, unterscheide hier aber zwei Teile. Die von Kunz dargestellten Charakteristika kommen erst voll mit *Reise durch die Nacht* zum Einsatz, von *je ein umwölkter gipfel* bis *Fast ein Frühling des Markus M.* sind sie noch nicht in aller Schärfe ausgeprägt, *Die Abschiede* betrachte ich als Schwellentext, als Scharnier zwischen den beiden Teilen. Das eine Werk ist also am Schnittpunkt *Die Abschiede* zweigeteilt.[148] Erst seit *Reise durch die Nacht* hat man aufgrund von starken Strukturähnlichkeiten das Gefühl, *ein* Werk vor sich zu haben. Insbesondere die vielen autoreflexiven Momente, die auf das Schreiben und das Erzählen rekurrieren, setzen massiv erst mit *Reise durch die Nacht* ein. Die Klammer *Reise durch die Nacht – Die kommunizierenden Gefäße* bezieht sich aber nicht nur auf diese werk- bzw. textübergreifende These, sondern auf den entscheidenden Referenztext der mayröckerschen Prosa: Die Rede ist von Derridas *Die Postkarte*. Mayröckers Schreibverfahren ist explizit *intertextuell* angelegt. Von überallher integriert sie Zitate und bringt denotativ und konnotativ Gelesenes, Gehörtes, Gesehenes in ihre Texte ein.[149] Derridas Buch wird dabei als das markanteste in dieser Beziehung sichtbar. *Die Poskarte* ist 1980 in Frankreich und 1982 in Deutschland ersterschienen. In *Reise durch die Nacht* fängt die Auseinandersetzung mit diesem Buch an; die Abschrift von RN erstreckte sich von November 1982 bis Dezember 1983 (siehe RN: 136), fällt also

---

textualität und Autorschaft in Mayröckers *brütt oder Die seufzenden Gärten*. In: ARTEEL/MÜLLER, 87-105, 101.

[147] Kunz wendet sich mit ihrem Ansatz nicht gegen Einzelanalysen, sondern gegen den Vorwurf, werkübergreifende Ansätze würden an *Oberflächlichkeit, Pauschalisierung und Beliebigkeit* leiden. Kunz bezieht sich explizit auf KASPER 1999a: 24, die werkübergreifende Ansätze mit den hier aufgeführten Etiketten belegt, um sie alsdann ablehnen zu können.

[148] Die Forschung folgt sowohl implizit (KUNZ: 11) als auch explizit dieser Einteilung (KASTBERGER 2000: 12 und KASTBERGER 1996: 102f.).

[149] Siehe zu diesem Aspekt RIESS-BERGER 1995a: 105-165 und ARTEEL, Inge / Heidy Margrit MÜLLER (Hgg.) 2002: „Rupfen in fremden Gärten". Intertextualität im Schreiben Friederike Mayröckers. Bielefeld.

mitten in die deutsche Erstveröffentlichung: „Die vielen Bücher, rufe ich, wir lasen meistens die gleichen Bücher, jeder besaß sein eigenes Exemplar, das jüngste Buch von Jacques Derrida zum Beispiel, über das wir dann auch telefonieren (RN: 69). In *brütt* wendet sich die Protagonistin wieder der *Postkarte* zu:

> bei diesem Buch : DIE POSTKARTE von Derrida, das ich jetzt zum 2. Mal erworben hatte, war ich schon auf 5., 6. Seite überzeugt, daß es das EINZIGE, das EINZIG RICHTIGE, daß es das WIRKLICHE, das WICHTIGSTE Buch sei, und daß ich es von der 1. zur letzten Seite würde wiederlesen können (*brütt*: 304).[150]

Und in den *kommunizierenden Gefäßen* schließt sich der Bogen, indem die Protagonistin 2002 zwanzig Jahre nach dem Erscheinen von *Die Postkarte* zu dieser *zurückkehrt*: „zu Füßen, Jacques Derridas POSTKARTE, zu der ich nach 20 Jahren zurückgekehrt war und deren komplizierter Stil mir neuerlich Fieberschauer über den Leib jagte" (KOG: 28) (das Abfassen von *Die kommunizierenden Gefäße* vollzieht sich vom „13.12.01-5.12.02" (ebenda: 90).[151] Insgesamt wird Derrida in den *kommunizierenden Gefäßen* 13 Mal erwähnt, das ist Rekord (siehe KOG: 28, 43, 47f., 51, 56, 59, 60, 65, 68, 71, 79, 85, 90). Aber nicht nur quantitativ kommt es hier zum Höhepunkt, sondern auch qualitativ, nirgendwo sonst wie in KOG erhält Derridas *Postkarte* so eine Bedeutung für das Leben und Schreiben der Protagonistin:

> Ich exzerpiere schon den ganzen Morgen im Bett aus Jacques Derridas POSTKARTE, und es scheint sich da alles zu decken mit meinen eigenen Lebenssituationen (KOG: 47f.). [...] ja ich schreibe ab von Derrida aus Derridas POSTKARTE, so winzige Einzel-

---

[150] Ich gehe wie KUNZ: 97 davon aus, dass „die Ich-Figur in allen Prosabänden dieselbe ist"; freilich bedarf diese These einer breiten Forschungsdiskussion. Kunz weist auch darauf hin, dass „das Textsubjekt" trotz des Autobiographiespiels, „nicht grundsätzlich mit der Autorin gleichgesetzt werden kann" (ebenda: 98 (Anm. 8)). Zur immer wieder virulenten Autobiographiedebatte bei Mayröcker siehe KASTBERGER 2000: 139ff., der den autobiographischen Diskurs bei Mayröcker im Sinne einer „tropologische[n] Struktur des Textes" (142) als rhetorisches Moment liest und damit die Frage, ob Mayröcker mit der/den Protagonistin(en) zu identifizieren sei, völlig neu kodiert. Des Weiteren SCHROEDER, Brigitte 1984: Biographielosigkeit als Lebenshaltung. Zu den „Abschieden" Friederike Mayröckers. In: SCHMIDT 1984: 125-137; KOEPP, Jürgen H. 1989: Die Bürgschaft des ästhetischen Ich. Zum Schreibproblem zwischen Akt und Abbild. In: Merkur 43 (1989), 588-603; SCHMIDT 1989: 16-54 und 121-142; RIESS-BERGER 1995a: 128-137 und 225-232, RIESS-BERGER, Daniela 1995b: Wäschepelz, Wolfshund und Positano. Die Auflösung des Autobiographischen in Friederike Mayröckers großer Prosa. In: M. Holdenried (Hg.), Geschriebenes Leben. Autobiographie von Frauen. Berlin, 339-351.

[151] Wenn man auf Konsistenz Wert legt, wird die These von der einen Protagonistin problematisch. In *brütt* (1989) kauft sich das Textsubjekt zum zweiten Mal *Die Postkarte*, in KOG (2003) kehrt es zu der *Postkarte* nach 20 Jahren zurück. Es scheint als ob das Ich aus BRÜTT und das Ich aus KOG nicht identisch seien. Anhand solcher Ambiguitäten kann allerdings die Identität des Text-Ich, das sich in ständiger Transformation befindet (vgl. KUNZ: 117ff.) nicht dekonstruiert werden, weil sich das Subjekt eben in ständiger Transformation befindet. Solchermaßen lässt sich sagen, dass es sich bei der einen Protagonistin nicht um ein identisches Subjekt, sondern um die Identität des Transformationsprozesses entlang eines sich wandelnden Ichs handelt.

teile, daß man es kaum merken kann, ich schreibe so Winzigkeiten ab, weil es ist das schönste Buch das ich besitze, weil es ist das Buch, in welchem gewisse Emotionen nicht ausgesprochen sondern nur angedeutet, wie es mir stets vorschwebt, usw. (ebenda: 51). [...] ich sage dir dann, daß ich DIE POSTKARTE, wenn ich sie (zum wievielten Male?) zu Ende gelesen haben werde, wieder von Anfang an zu lesen beginnen werde. Das steigert sich dann so sehr, daß ich mir vorstellen kann, das Buch selbst geschrieben zu haben (ebenda: 56). [...]. Im Grunde lese ich jetzt nur noch in der POSTKARTE (ebenda: 60).[152]

Die Frage ist nun, wie kommt *Die Postkarte* in diese privilegierte Position? Es handelt sich ja nicht um eine schlichte Übernahme des derridaschen Werkes, sondern um eine eigentümliche Anverwandlung. Die Protagonistin übernimmt nicht einfach Momente der Postkarte, es kommt zu keinem linearen und kausalen Bedingungsverhältnis, sondern zu einer Affinität, die ich später am Begriff *Korrespondenz* festmachen möchte (s.u.):

> Parallelen an sich haben keine erklärende Kraft, denn ein Unbekanntes kann nicht vom Anderen erklärt werden. Man kann nicht von einer positivistischen Suche nach Einflüssen sprechen; es handelt sich vielmehr um Affinitäten, da beide Schriftsteller sich teilweise der gleichen Probleme annehmen (BJORKLUND: 110).

Diese ähnlichen Probleme sind die Kommunikation und ihre Medien (ebenda: 108), die Sprache als irrationales, assoziatives, nicht-systematisches und erotisches Moment und vor allem das Schreiben über das Schreiben (ebenda: 109). Dass und wie Derrida in der *Postkarte* zeigt, „wie der Beobachter Teil der Beobachtung ist" (ebenda: 114), kann von Mayröcker für ihr verknotetes Verhältnis von Theorie bzw. Diskurs und Praxis bzw. Poesie genutzt werden: „Nicht nur in *brütt*, aber vor allem in diesem Werk ist der Text ein Teil des Objektes, das er bezeichnet, und somit Produkt seiner eigenen Aktivität" (ebenda).

*Diskurs/Poesie.*
Das, was KASTBERGER 2000 als *poetische Poetologie* bezeichnet, ist die spezifisch ästhetische Form der Selbstreflexion. In Mayröckers Prosa wird an vielen Stellen

---

[152] Es gibt meines Erachtens auch viele Stellen, an denen nicht explizit der Name Derrida fällt, wo aber deutlich auf Derrida und sein Werk rekurriert wird. Mayröcker und ihre Protagonistin/en erweisen sich als gute Derrida-Kenner. Folgende Stelle kann beispielsweise als Hinweis auf Derridas berühmten Artaud-Aufsatz *Die soufflierte Rede* gedeutet werden: „oft warte ich tatsächlich, dass mir jemand zu Hilfe kommt, mir etwas soufflier, daß mir jemand meine Reaktionen vorschreibt und einsagt" (RN: 71). Dabei geht es nicht darum, ob Mayröcker theoretisch an Derrida anschließt, der Begriff des Soufflierens ist bei Derrida deutlich subtiler gesetzt als hier, sondern dass Derrida an dieser Stelle als Referenz-(kon)text dient, der literarisch verwertet wird. Zur Korrelation von Mayröcker und Derrida im Bezug auf Derridas Text *Die soufflierte Rede* siehe VOGEL, Juliane 1996: Nachtpost. Das Flüstern der Briefstimmen in der Prosa Friederike Mayröckers. In: KASTBERGER/SCHMIDT-DENGLER: 69-85, 81; zur Postkarten-Lektüre der *brütt*-Protagonistin siehe BJORKLUND, Beth 2002: Das Ich erschreiben – Derrida, Picasso und Bach in Mayröckers *brütt*. In: ARTEEL/MÜLLER: 107-122 sowie THUMS 2003: 103-105.

diskursiv über die eigenen Verfahren und Implikationen geredet (beispielsweise die vielen Hinweise auf das Schreiben, das Korrigieren der eigenen Arbeit, die gestrichenen Passagen, die Reinschrift, das Lesen, das Nicht-Erzählen, die Destruktion von Handlung und Geschichte usw. (ich werde einige dieser Stellen unten aufführen)),[153] gleichzeitig wird das, was diskursiv formuliert wird, poetisch vollzogen, indem eben keine Handlungen präsentiert werden und dann wird noch genau dieses Verhältnis von Diskurs und Poetik fokussiert. Mayröckers Prosa referiert nicht nur auf sich als bestimmte Form von Literatur, sondern auch auf diese Reflexion. Diese Prosa ist nicht nur selbstreflexiv, sondern vollzieht diese Selbstreflexion in einem Werk, das selbstreflexiv die Selbstreflexivität von Literatur beobachtet. Diese Konstellation wird von Krebs und Kastberger präzise beschrieben:

> In den sprachlich avancierten Texten wird das Verhältnis von theoretischer Reflexion und literarischer Praxis nicht nur inhaltlich dargestellt, sondern darüber hinaus auch als praktischer Vollzug umgesetzt (131). [...] Die Poetologie der Texte ist nicht nur Thema dieser Prosa, sondern wird innerhalb der Prosa selbst als Praxis realisiert. Die Prosa macht eigene Verfahren zum Bestandteil der Aussage, indem sie vollführt, worüber sie spricht (133). [...] theoretische Äußerungen [können] nicht ungebrochen und unmittelbar für eine Interpretation der Texte genützt werden [...], da die Poetik sich gleichzeitig auch als poetisch erweist (138) (KREBS).

> Die poetologische Aussage bleibt hier von der Form ihrer Mitteilung nicht unberührt (15). [...] Zu bedenken gilt es hierbei, daß die Rede über die eigene Produktion – wollten wir sie tatsächlich als eine poetische Rede verstehen – nicht am theoretischen Begriff und/oder an der Diskursivität des Arguments, sondern an ihrer eigenen ästhetischen Struktur zu messen ist. In den Büchern Mayröckers tritt uns die Rede über die Produktion als eine metaphorische entgegen (16). [...] Theorie und Praxis des schriftstellerischen Tuns, die Herstellung von Poesie und ihre Kommentierung, bleiben miteinander in einer unauflösbaren Spiegelung verbunden (22). [...] Über sich selbst weiß die Mayröckersche Literatur in zweifacher Hinsicht Bescheid: Zum einen liefert sie eine Beschreibung der ihr immanenten Herstellungsverfahren; zum anderen führt sie das Wissen mit sich, daß auch in einer noch so präzisen Beschreibung dieser Verfahren über die Texte nichts Erschöpfendes gesagt werden kann. Zwischen der Darstellung der poetischen Verfahren und der Klärung dessen, was sich in den Texte [sic] ereignet, klafft eine Lücke. Aber auch diese Lücke wird zum Gegenstand der Selbstbefragung (23) (KASTBERGER 2000).[154]

---

[153] Marcel Beyer verweist darauf, dass man an diesem Punkt genauer zwischen den Texten unterscheiden müsse, so wird in *Lection* zwar über das Schreiben, aber seltener als sonst über das Schreiben als Literatur reflektiert. Dem füge ich die Beobachtung hinzu, dass in den *kommunizierenden Gefäßen* genau das Gegenteil der Fall ist, hier wird durch die extrem häufige Nennung von Autorennamen und der ständigen Korrelation von eigenem Schreiben und Literatur das eigene Schreiben explizit als Literatur markiert. Unter anderem fällt bei diesem name-dropping auch der Name „Marcel Beyer" (KOG: 52) (siehe BEYER, Marcel 1996: Textur. Metaphorisierung und Entmetaphorisierung in Friederike Mayröckers Lection. In: KASTBERGER/SCHMIDT-DENGLER: 140-150, 145).

[154] RIESS-BERGER 1995a: 69 spricht nicht von poetischer Poetologie, sondern von „poetologischer Poesie" und bezeichnet damit das gleiche Problem (wenn auch ein wenig unter-

Mayröcker Prosa wird solcherart zu einer *Literatur-Literatur*,[155] wobei sie nicht schlicht autoreflexiv ist, sondern die unauflösbare Verflechtung von Diskurs (Poetologie) und Poesie als ihr ästhetisches Moment herausstellt.[156] Dabei ist diese unauflösbare Verflechtung auch deshalb unauflösbar, weil sie nicht systematisch und diskursiv entfaltet, sondern rhapsodisch-ornamental verzweigt ist. Bei dieser Verflechtung lässt sich kein isolierbares Muster im Geflecht erkennen. Es ließe sich bei Mayröckers Prosa von ornamentalem Schreiben sprechen, dabei weniger auf die Verfahren der Texte als auf die Verflechtung von Diskurs und Poesie bezogen.[157] Diese *ornamentale Prosa* vollzieht sich als Literatur, indem sie ihre ästhetische Theorie als das vollzieht, das sich nicht als Theorie, sondern als eben dieser Vollzug vollziehen muss – es kommt zu einer „unendlichen Spiegelung".[158] Dadurch schreibt sie nicht über das eigene Werk oder über sich als literarisches Beobachtungsobjekt, sondern über sich als Schreiben, als Prozess, der sich, weil er literarischer Prozess ist, niemals wird einholen können.[159] Solcher-

---

komplex): „der Text [entwickelt] seine eigene Poetologie, indem er sie vollzieht: Poesie und Poetologie sind untrennbar verknüpft und bedingen sich gegenseitig in ihrer Aussage und Wirkung" (ebenda: 72).

[155] Zum Begriff *Literatur-Literatur* siehe BAUMGART, Reinhard 1994: Deutsche Literatur der Gegenwart. Kritiken –Essays – Kommentare. München, 368.

[156] Oft wird ganz konkret nicht allein über das Schreiben reflektiert, sondern auch über diese Reflexion über das Schreiben, beispielsweise: „im Grunde trachte ich nach einem diskursiven Stil, mit gelegentlichen (halluzinatorischen) Einbrüchen, auch muß ich zugeben, daß ich jene Stellen in meinen Büchern am liebsten wiederlese, welche in einem diskursiven Stil abgefasst sind, – wie süß sind verständliche Worte, andere anders!, – andererseits jubelt mein Herz auch über die gelegentlichen zerbrochenen Stellen, die aussetzenden, sich selbst unterbrechenden, sich selbst ins Wort fallenden, diskontinuierlichen Stellen, in welchen die Fesseln einer überkommenen Sprachlogik, wenngleich nur für kurze Momente, gesprengt werden" (HZN: 317). Freilich kann man an dieser *diskursiven* Stelle, darum geht es ja, nicht die Poetologie der mayröckerschen Prosa ablesen.

[157] Ich orientiere mich in meinen Formulierungen an Thesen Vogels, die diese im Zuge ihrer Analyse der Brief- und Korrespondenzsituationen in Mayröckers Prosa vorgelegt hat. Sie korreliert Mayröckers Prosa mit der romantischen Briefkultur und spricht von „diskursive[r] Ornamentik […] rhapsodischen Charakters" im Sinne einer Rhapsodik als ‚'unsystematischer Redeform'" und von Sätzen, die sich „in vegetabilischer Weise 'verzweigen' und deren vorzugsweiser Ausdruck die rhapsodische Digression ist" (VOGEL 1996: 74f.).

[158] SCHMIDT-DENGLER, Wendelin 1996: Lektionen. Zur großen Prosa der Friederike Mayröcker. In: KASTBERGER/SCHMIDT-DENGLER: 151-166, 151. Vgl. zur These, dass sich der Text, weil er als Prozess entfaltet wird, im Reflektieren seiner eigenen Bedingungen nicht einholen kann, auch RIESS-MEINHARD, Daniela 1990: „Die Dichterin, eine wildernde Muse". Logik und Exzeß in Friederike Mayröckers Prosa. In: manuskripte 107 (1990), 91-98, 95.

[159] BEYER 1996: 147f. macht diese unauflösbare Verflechtung an einem Beispiel anschaulich. In *Lection* werden die Bereiche Textilien/Handarbeit und Schreiben parallelisiert und zwar in solch einem Ausmaße, dass es unmöglich wird eine diskursive Aussage über Schreiben als Handarbeit „als eine poetologische Passage aus dem Text herauszulösen und sie als eine Äußerung der Autorin über das Schreiben auch *außerhalb* dieses Schreibens anzusehen. Die Reflexion ist in den Prozeß eingebunden, wohl im Prozeß des Schreibens generiert". Den Unterschied zwischen Diskurs und Poesie fasst Beyer als Unterschied zwischen „Ar-

maßen wird auch anhand dieser Verflechtung von Diskurs und Poesie Mayröckers Prosa, die insbesondere seit *Reise durch die Nacht*, diese Verflechtung immer enger schnürt, die Ein-Werk-These ableitbar. Weil sich in dieser Verflechtung der Schreibprozess als Prozess immer wieder diskursiv verfehlt, muss er immer weiter gehen.[160] Über die Ausstellung der Verflechtung kommt die Prosa zur Ausstellung der Verfehlung: *Literatur ist in dieser Form das, was in der poetischen Verflechtung von Diskurs und Poesie per definitionem diskursiv uneinholbar ist*. Literatur ist somit das, was in dieser Verflechtung und Verfehlung immer ein uneinholbares Mehr produziert, das, was in dieser Uneinholbarkeit per definitionem geheimnisvoll und rätselhaft, und eben per definitionem interpretationsbedürftig bleibt. Literatur, dies kann exemplarisch anhand der mayröckerschen Prosa beobachtet werden, ist Literatur, weil sie, obwohl sie nie zu Ende interpretiert werden kann, interpretierbar ist. Nicht die Interpretierbarkeit, sondern die via unauflösbarer Verflechtung von Diskurs/Poesie explizite Ausstellung der Interpretierbarkeit macht die mayröckersche Prosa als „einen fortzuschreibenden Prozeß" (KREBS: 138) beobachtbar:

> Die Texte präsentieren sich dem Rezipienten gewissermaßen als offene Sprachsysteme. Durch die spezifische Verwendung von poetischen Verfahrensweisen entsteht ein entgrenzter Text, der als Verkörperung einer Lebensstudie 'nur in denkbar äußerlicher Hinsicht (als Papier und Druckerschwärze) einen Anfang und ein Ende, 'Objektgrenzen', aufweist. Sowohl innerhalb der einzelnen Prosatexte als auch zwischen den Werken verlaufen unzählbare semantische Fluchtlinien, die das Werk als einen einzigen vernetzten und potentiell unendlichen Text lesbar machen (ebenda).

Auch Krebs spricht wie Kastberger diesbezüglich von „Fläche" (ebenda) und redet schließlich von einem „dissoziierten Text[], der auf die Verweigerung einer eindeutigen, kohärenten Sinnbildung mit der Vervielfältigung seines Sinnhorizonts und seiner Bezugsmöglichkeiten antwortet" (ebenda: 138f.).[161] In Sinne der Arbeit kann davon gesprochen werden, dass hier die permanent weiterlau-

---

beit mit Hilfe der Sprache" (Diskurs) und „Arbeit an der Sprache" (Poesie): „Keines der Elemente [...] läßt sich aus diesem Prozeß herausgreifen, ohne daß es gerade *die* Dimension verliert, die ihm erst zu einem Platz in diesem Text verhilft" (ebenda: 148).

[160] KUNZ: 129 verweist darauf, dass die beiden korrelierenden Motive des Endes (Schreib- und Lebensende) und der Unabgeschlossenheit immer wieder von der Prosa reflektiert und im Immer-weiter-Schreiben an dem einen Buch auch poetisch vollzogen werden. Die Prosa versucht, „das entstehende Schriftstück – statt abzuschließen – in eine nicht endende Bewegung aufzulösen" (sie zitiert in diesem Zusammenhang vier einschlägige Stellen aus *brütt*: 248, 308, 350 und 351). Das Thema Ende wird auch von STEINLECHNER, Gisela 2003: „Offene Adern". Von der Unabschließbarkeit des Schreibens in Friederike Mayröckers *Lection*. In: In: B. Fetz, K. Kastberger (Hgg.), Die Teile und das Ganze. Bausteine der literarischen Moderne in Österreich. Wien, 139-154, 152ff. diskutiert.

[161] KUNZ: 121f. argumentiert, dass die Unabgeschlossenheit des Textes u.a. an der häufigen Verwendung der Kürzel „usw." und „etc." ablesbar ist und dass mit diesen Kürzeln als „Fugen zwischen verschiedenen, scheinbar nicht zusammenhängenden Textteilen" sowohl ein „Bruch" markiert als auch auf eine „Fortsetzung" verwiesen wird.

fende Konstitution des 'Textes als Text' und als Werk beobachtbar wird. Indem in der unauflösbaren Verflechtung von Diskurs und Poesie der Text als Prozess entgrenzt wird, wird seine Lesbarkeit (= Werk) als immer wieder neu zu gestaltendes Moment initiiert. Noch abstrakter formuliert: Anhand der mayröckerschen Prosa kann die Bauweise der Medium/Form-Unterscheidung besonders deutlich beobachtet werden, wobei insbesondere die Potenzialität des Mediums und der Vollzugscharakter der Form sichtbar werden. Als prozessual entgrenzter Text lässt sich an Mayröckers Prosa die Etablierung von Sinn, Beobachtung, Form und Kunst-Werk im Medium von wuchernder Semiose (Dissoziation sensu Krebs) und die notwendige Unabschließbarkeit dieser Sinn- und Werk-Bildung beobachten. Das Medium (der Text) muss zwar in Form von Form (Werk) daherkommen, aber die mayröckersche Prosa stellt dabei das 'Woraus' (Medium) der Form heraus und es gelingt dieser Prosa aufgrund ihrer beschriebenen Verflechtung und Verfehlung dieses 'Woraus' als undisziplinierbares Dauermoment von Literatur beobachtbar zu machen.

Solchermaßen wird jedes Reden über Literatur per definitionem problematisch. Indem das Medium (als Text, als wuchernde, überbordende Semiosis) permanent Alarm schlägt, kann sich die Interpretation auch nicht beruhigen, sie muss permanent Stabilisierungsarbeit verrichten, die doch wieder an der Überbordung des Mediums scheitert. Dabei kommt es zu einer radikalen Re-Markierung des Nexus von sozialer und symbolischer Systemreferenz. Zunächst wird die soziale Referenz durch die Dissoziation, Wucherung und Überbordung der symbolischen Referenz durch Multiplizierung von Sinnverzweigungsmöglichkeiten permanent überlastet. Mayröckers Prosa bordet als symbolische Größe über alle Dämme und zwingt die Momente des Sozialen dazu, sich dauernd neu zu justieren.[162] Aber auch 'medial' kommt es zur Überbordung, indem die wuchernde Semiosis des Textes sich auch nicht von den Buchdeckeln einrahmen lässt. Das Dauerstellen des Überbordens und des Re-Justierens der sozialen Systemreferenz schlägt auf die literarische Kommunikation über, die maßgeblich Texte in Form von Büchern stabilisiert. Die literarische Kommunikation wird von der fortschreitenden Prozessbewegung des Textes angesteckt. Damit etabliert

---

[162] KASTBERGER 1996: 104 spricht von einer „referentiellen Verwirrung", von „bedeutungsmäßige[r] Pluralität" und von „polyphone[n] Bezugnahmen" (ebenda: 106). Und weiter: der „Text [ist] ein offener, stellt er doch die Anlagerung neuer Elemente, die sich in seiner Genese unmittelbar manifestiert, potentiell einen unabschließbaren Prozeß dar" (ebenda). Auch KASPER, Helga 1999b: Friederike Mayröckers „verwegenes Action-Writing". In: MELZER/SCHWAR: 47-64, 58 spricht von einer „polyphonen Gleichzeitigkeit". Bei VOGEL 2002: 52 ist die Rede von einer „ungeheuren Vermehrung von Zeichen" und bei Moser liest man: „Der Text weitet sich zu einem Ensemble von Stimmen und Rufen, die ihren Trägern kaum noch zuzuordnen sind. [...] Die Offenheit ist dem Buch das Allerheiligste" (MOSER, Samuel 1996: Was für ein beglückender Aufwand. Die Religion der Schriftstellerin. Zu Friederike Mayröckers *Stilleben*. In: KASTBERGER/SCHMIDT-DENGLER: 123-139, 132.

sich Literatur als das, was literarische Kommunikation in permanenter Bewegung hält. Somit wird nicht nur der Text, sondern auch das Werk, nicht nur der Text, sondern auch die literarische Kommunikation zu einem unendlichen, wuchernden Text.[163] Entlang von Mayröckers Prosa wird literarische Kommunikation solcherart re-markiert, dass sie allein als überbordende Kommunikation Anschlüsse generieren kann. Literarische Kommunikation stabilisiert sich derart nicht über Stabilität, sondern sie stabilisiert sich über Instabilität. Die Konstellation

Text [Medium – wuchernde Semiose]/Werk[Form – zeitweilige Stabilisierung] – symbolische/soziale Referenz

wird re-figuriert. Die wuchernde Semiose schwappt in das Werk und die soziale Systemreferenz über. Dies kann, in der Insistenz, Konsequenz und Permanenz einmalig entlang von Mayröckers Prosa beobachtet werden. Mayröckers unendliches Buch markiert solchermaßen eine radikale Re-Markierung des Nexus von symbolischer und sozialer Systemreferenz, eine Re-Markierung, die in radikaler Weise die Kommunikation und die Beobachtung von Literatur zu einem aufregenden Abenteuer macht.

Diese Re-Markierung des Nexus von symbolischer und sozialer Systemreferenz wird auch konkret von poetisch-poetologischen Stellen der Prosa markiert, indem im Rahmen der unauflösbaren Verflechtung von Diskurs und Poesie, die etablierten Kommunikationsebenen radikal dekonstruiert werden. Ähnlich wie bei Bayer kommt es zum *Rahmenbruch* und es wird nicht mehr möglich, zwischen den Ebenen N1, N2, N3 und N4 und zwischen symbolischer und sozialer Systemreferenz zu unterscheiden. Alles, was textontologisch formuliert ist, ist schon Teil des Erzählens (N2) und Teil des Beobachtens eines Textes als Kunst-Werk (N3 und N4). Was die Protagonistin im Folgenden über ihr Schreiben sagt (N1 und N2), springt über auf die Konstitution des Textes als Werk. Das „über den Rand hinaus" infiziert nicht nur den Text, sondern die ganze literarische Kommunikation:

> als ich erwachte, gestern nacht wurde ich von einem unwiderstehlichen Schreibzwang erfasst, wie noch nie, wenn kein Papier zur Stelle gewesen wäre, hätte ich auf die Bettdecke schreiben müssen (RN: 83).

> das verschmutzte Bettuch schlägt Wellen, ich habe nachts gekritzelt darauf, über die Notizblätter hinweg, mit Filzstift (L: 123).
> Wirbel von Manschetten, Taschentüchern, Zipfel von Stoffservietten, alles vollgekritzelt (L: 189).

---

[163] Von wuchern und Wucherungen ist in der mayröckerschen Prosa sehr oft die Rede, siehe beispielsweise „Das wuchert so weiter" (RN: 74), „Ach, wie wuchern wir durch die Sprache" (ST: 142), „Wuchern ohne Struktur, ohne Höhepunkt, ohne Drama" (ST: 168).

> ich schreibe ja schon über den Rand hinaus [...] ich schreibe längst über das Blatt hinaus, über das Buch, die Buchseite, die Bannmeile hinaus, über das Blatt hinaus und hinweg auf die Bettlaken, Bettbezüge, Kissen und Nackenrollen, so werden die Leser meines Buches nicht mehr lesen können, was ich über die Grenzen hinweg geschrieben habe, über die Begrenzungen hinweg geschrieben habe, sie werden die Bettlaken Schrift nicht entziffern können, es wird nicht zu lesen sein was auf dem Laken was auf dem Kissen geschrieben wurde (*brütt*: 322f.).

Wenn die Protagonistin so oft von den „Papierwucherungen" in ihrer Wohnung spricht (textontologische Ebene), so sind damit auch immer auch die Wucherungen des Textes und des Werks benannt. Die Wucherungen wuchern nicht innerhalb der Kommunikationsebenen, sondern über diese hinaus und affizieren alles, was mit ihnen in Berührung kommt. Man weiß dann nicht, ob die Beschreibung (nur) auf die Wohnung oder (auch) auf den Text zutrifft. Und dieses Nicht-Wissen, dieser Rahmenbruch, diese Überblickslosigkeit gehören zur poetischen Poetologie von Mayröckers Prosa. Hier nur einige wenige Beispiele:

> geschunden wie ich mich fühle, bewohne ich nur noch Reste meines Zimmers, sage ich, überall in meinem *Unterstand* die zusammengebündelten Zeitungen, Bücher und Schriften, ein unvorstellbares Durcheinander (RN: 39).
> eigentlich bewohne ich ja nur noch Reste meines Zimmers, alles übrige vollkommen zugestopft mit Unrat, Plunder, Kram, was weiß ich, Berge von Büchern, Notizzettel, auf dem Boden verstreut, oder meine Zettel, wirken und weben! (RN: 133).

> das ewige Hamstern und Stopfen, Raffen und Sammeln, ich kann das alles gar nicht mehr überblicken (HD: 130).
> diese verfluchten Wucherungen : Papierwucherungen bis hinaus in die Küche, den Vorraum, den Flur, bis hinauf zu den Kästen, Aufsätzen, Einbauruinen, hängenden Gärten, bis an den Plafond, kein Entkommen mehr (*brütt*: 55).

> alles quillt über hier, meine Schränke, Regale, Kisten und Körbe : Bücher, Zeitschriften, Belegexemplare, Notizen und Zettelchen, im ganzen Haus keine Schublade, das schmerzt mich (KOG: 48).

Nicht nur die Schränke, auch der Text quillt ins Werk über und erfasst die gesamte literarische Kommunikation. Dieses Erfassen und Überquillen wird beobachtbar, wenn man die unauflösbare Verflechtung von Diskurs und Poesie als poetische Poetologie nicht im Sinne einer immanenten Poetik, sondern vor dem Hintergrund der logistischen Matrix von Literatur und literarischer Kommunikation liest. Auch Kasper markiert an einer Stelle den Rahmenbruch, indem sie anzeigt, wie die immer wieder thematisierte Panik der Protagonistin nicht nur Thema ihres Schreibens ist, sondern auch die Form infiziert; sie spricht von einem „'panisch' zu nennenden Darstellungsmodus".[164] Dieses panische Überborden des Textes ließe sich in genauen Detailanalysen vor allem auch an der Proli-

---

[164] „'Panisch' deshalb, weil die im Präsens verfaßte Prosa vorgibt, auch nicht den geringsten zeitlichen Abstand zwischen den extremen Wirklichkeitserfahrungen und ihrer Repräsentation zu lassen" (KASPER 1999b: 55).

feration der paradigmatischen Ebene zulasten der dadurch auseinander berstenden syntagmatischen Ebene zeigen (vgl. KASPER 1999b: 59). Ein Text, der syntagmatisch wuchert, ermöglicht sein Überborden in die literarische Kommunikation, da die symbolische Referenz keinen textontologischen Zusammenhalt gewährleisten kann. Das syntagmatische Wuchern de/konstruiert also die Unterscheidbarkeit von symbolischer und sozialer Systemreferenz.

*Desintegration/Kohärenz.*
Die These von der wuchernden Kommunikation besagt nicht, dass es zu keiner Form-im-Medium-Konstellation kommt, sie besagt nicht, dass die wuchernde Semiose einfach dahinwuchert und literarische Kommunikation als saumloses Gewebe daherkommt, sie besagt vielmehr, dass das stabilisierende, Anschlüsse generierende und sichernde Moment, seine Sicherheit nicht in der zeitweiligen Beruhigung der Textfäden etabliert, sondern in der Kommunikation und Fortfolgekommunikation der Beunruhigung durch die wuchernde Semiose. Diese wird nicht stabilisiert, indem sie (zeitweilig) beruhigt wird, sondern indem über sie als nicht zu beruhigendes Moment kommuniziert wird. Und dies in einer Form, die auch das Über-die-Semiosis-Reden mit der Semiosis infiziert. In diesem Sinne verstehe ich auch den Satz „nicht wahr, meine großartige parasitäre Poesie" (ST: 40). Die literarische Kommunikation wird von der Semiosis solchermaßen parasitiert, dass der Parasit selbst die literarische Kommunikation bildet. Die literarische Kommunikation wird somit per definitionem zu einer parasitären Kommunikation: Der Parasit ist die literarische Kommunikation, der Parasit ist das Literatur-System (vgl. SERRES: 25f.). Und indem die literarische Kommunikation in Form der mayröckerschen Prosa solchermaßen parasitär daherkommt, kommt *insbesondere* in Form der mayröckerschen Prosa literarische Kommunikation und Literatur in den Blick. In Form von parasitäter literarischer Kommunikation <u>wird die logistische Matrix von Literatur und literarischer Kommunikation exemplarisch beobachtbar</u>.

In diesen Formulierungen steckt beides immer noch drin: Die Überbordung, die wuchernde saumlose Semiosis einerseits und die Stabilisierung und die Anschlussgenerierung andererseits. Die Forschungsliteratur zu Mayröcker arbeitet meistens mit einer ähnlichen Konstellation: Es wird eine Tendenz zur Dissoziation und Entgrenzung des Textes markiert, jedoch auch die Erprobung neuartiger, unkonventioneller Begrenzungs- und Ordnungsmuster beobachtet. KASTBERGER 2000: 40 spricht von der „Prozeßhaftigkeit des Schreibens" (= Text) *und* der Reflexion „über die fertigen Produkte" (= Werk). KUNZ: 9f. verweist darauf, dass sich insbesondere die frühe Mayröckerforschung einseitig dem Heterogenen und Diskontinuierlichen in ihrem Werk gewidmet hat. Kunz möchte mit ihrer Studie, unter Berücksichtigung des Diskontinuierlichen und Fragmentarischen, die Betonung aber eher auf „den Zusammenhang oder Zusammenhalt des Werks" legen. Dabei versteht sie diesen Zusammenhang als einen sich ständig in Wandlung befindlichen dynamischen Vorgang.[165] Solcherart kommt vor allem der Transformation, der Verwandlung in Mayröckers Werk die Rolle des kontinuierlichen, zusammenhaltenden Moments zu. Im Hinblick auf die Subjekt-Problematik geht Arteel von einer vergleichbaren Konstellation aus: Das sich immer wieder in Umbrüchen und Auflösungen befindliche Ich wird letztendlich nicht aufgelöst, sondern als ein Ich konstituiert, das sich im Handhaben dieser Umbrüche und Auflösungen als mächtiges Subjekt konstituiert.[166] Auch SCHMIDT 1989: 53 sieht entlang der Subjektdesintegrationsbewegungen am Ende kein aufgelöstes, sondern ein vielfaches Ich: „Identität erscheint mir hier nicht etwa als dissoziiert erfahren, sondern als extrem variabel und weitgespannt".[167] KASPER 1999a: 42 spricht vom „Zeigen der Konstruktion von Identität" im Hinblick auf einen „aufgesplitterten, multiplen Ich-Begriff".[168] Mayröcker unterminiert solchermaßen den Subjekt-Begriff, um an dessen Stelle „dem 'schwebenden', ambivalenten Ich zum Ausdruck [zu] verhelfen" (ebenda: 108). Kramer beschreibt Mayröckers Prosa zwar als „[t]exturierte Prosa", aber dadurch wird der Text nicht einfach entgrenzt, vielmehr wird die Frage nach der Bedeutung in „verschärfter Form" gestellt. Solchermaßen geht es hier nicht um „'verweigerte Kommunikativität'", sondern um einen „neuen Typ von Kommunikativität". Wiederum wird das Destruktive und das Konstruktive in ihrer Korrelation in den Mittelpunkt der Analyse gestellt.[169] Vogel zeigt in ihrer Analyse des *brütt*, dass entlang von Fließ- und Bewässerungs-Metaphern der Text die Schrift, die Buchstaben und den Sinn zum fließen bringt. Die Rede ist dann von einem „flüssigen Aggregatszustand" (VOGEL 2002: 46), von einer Überschwemmung

---

[165] KASPER 1999b: 60 argumentiert ähnlich, wenn sie darstellt, dass die „Grenzüberschreitungen [...] als wesentliches strukturelles Kennzeichen der Mayröckerschen Prosa angesehen" werden können. Hierzu passt auch folgende Aussage: „Das einzige stabile Element ist der andauernde Wechsel" (KASPER 1999a: 127).

[166] Siehe ARTEEL, Inge 2002: „Faltsache – Subjektwerdung in Mayröckers Magischen Blättern. In: ARTEEL/MÜLLER, 57-69. In ihrem Band: ARTEEL, Inge 2007: gefaltet, entfaltet: Strategien der Subjektwerdung in Friederike Mayröckers Prosa 1988-1998. Bielefeld baut sie ihre hier begonnene Argumentation großflächig aus. – Die stärkste Ich- bzw. Subjekt-These liefert meines Wissens Luserke: „Das schreibende Ich wird bei Mayröcker wieder als rettende Instanz der Wahrnehmung eingesetzt. [...] Es geht Mayröcker nicht um die Totalität der Welt, auch nicht um die Fragmentarisierung des Ichs, sondern um die Totalität des Ichs einer fragmentarisierten Welt gegenüber" (LUSERKE, Matthias 1995: Ein unsteter Zyklus Schreibkunst. Betrachtungen zum Werk von Friederike Mayröcker. In Euphorion 4,89 (1995), 438-454, 452).

[167] KASTBERGER 1996: 114 spricht diesbezüglich von einem überlebenden Ich, das „in durchaus paradoxer Weise [...] den eigenen Tod" kommentiert.

[168] Das hat auch Folgen für die Autobiographiedebatte: „Für die Erzählinstanz heißt das gleichermaßen, daß sie sich selbst durch den Schreibakt erst als Identität herstellt, also keine dem Schreiben vorhergehende Geschichte einer Person erzählt" (KASPER 1999a: 41).

[169] KRAMER, Andreas 1998: Inszenierungen des unendlichen Gesprächs. Zu Friederike Mayröckers langer Prosa. In: A. Fiddler (Hg.), 'Other' Austrians. Post–1945 Austrian Women's Writing. Bern, 115-125, 121 und 125. Die These von der verweigerten Kommunikation stammt von LUSERKE: 445.

der Szene (vgl. ebenda: 47), von einer „Durchlässigkeit der beim Schreiben beteiligten Momente" (ebenda: 48), vom Aufheben von Grenzen und Dämmen (ebenda: 49), von einer „Kunst, die ihr Material von allen Darstellungsfunktionen entbindet und einer defigurativen, exzessiven Theatralik überlässt" (ebenda). Es geht weiter um „Defiguration", „Informalisierung" und „Desorganisation" (ebenda: 49), um einen „digressiven, disseminierenden Duktus" und eine „ungeheure[] Vermehrung der Zeichen", in dem sich *brütt* als ein „Dokument des Zuviel" präsentiert (ebenda: 52). Entscheidend an ihrer Analyse ist nun, dass sie diese 'textontologisch' gewonnenen Beobachtungen transzendiert und somit den Rahmenbruch sichtbar werden lässt, indem sie argumentiert, dass diese ganzen Defigurationen und Auflösungen „die Entstehung eines 350 Seiten langen zitier- und lesbaren Textes nicht verhindern" (ebenda: 54). Trotz der Defigurationen kann letztendlich an einem wuchernden Text ein Werk ausgestellt werden:

> die Lesbarkeit des Textes [muss sich] dem endemischen Zustand der Unleserlichkeit immer wieder entringen. In seinen Verläufen bleibt er stets auf ein unleserliches, ungewisses und verschwimmendes Double bezogen, das in ständiger ritueller Selbstauflösung den Prozess der Signifikation hintertreibt. […] Lesbarkeit kann in diesem Zusammenhang nur ein momentaner und revidierbarer Schriftzustand sein, der sich unter unvorhersehbaren Zuflüssen verändern und verschwinden kann. Schrift selber bewegt sich im Raum einer unentrinnbaren Paradoxie, indem sie Schwemmung und Hingeschwemmtes zugleich ist (ebenda: 54f.).

Bei Mayröcker ist die literaturkonstitutive Unterscheidung Text[wuchernde Semiose]/Werk[zeitweilige Stabilisierung] selbst Thema und Vollzugsmoment. Durch die entgrenzte Prozessualität der Prosa im Kontext der unhintergehbaren und uneinholbaren poetischen Poetologie wird die Barre der Unterscheidung Text/Werk zur Sinn und Kommunikation stabilisierenden und destabilisierenden Dauergröße. Eine Prosa, die Schwemmung und Hingeschwemmtes zugleich ist, kann als experimentelle Prosa beobachtet werden, die aufgrund dieser Paradoxie exemplarisch die Logistik von Literatur und literarischer Kommunikation sichtbar macht.[170] *Das bedeutet nicht, dass Literatur per definitionem von der paradoxen poetischen Poetologie gekennzeichnet ist, es bedeutet jedoch, dass Literatur über den Umweg der paradoxen poetischen Poetologie besonders gut als Literatur und literarische Kommunikation beobachtbar wird.* KASTBERGER 2000: 39f. macht nun sehr schön sichtbar, wie die poetische Poetologie solchermaßen überbordet, dass davon die literarische Kommunikation erfasst wird. Es geht in Mayröckers Prosa nämlich darum, dass der unendliche und allgemeine Schreibprozess nicht einfach immer weiter ausufert, sondern dass er immer wieder neu angehalten wird, dieses Anhalten belegt Kastberger mit den Begriffen Werk und Buch:

---

[170] Die Forschung ist sich nicht einig darüber, wie diese Paradoxie zu beschreiben ist. Während SCHMIDT-DENGLER 1996: 160 argumentiert „Antithetische Strukturen sind nicht die Sache dieser Autorin", behauptet KASPER 1999b: „Die Grundstruktur der Prosa ist gewissermaßen einer Semantik des Widerspruchs verpflichtet".

> Der literarische Produktionsprozeß findet in jedem dieser Bücher eine markante Einzelmanifestation. [...] 'Jedes Buch', so schreibt sie [Mayröcker], 'muß seine eigene scharfe und unverwechselbare Kontur aufweisen' (St, S. 118). Innerhalb des unablässig fortlaufenden Schreibprozesses stellt sich das einzelne Werk – auch wenn es exemplarisch auf das ganze verweist – als eine abgrenzbare Etappe dar.

Mayröckers Prosa lässt sich solcherart als paradigmatische Ausformulierung der von mir HER(AUS)GESTELLTEN Text/Werk-Konstellation beschreiben; dabei würde ich aber mit der Betonung auf die Prozessualität auch des Werkes (= Form) und bezogen auf das Überquillen der Textwucherungen in die Kommunikation (s. o.) nicht von abgrenzbaren Etappen, sondern eher von kurzzeitig stillgestellten Phasenmomenten sprechen. Wichtig ist mir hier, dass die Literaturwissenschaft im Laufe ihrer Mayröcker-Forschungen immer sensibler für die komplexe Simultaneität von Wucherung und Stabilisierung, Überbordung und Saum wurde.

Insgesamt kann festgestellt werden, dass entlang der Basisunterscheidungen von Desintegration/Kohärenz oder Bruch/Kontinuität oder Auflösung/Konstitution Mayröckers Prosa generell als Differenzen prozessierende Prosa lesbar wird. Sie vollzieht die „Erfahrung einer Grenze" (MOSER: 128). Da ist die Rede von „diskursiven Stil" und „(halluzinatorischen) Einbrüchen" (HZN: 317), von Theorie und Praxis (KREBS), von Poetologie und Poesie (KASTBERGER 2000), von Lesbarkeit und Unlesbarkeit (VOGEL 2002), von „Disziplin und Ekstase" (KASTBERGER 1999: 39 und KASTBERGER 2000: 34ff.),[171] von „Logik und Exzeß" (RIESS-MEINHARDT); Riess-Meinhardt argumentiert hierbei zu Recht, dass es nicht um eine Opposition von Logik und Exzess geht, sondern um das gleichberechtigte Aufrechterhalten beider Momente (siehe RIESS-MEINHARDT: 97f.) und KASTBERGER 2000: 36 spricht davon, dass die Ekstase „nur *einen* Aspekt der schriftstellerischen Arbeit" darstellt: „Gerade auf das wechselseitige Verhältnis von Disziplin und Ekstase kommt es an" (ebenda: 37; analog dazu auch FETZ). BEYER 1996: 144 spricht vom „Wechselspiel zwischen 'realistischen' und 'nicht-realistischen' Textbestandteilen sowie zwischen 'bedeutungstragenden' und 'bedeutungsfreien' Partikeln". Bei KASPER 1999b: 61 kulminieren verschiedene Unterscheidungen, wenn es um die „Schwelle von Vernunft und Wahn, Außenwelt und Innenwelt, Realität und bloßer Einbildung, Vergangenheit und Gegenwart" geht. Diese Poetik des Markierens, Übertretens und Aushaltens von Grenzen darf nun allerdings nicht 'textontologisch' gedeutet werden, vor allem nicht in einer Prosa, die die Größe 'Textontologie' radikal subvertiert. Diese Poetik muss vielmehr auf die Grenze von symbolischer und sozialer Systemreferenz und auf die Grenze von Literatur (Objektebene) und literarischer Kommunikation (Metaebene) bezogen werden. Diese mayröckersche Grenzpoetik, die freilich

---

[171] Siehe hierzu auch FETZ, Bernhard 1991: Disziplin und Ekstase. Friederike Mayröckers Magische Blätter I-III. In: protokolle 2 (1991), 12-22.

entlang der parasitären poetischen Poetologie die Unterscheidung zwischen Wirt und Parasit kollabieren lässt, re-markiert als eben solche *Grenz*-Poetik die literarische Kommunikation, indem sie überhaupt erst die literaturkonstituierenden Grenzen und Unterscheidungen (Text/Werk, symbolisch/sozial) sichtbar, verschiebbar und revidierbar macht. Entlang der mayröckerschen Prosa wird die literarische Kommunikation in den Modus des ständigen Selbstbeobachtens, in den Modus des ständigen Re-Justierens gebracht. Die literarische Kommunikation stabilisiert sich und generiert sich, indem sie die textuelle Analogizität (Potenzialität und Semiose) permanent bei ihrer digitalen Prozessierung berücksichtigen muss. Die literarische Kommunikation beobachtet sich als literarische Kommunikation, indem sie sich, von der wuchernden textuellen Semiose immer gefährdet, als literarische Kommunikation im Unterschied zur textuellen Semiose beobachtet.

### 4.4.2 Die kommunizierenden Gefäße

*Lesen/Scannen*.
Die hier dargelegte Argumentation ist wie im Falle Bayers anschließbar an die Dreierkonstellation negative Realisierung, unbestimmte Semiosis und alternative Ordnung. Mit der poetisch poetologischen Verknotung von Diskurs und Poesie wird die literarisch etablierte Unterscheidbarkeit der sozialen und symbolischen Referenzebene und der Kommunikationsebenen (N1-N5) negativ realisiert. Literarische Kommunikation wird in ihrer eingeschliffenen Form durch den Rahmenbruch sowohl subvertiert als auch als Kontrastfolie aufrechterhalten, andernfalls ließe sich gar nicht von einer Re-Markierung der literarischen Kommunikation sprechen. Durch die von der poetischen Poetologie affizierten Wucherung und Überbordung des Textes wird die Ebene des Unbestimmten angepeilt. Indem die poetische Poetologie jede Beschreibung ihrer selbst als verfehlte Beschreibung ausweist und sich damit Mayröckers Prosa immer schon einen inkommensurablen Rest sichert, ist Mayröckers Literatur konstitutiv über das definiert, was jenseits jeder Definition ist. Dieses Nicht-Definierbare kann dann als Spracherotik oder Sprachmagie (SCHMIDT 1989: 85f.),[172] als fiebrige Raserei, als Wahn, Halluzination, Delirium (so durchgängig bei Mayröcker) oder gar als *sechster Sinn* der Literatur bezeichnet werden[173], wobei jede Bezeichnung, weil sie

---

[172] Zur Spracherotik vgl. auch RIESS-MEINHARDT: 94f.
[173] VOGEL 1996: 73 spricht von einem „postalischen sechsten Sinn" und Moser bringt Mayröckers Schreiben mit Religion in Verbindung: „Es handelt sich hier nicht um ein religiöses Sprechen, sondern um ein Sprechen des Religiösen selber; nicht um ein Übertragen, sondern um ein Hereinragen einer anderen Welt. […] Es geht bei Friederike Mayröcker nicht um das Dichten als Verkünden, sondern um das Schreiben als Erfahrung des Religiösen" (MOSER: 125). In Mosers Deutung steht die „Ekstase", das „halluzinatorische oder magische Sprechen" im Mittelpunkt (ebenda: 134f.). Dass die mayröckersche Prosa gera-

Bezeichnung ist, genau das verfehlt, was sie als nicht bezeichenbar bezeichnen möchte. Auch der Begriff des Schamanismus fällt und es scheint nicht nur bei Bayer, sondern auch bei Mayröcker so zu sein, dass eine außergewöhnliche Grenzerfahrung als Medium der Textwucherungen und somit als Medium des Rahmenbruchs lesbar ist.[174] Dabei ergibt sich bei Mayröcker eine ganz eigentümliche Situation. Momente, die als Signaturen oder Andeutungen dieses Unbestimmten und Uneinholbaren beobachtet werden können (beispielsweise der Rhythmus oder das unauflösbare Verflechten von Diskurs und Poesie), können nun auch als Momente einer *neuen alternativen Ordnung* beobachtet werden. Der spezifische Rhythmus der sich an den Wiederholungen, den häufigen Alliterationen, den Wortverlesungen (beispielsweise „zerfasert, zersplittert, zerrissen" (HZN: 163), „Wissen (Wiesen)" (RN: 10), „Hut (Hund)" (ebenda: 14), an den Kürzeln (usw., etc.), an Neologismen, dem massiven Einsatz von Satzzeichen und Klammern usw. (vgl. hierzu KUNZ: 89-96) manifestiert, hat in der Proliferation dieser Prosa seit 1980 eine so spezifische Signatur bekommen, dass man genau daran die Texte Mayröckers erkennen kann. Der Rhythmus markiert also sowohl das Unbestimmte als auch den Versuch einer neuen Ordnung, einer Ordnung, die wiederum auch das Magische und Halluzinatorische nicht nur als Indizien des Unbestimmten, sondern auch als Indizien einer alternativen Poetik ausweisen kann. Die mayröckersche Prosa ist solchermaßen erstens als inkommensurable Magie, zweitens als Rebus, also als Rätsel sowie drittens als genau dieser Unterschied zu lesen. Mayröckers Prosa will gefühlt, ästhetisch und unter Umständen spirituell-magisch erlebt, sie will aber auch entziffert und dekodiert werden. Sie lässt sich nicht entlang dieser Linie aufteilen. Wenn es um die „Vereinigung des Disparaten" bei Mayröcker geht[175], so ist damit nicht nur die Ge-

---

dezu dazu einlädt, religiöse und dichterische Erfahrung miteinander zu korrelieren, beweist auch der Aufsatz von WENDT, Doris 2002: Mystik und Sprache in Friederike Mayröckers Stilleben und brütt oder Die seufzenden Gärten. In: KÜHN: 191-210.

[174] STEINLECHNER 2003: 150 beschreibt Mayröckers Korrelation von Schreiben und Textilien konkret im Kontext von Kleidung, dabei erhält „die Mantel-Metapher" als „ein „alter, nachschleifender 'Schlangen-Habit' (L 73) [...] die magische Anmutung eines Schamanenkleides, in dem Zeitreisen unternommen und die Grenzen zwischen Ober- und Unterwelt überschritten werden." In KOG: 20 wird ein „Schamanenfuß" erwähnt. Konrad Bayer würde sich sicherlich über solch eine Literatur gefreut haben. Und KASPER 1999b: 62 und 64 (Anm. 14) spricht im Zuge der Grenzüberschreitungen bei Mayröcker davon, dass die damit verbundenen „Initiations- und Übergangsriten" nicht als außergewöhnlich, sondern vielmehr als alltäglich dargestellt werden. Siehe hierzu auch die Wendung *Apologie einer magischen Alltäglichkeit* (KASPER 1999a). Bei Hell ist – allerdings im Hinblick auf Mayröckers Stimme beim Vorlesen ihrer Texte – von einer „Schamanisierung des Publikums" die Rede (HELL, Bodo / Friederike MAYRÖCKER 1987: es ist so ein Feuerrad. Bodo Hell im Gespräch mit Friederike Mayröcker in deren Wiener Arbeitszimmer – am 28. September 1985. In: F. Mayröcker, Magische Blätter II. Frankfurt a.M., 177-198, 178.

[175] MAYRÖCKER, Friederike 1987: also, wem die Flamme aus der Leinwand schießt. In: Dies., Magische Blätter II. Frankfurt a.M., 14-18, 18. Siehe auch: „daß eines meiner

samtschau der Wahrnehmungswelt gemeint, sondern auch die 'Vereinigung', Oszillationsbewegung oder das „Spannungsverhältnis zwischen semantisierbaren und nicht-semantisierbaren Elementen" (BEYER 1992: 95), von Bestimmtem und Unbestimmtem, von Kommunikablem und Inkommunikablem. Diese Aufrechterhaltung des Spannungsverhältnisses affiziert und konditioniert nun maßgeblich auch das Lesen und Interpretieren, also die Mimesis III. Es lässt sich im Zuge meiner bisherigen Argumentation auch formulieren, dass die dargestellte Re-Markierung literarischer Kommunikation überhaupt erst dann als diese radikale Re-Markierung beobachtet werden kann, wenn der Leseprozess fokussiert und spezifisch re-markiert wird. Der oben dargestellte Rahmenbruch bricht sich sozusagen am Leseakt. Im Zuge der mayröckerschen *Grenz*-Poetik und der Aufrechterhaltung der Spannung von Semantik/Nicht-Semantisierbarem, Kommunikablem/Nicht-Kommunikablem wird auch der Leseakt in die Aufrechterhaltung dieser Spannung hineingezogen. Zum einen ist damit gemeint, dass durch die Textwucherungen, die Textoffenheit, die poetische Poetologie usw. und dem damit zusammenhängenden Rahmenbruch der Leser massiv in die Position gebracht wird, die durch die Über- und Unterdeterminierung der mayröckerschen Prosa entstandene Bedeutungsflut einerseits und Bedeutungsleere andererseits mit eigenen Bedeutungsakten zu bearbeiten. Der *Leser* wird zum *Signifikanzvirtuosen* ausgebildet. Zum anderen ist damit auch gemeint, dass der Leser im Zuge des Rahmenbruchs zum HER(AUS)STELLER des Textes wird. Indem er Signifikanz am/im Text HER(AUS)STELLT, stellt er den 'Text als Text' und den 'Text als Kommunikation' her(aus). Das ist oft anhand von avantgardistischer, avancierter und experimenteller Literatur beobachtet worden (Stichwort: Iser). An Mayröckers Prosa lässt sich aber eine eigenständige Variante dieses Her(aus)stellungsprozesses beobachten. Mithilfe von Aleida Assmanns Überlegungen zum Lesen möchte ich hier von einem Spannungsverhältnis von *Lesen* und *Scannen* (Starren) sprechen.

Assmann führt in ihrem Aufsatz die Unterscheidung schneller Blick (Lesen)/ langer Blick (Starren) ein.[176] Sie versucht damit, ein klassisches semiotisches Modell zu dekonstruieren, indem sie von einem „einfachen semiotische[n] Gesetz", das die „inverse Relation von Anwesenheit und Abwesenheit" markiert, ausgeht.

> Damit ist gemeint, daß ein Zeichen, um semantisch erscheinen zu können, materiell verschwinden muß. [...] Der Blick muß die (gegenwärtige) Materialität des Zeichens durchstoßen, um zur (abwesenden) Bedeutungsschicht gelangen zu können. Wer sich in die Materialität der Zeichen verstrickt, kann sie nicht verstehen (alle Zitate: ASSMANN: 238).

---

Hauptanliegen darin besteht, Disparates zu harmonisieren" (MAYRÖCKER, Friederike 1983: MAIL ART. In: Dies., Magische Blätter. Frankfurt a.M., 9-35, 21f.).
[176] ASSMANN, Aleida 1988: Die Sprache der Dinge. Der lange Blick und die wilde Semiose. In: H.U. Gumbrecht, K.L. Pfeiffer (Hgg.), Materialität der Kommunikation. Frankfurt a.M., 237-251.

Aus dieser semiotischen Konstellation heraus etabliert Assmann nun die Unterscheidung von Lesen und Starren wie folgt:

- *Lesen ist referentiell*, indem es „sich vom materiellen Signifikanten zum immateriellen Signifikat, wobei der erstere dem letzteren zum Opfer fällt", bewegt (ebenda: 241). *Lesen ist transitorisch*, indem es „die schnelle Bewegung des Intellekts vom Buchstaben zum Geist, vom Besonderen zum Allgemeinen, von der Oberfläche zur Tiefe" erfordert (ebenda). *Lesen ist transitiv*, indem es von der minimalen „Ablenkung durch die Materialität des Zeichens" abhängt (ebenda).
- *Starren* hingegen „richtet sich auf ein kompaktes Zeichen, das sich nicht in Signifikant und Signifikat auflösen läßt. Diese Fusion ist verantwortlich für Unübersetzbarkeit, Nicht-Mittelbarkeit, unerschöpfliche Vieldeutigkeit" (ebenda: 241). *Starren* „ist anhaltende Aufmerksamkeit in dem Doppelsinne, dass hier der Blick zum Halten und Verweilen gebracht wird" (ebenda: 242). *Starren* ist ein 'medialer' Akt. „Er schlägt auf den Beobachter zurück, er affiziert das Subjekt und verändert es im Zuge der Kontemplation" (ebenda). In diesem Sinne kann man (sensu GILBERT) von einer semiotischen Wahrnehmung (Lesen) und einer sensorischen Wahrnehmung (Starren) sprechen.

Anzumerken ist hier, dass Assmann zwar die Polarität von Lesen und Starren unterminieren möchte, aber grundsätzlich davon ausgeht, dass es Sinn macht, Lesen und Starren klar voneinander zu unterscheiden. Die Arbeiten von Gross und Wehde hingegen zeigen, dass die klare Unterscheidung von Lesen und Starren konzeptuell problematisch ist. GROSS argumentiert, dass *jedes* Lesen als *Kombination* von Schrift und Bild, von Bedeutung und Materialität, von Visuellem und Kognitivem aufzufassen ist. Freilich variieren die Gewichtungen bei diesen Kombinationen, aber Lesen ist einerseits nie allein Entschlüsseln von Bedeutung, da Texte immer auch materielle, visuelle, typographische und sinnliche Momente enthalten und andererseits können umgekehrt nie diese Elemente die Bedeutungssuche völlig suspendieren. *Lesen* ist solchermaßen *immer* ein *Multitasking*. Es gibt keine kategoriale Trennung von visuellen und kognitiven, von materiellen und bedeutungshaften Elementen, also keine kategoriale Trennung von Buchstabenwert und Bild, von Diskursivität und Bildlichkeit, von Materialität und Referenzialität, von materieller Struktur und Zeichenstruktur. Visuelle Momente sind ebenso das Ergebnis von Interpretation wie Interpretation konstitutiv von visuellen Momenten affiziert wird. Weder gibt es ein natürliches Auge und eine Natürlichkeit der Bilder noch eine reine Signifikanz der Zeichen. Zeichen, Texte, Sprachen, Schriften müssen gesehen *und* gelesen werden, ebenso wie Bilder und Filme gesehen *und* gelesen werden müssen. Gross und Assmann treffen sich freilich in der Einschätzung, dass unsere Lesesozialisation stark bedeutungslastig und darauf ausgerichtet ist, die visuell-materiellen Momente zu invisibilisieren, da diese das Lesen verlangsamen, erschweren und in extremen Fällen gar verhindern. Konzeptuell gilt aber, dass Lesen immer per definitionem eine Schrift-/Bild- und Material-/Signifikanz-Kombination markiert.

Wehde argumentiert in eine ähnliche Richtung, kapriziert sich aber stärker auf die unhintergehbare Relevanz von Typographie, Papier, Layout, Seitengröße, Gewicht usw. beim Lesen. All diese Elemente sind Momente der Bedeutungsgenerierung und dieser nie äußerlich. Wehde geht von der Typographie als einem konnotativen Zeichensystem aus und unterscheidet dieses von den denotativen lexikalischen Zeichen. Entscheidend ist hierbei, dass sich das konnotative und denotative System wechselseitig affizieren und formatieren. Es gilt dabei weiter, dass die Typographie nicht nur die Bedeutungsebene affiziert, sondern selbst eine Bedeutung hat: Der „Schriftcharakter selbst" wirkt „als semantische Größe".[177] Sie kritisiert somit die „zeichentheoretisch naive[] Entgegensetzung von Schrift- und Bildmedien" und plädiert für die Beobachtung „wechselseitige[r] Einflußnahme der Zeichensysteme bzw. Medien" und der „Ausbildung variabler Mischstrukturen" (WEHDE: 6). Sie widerspricht hiermit explizit der kategorialen Gegenüberstellung Assmanns und damit der Auffassung, dass „Schriftzeichen an sich bedeutungslos seien und funktional völlig darin aufgingen, auf lautliche bzw. lexikalisch Spracheinheiten zu verweisen" (ebenda: 11) und dass die Materialität der Zeichen zur Bedeutung nichts beiträgt und nur austauschbarer Bedeutungsträger sei. Wehde möchte zeigen, dass „die Materialität und die Form der Schriftzeichen relevant ist für die Wahrnehmung und Deutung des Textinhalts und [...] sehr wohl zur Bedeutung eines Textes beiträgt" (ebenda: 12). Indem sich „[ä]ußere Textform und sprachlicher Textinhalt [...] nicht trennen" lassen (ebenda: 14), wird *Lesen* auch hier zu einem *Multitasking,* das immer sowohl visuelle als auch kognitive Kompetenz erfordert. Auch hier geht es um Schrift-/Bild- und Material-/Signifikanz-Kombinationen, da die „Druckseite immer auch zur 'Bildfläche'" wird (ebenda: 125). Dies bedeutet nicht zuletzt, dass rein semantische Beschreibungen von Texten und Werken zu kurz greifen, da die *Form* von Texten und Werken Sinn und Bedeutung (mit)konstituiert.

Mithilfe von Gross und Wehde kann das von Assmann referierte – und meines Erachtens von ihr nicht einfach akzeptierte – Modell (die materielle Dimension des Zeichens muss zugunsten der denotativen verschwinden) als phonozentrisches Modell entlarvt und historisch als Signatur einer bestimmten sprachphilosophischen Programmatik eingeordnet werden (vgl. WEHDE: 243).[178]

Entscheidend ist jedoch, dass unsere von der Alphabetschrift konditionierte Lesesozialisation unser Leseverhalten so formatiert, dass wir – wenn wir es nicht

---

[177] WEHDE, Susanne 2000: Typographische Kultur. Eine zeichentheoretische und kulturgeschichtliche Studie zur Typographie und ihrer Entwicklung. Tübingen, 11.
[178] Wehde spricht in diesem Kontext von der „goethezeitlichen Sprachphilosophie" (WEHDE: 243).

gerade mit Werbung, experimenteller Literatur o. ä. zu tun haben – die Bedeutungsdimension des Typographischen invisibilisieren:

> Natürlich macht sich kein Leser über die Wirkung der Typographie des Buches, in dem er gerade liest, Gedanken; über die Mittel, wie diese Wirkung zustande kommt, schon gar nicht. Dennoch ist diese Wirkung vorhanden. Die Form der Schrift, die Typographie der Seiten spricht immer mit, sie hat immer Bezug zum Inhalt, positiv oder negativ. Neutrale Typographie gibt es nicht.[179]

Obwohl argumentationslogisch und konzeptuell die Form eines Textes, seine Typographie usw., maßgeblich in die Bedeutungsbildung involviert ist, haben wir uns in unserer abendländischen Lesekultur eingerichtet, die Lesen als Ausblendung formaler und materieller Momente codiert. Obwohl Lesen ein Multitasking ist, wird Bedeutungsgenerierung eingleisig als materialfreie und typographieindifferente Signifikation gehandhabt. Gross spricht davon, dass Lesen solchermaßen eine „psychophysiologische Selbstdisziplinierung" markiert, die Sinn auf Kosten von Sinnlichkeit herausstellt (GROSS: 59). Obwohl Materialität und Typographie nie neutral sein können, tun wir so, lesen wir so, als ob sie neutral sind. Unsere Lesekultur schattet somit bei der Bedeutungsgenerierung maßgebliche Momente der Bedeutungsgenerierung ab.

Assmanns Trennung von Lesen und Starren ist zwar konzeptuell und zeichentheoretisch unterkomplex, jedoch beschreibt sie punktgenau die konventionalisierten und vorherrschenden Leseprozesse unserer Lesekultur. In diesem Sinne ist sie keine Lesetheorie, sondern eine Phänomenologie abendländischen Lesens. Mithilfe von Assmanns Unterscheidung Lesen/Starren kann wunderbar beobachtet werden, dass, wie und warum experimentelle Aufwendungen notwendig sind, nicht um etwas Exzeptionelles und Deviantes vorzuführen, sondern um etwas vorzuführen, was wir immer tun: lesend und starrend Schrift-/Bild- und Material-/Signifikanz-Kombinationen zu prozessieren. Um die unhintergebaren Wirkungen und Funktionen von Materialitäten und Typographien erkennen zu können, sind Störungen und Auffälligkeiten, also Selbstverständlichkeitsunterbrechungen notwendig. Um das beobachten zu können, was wir immer selbstverständlicherweise tun – Lesen *und* Starren – muss die eingeschliffene Selbstverständlichkeit, Lesen auf Kosten des Starrens als privilegierte Signifikationsinstanz zu markieren, unterminiert werden. Obwohl wir immer – jeweils anders gewichtet – gleichzeitig lesen (semiotisch wahrnehmen) und starren (sensorisch wahrnehmen), lässt sich heuristisch davon ausgehen, dass die (theoretisch unzulässige) Trennung von Lesen und Starren dazu dienen kann, Schrift-/Bild- und Material-/Signifikanz-Kombinationen in den Blick zu bekommen.

---

[179] WILLBERG, Hans Peter 1984: Buchkunst im Wandel. Die Entwicklung der Buchgestaltung in der Bundesrepublik Deutschland. Frankfurt a.M., 81. – Den Hinweis auf Willberg verdanke ich WEHDE: 63.

Trotz theoretischer und konzeptueller Defizite ist meines Erachtens Assmanns Unterscheidung sehr anschlussfähig und im Rahmen experimenteller Prosa hoch relevant. Nur, an einigen Stellen ist sie etwas unscharf. So ist es nicht so, dass nur im Starr-Modus der mediale Akt des Wahrnehmens auf den Beobachter zurückschlägt und diesen affiziert, dies ist auch im Lese-Modus so. Lesen als semiotisches Entziffern und die Oberfläche durchdringendes Tiefschürfen affiziert auch den Beobachter, schlägt auf ihn zurück. Ganz trivial lässt sich sagen, dass ich nach dem Entziffern einer Botschaft ein anderer bin als vor diesem Entziffern. Mit einer bestimmten Information bin ich ein anderer als ohne diese bestimmte Information. Allerdings wird die Möglichkeit, das Zurückschlagen der Wahrnehmung auf den Beobachter beobachten zu können, zuallererst dann beobachtbar, wenn sich semiotisches Wahrnehmen und sensorisches Wahrnehmen unterscheiden lassen. Es gilt sogar: Beim Beobachten von sensorischem Wahrnehmen wird dieses Zurückschlagen besser sichtbar als beim Beobachten von semiotischem Wahrnehmen, konzeptionell gesehen jedoch, darf das Zurückschlagen aber nicht nur der einen Seite zugeschlagen werden. Ich spreche deshalb auch vom *medialen Sehen*, um zu markieren, dass es nicht um den Übergang vom semiotischen Wahrnehmen (Lesen) zum sensorischen Wahrnehmen (Starren), sondern um die Markierung der Barre dieser Unterscheidung geht. Der Weg über das Starren zur Wilden Semiose muss dann nicht zum Löschen des Zeichens und der damit zusammenhängenden Gegenwärtigkeit der Dinge zurückkehren (vgl. Assmann: 239). Die „Wilde Semiose bringt die Grundpfeiler der etablierten Zeichenordnung zum Einsturz, indem sie auf die Materialität adaptiert und die Präsenz der Welt wiederherstellt. [...] sie stellt neue, unmittelbare Bedeutung her" (ebenda). Mithilfe der *Wilden Semiose* und der Unterscheidung Lesen/Starren wird die Problematik von Unmittelbarkeit/Mittelbarkeit, Ding/Welt, Anwesenheit/Abwesenheit, Materialität/Bedeutung, semantisierbaren/nichtsemantisierbaren Elementen, Kommunikablem/Inkommunikablem beobachtbar, aber eben konstitutiv beobachtbar als Barren-, als Differenzproblematik. Es gibt keinen Weg vom Lesen zum Starren, sondern immer konstitutiv die wechselseitige Konstituierung von Lesen und Starren, semiotischer und sensorischer Wahrnehmung und der Begriff des Medialen mag hier als besonders glücklich gelten in dem Sinne, solch ein Differenzdenken als Differenz aushalten und operationalisieren zu können. Nicht der Verzicht auf die „Signifikantenrolle des Wortes", sondern ein „neues Gleichgewicht zwischen Materialität und Signifikation" steht im Mittelpunkt (GROSS: 61).

Meine These ist nun, dass Mayröckers Prosa paradigmatisch als mediales Sehen bzw. mediale Lektüre (Lesen *und* Starren) beobachtbar wird.[180] *Zum einen* wird man zum *Leser*, indem man die „referentielle[] Verwirrung", die „bedeutungsmäßige Pluralität" und die „polyphonen Bezugnahmen" zu referentialisie-

---

[180] Lektüre fasse ich als die Einheit der Unterscheidung Lesen/Starren.

ren, zu entziffern und dekodieren versucht (KASTBERGER 1996: 104 und 106). Solchermaßen kann von dieser Prosa als einem Rebus oder Rätsel gesprochen werden. Man fragt sich, was mit den Verlesungen („Wissen (Wiesen)" (RN: 10)) gemeint sein könnte, man fragt sich, wer was wie im Text gesagt haben könnte. Welche Liebeskonstellationen werden präsentiert, was wird über das Schreiben und Erzählen gesagt? Was hat es mit dem zerfallenden Körper, den Krankheiten, dem Tod, dem Sterben auf sich? Wie können die vielen Traumsequenzen entschlüsselt bzw. gedeutet werden? Was hat es mit der (Nicht-)Identität der Figuren auf sich? Warum verwandelt sich beispielsweise die Protagonistin gerade in einen Wolf (RN: 55) oder einen Grashalm oder Baum („Ich würde mich gerne auflösen in einen Baum oder Grashalm" (ST: 43), warum gerade in ihren Vater (*brütt*: 118),[181] warum sind Julian und Lerch manchmal zu unterscheiden und warum manchmal nicht (RN: 45 und 113)? Das sind alles (nur einige wenige) Fragen, die vom Text aufgeworfen und nicht beantwortet werden, aber trotz oder gerade aufgrund ihrer Unbeantwortetheit den Leser als Leser (Hermeneuten) initiieren. Gerade die Über- und Unterdeterminierung des Textes und die parasitäre poetische Poetologie fordern gerade einen expliziten Hermeneuten. Die Lesenden werden sich als Lesende (Hermeneuten) bewusst. Sie nehmen anhand von Mayröckers Prosa ihre semiotische Wahrnehmung wahr. Allerdings, die Über- und Unterdeterminierung des Textes und der poetisch poetologische Rahmenbruch sind so massiv, dass dieses Wahrnehmen des semiotischen Wahrnehmens, dieses Lesen des Lesens, so geballt in Frontstellung gebracht wird, dass das Lesen nach einer gewissen Weile in den Starr- bzw. Scannmodus kippen *kann*. Immerhin haben wir es hier nicht mit Kurztexten, sondern mit langer Prosa zu tun, mit einer Prosa, die dieses Umkippen in den Scannmodus auch durch beispielsweise das Fehlen jedes Punktes in einem 337 Seiten langen Text (HZN) provoziert. Diese lange Buchstabenschlange wirkt geradezu giftig auf das Lesen. Auch kann die in Dauerstellung gebrachte Re-Markierung der literarischen Kommunikation zu diesem Umkippen führen. Systemtheoretisch ließe sich formulieren, dass die Medium/Form-Unterscheidung kollabiert, da man nicht mehr Linien (Medium) als Buchstaben (Form), Buchstaben (Medium) als Worte (Form), Worte (Medium) als Sätze (Form), Sätze (Medium) als Text (Form) und den Text (Medium) nicht als Werk (Form) beobachten kann. Höchstens scannt man Wörter, die sich an Wörter reihen, Worte liest man so nicht.

Freilich kommt es zum Scannen nicht allein aufgrund der Über-Proliferation des Lesens als Lesen, sondern das Scannen kann auch als Teil der poetologischen Poetik gelesen werden. Der Rhythmus mit all seinen Ingredienzien (s. o.) verlangt geradezu, dass man nicht (*nur!*) liest, sondern (*auch!*) scannt. Dabei kommt es wie bei den Papierwucherungen zum Rahmenbruch. Das, was poeto-poetologisch im Text formuliert wird, springt, *weil* es poeto-poetologisch formu-

---

[181] Siehe hierzu KUNZ: 118.

liert wird, auf die Lektüre über. Das führt dazu, dass man das, was 'textontologisch' über das Lesen und Schreiben gesagt wird, als Lesen und Scannen mitvollzieht. In der Prosa wird der Unterschied selbst von lesender und scannender Lektüre thematisiert und muss als eben dieser Unterschied gelesen (gedeutet, entziffert, enträtselt) werden. Hier nur einige markante Beispiele:

> ich habe ein Buch gelesen, sage ich, aber ich habe nichts behalten davon, ich habe in einem Buch gelesen, aber ich habe nichts behalten können, weil ich ununterbrochen auf etwas achthaben wollte, nämlich lauschen wollte, auf ungewöhnliche, schöne, aufreizende Stellen innerhalb des Textes, auf Wendungen, einzelne Wörter, die Zündkraft besitzen, die mich entzünden, etwas in mir entzücken. Wenn man mich fragt, haben sie dieses Buch gelesen, weiß ich nicht, was ich antworten soll. Ja, ich habe es gelesen, aber ich habe nichts behalten können davon, weil ich nicht dem Verlauf der Erzählung habe folgen wollen, sondern nur achtgeben wollte darauf, wie erzählt wird, also auf einzelne Stücke, aus welchem das Ganze insgeheim zusammengesetzt, usw. (ST: 9).
> Ich habe ein Buch gelesen, als hätte ich es nicht gelesen. Ich habe ein Buch gelesen, aber ich habe es nicht wirklich aufgefasst. Ich kann mich kaum an einen Titel erinnern, also ist es ein verborgenes Buch, also ist es ein verborgenes Buch in mir, das mich aufheulen läßt, selbst der Name des Autors ist mir entfallen, wer kann das verstehen (ST: 113).

> da schwingt so viel mit, sagt mein Ohrenbeichtvater, wenn ich zum Beispiel in deinen Notizen lese, wenn ich in deinen ins Reine geschriebenen Blättern lese, ich muß dann immer nach einiger Zeit zurückblättern, weil es mir vorkommt, ich hätte gewisse Stellen *überlesen*, nämlich sie nicht wirklich aufnehmen können, daraus wird dann, ich blättere immer wieder zurück, um zu lesen, was ich schon mehrere Male gelesen habe, immer mit dem Gefühl, ich hätte alles Gelesene nicht gelesen, also der Zwang, die gleichen Stellen immer von neuem zu lesen, um zu versuchen, sie einzuprägen, sie zu behalten, für die eigene Arbeit (HZN: 80).

> Der Leser möchte unbedingt hinter den Vorhang der Worte *peepen*, weil sonst hat ja alles keinen Reiz für ihn (KOG: 33).

**Aber auch folgende Stellen können in Richtung Lesen/Scannen gedeutet (!) werden:**

> ich kann kaum noch etwas mit der hand schreiben, abgesehen von diesen Krakeleien in meinem Notizbuch, *diesen genialen Einfällen*, sage ich, die ich nach wenigen Tagen, wenn ich sie wieder finde, schon nicht mehr entziffern kann (RN: 37f.).
> ich konnte mich nicht mehr richtig artikulieren, als wäre ich der Sprache verlustig geworden, die Laute überschlugen sich in erschreckender Weise, man hatte Mühe mich zu verstehen [man = Leser? MG], starrte [!] mich an, weil man mich nicht verstehen konnte, oder wollte, behandelte mich wie einen Geisteskranken (RN: 78).
> sie schienen zuzuhören, aber nicht verstehen zu wollen (RN: 80).

> Deine Handschrift kaum leserlich (HD: 15).
> auf den Sinn der Worte nicht achtend, sollte ich mir aus dem Klang seiner Stimme und der Zärtlichkeit seiner Blicke alles an Trost holen, dessen ich bedürftig war (HD: 35).
> *Es blitzt ja auf wie in einer Fremdsprache!* rief M.S. zu wiederholten Malen, wenn er in meinen Schriften las (HD: 35).
> an meinem Guckfenster, *mühe ich mich nach etwas auszuspähen, um dem Bedeutungszwang der Sprache entkommen zu können* (HD: 129).

jetzt erst die Fragen der Menschen, welche mir geduldig mehrere Stunden zugehört haben, ich bin ihnen ein Rätsel, meine Bücher sind ihnen ein Rätsel, sie wollen das Rätsel lösen, sie sind begierig danach, dieses Rätsel zu lösen, aber ich kann dieses Rätsel nicht lösen, nicht für mich, nicht für andere, will es auch nicht (HZN: 307).

immer von neuem, auf den Taumel des *Hyrogliphierens* – beachten Sie den Gebrauch des Wortes, **betäubter Leser** – denn es ist nicht nur 1 Aufschreiben, es ist 1 Tasten, Abtasten, Wirbeln, Herumwedeln mit Zeichen, Klängen, Gefühlen, Entfachungen, Zerreißungen, Demontierungen von Einfällen, Erfahrungen, Erinnerungen, Farben, und im Wiederzusammenstellen, Zusammenschweißen zu neuen, nie vorher existenten Objekten, flammenden Erscheinungen, Drosseln, Wortsträhnen (*brütt*: 199; meine fette Hervorhebung, MG).

Die Karte, die mir Elisabeth von Samsonow schreibt, ist 1 verschlossene Post, unmöglich zu entziffernde Post (KOG: 32).
vertippe mich unausgesetzt, muß jetzt alles mögliche dechiffrieren, überhaupt mein Auftrag zur Zeit, alles mögliche dechiffrieren zu sollen, alles unverständlich (KOG: 61). Vom Klang deiner Stimme gleichsam geblendet, erinnere ich jetzt nicht, was du gesprochen hast (KOG: 73).
Verlese, verletze, vertippe mich, meine gesteuerten Halluzinationen, Fehlsichtigkeit : sehe den Sinn des Lebens [Lesens?, MG] nicht mehr (KOG: 75).
Vertippe mich pausenlos, verlese mich pausenlos (KOG: 78).

Mit dem *Taumel des Hyrogliphierens* ist genau die Lektüre als Einheit der Unterscheidung Lesen (Hyrogliphe) und Scannen (Taumel) indiziert.[182] Im Mitvollzug der poetischen Poetologie vollzieht der Leser/Scanner die lesenden und scannenden Bewegungen der Protagonistin mit.[183] Dabei kippt die textontologische Ebene buchstäblich in die Lektüre hinein, wenn man sich in der gleichen Situation wie der Ohrenbeichtvater befindet und das, was man mehrere Male gelesen hat, noch mal liest, aber dabei dennoch nicht das Gefühl hat, es behalten oder verstanden zu haben. KASPER 1999a: 53 spricht in diesem Zusammenhang davon, dass die „Erinnerung an vorherige Textabschnitte […] beim Lesen von 'mein Herz mein Zimmer mein Name' zum mnestischen Nullpunkt" tendiert.[184] Das Lesen/Scannen führt also zum (vergeblichen) Wiederlesen von Textstellen,

---

[182] „Die Frage, ob und wie das Geschriebene rezipierbar sein wird, hat auf das Schreiben einen maßgeblichen Einfluß; Vorstellungen über Verständlichkeit und Sinn begleiten als notwendiges Korrelat die Beschäftigung mit der Vielzahl der sprachlichen Möglichkeiten" (KASTBERGER 2000: 41).

[183] Zur Lektüre sehr schön auch MOSER: 135: „Die Schrift wird zur Epiphanie der Sprache. Die Welt wird lesbar. Aber lesbar heißt nicht schon entschlüsselt. Das Erscheinen der Schrift ist nicht ein deutendes, sondern ein bedeutendes Ereignis, das selbst nicht wiederum verbalisiert werden kann."

[184] Ich stimme dem zu. Wenn KUNZ: 122ff. davon spricht, dass bei genauer Lektüre chronologische und lineare Momente sichtbar werden, so hat sie sicher Recht. Allerdings ist der *Taumel des Hyrogliphierens* so stark, dass nur eine literaturwissenschaftliche Analyse in den Genuss kommt, diese chronologischen und linearen Momente zu beobachten. Jede andere Lektüre wird von diesem Taumel dermaßen absorbiert, dass sie vom mnestischen Wurmloch geschluckt wird.

aber auch zum Mitschwingen mit dem Rhythmus des Textes. Dies solchermaßen, dass man im Scannmodus die Worte nur noch als Wörter liest, sich in den Text einklinkt und auf die sensorische Wahrnehmung umschaltet.[185] Das Scannen wird nicht nur ein Moment des Verweilens und Haltens (sensu Assman), also nicht nur ein Moment des Aufpralls auf die Textoberfläche, sondern auch ein Moment des über die Textoberfläche Gleitens. Im Scannmodus triggert man sich durch/über den Text. Nicht durchgängig und nicht immer, aber doch immer wieder. Wenn SCHMIDT-DENGLER 1996: 160 von „antiteleologische[m] Schreiben" spricht, so kann hier auch von antiteleologischer Lektüre geredet werden. Dabei sprüht die mayröckersche Prosa abermals Funken, indem die immer wieder formulierte Rhetorik der Halluzination, der Raserei, des Deliriums, des Wahns auf das Lesen überschlägt: Vom „Narkotikum Schreibarbeit" (HZN: 14 und 19) kippt es über zum *Narkotikum Lektürearbeit* und zum halluzinatorischem Lesen/Scannen, vom „rapide[n] Schreiben" (RN: 42 und 76) zum rapiden Lesen/Scannen, vom „Schreibwahn" (RN: 50) zum Lektürewahn, vom „Buchstabendelirium" (KOG: 74) zum Lektüredelirium. Wenn die Schreibfigur formuliert: „richte mich nur noch in meinem Schlupfwinkel ein, wo meine Schreibfinger über die Tasten fliegen, in beglückender Raserei" (RN: 88; „Schreibraserei" – *brütt*: 300), so kann hier formuliert werden, dass die Lektüre zur beglückenden Raserei wird. Die „*rasende* Poesie" (KOG: 52) und die rasende Lektüre bedingen einander. „Ich bin sehr elektrisch geworden, ich elektrisiere mich überall, die Funken sprühen sichtbar von meinen Fingerkuppen" (RN: 108) auf die dadurch elektrisierte Lektüre über. Wenn im Text somnabul getorkelt wird (HD: 58 und 105; KOG: 12, 32), so wird auch die Lektüre zu einem somnabulen Torkeln und Vibrieren und die „Überstürzungen, Schwebungen, Wallungen, Erregungen, Bewußtseinstrübungen, Wahnideen" (HZN: 166) kippen aus der Textontologie heraus.[186] *Im Scannmodus wird die Sensorik und Sinnlichkeit des Lesens erlebbar* und die „psychophysiologische Selbstdisziplinierung" (GROSS: 59) des Lesens aufgebro-

---

[185] SCHMIDT-DENGLER 1996 konzentriert sich bei seiner Analyse auch insbesondere auf das Lesen und arbeitet mit einer Unterscheidung, die zwar Ähnlichkeiten mit der Unterscheidung Scannen/Lesen hat, aber doch signifikant in eine andere Richutung zielt: „Einerseits ein Lesen, das den Text nicht nur ordnet, dem Autor gleichsam nachordnet, sondern ein Lesen, das auch vorgibt, den Text aus seiner Haft zwischen den Buchdeckeln zu befreien; andererseits ein Lesen, das sich selbst des Textes unsicher wird, weil hier jemand offenkundig dieses Schreibleben zu exponieren imstande ist, bis in die überraschend banalen Details hinein" (156). Im Hinblick auf *Stilleben* ordnet Schmidt-Dengler Samuel das pädagogische, gerichtete, teleologische, die Poesie kontrollierende Lesen zu, während er der schreibenden Protagonistin das offene, zyklisch-kreisende, intensive Lesen zuschreibt (vgl. ebenda: 156-157).

[186] Es geht mir hier *keinesfalls* darum, zu sagen, dass man Mayröckers schwierige Texte nachempfinden sollte, weil sie begrifflich nicht in den Griff zu bekommen sind, ich schließe mich hier vollkommen der Kritik von BEYER 1992: 88 an. Ich versuche zu beschreiben, wie entlang der Doppelkodierung der Lektüre (Lesen *und* Scannen) der Rahmenbruch entlang der mayröckerschen Prosa zu beschreiben ist.

chen. Solchermaßen kann formuliert werden, dass *insbesondere* entlang von Mayröckers Prosa der Literatur und der literarischen Kommunikation gezeigt werden kann, dass sie nicht allein über das Deuten, Entziffern und Interpretieren, sondern auch über das Erleben und sensorische Wahrnehmen funktioniert. Nicht jede Literatur provoziert (gleichermaßen) die Lektüre als Einheit von Lesen und Scannen, aber entlang einer Prosa, die explizit gelesen *und* gescannt sein will, ist Literatur grundsätzlich als lesbar *und* scannbar zu beobachten. Freilich sind diese Überlegungen an die Diskussion um ästhetisches Erleben/Erfahren anschließbar. *Als Lektüre (Scannen und Lesen) wird exemplarisch via Mayröckers Prosa Literatur als ästhetisches Erlebnis (Gleichzeitigkeit von Bedeutungs- und Präsenzeffekten) und als ästhetische Erfahrung (Beobachten dieser Gleichzeitigkeit) beschreibbar.* In diesem Sinne vollzieht sich in Mayröckers Prosa paradigmatisch ästhetisches Erleben und ästhetisches Erfahren. Kastberger liefert im Hinblick auf die Funktion der Lektüre bei Mayröckers Prosa eine ähnliche Interpretation. Trotz einer anderen Argumentationsbewegung kommt er zu vergleichbaren Ergebnissen. Obwohl Kastberger und ich Lesen und Lektüre unterschiedlich beobachten, sind wir beide von der Lektüre (Lesen und Scannen) der mayröckerschen Prosa in die Position gebracht worden, die Lektüre ins argumentative Zentrum zu stellen:

> Ginge die Inschriftenlese ohne die Erregung von Emotionen vonstatten, sie bliebe eine jämmerliche leere Angelegenheit; ein Geschäft für die kalten Doktoren der Distanz. Vor allem aber würde ein Lektüreakt, der nichts von seiner eigene [sic] Beteiligung am Entstehen der Bedeutung weiß, die Essenz [?] dieses Textes [RN] niemals begreifen. Es ist ja nicht allein das Leben Friederike Mayröckers, das sich hier zur Inschrift formt [...], sondern jedes einzelnen Lesers Autobiographie: *Friederike Mayröcker schrieb die ihre und von jetzt an liest jeder seine eigene* (KASTBERGER 1996: 117).[187]

Die hier mithilfe von Assmann dargestellte Konstellation der Lektüre als *Einheit* der Unterscheidung Lesen/Scannen ist meines Erachtens nahe liegend, wenn man sich Werke anschaut, die explizit mit der Sinnlichkeit von Schrift und Bild arbeiten (bspw. Carlfriedrich Claus, Elizaveta Mnatsakanjan, Valeri Schrestjanoi und Cy Twombly).[188] Umso erstaunlicher ist es, wenn diese Lektürekonstellation auf ein Werk anwendbar ist, bei dem sich alles innerhalb/außerhalb des klassischen Literaturmediums Buch abspielt. Mayröckers Prosa ist in diesem Sinne so radikal in ihrer Re-Markierung der literarischen Kommunikation, dass sie das Medium Buch sprengt, indem sie eine Lektürekonstellation provoziert, die im Medium des Buches, die am Medium des Buches und der Schrift etablierten Modi der Buch- und Schriftwahrnehmung subvertiert und re-figuriert. Unser routiniertes Lesen, dass die Typographie und Materialität der Zeichen im Verste-

---

[187] Dabei gilt grundsätzlich: „'Der Sinn des Schreibens' [...] 'entsteht erst im Nachhinein' (S. 113) [= HZN: 113]. Gerade auf diese Nachträglichkeit der Sinnzuweisung nimmt Mayröcker in ihren großen Prosabüchern Bezug" (KASTBERGER 2000: 41).
[188] Siehe hierzu die sehr schöne Studie von GILBERT.

hensprozess invisibilisieren möchte, wird gestört, nicht, um eine dissidente Lektüre zu forcieren, sondern aufzuzeigen, dass Typographie und Materialität, dass Sinnlichkeit und Erleben, immer schon konstitutive Momente unserer Lektüre sind. Anhand von Mayröckers experimenteller Prosa kann sichtbar werden, dass und wie es sich bei jeder Lektüre und bei jeder Interpretation von Literatur um ein komplexes Multitasking handelt. Mithilfe von Mayröckers Prosa wird unsere Kulturtechnik 'Lesen' nicht dekonstruiert, sondern vielmehr ihre ausgeblendeten und abgeschatteten Momente sichtbar gemacht. Mayröckers experimentelle Prosa sensibilisiert somit nicht für Alternativen zum Lesen, sondern stellt alle Momente heraus, die am Lesen konstitutiv beteiligt sind.

*narrativ/a(nti-)narrativ.*
Es mag nun nicht überraschen, wenn ich behaupte, dass die hier dargestellte Re-Markierung literarischer Kommunikation notwendigerweise über die De/Konstruktion und Re-Justierung der Sinn-Form Narrativität läuft. Alles, was bisher zu Mayröckers Prosa gesagt wurde, ist vor dem Hintergrund der De/Konstruktion von Narrativität überhaupt erst sagbar. Dabei muss man die De/Konstruktion präzise als Destruktion *und* als Konstruktion lesen. Eine Reihe von Autoren hat darauf hingewiesen, dass mit der De/Konstruktion von Narrativität oder von Erzählen nicht einfach Narrativität und Erzählen ad acta gelegt werden. Mayröcker selbst referiert in massiver Weise auf das Narrativitäts- und Erzählproblem. Hier einige einschlägige Beispiele:

> ich habe Angst vor dem Erzählen, ich bin gegen das Erzählen, immer schon, ich bin immer schon gegen das nackte Erzählen gewesen (RN: 31).
> ich handle nicht gern und ich lese nicht gerne was eine Handlung hat, also schreibe ich auch nicht was eine Handlung hat oder andeuten könnte ich meine davon platzt mir der Kopf, der herrschende Teil der Seele (RN: 32 und 65).
> ich habe Angst vor dem Erzählen, ich habe Angst vor diesem Feuerrad in meiner Brust (RN: 51)
> vielleicht noch die Zwischenfabel legitim, ich weiß nicht, rufe ich, vielleicht noch die Abläufe einer Zwischenfabel (RN: 94).
> Eine Erzählweise haben? auf welche Erzählweise ist überhaupt noch Verlaß?, welche Erzählweise ist noch vertretbar, wir wollen nicht mehr eine Geschichte erzählt bekommen, wir wollen nicht mehr eine Geschichte erzählen müssen, die zerrissenen Gefühle, die eingebrochenen Gesten nehmen zu einer Repetitionsmechanik Zuflucht, hypnotischer Kreisgang, ein dem Leben abgelauschtes Wiederholungsprinzip .. also polysemantisch erregt, eine Aufregung der Sinne, des Herzens, oder wie soll ich es nennen (RN: 105)

> denn ich neige zum Weglassen, Garnichterstaufkommenlassen der Anekdote, die mir vulgär ist (HD: 30).
> da ist das Suchen nach einem Fadenende, um die Spule ganz abwickeln zu können, sonst ist kein Beginnen möglich, ich meine sonst kann ich den Anfang nicht finden, alles zerfranst, verheddert, verworren (HD: 96).
> *nur keine story!*, auf keinen Fall eine Story zulassen!, das Äußerste ein Erzählverlauf, wie Lebenslauf, also keine Geschichte, keine Lebensgeschichte, da sind viele Auslassungszeichen, viele Löcher (HD: 121):

WENN DU SCHON GEGEN DIE STORY BIST, WIE DU IMMER BETONST, SO MUSST DU DICH NOTWENDIGERWEISE FÜR EINE NICHTSTORY AUSSPRECHEN, UND DAS GANZE DURCH THEORIE UNTERMAUERN : SONST GEHT ÜBERHAUPT NICHTS (HD: 142f.).

ist das Erzählen noch verbindlich, frage ich mich, ist es nicht auch ein Bewerfen des Lesers mit Wortkübelabfall, frage ich mich (HZN: 240).

Ich schreibe daß ich schreibe (ST: 90).

holpriges Auf und Nieder, das sind alles nur SCHEINGESPRÄCHE, nicht wahr, kein Erzählfluß, lauter stillzustehen scheinende Geistesspektakel (ST: 150).
das Buch muß wieder von neuem beginnen oder fortgesetzt werden, sagt Samuel, so beginnt auch dieses Kapitel. In den FRAGMENTEN von Schlegel, sagt Samuel, da steht eben sehr viel drin was man auf deine Bücher anwenden könnte, sagt Samuel, dieses Selbstreflektieren des Buches im Buch, usw., mir ist das immer sehr aufgefallen, also ein Buch das NICHTS erzählt, sagt Samuel (ST: 174).

Diese Formulierungen verleiten nun dazu, schlicht zu behaupten, Mayröcker wäre eine Nicht-Erzählerin; die Perspektive von Mayröcker wird einfach übernommen.[189] Entscheidend dabei ist allerdings, dass man die Wendungen Nicht-Erzählerin und A(nti-)Narrativität genau liest, denn sie besagen eine Absetzbewegung, die in diesem Absetzen das, wovon sie sich absetzt, nicht nur subvertiert, sondern auch konstituiert. *Ohne Erzählen kein Nicht-Erzählen, ohne Narrativität keine A(nti-)Narrativität.* In neueren Arbeiten wird dies klar und deutlich benannt. Im Hinblick auf einen narratologisch einschlägigen Aufsatz von Schmeling formuliert Kasper:

> auf einen impliziten erzähllogischen Maßstab bei der Rezeption und Analyse der mayröckerschen Texte, sowie anti-narrativ gestalteter Prosa überhaupt, [kann] nicht verzichtet werden. [...] Die [...] beinahe unvermeidlichen Vergleiche mit Erzählmustern traditionellen Zuschnitts dienen dazu, bestimmte Spezifika Mayröckers Textstrukturierung hervorzuheben (KASPER 1999a: 48).[190]

Insbesondere Kunz, auf Mayröcker bezogen, und Müller-Funk allgemein im Hinblick auf a(nti-)narrative Literatur machen diese Perspektive stark. Kunz zeigt, dass Mayröcker in ihrer 'experimentellen' Frühphase mit ihrer kurzen und kompakten Prosa, ihren Langgedichten und den Hörspielen gar nicht in die Position kam, das Erzählproblem zu fokussieren. Mayröckers Literatur war solcherart blind für das Narrativitätsproblem. Erst mit ihrer Großprosa, die als a(nti-)narrative daherkommt, kommt auch das Erzähl- und Narrativitätsproblem überhaupt in den Blick. Erst die <u>*Angst vor dem Erzählen* rückt Erzählen als Problem überhaupt in den Blick</u>. Und dieser Angst haftet sowohl eine Abneigung gegen das

---

[189] KUNZ 15-27 bietet eine ganze Palette verschiedener Beobachtungen zum Erzählen/Nicht-Erzählen bei Mayröcker.

[190] Kasper bezieht sich auf SCHMELING, Manfred 1982: Semantische Isotopien als Konstituenten des Thematisierungsprozesses in nicht-linearen Erzähltexten. In: E. Lämmert (Hg.), Erzählforschung. Ein Symposion. Stuttgart, 157-172.

Erzählen als auch eine ambivalente Faszination für das Erzählen an. Solchermaßen ambivalent ist diese Angst weniger ein psychologisches Moment, als vielmehr eine infrastrukturelle Bedingung dafür, dass Mayröckers Prosa nichterzählend *erzählt*:

> Die expliziten Aussagen *gegen* das Erzählen [...] scheinen einherzugehen mit einer *Annäherung* an das Erzählen. [...] Es bedarf einer gewissen Gattungskontinuität, damit die Entwicklung einer Gattung sichtbar wird, damit ein Bruch innerhalb einer Gattung überhaupt als solcher wahrgenommen werden kann. Nur wer sich in die Nähe des Erzählens begibt, kann sich als Nicht-Erzähler hervortun (KUNZ: 18f. und 19f.).[191]

Müller-Funk beschreibt die Situation ganz analog, betont aber, dass erst mit der De/Konstruktion von Narrativität die Strukturen und Mechanismen und die Funktion von Narrativität in den Fokus rücken kann und dass im Zuge a(nti-)narrativen Schreibens nicht nur in die Literatur, sondern vor allem auch in unsere gesamte Welterfahrung eingegriffen wird. Er spricht davon, dass qua avancierter Literatur kritisch die narrativen Strukturen sichtbar werden:

> Noch in der programmtischen Anti-Narrativität bleiben wir im Netz des Erzählens gefangen, und sei es nur, daß wir den 'Phantasmen' nicht entgehen, die ihnen zugrunde liegen (34). [...] Einen Text von James Joyce, Franz Kafka oder Kurt Schwitters lesen und verstehen zu können, bedeutet, jene Erzähltypen des 19. Jahrhunderts zu kennen, auf die sie sich intertextuell beziehen. Ohne dieses Verständnis ergeht es rezeptionsästhetisch gesprochen dem Leser wie dem, der den kulturellen Hintergrund eines Witzes nicht kennt: man verfehlt die Pointe (35). [...] avancierte Texte „verdanken ihre Wirksamkeit nicht zuletzt dem Umstand, daß die traditionellen Erwartungshaltungen an Narrative ungebrochen intakt sind (83). [...] Die Krise der traditionellen Erzähl-Formen in den Avantgarden schlägt zurück auf die Erfahrung von Zeit, auf den Modus des Erinnerns und auf die Konstruktion jenes Selbst, das Träger der Erfahrung von Konsonanz bzw. Dissonanz ist (74). [...] Und erst in einer solch brüchigen aber auch offenen und fluiden Gesellschaft wird es perspektivisch möglich, Fragen nach dem Zusammenhang von Gedächtnis, Zeitkonstruktion, Identitätsbildung und ihrer narrativen Technologie zu durchschauen. Die alten Muster, die die Diskontinuität und Fragilität überdeckten und ihrer Erfahrung zumindest abmilderten, funktionieren nicht mehr, sie sind fleckig und haben Löcher bekommen. Oder um im Bild der Foucaultschen Archäologie zu bleiben: nur die Ruine gibt den Blick frei, die der Konstruktion von Zeit, Gedächtnis und Subjekt zugrunde liegen (102f.) (MÜLLER-FUNK).[192]

---

[191] Kunz zeigt auch, dass sich Mayröcker selbst dieses Problems bewusst ist, da erst mit dem Einsetzen der Langprosa (*je ein umwölkter gipfel*) in den Texten selbstreflexiv über das Nicht-/Erzählen reflektiert wird (siehe KUNZ: 18).

[192] MÜLLER-FUNK: Wolfgang 2002: Die Kultur und ihre Narrative. Eine Einführung. Wien [u.a.], 34 zitiert in diesem Zusammenhang ein sehr anschauliches Zitat von Scholes, dass die Arbeit, abgesehen von der Metaphorik des Gelingens/Misslingens und der Begriffsverwendung 'post-modern', unterschreiben kann: „Post-modernist anti-narratives [...] can quite properly be seen as attempts to frustrate our automatic application of these codes to all our event-texts. Such anti-narratives are in the sense metafictional because they ultimately force us to draw our attention away from the construction of a diegesis according to our habitual interpretive processes. By frustrating this sort of closure, they bring the codes

Im Sinne der Arbeit ließe sich mit verstärkter Sensibilität für das Paradigma der Retro-Aktivität formulieren, dass erst mit der De/Konstruktion von Narrativität qua a(nti-)narrativer Literatur Narrativität als Sinn-Form beobachtbar wird und dass es im Zuge a(nti-)narrativen Schreibens zu einer Re-Markierung der Strukturellen Kopplung kommt. Dies bedeutet in aller Konsequenz, *dass Narrativität erst via A(nti-)Narrativität zu sich kommt und somit im Nachhinein immer schon von dem Sinn-Schema narrativ/a(nti-)narrativ nach-konstituiert gewesen sein wird.* Dies bedeutet nun konkret, dass Mayröcker mit ihrer a(nti-)narrativen Prosa Narrativität nicht einfach subvertiert und ad acta legt, sondern in der Ablehnung eingeschliffener narrativer Muster sowohl diese Muster als auch a(nti-)narrative Alternativ-Muster liefert. Mit Mayröckers Prosa wird die narrative strukturelle Kopplung re-markiert, und nicht aufgelöst. Mayröcker selbst spielt mit der Bewegung des Re-Markierens:

> und was die Technik des Erzählens betrifft, sage ich, warum auch nicht *narrativ*, sage ich, warum sollte ich nicht auf narrative Weise vorgehen in diesem Buch, sage ich, wer wollte mir da Schranken auferlegen wollen, wer mich einschränken können, nur weil ich einmal irgendwelche programmatischen Töne habe anklingen lassen, warum also nicht narrativ, sage ich, nur, es ist anders aufgezäumt, also verkehrt herum aufgezäumt, also mein ganz eigener narrativer Stil, den ich durch Jahre, Jahrzehnte in sorgfältigster: in entfesseltster Weise beobachtet, also gezüchtet, verfeinert, vergröbert, verfeinert, gepflegt habe, dieser ganz eigene Stil, in dem sich das Narrative in Schweigen hüllt, nicht wahr, so ist es doch (HZN: 65f.).

So lässt sich nicht davon sprechen, dass Mayröcker eine Nicht-Erzählerin ist, vielmehr ist sie eine – freilich radikale – *Alternativerzählerin*.[193] In diesem Sinne kann man nur im Hinblick auf Lyrik beispielsweise die Unterscheidung Erzäh-

---

themselves to the foreground of our critical attention, requiring us to see them as codes rather than as aspects of human nature or the world. The function of anti-narrative is to problematize the entire process of narration and interpretation for us. [...] [The narrative appears] as an opiate to be renounced in the name of the improvement to come. I understand this project somewhat and even sympathize with it to some extent, but I must confess that I am not sanguine about its success. Even with respect to the narrative processes [...] to be dispensed with by members of this species. We can and should be critical of narrative structuration, but I doubt if even the most devoted practioner of anti-narrativity can do without it" (SCHOLES, Robert 1981: Language, Narrative, and Anti-Narrative. In: W. J. T. Mitchell (Hg.), On Narrative. Chicago, 200-208, 207f.).

[193] Auf Mayröcker trifft meines Erachtens folgende Beschreibung Ricoeurs exemplarisch zu: „Es ist also nicht auszuschließen, daß die Metamorphose der Fabel einmal auf eine Grenze trifft, jenseits derer man das Formprinzip der zeitlichen Konfiguration, das aus der älteren eine einheitliche und vollständige Geschichte macht, nicht mehr erkennen kann. [...] Vielleicht muß man *trotz allem* dem Konsonanzbedürfnis vertrauen, das noch heute die Leseerwartung bestimmt, und daran glauben, daß neue Erzähl-Formen, die wir noch nicht benennen können, im Entstehen begriffen sind, die davon zeugen werden, daß sich die Erzählfunktion wandelt, jedoch nicht sterben kann. Denn wir haben keine Vorstellung von einer Kultur, in der man nicht mehr wüsste, was *Erzählen* heißt" (RICOUER, Paul 1989: Zeit und Erzählung. Bd. II. München, 50). Hierzu MÜLLER-FUNK: 24 „Nicht das Erzählen verschwindet, sondern – wenn überhaupt – eine bestimmte Sorte" (vgl. auch dort 73).

len/Nicht-Erzählen anwenden, im Hinblick auf Prosa muss die Unterscheidung umkodiert werden in *Erzählen ist die Einheit der Unterscheidung Erzählen/Nicht-Erzählen bzw. Erzählen ist die Einheit der Unterscheidung narrativ/a(nti-)narrativ bzw. Narrativität ist die Einheit der Unterscheidung narrativ/a(nti-)narrativ.*[194]

Wenn man dies so allgemein formuliert und sagt, dass Mayröcker im Rahmen des Sinn-Schemas narrativ/a(nti-)narrativ a(nti-)narrativ erzählt, so ist zunächst nicht viel gewonnen, da es eine riesige Menge an Prosatexten gibt, auf die diese Unterscheidung fällt. Kunz verweist hier auf die a(nti-)narrativen Strukturen bei Raabe und formuliert dann:

> Gerade das, was allgemein feststellbar ist, die Absage an Linearität, Chronologie und Kausalität, wird herangezogen, wenn es gilt, das Spezifische oder das Neue der Texte Mayröckers zu bestimmen. […] Was noch immer als grundlegend zur Charakterisierung der Mayröckerschen Texte herangezogen wird, ist nicht viel anders als das, was hier reflektierend als Eigenart der Erzählweise Raabes hervorgehoben wird: das nicht-lineare Erzählen, die Auffassung vom Text als Bild, der Verzicht auf Handlung und die Ablehnung einer traditionellen Gattungsgehörigkeit (KUNZ: 26).

Daraus ziehe ich aber nicht wie Kunz den Schluss, dass die Debatte um A(nti-)Narrativität, Nichtlinearität und Akausalität bei Mayröcker unfruchtbar, weil zu unspezifisch ist, sonder argumentiere in Richtung einer Differenzierung. Jeder avancierte und experimentelle Text, der allgemein als a(nti-)narrativ beschrieben werden kann, re-markiert entlang des Sinn-Schemas narrativ/a(nti-)narrativ die strukturelle Kopplung und die literarische Kommunikation jedes Mal neu und jedes Mal anders. Das allgemeine Sinn-Schema narrativ/a(nti-)narrativ wird immer spezifisch realisiert. Und unsere gesamte Welterfahrung wird im Zuge a(nti-)narrativer Parameter von Mayröckers Texten anders re-figuriert als von Texten Raabes, Beckers, Bayers, Steins, Joyce' oder Einsteins.

Bei Mayröckers Prosa lässt sich also von einer a(nti-)narrativen Prosa sprechen. Die Erzähl-Form, die Erzähl-Grammatik und das Erzähl-Modell sind dabei opak. Die N-Reihe wird nicht etabliert. Man kann zwar an einigen Stellen von einer Zusammenführung von Ereignissen als Episoden zu einem chronologischen Geschehen sprechen, dieses Geschehen ist aber sehr kleinteilig und dient nicht der Etablierung der N-Reihe. Kasper spricht in diesem Zusammenhang davon, dass es zwar viele Momente der „Aktionsbeschreibung" gibt, dass es aber gerade dadurch zum Abbau „der narrativen Dominanz" kommt (KASPER 1999a: 52). VOGEL 1996: 76 redet von einer „augenblicksverhafteten Zustandsprosa." Einzelne Passagen, die sich als Zusammenführung zu einem Geschehen verdichten,

---

[194] In SCHMIDT 1984b und SCHMIDT 1989 55-84 ist die zwar die Rede von einer Nicht-Erzählerin, aber gleichzeitig spricht Schmidt auch davon, dass bei Mayröcker ohne Geschichte *erzählt* wird und dass an die Stelle einer *story* eine Nicht-*story* kommt. Auch Schmidt legt also den Fokus auf alternative Erzähl-Muster, die er an drei 'Verfahren' festmachen will: „willkürliche Auswahl von Wahrnehmungen, Erlebnissen und Erfahrungen", „Verzetteln" und „Zusammenschießen" (SCHMIDT 1989: 82f.).

schwimmen sozusagen im Text wie das Fett in der Suppe. Von einer Handlung und einer Geschichte lässt sich nicht sprechen, was auch die Unterscheidung WAS/WIE (*discours/histoire*) kollabieren lässt.[195] Obwohl oder weil erzählendes und erlebendes Ich zusammenfallen und man bei interner Fokalisierung von einer homo- und autodiegetischen Erzählerin sprechen kann, kommt es aufgrund der Durchlässigkeit der Figuren, aufgrund der Zirkulation von Gesprächen, Briefen und Notizen zu keiner klaren Zuordnung von Stimme, Modus und Bewusstseinsrepräsentation. Auch die klare Koordination der Zeit (Ordnung, Dauer, Frequenz) ist nicht möglich. Das führt weiter dazu, dass man mimetische und theoretische Sätze nicht klar voneinander unterscheiden kann. Diese opake Erzähl-Grammatik unterminiert die Beobachtung von Kommunikationsebenen (N1-N5), Textontologie und Erzählen lassen sich nicht trennen und die Unterscheidung zwischen Imaginärem, Fiktiven und Realen (sensu Iser) wird äußerst labil.[196]

*Korrespondenz.*
Dieses opake Erzähl-Modell etabliert sich vor dem Hintergrund der retro-aktiven Nachkonstituierung eines traditionellen narrativen Erzählmusters. Im Sinne der von mir schon öfters elaborierten Dreierkonstellation lässt sich hier von einer negativen Realisierung sprechen. Allerdings ist dabei entscheidend, dass sich dieses opake Erzähl-Modell konkret negativ realisiert. Damit meine ich, dass Mayröckers Prosa nicht einfach a(nti-)narrativ ist, sondern im Zuge der negativen Realisierung konkret die eingeschliffenen narrativen Muster Reiseroman, Briefroman, Tagebuch und Autobiographie negativ realisiert. Nur im Hinblick auf diese konkrete negative Realisierung kann bei Mayröcker von a(nti-)narrativer experimenteller Prosa gesprochen werden. Zur De/Konstruktion der Autobiographie ist

---

[195] Zwei markante explizit narrative Passagen finden sich in ST: 138f. (von „Und was die Praxis des Vorlesens" bis „der herunterfällt und sich eingräbt in mich") und in KG: 27 (von „Als ich Alma an diesem Tag aufsuchte" bis „ich müsse dieses reizende Bildchen in meiner Erinnerung aufbewahren"). – KUNZ: 122ff. spricht zwar von der Möglichkeit, vage lineare Muster, und somit die Etablierung der N-Reihe, beobachten zu können, allerdings wird diese Linearität von den a(nti-)narrativen Momenten so überlagert, dass sie nur einem technisch geschulten Blick auffällt und m.E. nicht entscheidend für das große Mayröckerthema Schreib-/Lebensende ist. Kunz würde, nehme ich an, eher von einem trüben und nicht von einem opaken Erzähl-Modell sprechen.

[196] Vgl. hierzu: „der Verzicht auf Erzählkohärenz gefährdet unser Verständnis von Literatur, von Fiktionalität" (LUSERKE: 442). – In diesem Kontext lässt sich auch die Verwunderung Schmidt-Denglers lesen, dass sich so eine lange experimentelle Prosa im Literatur-System durchgesetzt hat. Experimentellen Kleinformen wird gleichsam aufgrund ihrer Kürze und Kompaktheit ein Platz leicht zugewiesen, lange experimentelle Prosa hingegen ist doppelt auffällig: Weil sie experimentell und weil sie als experimentelle lang ist. Die literarische Kommunikation hat sich ansonsten darauf eingerichtet, dass lange Prosa (eher) konventionell daherkommen müsse. Mayröcker gelingt der Beweis, „daß eine solche große Prosa möglich ist jenseits jener Verabredungen, die der Literaturbetrieb über dicke Bücher getroffen hat" (SCHMIDT-DENGLER 1996: 165).

in der Forschung schon viel geschrieben worden (s. o.), zum Tagebuch steht noch eine Analyse aus, zum Briefroman hat sich unter anderem Vogel geäußert. Sie spricht von einer „postalische[n] Modalität", die „auch dort, wo sie von Briefen nicht spricht, brieflich gestimmt und gerichtet [ist]. Ihr [Prosa] Duktus ist auch dann, wenn kein Briefszenario geschildert wird, von latenter Korrespondenzhaltung geprägt" (VOGEL 1996: 70). Dabei werden „die überbrachten Schemata zwar nicht zum Verschwinden" gebracht, doch sie geraten in Bewegung, indem „alte Segmentierungen des Briefromans aufgelöst und die Grenzen zwischen Brief und Brief, zwischen Antwort und Antwort und letztlich zwischen Brief und Monolog eingeebnet sind" (ebenda: 71). Bei diesem De/Konstruieren des Briefromans ergeben sich „kein Handlungszentrum und keine Kontinuitäten. Alles Romanhafte muß einer vegetabilischen Ausdrucksweise weichen" (ebenda: 74). Schließlich wird bei Aufrechterhaltung der postalischen Zirkulation der 'eigentliche' Sinn des Briefverkehrs subvertiert: „Beim immerwährenden Briefeschreiben, bei sich ständig kreuzigenden Postsendungen kann es denn auch nicht mehr um prompte Antwort und um den Austausch von Inhalten zu tun sein. Die Wortströme münden ineinander, ohne sich letztlich aufeinander zu beziehen" (ebenda: 83). Es stellt sich die Frage, ob es „überhaupt um den Transfer von Botschaften zu tun ist oder nicht vielmehr um eine endlose postalische Potenzierung alles Geschriebenen" (ebenda). Schließlich argumentiert Vogel analog zu meiner These, dass via negativer Realisierung im Nachhinein das narrative Muster immer schon de/konstruiert gewesen sein wird: „Vielleicht aber läßt sich der Brief und seine Form erst dann von seinen Grenzen her definieren, wenn er nicht mehr der kanonische Träger von Korrespondenzen ist, wenn er als Medium fernhinwirkender Kommunikation an sein Ende gekommen ist" (ebenda: 84).[197]

An solchen Stellen – abgesehen davon, dass sich hier eine alternative, die tauschökonomische Idee von Kommunikation unterminierende, Kommunikationstheorie abzeichnet – kann auch der Übergang von der negativen Realisierung (1) zum Unbestimmten (2) und zur alternativen Ordnung (3) festgemacht werden. Mayröckers Prosa peilt über den Umweg der negativen Realisierung des Briefromans Momente an, die als magische, halluzinatorische oder somnabule Kommunikation gerade das markieren sollen, das postalisch nicht kommunizierbar ist. Die Reibung von Briefroman und seiner mayröckerschen Subversion etabliert Momente, die gerade nicht mehr auf die Reibung zurückzuführen sind. Es lässt sich durchaus von einem emergenten Phänomen sprechen, da das, was

---

[197] Solche Forschungen im Hinblick auf die a(nti-)narrative negative Realisierung von narrativen Mustern ließen sich auch an einzelnen Prosabänden Mayröckers vorführen. Ein Beispiel ist die Auseinandersetzung mit der narrativen Form Reise in Bezug auf *Reise durch die Nacht* von KASTBERGER 2000:96-106. Hier wird deutlich, wie der Reiseroman durch die „Überblendung von 'Reise' und 'Schreiben'" (ebenda: 103) und die massive Metaphorizität der Prosa im Subvertieren re-konstituiert wird.

als magisches oder halluzinatorisches Moment eben nicht kommunizierbar ist, unerklärlich bleibt und nicht auf die negative Realisierung des Briefromans bezogen werden kann. Hierzu gehören auch die oben beschriebenen Momente der Lektüre. Die endlose postalische Potenzierung alles Geschriebenen springt über auf das Lesen/Scannen und es kommt zu einer endlosen Potenzierung alles Gelesenen bzw. Gescannten. Gleichzeitig ist mit der negativen Realisierung auch eine alternative Ordnungsbildung verbunden. Indem nicht mehr Botschaften ausgetauscht werden, sondern das Versenden von Botschaften als reiner Sendemodus relevant wird, muss man sich fragen, ob überhaupt noch Sinn an der mayröckerschen Prosa ablesbar ist. Wie gesehen, ist er dies durchaus, nur eben nicht in Form von Botschaften und Informationen und nicht einfach in der systemtheoretischen Wendung, dass die Mitteilung zur Information wird, sondern vielmehr in einer Haltung, die Verbindungen und Bedeutungen etabliert, indem sie an den Botschaften *und* der Subversion von Botschaften vorbei kommuniziert. Die Forschung hat sich des öfteren über alternative Ordnungsmuster in der mayröckerschen Prosa geäußert, auch dabei auch konkret die Re-Justierung postalischer Kommunikation diskutiert. Dabei wurde der von Mayröcker selbst seit den *Abschieden* verwendete Begriff der *Korrespondenz* in Anschlag gebracht. Gegenüber einer narrativen, lineare, chronologische und kausale Muster etablierenden, Struktur wird eine Struktur beobachtet, die Verbindungen und Kohärenzen zwischen disparaten und heterogenen Elementen über das Miteinander-Korrespondieren etabliert. Der Begriff Korrespondenz wird zweifach kodiert: Zum einen meint er die postalische Korrespondenz, das Zirkulieren von Briefen, zum anderen kennzeichnet er das Moment der Entsprechung. Momente, die nicht linear, chronologisch und kausal miteinander verbunden sind, entsprechen einander auf einer anderen Ebene. THUMS 2002: 90 rekurriert in diesem Zusammenhang auf Novalis und sieht auch bei Mayröcker eine Bewegung, die „alle Dinge miteinander korrespondieren lässt". Dabei korreliert sie dieses Korrespondieren mit dem Traum, der Raserei und dem Unbewussten: „vor allem sind es die Korrespondenzbeziehungen, wie sie im Unterbewusstsein und im Traum bestehen, ohne die das Schreiben nicht vonstatten gehen kann. Sie versetzen das Ich in 'Schreibraserei' […] und bringen die 'Inspirationswalze' in Gang" (ebenda: 96). Im Korrespondenzmodus wird Ähnlichkeit zwischen heterogenen Momenten nicht über die Linearität und Kausalität von Ereignissen und Informationen, sondern über die Integration von „Farben und Klänge[n] als Bedeutungskomponenten" (ebenda: 100) gewonnen. Vergleiche hierzu auch die vielen Hinweise auf bildende Kunst (Goya, Matisse, Picasso, Dalí, Tàpies) und Musik (Bach, Satie) und in diesem Zusammenhang gehören auch die Zeichnungen in *Die kommunizierenden Gefäße*. Vielleicht lässt sich solcherart auch der Titel der *kommunizierenden Gefäße* lesen, als Kommunikationsmodus, der nicht Botschaften und Informationen verbindet, sondern nichtinformative Elemente: Gefäße und das darin zirkulierende Blut.[198] Auch die Ineinandergeschachtelten intertextuellen Fetzen erhalten über den Begriff der Korrespondenz einen Zusammenhang. Man könnte auch die Beschreibungen von Kasper und Kastberger in diese Richtung lesen. KASPER 1999a: 150-159 versucht die Verbindung des Heterogenen bei Mayröcker unter anderem mithilfe des Greimasschen Begriffs der Isotopie zu beschreiben. KASTBERGER 2000: 91-96 argumentiert in direkter Auseinandersetzung mit der Isotopietheorie entlang von Derridas Iterabilitätsbegriff, dass anstelle von „thematischen Netzwerke[n]" (ebenda: 93) und einer damit verbundenen Polysemietheorie von einer disseminatorischen „'Ausfaltung' des thematischen Gewebes" (ebenda: 96) gesprochen werden kann. Es geht Kastberger um die radikal metaphorisch kodierte poetische Poetologie Mayröckers. Dabei indiziert der Begriff des Gewebes per definitionem ein nicht-lineares und nichtchronologisches, aber dennoch zusammenhaltendes Moment. Ich würde die Versuche Kaspers und Kastbergers auch als Beschreibungen des mayröckerschen Korrespondenzuniversums lesen.[199] Mit dem *Korrespondenz*begriff kann sowohl die *Entgrenzung* des Textes als auch der *Saum* der Kommunikation markiert werden. Hierbei muss der Korrespondenzbegriff aber nicht nur zweifach, sondern dreifach kodiert werden. Derridas *Postkarte* liefert den entscheidenden Hinweis:

> *Korrespondenz*: Das Wort übersetzt das vom mittellat. correspondere (von lat. respondere) abgeleitete frz. Substantiv *la correspondance*, das, wie das aus ihm entlehnte dt. Wort, den 'Brief-Schriftwechsel' oder '-verkehr' sowie die 'Entsprechung', die 'Übereinstimmung' bezeichnet. Daneben indessen bedeutet la correspondance im Code des Verkehrs den 'Anschluß' und allgemein die '(Verkehrs)Verbindung' (prendre une correspondance: 'umsteigen').[200]

Ich lese Mayröckers Prosa in diesem dreifachen Sinne. Mit der dritten Kodierung des Verkehrs ist der Rahmenbruch indiziert, da die Textkorrespondenzen überschwappen und die literarische Kommunikation infizieren. Die literarische

---

[198] Zum Verhältnis von Literatur und Malerei siehe *unter anderem* FAUST, Wolfgang 1977: Bilder werden Worte. Zum Verhältnis von bildender Kunst und Literatur im 20. Jahrhundert oder vom Anfang der Kunst im Ende der Künste. München, bes. 191-211 und WILLEMS, Wolfgang 1990: Kunst und Literatur als Gegenstand einer Theorie der Wort-Bild-Beziehungen. Skizze der methodischen Grundlagen und Perspektiven. In: W. Harms (Hg.), Text und Bild, Bild und Text. Stuttgart, 414-429.

[199] Kunz zeigt einige weitere Perspektiven der Forschungsliteratur auf, wo es darum geht, dass Mayröcker als sowohl „Geschichten- und Text-Zerstörerin" als auch als „Text-Konstrukteurin" auf das „ordnende Zusammensetzen einer Vielheit von Teilchen zu einer Einheit" aus ist. Dabei kommen Beschreibungsversuche wie „Textilmetaphern", ,'Text-Netz"' 'Gewebe"', ,'Geflecht"', Mosaik, Collage oder Montage zum Tragen (KUNZ: 23). Siehe hierzu auch RIESS-BERGER 1995a: 73-89, die von „Assoziationsgewebe" (74ff.) und „Assoziationsvernetzungen" (88) spricht. Zu Verfahren der Konstruktion vor dem Hintergrund der Destruktion bzw. Re-Justierung von Narrativität siehe auch SCHMIDT 1989: 55-110.

[200] DERRIDA, Jacques 1982: DIE POSTKARTE von Sokrates bis an Freud und jenseits. I. Lieferung. Berlin, 324.

Kommunikation wird nicht mehr (nur) durch den narrativen Nexus von symbolischer und sozialer Systemreferenz, sondern durch den Korrespondenz-Nexus von symbolischer und sozialer Korrespondenz re-produziert. Mayröckers Prosa ist solcherart ein logistischer Verkehrsverbindungsknoten, der aufgrund der Re-Markierung der eingefahrenen narrativen Sinn-, Identitäts- und Welther(aus)stellungsmodi die logistische Matrix von Literatur und literarischer Kommunikation überhaupt erst in den Fokus rückt. Weil Mayröckers Prosa in ihrer Realisierung der Dreierkonstellation (negative Realisierung, unbestimmte Semiosis, alternative Ordnung) die literarische Kommunikation über den Rahmenbruch re-markiert, also sowohl subvertiert als auch alternativ (über Korrespondenzbeziehungen) konstituiert, kann sie als exemplarisches Medium logistischen Beobachtens beobachtet werden.

Durch die Dreifachkodierung der Korrespondenz wird auch die narrative strukturelle Kopplung re-konfiguriert. Damit ist eine strikt logistische Position markiert. Ich meine mit der Re-Konfiguration nicht, dass in Mayröckers Prosa versucht wird, die Momente des psychischen Systems (Wahrnehmung, Gedanken, endothyme Elemente) zu versprachlichen, ich argumentiere vielmehr, dass durch den Rahmenbruch (poetische Poetologie, Lektüre (Lesen/Scannen), Korrespondenz) die strukturelle Kopplung als strukturelle Kopplung in den Blick kommt. Die Forschungsliteratur hat sich des öfteren mit der Frage beschäftigt, wie Mayröckers Prosa Wahrnehmungs- und Bewusstseinsvorgänge in Sprache umsetzt und kommuniziert. Kunz spricht dabei von einer Mimesis, da Mayröcker versucht, „unordentlich verlaufende Vorgänge 'im Kopf' in einem – zumindest scheinbar – unordentlichen Text zur Darstellung zu bringen" (KUNZ: 102). Dies gelingt nie direkt, sondern, weil wir es bei Literatur immer noch mit Sprache und Kommunikation zu tun haben, „künstlich, inszeniert und reflektiert" (ebenda). Systemtheoretiker können dies unterschreiben. Kaper widmet sich auch diesem Aspekt und beschreibt, wie Mayröcker versucht, Wahrnehmung zu vertexten.[201] Dabei geht es darum, dass durch die vielfältigen mayröckerschen Verfahren Geruchs-, Geschmacks-, Hör- und Sehempfindungen sprachlich evoziert werden, dass es dabei aber nicht um „literarische[] Repräsentation" sondern um „polysensorielle Transformationen im Perzeptionsregister" geht (KASPER 1999a: 82):

> Die sensorielle Wahrnehmung kann als Grundlage der Beziehung zwischen Mensch und Welt betrachtet werden. Das einzige Mittel gegen eine Erstarrung in ein eingleisiges Schema des Realitätsverständnisses stellt die andauernde Erneuerung und Hinterfragung des Entschlüsselungsmodus dar, der im Text besonders durch die immer wieder neu zu erstellende Gleichsetzung von Bild und Motiv verdeutlicht wird (ebenda: 88).

---

[201] FETZ: 18 argumentiert: „Die Texte sind [...] eine stetig fließende Theorie der Wahrnehmung".

Kasper beschreibt hier, wie durch literarische Verfahren die strukturelle Kopplung aus ihren eingeschliffenen Formen geschoben wird. Anhand von Mayröckers Prosa kann also die strukturelle Kopplung als strukturelle Kopplung und die Möglichkeit ihrer Re-Markierung beobachtet werden. Dabei geht es im Zuge der polysensoriellen Transformation eben nicht um Mimesis, sondern um Transgression. Weder die strukturelle Kopplung noch das Bewusstsein werden abgebildet oder repräsentiert, vielmehr wird über die Destruktion der Mimesis sichtbar, was nicht abbildbar ist: Bewusstsein und strukturelle Kopplung. Krebs schließlich arbeitet explizit mit systemtheoretischen Theoremen. Wichtig ist hierbei, dass sie sowohl darstellt, dass Wahrnehmung nicht nur Thema sondern auch Vollzugsmodus der mayröckerschen Prosa ist als auch dass daran ein Rahmenbruch abgelesen werden kann:

> Über die inhaltliche Darstellung des Wahrgenommenen hinaus wird in den Texten eine Doppelcodierung vorgenommen, als zum einen der Gehalt der Wahrnehmungen dargestellt wird, zum anderen aber auch der Vorgang des Wahrnehmens selbst thematisiert wird. [...] Mit der Auflösung wohl aller Parameter, durch die 'konventionelle' Literatur bestimmt ist, rückt der Vorgang der Wahrnehmung selbst ins Zentrum des Interesses (134). [...] Wahrnehmung wird in den Prosatexten Mayröckers nicht diskutiert, sondern autoreflexiv entfaltet (141). [...] Der Sprachgestus wird 'visionär' (143). [...] So findet Bewusstsein etwa über die metaphorisch und metonymisch geleitete Verschiebung des Sprachmaterials oder über assoziatives Sprechen Einlaß in das Symbolsystem Sprache. Darüber hinaus binden linguistisch-stilistische Verfahren wie die Betonung der Metrik, der Wiederholung und des Rhythmus körperlich-sinnliche Wahrnehmungen an sprachliche Prozesse an, indem diese nicht inhaltlich umgesetzt, sondern über das Medium Sprache selbst erfahrbar werden (KREBS: 146).

Dabei kommt es zum entscheidenden Sprung: Die vom Text körperlich-sinnlich evozierte Wahrnehmungserfahrung wird auch „für Leser auf eine körperlich-sinnliche Weise erfahrbar" (ebenda). Dabei ist (via) Mayröckers Prosa (Literatur) nicht einer nicht-sprachlichen körperlich-sinnlichen Erfahrung gegenübergestellt, sondern das Medium, in dem diese erfahren wird.[202] Indem Mayröckers Prosa über die poetische Poetologie (Diskurs/Poesie), die Lektüre (Lesen/Scannen) und die Korrespondenzen (3fache Kodierung) einen markanten Rahmenbruch der literarischen Kommunikation inszeniert, wird die strukturelle Kopplung remarkiert, wobei es dabei nicht nur um eine *Poetik der Kognition*, sondern auch und vor allem um eine Poetik der polysensoriellen Wahrnehmung geht. Und *darüber* kann kommuniziert werden, darüber etablieren sich die Anschlüsse der literarischen Kommunikation. *Insbesondere* anhand von Mayröckers experimenteller Prosa kann beobachtet werden, dass der „eigentliche Inhalt des Kunstwerks [...] *seine Art, die Welt zu sehen* und zu beurteilen," ist: „Die Kunst erkennt die

---

[202] Vgl. hierzu WENDT: 193.

Welt durch die Strukturen ihres Gestaltens" (ECO: 271).[203] *Die Kunst erkennt die Welt nicht mithilfe von Sprache, sondern Sprache als Literatur wird zum Medium der Welterfahrung und -erkenntnis. Gerade dort* wo Literatur im Zuge der Re-Markierung von struktureller Kopplung und literarischer Kommunikation zur *Literatur-Literatur* wird, in Mayröckers experimenteller Prosa, wird Literatur als Medium beobachtbar. *Gerade dort,* wo Literatur zur *Literatur-Literatur* wird, kann eine literaturwissenschaftliche Theorie, als *Theorie-Theorie* (als reflexive Literaturwissenschaft), die logistische Matrix von Literatur und literarischer Kommunikation besonders prägnant beobachten und weiterer Kommunikation zur Verfügung stellen.

---

[203] WIRTHENSOHN: 40f. argumentiert, dass dies insbesondere anhand von Jürgen Beckers Literatur-Literatur sichtbar wird (s.o.).

# Fazit: Reflexive Literaturwissenschaft – revisited

Die Arbeit hat sich im Zuge logistischer Beobachtungen als Arbeit HER(AUS)GESTELLT, die im Konstituieren und Beobachten ihres Objektes auch gleichzeitig sich als objektkonstituierende Größe HER(AUS)STELLT. Die Dreierbewegung des Prä-, Kon- und Refigurierens hat dabei markiert, dass nicht bestimmte thematische und logistische Konstellationen im Mittelpunkt stehen, sondern die logistische Dreierbewegung selbst. Die Arbeit hat in Form ihrer Argumentationsfiguren und in Form ihres Aufbaus gezeigt, dass und wie sich jede Position im permanenten Re-Markierungsmodus befindet. Gerade die Durchgänge durch die Werke von Bayer, Becker und Mayröcker haben deutlich gemacht, dass und wie die gesamte logistische Anlage mitsamt ihrer Thesenkaskade bestätigt und gleichzeitig revidiert wird. Die Einheit der Arbeit besteht solcherart in ihrer permanenten iterativen (identifizierenden und verändernden) Transformation. Jeder Versuch eines Fazits wird somit auch von der unaufhaltsamen Re-Markierungsbewegung erfasst. Die Idee, einen Schluss-Strich zu ziehen, wie vorläufig auch immer dieser sein mag, wird radikal subvertiert. Dies bedeutet, dass ein Fazit innerhalb dieser Theorielage nicht möglich ist; es wäre selbstaufhebend. An die Stelle eines Fazits müsste eine weitere Transformations- und Re-Markierungsbewegung anschließen. In diesem Sinne ersetze ich das Fazit durch den Hinweis, dass die Arbeit hier an ihrem Ende, anfangen möchte, sich hieran anschließenden Re-Markierungsbewegungen zu öffnen, um im besten Falle in die Position zu kommen, die literaturwissenschaftliche Kommunikation für Fragen der Literatur-Logistik zu sensibilisieren.

Es sei noch erwähnt, dass meine Argumentation immer mitlaufend, mehr implizit als explizit, die Frage nach der Funktion von Literatur (als Kunst) in der funktional differenzierten Gesellschaft gestellt hat. Indem ich argumentiere, dass mithilfe der Beobachtung von experimenteller Prosa die komplette logistische Matrix von Sinn-, Literatur- und Wirklichkeitskonstitution sichtbar wird, argumentiere ich, dass *insbesondere* in Form von experimenteller Prosa die Funktion von Literatur darin besteht, der Gesellschaft ihre vielfältigen individuellen, kollektiven, kulturellen Sinn- und Identitätsbildungs-*Muster* aufzuzeigen und als immer revidierbar vorzuführen. Dabei steht nicht die Herstellung von Weltkontingenz (sensu Luhmann) im Mittelpunkt, da diese per definitionem immer mitkommuniziert und mitkonstituiert wird. Vielmehr geht es darum, dass mithilfe von Literatur *alle* basalen *Schemata* und *Matrizen* unserer Welther(aus)stellung in einen Fokus rücken können. Literatur und literarische Kommunikation können so unabhängig von Themen, Inhalten und den spezifischen Eigenschaften ihrer Objektbereiche die heterogene, multizentrische und disparate Welt im Hinblick auf ihre Baupläne, Blaupausen, Schemata, Muster, Strukturen, Grammatiken zusammenführen und vergleichen. Dabei wird sowohl sichtbar, dass und wie es zur radikalen Differenzialität, Heterogenität und Disparatheit der modernen Welt kommt, als auch beobachtbar, dass und wie im Modus der Literatur auch die radikalste Differenzialität, Heterogenität und Disparatheit kommunizierbar und kommensurabel bleibt. Wie jede andere Kommunikation reproduziert auch die literarische Kommunikation die Gesellschaft, allerdings 'weiß' die Gesellschaft, dass es so 'ist', nicht, indem sie einfach kommuniziert und sich irgendwie beobachtet, sondern indem sie sich genau zum Zwecke der Selbstbeobachtung eine spezifische Kommunikationsform, nämlich die literarisch-künstlerische, eingerichtet hat. Die Funktion von Literatur (als Kunst) ist nicht, der (Welt oder) Gesellschaft eine alternative Beschreibung ihrer selbst anzubieten (es geht nicht darum, wie es sein könnte), sondern beobachtbar zu machen, dass die (Welt oder) Gesellschaft aufgrund der ihr zugrundeliegenden, jedoch revidierbaren, Muster so ist, wie sie eben ist: „Die Welt ist nicht 'je nachdem', sondern 'so und so'" (BUNIA: 12). *Nur bzw. besonders gut im Modus der Literatur weiß die (Welt oder) Gesellschaft, dass sie so ist, wie sie ist.* Im Modus der Literatur lernt die Welt, „die Welt in der Welt zu beobachten"[1]; Literatur (als Kunst) „lehrt das Beobachten des Beobachtens" (BUNIA: 366).

Abschließend sei noch gesagt, dass erstens der Literatur diese Funktion *besonders deutlich* dann *zugeschrieben* werden kann, wenn literarische Formen beobachtet werden, die basal genau die der Welt zugrundeliegenden Muster nicht nur thematisieren, sondern auch rejustieren und dekonstruieren, deshalb stand experimentelle Prosa im Fokus der Arbeit. Zweitens bedarf es einer reflexiven Literaturwissenschaft, um überhaupt basale Fragen an die Literatur herantragen und diskutieren zu können. Indem die Arbeit ihre objektkonstituierenden logischen Prämissen konsequent auf sich selbst anwendet, zeigt sie auf, dass im Mittelpunkt logistiksensibler Forschungen nicht die Bestimmung der Funktion von Literatur steht, sondern die theoretischen Dispositionen, die es erlauben, der Literatur diese oder jene Funktion *zuzuschreiben*. Letztlich geht es darum, der Gesellschaft (literatur)wissenschaftlich aufzuzeigen, dass die Welt selbstimplikativer Effekt ihrer Objektkonstitution ist. Dies gilt es (meta- bzw. theorie-) theoretisch einzuholen. Wer also Literatur beobachtet – und das ist die grundlegende Operation auch der Literaturwissenschaft –, der muss immer auch die Differenz zwischen Literatur*wissenschaft* und Literatur beobachten. Diese reflexive Struktur bestimmt damit die Beobachtung von Literatur (und ihrer Funktion), sodass in dieser Konstellation auch Literatur selbst literaturtheoretisch nicht ohne diese reflexive Struktur beobachtet und definiert werden kann.

---

[1] LUHMANN, Niklas 2008: Literatur als fiktionale Realität. In: Ders. Schriften zu Kunst und Literatur. Herausgegeben von Niels Werber. Frankfurt a.M., 276-291, 287.

# Anhang: Skizzen

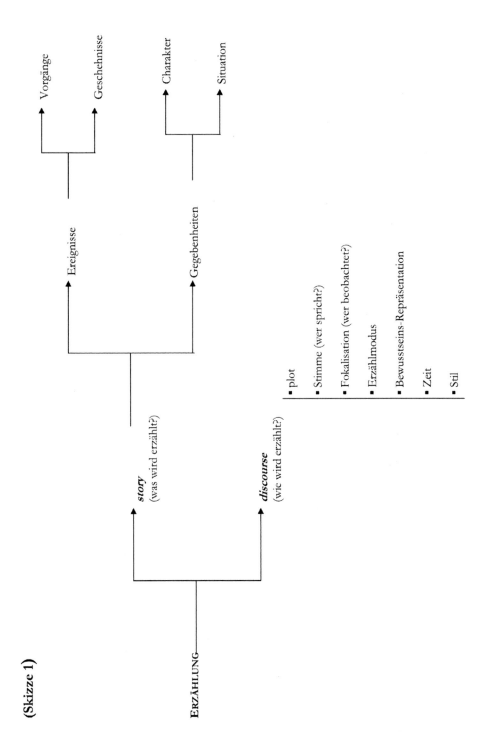

(Skizze 1)

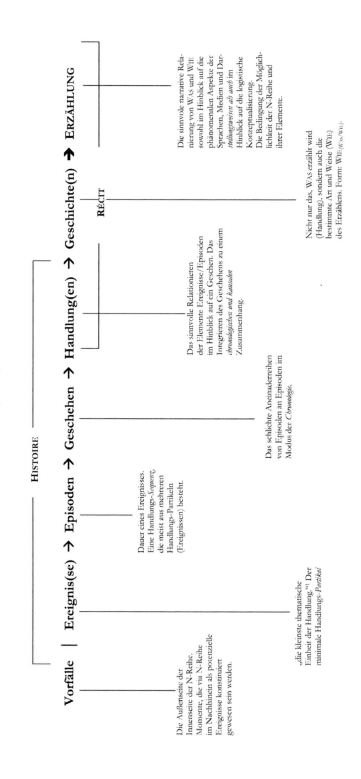

(Skizze 3)     Retro-Aktivität der N-Reihe

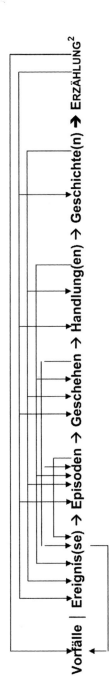

[2] Da die beiden Darstellungsgrößen Geschichte & Erzählung am 'Ende' der N-Reihe sind & sich vom Ende her immer schon der Anfang wird nach-konstituiert haben, sind alle Elemente der *histoire* konstitutiv affiziert vom *discours*. Ich *trenne*, wie gesagt, *nicht* WAS & WIE, indem ich der erzählten Welt eine Eigenständigkeit zuschreibe (sensu Martinez&Scheffel), gleichwohl unterscheide ich WAS von der Darstellung (WIE). Entscheidend ist dabei nicht allein das Unterscheiden, sondern die Art & Weise des Unterscheidens.

# (mindestens) ternäre Modelle

(Skizze 4)

**Martinez/Scheffel:**

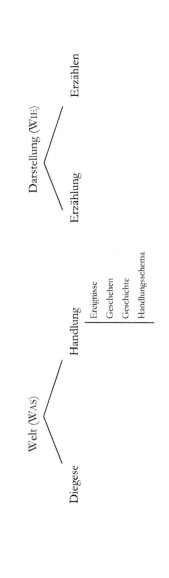

**Grizelj**

(Skizze 5) Merkmale fiktionalen Erzählens
(Martinez&Scheffel)

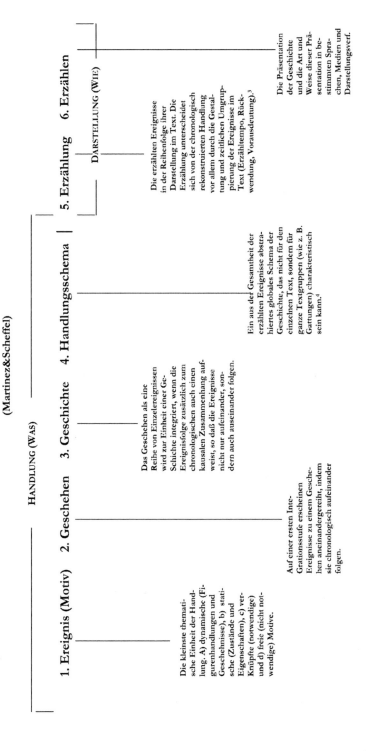

[3] Mit Erzählung ist *ungefähr* das indiziert, was ich als Geschichte beobachte.
[4] „Erzählschema (*Erzählstruktur*): Ein aus individuellen Erzählungen abstrahierter typischer Verlauf des Erzählens, der über ein stereotypes […] Handlungsschema hinaus auch Aspekte der Darstellung und der Erzählpragmatik einschließt" (MARTINEZ/SCHEFFEL: 188).

477

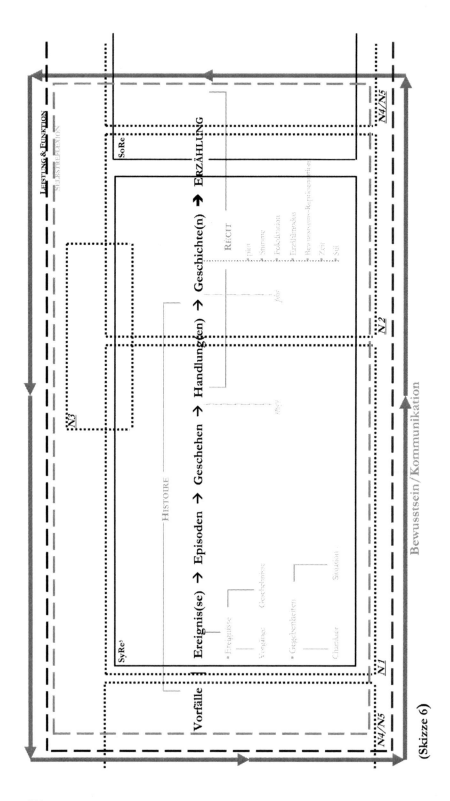

(Skizze 6)

*Literaturverzeichnis*

ABELS, Heinz 2006: Identität. Wiesbaden.
ACHLEITNER, Friederich 1973: Quadratroman. Darmstadt.
ADLER, Jeremy 1981: Isolation und Einheit. Bemerkungen zum Werk Konrad Bayers. In: G. Rühm (Hg.), Konrad Bayer Symposion Wien 1979. Linz, 7-15.
ANDEREGG, Johannes 1983: Das Fiktionale und das Ästhetische. In: D. Henrich, W. Iser (Hgg.), Funktionen des Fiktiven. (Poetik und Hermeneutik X). München, 153-172.
ANSÉN, Reiner 1993: Defigurationen. Versuch über Derrida. Würzburg.
ARTEEL, Inge / Heidy Margrit MÜLLER (Hgg.) 2002: „Rupfen in fremden Gärten". Intertextualität im Schreiben Friederike Mayröckers. Bielefeld.
ARTEEL, Inge 2002: Faltsache – Subjektwerdung in Mayröckers Magischen Blättern. In: ARTEEL/MÜLLER, 57-69.
ARTEEL, Inge 2007: gefaltet, entfaltet: Strategien der Subjektwerdung in Friederike Mayröckers Prosa 1988-1998. Bielefeld.
APPEL, Ina 2000: Von Lust und Schrecken im Spiel ästhetischer Subjektivität. Über den Zusammenhang von Subjekt, Sprache und Existenz in der Prosa von Brigitte Kronauer und Ror Wolf. Würzburg.
ASHBY, Ross 1974: Kybernetik. Frankfurt a.M.
ASPETSBERGER, Friedbert 1973: Sprachkritik als Gesellschaftskritik. Von der Wiener Gruppe zu O. Wieners „die verbesserung von mitteleuropa, roman". In: Institut für Österreichkunde (Hg.), Zeit und Gesellschaftskritik in der österreichischen Literatur des 19. und 20. Jahrhundert. Wien, 145-170.
ASSMANN, Aleida 1988: Die Sprache der Dinge. Der lange Blick und die wilde Semiose. In: H. U. Gumbrecht, K. L. Pfeiffer (Hgg.), Materialität der Kommunikation. Frankfurt a.M., 237-251.
ASSMANN, Aleida / Jan ASSMANN 1990: Einleitung. Schrift – Kognition – Evolution. Eric A. Havelock und die Technologie kultureller Kommunikation. In: HAVELOCK: 1-35.
BACKES, Michael 2001: Experimentelle Semiotik in Literaturavantgarden. Über die Wiener Gruppe mit Bezug auf die Konkrete Poesie. München.
BAECKER, Dirk 1992: Die Unterscheidung zwischen Kommunikation und Bewußtsein. In: W. Krohn, G. Küppers (Hgg.), Emergenz. Die Entstehung von Ordnung, Organisation und Bedeutung. Frankfurt a.M., 217-268.
BAECKER, Dirk 1993: Einleitung. In: Ders. (Hg.), Probleme der Form. Frankfurt a.M., 9-21.
BAECKER, Dirk 1996: Die Adresse der Kunst. In: J. Fohrmann, H. Müller (Hgg.), Systemtheorie der Literatur. München, 82-105.

BAECKER, Dirk 1999: Kommunikation im Medium der Information. In: R. Maresch, N. Werber (Hgg.), Kommunikation. Medien. Macht. Frankfurt a.M., 174-191.

BAECKER, Dirk ²2001a: Arbeit an der Kultur. In: Ders., Wozu Kultur? Berlin, 58-76.

BAECKER, Dirk ²2001b: Die Ellipse der Kultur. In: Ders., Wozu Kultur? Berlin, 181-191.

BAECKER, Dirk 2002: Beobachtung mit Medien. In: C. Liebrand, I. Schneider (Hgg.), Medien in Medien. Köln, 12-24.

BARALDI, Claudio / Giancarlo CORSI / Elena ESPOSITO 1997: GLU. Glossar zu Niklas Luhmann Theorie sozialer Systeme. Frankfurt a.M.

BARSCH, Achim 1993: Handlungsebenen, Differenzierung und Einheit des Literatursystems. In: S.J. Schmidt (Hg.), Literaturwissenschaft und Systemtheorie. Positionen, Kontroversen, Perspektiven. Opladen, 144-169.

BARTHES, Roland 1976: Die Lust am Text. Frankfurt a.M.

BARTHES, Roland 2000: Der Tod des Autors. In: F. Jannidis [et al.] (Hgg.), Texte zur Theorie der Autorschaft. Stuttgert, 185-193.

BAßLER, Moritz 1994: Die Entdeckung der Textur. Unverständlichkeit in der Kurzprosa der emphatischen Moderne 1910-1916. Tübingen.

BAUDRILLARD, Jean 1976: Der symbolische Tausch und der Tod. München

BAUDRILLARD, Jean 1978: Agonie des Realen. Berlin.

BAUMGART, Reinhard 1994: Deutsche Literatur der Gegenwart. Kritiken – Essays – Kommentare. München.

BAYER, Konrad ²1996: Sämtliche Werke. Herausgegeben von Gerhard Rühm. Wien.

BAYER, Konrad ²1996: der kopf des vitus bering. (= VB) In: Ders., Sämtliche Werke. Herausgegeben von G. Rühm. Wien, 531-572.

BAYER, Konrad ²1996: der sechste sinn. (= 6S). In: Ders., Sämtliche Werke. Herausgegeben von Gerhard Rühm. Wien, 573-666.

BECK, Ulrich / Elisabeth BECK-GERNSHEIM (Hgg.) 1994: Riskante Freiheiten. Individualisierung in modernen Gesellschaften. Frankfurt a.M.

BECKER, Jürgen 1964: Felder. (= F). Frankfurt a.M.

BECKER, Jürgen 1968: Ränder. (= R). Frankfurt a.M.

BECKER, Jürgen 1970: Umgebungen. (= U). Frankfurt a.M.

BECKER, Jürgen 1972: Gegen die Erhaltung des literarischen status quo (1964). In: KREUTZER: 13-19.

BELL, Michael 1990: How Primordial is Narrative? In: C. Nash (Hg.), Narrative in Culture. The Uses of *Story*telling in the Sciences, Philosophy, and Literature. London/New York, 172-198.

BENN, Gottfried 1994: Prosa und Autobiographie. In der Fassung der Erstdrucke. Hrsg. von B. Hillebrand. Frankfurt a.M

BENNINGTON, Geoffrey 1994: Jacques Derrida. Ein Portrait von Geoffrey Bennington und Jacques Derrida. Frankfurt a.M.

BERGER, Albert 1987: Zur Sprachästhetik der Wiener Avantgarde. In: Walter Buchebner Literaturprojekt (Hg.), die wiener gruppe. Wien [u.a.], 30-45.

BERNHARD, Thomas ³1970: Ungenach. Frankfurt a.M.

BEYER, Marcel 1991 Literatur und Experiment. In: Konzepte 8, 12 (1991), 1 und 9-16.

BEYER, Marcel 1992: Friederike Mayröcker. Eine Bibliographie 1946-1990. Frankfurt a.M.

BEYER, Marcel 1996: Textur. Metaphorisierung und Entmetaphorisierung in Friederike Mayröckers Lection. In: KASTBERGER/SCHMIDT-DENGLER: 140-150.

BINCZEK, Natalie 2000: Im Medium der Schrift. Zum dekonstruktiven Anteil in der Systemtheorie Niklas Luhmanns. München.

BINCZEK, Natalie 2002: Medium/Form, dekonstruiert. In: BRAUNS: 113-129.

BITI, Vladimir 2001: Literatur- und Kulturtheorie. Ein Handbuch gegenwärtiger Begriffe. Reinbek.

BJORKLUND, Beth 2002: Das Ich erschreiben – Derrida, Picasso und Bach in Mayröckers *brütt*. In: ARTEEL/MÜLLER: 107-122.

BLOCK, Friedrich W. 1999: Beobachtung des 'ICH'. Zum Zusammenhang von Subjektivität und Medien am Beispiel experimenteller Poesie. Bielefeld.

BODE, Christoph 1988: Ästhetik der Ambiguität. Zur Funktion und Bedeutung von Mehrdeutigkeit in der Literatur der Moderne. Tübingen.

BOEHM, Gottfried 1983: Das Werk als Prozeß. In: OELMÜLLER: 326-338.

BÖNING, Marietta 2006: Jenseits des Avantgardismus. Der Freitod als ästhetische Konsequenz: eine Überschreitung der Avantgarde? In: C. K. Stepina (Hg.), „ich habe den sechsten sinn". Akten des Konrad-Bayer-Symposiums 2004, 11-24.

BOSSINADE, Johanna 2000: Poststrukturalistische Literaturtheorie. Stuttgart/Weimar.

BOWER, Gordon H. 1978: Experiments on Story Comprehension and Recall. In: Discourse Process 1 (1978), 211-23.

BRADBURY, Malcolm ²1992: The modern American Novel. Oxford [u.a.]

BRAUNS, Jörg (Hg.) 2002: Form und Medium. Weimar.

BRUNER, Jerome 1990: Acts of Meaning. Cambridge/London.

BRUNER, Jerome 1991: The Narrative Construction of Reality. In: Critical Inquiry (Herbst 1991), 1-21.

BRUNER, Jerome 2003: Self-Making Narratives. In: R. Fivush, C. A. Haden (Hgg.), Autobiographical Memory and the Cobstruction of a Narrative Self. Mahwah/London, 209-225.

BROSE, Hans-Georg / Bruno HILDEBRAND (Hgg.) 1988: Vom Ende des Individuums zur Individualität ohne Ende. Opladen.

BUBNER, Rüdiger 1989: Ästhetische Erfahrung. Frankfurt a.M.

BÜNDGEN, Thomas 1985: Sinnlichkeit und Konstruktion. Die Struktur moderner Prosa im Werk von Ror Wolf. Frankfurt a. M.

BUNIA, Remigius 2007: Faltungen. Fiktion, Erzählen, Medien. Berlin.

CARR, David 1986: Time, Narrative, and History. Bloomington, Indiana.

CALVINO, Italo 1979: Wenn ein Reisender in einer Winternacht. München.

CHATMAN, Seymour 1978: Story and Discourse: Narrative Structure in Fiction and Film. Ithaca.

CLAM, Jean 2000: Unbegegnete Theorie. Zur Luhmann-Rezeption in der Philosophie. In: H. de Berg, J. F. K. Schmidt (Hgg.), Rezeption und Reflexion. Zur Resonanz der Systemtheorie Niklas Luhmanns außerhalb der Soziologie. Frankfurt a.M.

CULLER, Jonathan 1988: Dekonstruktion. Derrida und die poststrukturalistische Literaturtheorie. Reinbek bei Hamburg.

CULLER, Jonathan 2002: Literaturtheorie. Eine kurze Einführung. Stuttgart.

CURRIE, Mark 1998: Postmodern Narrative Theory. Basingstoke.

CRITES, Stephen 1986: Storytime: Recollecting the Past and Projecting the Future. In: SARBIN 1986: 152-173.

DAHMEN, Klaus 1994: Aporien. Th. Bernhards 'Ungenach'. In: Literatur für Leser H.2, 84-97.

DAMERAU, Burghard 2000: Gegen den Strich. Aufsätze zur Literatur. Würzburg.

DAMJANOVIC, Milan 1983: „Es gibt Kunstwerke – wie sind sie möglich?" In: OELMÜLLER: 59-67.

DANNENBERG, Hilary P. 1995: Die Entwicklung von Theorien der Erzählstruktur und des Plot-Begriffs. In: NÜNNING 1995: 51-68.

DE BERG, Henk 2000: Kunst kommt von Kunst. Die Luhmann-Rezeption in der Literatur- und Kunstwissenschaft. In: Ders., J. F. K. Schmidt (Hgg.), Rezeption und Reflexion. Zur Resonanz der Systemtheorie Niklas Luhmanns außerhalb der Soziologie. Frankfurt a.M., 175-221.

DE KERCKHOVE, Derrick 1995: Schriftgeburten. Vom Alphabet zum Computer. München.

DERRIDA, Jacques 1972: Die soufflierte Rede. In: Ders., Die Schrift und die Differenz. Frankfurt a.M., 259-301.

DERRIDA, Jacques 1974: Grammatologie. Frankfurt a.M.

DERRIDA, Jacques 1986: Das Subjektil ent-sinnen. In: P. Thévenin, J. Derrida (Hgg.), Antonin Artaud. Zeichnungen und Portraits. München, 49-109.

DERRIDA, Jacques 1987: DIE POSTKARTE von Sokrates bis an Freud und jenseits. 2. Lieferung. Berlin.

DERRIDA, Jacques 1987: Der Facteur der Wahrheit. In: Ders., DIE POSTKARTE: 183-281.

DERRIDA, Jacques 1988a: Die *différance*. In: Ders., Randgänge der Philosophie. Wien, 29-52.

DERRIDA, Jacques 1988b: Ousia und gramme. In: Ders., Randgänge der Philosophie. Wien, 53-84.

DERRIDA, Jacques 1994: Überleben. In: Ders., Gestade. Wien, 121-217.

DERRIDA, Jacques 1995: Dissemination. Wien.

DERRIDA, Jacques 1997: Einige Statements und Binsenweisheiten über Neologismen, New-Ismen, Post-Ismen, Parasitismen und andere kleine Seismen. Berlin.

DERRIDA, Jacques 1998: Choreographien. In: Ders., Auslassungspunkte. Wien, 99-117.

DERRIDA, Jacques 2001a: Limited Inc. Wien.

DERRIDA, Jacques 2001b: Nachwort. Unterwegs zu einer Ethik der Diskussion. In: Ders., Limited Inc. Wien, 171-238.

DE SMEDT, Erik 1983: Konrad Bayer und die 'Zerschneidung des Ganzen'. In: protokolle 1 (1983), 81-87.

DIJK, Teun van 1980: Textwissenschaft. Eine interdisziplinäre Einführung. München.

DOPPLER, Alfred 1987: Die 'Wiener Gruppe' und die literarische Tradition. In: WALTER BUCHEBNER LITERATURPROJEKT: 60-68.

DREWS, Jörg 1974: Wie sie lesen und lasen. Konrad Bayer: Der Kopf des Vitus Bering. In: Süddeutsche Zeitung, 16. März 1974.

EBERLEIN: Undine 2000: Einzigartigkeit. Das romantische Individualitätskonzept der Moderne. Frankfurt/New York, 314-331.

ECO, Umberto 1977: Das offene Kunstwerk. Frankfurt a.M.

EHLICH, Konrad (Hg.) 1980: Erzählen im Alltag. Frankfurt a.M.

EIFLER, Margret 1985: Die subjektivistische Romanform seit ihren Anfängen in der Frühromantik. Ihre Existenzialität und Anti-Narrativik am Beispiel von Rilke, Benn und Handke. Tübingen.

ELLRICH, Lutz 1997: Hat das Verstehen einen Haken? Zur Frage der 'Beobachtbarkeit' von Sinnkonstitution und Sinnentzug. In. H. de Berg, M. Prangel (Hgg.), Systemtheorie und Hermeneutik. Tübingen / Basel, 89-116.

ENGELL, Lorenz 2002: Form und Medium im Film. In: BRAUNS: 155-166.

ENZENSBERGER, Hans Magnus 1969: Die Aporien der Avantgarde (1962). In: Ders., Einzelheiten II. Poesie und Politik. Framkfurt a.M., 50-80.

ERDMANN, Eva / Stefan HESPER 1993: Roland Barthes' Text(-Theorie) in der Encyclopaedia Universalis. In: T. Regehly, T. Bauer, S. Hesper, A. Hirsch (Hgg.), Text – Welt. Karriere und Bedeutung einer grundlegenden Differenz. Gießen, 9-25.

ERNST, Wolfgang 2002: Lose Kopplungen schreiben. Form und Medium im Kontext der Medien(begriffe). In: BRAUNS: 85-111.

FARZIN, Sina 2006: Inklusion/Exklusion. Entwicklungen und Probleme einer systemtheoretischen Unterscheidung. Bielefeld.

FAUST, Wolfgang 1977: Bilder werden Worte. Zum Verhältnis von bildender Kunst und Literatur im 20. Jahrhundert oder vom Anfang der Kunst im Ende der Künste. München.

FETZ, Bernhard 1991: Disziplin und Ekstase. Friederike Mayröckers Magische Blätter I-III. In: protokolle 2 (1991), 12-22.

FETZ, Wolfgang / Gerald MATT (Hgg.) 1998: Die Wiener Gruppe. Kunsthalle Wien 13.11.1998 – 21.2.1999. Wien.

FINK, Eugen 1976: Operative Begriffe in Husserls Phänomenologie (1957). In: Ders., Nähe und Distanz. Phänomenologische Vorträge und Aufsätze. Freiburg/ München.

FISCHER, Ernst / Georg JÄGER 1989: Von der Wiener Gruppe zum Wiener Aktionismus – Problemfelder zur Erforschung der Wiener Avantgarde zwischen 1950 und 1970. In: H. Zeman (Hg.), Die österreichische Literatur. Ihr Profil von der Jahrhundertwende bis zur Gegenwart (1880-1980). Teil 1. Graz, 617-683.

FISCHER-LICHTE, Erika 2001: Ästhetische Erfahrung. Das Semiotische und das Performative. Tübingen.

FISCHER-LICHTE, Erika et al. (Hgg.) 2002: Performativität und Ereignis. (Theatralität IV). Tübingen/Basel.

FISCHER-LICHTE, Erika 2003: Ästhetische Erfahrung als Schwellenerfahrung. In: J. Küpper, C. Menke (Hgg.), Dimensionen ästhetischer Erfahrung. Frankfurt a.M., 138-161.

FIVUSH, R. / C. A. HADEN (Hgg.), Autobiographical Memory and the Construction of a Narrative Self. Mahwah/London.

FLUCK, Winfried 1997: Das kulturelle Imaginäre. Eine Funktionsgeschichte des amerikanischen Romans 1790-1900. Frankfurt a.M.

FLUDERNIK, Monika 1996: Distorting Language at its Roots. (Late) Modernist and Postmodernist Experiments with Narrative Language. In: Sprachkunst 27 (1996), 109-125.

FRISCH, Max 1964: Mein Name sei Gantenbein. Frankfurt a.M.

FUCHS, Peter 1989: Vom schweigenden Aufflug ins Abstrakte: Zur Ausdifferenzierung der modernen Lyrik. In: Ders., N. Luhmann, Reden und Schweigen, 138-177.

FUCHS, Peter 1992: Die Erreichbarkeit der Gesellschaft. Zur Konstruktion und Imagination gesellschaftlicher Einheit. Frankfurt a.M.

FUCHS, Peter 1993: Moderne Kommunikation. Zur Theorie des operativen Displacements. Frankfurt a.M.

FUCHS, Peter 1994: Der Mensch – das Medium der Gesellschaft? In: P. Fuchs, A. Göbel (Hgg.), Der Mensch – das Medium der Gesellschaft? Frankfurt a.M., 15-39.

FUCHS, Peter 1995: Die Umschrift. Zwei kommunikationstheoretische Studien: ‚Japanische Kommunikation' und ‚Autismus'. Frankfurt a.M.

FUCHS, Peter 2001: Die Metapher des Systems. Studien zu der allgemein leitenden Frage, wie sich der Tänzer vom Tanz unterscheiden lasse. Weilerswist.

FUCHS, Peter 2002: Die Beobachtung der Medium/Form-Unterscheidung. In: BRAUNS: 71-83.

FUCHS, Peter 2002b: Die konditionierte Koproduktion von Kommunikation und Bewusstsein. In: Ver-Schiede der Kultur, Aufsätze zur Kippe kulturanthropologischen Nachdenkens (hrsg. von der Arbeitsgruppe „menschen formen" am Institut für Soziologie der Freien Universität Berlin), Marburg, 150-175.

FUCHS, Peter 2004: Der Sinn der Beobachtung. Begriffliche Untersuchungen. Weilerswist.

FUCHS, Peter 2005: Die Psyche. Studien zur Innenwelt der Außenwelt der Innenwelt. Weilerswist.

FOERSTER, Heinz von [3]1997: Entdecken oder Erfinden. Wie läßt sich Verstehen verstehen? In: H. Gumin, H. Meier (Hgg.), Einführung in den Konstruktivismus. München/Zürich, 41-88.

FORTE, Luigi 1981: ‚Die verspielte Totalität". Anmerkungen zum Problem der Prosa der historischen Avantgarde. In: R. Kloepfer, G. Janetzke-Dillner (Hgg.), Erzählung und Erzählforschung. Stuttgart [u. a.], 385-395.

GASCHÉ, Rodolphe 1986: The Tain of the Mirror. Derrida and the Philosophy of Reflection. Cambridge (Mass.)/London.

GEBAUER, Gunter / Christoph WULF: [2]1998: Mimesis. Kultur – Kunst – Gesellschaft. Reinbek bei Hamburg.

GENETTE, Gérard [2]1998: Die Erzählung. München.

GERGEN, Kenneth J. / Mary M. GERGEN 1988: Narrative and the Self as relationship. In: L. Berkowitz (Hg.), Advances in Experimental Social Psychology. New York, 17-56.

GERGEN, K. J. 1991: The Saturated Self. Dilemmas of Identity in Contamporary Life. New York.

GILBERT, Anette 2007: Bewegung im Stillstand. Erkundungen des Skriptoralen bei Carlfriedrich Claus, Elizaveta Mnatsakanjan, Valeri Schrestjanoi und Cy Twombly. Bielefeld.

GOEBEL, Eckart 1999: Stationen der Erzählforschung in der Literaturwissenschaft. In: E. Lämmert (Hg.), Die erzählerische Dimension. Eine Gemeinsamkeit der Künste. Berlin, 3-33.

GONDEK, Hans-Dieter 1993a: Einführung in Platons Pharmazie. In: REGEHLY: 68-72.

GONDEK, Hans-Dieter 1993b: Text und Unbewusstes (Freud, Lacan, Derrida). In: REGEHLY: 86-110.

GOTTSCHALK, Jürn / Tilman KÖPPE (Hgg.) 2006: Was ist Literatur? Basistexte Literaturtheorie. Paderborn.

GRASSMUCK, Volker 1999: Schließungen und Öffnungen. Medientheoretische Anmerkungen zu Otaku und Fikusâ. In: R. Maresch, N. Werber (Hgg.), Kommunikation. Medien. Macht. Frankfurt a.M., S. 220-244.

GRIMM, Thomas 2000: Was ist Literatur? Versuch einer Explikation des erweiterten Literaturbegriffs. Neuried.

GRIZELJ, Mario 2006a: Listige Theorie. Systemtheor(h)et(or)ische In(ter)ventionen. Ms. München.

GRIZELJ, Mario 2006b; Logozentrismus, Phonozentrismus, Phallozentrismus, Phallogozentrismus. In: A. Trebeß (Hg.), Metzler Lexikon Ästhetik. Stuttgart, 238-239.

GRIZELJ, Mario 2008: Dissidente Medialität, oder die gespenstische Form des frühen Films. In: B. Scheffer, C. Stenzer (Hg.), Schriftfilme. Bielefeld (im Erscheinen).

GROSS, Sabine 1994: Lese-Zeichen. Kognition, Medium und Materialität im Leseprozeß. Darmstadt.

GRÜNZWEIG, Walter (Hg.) 1999: Grenzüberschreitungen. Narratologie im Kontext. Tübingen, 209-261.

GUMBRECHT, Hans Ulrich 2001: 1926. Ein Jahr am Rand der Zeit. Frankfurt a.M.

GUMBRECHT, Hans Ulrich 2003: Epiphanien. In: J. Küpper, C. Menke (Hgg.), Dimensionen ästhetischer Erfahrung. Frankfurt a.M., 203-222.

HAAS, Wolf 1990: Sprachtheoretische Grundlagen der Konkreten Poesie. Stuttgart.

HABERMAS, Jürgen 1994: Die Moderne – ein unvollendetes Projekt. In: W. Welsch (Hg.), Wege aus der Moderne. Schlüsseltexte der Postmoderne-Diskussion. Berlin, 177-192.

HAHN, Alois / Volker KAPP (Hgg.) 1987: Selbstthematisierung und Selbstzeugnis: Bekenntnis und Geständnis. Frankfurt a.M.

HAHN, Alois 2000: Konstruktion des Selbst, der Welt und der Geschichte. Aufsätze zur Kultursoziologie. Frankfurt a.M.

HAKER, Hille 2000: Narrative und moralische Identität. In: D. Mieth (Hg.), Erzählen und Moral. Narrativität im Spannungsfeld von Ethik und Ästhetik. Tübingen, 37-65.

HARTUNG, Harald 1975: Experimentelle Literatur und konkrete Poesie. Göttingen.

HARTUNG, Wolfdietrich 1997: Text und Perspektive. Elemente einer konstruktivistischen Textauffassung. In: G. Antos, H. Tietz (Hgg.), Die Zukunft der Textlinguistik. Traditionen, Transformationen, Trends. Tübingen, 13-25.

HAVELOCK, Eric A 1990: Schriftlichkeit. Das griechische Alphabet als kulturelle Revolution. Weinheim.

HAVERKAMP, Anselm 2002: Figura cryptica. Theorie der literarischen Latenz. Frankfurt a.M.

HEBEKUS, Uwe / Ethel Matala DE MAZZA / Albrecht KOSCHORKE (Hgg.) 2003: Das Politische. Figurenlehren des sozialen Körpers nach der Romantik. München.

HEIDER, Fritz 2005: Ding und Medium. Herausgegeben und mit einem Vorwort versehen von D. Baecker. Berlin.

HEIMANN Bodo 1971: Experimentelle Prosa. In: M. Durzak (Hg.), Die deutsche Literatur der Gegenwart. Stuttgart, 230-256.

HEIMANN, Bodo 1978: Experimentelle Prosa der Gegenwart. München.

HEIMANN, Bodo 1983: „Den Bären beim Tanzen nicht zu behindern." Konrad Bayer und der Kopf des Vitus Bering. In: protokolle H.1 (1983), 109-118.

HEINEMANN, Paul 2002: „Das helle Bewusstsein des Ich". Erscheinungsformen ästhetischer Subjektivität in Prosawerken Friederike Mayröckers und Jean Pauls. In: KÜHN: 211-240.

HEIDENREICH, Stefan 1991: Wenn der Autor Experimente macht. In: Konzepte 8, 12 (1991), 50-52.

HEIßENBÜTTEL, Helmut 1966: Voraussetzungen. In: Ders., Über Literatur. Olten/Freiburg, 219-223.

HEIßENBÜTTEL, Helmut 1971: Keine Experimente? Anmerkungen zu einem Schlagwort. In: Ders., Zur Tradition der Moderne. Neuwied/Berlin, 126-135.

HEIßENBÜTTEL, Helmut / Heinrich VORMWEG 1969: Briefwechsel über Literatur. Neuwied/Berlin.

HELL, Bodo / Friederike MAYRÖCKER 1987: es ist so ein Feuerrad. Bodo Hell im Gespräch mit Friederike Mayröcker in deren Wiener Arbeitszimmer – am 28. September 1985. In: F. Mayröcker, Magische Blätter II. Frankfurt a.M., 177-198.

HERBST, Alban Nicolai 1998: Thetis. Anderswelt. Reinbek.

HERMAN, David 1997: Toward a Formal Description of Narrative Metalepsis. In: Journal of Literary Semantics 26, 2 (1997), 132-152.

HESPER, Stefan 1993: Der Text als Gesichtsmaschine. In: T. Regehly, T. Bauer, S. Hesper, A. Hirsch (Hgg.), Text – Welt. Karriere und Bedeutung einer grundlegenden Differenz. Gießen 26-40.

HETTLAGE, Robert / Ludgera VOGT (Hgg.) 2000: Identitäten in der modernen Welt. Wiesbaden.

HINCK, Walter 1972: Die „offene Schreibweise" Jürgen Beckers. In: KREUTZER: 119-139.

HITZLER, Ronald / Anne HONER 1994: Bastelexistenz. Über subjektive Konsequenzen der Individualisierung. In: BECK/BECK-GERNSHEIM: 307-314.

HOFFMANN, Dieter 2006: Arbeitsbuch Deutschsprachige Prosa seit 1945. Band 1: Von der Trümmerliteratur zur Dokumentarliteratur. Tübingen/Basel.

HOHMANN, Klaus 1974: Experimentelle Prosa. Eine neue Literatur des Sprachexperiments. Text und Einführung für den Deutschunterricht. Paderborn.

HOWARD, G. S. 1991: Culture Tales. A Narrative Approach to Thinking, Cross-Cultural Psychology and Psychotherapy. In: American Psychologist 46,3 (1991), 187-197.

HÜHN, Peter 1993: Lyrik und Systemtheorie. In: H. de Berg, M. Prangel (Hgg.), Kommunikation und Differenz. Systemtheoretische Ansätze in der Literatur- und Kunstwissenschaft. Opladen, 114-136.

HUMMELT, Norbert 1991: Statement. In: Konzepte, 8, 12 (1991), 37-39.

ICKSTADT, Heinz 1998: Der amerikanische Roman im 20. Jahrhundert. Transformation des Mimetischen. Darmstadt.

IHRIG, Wilfiried 1981: Die Wahl der Qual. Bayers Romanfragment *der sechste sinn*. In: G. Rühm (Hg.), Konrad Bayer Symposion Wien 1979. Linz, 47-53.

IHRIG, Wilfried 1983: Leseerfahrungen mit dem 'sechsten sinn'. In: protokolle 1 (1983), 129-134.

IHRIG, Wilfried 1988: Literarische Avantgarde und Dandysmus. Eine Studie zur Prosa von Carl Einstein bis Oswald Wiener. Frankfurt a.M.

ISER, Wolfgang 1976: Der Akt des Lesens. Theorie ästhetischer Wirkung. München.

ISER, Wolfgang 1991: Das Fiktive und das Imaginäre. Perspektiven literarischer Anthropologie. Frankfurt a.M.

ISER, Wolfgang 2003: Von der Gegenwärtigkeit des Ästhetischen. In: J. Küpper, C. Menke (Hgg.), Dimensionen ästhetischer Erfahrung. Frankfurt a.M., 176-202.

JACOB, Susanne 2000: Narratio – Die Rolle der Erzählung in Ethikkonzeptionen der Gegenwart: Paul Ricoeur und Alasdair MacIntyre. Jena.

JAHN, Manfred 1995: Narratologie: Methoden und Modelle der Erzähltheorie. In: A. Nünning (Hg.), Literaturwissenschaftliche Theorien, Modelle und Methoden. Trier, 29-50.

JÄGER, Georg 1994: Systemtheorie und Literatur. Teil I. Der Systembegriff in der empirischen Literaturwissenschaft. In: IASL 19, 1 (1994), 95-125.

JÄGER, Georg 1997: Experimentell. In: K. Weimar (Hg.), Reallexikon der deutschen Literaturwissenschaft. Neubearbeitung des Reallexikons der deutschen Literaturgeschichte. Bd. I. Berlin/New York, 546-548.

JÄGER, Georg 2000: Montage. In: H. Fricke (Hg.), Reallexikon der deutschen Literaturwissenschaft. Berlin/New York, 631-633.

JÄGER, Ludwig 2002: Transkriptivität Zur medialen Logik der kulturellen Semantik. In: L. Jäger, G. Stanitzek (Hgg.), Transkribieren. Medien/Lektüre. München, 19-41.

JAHRAUS, Oliver / Bernd SCHEFFER (Hgg.) 1999: Interpretation, Beobachtung, Kommunikation. Avancierte Literatur und Kunst im Rahmen von Konstruktivismus, Dekonstruktion und Systemtheorie. (= IASL. 9. Sonderheft). Tübingen.

JAHRAUS, Oliver / Nina ORT (Hgg.) 2000: Beobachtungen des Unbeobachtbaren. Konzepte radikaler Theoriebildung in den Geisteswissenschaften. Weilerswist.

JAHRAUS, Oliver / Nina ORT (Hgg.) 2001: Bewußtsein, Kommunikation, Zeichen. Wechselwirkungen zwischen Luhmannscher Systemtheorie und Peircescher Zeichentheorie. Tübingen.

JAHRAUS, Oliver 1999: Die Unhintergehbarkeit der Interpretation im Rahmen literaturwissenschaftlicher Theoriebildung. In: JAHRAUS/SCHEFFER: 214-291.

JAHRAUS, Oliver 2001a: Theorieschleife. Systemtheorie, Dekonstruktion, Medientheorie. Wien.

JAHRAUS, Oliver 2001b: Nachwort. Zur Systemtheorie Niklas Luhmanns: In: N. Luhmann, Aufsätze und Reden. Herausgegeben von Oliver Jahraus. Stuttgart, 299-333

JAHRAUS, Oliver 2001c: Die Aktion des Wiener Aktionismus. Subversion der Kultur und Dispositionierung des Bewusstseins. München.

JAHRAUS, Oliver 2003: Literatur als Medium. Sinnkonstitution und Subjekterfahrung zwischen Bewußtsein und Kommunikation. Weilerswist.

JAHRAUS, Oliver 2003b: Der sechste Sinn der Literatur. Zu Konrad Bayer: der sechste sinn. Ein Roman (1966). Ms. München (Vortrag gehalten am 18.03.2003 in Linz und am 20.03.2003 in Wien).

JAHRAUS, Oliver 2004: Literaturtheorie. Tübingen/Basel.

JAKOBSON, Roman 1979: Linguistik und Poetik (1960). In: Ders., Poetik. Ausgewählte Aufsätze 1921-1971. Hg. von E. Holenstein und T. Schelbert. Frankfurt a.M., 83-121.

JANETZKI, Ulrich 1982: Alphabet und Welt. Über Konrad Bayer. Königstein.

JANETZKI, Ulrich 1987: „es gibt nichts, was zu erreichen wäre außer dem tod". Über Konrad Bayer. In: A. v. Bormann (Hg.), Sehnsuchtsangst. Zur österreichischen Literatur der Gegenwart. Amsterdam [u.a.], 31-42.

JANSHEN, Doris 1976: Opfer und Subjekt des Alltäglichen. Denkstrukturen und Sprachform in den Prosatexten Jürgen Beckers. Köln/Wien.

JENNY, Urs 1972: Landkartenzeit, Sprichwörtezeit. In: KREUTZER: 76-80.

JONKE, Gert 1969: Geometrischer Heimatroman. Frankfurt a.M.
JONKE, Gert 1970: Glashausbesichtigung. Frankfurt a.M.
KACIANKA, Reinhard / Peter V. ZIMA (Hgg.) 2004: Krise und Kritik der Sprache. Literatur zwischen Spätmoderne und Postmoderne. Tübingen/Basel.
KASICS, Kaspar 1990: Literatur und Fiktion. Zur Theorie und Geschichte der literarischen Kommunikation. Heidelberg.
KASPER, Helga 1999a: Apologie einer magischen Alltäglichkeit. Eine erzähltheoretische Untersuchung der Prosa von Friederike Mayröcker anhand von „mein Herz mein Zimmer mein Name". Innsbruck.
KASPER, Helga 1999b: Friederike Mayröckers „verwegenes Action-Writing". In: MELZER/SCHWAR: 47-64.
KASTBERGER, Klaus / Wendelin SCHMIDT-DENGLER (Hgg.) 1996: In Böen wechselt mein Sinn. Zu Friederike Mayröckers Literatur. Wien.
KASTBERGER, Klaus / Wendelin SCHMIDT-DENGLER 1996: Vorwort. In: KASTBERGER/SCHMIDT-DENGLER: 9-10.
KASTBERGER, Klaus 1996: Lebensmetapher / Todesallegorie. Friederike Mayröckers Reise durch die Nacht. In: KASTBERGER/SCHMIDT-DENGLER: 102-118.
KASTBERGER, Klaus 1999: Punkt und Fläche. Friederike Mayröckers Prosa aus werkgeschichtlicher Sicht. In: MELZER/SCHWAR: 33-46.
KASTBERGER, Klaus 2000: Reinschrift des Lebens. Friederike Mayröckers Reise durch die Nacht. Wien/Köln/Weimar.
KASTBERGER, Klaus 2003: Alchemie des Ganzen. Konrad Bayers *sechster sinn*. In: B. Fetz, K. Kastberger (Hgg.), Die Teile und das Ganze. Bausteine der literarischen Moderne in Österreich. Wien, 113-138.
KAUL, Susanne 2003: Narratio. Hermeneutik nach Heidegger und Ricoeur. München.
KENKLIES, Michaela 1999: Literarische Avantgarde und paradoxe Kommunikation. Am Beispiel von Konrad Bayers *der kopf des vitus bering*. In: JAHRAUS/SCHEFFER: 113-130.
KERBY, Anthony P. 1991: Narrative and the Self. Bloomington.
KERN, Andrea / Christoph MENKE 2002: Einleitung: Dekonstruktion als Philosophie. In: Dies. (Hgg.), Philosophie der Dekonstruktion. Frankfurt a. M., 7-14.
KEUPP, Heiner / Helga BILDEN (Hgg.) 1989: Verunsicherungen – Das Subjekt im gesellschaftlichen Wandel. Göttingen.
KEUPP, Heiner 1997: Diskursarena Identität. Lernprozesse der Identitätsforschung. In: KEUPP/HÖFER: 11-39.
KEUPP, Heiner / Renate HÖFER (Hgg.) 1997: Identitätsarbeit heute. Klassische und aktuelle Perspektiven der Identitätsforschung. Frankfurt a.M.

KEUPP, Heiner [et al.] (Hgg.) ²2002: Identitätskonstruktionen. Das Patchwork der Identitäten in der Spätmoderne. Reinbek bei Hamburg.

KHURANA, Thomas: Was ist ein Medium? Etappen einer Umarbeitung der Ontologie mit Luhmann und Derrida. In: S. Krämer (Hg.), Über Medien. Geistes- und kulturwissenschaftliche Perspektiven. http://userpage.fu-berlin.de/~sybkram/medium/inhalt.html, 111-143.

KINDER, Hermann 1994: Die Zweite Moderne. Innovative Prosa der Bundesrepublik von den fünfziger bis siebziger Jahren. In: H. J. Piechotta, R.-R. Wuthenow, S. Rothemann (Hgg.), Die literarische Moderne in Europa. Bd. 3: Aspekte der Moderne in der Literatur bis zur Gegenwart. Opladen, 244-269.

KITTSTEINER, Heinz Dieter 2002: Die Rückkehr der Geschichte und die Zeit der Erzählung. In: IASL 27,2 (2002), 185-207

KOEPP, Jürgen H. 1989: Die Bürgschaft des ästhetischen Ich. Zum Schreibproblem zwischen Akt und Abbild. In: Merkur 43 (1989), 588-603.

KÖPPE, Tilmann 2006: „Was ist Literatur?". Bemerkungen zur Bedeutung der Fragestellung. In: GOTTSCHALK/KÖPPE: 155-174.

KOSCHORKE, Albrecht / Cornelia VISMANN (Hgg.) 1999: Widerstände der Systemtheorie. Berlin.

KOSCHORKE, Albrecht 1999: Die Grenze des Systems und die Rhetorik der Systemtheorie. In: KOSCHORKE/VISMANN: 49-60.

KOSKELLA, Gretel A: 1986: Die Krise des deutschen Romans. 1960-1970. Frankfurt a.M.

KNEER, Georg / Armin NASSEHI ⁴2000: Niklas Luhmanns Theorie sozialer Systeme. München.

KNOBLOCH, Clemens 1990: Zum Status und zur Geschichte des Textbegriffs. Eine Skizze. In: Zeitschrift für Literaturwissenschaft und Linguistik (LiLi) 77 (1990), 66-87.

KRAMER, Andreas 1991: Aktenzeichen XY ungelöst. Literatur und Experiment: Ein Phantombild. In: Konzepte 8, 12 (1991), 44-46.

KRAMER, Andreas 1998: Inszenierungen des unendlichen Gesprächs: Zu Friederike Mayröckers langer Prosa. In: A. Fiddler (Hg.), 'Other' Austrians. Post-1945 Austrian Women's Writing. Bern, 115-125.

KRÄMER, Sybille 1998: Form als Vollzug oder: Was gewinnen wir mit Niklas Luhmanns Unterscheidung von Medium und Form? In: http://userpage.fu-berlin.de/~sybkram/medium/kraemer2.html (11.12.2005).

KRÄMER, Sybille 2001: Sprache, Sprechakt, Kommunikation. Sprachtheoretische Positionen des 20. Jahrhunderts. Frankfurt a.M.

KREBS, Corinna 1999: Theorie und Praxis in der Prosa Friederike Mayröckers. In: JAHRAUS/SCHEFFER: 131-146.

KREISWIRTH, Martin 1992: Trusting the Tale: The Narrativist Turn in the Human Sciences. In: New Literary History 23 (1992), 629-657.

KREMER, Detlef 2001: Text und Medium. In: B. Sabel, A. Bucher (Hgg.), Der unfeste Text. Perspektiven auf einen literatur- und kulturwissenschaftlichen Leitbegriff. Würzburg, 23-53.

KREUTZER, Leo (Hg.) 1972: Über Jürgen Becker. Frankfurt a.M.

KRISTEVA, Julia 1978. Die Revolution der poetischen Sprache. Frankfurt a.M.

KÜHN, Renate (Hg.) 2002: Friederike Mayröcker oder „das Innere des Sehens". Studien zu Lyrik, Hörspiel und Prosa. Bielefeld.

KÜMMEL, Albert 2002: Marskanäle. In: C. Liebrand, I. Schneider (Hgg.), Medien in Medien. Köln, 67- 88.

KÜPPER, Joachim / Christoph MENKE (Hgg.) 2003: Dimensionen ästhetischer Erfahrung. Frankfurt a.M.

KUNZ, Edith Ana 2004: Verwandlungen. Zur Poetologie des Übergangs in der späten Prosa Friederike Mayröckers. Göttingen.

KURZ, Paul Konrad 1974: Über moderne Literatur. Bd. IV. Frankfurt a.M.

LABOV, William 1980: Sprache im sozialen Kontext. Königstein.

LAERMANN, Klaus 1999: Textualismus und Derealisierung: Sprache als Gewebe, Schleier, Netz und Kette. In: S. Porombka, S. Scharnowski (Hgg.), Phänomene der Derealisierung. Wien, 87-96.

LEHMANN, Maren 2000: Die Form des Parasiten. Vortrag im „Systemtheoretischen Colloquium" an der Martin-Luther-Universität Halle Wittenberg. In: URL: http://www.soziologie.uni-halle.de/lehmann/docs/parasiten/pdf (15.12.2003).

LEHMANN, Maren 2002: Das Medium der Form. Versuch über die Möglichkeiten, George Spencer Browns Kalkül der „Gesetze der Form" als Medientheorie zu lesen. In: BRAUNS: 39-56.

LEIER, Manfred 1972: Interview mit Jürgen Becker. In: KREUTZER: 20-25.

LENK, Hans 2001: Denken und Handlungsbindung. Mentaler Gehalt und Handlungsregeln. Freiburg/München.

LINDAUER, Thomas 2000: Was ist ein Text? In: Praxis Deutsch 27, 161 (2000), 38-43.

LINDEMANN, Bernhard 1977: Experimentalfilm als Metafilm. Hildesheim, New York

LÜBBE, Hermann 1972: Bewußtsein in Geschichten. Studien zur Phänomenologie der Subjektivität: Mach, Husserl, Schapp, Wittgenstein. Freiburg.

LÜDEMANN, Susanne 1999: Beobachtungsverhältnisse. Zur (Kunst-)Geschichte der Beobachtung zweiter Ordnung. In: KOSCHORKE/VISMANN: 63-75.

LUHMANN, Niklas 1979: Suche der Identität und Identität der Suche – Über teleologische und selbstreferentielle Prozesse. In: MARQUARDT/STIERLE: 593-594.

LUHMANN, Niklas 1980/1981/1989/1995: Gesellschaftsstruktur und Semantik. Studien zur Wissenssoziologie der modernen Gesellschaft. Bd. 1, 2, 3, 4. Frankfurt a.M.

LUHMANN, Niklas 1980: Temporalisierung von Komplexität. Zur Semantik neuzeitlicher Begriffe. In: Ders., Gesellschaftsstruktur und Semantik. Studien zur Wissenssoziologie der modernen Gesellschaft. Bd. 1. Frankfurt a.M., 235-300.

LUHMANN, Niklas 1984: Soziale Systeme. Grundriß einer allgemeinen Theorie (= SS). Frankfurt a.M.

LUHMANN, Niklas 1986: Das Kunstwerk und die Selbstreproduktion der Kunst. In: H. U. Gumbrecht, K. L. Pfeiffer (Hgg.), Stil. Geschichten und Funktionen eines kulturwissenschaftlichen Diskurselements. Frankfurt a.M.

LUHMANN, Niklas 1989: Individuum, Individualität, Individualismus. In: Ders., Gesellschaftsstruktur und Semantik. Studien zur Wissenssoziologie der modernen Gesellschaft. Bd. 3. Frankfurt a.M., 149-258.

LUHMANN, Niklas 1990a: Die Wissenschaft der Gesellschaft (= WG). Frankfurt a.M.

LUHMANN, Niklas 1990b: Weltkunst. In: Ders., F. Bunsen, D. Baecker, Unbeobachtbare Welt. Über Kunst und Architektur. Bielefeld, 7-45.

LUHMANN, Niklas 1995a: Die Kunst der Gesellschaft (= KG). Frankfurt a.M.

LUHMANN, Niklas 1995: Soziologische Aufklärung 6. Die Soziologie und der Mensch. Opladen.

LUHMANN, Niklas 1995b: Die Autopoiesis des Bewußtseins. In: LUHMANN 1995: 55-112.

LUHMANN, Niklas 1995c: Was ist Kommunikation? In: LUHMANN 1995: 113-124.

LUHMANN 1995d: Die gesellschaftliche Differenzierung und das Individuum. In: LUHMANN 1995: 125-141.

LUHMANN, Niklas 1995e: Die Form „Person". In: LUHMANN 1995: 142-154.

LUHMANN, Niklas 1995f: Vorwort. In: LUHMANN 1995: 7-11.

LUHMANN, Niklas 1997: Die Gesellschaft der Gesellschaft (= GG). Frankfurt a.M.

LUHMANN, Niklas 2001: Das Medium der Kunst. In: Ders., Aufsätze und Reden. Herausgegeben von Oliver Jahraus. Stuttgart, 199-217.

LUHMANN, Niklas 2008: Literatur als fiktionale Realität. In: Ders. Schriften zu Kunst und Literatur. Herausgegeben von Niels Werber. Frankfurt a.M., 276-291.

LUHMANN, Niklas 2008: Literatur als Kommunikation. In: Ders. Schriften zu Kunst und Literatur. Herausgegeben von Niels Werber. Frankfurt a.M., 372-388.

LUSERKE, Matthias 1995: Ein unsteter Zyklus Schreibkunst. Betrachtungen zum Werk von Friederike Mayröcker. In Euphorion 4,89 (1995), 438-454.

MACINTYRE, Alasdair 1987: Verlust der Tugend. Zur moralischen Krise der Gegenwart. Frankfurt a.M./New York.

MAGER, Johannes 1978: Der Kopf des Vitus Bering. Ein Portrait in Prosa. In: Austriaca. Cahiers universitaires d'information sur l'Autriche. Nr. 7 (1978), 131-140.

MAHRENHOLZ, Simone 2004: Derrick de Kerckhove. Medien als Psychotechnologien. In: A. Lagaay, D. Lauer (Hgg.), Medientheorien. Eine philosophische Einführung. Frankfurt a.M., 69-95.

MAIR, Miller. 1988: Psychology as *Story*telling. In: International Journey of Personal Construct Psychology 1 (1988), 125-138.

MALINA, Debra 2002: Breaking the Frame. Metalepsis and the Construction of the Subject. Columbus.

MANCUSO, James C. 1986: The Acquisition and Use of Narrative Grammar Structure. In: SARBIN 1986: 91-110.

MANDLER, John M. / N. S. JOHNSON 1977: Remembrance of Things parsed: Story Structure and Recall. In: Cognitive Psychology 9 (1977), 111-151.

MANN, Ekkehard 1997: Das Verstehen des Unverständlichen. Weshalb 'experimentelle' Literatur manchmal Erfolg hat. In: H. de Berg, M. Prangel (Hgg.), Systemtheorie und Hermeneutik. Tübingen /Basel, 263-287.

MARQUARD, Otto / Karlheinz STIERLE (Hgg.) 1979: Identität. (Poetik und Hermeneutik VIII). München.

MARTENS, Gunter 1989: Was ist ein Text? In: Poetica 21 (1990), 1-25.

MARTIN, Wallace 1986: Recent Theories of Narrative. Ithaca, NY.

MARTINEZ, Matias / Michael SCHEFFEL 1999: Einführung in die Erzähltheorie. München.

MATHY, Dietrich1997: Unverborgen vorenthalten. Zur Wahrnehmung des Nichtwahrnehmbaren als Index ästhetischer Wahrnehmung. In: G. Held, C. Hilmes, D. Mathy (Hgg.), Unter Argusaugen. Zu einer Ästhetik des Unsichtbaren. Würzburg, 281-300.

MAYER, Friederike / Matthias MAYER 1984: Schreiben als Entfernung. Anmerkungen zur poetischen Wirklichkeit von Friederike Mayröckers Prosa. In: S. J. Schmidt (Hg.), Friederike Mayröcker. Frankfurt a.M.

MAYRÖCKER, Friederike / Siegfried J. SCHMIDT 1984: „Es schießt zusammen". In: SCHMIDT 1984: 260-283.

MAYRÖCKER, Friederike / SCHMIDT Siegfried J. 1989: „Lebensirritationsvorstellungen". (Gespräch mit Friederike Mayröcker am 16. April 1986 in Wien). In: SCHMIDT 1989: 121-142.

MAYRÖCKER, Friederike / Dieter SPERL 1999: „Ich will natürlich immer schreiben". (Gespräch). In: MELZER/SCHWAR: 9-30.

MAYRÖCKER, Friederike 1983: MAIL ART. In: Dies., Magische Blätter. Frankfurt a.M., 9-35.
MAYRÖCKER, Friederike 1984: Reise durch die Nacht (= RN). Frankfurt a.M.
MAYRÖCKER, Friederike 1985: Das herzzerreißende der Dinge (= HD). Frankfurt a. M.
MAYRÖCKER, Friederike 1987: also, wem die Flamme aus der Leinwand schießt. In: Dies., Magische Blätter II. Frankfurt a.M., 14-18.
MAYRÖCKER, Friederike 1988: mein Herz mein Zimmer mein Name (= HZN). Frankfurt a.M.
MAYRÖCKER, Friederike 1991: Stilleben (= ST). Frankfurt a.M.
MAYRÖCKER, Friederike 1995: Lection (= L). Frankfurt a.M.
MAYRÖCKER, Friederike 1998: brütt oder Die seufzenden Gärten (= *brütt*). Frankfurt a.M.
MAYRÖCKER, Friederike 2001: Gesammelte Prosa. 4 Bände. Hrsg. von K. Reichert. Frankfurt a.M.
MAYRÖCKER, Friederike 2003: Die kommunizierenden Gefäße (= KOG). Frankfurt a.M.
MAYRÖCKER, Friederike 2005: Ich schüttelte einen Liebling. Frankfurt a.M.
MAYRÖCKER, Friederike 2008: Paloma. Frankfurt a.M.
MCADAMS, Dan P. 1985: Power, Intimacy, and the Life *Story*. Homewood, Illinois.
MEISTER, Jan Christoph: The Metalepticon: a Computational Approach to Metalepsis. In: http://www.narrport.unihamburg.de/41256AC000823DF8/ContentByKey/9BFD2ECBA30FBF18C1256DD80031AC74/$FILE/jcm-metalepticon.pdf (15.07.2006).
MELZER, Gerhard / Stefan SCHWAR (Hgg.) 1999: Friederike Mayröcker. Graz/Wien.
MENKE, Bettine 1995: Dekonstruktion. Lesen, Schrift, Figur, Performanz. In: M. Pechlivanos, S. Rieger, W. Struck, M. Weitz (Hgg.), (Hgg.), Einführung in die Literaturwissenschaft. Stuttgart, 116-137.
MERSCH, Dieter 2002: Das Ereignis der Setzung. In: E. Fischer-Lichte et al. (Hgg.), Performativität und Ereignis. (Theatralität IV). Tübingen/Basel, 41-56.
MEUTER, Norbert 1995: Narrative Identität. Das Problem der personalen Identität im Anschluß an Ernst Tugendhat, Niklas Luhmann und Paul Ricoeur. Stuttgart.
MINK, Louis O. 1978: Narrative Form as a Cognitive Instrument. In: R. Cohen (Hg.), New Directions in Literary H*istory*. Baltimore, 107-124.
MON, Franz 1970: Text als Prozeß. In: Ders., Texte über Texte. Neuwied/Berlin, 86-101.
MON, Franz 1994: Collagetexte und Sprachcollagen (1968). In: Ders., Gesammelte Texte 1. Essays. Berlin, 211-226.

MOSER, Samuel 1996: Was für ein beglückender Aufwand. Die Religion der Schriftstellerin. Zu Friederike Mayröckers *Stilleben*. In: KASTBERGER/ SCHMIDT-DENGLER: 123-139.

MÜLLER, Harro 1994: Verwendungsweisen des Werk-Begriffs in der Moderne. In: Ders., Giftpfeile. Zur Theorie und Literatur der Moderne. Bielefeld, 21-29.

MÜLLER, Klaus E. / Jörn RÜSEN (Hgg.) 1997: Historische Sinnbildung. Problemstellungen, Zeitkonzepte, Wahrnehmungshorizonte, Darstellungsstrategien. Reinebk bei Hamburg.

MÜLLER-FUNK, Wolfgang 2002: Die Kultur und ihre Narrative. Eine Einführung. Wien [u.a.].

MÜLLER-SCHWEFE, Hans-Ulrich 1977: Schreib' alles. Zu Jürgen Beckers „Feldern", „Rändern", „Umgebungen", anhand einer Theorie simuliert präsentativer Texte. München.

MUKAROVSKY, Jan 1970: Kapitel aus der Ästhetik. Frankfurt a.M.

MURAKAMI, Haruki 1985: Hard-boiled Wonderland. Frankfurt a.M.

NASSEHI, Armin 1997: Die Zeit des Textes. Zum Verhältnis von Kommunikation und Text. In: H. de Berg, M. Prangel (Hgg.), Systemtheorie und Hermeneutik. Tübingen/Basel, 47-68.

NASSEHI; Armin 2002: Exclusion Individuality or Individualization by Inclusion. In: Soziale Systeme 8,1 (2002), 124-135.

NEUMANN, Michael 2000: Erzählen. Einige anthropologische Überlegungen. In: Ders. (Hg.), Erzählte Identitäten. Ein interdisziplinäres Symposion. München, 280-294.

NÖTH, Winfried 2000:Handbuch der Semiotik. 2., vollständig neu bearbeitete und erweiterte Auflage. Stuttgart/Weimar, S. 475.

NÜNNING, Ansgar 1989: Grundzüge eines kommunikationstheoretischen Modells der erzählerischen Vermittlung. Die Funktionen der Erzählinstnz in den Romanen George Eliots. Trier.

NÜNNING, Ansgar / Roy SOMMER 2002: Die Vertextung der Zeit: Zur narratologischen und phänomenologischen Rekonstruktion erzählerisch inszenierter Zeiterfahrungen und Zeitkonzeptionen. In: M. Middeke (Hg.), Zeiterfahrung im historischen Wandel und ästhetischer Paradigmenwechsel vom sechzehnten Jahrhundert bis zur Postmoderne. Würzburg, 33-56.

OELMÜLLER, Willi (Hg.) 1983: Kolloquium Kunst und Philosophie 3. Das Kunstwerk. Paderborn [u.a.].

OKOPENKEO, Andreas 1970: Lexikon einer sentimentalen Reise zum Exporteurtreffen in Druden. [Lexikonroman]. Salzburg.

OOMEN, Ursula 1971: Systemtheorie der Texte. In: Folia linguistica V (1971), 12-34.

ORT, Claus-Michael 1992: Vom Text zum Wissen. Die literarische Konstruktion soziokulturellen Wissens als Gegenstand einer nicht-reduktiven Sozialgeschichte der Literatur. In: L. Danneberg, F. Vollhardt in Zusammenarbeit mit H. Böhme und J. Schönert (Hgg.), Vom Umgang mit Literatur und Literaturgeschichte. Stuttgart, 409-442.

ORT, Claus-Michael 1993: Sozialsystem 'Literatur' – Symbolsystem 'Literatur'. Anmerkungen zu einer wissenssoziologischen Theorieoption für die Literaturwissenschaft. In: S. J. Schmidt (Hg.), Literaturwissenschaft und Systemtheorie. Positionen, Kontroversen, Perspektiven. Opladen, 269-294.

ORT, Claus-Michael 1995: Systemtheorie und Literatur. Teil II. Der literarische Text in der Systemtheorie. In. IASL 20, 1 (1995), 161-178.

ORT, Claus-Michael 1997: Systemtheorie und Hermeneutik. Kritische Anmerkungen zu einer Theorieoption aus literaturwissenschaftlicher Sicht. In: H. de Berg, M. Prangel (Hgg.), Systemtheorie und Hermeneutik. Tübingen /Basel, 143-171.

ORT, Nina 1999: Versuch über das Medium: das 'was sich zeigt'. In: JAHRAUS/SCHEFFER: 147-170.

ORT, Nina 2007: Reflexionslogische Semiotik. Zu einer nicht-klassischen und reflexionslogisch erweiterten Semiotik im Ausgang von Gotthard Günther und Charles S. Peirce. Weilerswist.

PASS, Dominik 2006: Bewußtsein und Ästhetik. Die Faszination der Kunst. Bielefeld.

PASTIOR, Oskar [2]2002: Jalousien aufgemacht. München/Wien.

PAUL, Markus 1991: Sprachartisten – Weltverbesserer. Bruchlinien in der österreichischen Literatur nach 1960. Innsbruck.

PAULER, Thomas 1992: Schönheit und Abstraktion. Über Gottfried Benns „absolute Prosa". Würzburg.

PETERSEN, Jürgen H. 1993: Erzählsysteme. Eine Poetik epischer Texte. Stuttgart.

PFEIFFER, Karl Ludwig 1999: Das Mediale und das Imaginäre. Dimensionen kulturanthropologischer Medientheorie. Frankfurt a.M.

PFISTER, Manfred 1985: Konzepte der Intertextualität. In: U. Broich, M. Pfister (Hgg.), Intertextualität. Formen, Funktionen, analytische Fallstudien. Tübingen, 1-30.

PLUMPE, Gerhard / Niels WERBER 1993: Literatur ist codierbar. Aspekte einer systemtheoretischen Literaturwissenschaft. In: S. J. Schmidt (Hgg.), Literaturwissenschaft und Systemtheorie. Positionen, Kontroversen, Perspektiven. Opladen 9-43.

PLUMPE, Gerhard 1995: Epochen Moderner Literatur. Ein systemtheoretischer Entwurf. Opladen.

POLKINGHORNE, Donald E. 1988: Narrative Knowledge and the Human Sciences. Albany.

PRINCE, Gerald: 1982: Narratology: The Form and Functioning of Narrative. Berlin [u.a.].

PRINCE, Gerald 1987: A Dictionary of Narratology. Nebraska.

PRINCE, Gerald 1990: On Narratology (Past, Present, Future). In: A. M. Hardee, F. G. Henry (Hgg.), Narratology and Narrative. Univ. of South Carolina, 1-14.

PÜSCHEL, Ulrich 1997: „Puzzle-Texte" – Bemerkungen zum Textbegriff. In: G. Antos, H. Tietz (Hgg.), Die Zukunft der Textlinguistik. Traditionen, Transformationen, Trends. Tübingen, 27-41.

RADDATZ, Fritz J. 1972: In dieser machbar gemachten Welt. Überlegungen zu Jürgen Becker. In: KREUTZER: 155-171.

REINFANDT, Christoph 1997: Der Sinn der fiktionalen Wirklichkeiten. Ein systemtheoretischer Entwurf zur Ausdifferenzierung des englischen Romans vom 18. Jahrhundert bis zur Gegenwart. Heidelberg.

REGEHLY, Thomas [et al.] (Hgg.) 1993: Text – Welt. Karriere und Bedeutung einer grundlegenden Differenz. Gießen.

RICOUER, Paul 1988/1989/1991: Zeit und Erzählung. Bd. 1, Bd. 2, Bd. 3. München.

RIESS-BERGER, Daniela 1995a: Lebensstudien. Poetische Verfahrensweisen in Friederike Mayröckers Prosa. Würzburg.

RIESS-BERGER, Daniela 1995b: Wäschepelz, Wolfshund und Positano. Die Auflösung des Autobiographischen in Friederike Mayröckers großer Prosa. In: M. Holdenried (Hg.), Geschriebenes Leben. Autobiographie von Frauen. Berlin, 339-351.

RIESS-MEINHARD, Daniela 1990: „Die Dichterin, eine wildernde Muse". Logik und Exzeß in Friederike Mayröckers Prosa. In: manuskripte 107 (1990), 91-98.

RIHA, Karl 1982: Das Experiment in Sprache und Literatur. Anmerkungen zur literarischen Avantgarde. In: Propyläen Geschichte der Literatur. Literatur und Gesellschaft der westlichen Welt. Bd. 6: Die moderne Welt 1914 bis heute. Berlin, 440-463.

RÖCKELEIN, Hedwig (Hg.) 1993: Biographie als Geschichte. Tübingen.

ROHR, Susanne 1996: Mimesis of the Mind. Literature in the Context of Charles S. Peirce's Semiotic Epistemology. In: REAL (= Yearbook of Research in English and American Literature) 12 (1996), 97-113.

ROTHEIMER, Andreas 1999: Kunst am Nullpunkt? oder Die Auferstehung des Interpreten. Eine systemtheoretisch inspirierte (Re-)Konstruktion von Kafkas Erzählung *Josefine, die Sängerin oder Das Volk der Mäuse*. In: JAHRAUS/SCHEFFER: 67-112.

RÜHLING, Lutz 1996: Fiktionalität und Poetizität. In: H. L. Arnold, H. Detering (Hgg.), Grundzüge der Literaturwissenschaft. München 25-51.

RÜHM, Gerhard 1971: Die Frösche und andere Texte. Reinbek.

RÜHM, Gerhard (Hg.) 1981: Konrad Bayer Symposion Wien 1979. Linz

RÜHM, Gerhard (Hg.) 1985: Die Wiener Gruppe. Achleitner, Artmann, Bayer, Rühm, Wiener. Texte, Gemeinschaftsarbeiten, Aktionen. Reinbek bei Hamburg.

RUPRECHTER, Walter 1981: der sechste sinn – Aspekte der Rede. In: RÜHM 1981: 55-62.

RUPRECHTER, Walter 1987: Alles und Nichts. Über einige Positionen im Werk Konrad Bayers. In: WALTER BUCHEBNER LITERATURPROJEKT: 120-130.

RUSCH, Gebhard 1996. Erzählen. Wie wir Welt erzeugen. Eine konstruktivistische Perspektive. In: H. J. Wimmer (Hg.), Strukturen erzählen. Die Moderne der Texte. Wien, 326-361.

SAMPSON, Edward E. 1989: The Deconstruction of the Self. In: J. Shotter, K. J. Gergen (Hgg.), Texts of Identity. London [u.a.], 1-19.

SARBIN, Theodore R. (Hg.) 1986a: Narrative Psychology. The Storied Nature of Human Conduct. New York [u.a.].

SARBIN, Theodore R. 1986b: The Narrative as a Root Metaphor for Psychology. In: SARBIN: 3-21.

SAßE, Günter 1977: Sprache und Kritik. Untersuchung zur Sprachkritik der Moderne. Göttingen.

SCHABACHER, Gabriele 2002: Lesbar/schreibbar. Transkriptionen in Roland Barthes' S/Z. In L. Jäger, G. Stanitzek (Hgg.), Transkribieren. Medien/Lektüre. München, 73-90.

SCHANZE, Helmut 1997: Vom Werk des Autors zum Werk des Nutzers. In: Ders., P. Ludes (Hgg.), Qualitative Perspektiven des Medienwandels. Positionen der Medienwissenschaft im Kontext „neuer Medien". Opladen, 189-197.

SCHAPP, Wilhelm $^2$1981: Philosophie der Geschichten. Frankfurt a.M.

SCHAPP, Wilhelm $^3$1985: In Geschichten verstrickt. Zum Sein von Mensch und Ding. Frankfurt a.M.

SCHEFFER, Bernd 1992: Interpretation und Lebensroman. Zu einer konstruktivistischen Literaturtheorie. Frankfurt a.M.

SCHEITLER, Irmgard 2001: Deutschsprachige Gegenwartsprosa seit 1970. Tübingen und Basel.

SCHERNER, Maximilian 1988: Text. In: J. Ritter, K. Gründer (Hgg.), Historisches Wörterbuch der Philosophie. Bd.10. Darmstadt, 1038-1044.

SCHMELING, Manfred 1982: Semantische Isotopien als Konstituenten des Thematisierungsprozesses in nicht-linearen Erzähltexten. In: E. Lämmert (Hg.), Erzählforschung. Ein Symposion. Stuttgart, 157-172.

SCHMIDT, Siegfried J. (Hg.) 1978: Das Experiment in Literatur und Dichtung. München.

SCHMIDT, Siegfried J. 1972: Konzeptionelle Dichtung: ein Interpretationsversuch. In: Ders. (Hg.), konkrete dichtung. texte und theorien. München, 149-151.
Friederike Mayröcker. Frankfurt a. M.
SCHMIDT, Siegfried J. (Hg.) 1984: Friederike Mayröcker. Frankfurt a. M.
SCHMIDT, Siegfried J. 1984b: „Der Fall ins Ungewisse". Anmerkungen zu einer Nicht-Erzählerin. In: SCHMIDT 1984: 13-24.
SCHMIDT, Siegfried J. 1989: Fuszstapfen des Kopfes. Friederike Mayröckers Prosa aus konstruktivistischer Sicht. Münster.
SCHMIDT, Siegfried J. 1989b: Die Selbstorganisation des Sozialsystems Literatur im 18. Jahrhundert. Frankfurt a.M.
SCHMIDT, Siegfried J. 1994: Kognitive Autonomie und soziale Orientierung. Konstruktivistische Bemerkungen zum Zusammenhang von Kognition, Kommunikation, Medien und Kultur. Frankfurt a.M.
SCHMIDT, Siegfried J. 1998: Die Zähmung des Blicks. Konstruktivismus – Empirie – Wissenschaft. Frankfurt a.M.
SCHMIDT, Siegfried J. 2003: Geschichten und Diskurse. Abschied vom Konstruktivismus. Reinbek bei Hamburg.
SCHMIDT-DENGLER, Wendelin 1995: Bruchlinien. Vorlesungen zur österreichischen Literatur 1945-1990. Salzburg und Wien.
SCHMIDT-DENGLER, Wendelin 1996: Lektionen. Zur großen Prosa der Friederike Mayröcker. In: KASTBERGER/SCHMIDT-DENGLER: 151-166.
SCHMIDT-DENGLER, Wendelin 2000: Vorwort. In: KASTBERGER 2000: 7-8.
SCHMITZ-EMANS, Monika 1999: Derealisierung als Thema poetischer und poetologischer Reflexion. Der Projektcharakter des Wirklichen und sein Ambivalenzen. In: S. Porombka / S. Scharnowski (Hgg.), Phänomene der Derealisierung. Wien, 23-46.
SCHÖNING, Klaus 1972: Gespräch mit Jürgen Becker. In: KREUTZER: 26-35.
SCHOLES, Robert 1981: Language, Narrative, and Anti-Narrative. In: W. J. T. Mitchell (Hg.), On Narrative. Chicago, 200-208.
SCHREMBS, Edigna 1973: Experimentelle Prosa der letzten Jahre und ihr Verhältnis zur gesellschaftlichen Wirklichkeit – am Beispiel Thomas Bernhard, Ror Wolf, Jürgen Becker, Gert Friedrich Jonke. In: Der Deutschunterricht 2 (1973), 68-82.
SCHROEDER, Brigitte 1984: Biographielosigkeit als Lebenshaltung. Zu den „Abschieden" Friederike Mayröckers. In: SCHMIDT 1984: 125-137.
SCHROER, Markus 2000: Das Individuum der Gesellschaft. Synchrone und diachrone Theorieperspektiven. Frankfurt a.M.
SCHWANITZ, Dietrich 1990: Systemtheorie und Literatur. Ein neues Paradigma. Opladen.

SCHWERTE, Hans 1968: Der Begriff des Experiments in der Dichtung. In: R. Grimm, C. Wiedemann (Hgg.), Literatur und Geistesgeschichte. Festgabe für Heinz Otto Burger. Berlin, 387-405.

SEEL, Martin 1985: Die Kunst der Entzweiung. Zum Begriff der ästhetischen Rationalität. Frankfurt a.M.

SEEL, Martin 2000: Ästhetik des Erscheinens. München.

SERRES, Michel 1987: Der Parasit. Frankfurt a.M.

SIEGERT, Bernhard 1999: ALIENS. Zum Trauma des Nicht-Konvergenten in Literatur, Mathematik und technischen Medien. In: R. Maresch, N. Werber (Hgg.), Kommunikation. Medien. Macht. Frankfurt a.M.,192-219.

SILL, Oliver 2001: Literatur in der funktional differenzierten Gesellschaft. Systemtheoretische Perspektiven auf ein komplexes Phänomen. Wiesbaden.

SOMMERS, Margaret R. 1994: The narrative constitution of identity. A relational and network approach. In: Theory and Society 23 (1994), 605-649.

SPENCER-BROWN, George 1979: Laws of Form. Neudruck. New York.

SPRENGER, Mirjam 1999: Modernes Erzählen. Metafiktion im deutschsprachigen Roman der Gegenwart. Stuttgart/Weimar.

STÄHELI, Urs 2000: Sinnzusammenbrüche. Eine dekonstruktive Lektüre von Niklas Luhmanns Systemtheorie. Weilerswist.

STANITZEK, Georg 1996: Was ist Kommunikation? In: J. Fohrmann, H. Müller (Hgg.), Systemtheorie der Literatur. München, 21-55.

STANITZEK, Georg 2002: Transkribieren. Medium/Lektüre: Einführung. In: L. Jäger, G. Stanitzek (Hgg.), Transkribieren. Medium/Lektüre. München, 7-18.

STEINLECHNER, Gisela 1996: KONRAD BAYER *der kopf des vitus bering*. Selbstversuch mit Menschenfressern und möglichen Sätzen. In: H. J. Wimmer (Hg.), Strukturen erzählen. Die Moderne der Texte. Wien, 466-492.

STEINLECHNER, Gisela 2003: „Offene Adern". Von der Unabschließbarkeit des Schreibens in Friederike Mayröckers *Lection*. In: B. Fetz, K. Kastberger (Hgg.), Die Teile und das Ganze. Bausteine der literarischen Moderne in Österreich. Wien, 139-154.

STEPINA, Clemens K. 2006: „Ich habe den sechsten Sinn". Zu Konrad Bayers Werkprinzip unter Berücksichtigung der Wiener Gruppe. In: Ders. (Hg.), „ich habe den sechsten sinn". Akten des Konrad-Bayer-Symposiums 2004, 64-71.

STICHWEH, Rudolf 2005: Inklusion und Exklusion. Studien zur Gesellschaftstheorie. Bielefeld.

STIERLE, Karlheinz 1997: Ästhetische Rationalität. Kunstwerk und Werkbegriff. München.

STRASSER, Kurt 1986: Experimentelle Literaturansätze im Nachkriegs-Wien. Konrad Bayer als Beispiel. Stuttgart.

STRAUB, Jürgen 1991: Identitätstheorie im Übergang? Über Identitätsforschung, den Begriff der Identität und die zunehmende Beachtung des Nicht-Identischen in subjekttheoretischen Diskursen. In: Sozialwissenschaftliche Literatur Rundschau 23 (1991), 49-71.

STRAUB, Jürgen (Hg.) 1998: Erzählung, Identität und historisches Bewußtsein. Die psychologische Konstruktion von Zeit und Geschichte. Frankfurt a.M.

STRIEDTER, Jurij 1976: Einleitung. In: F. Vodicka, Die Struktur der literarischen Entwicklung. München, VII-CIII.

SZABÓ, Csaba 2002: Zum Fallenlassen. Anmerkungen zu Konrad Bayers *der kopf des vitus bering*. In: K. Bonn, E. Kovács, C. Szabó (Hgg.), Entdeckungen. Über Jean Paul, Robert Walser, Konrad Bayer and anderes. Frankfurt am M., 57-81.

THIERSE, Wolfgang 1990: „Das Ganze aber ist das, was Anfang, Mitte und Ende hat." Problemgeschichtliche Beobachtungen zur Geschichte des Werkbegriffs. In: Weimarer Beiträge 36,2 (1990), 240-264.

THOMÄ, Dieter 1998: Erzähle dich selbst. Lebensgeschichte als philosophisches Problem. München.

TEUBNER, Gunther 1999: Ökonomie der Gabe – Positivität der Gerechtigkeit: Gegenseitige Heimsuchungen von System und différance. In: KOSCHORKE/VISMANN: 199-212.

THOLEN, Georg Christoph 2001: Die Zäsur der Medien. In: G. Stanitzek, W. Vosskamp (Hgg.), Schnittstelle: Medien und Kulturwissenschaften. Köln, 32-50.

THÜRNAU, Donatus 1994: Gedichtete Versionen der Welt. Nelson Goodmans Semantik fiktionaler Literatur. Paderborn [u.a.].

THUMS, Barbara 1999: Metamorphosen von Leib und Seele. Die Schreibexerzitien Friederike Mayröckers in *Die Abschiede, mein Herz mein Zimmer mein Name* und *Stilleben*. In: MELZER/SCHWAR: 65-90.

THUMS, Barbara 2002: Die Frage nach der „Schreibexistenz": Zum Verhältnis von Intertextualität und Autorschaft in Mayröckers *brütt oder Die seufzenden Gärten*. In: ARTEEL/MÜLLER, 87-105.

TILL, Dietmar 2007: Von 'actant' bis 'writerly text'. Erzähltheorie von A bis Z. Rezension über: D. Herman, M. Jahn, M.-L. Ryan (Hgg.), The Routledge Encyclopedia of Narrative Theory. London. [08.01.2007]. In: IASLonline. URL: http://iasl.uni-muenchen.de/rezensio/liste/till0415282594_1550.html (27.02.2007).

TRUCHLAR, Leo 2002; Identität, polymorph. Zur zeitgenössischen Autobiographik und Bewusstseinskultur. Wien.

VAASSEN, Bernd 1996: Die narrative Gestalt(ung) der Wirklichkeit. Grundlinien einer postmodern orientierten Epistemologie der Sozialwissenschaften. Braunschweig.

VENUS, Jochen 1997: Referenzlose Simulation? Argumentationsstrukturen postmoderner Medientheorien am Beispiel von Jean Baudrillard. Würzburg.

VODICKA, Felix 1976: Die Literaturgeschichte, ihre Probleme und Aufgaben (1942). In: F. Vodicka, Die Struktur der literarischen Entwicklung. München, 30-86.

VOGEL, Juliane 1996: Nachtpost. Das Flüstern der Briefstimmen in der Prosa Friederike Mayröckers. In: KASTBERGER/SCHMIDT-DENGLER: 69-85.

VOGEL, Juliane 2002: Liquid Words oder die Grenzen der Lesbarkeit – Schriftbewässerung in der Prosa Fiederike Mayröckers. In: ARTEEL/MÜLLER: 43-55.

VOGL, Joseph 2002: Romantische Wissenschaft. In: BRAUNS: 57-70.

VORMWEG, Heinrich 1972: Das wiederentdeckte Ich. In: KREUTZER: 80-85.

VORMWEG, Heinrich 1988: Nachwort. In: J. Becker, Felder. Frankfurt a.M., 149-156.

WALTER BUCHEBNER LITERATURPROJEKT 1987: die wiener gruppe. Wien/Graz/Köln.

WEBER, Julia 2007: Das multiple Subjekt. Randgänge ästhetischer Subjektivität bei Fernando Pessoa, Samuel Beckett und Friederike Mayröcker. Ms. München.

WEHDE, Susanne 2000: Typographische Kultur. Eine zeichentheoretische und kulturgeschichtliche Studie zur Typographie und ihrer Entwicklung. Tübingen.

WEHRLI, Max 1991: Vom Schwinden des Werk-Begriffs. In: editio 5 (1991), 1-11.

WELSCH, Wolfgang 1996: Vernunft. Die zeitgenössische Vernunftkritik und das Konzept der transversalen Vernunft. Frankfurt a. M.

WENDT, Doris 2002: Mystik und Sprache in Friederike Mayröckers *Stilleben* und *brütt oder Die seufzenden Gärten*. In: KÜHN: 191-210.

WERBER, Niels 1992: Literatur als System. Zur Ausdifferenzierung literarischer Kommunikation. Opladen.

WHITE, Hayden 1990: Die Bedeutung der Form. Erzählstrukturen in der Geschichtsschreibung. Frankfurt a.M.

WIENER, Oswald 1968: Die Wiener Gruppe. Eine Kontroverse. In: Neues Forum (1968), 171-172 und 239-242.

WIENER, Oswald 1969: die verbesserung von mitteleuropa. roman. Reinbek.

WIENER, Oswald 1983: Einiges über Konrad Bayer. In: protokolle H.1 (1983), 37-45.

WILLBERG, Hans Peter 1984: Buchkunst im Wandel. Die Entwicklung der Buchgestaltung in der Bundesrepublik Deutschland. Frankfurt a.M.

WILLEMS, Wolfgang 1990: Kunst und Literatur als Gegenstand einer Theorie der Wort-Bild-Beziehungen. Skizze der methodischen Grundlagen und Perspektiven. In: W. Harms (Hg.), Text und Bild, Bild und Text. Stuttgart, 414-429.

WIRTHENSOHN, Andreas 2000: Annäherungen an einen vorläufigen Zusammenhang. Zum Werk Jürgen Beckers. Würzburg.

WOLF, Andreas 1988: Ausdruckswelt. Eine Studie über Nihilismus und Kunst bei Benn und Nietzsche. Hildesheim, Zürich, New York.

ZENKE, Thomas 1972: Vom Prozeß der Erfahrung. Zu Jürgen Beckers Prosa. In: KREUTZER: 140-154.

ZIMA, Peter V. 1986: Roman und Ideologie. Zur Sozialgeschichte des modernen Romans. München.

ZONS, Raimar Stefan 1983: Über den Ursprung des literarischen Werks aus dem Geist der Autorschaft. In: OELMÜLLER: 104-127.

*Siglenverzeichnis*

| | |
|---|---|
| VB | BAYER, Konrad ²1996: der kopf des vitus bering. In: Ders., Sämtliche Werke. Herausgegeben von G. Rühm. Wien, 531-572. |
| 6S | BAYER, Konrad ²1996: der sechste sinn. In: Ders., Sämtliche Werke. Herausgegeben von Gerhard Rühm. Wien, 573-666. |
| F | BECKER, Jürgen 1964: Felder. Frankfurt a.M. |
| R | BECKER, Jürgen 1968: Ränder. Frankfurt a.M. |
| U | BECKER, Jürgen 1970: Umgebungen. Frankfurt a.M. |
| *brütt* | MAYRÖCKER, Friederike 1998: brütt oder Die seufzenden Gärten. Frankfurt a.M. |
| HD | MAYRÖCKER, Friederike 1985: Das herzzerreißende der Dinge. Frankfurt a. M. |
| HZN | MAYRÖCKER, Friederike 1988: mein Herz mein Zimmer mein Name. Frankfurt a.M. |
| KOG | MAYRÖCKER, Friederike 2003: Die kommunizierenden Gefäße. Frankfurt a.M. |
| L | MAYRÖCKER, Friederike 1995: Lection. Frankfurt a.M. |
| RN | MAYRÖCKER, Friederike 1984: Reise durch die Nacht. Frankfurt a.M. |
| ST | MAYRÖCKER, Friederike 1991: Stilleben. Frankfurt a.M. |
| GG | LUHMANN, Niklas 1997: Die Gesellschaft der Gesellschaft. Frankfurt a.M. |
| KG | LUHMANN, Niklas 1995a: Die Kunst der Gesellschaft. Frankfurt a.M. |
| SS | LUHMANN, Niklas 1984: Soziale Systeme. Grundriß einer allgemeinen Theorie. Frankfurt a.M. |
| WG | LUHMANN, Niklas 1990a: Die Wissenschaft der Gesellschaft. Frankfurt a.M. |

*Danksagung*

Beim Schreiben dieser Studie habe ich vielfältige Hilfe erhalten.

In erster Linie bedanke ich mich herzlich bei meinem Doktorvater und Mentor Oliver Jahraus, der mich fachlich und intellektuell begleitet, institutionell unterstützt und gefördert sowie mit seinem persönlichen Vorbild inspiriert hat.

Für das schöne Gefühl, dass Wissenschaft Spaß macht, bedanke ich mich bei allen Mitgliedern des Jahraus-Lehrstuhls.

Für anregende und hilfreiche Diskussionen (nicht nur über meine Arbeit) bedanke ich mich bei Gert Mattenklott und allen Teilnehmerinnen und Teilnehmern seines Doktorandenkolloquiums, insbesondere bei Viktor Otto.

Für wunderbare Seminare und die frühe Förderung bedanke ich mich bei Susanne Rohr.

Für eine kritische und genaue Lektüre bedanke ich mich bei Anja Gerigk, Daniela Kirschstein, Bernd Scheffer und Marcel Schellong.

Für ihre Mitarbeit bei der Disputation bedanke ich mich bei Claude Conter, Christof Decker, Georg Jäger und Bernd Scheffer.

Für vielfältige Unterstützung in der Frühphase der Arbeit bedanke ich mich bei Klaus Laermann und Vera Fokeas.

Für das notwendige sorgenfreie Reisen quer durch Deutschland bedanke ich mich bei Michael Kirschstein.

Ich bedanke mich bei meinem Vater, meiner Schwester und besonders bei meiner Mutter für den notwendigen Rückhalt.

Daniela Kirschstein danke ich für alles, insbesondere für ihre Geduld sowie ihre kompetente fachliche und persönliche Unterstützung.